요한 계시록

LOGOVISION

새 창조의 호음

조도재

LOGOVISION 요한 계시록(새 창조의 호음)

초판 1쇄 인쇄 2022년 6월 23일
초판 1쇄 발행 2022년 6월 30일

지은이 조도재
발행처 이야기나무
발행인 및 편집인 김상아
편집 장원석 한은희
디자인 더기획
홍보/마케팅 전유진
인쇄 삼보아트
등록번호 제25100-2011-304호
등록일자 2011년 10월 20일
주소 서울시 마포구 연남로13길 1 레이즈빌딩 5층
전화 02-3142-0588
팩스 02-334-1588
이메일 book@bombaram.net
블로그 blog.naver.com/yiyaginamu
인스타그램 @yiyaginamu_
페이스북 www.facebook.com/yiyaginamu

ISBN 979-11-85860-60-2
값 20,000원

요한계시록

LOGOVISION

새 창조의 호음

조도재

목 차

왜 로고비전(Logovision)인가?

한 서기관이 예수께 "선생님 내가 무엇을 하여야 영생을 얻겠습니까."라고 하였다. 그때에 예수께서 말씀하시기를, "율법(성경)에 무엇이 기록되었으며 네가 어떻게 읽느냐."라고 하셨다. 즉 성경에 무엇이 기록되어 있으며 그것을 어떻게 읽느냐가 예수 그리스도를 믿는 자의 영생의 문제다. 믿는 자들에게는 이 이상 중차대한 일은 없다.

그러면 왜 로고비전을 말하려 하는가? 로고비전이 성경에 무엇이 기록되어 있으며 그것을 어떻게 읽느냐를 밝히고 있기 때문이다. 로고비전에 대하여 '말씀이 말씀 자신을 계시하는 예언의 실상'이라 말하고 있는데, 로고비전의 믿음을 가진 자는 하나님이 약속하신 영원한 생명의 실상을 이룬다.

그러면 로고비전은 무엇인가? 지금부터 2700여 년 전 예언자 이사야는 분명하게 하나님의 말씀을 듣고 보는 일에 대하여 말하기를, "내가 말씀을 보았다."라고 하였다. 그것이 히브리어의 '하존 다바르'이다. 이 책에서는 이사야가 말한 하존 다바르를 로고비전이라 부른다. 즉 로고비전은 '다바르(말씀, Logos)'와 '하존(계시, Vision)'의 영문화인데 곧 말씀의 계시이다.

이 책에서 처음으로 하존 다바르가 로고비전으로 쓰이게 된 것은 다음과 같다.

이사야서 1장 1절의 처음 단어가 '하존(계시)'이다. 하존은 '영의 눈으로 바라본다'는 히브리어 단어 '하자'의 명사다. 오랫동안 성경을 번역하는 이들이 하존을 이상(異象)이라 불렀다. 그러나 영문 번역 성경들(킹 제임스 버전, 뉴 인터내셔널 버전, 예루살렘 바이블)에는 '비전(vision)'으로 번역되었다.

한편 헬라어로 쓰인 요한계시록에는 계시를 '아포칼륍시스'라 말하고 있으며 영문 성경들에서는 아포칼륍시스가 '리빌레이션(Revealation)'으로 번역되었다. 그러므로 히브리어 하존이나 헬라어 아포칼륍시스나 영어의 비전이나 리빌레이션은 계시이다. 계시란 다른 것이 아니라 하나님의 약속의 말씀이 믿는 사람의 귀와 눈에 살았고 운동력 있는 말씀으로 분명하게 인식되고 품어진 것이다.

보이지 아니하는 하나님이 사람이 듣고 보게 하시기 위하여 행하시는 그의 일과 말씀을 항상 깨어서 선명히 인식하고 마음에 품기 위하여 '로고비전'이라 칭한 것이다. 여기서 주목해야 하는 것은 로고비전을 사람들이 자신들의 육신의 눈이나 깨달음이나 선악지식으로 말씀을 듣고 보는 것이 아니라 누구든지 순결한 믿음으로 하나님의 말씀을 받아 영의 귀와 눈으로 듣고 보고 마음에 품는 것이다.

이 일을 따라서 언제나 순결한 믿음으로 하나님의 말씀을 듣고 보고 품고 깨닫고자 하였다. 그러자 놀랍게도 로고비전을 통하여 말씀을 읽게 되었고, 생각하게 되었고, 품게 되었고, 깨닫게 되었고, 순종하게 되었고, 말하게 되었다. 때문에 예수 그리스도를 믿는 사람들이 말씀이 말씀 자신을 계시하는 예언의 실상 안으로 들어와서 하나님의 아들들이 되는 것을 무엇보다 간절히 바라보게 되었다.

이 일은 사도 바울이 말한 바, '믿음은 들음에서 나고 들음은 예수 그리스도의 말씀으로 말미암는다 함'을 이루는 일이며, 사도 요한이 증거한 바, '영생은 유일하신 참 하나님과 그의 보내신 자 예수 그리스도를 아는 것이라' 함을 이루는 일이다. 요한 사도가 말하는 '아는 것'은 단순한 머리의 지식이 아니라 그리스도를 믿는 사람이 하나님과 그리스도를 자신의 영과 혼과 몸이 하나된 존재로서 인식하는 영적 존재적 인식이다. 다시 말하면 로고비전은 그리스도를 믿는 '각 사람'이 주 안에서 그를 본받아 영원한 생명의 실상을 이루는 '나의 나됨(나의 하나님의 아들됨)'을 이루는 믿음의 길이다.

믿음에 대하여 히브리서 11장 1절에 "믿음은 바라지는 것들의 실상이요 보지 못하는 것들의 책망이라."고 하였다. 이 번역은 영과 생명의 로고비전으로 말씀을 듣고 보게 되자 드러난 것이다. 한글 개역 성경은 이 말씀을 "믿음은 바라는 것들의 실상이요 보지 못하는 것들의 증거라."라고 하였다. 성경은 하나님이 사람에게 그의 약속을 믿도록 말씀으로 드러내신 것이다. 그러므로 하나님이 사람에게 원하시는 것은 그의 약속이 바라지는 믿음이지 사람이 자기가 스스로 바라는 것을 이루고자 하는 자기 믿음이 아니다. 하나님의 약속이 바라져서 믿는 믿음이 곧 로고비전의 믿음이다. 즉 우리가 말씀 안에서 말씀으로 말미암아 말씀의 실존을 이루는 믿음이다.

그러면 사람이 스스로 바라는 것을 믿는 믿음은 무엇인가? 그것은 첫 사람의 믿음이요, 염소의 믿음이요, 종교인의 믿음이다. 양의 믿음은 하나님의 약속이 바라져서 믿는 믿음이요, 하나님의 아들됨의 믿음이다. 첫 사람은 누구든지 성경을 골라서 읽기 때문에 그 말씀에서 자기가 바라는 것 곧 자기가 듣고 싶고, 보고 싶고, 이루고 싶은 것을 골라서 읽기 때문에 하나님의 계시인 로고비전이 전혀 드러나지 않고, 만약 드러난다고 할지라도 그 계시를 받지 아니한다. 다시 말해 믿는 자들이 염소와 양으로 나누이는 것은 땅을 향해 사는 종교인들이 되느냐 하늘을 향해 사는 하나님의 아들들이 되느냐의 문제이며 육신에 속한 기복(소유)으로 사느냐 영에 속한 존재로 사느냐의 문제이다. 자기 믿음은 에고비전의 믿음이요 아들의 믿음은 로고비전의 믿음이다.

이사야서 22장 1절에 하존과 유사한 말인 '힛자욘'이 나온다. 힛자욘과 하존은 그 말이 매우 유사하지만 그 뜻은 전혀 다르다. 즉 힛자욘은 사람의 꿈 곧 에고비전이요 하존은 로고비전이다. 다시 말하면 에고비전은 사람의 꿈이나 야망이나 사람의 교리이다. 하나님은 이사야를 통하여 '힛자욘(몽사)의 골짜기'를 심판하신다.

그럼에도 성경 번역자들은 그것을 알지 못하고 하나님께 심판받고 있는 몽사의 골짜기를 계시의 골짜기로 오역했다. 때문에 로고비전의 믿음 없이 그 번역 성경을 읽는 사람들은 하나님이 계시의 골짜기를 심판하신 것으로 거꾸로 안다. 이런 일이 번역 성경 곳곳에서 일어나고 있기 때문에 우리는 깨어서 '말씀이 말씀 자신을 계시하는 예언의 실상' 속에 머물러야 한다. 문제는 성경을 거꾸로 읽는 이런 일이 오늘날도 여전히 계속되고 있는 데 있다.

계시의 골짜기(처소)에 들어온 존재가 몽사의 골짜기가 되게 하는 것은 하나님의 말씀을 듣는 사람들이나 전한다고 하는 사람들이 에고비전을 좇기 때문이다. 특히 말씀을 전파하는 사람들은 대중에게 영합하기 위하여 대중의 귀에 듣기 좋은 사람의 꿈이나 욕심이나 다른 무엇을 진리의 말씀에 섞어서 거짓을 말한다. 사람들은 설교자가 자신들의 육신의 일에 유리한 것을 말하면 즉시 아멘으로 화답한다.

이렇게 해서 하나님의 아들들이 되라고 부름을 받는 사람들이 종교인들로 내려앉는다. 오늘날 많은 책과 설교와 해설과 행사 등이 이런 일에 크고 넓게 동원되고 있다. 다시 분명히 말하지만 하나님은 사람들을 그의 아들들이 되라고 부르신 것이지 땅에 속한 종교인들이 되라고 부르신 것이 아니다.

오늘날 예수 그리스도를 믿는 사람들을 큰 혼란에 빠지게 하는 것 중에 교회라는 말이 있다. 하나님은 그들이 하나님의 아들의 실존을 이루라고 부르셨으나 그들은 스스로 자신들을 종교인(기독교인)이라 부른다. 그들이 아무리 자신들은 다른 종교인들과는 다르다고 주장할지라도 그들의 주장이 그들이 종교인(기독교인)인 것을 반증할 뿐이다. 도대체 교회라는 것은 무엇인가? 여기서 우리는 '에클레시아'에 대하여 로고비전의 눈으로 잘 살피고 종교인에서 하나님의 아들로 돌이켜야 한다. 에클레시아는 헬라어 '에크칼레오(불러내다, call-out)'의 명사다. 즉 에클레시아는 하나님께 그의 아들이 되도록 세상으로부터 불러냄을 받은 자(불내미, The called-out)이다. 한 사람도 불내미요, 많은 사람도 불내미다. 그들은 세상으로부터 불러냄을 받았기 때문에 세상에 속한 종교인이 아니다.

그 에클레시아가 세상에 속한 '교회(종교인들의 모임)'로 불리고 있으니 거기에 속한 사람들이 세상에 속한 종교인일 수밖에 없다. 물(말씀)과 영으로 하나님의 아들들로 거듭날 사람들이 스스로 자신들을 종교인으로 부르고 있으니 그들은 결국 세상으로부터 불러냄을 받은 것도 거듭난 것도 아니다. 로고비전은 우리에게 이 일을 분명히 보여주고 있다.

이사야서와 요한 계시록은 예수 그리스도를 통해 하나님이 행하시는 새 창조를 예언하고 있다. 새 창조는 사람이 하나님의 아들이 되는 것이 알파요, 오메가는 만물이 새롭게 되는 일이다. 하나님의 이 예정은 바뀌지 아니하며 바꿀 수 없다.

그런데 종교인들은 하나님의 예정을 따라 자신들이 먼저 새롭게 되지 아니하고 세상이 새롭게 되면 옛 사람 그대로 거기에 들어가서 영생을 누리려 한다. 이런 것은 자기 믿음으로 에고비전을 좇는 사람들이 빠져드는 자기 함정이다.

하나님은 자신에 대하여 계시하시기를, "나는 알파와 오메가요, 처음과 나중이요, 근원과 궁극이다."라고 하셨다. 우리는 이 말씀을 통하여 알파는 오메가를 위하여 있고 오메가는 알파를 온전케 하면서 하나되는 것을 알 수 있다. 우리 모두 알파에서 오메가로 옮겨와서 온전케 되면 하나님과 하나될 것이다. 성경에는 두 가지

시간이 계시되어 있는데 그 하나는 크로노스요, 다른 하나는 카이로스다. 이 두 가지 시간을 잘 분별할 수 있어야 우리는 로고비전의 믿음에 굳게 설 수 있다.

크로노스는 흐르는 시간, 연대기적 시간, 수평적 시간, 육적인 시간이라 할 수 있는데 육신의 첫 사람은 이 시간을 따라 육신의 삶을 산다. 카이로스는 영원에 맞닿아 있는 시간, 실존적 시간, 수직적 시간, 영적 시간이라 할 수 있는데 영의 둘째 사람은 이 시간을 따라 영의 삶을 산다. 그러므로 자기 믿음을 가진 첫 사람은 에고비전을 좇아 크로노스를 살고 하나님의 약속이 바라진 믿음을 가진 둘째 사람은 로고비전을 좇아 카이로스를 산다. 그러면 크로노스와 카이로스는 알파와 오메가와 무슨 관계인가? 육신의 크로노스는 알파요, 처음이요, 영의 카이로스는 오메가요, 나중이다.

개역 성경의 사도행전에 예수께서 베드로에게 말씀하시기를, "때와 기한은 아버지께서 자기 권한에 두셨다."(행1:7)라고 하였다. 여기 '때'라고 번역된 말이 크로노스이며 '기한'이라고 번역된 말이 '카이로스'이다. 킹 제임스 영문 성경에는 크로노스를 '타임(Time)'이라 하였고 카이로스를 '시즌(Season)'이라 하였다. 개역 성경과 킹 제임스 성경은 크로노스가 육적인 시간이요, 카이로스가 영적인 시간임을 분별하지 못했다. 왜냐하면 로고비전 속에서만 두 시간이 분별되기 때문이다.

사도 베드로가 말하기를, "주께는 하루가 천년 같고 천년이 하루 같다."라 하였다. 이 일은 로고비전의 믿음 속에서만 인식되는 시간의 초월이다. 하루가 천년 같은 주님의 시간 속에서 바라보면 예수께서 십자가에 못 박혀 죽으셨다가 죽은 자들 가운데서 살아나신 제 삼일은 그가 오신지 2000년이 지난 지금의 3000년에 대응하고 있다. 즉 예수를 믿는다고 하지만 오늘날 하나님께 대하여 죽어 있는 종교인들 가운데 2000년 전에 부활하신 그리스도가 다시 새롭게 우리를 부활의 실존으로 일으키시는 일이다. 때문에 이 글은 뉴 밀레니엄 시대에 유일하신 참 하나님과 그의 보내신 자 예수 그리스도를 영적 존재적으로 아는 시공 초월의 로고비전의 믿음을 말하고 있는 것이다. 이렇게 아무 두려움이 없이 이렇게 소리쳐 외치는 것은 하나님의 부르심을 받은 사람들을 말씀이 말씀 자신을 계시하는 예언의 실상 속으로 들어오게 하려 함이다. 더욱이 오늘날은 지구의 기후변화로 지구가 몸살을 않고 있다. 지금 지구 위에 사는 사람들의 미래가 어두워진 이때 경이로운 로고비전이 우리에게 제시되어 있다.

특별히 이 책에서는 로고비전을 따라서 헬라어 '유앙겔리온'을 '복음'이라 하지 않고 '호음(좋은 소식)'이라 부른다. 무엇보다도 유앙겔리온은 자체가 '좋은 소식'이란 뜻이다. 이 일은 명칭의 문제를 뛰어넘는 존재의 문제다. 한국 사람은 예부터 오복이란 것을 좇고 있다. 오복이란 건강하게 살고, 부유하게 살고, 오래 살고, 덕스럽게 살고, 잘 죽는 것이다. 오늘날 그리스도를 믿는 사람들이 오복에 지배되고 있는데 더하여 말씀을 복음이라 부르고 있으니 불에 기름을 붓고 있다. 그리하여 사람들은 제어할 수 없는 기복 신앙에 빠져든다.

유앙겔리온은 하나님의 영의 아들이 되라는 말씀인데 한국 사람은 예수 믿고 땅의 복을 잘 누리다가 천국 가는 복 소리로 듣고 있다. 이런 기복 신앙은 땅에 속한 것이다. 하늘에 속한 좋은 소식을 땅에 속한 '복 소리'로 듣고 있는 한국 사람들은 계시의 처소를 몽사의 처소로 바꾸고 있으니 거기서 돌이키지 아니하면 하나님의 심판을 피할 수 없다. 한국 사람들은 성경을 '복 소리(복음)'로 부르고 있기 때문에 성경을 읽지도 아니한다. 왜냐하면 복 소리는 누구나 다 아는 소리인데 어렵게 쓰인 복음을 사람들이 일부러 찾아서 굳이 읽을 필요가 없기 때문이다. 여기에 더하여 설교자들은 설교할 때마다 청중에게 복 받으라는 소리만 외친다. 이제 우리가 로고비전을 따라 복 소리에서 일어나 좋은 소식으로 옮겨와야 한다.

이사야가 로고비전을 따라 메시아를 예언한 것은 알파이다. 이사야의 예언을 따라 메시아인 예수가 하나님의 아들로서 이 땅에 오셔서 우리를 구원하시고 또 새롭게 창조하시는 근원자가 되셨다. 로고비전의 일은 이렇게 알파와 오메가가 온전한 하나를 이루는 하나님의 예정 속에 있다.

마지막으로 번역 성경을 읽든 원어 성경을 읽든 상관없이 성경을 읽는 자는 하나님이 계시하시는 영과 생명의 흐름 속에 머물러야 한다. 예수를 십자가에 못 박은 유대인들이 원어를 몰라서 그렇게 행한 것이 아니며 원어 성경을 읽으며 부패하는 종교인들이 원어를 몰라서 그런 것이 아니다. 그들은 모두 성경을 읽으며 하나님이 원하시는 영과 생명 안으로 들어오지 않았다. 어떤 이들은 원어로 성경 읽는

것을 자랑으로 삼고 있으나 그런 것은 이미 영과 생명의 흐름 속에서 벗어난 것이
니 성경을 읽지 않는 것보다 못하다. 때문에 누구든지 말씀의 영과 생명 안에
머물도록 깨어 있어야 한다.

요한 계시록 어떻게 읽을 것인가

● 계시와 점(占)

요한 계시록은 무엇인가. 요한 계시록은 새 창조의 계시이다. 요한 계시록은 첫 창조의 계시인 창세기와 짝을 이루고 있으며 그 둘은 온전한 하나다. 요한 계시록은 세상의 종말을 말하는 점서가 아니다. 만약 요한 계시록을 읽는 이들 가운데 어느 누가 요한 계시록을 세상의 종말을 말하고 있는 책으로 알고 있다면 그는 알파와 오메가요, 처음과 나중이요, 근원과 궁극이신 하나님을 알지 못하고 있다.

요한 계시록은 야웨 하나님이 사람들 안에 이루시는 새 하늘과 새 땅의 계시요, 새 예루살렘의 계시요, 나의 나됨의 계시요, 거듭남의 계시요, 육에서 죽고 영으로 사는 부활의 계시다. 요한 계시록은 육신의 눈에 보이는 처음 하늘과 처음 땅의 종말을 말하고 있는 '점서(占書)'가 아니다. 요한 계시록은 육과 생존의 첫 사람 안에 욕심과 선악지식을 좇아서 이루어져 있는 그 처음 하늘과 처음 땅이 사라지고 영과 생명의 둘째 사람 안에 사랑과 진리를 좇아서 새 하늘과 새 땅이 이루어지는 것을 계시하고 있다.

계시란 무엇인가. 육신의 눈에 감추인 것을 열어 보임이다. 즉 하나님은 요한을 통하여 육과 생존의 시공 속에 갇혀서 시공 너머의 근원 안에서 하나님이 행하시는 새 창조를 보지도, 듣지도, 생각하지도 못하는 사람들에게 그 일을 열어 보이고 있다. 그러나 오늘날 그 열린 책은 도리어 닫힌 책이 되어 있다. 그것은 사람들이 자신들의 욕심과 선악지식을 좇아서 그 책을 점서(占書)로 대하고 있기 때문이다.

우리의 눈이 닫힌 채 영과 생명을 바라보지 아니하고 육과 생존을 바라보고 있으면 계시는 점(占)이 되고 만다. 오늘날 멀고 가까운 곳에서 요한 계시록을 '종말론(에스카톨로지)'이란 선악지식으로 읽고 있는 이들이 많다. 이런 일은 요한 계시록을 점서로 대하고 있는 것이다. 종말론은 영과 생명의 때인 오늘 카이로스에서 이루어지는 새 창조를 알지 못한다. 종말론은 카이로스의 생명을 크로노스의 생존으로 뒤바꾸고 있다. 그런즉 영생은 성경을 어떻게 읽느냐에 달렸다.

'점(占)'이란 무엇인가. 점은 육신의 첫 사람이 크로노스의 길흉화복을 미리 보고 말하는 것이다. 그 점은 하나님의 자녀들이 이루는 영과 생명의 실존과는 아무런 상관이 없다. 가령 어느 점쟁이가 예수의 십자가를 미리 보았다면 그는 그것을 흉 중의 흉이요, 화 중의 화라 말했을 것이다. 점쟁이의 선악관을 좇아서는 우리는 예수 그리스도 안에서 우리의 십자가를 지고 그를 본받아 '나의 나됨'을 이루는 길을 걸을 수 없다.

요한 계시록을 점서로 읽는 이들은 종말에 다른 모든 사람보다 먼저 화를 피하고 복을 받는 이득을 취하고자 한다. 그것이 그들이 예수를 믿는 목적이요, 그들 자신의 선이다. 그러나 요한 계시록은 그들의 생각과 길을 심판하고 있다. 요한 계시록은 육과 생존의 크로노스에서 영과 생명의 카이로스로 옮겨 오는 사람들의 영원한 생명을 말하는 예언서다. 욕심과 선악지식을 좇는 육신의 첫 사람에겐 하나님의 계시도 점이요, 자신들의 예측이나 예견도 점이요, 점쟁이의 길흉화복도 점이다.

오늘날 많은 사람에게 요한 계시록을 읽는 눈은 점치는 눈이 되어 있다. 그들이 안목의 정욕을 좇아서 요한 계시록을 아무리 보아도 보이지 아니하니 흑암이요, 육신의 정욕을 좇아서 아무리 들어도 들리지 아니하니 공허요, 이생의 자랑을 좇아서 아무리 생각해도 깨닫지 못하니 혼돈이요, 그 흑암과 공허와 혼돈이 하나님의 지혜와 지식의 깊음 속에 빠져 있으니 무저갱이다. 그리하여 요한 계시록은 땅의 짐승을 좇는 자와 하늘의 어린양을 좇는 자를 분명히 나누이게 한다.

● **요한 계시록의 알파와 오메가**

기록된 바, "보라, 한 율법사가 일어나 그를 시험하여 말하기를, '선생님 내가 무엇을 하여야 영생을 상속하겠습니까' 하였다. 예수께서 그에게 말씀하시기를,

'그 율법에 무엇이 기록되어 있으며 네가 어떻게 읽느냐'"(눅10:25~26)라 하였다. 이 말씀은 성경 읽기의 알파 오메가를 제시하고 있다. 알파는 성경에 무엇이 기록되어 있느냐를 아는 것이요, 오메가는 그 기록을 어떻게 읽고, 듣고, 깨닫느냐 하는 것이다. 알파는 앎(지식)이요, 오메가는 말씀을 읽는 자의 실존이다. 영과 생명 안에서 읽고 듣고 깨닫는 말씀은 지식과 계시(해석)가 하나다. 계시된 말씀은 심비에 새겨진 말씀, 곧 살았고 운동력 있는 말씀이다. 그 말씀이 각 사람 안에서 '나의 나됨'을 이룬다.

요한 계시록에 무엇이 기록되어 있느냐를 아는 것도 쉽지 않거늘 하물며 그것을 어떻게 읽느냐 하는 것은 난제 중의 난제다. 요한 계시록은 징조들로 가득할 뿐 아니라 그 책을 육신과 생존의 눈으로 읽으면 종말을 말하는 점서(占書)가 된다. 그러나 누구든지 영과 생명의 눈으로 그 책을 읽고 들을 귀로 들으면 그 책은 어느 새에 구원과 거듭남과 부활을 계시하고 있다. 영의 눈으로 징조를 '호라오'하면 구원이 되고 육신의 눈으로 '에이돈'하면 기사(테라타, 기이한 볼거리)가 되고 만다.

● 생명은 선한 일을 하는 자에게 오는 것이 아니다

한 사람이 예수께 달려와서 꿇어앉아 그에게 묻기를, "선한 선생님, 내가 무엇을 하여야 영생을 상속하겠습니까"(막10:17)라고 하였다. 그때 예수께서 말씀하시기를, "네가 어찌하여 나를 선하다 일컫느냐, 하나님 한 분 외에는 선한 이가 없느니라"(막10:18)라고 하였다. 이 질문은 영생에 대한 질문이긴 하지만 하나님의 생각에서 빗나간 질문이다.

그 사람은 예수를 '선한 선생님'이라 하였다. 그가 예수를 선한 선생님이라 부른 것은 첫 사람의 선행이 영생을 상속하는 길이라는 선악지식을 드러내고 있다. 이 물음은 세상의 모든 사람이 가진 그 선악지식에서 나온 것이다. 즉 지고지선하신 하나님은 선행하는 자에게 영생을 주신다는 인간의 종교적, 도덕적, 윤리적 가치관에서 나온 것이다. 그러나 영생은 그런 것과는 아무 상관이 없다.

사람들이 말하는 선은 첫 사람의 생존과는 상관이 있으나 둘째 사람의 영원한 생명과는 아무런 상관이 없으며 도리어 선악지식은 그들에게 사망을 가져온다. 에덴동산의 '선악을 알게 하는 나무'는 사람의 선악지식은 사망을 일으킨다는 진리의 계시다. 그러므로 예수께서 그에게 말씀하시기를, "네가 어찌하여 나를 선하다 하느냐"라고 하였다. '너는 나에게 영생에 관하여 묻고 있지만 네가 나를 선악지식을 좇아 선한 선생이라 부르는 것을 보니 너는 사망을 구하고 있다' 함이다. 그러면 예수를 선한 선생이라 부르는 것이 왜 사망의 심판을 구하는 것이 되는가. 그것을 알아야 한다. 그렇지 않으면 우리는 선악의 길에서 한 치도 떠날 수 없다.

그가 말씀하시기를, "하나님 한 분 외에는 선한 이가 없다"라고 하셨다. 이 말씀은 또 무엇인가. 하나님의 생각은 너에게 생명이 되기도 하고 사망이 되기도 한다. 네가 하나님의 생각을 좇으면 너는 영생을 상속할 것이요, 네가 사람의 생각인 선악지식을 좇으면 죽을 수밖에 없다. 그런데 너는 나를 선한 선생이라 불렀으니 너는 선악지식을 좇아 너 자신의 말로 이미 하나님의 생각과 길을 버리고 너 자신의 생각과 길을 좇았으니 스스로 정죄되었다.

모든 사람을 하나님의 아들이 되게 하시는 하나님 한 분 외에는 선한 이가 없는데 네가 하나님의 생각을 버리고 스스로 무엇을 선하다고 여기는 그것이 곧 사망이라 함이다. 그러므로 너는 사람의 선악지식을 좇는 그 길에서 떠나 야웨 하나님의 계시를 믿는 그 믿음의 길로 들어와서 영생을 얻으라 함이다. 우리가 여기서 알아야 할 것은 인간의 모든 선악은 첫 사람의 생존을 위한 것이지 둘째 사람의 생명을 위한 것이 아니다. 여기서 첫 사람은 예외 없이 하나님이 세우신 믿음의 푯대에서 벗어나고 있다.

그러나 이 말씀을 육신의 눈으로 읽으면 거꾸로 읽게 된다. 하나님 한 분 외에는 선한 이가 없다. 그러므로 우리가 그 한 분을 믿는 것은 그의 선에 힘입어 영생을 얻는 것이다. 그러므로 지고지선하신 그를 믿는 자는 오로지 선을 세우고 악을 제거해야 한다. 그러므로 악행자를 죽이는 그것이 '하나님을 섬기는 일이다'라고 생각한다. 이와 같이 선악을 좇아 사는 사람들은 그들의 생각을 좇아서 선악심판의 지고지선한 우상을 만들어낸다. 그들은 인간의 생각을 좇아서 하나님이 그들처럼 선을 권장하고 악을 징계하는 것으로 알고 있으나 하나님은 그들에게 너희는 그 선악을 버리고 내가 주는 생명을 상속하라 하신다.

하나님은 이사야를 통하여 "내 생각은 너희 생각이 아니며 내 길은 너희 길이 아니다"(사55:8)라 하셨다. 그러나 사람들은 그들의 선악지식을 좇아서 교리를 만들며 우리의 생각이 하나님의 생각이요, 우리의 길이 하나님의 길이라 오해하고 있다. 그러나 하나님은 인생들에게 너희 육신의 처음 때인 욕심과 선악지식의 크로노스에서 영의 나중 때인 사랑과 진리의 카이로스로 유월하라 하신다. 사람들은 영의 나중 때인 '에스카토스'를 종말이라 부르며 종말 사상을 퍼뜨리며 육신의 이익(선)을 챙긴다. 그러나 그 모든 것은 하나님의 새 창조로 말미암아 사라져 버릴 것들이다.

● **선한 사마리아인과 사랑의 사마리아인**

율법에 "네 이웃을 네 자신과 같이 사랑하라"라고 하였다. 예수를 시험하던 율법사가 자기를 의롭게 보이려고 예수께 "내 이웃이 누구입니까"라고 하였다. 그리하여 예수는 이웃이 누구인지에 대하여 사마리아인의 예화를 그에게 들려주었다. 여기서 생각해보아야 할 것은 사람들이 그 예화를 어떻게 읽어 왔느냐는 것이다. 모든 번역 성경이 그 예화의 소제목을 '선한 사마리아인'이라 붙이고 있다. 사실 예수는 강도에게 매 맞아 거의 죽어가는 자를 살리는 '생명의 사마리아인'을 이웃이라 말하고 있다. 그런데 성경에 제목을 붙인 이들은 그를 '선한 사마리아인'이라 하였다. 이것은 성경을 보아도 보지 못함이요, 들어도 듣지 못함이요, 생각해도 깨닫지 못함이다. 이것은 사람들이 선악지식을 좇아서 성경을 읽기 때문에 일어나는 일이다.

예수는 '선한 사마리아인'이 죽어가는 사람을 살렸다고 말씀하신 것이 아니다. 자기 이웃을 자신과 같이 사랑한 사람이 죽어가는 사람을 살린 것을 말한 것이다.

생명은 사랑에서 나오는 것이지 인간의 선악지식에서 나오지 아니한다. 이미 위에서 살펴본 바와 같이 선악지식을 좇아서 사는 사람은 자신도 죽이고 남도 죽인다. 자기의 선을 좇아서 사는 사람은 자기 선(이익)을 무엇보다 우선하기 때문에 그 선으로 말미암아 남을 심판하며 산다. 한 제사장과 한 레위인은 그를 보고도 피하며 지나갔다. 그들은 왜 죽어가고 있는 자를 보고도 피하여 지나간 것인가. 그것은 그들의 '선'과 '의' 때문이었다.

사람의 선과 의는 죽어가는 자를 보면 그를 구하려 하지 않고 먼저 그가 그렇게 된 것은 그에게 죄와 악이 있어서라고 판단한다. 즉 선하신 하나님이 어떻게 선한 자와 의로운 자를 강도에게 맡겨서 매 맞아 죽게 할 것인가 하며 자신의 선악지식을 정당화한다. 선악지식을 좇아 사는 자는 누구나 이와 같이 하나님을 선악심판자로 여기며 그 또한 자기 선을 좇아 심판자가 되어 있다. 그 심판은 자기의 생명을 죽이는 일이다. 그가 자기 심판으로 자기를 죽였으니 그는 죽은 자다. 죽은 자는 죽어가는 자를 살릴 수가 없다.

한 제사장과 한 레위인은 선악지식을 좇아 겉 사람은 살았으나 사랑을 잃은 속사람은 죽어 있다. 사람들은 선악지식을 좇아서 붙여 놓은 모든 소제목들 때문에 그 말씀을 읽기도 전에 사람들을 사망으로 인도하고 있다. 성경을 편찬하는 이들은 성경에 소제목을 붙여주는 것이 '선하다' 여겨서 그런 일을 하지만 그것이 곧 죽은 자가 '살 자'를 죽이는 일임을 알지 못한다. 누구든지 사랑의 사마리아인을 보지 못하고 선한 사마리아인을 보는 자는 자신을 죽이고 또한 '살 자'를 죽게 한다.

● **크로노스와 카이로스**

점치는 자들은 흘러가는 시간의 마지막인 종말에 무슨 일이 일어날지 미리 알아내어 이득을 취하려 한다. 그중의 하나가 144,000인의 그룹에 드는 것이다. 그들은 144,000인이 무엇을 드러내려고 요한 계시록에 쓰여 있는지 영의 눈으로 '호라오' 하지 못하고 육신의 눈으로 '에이돈' 하고 그들의 선악관을 좇아 그것을 이득으로 움켜쥐고 있다. 그러므로 사람이 어느 때에 살고 있느냐에 따라 요한 계시록은 생명의 예언이 되기도 하고 사망의 점이 되기도 한다.

영의 때인 카이로스에 사는 자는 144,000 인이 가리키는 바의 풍성하고 온전한 생명의 실존을 이루지만 육의 때인 크로노스에 사는 자는 그들의 욕심을 좇아서 그들에게 속한 자들만이 하나님이 주시는 영광을 차지하려고 광분한다. 육신의 처음 사람은 누구든지 크로노스의 때를 산다. 그러나 그는 그때로부터 영의 둘째 사람의 카이로스 때로 유월하며 하나님의 아들의 실존을 이룬다. 요한 계시록은 첫 사람의 때를 사는 자에게는 욕심을 채우는 점서이며, 둘째 사람의 때를 사는 자에게는 계시서이다. 그러므로 나중 때 안으로 들어온 자는 누구든지 요한 계시록을 읽으며 영과 생명의 새로운 실존으로 나아간다.

● **하나님의 마음 안에서 그의 마음을 닮는 일**

모든 성경은 하나님이 그의 자녀들 안에 소원을 두시고 이루고자 하시는 그 영과 생명을 증거하고 있다. 창세기부터 요한 계시록까지 모든 말씀은 하나님의 자녀들이 하나님의 마음 안에서 그 마음을 닮게 하는 알파와 오메가, 처음과 나중, 근원과 궁극을 계시하고 있다. 하나님의 창조의 근원은 그의 마음이요, 요한 계시록은 그 마음에서 사람에게 주어진 새 창조의 계시다. 그러므로 첫 창조에 속한 자가 하나님의 마음 안으로 들어와서 그의 마음을 닮는 일이 새 창조다. 그리하여 첫 창조와 새 창조는 온전하고 풍성한 하나를 이룬다.

● **첫 창조와 새 창조**

첫 창조는 알파요, 처음이요, 근원이며 새 창조는 오메가요, 나중이요, 궁극이다. 그러나 첫 창조와 새 창조 안에도 각각 알파와 오메가, 처음과 나중, 근원과 궁극이 있다. 이 일이 분명하게 이해되지 않아서 많은 사람이 창조와 완성을 구별하지 못하고 처음과 나중을 알지 못한다. 히브리어 성경은 알파는 '바라'로, 오메가는 '아사'로 계시하고 있다. 없는 것을 있게 하는 것이 바라요, 있게 된 것을 다시 온전케 하는 것이 아사다. 새 창조는 있는 것을 새롭게 창조하시는 것이므로 '아사'다. 동시에 새 창조는 첫 창조에 없던 새 하늘과 새 땅, 새 예루살렘, '나의 나됨'을 이루는 것이므로 그 일은 '바라'이며 '아사'다.

첫 창조에서는 만물이 먼저 창조되고 사람이 나중에 창조되었다. 그러나 새 창조에서는 사람이 먼저 새롭게 지어지고 그 후에 만물이 새롭게 된다. 이 순서는 바뀌지 아니하며 바꿀 수도 없다. 선악지식을 좇는 사람들은 자신들이 새로운 실존으로 지어지는 것에 대하여는 관심도 없으면서 새 하늘과 새 땅에 들어가려 하고 있다. 그러나 하나님은 그들이 그 욕심과 선악지식에서 돌이켜서 새 창조 안으로 들어오기를 하루가 천 년 같이 기다리시며 천 년이 하루 같이 참으신다. 하나님의 이 긍휼을 아는 자는 영의 새로운 실존으로 지어지는 것을 간절히 소망하며 하나님이 예비하신 그 '좋음' 안으로 들어오게 될 것이다.

● 하나님 안으로 들어와서 거하는 믿음

우리가 '하나님을 믿는다'라고 말할 때 히브리어는 '베', 헬라어는 '에이스' 영어는 '인', 즉 '안으로'라는 전치사가 '믿는다'라는 동사와 함께 쓰이고 있다. 그러므로 믿는 자는 누구든지 하나님 안으로 들어오는 자이다. 그렇지 않으면 믿음이 아니다. 하나님의 자녀는 믿음으로 아버지의 마음 안으로 들어와서 그의 생명과 사랑과 거룩과 초월을 본받아 그의 모양을 이룬다. 그것이 새 창조이며 '나의 나됨'이다.

하나님의 마음을 닮은 자는 하나님이 그 안에서 다스리는 것과 같이 피조물 안에서 다스린다. 하나님이 아담을 에덴의 동산에 두신 것은 아담이 하나님의 마음 안에 거하라는 것이다. 선악을 알게 하는 나무로부터 먹지 말라 하신 것은 아담이 육신의 정욕, 안목의 정욕, 이생의 자랑, 선악지식을 좇아가지 말고 믿음으로 하나님의 마음(생명, 사랑, 거룩, 초월) 안에 있으며 나의 나됨을 이루라는 것이다.

● 새 창조의 두 길

이사야는 야웨 하나님이 행하시는 새 창조를 위하여 두 길을 예비하라 하였다. 하나는 광야에서 야웨(실존)의 길을 예비하는 것이요, 다른 하나는 우리 하나님을 향하여 가는 대로(大路)를 곧게 하는 것이다. 예수 그리스도의 계시로 말미암아 각 사람 안에 유일하고 고유한 실존이 이루어지는 것은 야웨의 길을 예비하는 알파요, 그 실존을 이룬 부활의 자녀들이 함께 생명과 사랑과 거룩과 초월(진리)의 대로를 걸으며 대동(大同)을 이루는 것은 오메가다. 이렇게 하여 그 모든 자녀가 하나님 안에 있고 하나님은 그 모두 안에 있게 될 때 하늘로부터 새 예루살렘 성이 높은 산 위에 내려오고 하나님과 어린양은 그 성의 성전과 빛이 되신다.

● 징조와 실존

요한 계시록은 징조로 계시된 새 창조의 '호음(好音, 유앙겔리온)'이다. 징조는 알파요, 실존은 오메가다. 징조는 마치 성경에 쓰인 글과 같고 실상은 그 글이 계시로 자신의 심비에 새겨진 말씀과 같다. 징조를 '에이돈'한 자는 그 징조에서 실상을 '호라오'할 수 있어야 미혹에 빠져들지 아니한다.

요한 계시록은 육신의 눈에 보이지 않는 수많은 영의 일을 숫자와 상징으로 열어 보이고 있다. 즉 보이지 아니하는 일들을 계시하기 위하여 보이는 상징들과 숫자들이 쓰였다. 그것을 알지 못하고 그것들을 욕심과 선악지식을 좇아서 실상으로 붙들고 있는 사람들이 많다. 영과 생명 안에서 계시로 드러나야 할 숫자와 상징들을 놓치면 누구에게든지 요한 계시록은 걸려 넘어지는 반석이 되고 만다. 성경은 나의 나됨을 위한 호음(好音)이지 세상의 복을 받는 복음(福音)이 아니다. 흑암에 빛이 비취고, 혼돈에 질서가 오고, 공허에 충만이 오고, 깊음에 초월이 이루어지는 소식이 하나님이 주신 '유앙겔리온'이다. 누구든지 그에게서 첫 사람의 선악지식과 짝을 이루고 있는 첫 사람의 복이 떠나가지 아니하면 호음이 보이지도 들리지도 생각하게 되지도 아니한다.

● 교리란 무엇인가

교리에 대하여 말해 보자. 오늘날 기독교는 수많은 교리를 가지고 있다. 그것들이 교의라 불리든, 신조라 불리든, 신념이라 불리든, 전통이라 불리든, 예식이라 불리든, 복이라 불리든, 제도라 불리든, 다른 무엇이라 불리든 상관이 없다. 육신의 첫 사람에게는 불행하게도 살았고 운동력 있는 말씀이 계시가 되지 아니하고 교리가 된다. 그 교리의 지식은 지나가 버릴 처음 하늘과 처음 땅에 속한 종교인을 만드는 데 유용하게 쓰인다. 유대교를 보면 이 일을 잘 알 수 있다. 교리는 깨달았다는 사람의 지혜와 지식, 생각과 사상, 욕심을 좇아서 만들어진다.

교리는 만들어진 후에는 사람을 가두어 버리는 감옥이 된다. 사람들은 거기서 나오지 못하도록 길들여지며 또 그들은 거기서 나오기를 두려워한다. 왜냐하면 교리는 거기에 갇혀 있는 것을 선이라 하고 나오는 것은 악이라 하기 때문이다. 아무리 성경을 좇아서 교리가 나왔다 할지라도 거기에는 영과 생명이 없다. 왜냐하면 영과 생명은 '창조의 근원'으로부터만 오고 있기 때문이다. 교회를 움직이는 사람들이 만든 교리는 종교인을 낳을 뿐 하나님의 자녀를 낳지 못한다. 왜냐하면 생명이 아닌 것은 생명을 낳을 수 없기 때문이다. 아무리 교리가 생명을 잘 정의했다 할지라도 그것은 정의일 뿐 생명이 아니다. 자녀는 부모가 낳는다. 부모를 아무리 잘 정의해 보았자 그 정의가 자녀를 낳는 것이 아니다.

교리는 생명을 말하고자 나왔지만, 그냥 말하는 것에 그치지 않고 생명의 계시(말씀) 위에 군림하게 되었다. 생명의 말씀이 교리에 질식당하고 있는 것이 오늘날 종교인들이 처한 상황이다. 교리는 왕이 되고 하나님의 말씀은 그 교리를 섬기는 종이 된지 오래다. 때문에 하나님의 말씀으로 이루어지는 새 창조가 아닌 사람의 종교 개혁은 여기서 실패하였다. 사람이 행하는 모든 종교 개혁은 실패할 수밖에 없다. 왜냐하면 그것은 하나님의 새 창조가 아니기 때문이다.

오늘날 수많은 교파와 교리가 각각 자기의 옳음을 주장하며 다투고 있다. 그것은 마치 십자가에 못 박힌 예수의 겉옷을 나누어 가지며 그의 속옷을 제비 뽑는 것과 같다. 그들은 죽은 예수의 겉옷과 속옷을 가졌으나 부활하신 예수 그리스도의 영과 생명은 버리고 있다.

누구든지 영원한 생명의 실존으로 지어지고자 한다면 믿음으로 말미암아 예수 그리스도의 계시 안으로 들어와야 한다. 우리가 요한 계시록을 영과 생명 안에서 새롭게 읽고자 하는 것도 이 때문이다. 하나님이 우리에게서 첫 창조에 속한 처음 것들을 낡아지고 지나가게 하신 것은 새 창조에 속한 영원한 나중을 맞게 하려 함이다. 이 나중은 새로움이요 영원함이지 종말이 아니다. 단언컨대 부활의 실존에게 종말은 없다. 부활의 실존만이 영원한 하나님의 아들이며 그와 하나되는 자다.

● 처음부터 나중까지 관통하여 읽는 요한 계시록

기록된 바, "우리가 부분적으로 알고 부분적으로 예언하니 온전한 것이 올 때에는 부분적으로 하던 것이 폐하리라"(고전13:9~10)라고 하였다. 요한 계시록은 부분적으로 예언되었던 것을 온전한 하나가 되게 한 예수 그리스도의 계시다. 예수 그리스도의 계시에도 알파와 오메가가 있어서 그가 우리 안에 처음 계시될 때 우리는 '레네페쉬 하야(산 혼의 실존)'가 되고 우리가 '살려주는 영의 실존'이 될 때 그는 우리의 온전한 실존 속에서 세상에 계시된다. 그러므로 예수 그리스도의 계시가 우리 안에 이루어지는 것이 구원이요, 거듭남이요, 부활이요, 새 창조다. 이 모든 일이 하나로 계시된 것이 요한 계시록이다.

장님 코끼리 만지는 이야기가 있다. 코를 만진 자는 코끼리는 굴뚝 같다 하고, 다리를 만진 자는 기둥 같다 하고, 옆구리를 만진 자는 담벼락 같다 하고, 배를 만진 자는 천장 같다 한다. 그 모두의 이야기를 한데 모으면 굴뚝이 있고 기둥이 있고 담벼락이 있고 천장이 있는 집이 된다. 이렇게 되는 것은 우리가 부분적으로 알고 부분적으로 말하기 때문이다. 더욱이 장님은 보는 눈이 없어서 흑암 속에 갇혀 있다.

요한 계시록을 흑암 속에서 부분적으로 보고 그것을 진리로 삼게 되면 예수 그리스도의 계시와는 전혀 다른 형상과 모양인 용이나, 짐승이나, 거짓 예언자나, 음녀를 좇아가게 된다. 누구든지 요한 계시록을 이리 저리 쪼개고 나누다 보면 어느 순간 알지 못하는 사이에 근원으로부터 나오는 영과 생명의 흐름은 사라지고 그 자신 안에 육신의 욕심과 선악지식만 남는다. 이는 마치 산 사람이 해부된 것과 같아서 뼈와 살은 있는데 생명이 없으니 죽은 자다.

● 예수 그리스도의 계시와 새 창조

하나님의 새 창조는 오직 예수 그리스도의 계시로 말미암아 이루어진다. 예수 그리스도의 계시가 우리 안에 영과 진리로 영접되지 아니하면 아무도 새롭게 지어질 수 없다. 어떠한 종교도, 도덕도, 윤리도, 수양도, 사회정의도, 교리도, 그 무엇도 하나님의 새 창조에는 무용하며 무익하다. 이런 모든 것은 첫 사람의 선악세계에나 유용할 뿐이다. 생명세계는 이런 것들을 떠나보내는 데서 시작된다.

이 글은 인자의 기도를 좇아서 요한 계시록을 읽고, 듣고, 마음으로 생각하는 필자의 해석이다. 이 글은 영과 생명 안에서 요한 계시록을 읽고자 하는 이들을 위한 안내서다. 이 글이 독자에게 조금이나마 도움이 되었다면 그는 다시 예수 그리스도의 계시가 자신 안에 살았고 운동력 있는 말씀으로 풍성하고 온전하게 드러나도록 날마다 새롭게 읽고 해석해야 한다. 그렇지 않으면 이 글은 그에게 또 하나의 선악지식이 될 것이다. 왜냐하면 야웨 하나님만이 육신의 '나' 안에 영의 '나'를 낳으시고 둘이 하나되는 '나의 나됨'을 이루시기 때문이다.

창세기와 이사야서 그리고 요한 계시록

● 계시의 책들

창세기는 하나님이 그의 창조의 근원 안에서 이루신 첫 창조의 기록인 동시에 새 창조를 위한 징조서다. 징조서를 영과 생명의 눈으로 '호라오'하지 아니하고 시공에 속한 사람의 욕심이나 선악지식이나 과학의 눈으로 보려는 데서 많은 오류와 오해와 논쟁이 생겨나고 있다. 창세기는 하나님이 근원 안에 그 하늘들과 그 땅을 창조하시고 온전케 하신 그 일을 징조로 하여 사람의 마음 안에 새 하늘과 새 땅이 창조될 것을 계시하고 있다.

과학자들은 창세기가 과학적으로 기록되어 있지 않아서 불만이겠지만 만약 창세기가 과학서가 되어 있다면 하나님의 나라는 믿음으로 사는 하나님의 자녀들의 것이 아니라 과학자들의 것이 되었을 것이다. 그렇다면 믿음으로 말미암는 '나의 나됨'의 길은 사라지고 말았을 것이다. 그러므로 징조서는 영과 생명의 눈에만 그 계시가 드러난다. 창세기도 이사야서도 요한 계시록도 영과 생명의 눈에만 드러나는 하나님의 계시다.

● 이사야와 요한의 예언

이사야는 만군의 야웨이며 이스라엘의 거룩하신 자의 이름으로 새 하늘과 새 땅을 예언하였고, 요한은 예수 그리스도의 이름으로 예언하였다. 이사야는 구약 시대의 예언자요, 요한은 신약 시대의 예언자다. 예언의 순서로 보면 이사야의 예언은 처음이요, 요한의 예언은 나중이다. 이사야의 예언은 요한의 예언으로 온전해졌고 또 두 예언은 하나가 되었다. 이사야의 예언은 요한의 예언의 알파와 징조가 되었고, 요한의 예언은 오메가와 실상이 되었다. 하나님은 언제나 알파와 오메가, 처음과 나중, 근원과 궁극이 풍성하고 온전한 하나를 이루게 하신다.

● 야웨 하나님과 예수 그리스도

하나님은 이사야에 의해 만군의 야웨와 이스라엘의 거룩하신 자로 계시되었다. 그의 맏아들은 예수와 그리스도로 계시되었다. 만군의 야웨는 이스라엘의 죄를 심판하시어 거기서 돌이키게 하시는 하나님이요, 이스라엘의 거룩하신 자는 이스라엘 가운데 임재하시어 그들을 거룩케 하시는 하나님이다. 예수는 하나님께 심판된 사람들의 그 죄를 지시고 십자가에 못 박혀 죽으셨다가 부활하여 모든 죄인의 죄를 사하여 주신 죄사함의 하나님이다. 부활하신 그리스도는 죄사함을 받고 그에게로 온 사람들 안에 임재하시어 그들을 하나님의 아들들이 되게 하시는 기름부음의 하나님이다.

아버지의 이름도 알파와 오메가로, 아들의 이름도 알파와 오메가로 계시되었다. 이는 첫 사람과 둘째 사람이 하나님의 창조의 근원 안에서 알파와 오메가로써 온전히 하나되는 '나의 나됨'을 이루려 함이다.

야웨 하나님은 육신의 첫 사람을 심판하시고, 이스라엘의 거룩하신 자는 둘째 사람을 거룩케 하신다. 아버지는 심판과 의의 하나님이시니 심판은 알파요, 의는 오메가다. 예수 그리스도는 은혜와 진리의 하나님이다. 그의 은혜는 사람 안에 진리를 이루기 위함이다. 하나님의 심판과 예수 그리스도의 은혜는 하나이며, 하나님의 의와 예수 그리스도의 진리는 하나이다. 하나님과 그 아들이 하나임과 같이 하나님의 새 창조 안에서 첫 사람과 둘째 사람은 하나이며 그 하나된 생명의 실존은 하나님과 하나이다.

● 메시아와 새 예루살렘

이사야는 메시아를 예언하였고 예수 그리스도는 그 예언을 좇아 메시아로 오셨다. 이와 같이 어린양의 신부로 부름을 받은 사람들은 요한의 예언(알파)을 좇아 새 예루살렘(오메가)을 이룬다. 이사야의 예언이 예수 그리스도의 거룩한 실존으로 드러났듯이 요한의 예언은 새 예루살렘의 거룩한 실존으로 드러날 것이다. 이사야의 예언을 좇아 예수 그리스도가 메시아로 오신 것처럼 어린양의 신부들은 요한의 예언을 좇아 새 예루살렘이 되어 하늘로서 내려온다.

우리가 요한 계시록을 읽고, 듣고, 마음에 품는 것은 그 말씀들이 우리 자신에게 온 계시가 되고 그 계시가 우리에게서 새 예루살렘의 실존을 이루게 하려 함이다. 첫 사람은 밖에서 이루어지는 새 하늘과 새 땅을 소망하지만 둘째 사람은 자신 안에서 이루어지는 새 하늘과 새 땅을 소망한다. 첫 창조에서 하나님이 '땅의 땅됨'을 이루신 것같이 새 창조에서 그는 각 사람 안에서 '나의 나됨'을 이루신다. 그리하여 첫 창조와 새 창조가 온전하고 풍성한 하나를 이루게 될 것이다.

● **이사야서와 요한 계시록의 배경(해 아래 새 것이 없는 첫 사람의 세상)**

이사야는 우상숭배에 빠져 있던 유대 나라가 앗수르의 위협에 직면하여 있을 때 그것을 배경으로 하여 예언하였다. 요한은 예수 그리스도의 에클레시아가 로마의 지배하에서 우상숭배와 핍박에 시달리고 있을 때 그것을 배경으로 예언하였다. 유대가 처하여 있던 상황이나, 소아시아의 에클레시아가 처하여 있던 상황이나, 오늘날 우리가 물신 숭배에 처한 상황은 표면적으로는 서로 다르다. 하지만 영의 눈으로 바라보면 육신의 처음 사람들이 생명의 길에서 벗어나 둘째 사람을 이루지 못하고 있는 점에서 조금도 다를 바 없다. 그러므로 하루가 천년 같고 천년이 하루 같은 주님 안에서 지금부터 2,800여 년 전의 이사야의 예언이나 2,000여 년 전의 요한의 예언은 오늘 여기에 있는 우리를 향한 예언이다.

성경에 무엇이 기록되어 있느냐를 아는 것은 알파요, 그 기록이 오늘의 우리에게 무엇을 계시하고 있느냐 해석하는 것은 오메가다. 두 예언은 육신의 크로노스에 머무는 사람들에게 영의 카이로스 안으로 들어와서 하나님의 아들의 실존으로 새롭게 창조되라는 하나님의 계시를 선포하고 있다. 오늘날 이사야의 예언으로부터 육신의 크로노스로서는 거의 3,000년이 흘렀다 할지라도 생명의 빛이 비취어 오지 않은 사람에겐 카이로스의 날로는 하루가 되지 않은 밤일 뿐이다.

우리가 처음과 나중이라 말할 때 그 처음은 크로노스이며 나중은 카이로스이다. 나중의 때를 잘못 알고 사람들이 '종말'이라 부르고 있으나 나중의 카이로스는 종말이 아니라 새 생명의 때이다. 즉 처음은 첫 사람의 때이며 나중은 둘째 사람의 때이다. 카이로스는 실존적 시간, 수직적 시간, 새 창조의 시간이며 크로노스는 역사적 시간, 수평적 시간, 흘러가는 시간이다. 어떤 이들은 예수 그리스도의 십자가와 부활을 역사적 사건이라 부르고 있으나 그것은 시공에 갇힌 육신의 첫 사람이 바라보는 크로노스다. 이런 생각이 종말론을 일으킨다. 요한 계시록에 '때가 가깝다(카이로스 엥귀스)'라고 한 그 시간은 하나님의 예정 속에서 인간이 창조될 때부터 이미 가까이 있는 새 창조의 시간이다. 그 카이로스는 시공의 근원으로부터 시공에 속한 자에게 영원한 생명 안으로 들어오게 하기 위하여 가까이에 와 있다.

누구든지 성경의 계시를 통하여 하나님의 약속이 바라지는 믿음을 가지게 된다. 그리고 그 믿음으로 말미암아 크로노스로부터 카이로스의 시간 안으로 들어올 때에 새 창조는 시작된다. 첫 사람에게는 예수 그리스도의 십자가는 분명 역사적 사건이다. 그러나 그 역사적 사건이 오늘 여기 하나님의 새 창조가 이루어지는 카이로스에서 나의 실존적 사건이 되지 아니하면 나는 카이로스 안에 있는 존재가 아니다. 예수 그리스도의 십자가가 다만 역사적 사건인 사람에겐 '나의 나됨'은 없다.

● 하존과 히자욘(계시와 점)

이사야가 예언할 당시 유대에 거짓 예언자들이 많았다. 그리하여 이사야는 자신의 예언을 '하존'이라 불렀고 거짓 예언자들의 점(占)을 '히자욘'이라 불렀다. 하존은 말씀이 말씀 자신을 드러내는 새 창조의 실상, 곧 로고비전(Logovision)이며 '히자욘'은 거짓 예언자들이 하나님의 이름을 빙자하여 첫 사람의 욕심을 이루고자 하는 꿈이나 환상, 곧 에고비전(Egovision)이다. 로고비전은 카이로스에 속한 영원한 생명의 계시요, 에고비전은 육신의 크로노스에 속한 점(占)이다. 종말론은 에고비전이요, 점이요, 헛된 꿈이다. 이사야서의 '하존'은 요한 계시록의 '아포칼리프시스(계시)'다.

● 사람들이 걷는 세 가지 길

이사야는 그의 예언 속에서 사람들에게 세 가지 길을 보여주고 있다. 하나님의 로고비전의 길과 이스라엘 사람의 에고비전의 길과 앗수르와 애굽과 다른 나라들 사람이 좇는 세상 권세의 길이다. 요한 역시 그의 예언 속에서 세 가지 길을 보여주고 있다. 예수 그리스도의 계시의 길과 종교의 에고비전의 길과 로마의 권세의 길이다. 사람은 어느 때 어느 장소에 살고 있던 간에 이 셋 중 하나의 길을 걷고 있다. 요한 계시록에는 이 세 가지 길이 모두 알(R) 자로 시작되고 있다. 즉 레마 (Rhema, 말씀)와 종교(Religion)와 로마(Rome)의 알(R)이다. 이 땅에 사람이 사는 한 누구든지 이 세 가지 길 중 하나를 걷지 않을 수 없다.

● 붉은 용에 속한 자와 어린양에게 속한 자

요한 계시록에는 어린양에게 속한 자와 붉은 용에게 속한 자가 나뉘어 있다. 붉은 용에게 속한 짐승과 거짓 예언자와 음녀와 그 무리는 어린양에 속한 신부와 그의 무리를 적대하는 세력이다. 이들은 하나님의 로고비전을 그들 자신의 탐심의 에고비전으로 바꾸었다. 오늘날 진리의 이름으로 선포되고 강요되고 있는 수많은 선악 교리들은 에고비전의 산물이다. 요한 계시록은 교리의 권세를 가진 자들이 사람들 위에 군림하며 스스로 짐승이 되고, 거짓 예언자가 되고, 음녀가 되고, 그들의 무리가 되는 것을 보여주고 있다. 그러므로 우리는 요한 계시록을 읽거나 읽지 아니하는 것과 관계없이 영과 생명 안에 깨어 있어야 한다. 깨어 있지 않은 자는 미혹되어 그들에게 삼켜질 것이다.

인자(人子)의 기도와 새 창조

야웨 하나님은 전부터 계셔 왔고, 지금도 계시며, 오고 계시고 전능하신 자다. 그 하나님은 첫 창조를 행하셨고 또 새 창조를 행하신다. 누구도 어찌할 수 없는 존재가 되어 버린 사람을 하나님의 아들로 새롭게 지으시는 야웨 하나님만이 전능하시다.

첫 창조에 속한 육신의 첫 사람은 아무도 하나님의 새 창조의 예정을 알지 못한다. 그러므로 하나님은 그 '좋음'을 계시로 사람에게 알리시고 믿음으로 말미암아 창조의 근원 안으로 들어오게 하신다. 하나님은 첫 창조의 모든 것이 새 창조의 바탕과 징조가 되게 하시고, 징조를 좇아서 예수 그리스도 안에서 그의 마음을 닮은 아들로 새롭게 창조하신다.

첫 창조에도 알파와 오메가가 있었고, 또 그 알파와 오메가의 각각에 처음과 나중이 있었다. 새 창조에도 알파와 오메가가 있으며 처음과 나중이 있다. 하나님의 창조는 근원 안에서, 근원으로 말미암아, 근원 안으로 이루어지고 있다. 하나님은 그의 마음을 근원과 궁극이 되게 하신다. 새 창조에 있어서는 하나님의 마음 안에서 사람의 새로워짐 곧 '나의 나됨'이 먼저요, 만물의 새로워짐은 나중이다.

근원 안에 하나님이 그 하늘들과 그 땅을 창조하셨다. 그리고 땅의 기초로 창조된 그 처음 땅으로부터 일곱 날을 좇아서 '땅의 땅됨'을 이루신 것 같이 새 하늘과 새 땅도 사람 안에 일곱 날을 좇아서 창조되고 또 온전하게 지음을 받는다. 인자의 기도는 새 창조의 로고비전을 이루는 모든 인자의 기도이다. 오늘날까지 우리는 통상 예수께서 그 제자들에게 가르쳐주신 기도를 주기도문이라 불러왔다. 그러나 그 기도가 새 창조의 기도인 줄 알지 못하여 우리를 새롭게 창조되게 하는 믿음의 여정이 되지 못하였다. 인자이신 예수 그리스도의 기도가 그의 형제들인 인자들의 기도가 되고, 그 기도가 실존으로 이루어질 때 하나님의 새 창조는 인자들 안에 온전히 이루어진다. 구약을 좇아서 말하면 허무한 '벤 아담(인생)'이 '벤 아담 이마쯔다(힘 있게 하신 인자)'가 되는 것이 새 창조다.

● 벤 아담(인자)과 벤 아담 이마쯔타(힘 있게 하신 인자)

구약에는 인자(사람의 아들)에 관하여 두 가지 흐름이 있다. 그 하나는 '벤 아담(사람의 아들)'이요, 다른 하나는 '벤 아담 이마쯔타(힘 있게 하신 사람의 아들)'이다. '벤 아담'은 구약에서 '인자' 또는 '인생'이라 번역되고 있는데 '인자'란 육신의 첫 사람이 육신으로 낳은 아들(자식)이다. 그 또한 육신의 첫 사람이다. 이 첫 사람은 풀과 같고 구더기와 같은 존재다. 기록된 바, "너희를 위로하는 자는 나이거늘 나이거늘 너는 어떠한 자이기에 죽을 사람을 두려워하며 풀 같이 될 인자를 두려워하느냐"(사51:12)라 하였고, "하나님의 눈에는 달이라도 명랑치 못하고 별도 깨끗지 못하거든 하물며 벌레인 사람, 구더기인 인생이랴"(욥25:5~6)라고 하였다. 야웨 하나님을 알지 못하는 '인생(벤 아담)'은 다만 육신으로 살다가 흙에 묻힐 '에노쉬(죽을 자)'이다.

이에 대하여 '벤 아담 이마쯔타(힘 있게 하신 인자)'는 '벤 아담'과는 전혀 다른 사람이다. 기록된 바, "주의 우편에 있는 자 곧 주를 위하여 힘 있게 하신 인자의 위에 손을 얹으소서 그러하면 우리가 주에게서 물러가지 아니하오리니 우리를 소생케 하소서 우리가 주의 이름을 부르리이다"(시80:17~18)라고 하였다. 여기 '벤 아담 이마쯔타'는 둘째 사람, 곧 살려주는 영이신 예수 그리스도다. 그러므로 에클레시아는 영이신 예수 그리스도를 본받아 하나님의 아들들이 되고 있다.

벤 아담은 왼편에 있는 자다. 그는 죽을 자이나 그는 오른편에 있는 살려주는 자에 의해서 소생된다. 부활의 실존은 왼편에서 죽고 오른편에서 살아난다. 왼편과 오른편은 악과 선이 아니라 육과 영, 땅과 하늘, 사망과 생명을 가리키는 비유다. 육신의 첫 사람이 그 육체와 함께 정과 욕심을 십자가에 못 박는 것은 왼편이요, 그가 영과 생명과 사랑 안에서 둘째 사람으로 다시 살아나는 것은 오른편이다.

신약에서는 예수께서 자기를 가리켜 '호 휘오스 투 안드로푸(인자, 그 사람의 그 아들)'라 하셨다. 왜 예수께서는 자기를 그 사람의 그 아들이라 하신 것인가. '벤 아담(휘오스 아드로푸, 인생)'은 육신의 첫 사람이 육신을 좇아서 낳은 아들이요,

그 사람의 그 아들은 그 사람 안에 하나님으로부터 생명의 씨가 뿌려져서 낳아진 속 사람이다. 그 속 사람은 겉 사람을 떠나지 아니하고 겉 사람과 하나된 사람으로서 살려주는 영이다. 새 창조는 '인생(벤 아담, 휘오스 안드로푸)'으로 하여금 '그 사람의 그 아들(호 휘오스 투 안드로푸)'이 되게 하는 일이다. 그 사람들의 그 아들들이 어린양의 신부가 되어 새 예루살렘 성을 이룬다.

● **인자의 기도의 일곱 단계**

인자의 기도를 살펴보면 일곱 단계임을 알 수 있다. 처음 세 단계는 아버지에게 초점이 두어져 있고 나중의 세 단계는 인자들에게 초점이 두어져 있다. 그리고 마지막은 처음과 나중이 온전히 하나되는 단계이다. 이사야의 예언을 좇아서 보면 처음의 세 단계는 야웨의 길을 예비하는 것이요, 나중의 세 단계는 우리 하나님을 향하여 가는 대로(大路)를 바르게 하는 것이다. 그러나 처음의 세 단계와 나중의 세 단계가 나뉘어 있으면서 또 그 각각은 짝을 이루고 있다.

"그 하늘들에 계신 우리 아버지 당신의 이름이 거룩히 여김을 받으옵소서"와 "오늘날 우리에게 일용할(존재의) 양식을 주옵소서"가 짝을 이루며, "당신의 나라가 임하옵소서"와 "우리가 우리에게 빚진 자를 사하여 준 것 같이 우리의 빚을 사하여 주옵소서"가 짝을 이룬다. 또, "당신의 뜻이 하늘에서 이룬 것 같이 땅에서 이루어지이다"는 "우리를 시험에 빠져들게 마옵시고 도리어 악에서 구하옵소서"와 짝을 이룬다. "대저 나라와 권세와 영광이 아버지께 영원히 있사옵니다. 아멘"은 이 모든 기도를 하나되게 한다.

하나님의 계시는 알파로부터 오메가에 이르기까지 일관되고 있다. 하나님은 그가 이스라엘 백성에게 베푸신 세 절기와 그 절기 속의 이스라엘의 실존이 하나되게 하셨다. 유월절은 그 하늘들에 계신 아버지의 이름이 거룩히 여김을 받는 것과 이스라엘 백성에게 일용할(존재의) 양식을 내리시는 것과 하나되게 하신 절기다. 오순절은 성령으로 말미암아 아버지의 나라가 임해오는 것과 그리스도의 죄사함의 역사가 이루어지는 것이 하나되게 하신 절기요, 초막절은 아버지의 뜻이 하늘에서 이룬 것 같이 땅에서 이루어지는 것과 그의 백성이 시험에 빠져들지 않고 악에서 구원되는 것이 하나되게 하신 절기다. 하나님의 아들들은 그의 기쁘신 뜻을 따라 하나님의 일하심에 맞추어 일하고 하나님의 안식에 맞추어 안식하는 생명의 흐름 속에 있다. 하나님의 계시는 우리에게 그것을 알게 하고 있다.

● 절기와 네 생물

아버지의 이름이 거룩히 여김을 받는 유월절에 우리는 첫 사람의 크로노스에서 둘째 사람의 카이로스로 옮기운 승리의 삶을 살고, 성령이 임하여 오신 오순절에 우리는 첫 사람의 나라에서 아버지의 나라로 옮기운 섬김의 삶을 산다. 수확을 걷어 들이는 수장절(초막절)에 우리는 첫 사람의 자기 뜻에서 아버지의 뜻으로 옮기운 거룩의 삶을 살고, 마침내 하나님과 하나되는 화평(안식) 안에서 우리는 시공 초월의 삶을 산다. 요한 계시록의 네 생물은 하나님의 마음, 곧 어린양이 근원 안에서 에클레시아에게 이루시는 생명과 사랑과 거룩과 초월을 징조하고 있다. 인자들은 인자의 기도를 좇아서 어린양을 닮은 풍성하고 온전한 실존을 이루는 새 창조 안에 있다.

● 요한 계시록의 네 책들

요한 계시록에는 귀중한 네 책이 게시되어 있다. 첫째는 일곱 에클레시아에게 보낸 예수그리스도의 일곱 편지이다. 이 편지를 받아 읽고, 듣고, 마음에 새기는 자마다 승리하는 사자의 삶을 산다.

둘째는 일곱 인으로 안팎이 봉인된 책이다. 이 책의 봉인이 열린 자는 송아지의 섬김의 삶을 산다.

셋째는 펴 놓인 작은 책이다. 이 책을 받아먹은 자는 어린양처럼 작은 자, 곧 오늘 여기 카이로스에서의 부활을 예언하는 삶을 사는 부활의 실존이다.

넷째는 생명책이다. 생명책이 된 자는 시공을 초월하는 독수리의 삶을 산다.

네 생물과 네 책의 실상은 그리스도 안에 있는 하나님의 아들들인 우리 자신이다. 그러므로 우리는 언제나 우리 자신의 내면을 '호라오'해야 한다. 하나님의 새 창조의 흐름(과정) 속에서 우리는 처음에는 편지와 같고, 다음에는 봉인된 책과 같고, 그다음에는 펴 놓인 작은 책과 같고, 마지막에는 생명책과 같다.

● 새 창조의 일곱 단계

요한 계시록은 총 22장이다. 요한 계시록을 인자의 기도의 일곱 단계와 첫 창조의 일곱 날을 좇아서 나누어 보면 알파에 속한 처음의 11장은 3장, 4장, 4장으로 나누이며 오메가에 속한 나중의 11장은 3장, 4장, 2장, 2장으로 나누인다.

● 알파의 세 날들

하루, 첫 단계 : 그 하늘들에 계신 우리 아버지 당신의 이름이 거룩히 여김을 받으옵소서(계 1장~3장)

이틀, 둘째 단계 : 당신의 나라가 임하옵소서(계 4장~7장)

사흘, 셋째 단계 : 당신의 뜻이 하늘에서와 같이 땅에서도 이루어 지이다(계 8장~11장)

● 오메가의 세 날들

나흘, 넷째 단계 : 오늘날 우리에게 일용할(존재의) 양식을 주옵소서(계 12장~14장)

닷새, 다섯째 단계 : 우리가 우리에게 빚진 자를 사하여 준 것 같이 우리의 빚을 사하여 주옵소서(계 15장~18장)

엿새, 여섯째 단계 : 우리를 시험에 빠져들게 마옵시고 도리어 악에서 구하옵소서(계 19장~20장)

● 알파와 오메가가 하나 되는 날

이레, 일곱째 단계 : 대저 나라와 권세와 영광이 아버지께 영원히 있사옵니다.
아멘(계 21장~22장)

이 글에서 필자는 요한 계시록을 인자의 기도를 좇아서 일곱 단계로 나누어 읽고
있다. 이것은 어디까지나 사람의 인식 능력의 한계성 때문이다. 즉 사람은 순서를
따라 말하지 아니하면 그 말하는 것이 무엇인지 좀처럼 알아듣지 못한다. 그러나
이것은 하나님이 반드시 사람의 이해 방식을 좇아 그의 뜻을 계시하신다는 의미가
아니다. 인위적 단계나 제목을 붙이면 도리어 말씀의 흐름이 단절되거나 하나님이
계시하신 영과 생명을 놓치기 쉽다.

제목은 한편으로는 거기에 쓰여 있는 글을 읽기 쉽게 하지만 한편으로는 그 글
을 읽는 이들을 제목에 갇히게 한다. 그런데 성경을 읽기 쉽게 붙여 놓은 제목
들 중 선악지식을 좇아서 붙여진 것이 너무 많아서 성경 읽기는 더욱 어려워졌
다. 어떤 성경이든지 영과 생명의 흐름을 좇아서 '처음부터 나중까지 관통하여'
읽는 것이 좋다. 물론, 모든 에클레시아가 성숙되는 오메가에는 그렇게 될 것
이다.

● 인자의 기도와 시험

예수께서 광야에서 받으신 시험은 인자의 기도를 좇아 사는 모든 이들에게 오는
시험이다. 이 시험을 통하여 단련자는 일곱째 날의 온전함에 이른다. 예수는 시험
받기 위하여 성령에 이끌려 광야에 나가셨고 거기서 사십일 동안 금식하셨다.
금식이 끝나자 그는 시장하셨다. 그때에 시험자가 그에게 나아왔다.

시험자가 말하기를, "네가 하나님의 아들이라면 이 돌들이 빵이 되게 하라"라고
하였다. 이 시험은 '배'를 섬기게 하는 일, 곧 육신의 정욕이다. 이 시험은 예수가
의에 주리고 목마른 자에게 산 양식이요, 생명수가 되는 그 일을 그르치기 위한

시험자의 유혹이었다. 그때에 예수께서 대답하시기를, "사람이 빵으로만 사는 것이 아니라 하나님의 입에서 나오는 모든 말씀으로 살 것이라고 기록되어 있느니라"라고 하셨다.

인자들이 "그 하늘들에 계신 우리 아버지 당신의 이름이 거룩히 여김을 받으옵소서"라고 기도하면 시험자는 그에게 하나님의 이름을 입고 나아와서 말하기를, "너희가 나와 같은 하나님의 아들들이구나. 너희가 금식했으니 배고플 것이다. 이 돌들을 명하여 빵이 되게 하여 너희가 먹고 또 굶주린 사람들을 먹이면 참으로 너희 아버지의 이름이 거룩히 여김을 받으리라"라고 한다. 이와 같이 아버지의 이름이 거룩히 여김을 받는 일과 일용할(존재의) '양식(톤 아르톤 톤 에피우시온, 하나님의 아들의 실존에 맞닿아 있는 양식)'은 짝을 이루고 있다. 사십일 기도 끝에 시험자는 예수께 네가 베푸는 구원은 겉 사람의 양식이냐, 속 사람의 양식이냐를 물었다. 누구든지 실제로 육신이 배고플 때 이 시험에 빠져들면 짐승이나 음녀가 되고 만다.

시험자는 다시 예수를 거룩한 성으로 데려가서 성전 꼭대기에 같이 섰다. 그가 말하기를, "네가 하나님의 아들이라면 뛰어내려라. 기록되기를, 하나님이 천사들을 시켜 손으로 너를 붙들어서 네 발이 돌에 부딪히지 않게 하실 것이라"라고 하였다. 이 시험은 볼거리의 시험 곧 첫 사람의 눈을 섬기는(즐겁게 하는) 일이다. 곧 안목의 정욕이다. 시험자는 예수께 육신의 눈을 크게 뜨게 하면서 영의 눈을 어두워지게 하려 하였다. 그러나 예수께서 대답하시기를, "또 기록되었으되 주 너의 하나님을 시험하지 말라 하였느니라"라고 하셨다.

인자들이 "당신의 나라가 임하옵소서"라고 기도하면 시험자는 말하기를, "너희가 하나님의 아들들이구나. 그렇다면 하나님의 나라가 임해온 증거가 있을 것이 아니냐 그것을 보이라"라고 한다. 시험자는 육신의 첫 사람이 그의 눈으로 '에이돈'할 수 있는 하나님의 나라를 보이라 하지만 둘째 사람은 육신의 눈에 보이지 아니하는 하나님의 나라를 영의 눈으로 '호라오'하는 자이다. 예수께서 성경에 기록된 말씀으로 첫 번째 시험을 이기자 시험자는 그에게 말씀으로 시험하고 있다. 그러나 시험자가 인용하고 있는 말씀은 영과 생명 안에서 해석된 것이 아니라 성경에서 훔친 선악지식이다.

성경을 읽는 자들 가운데 말씀이 말씀 자신을 계시하는 영과 생명을 놓치고 '말씀대로' 살고자 하는 자가 많다. 아마도 그들은 첫 번째 시험은 이길 수 있어도 두 번째 시험은 이길 수 없다. 왜냐하면 시험자가 '말씀대로' 시험하기 때문이다. 문자로 쓰인 말씀이 마음에 품어져서 영과 생명 안에서 해석되지 않고 지식으로 있으면 그것이 바로 '선악지식'이다. 시험자가 말하는 것은 네가 성전 꼭대기에서 뛰어내리고 천사가 와서 너를 보호하면 사람들이 그것을 볼 것이요, 그것이야말로 말씀대로 네가 하나님의 아들이요, 하나님의 나라가 이 땅에 임해온 증거가 아니냐 한 것이다. 그러나 육신의 눈에 보이는 것은 다 사라지며, 사라지는 것은 하나님의 나라에 속한 것이 아니다. 시험자가 성경에 기록된 문자로 시험해오자 예수께서는 영으로 대답하셨다.

하나님은 성전(사람의 마음) 안에 계신다. 인자들은 성전 안에 계신 하나님을 영의 눈으로 '호라오'하고 또 사람들로 그를 '호라오'하게 한다. 그러나 세상은 자신들의 육신의 눈에 보이는 기이한 '볼거리(테라타, 기사)'를 달라고 한다. 우리가 하나님을 믿으려면 하나님을 보아야 믿을 것이 아니냐 한다. 이것은 안목의 정욕을 일으키는 시험이다.

"당신의 나라가 임하옵소서"는 "우리가 우리에게 빚진(죄지은) 자를 사해 준 것 같이 우리의 빚을 사하여 주옵소서"와 짝을 이룬다. 하나님의 나라는 서로가 서로에게 빚진 것을 사해주는(자유케 하는) 자유의 나라요, 긍휼의 나라요, 생명의 나라다. 시험자는 문자(선악지식)로 예수를 시험하는 빚을 졌으나 그는 영으로써 시험자를 자유케 하려 하셨다. 시험자는 그 자유를 받지 않았다. 누구든지 이 시험에 빠져들면 거짓 증인과 거짓 예언자가 되어버린다.

시험자는 다시 예수를 매우 높은 산으로 데리고 가서 그에게 세상 모든 나라와 그 영광을 보여주었다. 그가 말하기를, "만일 네가 내게 엎드려 절하면 이 모든 것을 네게 주겠다"라고 하였다. 이 시험은 높아지고 강해지고, 커지고 부유해지라는 시험이다. 곧 이생의 자랑이다. 시험자는 예수의 청결한 마음을 더럽히고자 했다. 즉 시험자는 그가 하나님을 경외하며 섬기는 작은 존재를 버리고 세상 권세를 탐하는 큰 자가 되도록 유혹하였다. 예수 대답하시기를, "사탄아 물러가라" 기록되었으되, "주 너의 하나님을 경배하고 다만 그를 섬기라 하였느니라"라고 하였다.

인자들이 "당신의 뜻이 하늘에서와 같이 땅에서 이루어지이다"라고 기도하면 시험자는 말하기를, "너희가 내게 절하면 세상의 모든 나라와 영광을 주겠다. 그러면 너희의 기도대로 이 모든 것을 가지고 아버지의 뜻을 마음대로 땅에서 이룰 수 있을 것이라"라고 한다. 이와 같이 아버지의 뜻을 이루는 기도와 누구에게 엎드려 절하고 그 수단을 얻으라는 시험은 짝을 이루고 있다. 참으로 이 시험은 물리치기 어렵다. '너희가 아버지의 뜻을 땅에서 이루려면 무슨 수단이 있어야 할 것이 아니냐' 하며 하나님의 적대자는 그가 가진 수단으로 미혹한다. 그러나 마음이 청결한 자는 사탄에게 절하여 얻는 수단으로는 하나님의 뜻을 이룰 수 없으며 그것은 도리어 사탄의 뜻을 이루는 것임을 안다. 인자들이 "우리를 시험에 빠져들게 마옵시고 도리어 악에서 구하옵소서"라고 기도하는 것은 이 때문이다.

여섯째 단계에서 오는 시험은 우리가 참으로 하나님과 하나되는 실존임을 증거하기 위한 것이다. 선악지식을 좇는 사람들은 수단이야 어찌 되었건 목적이 성공적으로 이루어지면 되는 것 아니냐 한다. 그러나 하나님은 우리에게 그의 생각과 길을 좇아서 그의 뜻이 이루어지기를 원하신다. 그의 생각과 그의 길을 좇는 것은 알파요, 그의 뜻이 이루어지는 것은 오메가다. 하나님은 알파와 오메가가 온전한 하나를 이룰 때 그것을 보시고 '좋다' 하신다. 누구든지 이 시험에 빠져들면 예수를 세상 임금으로 삼은 자, 곧 사탄(붉은 용)의 종이 되어버린다.

● 인자의 기도와 산상수훈

'산상수훈'이라 불리는 그 축복은 전혀 첫 사람이 바라는 것이 아니다. 그 축복은 인생(육신의 첫 사람)이 그 사람의 그 아들(영의 둘째 사람)이 되게 하는 존재의 축복이다. 이 축복은 인자의 기도와 짝이 되어 있다. 이것은 사람이 어린양의 신부와 아내가 되어 새 예루살렘을 이루는 축복이다. 이 축복은 호음 안에 거하는 둘째 사람이 받는 하늘의 축복이다.

- 그 영을 향해 가난한 자는 복되니 천국이 저희 것이요(거룩한 존재가 됨)
- 애통하는 자는 복되니 저희가 위로를 받을 것이요(아버지의 나라가 임함)
- 온유한 자는 복되니 저희가 그 땅을 상속할 것이요(아버지의 뜻이 이루어짐)
- 그 의에 주리고 목마른 자는 복되니 저희가 만족케 될 것이요(존재의 양식을 구하여 받음)
- 긍휼히 여기는 자는 복되니 저희가 긍휼히 여김을 받을 것이요(죄사함의 실존)
- 그 마음이 청결한 자는 복되니 저희가 그 하나님을 볼 것이요(시험을 이김)
- 화평을 짓는 자는 복되니 저희가 하나님의 아들이라 일컬음을 받을 것이요(새 예루살렘을 이룸)
- 의를 인하여 핍박을 받은 자는 복되니 천국이 저희 것이라('의'의 삶)
- 나로 인하여 사람들이 너희를 욕하고 핍박하고 너희를 거스려 모든 악한 말을 할 때에는 너희가 복되니 기뻐하고 즐거워하라. 그 하늘들에서 너희 상이 큼이라. 너희 전에 있던 예언자들을 이와 같이 핍박하였느니라(나의 나됨을 이룬 자의 초월)

하루

요한 계시록 1장, 2장, 3장

하루 : 그 하늘들에 계신 우리 아버지 당신의 이름이 거룩히 여김을 받으시옵소서(계 1:1~3:22)

● 빛이 있으라

창세기 1장 2절에 "그리고 그 땅은 혼돈하고 공허했고 흑암은 깊음 위에 있었고 하나님의 영은 물들 위에 운행하셨다"라고 하였다. 이것은 첫 창조의 알파에서 '땅의 기초'로 창조된 그 땅의 상태다. 첫 사람은 하나님의 형상 안에서 창조되었다. 그러나 그 형상은 창조된 형상 곧 땅에 속한 육의 형상이요, 하나님께 낳아진 하늘에 속한 영의 형상이 아니다. 그러므로 그 첫 사람은 거듭나서 둘째 사람으로 온전하게 지어지기까지는 그가 받은 그 형상 때문에 도리어 하나님의 지혜와 지식의 깊음 속에서 존재적 혼돈과 공허와 흑암을 당하게 된다. 혼돈에 질서가 오고, 공허에 충만이 오고, 흑암에 빛이 오고, 깊음에 초월이 오는 것이 하나님의 새 창조요 하나님이 예비하신 '좋음'이다.

"하나님이 말씀하시기를 빛이 있으라 하시니 빛이 있었다"라 하였다. '빛이 있으라'라고 명하신 것은 처음이요, '빛이 비취어 온 것'은 나중이다. 이와 같이 하나님의 말씀은 하나님이 예정하신 실상을 이룬다. 첫 사람은 이 징조를 좇아서 새 창조에 속한 카이로스의 첫날 아버지 하나님으로부터 예수 그리스도의 생명의 빛으로 비췸을 받는다. 기록된 바, "어두운 데서 빛이 비취리라 하시던 그 하나님께서 예수 그리스도의 얼굴에 있는 하나님의 영광을 아는 빛을 우리 마음에 비취셨느니라"(고후4:6)라고 하였다.

새 창조에서 하나님이 '빛이 있으라' 하신 그 말씀을 믿음으로 영접한 자들은 "그 하늘들에 계신 우리 아버지 당신의 이름이 거룩히 여김을 받으시옵소서(거룩히 되어 지이다)"라고 간구하며 그 빛의 실존을 이루는 카이로스의 하루를 이룬다. 그 말씀을 영접하고 기도하는 것은 알파다. 오메가는 아버지의 이름이 거룩히 여김을 받는 실존을 이루는 것이다.

"하나님이 그 빛을 보시니 좋았다"라고 하신 것과 같이 아버지는 그의 이름이 거룩히 여김을 받게 하는 아들들의 그 거룩의 빛을 보시고 좋다 하신다. "하나님이 그 빛과 그 어두움을 나누어 그 빛을 낮이라 칭하시고 그 어두움을 밤이라 칭하셨다"라고 하였다. 첫 사람에게 비취어온 영의 빛은 낮이요, 그가 처하였던 육의 빛(어두움)은 밤이다. 육신의 첫 사람에게도 빛이 있다. 그러나 그가 무엇을 빛으로 삼고 무엇을 어두움으로 삼든지 그 빛과 어두움 모두 둘째 사람에게는 흑암이다. 흑암은 빛이 비취어 올 바탕이다. 아버지에게서 온 그 거룩한 빛은 첫 사람의 어두움을 밝히면서 온전한 한 날을 이룬다. "저녁이 되며 아침이 되니 하루라"라고 하였다. 이 하루의 일이 육신의 첫 사람이 영의 둘째 사람으로 지어지는 첫 단계이다.

첫 사람이 처한 어두움은 무엇을 말함인가. 그 어두움은 사람이 안목의 정욕을 좇아서 하나님이 주시는 생명을 보아도 보지 못하는 흑암이다. 사람의 선악지식으로는 생존을 볼 수 있으나 생명을 볼 수 없기 때문에 그것은 극복할 수 없는 사망(흑암) 상태다. 생존을 보는 사람은 자신의 선악지식을 좇아서 이익을 선(빛)으로 손해를 악(어두움)으로 여긴다. 그러나 말씀이 계시하는 빛은 영원한 생명이요, 생존은 어두움(사망)이다. 첫 사람은 누구나 하나님의 생명의 계시를 육신에 속한 선악지식으로 받아들이고 종교와 윤리와 도덕과 수양과 그 무엇이건 인간 가치를 세우는 그 일을 선으로 알고 사망의 세계를 이루고 있다.

그러면 어느 때에 빛과 어두움이 선악의 관계가 되는 것인가. 첫 사람이 생존(생존의 끝은 사망이다)을 빛으로 삼고 생명을 어두움으로 삼을 때이다. 또, 빛이 비취어 왔는데 그 빛을 영접하지 않을 때이며, 처음 빛을 붙들고 나중 빛을 영접하지 않을 때이다. 첫 사람은 스스로 유익하다(선하다)고 여기는 그것으로 악을 이루고 있다. 사람은 선악 개념이 아니면 만물을 바라볼 수 없는 무저갱에 빠져 있다. 만물에는 이런 일이 일어나지 아니한다. 다만 땅에서 지혜와 지식을 구하는 사람의 마음 안에서 일어나는 일이다. 때문에 하나님은 그의 마음 안에서 사람을 새롭게 지으신다.

사람이 흙에 속한 자의 형상으로부터 하나님께 낳아져서 영에 속한 자의 형상과 모양(신성)으로 새롭게 거듭나지 아니하는 한 무저갱의 이 일은 계속될 것이다. 사람의 욕심은 선악지식의 근원이다. 욕심에서 나온 선악지식은 흑암 속에 흑암을 지어낸다. 어떤 이들이 묻기를 하나님은 왜 사람을 온전하게 창조하지 않으셨는가 한다. 그것이 곧 생명의 흐름을 알지 못한 선악지식이다. 이는 마치 자기를 낳은 어머니에게 나를 어른으로 낳지 왜 아기로 낳았느냐 하는 것과 같다. 생명에는 흐름이 있고 때가 있다.

하나님은 일곱 날을 좋아서 그의 자녀들을 풍성하고 온전하게 빛의 존재로 지으신다. 우리가 '날'이라고 할 때 지구가 자전하면서 태양을 등지면 밤이 되고, 태양을 향하면 낮이 되는 그 크로노스의 날에 집착하기 쉽다. 여기 일곱 날은 사람의 마음이 하나님을 등지고 있는 밤과 하나님을 향하여 있는 낮이 이루어지는 카이로스의 날이다. 우리가 육신의 일에 붙잡혀 있으면 밤이요, 영의 일에 붙잡혀 있으면 낮이다. 생명의 흐름 속에서 밤과 낮을 맞이하는 자는 밤과 낮이 한 날을 이루는 그 '좋음'을 좋아서 풍성하고 온전한 하나님의 아들의 실존을 이루기까지 멈추지 아니한다.

새 창조의 근원인 예수 그리스도는 전부터 생명의 빛으로 있어 왔으며, 지금도 생명의 빛으로 있으며 또 생명의 빛으로 오고 있는 분(호 에르코메노스)이다. 첫 날의 실존(속 사람인 나, 하나님의 모양을 본받는 자)을 이루어 주시는 그분은 다시 이틀째 날의 실존을 이루기 위하여 오시며, 또 계속하여 오신다. 이와 같이 카이로스의 일곱 날을 좋아서 속 사람의 나와 겉 사람의 나가 온전하고 풍성한 하나를 이룬다. 그리하여 일곱째 날에 하나님의 형상과 모양이 온전히 하나된 하나님의 아들의 실존을 이룬다.

"그 하늘들에 계신 우리 아버지 당신의 이름이 거룩히 여김을 받으시옵소서"라고 하는 기도의 그 하늘들은 무엇이며, 당신의 이름은 무엇인가. 그 하늘들은 새 창조에서 야웨 하나님께 낳아진 사람들의 마음들이다. 창세기 1장 1절의 그 하늘들은 알파에서 첫 사람이 거하게 될 하늘(공간)이며, 오메가에서 둘째 사람의 마음 곧 하나님이 거하시는 영적인 하늘이다. 그리고 하나님의 이름은 야웨다. 야웨란 '에헤예 아셰르 에헤예(나는 나다, I am that I am, I am that being)'라는 뜻이다.

기록된 바, "모세가 하나님께 말하기를, 내가 이스라엘 자손에게 가서 너희 조상의 하나님이 나를 너희에게 보내셨다 하면 그들이 내게 묻기를 그의 이름이 무엇이냐 하리니 내가 무엇이라고 그들에게 말하리까"라 하였다. "하나님이 모세에게 말씀하시되, '나는 존재니라' 또 말씀하시되, 너는 이스라엘 자손에게 이같이 말하기를, 나를 너희에게 보내신 이는 너희 조상의 하나님 곧 아브라함의 하나님, 이삭의 하나님, 야곱의 하나님 야웨라 하라. 이는 나의 영원한 이름이요 대대로 이르는 나의 표호니라"(출3:13~15)라고 하셨다.

● **하나님은 그의 이름을 묻는 모세에게 '나의 이름은 야웨다'라고 하시기 전에 먼저 '나는 존재니라'라고 하셨다.**

첫 사람은 하나님의 모양을 본받기까지는 그 이름과 존재가 하나되어 있지 않다. 첫 사람은 모두 육신의 겉 사람을 '나'라고 말하고 있다. 그러나 그 겉 사람은 땅을 향해 살면서 하나님께 대하여 죽어(단절되어) 있다. 그러므로 하나님은 먼저 그 겉 사람을 살려서 '레네페쉬 하야'가 되게 하신다. 그 후에 그 겉 사람 안에 야웨로 말미암아 속 사람인 '나'가 낳아진다. 겉 사람인 '나'와 속 사람인 '나'가 하나되는 것은 '나의 나됨'인 존재의 일이다. 하나님은 '나는 존재니라' 하신 후에 '나는 아브라함의 하나님, 이삭의 하나님, 야곱의 하나님 야웨라'라고 말씀하셨다. 즉 이 말씀은 하나님이 '영과 생명 안에서 살아 있는 자들(죽은 자들 가운데서 살아난 자들)'의 하나님이심을 말하는 것이다.

그러므로 우리가 하나님의 아들들이라 불리는 것은 알파요, 그 이름의 실존을 이루는 것은 오메가다. 이와 같이 우리에게 이름을 먼저 주시고 믿는 우리 안에서 그 이름과 존재가 하나되게 하시는 것이 하나님의 새 창조다.

야웨란 이름은 하나님이 우리 안에 전부터 계셔 왔고 지금도 계시며 또 오고 계신 존재임을 드러내고 있다. 그 이름은 존재 안에서, 존재로 말미암아, 존재 안으로 새롭게 지어질 그의 아들들에게 영원히 기억되고 불리고 칭송될 이름이다. 그 이름 밖에서 이루어지는 일은 새 창조일 수 없으며, 구원일 수 없으며, 거듭남일 수 없으며, 부활일 수 없다. 많은 사람이 야웨 하나님으로부터 그들 안에 낳아질 영적인 존재인 영의 '나'를 알지 못한 채 방황하고 있다. 야웨 하나님은 우리 안에 말씀으로 그의 아들들을 낳으시고 우리를 생명의 존재로, 사랑의 존재로, 거룩의 존재로, 초월의 존재로 지어 가신다.

우리가 알파에서 하나님의 아들들이란 칭호(이름)를 받은 후 오메가에서 그 실존을 이루지 못하고 있다면 쭉정이에 불과하다. 이름은 실존을 위하여 있고 실존은 이름을 온전케 하면서 둘이 하나를 이룬다. 즉 형상과 모양이, 육과 영이, 성소와 지성소가 하나를 이룬다. 우리에게 주어진 하나님의 아들들이란 이름은 우리에게 이루어질 새로운 실존을 계시하는 아버지의 믿음이요, 소망이요, 사랑이다. 이름은 알파요 실존은 오메가다. 둘이 하나되게 하는 것이 하나님의 새 창조다.

야웨 하나님은 아브람에게 아브라함이란 이름을 주셨다. 아브람은 첫 사람이요, 아브라함은 둘째 사람이다. 그 둘째 사람이 이삭을 낳았고 또 이삭을 하나님께 드렸다. 우리는 각각 하나님의 새 창조로 말미암아 첫 사람인 '휘오스 안드로푸(사람의 아들)'로부터 둘째 사람인 '호 휘오스 투 안드로푸(그 사람의 그 아들)'로 유월하고 있다. 아브라함은 그의 믿음 가운데서 많은 자손이 그와 같은 실존을 이룰 것을 바라보았다. 예수 말씀하시되, "너희 조상 아브라함은 나의 날 볼 것을 즐거워하다가 보고 기뻐하였느니라"(요8:56)라고 하였다.

요한 계시록 1장

1.1 Ἀποκάλυψις Ἰησοῦ Χριστοῦ, ἣν ἔδωκεν αὐτῷ ὁ θεὸς δεῖξαι τοῖς
δούλοις αὐτοῦ, ἃ γενέσθαι ἐν τάχει, δεῖ καὶ ἐσήμανεν ἀποστείλας διὰ
τοῦ ἀγγέλου αὐτοῦ τῷ δούλῳ αὐτοῦ Ἰωάννῃ,

**아포칼륍시스 예수 크리스투, 헨 에도켄 아우토 호 데오스 데익사이 토이스
둘로이스 아우투, 하 게네스다이 엔 타케이, 데이 카이 에세마넨 아포스테일라스
디아 투 앙겔루 아우투 토 둘로 아우투 요안네,**

예수 그리스도의 계시, 곧 하나님이 자기 종들에게 반드시 속히 될 일을 보이시
려고 그에게 주셨고, 그는 자기의 종 요한에게 보낸 자기의 천사로 말미암아
징조하신 것이다.

● **아포칼륍시스 예수 크리스투(예수 그리스도의 계시)**

계시란 감추인 것을 드러내는 말씀 곧 '나의 나됨'을 이루는 그리스도의 예언의
말씀이다.

요한 계시록 1장 1절은 22장까지의 전체를 여는 열쇠다. 만약 우리가 1장 1절을
분명히 읽고, 듣고, 깨닫는다면 요한 계시록에 충만한 영과 생명의 흐름에서 벗어
나지 않고 새 창조의 실존을 이룰 것이다. 요한 계시록의 '아포칼륍시스(계시)'
와 이사야서의 '하존(로고비전)'은 하나님의 새 창조를 말하는 예언이다. 우리는
여기서 다시 한 번 예언과 점(占)이 어떻게 다른지 분명히 할 필요가 있다. 왜냐하
면 세상에는 예언서라 칭함을 받는 점서(占書)가 많으며 요한 계시록도 점서처럼
읽는 이들이 많기 때문이다.

예언은 육신에 속한 크로노스의 생존에 머물러 있는 자에게 영에 속한 카이로스의
생명의 실존 안으로 들어오게 하는 계시다. 그러나 점은 첫 사람의 소욕을 좇아서
흘러가는 크로노스의 시간 속의 미래에 일어날 일을 미리 말하는 것이다. 점은

첫 사람의 길흉화복을 말하고 예언은 첫 사람이 예수 그리스도 안에서 거듭나서 이루는 둘째 사람을 말한다.

영의 새로운 실존을 말하지 아니하는 것은 그 무엇이든 예언이 아니다. 예수 그리스도의 계시는 우리의 영의 새로운 실존을 말하고 있으며 그 계시의 알파는 예수 그리스도가 우리 안에 계시되는 것이며 그 오메가는 예수 그리스도가 하나님의 아들들이 된 우리에게서 증거되는 것이다. 예수 그리스도를 본받은 실존이 우리 안에 이루어지지 않으면 우리에게서 예수 그리스도가 증거될 수 없다.

계시란 감춰졌던 것을 열어 보임이다. 그러면 무엇이 감춰져 있었는가. 그것은 예수 그리스도를 믿는 자 안에 이루어질 예수 그리스도의 생명과 사랑과 거룩과 초월(진리)의 실존이다. 즉 예수 그리스도 안에서 육신의 첫 사람이 영의 둘째 사람으로 새롭게 지어지는 일이다. 어느 누가 요한 계시록을 종말론으로 알고 있다면 그것은 요한 계시록을 점서로 대하면서 영의 새로운 실존인 '나의 나됨'을 막는 일이다. 많은 사람들이 종말론을 좇아서 오늘 여기서 이루어지는 카이로스의 실존 안으로 들어오지 아니하고 욕심을 좇아 종말에 일어날 일을 미리 알아서 이득을 취하려 한다.

종말론(에스카톨로지)의 근원이 된 '에스카토스(나중)'는 종말이 아니라 영과 생명의 둘째 사람이 창조되는 영의 시간 곧 새 창조의 카이로스다. 이 카이로스는 언제나 우리 가까이에 있으며 그 시간은 우리가 예수 그리스도의 계시를 좇아서 그를 본받는 때이다. 그것은 크로노스의 끝이 아니라 크로노스를 넘어서 생명의 근원 안으로 들어가는 초월의 시간이다. 크로노스가 처음이요, 카이로스가 나중인 것은 누구든지 믿음으로 말미암아 육신의 크로노스의 생존에서 영의 카이로스의 생명으로 유월케 되어 있기 때문이다.

예수 그리스도는 그의 계시로 말미암아서 겉 사람인 육신의 '나'와 속 사람인 영의 '나'에게 온전한 존재의 빛을 비추신다. 이 빛은 우리를 하나님의 형상 안에서 그의 모양과 같이 지어지게 하는 마음의 빛이다. 이 빛은 첫 사람인 육신이 나중되고 둘째 사람인 영이 처음되어 둘이 온전한 하나를 이루는 그 일을 행한다. 둘이 하나된 그 사람은 '그 사람의 그 아들(인자)'이다. 이 새 창조에는 알파와 오메가가 있다. 알파는 '하나님의 종들(신뢰의 믿음을 가진 사람들)'의 마음 안에 새 하늘과 새 땅이 창조되고 또 만물이 새롭게 되고 마침내 하늘에서 아버지로부터 새 예루살렘이 크고 높은 산에 내려오는 일이다. 오메가는 만국이 그 새 예루살렘 안으로 인도되어 들어오는 일이다.

이 계시는 하나님이 예수 그리스도에게 주셨고 그는 그것을 천사를 통하여 요한에게 징조로 보여주셨다. 요한은 성령 안에서 그가 받은 계시를 기록하여 하나님의 종들에게 보냈다. 그런즉 누구든지 하나님의 종들은 생명의 흐름을 좇아서 그들의 선악지식으로부터 요한 계시록으로, 요한 계시록으로부터 요한으로, 요한으로부터 천사에게로, 천사로부터 예수 그리스도에게로, 예수 그리스도로부터 하나님에게로 나아간다.

● **하 게네스다이 엔 타케이, 데이(반드시 속히 될 일)**

우리 인생의 육신의 삶은 영원 속에서 한 순간에 지나지 않는다. 모든 일이 순식간에 지나가 버린다. 요한이 예언하고 있는 일들은 크로노스 때의 육신에 속한 것이 아니라 카이로스 때의 영에 속한 것이다. 영원한 생명을 위한 그 카이로스의 때는 모든 사람에게 언제나 가까이 있으나 육신에 속한 자는 그것을 알지 못한다. 카이로스의 실존은 누구든지 지금 여기서 창조의 근원인 예수 그리스도 안에서 속히 이루어진다. 그리스도 안에 있는 자에게 '반드시 속히 될 일'이 지연되고 있는 것은 우리가 크로노스에서 카이로스로 유월하여 하나님의 새 창조에 온전히 맡겨진 '되어짐(Becoming)'의 존재로 되어 있지 않기 때문이다. 사람들은 짧고 유한한 자신의 생존 기간을 긴 시간으로 알고 헛되게 하고 있다.

사람은 모든 피조물과는 달리 그 욕심과 선악지식과 의지로 누구나 자기의 뜻을 이루고자 하기 때문에 하나님도 그가 하나님의 약속이 이루어질 것을 믿는 믿음 안에서 되어짐의 존재가 되기까지는 새롭게 지으실 수 없다. 하루를 천 년 같이 기다리시는 하나님의 마음을 아는 자는 그의 마음 안으로 들어와 '반드시 속히 될 일'이 속히 이루어지도록 한다. 계시를 받은 자가 온전한 믿음으로 예수 그리스도의 계시 안으로 들어오고 깨어서 그 안에 되어짐의 존재로 머물러 있으면 계시된 일들은 반드시 속히 되어질 것이다. 영원한 생명은 그의 순간적 인생이 지나가기 전에 카이로스의 때에 속히 이루어져야 할 일이다.

오늘날 어떤 이들은, '오늘 날은 계시가 없다'라고 말한다. 그들은 계시를 보아도 보지 못하고, 들어도 듣지 못하고, 마음으로 생각하지 못하니 그렇게 말할 수밖에 없다. 그들은 요한 계시록을 성경의 일부분으로 여길 뿐 그들에게 온 '나의 나됨'의 계시인 줄 믿지 아니한다. 요한 계시록은 전부터 있어 왔고, 지금도 있으며, 오고 있는 예수 그리스도의 영원한 새 창조의 계시다. 들을 귀를 가진 자는 영 안에서 그 계시를 보고, 듣고, 깨달으며 그 계시의 실존을 이룬다. 육신의 크로노스는 영원 밖의 시간이며 영의 카이로스는 영원 속의 시간이다.

● **에세마넨(징조했다, 징조를 보였다)**

오늘날 번역 성경들은 요한 계시록의 '에세마넨'을 잘못 알고 있다. 예루살렘 바이블과 뉴 인터내셔널 버전은 '에세마넨'을 '그것을 알게 했다(Made it known)'로 해석 하였고, 킹 제임스 버전은 '징조했다(Signified)'로 해석 하였다. 한글 개역 성경은 '지시하신 것'이라 해석 하였고, 새 번역은 '알게 하셨습니다'로, 현대인의 성경은 '알게 하신 것'으로, 공동번역은 '알려주셨습니다'로 해석 하였다. '에세마넨(세마이노 동사의 직설 과거 능동)'은 징조를 보여주었다는 의미다. 그러므로 징조를 읽는 자는 영과 생명 안에서 그 징조를 해석할 수 있어야 한다. 대부분의 번역 성경에서 '징조'가 사라졌으니 영 안에서 무엇을 어떻게 해석할 것인지 알 수 없게 되었다. 창세기든 요한 계시록이든 문자대로 읽는 것은 선악지식이요, 그 글이 영과 생명 안에서 살았고 운동력 있는 말씀으로 거듭나는 것은 계시다.

오늘날 많은 사람들이 거듭남을 교리로는 알고 있다. 그러나 거듭남은 교리가 아닌 살았고 운동력 있는 말씀으로는 '낳아지는' 나의 나뉨이다. 물과 영으로 위로부터 나는 자마다 그의 모든 생각과 언어와 지식이 새롭게 거듭난다. 아버지라 하면 사람은 육신의 아버지만을 생각한다. 거듭난 자의 아버지는 하나님이다. 여기까지는 사람들도 듣고 있어서 알고 있지만 그것도 거듭남과는 상관없는 선악지식이다.

그러면 거듭남의 실상은 무엇인가. 먼저 거듭난 자의 어머니가 누구인지 살펴보자. 하나님이 계신 곳이 성전이며 하늘이며 거기에 어머니가 계신다. 우리의 속 마음에 하나님이 계시니 거기가 성전이며 하늘이다. 실상은 우리의 겉 마음 너머의 속 마음에 하나님의 아들이 낳아진다. 그러면 우리의 겉 사람의 어머니와 아버지는 누구인가. 우리의 겉 사람의 어머니는 욕심이다. 우리의 몸을 낳은 생물학적 어머니는 우리와 함께 있어도 그녀 자신은 우리 안에 들어와 있지 아니하다. 우리 안에 어머니로서 들어와 있는 첫 사람의 어머니는 육신의 정욕, 안목의 정욕, 이생의 자랑이요 아버지는 선악지식이다. 첫 사람이 거듭난다는 것은 먼저 육신의 정욕과 안목의 정욕, 이생의 자랑, 선악지식이 떠나가는 것이다. 그리고 하늘의 어머니인 생명과 사랑, 거룩, 계시(말씀)가 우리 안에 들어오는 일이다. 둘째 사람은 그가 먼저 받은 하나님의 형상 속에 말씀으로 아들을 낳아 하나님의 모양을 이룬다.

하나님이 계신 곳은 하늘이므로 둘째 사람의 마음은 하늘이다. 그의 몸은 땅이다. 인자의 기도에서 "당신의 뜻이 하늘들에서와 같이 땅에서 이루어지이다" 할 때의 그 땅은 지구가 아니라 우리의 몸이다. 하늘과 땅이 하나인 것과 같이 둘째 사람의 마음과 몸이 하나되는 그것이 '나의 나뉨'이다. 사람들이 그 입술로는 '하나님은 우리 마음 안에 계시다'라고 하면서 자기 마음이 하늘이요 자기 몸이 땅인 줄 알지 못하고 공간을 하늘로 지구를 땅으로 알기 때문에 카이로스의 실존이 이루어지지 않고 있다. 우리의 생존본능(배)은 바다다. 그러므로 카이로스의 둘째 사람은 하늘도 땅도 바다도 다 자신 안에 가지고 있고 거기에서 하나님의 나라가 이루어지는 것이다. 새 창조를 통하여 내 안에 있는 하늘과 땅과 바다가 아버지의 나라를 이루고 또한 내 밖에 있는 하늘과 땅과 바다가 새롭게 지어진다.

요한 계시록은 징조서이기 때문에 요한은 말하기를, 그것을 '읽고 있는 자(호 아나 기노스콘)'는 복되다 하였다. 요한 계시록을 읽는다는 것은 그 징조를 생명 안에서, 사랑 안에서, 진리 안에서, 영 안에서 해석하고 심비에 새긴다는 의미다. 종말론은 그 안에 생명도, 거룩도, 사랑도, 진리도, 영도 없는 길흉화복을 찾는 것이므로 요한 계시록을 해석한 것이 아니라 멸망의 길을 걷는 것이다. 요한 계시록의 숫자와 상징이 생명과 거룩과 사랑과 진리(초월)를 좇아 해석되지 않은 것은 무엇이든 점 풀이를 한 것에 다름 아니다.

징조와 기사는 무엇인가. 징조는 실상을 이루기 위하여 주어진 것이다. 그러므로 징조는 실상을 증거하고 있다. 그러나 징조는 실상이 아니다. 그런즉 징조를 실상으로 붙잡은 자마다 그 징조를 멸망의 '테라타(기사)'가 되게 한다. 징조가 실상을 이루는 것이 생명이다.

'징조(세메이온)'와 '기사(테라타)'는 둘이 아니요 하나의 양면이다. 징조를 생명과 사랑과 거룩과 초월이 되게 한 자는 하나님의 아들의 실존을 이루었다. 그리고 그 징조를 생존과 욕심과 속됨과 시공에 갇힘이 되게 한 자는 그 징조를 멸망의 기사가 되게 하였다. 요한 계시록의 숫자와 상징을 어떻게 읽느냐에 따라 징조가 되기도 하고 기사(기이한 볼거리)가 되기도 하며 계시가 되기도 하고 점이 되기도 하며 말씀이 되기도 하며 선악지식이 되기도 한다. 누구든지 자기 믿음으로 징조를 읽는 자는 기사가 되게 하고, 예수 그리스도의 믿음과 하나된 믿음으로 징조를 읽는 자는 구원이 되게 한다.

그러면 예수 그리스도는 무엇 때문에 '반드시 속히 될 일'을 징조하신 것인가. 영적 실존은 육신의 눈으로 '에이돈'하는 것을 좇는 자가 아니라 영의 눈으로 '호라오'하는 것을 좇는 자이다. 즉 영과 생명의 눈으로 징조를 분별하는 자에게만 예수 그리스도의 계시는 이루어진다. 이것은 진리의 사랑을 받지 아니한 자들로 거짓을 믿고 심판되게 하려 함이다. 징조를 실상으로 붙잡은 것은 진리의 사랑을 받지 아니하고 선악지식을 움켜쥔 것이다.

징조는 알파다. 그 징조를 좇아 이루어지는 우리의 실존은 오메가다. 징조 해석이 영과 생명에서 벗어나면 당연히 그 실존 역시 영과 생명에서 벗어난다. 같은 계시의 말씀이 우리를 어린양의 신부인 새 예루살렘이 되게도 하고 붉은 용과 짐승과 거짓 예언자와 음녀와 그들을 좇는 무리가 되게도 한다. 요한 계시록에 무엇이 기록되어 있느냐를 아는 것은 알파요, 그것을 어떻게 읽느냐는 오메가다. 그러므로 오메가에서 생명을 취한 자와 사망을 취한 자가 반드시 나누인다.

● 앙겔로스(천사)

오늘날 천사에 대한 오해가 매우 심각하다. 천사는 좋은 소식, 곧 징조를 전하는 자이다. 카이로스의 영과 생명을 전하는 자는 예수 그리스도의 천사이며 그의 소식 자체가 또한 천사이다. 우리가 하나님의 말씀을 받고도 예수 그리스도를 본받는 실존에 이르지 못하고 있으면 그 말씀은 여전히 천사로 있으면서 우리를 떠나지 못하고 있다. 그 말씀은 내 안에 들어와 내가 되고자 하는데 나는 그를 나와 상관없는 지식이나 점으로 대하고 있다.

우리에게 예수 그리스도의 계시는 징조이며 천사다. 그 천사는 우리의 실존을 이루기 위하여 보냄을 받은 말씀이요 영이다. 그 말씀이 우리의 실존이 되었으면 더는 천사가 아니라 우리 자신이다. 그러면 천사는 그의 일을 끝냈는가. 그렇지 아니하다. 영의 실존을 이룬 우리 자신은 다시 천사로 그 실존을 이루지 못한 자에게 보냄을 받는다. 이와 같이 천사는 실존을 위하여 있고 실존은 다시 천사가 된다.

● 카이로스의 날들을 따라 거듭 새로워지는 실존

예수 그리스도의 계시가 전해질 때 믿음으로 그 진리 안으로 속히 들어오면 그 계시 또한 속히 이루어지면서 그에게 새 창조의 첫 날이 시작된다. 그 첫 날은 다음 날들과 일체로 있다. 처음 날의 창조는 다음 날의 창조의 기초가 된다. 그러나 처음 날이 전부인 줄 알고 다음 날의 창조로 나아가지 아니하면 다음 날이 그에게서 유실되고 마침내 그가 이루었던 첫 날의 창조 또한 잃어버리고 만다.

예수 그리스도의 계시를 좇아 첫날의 실존을 이루지 못한 것도 죄이며 다음 날의 창조로 나아가지 않는 것도 죄이다. 죄란, 사람이 육신의 생각을 따라 육신의 길을 걸으며 새 창조의 푯대에서 벗어난 모든 것이다. 야웨 하나님이 원하시는 것은 우리가 카이로스의 날들을 따라 첫 날의 창조에서 이레째 날에 이르기까지 멈추지 아니하고 풍성하고 온전하게 지어져서 그와 온전히 하나되는 일이다. 하나님은 이 일을 위하여 계속 천사를 보내신다.

새 창조의 길에서 우리가 그 푯대에서 벗어난 것을 아는 것은 은혜다. 푯대에서 벗어난 것이 죄라는 것을 알지 못하면 계속 빗나간 채 사망으로 나아갈 것이기 때문이다. 나는 예수를 믿으니 천국에 가고 너는 예수를 믿지 않으니 지옥에 간다고 하는 말은 아직 푯대를 알지 못하는 어릴 때의 것이다.

많은 사람이 그 어릴 때의 것을 계속 붙들고 놓지 않고 선악지식에 갇혀 있다. 하나님은 우리가 새 창조의 길에서 빗나갈 때 천사를 보내어 그것을 알게 하신다. 이것은 우리의 죄를 탓하려 함이 아니라 거기서 돌이키게 하려 함이니 은혜 위에 은혜. 예수 그리스도께서 우리가 푯대에서 벗어난 것(죄)을 알게 하시는 것은 그가 우리의 모든 죄를 사하셨기 때문이다. 이와 같이 알파의 죄사함의 은혜는 하나님의 아들의 실존을 이루는 오메가의 은혜로 나아가게 한다.

● 요한

요한이란 이름은 '하나님은 은혜로우시다'란 의미다. 예수 그리스도는 누구든지 새 창조의 진리 안에 살게 하기 위해 그가 어떠한 죄인이건 죄사함의 은혜를 베푸신다. 그는 우리에게 카이로스 안으로 들어오기 전의 크로노스의 때에 하나님의 마음 밖에서 욕심과 선악지식으로 살던 것을 버리고 믿음으로 계시를 좇아서 하나님의 마음 안으로 들어오라 하신다. 그럼에도 스스로 지혜롭다고 생각하는 사람들은 그리스도의 계시를 버리고, 종교와 도덕과 윤리와 수양과 그 무엇을 좇아 살면서 하나님의 마음 안으로 들어오지 아니한다.

창조의 근원인 하나님의 마음 밖에 있는 것이 죄인데 기이하게도 사람들은 하나님의 이름을 부르며 그 앞에까지 왔음에도 그 마음 안으로 들어오지 아니한다. 그들의 믿음은 다만 우리가 당신을 찬양할 터이니 당신은 우리가 원하는 영생의 복을 내리소서 하는 것이다. 그러나 그것은 하나님의 생각도 길도 아니므로 그들은 여전히 죄 가운데 있는 것이다.

● 심판과 은혜

심판과 은혜는 하나다. 죄에 대한 심판은 은혜를 위하여 있고 은혜는 심판을 온전케 한다. 누구든지 죄의 심판을 받지 아니하면 아무도 예수 그리스도의 죄사함의 은혜 안으로 들어와서 새로운 실존으로 지어지는 은혜로 나아갈 수 없다. 잘 보라. 인생이 하나님의 마음 밖에서 복을 받겠다는 그것이 심판되고 있는 죄다. 그 죄가 심판되지 아니하면 누구든지 하나님의 마음을 닮는 은혜로 나아갈 수 없다. 누구든지 하나님의 마음 밖에 머물러 있는 한 하나님의 죄사함도 그의 새 창조도 그에게는 헛된 교리일 뿐이다.

1.2 ὃς ἐμαρτύρησεν τὸν λόγον τοῦ θεοῦ καὶ τὴν μαρτυρίαν Ἰησοῦ Χριστοῦ, ὅσα εἶδεν.

호스 에마르튀레센 톤 로곤 투 데우 카이 텐 마르튀리안 예수 크리스투, 호사 에이덴.

그는 그 하나님의 그 말씀과 예수 그리스도의 그 증거 곧 그가 본 모든 것을 증거하였다.

● 그 하나님의 그 말씀과 예수 그리스도의 그 증거

헬라어나 히브리어나 영어 등은 우리말의 '하나님'처럼 유일한 존재임을 말하는 신칭(神稱)이 없다. 그러므로 '유일하신 그 신(The only God)'은 우리의 '하나님' 과 같은 의미이다. '유일하신 야웨'는 '야웨 에하드'이다. 그러므로 요한은 '우리'를 새롭게 창조하는 말씀을 주신 '그 유일하신 신'의 뜻으로 '톤 로곤 투 데우(그 하나님의 그 말씀)'이라 하였다. 그러므로 하나님이나 하느님이란 호칭도 영과 생명 안에서 우리에게 계시된 아버지가 아니면 우상이다. '나의 나됨'을 이루는 계시 속에 드러난 아버지 하나님이 그 하나님이다. 우리를 그의 아들들로 새롭게 낳으시는 하나님이 아버지인 '그 하나님'이시다.

예수 그리스도는 처음으로 그 하나님의 그 말씀을 그 안에 이루신 맏아들의 실존이며 그 증거다. 그러므로 요한은 그 하나님의 말씀과 그 말씀을 이룬 예수 그리스도의 그 증거를 보고 증거하였다. 예수 그리스도의 그 증거란 새 창조의 증거다. 모노게네스인 예수 그리스도는 그 안에 생명과 사랑과 거룩과 초월의 실존을 이루셨다. 그러므로 우리는 알파의 하나님의 말씀과 오메가의 예수 그리스도의 증거를 가지고 우리 안에 '나의 나됨'의 새로운 실존을 이룬다.

바울이 말하기를, '예수 그리스도는 보이지 아니하는 하나님의 형상이다'라고 하였다. 즉 예수 그리스도는 보이지 아니하는 하나님께 낳아진 맏아들이므로 그의 형상은 하나님의 모양과 하나된 하늘의 형상이다. 예수 그리스도는 '하나님께 기름부음을 받은 자(그 사람의 그 아들)'요, 그리스도 예수는 '기름을 부어주시는 자(인자 같은 이)'이다. 즉 예수 그리스도는 기름부음을 받은 자요, 그리스도 예수는 기름을 부으시는 자다. 즉 그는 하나님의 새 창조의 알파와 오메가를 온전한 하나가 되게 하시는 근원이 되셨다. 그러므로 그는 말씀이 육신이 되는 하나님의 새 창조의 말씀을 증거하고 있다. 그는 세상 죄를 지고 가는 어린양이라 불리었고 또 그 실존을 이루셨다. 우리에게 이루어질 실존인 새 예루살렘 성은 그 안에 다른 성전이 없고 하나님과 어린양이 성전이며 빛이시다.

1.3 μακάριος ὁ ἀναγινώσκων καὶ οἱ ἀκούοντες τοὺς λόγους τῆς προφητείας καὶ τηροῦντες τὰ ἐν αὐτῇ γεγραμμένα, γὰρ ὁ καιρὸς ἐγγύς.

마카리오스 호 아나기노스콘 카이 호이 아쿠온테스 투스 로구스 테스 프로페테이아스 카이 테룬테스 타 엔 아우테 게그람메나, 가르 호 카이로스 엥귀스.

이 예언의 말씀들을 읽고 있는 자와 듣고 있는 자들과 그 가운데 기록된 것들을 품고 있는 자들은 복되다. 이는 그 때가 가까이 있음이라.

● **호 아나기노스콘(읽고 있는 그 사람)**

이 징조의 말씀을 '읽고 있는 자(호 아나기노스콘)'는 단수요, 듣고 있는 자들과 품고 있는 자들은 복수가 되어 있다. 이 예언의 말씀을 읽어도 아직 그 자신의 영과 생명의 눈이 열리지 않아서 계시의 말씀을 영과 생명 안에서 알 수 없는 자들이 있다. 그들은 먼저 듣는 귀(듣고자 하는 귀)를 가지고 이 말씀을 해석하는 자의 말을 들을 수 있어야 한다. 그러므로 들을 귀가 열려서 듣고 있는 자들은 복되다. 또 이 예언의 말씀 안에 기록된 것을 마음에 품고 있는 자들은 복되다.

● **호이 테룬테스(품고 있는 자들)**

이 예언의 말씀들은 율법과 같이 표면적으로 지키는(행하는) 일이 아니다. 이 말씀을 좇아서 새로운 실존으로 지어지려면 무엇보다도 예수 그리스도의 믿음과 하나된 믿음으로 계시된 말씀을 품고 '되어짐'의 존재가 되어야 한다. 그 예언의 말씀들을 깨어서 마음에서 떠나지 않도록 품고 있어야 한다. 누구든지 새 창조의 말씀들을 믿음과 소망과 사랑으로 마음에 품고 있어야 그 말씀들이 마음(땅)에서 싹이 나고, 줄기가 자라고, 가지가 퍼지고, 잎이 나고, 꽃이 피고, 열매를 맺는다. 그러므로 이 말씀들을 읽고 있는 자와 듣고 있는 자와 품고 있는 자는 복된 자들이다.

복된 실존은 다른 복을 구하지 아니한다. 이미 복된 자가 되었기 때문이다. 누군가 종말의 복을 구하고 있다면 이 예언의 말씀을 읽은 것도, 들은 것도, 품은 것도 아니고 훔친 것이다.

● **호 카이로스 엥귀스(그 때가 가까이 있음이라)**

킹 제임스 버전은 '그 때가 가까이 있다(The time is at hand)'라 하였고, 예루살렘 바이블은 '그 때가 가깝다(The time is close)'라 하였고, 뉴 인터내셔널 버전은 '그 때가 가깝다(The time is near)'라 하였다. 어찌 되었건 이들 성경은 원문에 가깝게 번역하려고 한 것이 보인다. 그러나 한글 성경들은 '때가 가까웠다' 또는 '시각이 가까웠다'라고 번역하였다. 전부터 있었으며, 지금도 있으며, 앞으로도 가까이 있는 그 카이로스에 대하여 그 때나 시각이 가까웠다고 하는 것은 아무래도 육신에 속한 자기 믿음의 종말론을 유발시킨다.

크로노스는 처음이요, 카이로스는 나중이다. 크로노스는 육신의 때요 카이로스는 영의 때다. 육신의 첫 사람이 어느 크로노스의 때를 살고 있든지 간에 그가 둘째 사람으로 지어질 카이로스의 때는 항상 가까이 있다. 가까이 있는 '카이로스'를 '때가 가까웠다' 하는 것은 카이로스를 크로노스로 바꾼 것이다. '에세마넨(징조했다)'을 '알게 했다'로, '가까이 있다'를 '가까왔다'로 하였으니 한글로 번역된 요한 계시록은 종말론을 일으킬 수밖에 없다. 이와 같이 요한 계시록은 우리에게 종말서로 점서로 다가와 있다.

1.4　Ἰωάννης ταῖς ἑπτὰ ἐκκλησίαις ταῖς ἐν τῇ Ἀσίᾳ· χάρις καὶ εἰρήνη ὑμῖν ἀπὸ ὁ ὢν καὶ ὁ ἦν καὶ ὁ ἐρχόμενος, καὶ ἀπὸ τῶν ἑπτὰ πνευμάτων ἃ ἐνώπιον τοῦ θρόνου αὐτοῦ,

요안네스 타이스 헵타 에클레시아이스 타이스 엔 테 아시아ʾ 카리스 카이 에이레네 휘민 아포 호 온 카이 호 엔 카이 호 에르코메노스, 카이 아포 톤 헵타 프뉴마톤 하 에노피온 투 드로누 아우투,

요한은 그 아시아에 있는 그 일곱 에클레시아들에게: 이제도 계시고, 전부터 계셔 오셨고, 오고 계신 이와 그의 보좌 앞에 계신 그 일곱 영들로부터 당신들에게 은혜와 화평이 임하기를 바랍니다.

● 에클레시아(불러냄을 받은 존재)

요한 계시록은 먼저 아시아의 일곱 에클레시아들에게 보내졌다. 그러면 에클레시아란 무엇인가. 에클레시아란 오늘날 우리가 알고 있는 교회인가. 에클레시아에 대한 대각성과 대전환이 일어나지 아니하면 요한 계시록을 읽어도 알 수도 없고 하나님의 새 창조도 이루어질 수 없다. 모든 에클레시아들이 하나님의 보좌로부터 나오는 거룩한 천둥소리와 사랑의 목소리와 생명의 번갯불에 인도되지 아니하면 요한 계시록은 실상을 이루는 징조가 되지 못하고 멸망의 기사가 되어버린다.

에클레시아란 무엇인가. 예나 오늘이나 '교회'라 번역된 에클레시아가 무엇인가에 대하여 근원적인 질문을 던져본 사람이 많지 않을 것이다. 에클레시아의 원뜻은 '불러내다(에크갈레오)'이다. 그러므로 에클레시아는 하나님께 불러냄을 받은 존재 곧 '불내미'이다.

그러면 에클레시아는 어디서 어디로 불러냄을 받은 것인가. 첫 창조로부터 새 창조로, 첫 사람으로부터 둘째 사람으로, 세상으로부터 예수 그리스도에게로, 사망으로부터 생명으로, 크로노스로부터 카이로스로, 선악세계에서 생명세계로, 옛 사람으로부터 새 사람으로 불러냄을 받았다. 에클레시아는 욕심으로부터 사랑으로, 생존으로부터 생명으로, 속됨으로부터 거룩으로, 시공으로부터 시공의 근원 안으로 불러냄을 받아 하나님의 아들의 실존을 이루는 존재다. 혼자 있어도 에클레시아이며 여럿이 함께 있어도 에클레시아이다. 에클레시아는 예수 그리스도의 몸이요, 예수 그리스도는 머리다. 에클레시아는 어떤 건물도 거기에 모이는 사람이나 돈이나 활동도 아니다. 그러나 교회는 바로 그것이 되어 있다. 그러나 에클레시아는 하나님께 불러냄을 받은 나요, 너요, 그요, 그녀요, 우리요, 너희요,

그들이요, 그 모두다. 바울은 말하기를, "에클레시아는 모든 사람에게 모든 것을 충만케 하시는 자의 충만이라" 하였다.

하나님의 계시를 따라 오늘날 교회는 사람의 욕심과 선악지식을 따라 에클레시아의 본래의 푯대에서 빗나간 지 오래다. 교회란 종교인의 모임이란 의미에 불과하다. 교회를 아무리 달리 해석하려 해도 종교의 경계를 넘어설 수 없다. 때문에 사람들은 거기에 갇혀 창조의 근원 안으로 들어갈 수 없다. 교인들은 작은 자가 큰 자로, 약한 자가 강한 자로, 낮은 자가 높은 자로, 가난한 자가 부자로, 권세 없는 자가 권세 있는 자로, 종말에 육신이 죽었다가 부활하는 자로 변화될 것을 믿고 있다. 그러나 그 모든 것은 첫 사람이 크로노스를 사는 욕심과 선악지식이다.

또 어떤 이는 소유에서 무소유로, 작위에서 무위로 불러냄을 받은 것으로 알지만 그것 역시 첫 사람의 크로노스에 속한 것이다. 또 어떤 이는 불러냄을 받은 것이 부도덕한 데로부터 도덕적인 데로, 비윤리적인 데로부터 윤리적인 데로, 비종교적인 데로부터 종교적인데도 불러냄을 받은 것으로 알지만 그것 역시 첫 사람이 사는 크로노스에 속한 것이다. 또 어떤 이들은 노아의 방주 밖에서 노아의 방주 안으로 불러냄을 받은 것으로 알고 큰 건물을 짓고 노아의 방주라 말하지만, 그것 역시 첫 사람이 사는 크로노스에 속한 것이다.

오늘날 교회는 하나님의 계시를 좇아 하나님의 아들의 실존을 이루게 하지 아니하고 사람의 뜻을 좇아 종교인을 만들어내고 있다. 이것은 2,000여 년 전 요한의 때나 지금이나 조금도 변함없이 계속되는 첫 사람의 길이요, 옛 길이요, 사망의 길이다. 우리가 요한 계시록을 통해서 이 일을 보지 못하면 요한 계시록을 읽는 것 또한 헛될 뿐이다.

요한 계시록은 예수 그리스도의 생명과 사랑과 거룩과 초월 안으로 불러냄을 받은 각각의 '에클레시아(실존)'가 붉은 용과 짐승과 거짓 예언자와 음녀와 그들에게 속한 무리로 전락하는 것에 대한 심판이요 경고다. 예수 그리스도께서 우리를 세상에서 불러내신 것은 우리로 종교인(기독교인)이 되게 하려 함이 아니라 하나님의 아들의 실존을 이루려 함이다.

오늘날, 교회라는 곳에서 하나님의 말씀과 예수 그리스도의 증거가 증거되지 아니하고 그 교회를 지배하는 이들이 가진 에고비전과 윤리와 도덕과 사회정의와 교리와 비즈니스와 권세와 기복 등이 하나님과 예수 그리스도의 이름으로 전파되고 또 거래되고 있다. 이 일을 모르는 자가 별로 없음에도 사람의 욕심과 선악지식을 좇아서 여전히 계속되고 있다. 각 사람 안에서 '나 자신이 예수 그리스도를 본받을 에클레시아다'라는 대전환과 대각성이 일어나지 아니하고는 요한 계시록을 아무리 읽어도 새 창조는 이루어지지 아니한다.

● **호 온, 호 엔, 호 에르코메노스(지금 계신 분, 전부터 계셔 온 분, 오고 계신 분)**

지금도 계시고, 전부터 계셔 왔으며, 오고 계신 이는 '야웨(나는 나다, 나는 그 존재다)'다. 야웨 하나님은 겉 사람인 '나' 안에 속 사람인 '나'를 낳으신다. 그는 전부터 계셔 오셨고 지금도 계시며 오고 계신 존재다. 우리에게 이루어지는 새 창조는 창조의 근원인 예수 그리스도 안에서 하나님께 낳아진 속 사람인 나와 하나님께 창조된 겉 사람인 나가 하나되고, 또 그 하나된 나가 수많은 부활의 실존(그들 모두가 각각 나의 나뉨을 이룬 '나'이다)과 하나되고 마침내 아버지와 하나되는 일이다.

● **그 일곱 영들**

성령은 하나님의 새 창조를 위하여 하나님의 일곱 날들을 좇아서 일곱 가지로 일하시기 때문에 일곱 영으로 계시되었다. 성령은 은혜의 영, 영광의 영, 진리의 영, 성결의 영, 생명의 영, 약속의 영, 영원한 영이시며, 전부터 역사하여 오셨고 지금도 역사하시며 또 그의 역사는 계속될 것이다.

● 은혜와 화평

육신의 첫 사람은 하나님의 은혜 안에서조차 하나님과 다투고 있다. 그러나 영의 둘째 사람은 하나님의 은혜 안에서 하나님과 화평을 누린다. 첫 사람은 욕심 안에서, 생존 안에서, 속됨 안에서, 시공 안에서 하나님과 다투며 그의 은혜를 헛되게 하고 있다. 둘째 사람은 사랑 안에서, 생명 안에서, 거룩 안에서, 근원 안에서 진리 안에서, 하나님과 화평하며 은혜를 더욱 은혜 되게 한다.

1.5 καὶ ἀπὸ Ἰησοῦ Χριστοῦ, ὁ μάρτυς ὁ πιστός, ὁ πρωτότοκος τῶν νεκρῶν καὶ ὁ ἄρχων τῶν βασιλέων τῆς γῆς. Τῷ ἀγαπῶντι ἡμᾶς καὶ λύσαντι ἡμᾶς ἐκ τῶν ἁμαρτιῶν ἡμῶν ἐν τῷ αἵματι αὐτοῦ—

카이 아포 예수 크리스투, 호 마르튀스 호 피스토스, 호 프로토토코스 톤 네크론 카이 호 아르콘 톤 바실레온 테스 게스. 토 아가폰티 헤마스 카이 뤼산티 헤마스 에크 톤 하마르티온 헤몬 엔 토 하이마티 아우투

또 그 신실하신 증인이요, 죽은 자들 가운데서 먼저 나신 자요, 그 땅의 그 왕들의 그 근원자이신 예수 그리스도로부터 은혜와 화평이 임하기 바랍니다. 그는 우리를 사랑하셔서 그의 피로 우리 죄에서 우리를 해방하셨고

● 호 마르튀스 호 피스토스(그 신실하신 증인)

예수 그리스도는 아버지의 믿음과 하나된 믿음으로 모든 사람에게 부활의 증인이 되셨다. 그는 하나님의 새 창조의 증인이시며 부활과 생명의 증인이시다. 오늘날까지 믿음의 알파와 오메가가 무엇인지 분명하게 분별 되지 않았다. 믿음의 알파는 육신의 자기 믿음이요 오메가는 예수 그리스도의 믿음과 하나된 부활의 믿음이다. 예수 그리스도를 믿는 자마다 처음에는 자기 믿음으로 시작한다. 그 후 그가 부활의 실존을 이루고자 할 때 자기 믿음으로부터 예수 그리스도의 믿음으로 유월 되어야 함을 알게 된다. 즉 자기 믿음으로는 죽은 자들 가운데 먼저 나신 자를

본받아 육체와 함께 정과 욕심을 십자가에 못 박고 부활하는 살려주는 영의 실존을 이룰 수 없음을 알게 된다.

많은 사람은 자기 믿음을 좇아서 크로노스의 미래에 부활할 것을 소망하지만 예수 그리스도께서 증거하신 부활은 먼저 오늘 여기서 육에서 죽고 영으로 일으킴을 받는 카이로스의 부활이다. 그들은 그것을 알지도 못하고 관심도 없다. 예수 말씀하시되, "나는 부활이요 생명이니 나를 믿는 자는 죽어 있어도 살겠고 무릇 살아서 나를 믿는 자는 영원히 죽지 아니하리라. 네가 이것을 믿느냐"라고 하셨다. 여기에 부활의 알파와 오메가가 제시되어 있다. 알파는 땅을 향해 살면서 하나님께 대하여 그 혼이 죽어 있는 자가 믿고 살아나서 하나님을 향해 사는 '산 혼의 실존'이 되는 것이요, 오메가는 그의 욕심과 선악지식을 십자가에 못 박고 그 영이 살아나서 '살려주는 영의 실존'이 되는 것이다.

'산 혼의 실존'이 되는 것은 알파의 자기 믿음이요, '살려주는 영의 실존'이 되는 것은 오메가의 예수 그리스도의 믿음과 하나되는 믿음이다. 살려주는 영은 죽은 자들을 위하여 죽을지라도 결코 그는 죽은 자들의 시대로 들어가지 아니하고 죽은 자들 가운데서 부활하며 하나님께 대하여 죽어 있는 그들을 살린다. 예수 그리스도의 믿음과 하나된 믿음이 아니면 그 육체와 함께 정과 욕심을 십자가에 못 박고 부활하며 '살려주는 영'이 될 수 없다.

● 호 아르콘 톤 바실레온 테스 게스(그 땅의 왕들의 근원자)

'호 아르콘'을 킹 제임스 버전은 '프린스(Prince, 통치자)'로, 예루살렘 바이블과 뉴 인터내셔널 버전은 '룰러(Ruler, 지배자)'로 번역하고 있다. 한글 개역 성경은 '머리'로, 새 번역과 공동번역은 '지배자'로, 현대인의 성경은 '다스리시는'으로 번역하고 있다.

여기서 '호 아르콘'을 이해하기 위해서는 무엇보다도 그 땅이 무엇을 말하는지 알아야 한다. 땅은 둘째 사람의 몸을 징조하고 하늘은 그의 마음을 징조한다. 하나님은 사람의 몸과 마음 안에 새 하늘과 새 땅을 창조하신다. 또 예수 그리스도는 사람 위에 군림하는 지배자가 아니다. 그는 우리 안에 들어오셔서 우리가 새 창조의 실존을 이루도록 섬기고 계신다.

예수 그리스도는 새 창조의 근원(아르케)이시요, 근원자(아르콘)이시다. 그러므로 '그 땅의 왕들'은 자기 육신의 마음을 다스리는 왕이요, 예수 그리스도는 그들을 왕 되게 하시는 '근원자'이다. 그가 만약 '지구의 왕들의 지배자'라면 그 또한 그들 위에 군림하는 지배자이다. 그러나 그런 일은 있지도 않았고 또 오고 있지도 않을 것이기 때문에 우리는 그런 일을 보지 못하고 있다. 왜냐하면 예수 그리스도는 세상 왕들의 지배자가 아니기 때문이다. 그는 우리를 우리 죄에서 해방하여 왕과 제사장으로 삼으신다 하였으니 '그 땅의 그 왕들'은 세상의 왕들이 아니라 "아버지의 뜻이 하늘에서와 같이 땅에서 이루어지이다"라고 기도하는 인자들(진리의 왕들)이다. 그가 만왕의 왕이시며 만주의 주이신 것은 하나님의 뜻이 이루어지는 그 땅(인자들의 몸)에서의 일이다.

요한 계시록 13장에 바다에서 올라오는 짐승(왕)은 다른 것이 아니라 예수 그리스도를 육신의 세상 왕들의 지배자(붉은 용)로 영접한 자이다. 붉은 용은 다른 것이 아니라 예수의 옷을 입고 첫 사람 위에 군림하는 자다. 그 붉은 용은 사람을 그의 죄에서 해방하는 자가 아니라 사람의 죄를 움켜쥐고 그것으로 사람을 종으로 삼는다. 그가 최고의 지배자로 있는 한 그 아래에 있는 왕들도 그의 종이긴 마찬가지다.

● 엔 토 하이마티 아우투(그의 피로, 그의 피 안에서)

예수 그리스도는 우리를 사랑하시어 그의 피로 우리를 죄의 몸에서 해방하셨다. '죽었다가 사는 자'만이 죄를 사하는 사랑의 피를 흘린다. 피 흘림의 근원은 사랑이다. 사랑의 피 흘림은 사람을 육신의 죄에서 해방하면서 그를 온전케 한다. 예수 그리스도의 피 흘림은 그의 형제가 되는 모든 사람을 그의 사랑 속에 잠기게 한다. 인자들이 사랑의 피를 흘리게 되는 것은 그 때문이다.

그러나 오늘날 우리 가운데 그리스도의 사랑과 상관없는 기이한 죄사함을 전하는 이들이 환영받으며 세상 임금이 되어 있다. 그들은 말하기를, '우리의 형님이신 예수가 우리의 모든 죄를 그의 피로 대속하셨으므로 그를 믿고 부귀영화 누리다가 천국 가면 된다'고 한다. 그들은 어린양이신 예수 그리스도를 붉은 용(세상 임금들의 지배자)으로 삼고 짐승이 되고, 거짓 예언자가 되고, 음녀가 되었다. 왜 이런 일이 벌어지는가. 예수 그리스도의 대속이 그들에게 사랑이 되지 아니하고 욕심(이익)이 되었고, 생명이 되지 아니하고 생존이 되었기 때문이다. 또, 거룩이 되지 아니하고 속됨이 되었고, 초월이 되지 아니하고 갇힘이 되었기 때문이다. 그들은 예수의 피를 은혜로 받은 것이 아니라 색욕 거리로 받았다.

● **하마르티아(죄)**

우리의 죄란 도대체 무엇인가. 첫 사람이 육신의 생각을 따라 육신의 길을 걷는 것이 죄다. 그 죄가 무엇인지 알지 못하면 그리스도로 말미암아 죄에서 해방된 것이 아니다. 우리가 하나님께 죄인된 것은 하나님이 우리에게 주신 '푯대에서 빗나간 것' 즉 하나님의 마음 밖에 있는 것이다. 그리고 우리의 악이란 하나님의 마음 밖에서 선악지식을 좇아서 선악을 판단하며 인간 가치를 좇아서 선악세계를 세우는 일이다. 새 창조에 들어왔던 첫 사람 아담도 하나님의 생각을 따라 하나님의 길을 걷는 그 푯대(진리)를 알지 못하고 선악을 알고자 하다가 죄를 범했다. 세상에 허다한 죄가 많으나 그 모든 것은 우리가 하나님의 마음 밖에 있어서 일어나는 것이다. 때문에 하나님의 새 창조는 그의 마음 안에서 이루어진다.

예수 그리스도께서 그의 피로 우리를 우리의 죄에서 해방하신 것은 믿음으로 하나님의 마음 안으로 들어오게 하려 함이다. 그 하나님의 마음은 사랑이요, 생명이요, 거룩이요, 초월이다. 우리가 하나님의 마음 안으로 들어오면 하나님은 그의 마음 안에서 그의 마음으로 말미암아, 그의 마음 안으로 우리를 새롭게 지으신다. 이를 위하여 예수 그리스도는 우리를 하나님을 향하여 있는 마음의 왕과 제사장으로 삼으셨다.

선악지식은 예수 그리스도의 죄사함의 은혜 가운데 있는 자가 하나님의 마음 안으로 들어오지 아니하고 자기의 인간 가치(종교, 윤리, 도덕, 수양, 권세, 사업 등)를 세우려는 몸짓을 하게 한다. 이런 것들은 첫 사람의 가치일 뿐이다. 둘째 사람은 그것들이 죄임을 알고 떠나보내고 하나님의 마음 안으로 들어와서 하나님을 향한 왕과 제사장됨을 기쁘게 영접한다. 그러나 욕심과 선악지식을 좇는 첫 사람은 이 왕과 제사장을 세상의 왕과 제사장으로 뒤바꾼다. 세상의 왕과 제사장을 떠나 보낸 자가 아니면 하나님을 향한 왕과 제사장이 될 수 없다. 많은 사람들은 죄가 무엇인지 알지 못하고 있음으로 여전히 죄에 갇혀 있다.

1.6 καὶ ἐποίησεν ἡμᾶς βασιλεῖς, ἱερεῖς τῷ θεῷ καὶ πατρὶ αὐτοῦ— αὐτῷ ἡ δόξα καὶ τὸ κράτος εἰς τοὺς αἰῶνας τῶν αἰώνων· ἀμήν.

카이 에포이에센 헤마스 바실레이스, 히에레이스 토 데오 카이 파트리 아우투 아우토 헤 독사 토 크라토스 에이스 투스 아이오나스 톤 아이오논· 아멘.

우리를 그의 하나님과 아버지에게로 왕들과 제사장들로 만드셨다. 그에게 영광과 능력이 세세토록 있으리라. 아멘.

● 토 테오(그 하나님을 향하여)

우리는 '그 하나님을 향하여' 있는 왕이요 제사장이다. 우리의 실존이 그 하나님의 섬김을 받아 왕과 제사장이 되는 것은 알파다. 우리는 먼저 그 하나님의 섬김을 받아 영과 생명 안에서 다른 사람을 섬기게 되는 왕과 제사장의 실존을 이루어야 한다. 그렇지 못함에도 그를 섬기려 한다면 우리는 도리어 욕심과 선악지식을 좇아서 세상의 왕과 제사장이 되어 버리고 만다. 알파에서 우리는 예수 그리스도 안에서 자기를 다스리는 왕의 실존과 자기를 제물로 삼는 제사장의 실존을 이루어 야 한다. 즉 속 사람(아버지로부터 낳아진 나)은 겉 사람을 다스리는 왕이 되고 속 사람은 겉 사람을 제물로 삼는 제사장이 되어야 한다. 그 후에 오메가에서 우리는 아직 하나님을 향하여 왕과 제사장이 되지 못한 하나님이 자녀들 안에서 다스리는 왕이 되고 그들을 섬기는 제사장이 된다. 그때 비로소 진정으로 우리는 하나님을 섬기는 왕과 제사장이다. 알파는 이사야가 말한 '야웨의 길'이요, 오메가 는 '우리 하나님을 향한 대로(大路)'다.

● **예수 그리스도에게 속한 영광과 능력**

예수 그리스도 안에 있는 우리의 실존은 하나님을 향하여 나아가는 왕이요, 제사 장이다. 예수 그리스도는 그의 피로 말미암아 우리에게 왕과 제사장이 되는 영광 과 능력을 베푸셨다. 그러나 이 영광과 능력은 하나님 앞에 있는 우리의 새로운 실존을 위한 것이요 소유물이 아니다. 그런즉 왕 된 것과 제사장 된 것을 소유로 움켜쥐는 순간 우리는 짐승이 되고 만다. 솔로몬이 666의 짐승의 원형이 된 것은 그가 육신의 정욕, 안목의 정욕, 이생의 자랑을 좇아서 이스라엘 나라와 영광과 권세를 자기 것으로 움켜쥐었기 때문이다.

● **에이스 투스 아이오나스 톤 아이오논(세세토록, Into the ages of the ages)**

하나님은 알파와 오메가, 처음과 나중, 근원과 궁극이시다. 세세토록은 크로노스 에 속한 세대의 연속을 말하는 것이 아니다. 우리가 크로노스의 생존에서 카이로 스의 생명 안으로 들어온 것은 육의 세대에서 영의 세대 안으로 유월한 것이다. 야웨 하나님은 전부터 계셔 왔고, 지금도 계시며 오고 계신 분이니 그의 새 창조는 영과 진리 안에서 그치지 않고 세세토록 이루어진다. 하나님은 그의 은혜로 말미 암아 첫 사람의 크로노스의 세대에도 함께 계시고 새 사람의 카이로스의 세대에도 함께 계신다. 우리는 세세토록 계신 하나님 안에서 존재의 유월을 통하여 하나님 과 하나되는 영원한 생명을 가진다. 육신의 첫 사람은 자기 믿음을 좇아서 종말에 부활하여 영존하려 한다. 그러나 그것은 영생이 아니라 불 못 가운데 있게 되는 영벌이다.

1.7 Ἰδοὺ ἔρχεται μετὰ τῶν νεφελῶν, καὶ ὄψεται αὐτὸν πᾶς ὀφθαλμὸς καὶ οἵτινες αὐτὸν ἐξεκέντησαν, καὶ κόψονται ἐπ' αὐτὸν πᾶσαι αἱ φυλαὶ τῆς γῆς. ναί, ἀμήν.

이두 에르케타이 메타 톤 네펠론, 카이 오프세타이 아우톤 파스 옾달모스 카이 호이티네스 아우톤 에크세켄테산, 카이 코프손타이 에프 아우톤 파사이 하이 퓔라이 테스 게스. 나이, 아멘.

보라, 그가 그 구름들과 함께 오신다. 모든 눈이 그를 볼 것이며 그를 찌른 자도 볼 것이다. 그리고 그 땅의 그 모든 족속이 그를 인하여 애곡할 것이다. 반드시 그러할 것이다. 아멘.

● **이두(보라)**

"보라"라고 할 때에 무엇을 보라 하는지 잘 보아야 한다. 우리는 보아도 보지 못할 뿐 아니라 그 보아야 할 것을 선악지식을 좇아서 보기 때문에 전혀 다른 것을 본다. 요한은 예수 그리스도께서 그 구름들과 함께 오시는 것을 보라 하는데 사람들은 그가 구름을 타고 오는 것을 보고 있다. 그가 오실 때 모든 눈이 그를 '호라오'할 것이다. 그러면 그 눈은 누구의 눈이며, 그를 찌른 자들은 로마 병정인지 아니면 또 다른 누구인지 보아야 한다. 땅의 모든 족속이 그로 인하여 애곡하리라 하였으니 그 땅의 족속들이 누구인지 보아야 한다.

● **메타 톤 네펠론(그 구름들과 함께)**

이 구름들은 도대체 무엇인가. 이 구름에 대한 오해가 너무 심각하다. 기록된 바, "이 말씀을 마치고 저희 보는 데서 올리워 가시니 구름이 저를 가리워 보이지 않게 하더라. 올라가실 때에 제자들이 자세히 하늘을 쳐다보고 있는데 흰옷을 입은 두 사람이 저희 곁에 서서 말하되 갈릴리 사람들아 어찌하여 서서 하늘을 쳐다보느냐 너희 가운데서 하늘로 올리우신 이 예수는 하늘로 가심을 본 그대로 오시리라 하였느니라"(행1:9~11)라고 하였다.

요한 계시록은 징조서다. 부활하신 예수의 승천은 그의 부활을 본받을 모든 이에게 보여진 징조다. 그러므로 징조와 실상을 잘 분별하여야 한다. 그렇지 아니하면 징조를 실상으로 붙들고 미혹에 빠져든다.

여기 구름은 부활하신 예수의 시공초월의 실존을 계시하고 있다. 즉 예수의 하늘에 속한 초월의 실존을 눈에 보이는 구름을 통하여 그의 제자들에게 계시하신 것이다. 징조가 주어지는 것은 육신의 눈에 보이지 아니하는 영적 실상을 '호라오' 하게 하기 위함이다. 만약 구름의 징조 없이 예수께서 제자들의 눈에 보이지 않게 승천하셨다면 아무도 그의 부활을 증거할 수 없었을 것이다. 보지 못한 것을 보았다 하면 거짓 증거가 되기 때문이다.

우리는 하나님이 창조하신 만물을 눈으로 보고 있기 때문에 그가 하늘들과 그 땅을 창조하셨다는 계시를 믿는다. 그러나 육신의 눈에 보이는 것을 믿는 것은 믿음의 알파다. 보이는 것으로부터 보이지 아니하는 영원한 것을 '호라오'하는 믿음은 오메가다. 우리는 알파의 믿음에서 오메가의 믿음으로 유월한다. 새 창조는 오메가의 믿음 안에서 이루어지는 일이다.

구름을 타고 하늘에 오른다는 생각은 사람들이 구름을 이동 수단으로 알고 있기 때문이다. 그러나 부활의 실존은 시공으로부터 그 너머의 근원 안으로 들어간 초월의 실존이므로 이동 수단이 필요하지 않다. 그러면 왜 예수의 승천 시에 구름이 나타났는가 할 것이다. 예수 그리스도는 노아의 언약을 좇아서 구름 속에 두어진 무지개이기 때문이며 보이지 않는 것을 보이는 것을 통하여 우리에게 알게 하는 것이 하나님의 계시이기 때문이다.

구름을 이동 수단으로 붙잡은 이들은 구름 타고 하늘로 오르는 줄 알고 그것을 휴거라 부르며 거기에 갇혀 있다. 이와 같이 말씀의 계시는 한 사람에게는 구원의 '징조(세메이온)'가 되고 다른 사람에게는 멸망의 '기사(테라타)'가 된다. '보라'는 말씀은 징조를 통해서 실상을 보라는 것이다.

만약 많은 사람들의 생각과 같이 우리 육신이 구름을 타고 하늘을 나는 것이 부활의 실상이라면 그것은 이미 이루어진 일이다. 우리는 비행기를 타고 구름 위를 날기도 하며, 열기구를 타고 창공을 날기도 하며, 인공위성을 타고 구름 너머에 있는 우주 공간을 날기도 한다. 또 이런 기구 없이 새들은 이미 창조될 때부터 하늘을 날고 있다. 우리가 소망하는 바 부활의 실상은 이런 육적인 것이 아닌 영적 초월성이다.

비록 우리의 겉 사람은 땅 위에 있을지라도 우리의 속 사람은 이미 영 안에서 그리스도와 함께 일으킴을 받아 하늘에 앉히웠다. 그러므로 구름은 영적 초월성을 이룬 예수 그리스도의 증인들을 징조하고 있다. 따라서 예수 그리스도는 그 증인들(구름들)과 함께 오신다. 육신의 눈은 육신이 땅에 있으니까 우리의 영이 하늘에 오른 것을 보지 못하고 있다. 그러나 영의 눈은 육신의 휘장 너머에 있는 그 일을 분명하게 '호라오'한다.

● 호이티네스 아우톤 에크세켄테산(그를 찌른 자들)

그를 찌른 자들은 누구인가. 우리는 요한 호음에서 로마 군병이 창으로 예수의 옆구리를 찌른 기록을 보고 그것을 알고 있다. 요한 사도는 여기서 그 군병이 예수를 볼 것이라 말하고 있는가. 그 군병의 행위는 모든 죄인들의 행위를 대변하고 있다. 그러므로 그를 찌른 자들은 우리 자신이다. 우리 자신이 우리의 창에 찔린 그를 '호라오'할 것이다. '호라오'는 영의 눈으로 보는 일이다. 그러면 이것은 무엇을 말함인가.

비록 우리는 예수를 우리의 선악지식의 창으로 찔렀을지라도 사랑으로 그는 우리의 죄를 사하시고 우리 안에 들어오신다 함이다. 그가 우리 안에 들어오시면 우리는 그를 선악지식으로 찔렀고 또 찌르고 있었던 것을 알게 된다. 우리가 그를 찌른 것을 '호라오'할 때 우리는 진정으로 애곡하게 된다.

● 파사이 하이 퓔라이 테스 게스(그 땅의 모든 족속들)

우리가 하나님의 이름을 부르며, 예수 그리스도의 이름으로 기도하며, 성경을 읽으며 전도하며, 설교하며, 봉사하며, 그 무엇을 할지라도 그 모든 것이 우리의 욕심과 선악지식을 좇아서 행해진 것이면 우리는 그를 찌른 자들이다. 그러므로 그로 인하여 애곡하는 그 땅의 그 모든 족속들에 속하여 있다. 그러나 우리가 그 일들을 참으로 애곡한다면 위로를 받고 새 창조 안으로 들어올 것이다. 그러므로 누구든지 예수 그리스도의 계시를 믿음으로 영접하면 '그 땅에 속한 모든 족속들'에서 '그 하늘에 속한 그 모든 족속들'로 유월할 것이다.

● 에르케타이(그가 오신다)

'에르케타이'는 '에르코마이(온다)' 동사의 직설 현재 중간태이다. 이런 용법은 헬라어만이 가진 것이다. '중간태'는 능동도 수동도 아니다. 필자는 이 중간태를 '존재태'라 부르고 있다. 야웨 하나님은 "나는 나다, 나는 존재다"라고 하신다. 하나님은 언제나 우리 안에 우리의 아버지로 오셔서 우리 각 사람 안에 '나'를 낳으시고 나를 나되게 하신다. 그의 오심은 크로노스의 미래가 아니라 지금 여기 가까이에 있는 카이로스의 현재다. 요한은 "지금 오고 계신 그 존재를 보라"라고 하고 있으나 많은 사람들은 "미래에 오실 그분을 보라" 하는 것으로 잘못 알고 그날을 점치고 있다. 그러나 우리가 요한이 보고 있는 것과 같이 지금 오고 계신 그 분을 본다면 요한 계시록의 예언은 지금 여기서 '반드시 속히 될 일'이다. 그를 인하여 애통하는 자는 위로를 받을 것이다.

1.8 Ἐγώ εἰμι τὸ Ἄλφα καὶ τὸ Ὦ, λέγει κύριος, ὁ θεός, ὁ ὢν καὶ ὁ ἦν καὶ ὁ ἐρχόμενος, ὁ παντοκράτωρ.

에고 에이미 토 알파 카이 토 오메가, 레게이 퀴리오스, 호 데오스, 호 온 카이 호 엔 카이 호 에르코메노스, 호 판토크라토르.

주 하나님이 말씀하시기를, "나는 알파와 오메가다. 이제도 있고, 전부터 있어 왔으며, 오고 있는 자, 전능자라"라고 하신다.

● 호 에르코메노스(오고 계신 자)

'호 에르코메노스'는 '에르고마이(오다)' 동사의 현재분사 중간태다. 그는 '오실 자'가 아니라 '오고 계신 자'다. 많은 사람의 믿음이 이 계시에서 빗나가고 있다. '오실 자'는 크로노스의 미래를 생각게 한다. 그러나 '오고 계신 자'는 카이로스에 서 그의 부르심을 받은 자 안에서 계속 새로운 창조를 행하시는 야웨 하나님의 오심을 계시하고 있다. 오고 계신 그 하나님으로 말미암아 우리 각 사람은 항상 새로운 '나'로 존재케 된다.

● 호 판토크라토르(그 전능한 자)

사도신경이라 하는 신앙고백에서 "전능하사 천지를 창조하신 하나님을 내가 믿는 다"라 하고 있다. 물론 전능하신 하나님이 아니면 근원 안에 그 하늘들과 그 땅을 창조하실 수 없다. 그러나 알파에서 그 하늘들과 그 땅을 창조하신 전능하신 하나 님은 오메가인 오늘 여기서 나를 새롭게 지으시는 하나님이다. 그렇지 않으면 그의 전능은 나와 상관이 없다. 그러므로 나는 오늘 여기의 카이로스에서 나를 새롭게 지으시는 새 창조의 하나님을 믿는다. 우리 각 사람은 하나님의 오메가의 전능 안에서 '나의 나됨'을 이룬다. 하나님은 그의 전능으로 나를 나되게 하시고자 언제나 내게로 오셔서 '나'를 새롭게 지으신다. 우리는 진리 안에서 예수 그리스도 의 믿음과 하나된 믿음으로 이 일을 소망한다.

1.9 Ἐγὼ Ἰωάννης, ὁ ἀδελφὸς ὑμῶν καὶ συγκοινωνὸς ἐν τῇ θλίψει καὶ βασιλείᾳ καὶ ὑπομονῇ ἐν Ἰησοῦ, ἐγενόμην ἐν τῇ νήσῳ τῇ καλουμένῃ Πάτμῳ διὰ τὸν λόγον τοῦ θεοῦ καὶ τὴν μαρτυρίαν Ἰησοῦ.

에고 요안네스, 호 아델포스 휘몬 카이 슁코이노노스 엔 테 들리프세이 카이 바실레이아 카이 휘포모네 엔 예수, 에게노멘 엔 테 네소 테 칼루메네 파트모 디아 톤 로곤 투 데우 카이 텐 마르튀리안 예수.

당신들의 그 형제이며 예수 안에서 그 환난과 나라와 참음에 동참하는 자인 나 요한은 그 하나님의 말씀과 예수 그리스도의 그 증거로 인하여 파트모스라 불리는 섬에 있었다.

● **예수 그리스도 안에서 그의 환난과 나라와 참음에 동참하는 자**

예수 그리스도 안에 있는 자는 그의 믿음과 하나된 믿음으로 그의 환난과 나라와 참음에 동참한다. 그의 환난이 나의 환난이요, 그의 나라가 나의 나라요, 그의 참음이 나의 참음이다. 그 하늘들에 계신 하나님의 이름이 거룩히 여김을 받기를 기도하는 자는 예수의 유월절에 동참한다. 아버지의 나라가 임해 오기를 기도하는 자는 예수의 오순절에 동참하며, 아버지의 뜻이 하늘에서와 같이 땅에서 이루어지기를 기도하는 자는 예수의 초막절에 동참한다. 하나님께 불러냄을 받은 에클레시아는 예수의 환난과 나라와 참음에 동참하는 실존이다. 에클레시아는 예수의 환난과 나라와 참음 가운데서 그의 지체가 되어 있고 그는 머리이시다.

● **일곱 편지가 보내진 순서와 그 징조**

일곱 에클레시아들에게 편지가 보내진 순서를 좇아 선을 그어보면 '로마(Rome)'의 알(R)의 형상이 된다. 로마는 부활의 실존인 에클레시아가 그 생명의 '말씀(레마, Rhema)'으로 빛을 비추어야 할 세상이다. 거기에는 계시를 좇아서 하나님의 아들들의 실존을 이루어야 할 불내미들이 하나님의 기쁘신 뜻을 알지 못하고 그들의 욕심과 선악지식을 좇아서 '세상의 종교(Religion)'를 이루고 있다. 무슨 종교가 되었든 그 종교는 육신의 첫 사람이 추구하는 가치가 그 기본이다.

1.10 ἐγενόμην ἐν πνεύματι ἐν τῇ κυριακῇ ἡμέρᾳ, καὶ ἤκουσα ὀπίσω μου φωνὴν μεγάλην ὡς σάλπιγγος

에게노멘 엔 프뉴마티 엔 테 퀴리아케 헤메라, 카이 에쿠사 오피소 무 포넨 메갈렌 호스 살핑고스

나는 주의 날에 영 안에 있었고 나는 내 뒤에서 나팔 소리 같은 큰 음성을 들었다.

● 엔 프뉴마티(영 안에서)

기록된 바, "하나님은 영이시니 예배하는 자가 영과 진리 안에서 예배할지니라"(요4:24)라고 하였다. 요한은 하나님의 말씀과 예수 그리스도의 증거로 인하여 파트모스 섬에 유배되었고 또 그는 영 안에 있었다. 잘 보라. 그가 파트모스 섬에 갇히게 된 것은 기독교를 위한 것도, 자기 교리를 위한 것도, 사회 정의를 위한 것도, 권세를 위한 것도, 인간의 그 모든 가치를 위한 것도 아니었다. 다만 하나님의 말씀과 예수 그리스도의 증거 때문이었다.

하나님께 불러냄을 받은 에클레시아는 세상에 속한 것은 세상 사람에게 넘겨주고 하나님의 말씀과 예수 그리스도의 증거를 드러내는 증인(구름)이 되어야 한다. 요한은 그의 뒤에서 나는 나팔 소리 같이 큰 음성을 들었다. 그의 글을 읽는 모든 사람도 그가 들은 그 소리를 들어야 한다. 그가 영 안에 있었기 때문에 속 사람에게 들려오는 나팔 소리 같은 큰 음성을 들을 수 있었다. 우리도 영 안에 있을 때 하나님으로부터 들려오는 소리를 듣게 될 것이다. 그러나 육신의 첫 사람은 그 소리를 들어도 듣지 못하니 하나님의 음성조차 그에게는 공허할 뿐이다.

1.11 λεγούσης· Ὃ βλέπεις γράψον εἰς βιβλίον καὶ πέμψον ταῖς ἑπτὰ ἐκκλησίαις, εἰς Ἔφεσον καὶ εἰς Σμύρναν καὶ εἰς Πέργαμον καὶ εἰς Θυάτειρα καὶ εἰς Σάρδεις καὶ εἰς Φιλαδέλφειαν καὶ εἰς Λαοδίκειαν.

레구세스· 호 블레페이스 그라프손 에이스 비블리온 카이 펨프손 타이스 헵타 에클레시아이스, 에이스 에페손 카이 에이스 스뮈르난 카이 에이스 페르가몬 카이 에이스 뒤아테이라 카이 에이스 사르데이스 카이 에이스 필라델페이안 카이 에이스 라오디케이안.

말씀하시기를, "너는 너 보는 것을 책으로 써서 에페소와 스뮈르나와 페르가모와 뒤아테이라와 사르데이스와 필라델페이아와 라오디케이아의 그 일곱 에클레시아들에게 보내라"라고 하였다.

'말씀(레마)'의 첫 글자도 알(R)이요, '종교(Religion)'의 첫 글자도 알(R)이요, '로마(Rome)'의 첫 글자도 알(R)이다. 말씀과 종교와 세상 권세가 얽혀 있는 그 가운데에 요한은 하나님의 말씀과 예수 그리스도의 증거의 증인으로 서 있다. 에클레시아는 어느 때 어느 장소를 막론하고 하나님의 말씀과 예수 그리스도의 증거를 가지고 사람들이 그들의 세상으로부터 하나님의 나라 안으로 들어오도록 예언하고 있다.

요한이 여기서 증거하고 있는 바는 누구든지 하나님의 말씀을 선악지식으로 받으면 얼마든지 자기의 생각과 자기의 길을 좇아서 붉은 용이 되고, 짐승이 되고, 거짓 예언자가 되고, 음녀가 되고, 그들에게 속한 무리가 된다는 것이다. 레마(말씀)를 받은 이들이 예수를 세상 임금으로 알고 그에게 세상 것을 구하면 그것은 세상 권세 속의 종교적 위안이다. 이것은 말씀을 받고서 하나님의 아들의 실존을 이루는 새 창조 안으로 들어오지 않은 모든 사람에게 일어나는 자기 심판이다. 예나 오늘이나 이런 일은 왜 계속되고 있는가. 사람들은 성경을 자기가 읽고자 할 뿐 성경이 자기를 읽는 계시가 되게 하지 못한다.

사람들은 요한 계시록의 붉은 용과 짐승과 거짓 예언자와 음녀와 그들에게 속한 무리가 자신들과 아무 상관이 없는 일로 알고 언제나 자신들을 그것들로부터 제외시킨다. 그러나 요한이 모든 사람에게 증거하고 있는 것은 너희 자신이 이 계시를 품어야 할 장본인이라는 것이다. 이 계시를 좇아서 너희가 너희 자신을 보고, 듣고, 살피라 하고 있다. 그렇지 아니하면 너희가 곧 붉은 용과 짐승과 거짓 예언자와 음녀와 그들에게 속한 무리가 된다 함이다. 그러므로 요한 계시록에 무엇이 기록되어 있느냐를 살피는 것은 알파요, 그 계시가 나에게 무엇을 예언하고 있느냐를 알고 그 안으로 들어가는 것은 오메가다. 그 계시 안으로 들어가서 그 계시의 실존을 이루는 자만이 어린양의 신부인 새 예루살렘이다.

● 알(R)의 형상과 일곱 에클레시아들

일곱 에클레시아들은 일곱 개의 점을 좇아서 알(R)의 형상을 이루고 있다. 일곱은 하나님이 행하시는 온전한 일을 징조하고 있다. 창조의 날들도, 성령의 역사도, 어린양의 뿔도, 인자의 기도도, 에클레시아의 실존도 일곱으로 계시되고 있다. 그러나 에클레시아가 불러냄을 받는 영의 실존을 이루지 못하면 일곱은 붉은 용과 짐승의 일곱 머리가 되고 음녀가 앉은 일곱 산이 된다. 붉은 용과 짐승과 음녀는 제 것은 없고 하나님의 것을 제 것인 것처럼 훔쳐 가지고 있다.

1. 에페소
2. 스뮈르나
3. 페르가모
4. 뒤아테이라
5. 사르데이스
6. 필라델페이아
7. 라오디케이아

● 옛 것과 새 것

일곱 에클레시아들이 처하여 있던 그 세상은 그들만의 고유한 것이 아니다. 그들이 처했던 상황은 전도서에 기록된 바와 같이 새 것이 아니다. 해 아래서 사람들이 처한 그 세상의 혼돈과 공허와 흑암과 깊음은 표면적으로는 각기 달라 보이나, 첫 창조에 속한 것들은 언제나 같은 시공 속에 있다. 하나님의 말씀은 누구에게나 변함없이 '하나님의 아들의 실존(예수 그리스도의 증거)'을 이루라 하신다. 계시의 말씀은 동일하게 사람에게 오지만 그 말씀으로 이루어진 각 사람의 영의 실존은 참으로 새롭고 유일하다.

● 야웨의 길과 우리 하나님을 향한 대로(大路)

야웨의 길과 우리 하나님을 향한 대로는 이사야로 말미암아 하나님의 자녀들에게 선포된 두 길이다. 야웨의 길은 알파요, 우리 하나님을 향한 대로는 오메가다.

인자의 기도에도 이 두 길이 분명히 계시되어 있다. 그 하늘들에 계신 우리 아버지의 이름이 거룩히 여김을 받으며, 아버지의 나라가 임하여 오며, 아버지의 뜻이 하늘에서와 같이 땅에서 이루어지이다 하였다. 이것은 알파의 길, 곧 야웨의 길(야웨로 말미암아 내게 이루어지는 나의 나됨의 길)이다. 오메가의 길은 '나의 나됨'을 이루는 하나님의 자녀들이 아버지께 일용할(존재의) 양식을 구하며, 우리가 우리에게 빚진 자(죄지은 자)를 사하여 준 것 같이 우리의 빚을 사함 받으며, 우리가 시험에 빠져들지 않으며 악에서 구함을 받는 길이다.

알파는 아버지로 말미암아 각 사람이 자신의 고유한 실존을 이루는 일이요, 오메가는 그 실존들이 함께 우리 하나님을 향한 대로를 걸으며 대동(大同)을 이루는 일이다. 하나됨의 길은 오늘 여기서 부활의 실존을 이룬 이들의 생명과 사랑과 거룩과 초월의 길이다. 인자의 기도는 알파와 오메가의 두 길을 온전히 하나되게 한다. 일곱 점으로 이루어진 에클레시아의 길은 하나님의 말씀의 길과 예수 그리스도의 증거의 길이다. 요한은 이 두 길이 하나임을 증거하였다. 알파의 길은 오메가의 길을 위하여 있고, 오메가의 길은 알파의 길을 온전케 하면서 전능자이신 야웨 하나님의 의가 우리 안에 성취되고 있다.

● 율법의 강령과 사랑의 두 길

위 두 길은 율법의 강령을 좇아서 보면 네 마음을 다하고, 목숨을 다하고, 뜻을 다하여 주 너의 하나님을 사랑하라는 것과 네 이웃을 네 자신과 같이 사랑하라는 것이다. 마음을 다하여 하나님을 사랑하는 자는 아버지의 이름이 거룩히 여김을 받으시옵소서 기도한다. 목숨을 다하여 하나님을 사랑하는 자는 당신의 나라가 임하옵소서 기도하며, 뜻을 다하여 하나님을 사랑하는 자는 당신의 뜻이 하늘에서와 같이 땅에서 이루어지이다 기도한다. 내 이웃을 나와 같이 사랑하는 자는 하나님의 아들의 실존을 이루는 존재의 양식을 구한다. 그리고 서로가 서로를 모든 빚에서 자유롭게 하면서 아버지로부터 자유함을 얻으며, 나의 나됨의 길에서 미혹되어 소유의 길로 빠져들지 아니한다.

둘이 하나되지 않는 것은 구원이 길이 아니며, 거듭남의 길이 아니며, 부활의 길이 아니며 새 창조의 길이 아니다. 모든 것이 예수 그리스도 안에서 알파와 오메가가 하나되고 처음과 나중이 하나되고, 근원과 궁극이 하나된다.

1.12   Καὶ ἐπέστρεψα βλέπειν τὴν φωνὴν ἥτις ἐλάλει μετ᾽ ἐμοῦ· καὶ ἐπιστρέψας εἶδον ἑπτὰ λυχνίας χρυσᾶς,

카이 에페스트레프사 블레페인 텐 포넨 헤티스 엘라레이 메트 에무· 카이 에피스트레프사스 에이돈 헵타 뤼크니아스 크뤼사스,

그래서 나는 나에게 말한 음성을 알아보려고 돌아섰다. 그때에 일곱 금 촛대와

1.13 καὶ ἐν μέσῳ τῶν λυχνιῶν ὅμοιον υἱὸν ἀνθρώπου, ἐνδεδυμένον
ποδήρη καὶ περιεζωσμένον πρὸς τοῖς μαστοῖς ζώνην χρυσᾶν·

카이 엔 메소 톤 뤼크니온 호모이온 휘온 안드로푸, 엔데뒤메논
포데레 카이 페리에조스메논 프로스 토이스 마스토이스 조넨 크뤼산·
그 촛대들 사이에 사람의 아들 같은 이를 보았다. 그는 발끝까지 내려오는
긴 옷을 입고 가슴에 금띠를 띠었고

● **인자(그 사람의 그 아들)와 인자 같은 이(사람의 아들과 같은 이)**

이사야의 토기장의 비유는 인자와 인자 같은 이의 관계를 분명히 알 수 있게 한다.
토기장이가 흙과 물로 빚은 토기는 인자와 같고 불가마에 넣어서 구워진 자기는
인자 같은 이와 같다. 불가마에서 구워진 자기는 토기의 첫 형상 그대로이지만
그 자기는 처음 것으로부터 완전히 새롭게 된 둘째 것이다. 인자는 예수 그리스도
요, 인자 같은 이는 그리스도 예수다.

'인자 같은 이(호모이오스 휘오스 안드로푸)'는 '인자(그 사람의 그 아들)'가 십자가
에 못 박혀 죽었다가 살아나서 '살려주는 영'이 되신 분이다. '인자 같은 이'는
인자의 형상을 그대로 가지신 하나님의 맏아들의 형상이다. 그러므로 인자 같은
이는 우리가 본받아야 할 형상과 모양이다. 성경에서 '휘오스 안드로푸'와 '호 휘오
스 투 안드로푸'는 구별되는 존재이다. '휘오스 안드로푸(벤 아담, 인생)'는 죽을
자다. '호 휘오스 투 안드로푸(그 사람의 그 아들)'는 부활의 실존이다. 예수는
자신을 '호 휘오스 투 안드로푸'라 칭하셨다.

'그 사람의 그 아들'은 하나님께 대하여 죽어 있는 인생들을 살리시려고 그들 가운
데서 죽으셨다가 살아나셨다. 그는 독수리 같은 초월의 실존이 되셨다. 하나님의
새 창조는 '휘오스 안드로푸(인생)'들로 '호 휘오스 투 안드로푸(그 사람의 그 아
들)'가 되게 하시고 또 그가 죽은 자를 살리려고 그들 가운데서 죽었다가 살아나는

'살려주는 영(인자 같은 이)'이 되게 하신다. 하나님의 말씀은 우리 각 사람을 '그 사람의 그 아들'이 되게 하시고 예수 그리스도의 증거는 우리 각 사람을 '인자 같은 이'가 되게 한다.

● 발끝까지 내려오는 긴 옷과 금띠

이사야는 의를 겉옷에 비유하였고 구원을 속옷에 비유하였다. 그가 입으신 발끝까지 내려오는 긴 옷은 그가 이루신 온전한 의요, 그의 가슴에 띤 금띠는 그가 아버지와 에클레시아에 대하여 가지신 순결하고 변함없는 믿음이다. 우리는 예수 그리스도의 믿음 안에서 그의 믿음을 본받아 하나님의 아들들의 실존을 이룬다. 그의 의는 첫 사람이 선악지식을 좇아 말하는 정의나 공의와는 아무런 상관이 없다. 그런 것들은 첫 사람의 욕심에서 나온 것이다. 그의 의는 하나님의 말씀을 좇아서 인자들에게 생명과 사랑과 거룩과 초월의 새 창조 안으로 들어오게 하는 능력이요 권세다.

1.14 δὲ ἡ κεφαλὴ αὐτοῦ καὶ αἱ τρίχες λευκαὶ ὡς ἔριον λευκόν, ὡς χιών, καὶ οἱ ὀφθαλμοὶ αὐτοῦ ὡς φλὸξ πυρός,

데 헤 케팔레 아우투 카이 하이 트리케스 류카이 호스 에리온 류콘, 호스 키온, 카이 호이 옾달모이 아우투 호스 플록스 퓌로스,

그의 머리와 머리털은 흰 양털 같고 눈같이 희고 그의 눈은 불꽃같고

인자 같은 이의 지혜와 지식은 아버지의 지혜와 지식을 본받아서 순결하며 어두움이 조금도 없다. 양털은 따뜻하고 눈은 차다. 이와 같이 그의 지혜와 지식은 죄인에 대하여는 언제나 따뜻하지만 그 죄에 대하여는 언제나 차다. 그러나 그 차가움에는 인간적 증오가 없다. 그는 세상에 대하여는 따뜻하지만 그 선악지식에 대하여는 눈같이 차다. 그는 눈같이 찬 그의 지혜와 지식으로 욕심과 선악으로 움직이는 세상을 이기셨고 양털같이 따뜻한 지혜와 지식으로 우리의 구원을 이루셨다.

이것은 마치 아브라함이 그 아들 이삭을 번제로 드리려고 길을 나설 때 그의 손에 칼과 불을 들었던 것과 같고 하나님이 에덴동산의 생명나무의 길을 화염검으로 지키심과 같다. 생명을 사랑하는 자마다 그와 같이 차가움으로 세상을 이기고 따뜻함으로 하나님의 아들의 실존을 이룬다. 차가워야 할 데서 뜨겁고 뜨거워야 할 데서 찬 것이 인간의 욕심이요, 선악지식이다.

인자 같은 이는 그의 불꽃같은 눈으로 모든 사람의 뜻과 생각을 살피신다. 그의 불꽃같은 눈에 드러나지 아니할 것은 아무것도 없다. 그의 눈에는 의로운 자라 칭함을 받으나 죄인인 자가 드러나며, 죄인이라 칭함을 받으나 의인인 자가 드러난다. 양의 옷을 입은 이리가 드러나고, 이리의 옷이 입혀진 양이 드러나고, 거룩하다 칭함을 받는 자가 속된 자임이 드러나고, 속된 자라 칭함을 받는 자가 거룩한 자임이 드러난다. 입으로는 사랑을 외치지만 속으로 욕심을 좇는 자가 드러나고, 진리를 외치지만 선악지식을 좇는 자가 드러나고, 구원을 받았다 말하지만 구원과 상관없는 자가 드러난다. 또한 염소와 양이 드러나고, 쭉정이와 알곡이 드러난다. 그의 불꽃같은 눈앞에 어떤 존재도 숨어 있을 수 없다.

1.15 καὶ οἱ πόδες αὐτοῦ ὅμοιοι χαλκολιβάνῳ, ὡς ἐν καμίνῳ πεπυρωμένης,
καὶ ἡ φωνὴ αὐτοῦ ὡς φωνὴ ὑδάτων πολλῶν,

카이 호이 포데스 아우투 호모이오이 칼콜리바노, 호스 엔 카미노 페퓌로메네스,
카이 헤 포네 아우투 호스 포네 휘다톤 폴론,

그의 발은 풀무에 단련된 놋쇠 같았고 그의 음성은 많은 물들의 소리 같았으며

기록된 바, "아름답도다. 좋은 소식을 전하는 자들의 발이여"라고 한 것 같이 그의 발은 좋은 소식을 전한 굳센 발이요, 땅을 발등상으로 삼은 단독자(單獨子, 모노게네스)의 발이다. 그의 발은 사망을 밟고 죽은 자를 일으키는 생명의 발이다. 많은 물들의 소리 같은 그의 음성은 이미 하나님의 말씀과 예수 그리스도의 증거로 세상을 이기고 부활의 실존이 된 많은 사람이 그와 함께 새 창조를 증거하는 생명의 소리다.

1.16 καὶ ἔχων ἐν τῇ δεξιᾷ χειρὶ αὐτοῦ ἀστέρας ἑπτά, καὶ ἐκ τοῦ στόματος αὐτοῦ ῥομφαία δίστομος ὀξεῖα ἐκπορευομένη, καὶ ἡ ὄψις αὐτοῦ ὡς ὁ ἥλιος φαίνει ἐν τῇ δυνάμει αὐτοῦ.

카이 에콘 엔 테 덱시아 케이리 아우투 아스테라스 헵타, 카이 에크 투 스토마토스 아우투 롬파이아 디스토모스 옥세이아 에크포류오메네, 카이 헤 오프시스 아우투 호스 호 헬리오스 파이네이 엔 테 듀나메이 아우투.

그는 오른손에 일곱 별들을 쥐고 계셨으며 그의 입에서는 양쪽에 날이 선 검이 나오고 그의 얼굴은 그 해가 강렬히 비취는 것 같았다.

인자 같은 이는 그의 오른손, 곧 그의 의로운 능력의 손에 일곱 별을 가지고 계신다. 별은 소망을 징조한다. 일곱 별들은 인자 같은 이가 일곱 에클레시아들에 대하여 가진 새 창조의 소망이다. 왼편은 죽을 것의 죽음을 징조하고 오른편은 살 것의 부활을 징조한다. 일곱 에클레시아들은 육에서 죽고 영에서 일으킴을 받아 부활의 실존이 될 자이다.

그의 입에서 나오는 양쪽에 날이 선 검은 성령의 검이요, 할례의 검이다. 성령의 검은 첫 사람의 욕심을 베고 선악지식을 벤다. 성령의 검은 첫 사람의 선도 베고 악도 베며, 정의, 공의, 소유, 무소유, 작위, 무위, 윤회, 도덕, 윤리도 벤다. 종교도 베며, 세상 임금, 종, 강한 자, 약한 자, 큰 자, 작은 자, 높은 자, 낮은 자, 부자, 가난한 자, 유식한 자, 무식한 자도 벤다. 이는 모든 사람이 그리스도 예수 안에서 차별이 없는 하나님의 나라를 이루기 위함이다.

성령의 검은 육신을 베고 영을 드러내며, 크로노스를 베고 카이로스를 드러내며, 욕심을 베고 사랑을 드러내며, 생존을 베고 생명을 드러내며, 속됨을 베고 거룩을 드러내며, 첫 사람을 베고 둘째 사람을 드러내며, 시공을 베고 근원을 드러낸다. 첫 사람에 속한 것은 성령의 검에 베어지지 아니할 것이 없다. 첫 사람의 모든 것이 성령의 검에 베임을 당해야 둘째 사람의 모든 것으로 살아난다.

성령은 처음 하늘과 처음 땅이 사라지고 새 하늘과 새 땅이 창조되며, 옛 예루살렘이 사라지고 새 예루살렘이 하늘로부터 내려오도록 예수 그리스도와 함께 역사하신다.

해는 사랑을 징조한다. 인자 같은 이는 하나님의 모양인 그의 강력한 사랑의 빛으로 에클레시아 안에 새 창조를 이루신다.

1.17 Καὶ ὅτε εἶδον αὐτόν, ἔπεσα πρὸς τοὺς πόδας αὐτοῦ ὡς νεκρός· καὶ ἔθηκεν τὴν δεξιὰν αὐτοῦ ἐπ᾽ ἐμὲ λέγων· Μὴ φοβοῦ· ἐγώ εἰμι ὁ πρῶτος καὶ ὁ ἔσχατος,

카이 호테 에이돈 아우톤, 에페사 프로스 투스 포다스 아우투 호스 네크로스· 카이 에테켄 텐 덱시안 아우투 에프 에메 레곤· 메 포부· 에고 에이미 호 프로토스 카이 호 에스카토스,

내가 그를 볼 때에 마치 죽은 자처럼 그의 발 앞에 쓰러졌다. 그가 그의 오른손을 내 위에 얹고 말씀하시기를, "두려워 말라 나는 처음과 나중이며"

인자 같은 이는 그리스도 예수이며, 인자는 예수 그리스도다. 인자는 모든 죽은 자를 살리기 위하여 그들 가운데서 죽었다가 살아나 인자 같은 이가 되셨다. 요한이 인자 같은 이의 계시를 받아 인자의 죽음과 부활과 생명을 증거하려면 그도 인자의 죽음과 부활과 생명에 동참한 자가 되어야 한다.

에클레시아는 '인생(벤 아담, 휘오스 안드로푸)' 가운데서 하나님께로 불러냄을 받았다. 그의 혼이 땅을 향해 살면서 하나님을 향하여 죽어 있었던 데서 살아나서 '레네페쉬 하야(산 혼의 실존)'가 되는 것은 처음의 부활이다. 그가 예수 그리스도 안에서 욕심과 선악지식을 죽이고 다시 살아나 '인자'를 닮은 자가 되는 것은 나중의 부활이다.

죽은 자처럼 된 요한에게 그의 권능의 오른손을 얹으신 이는 누구인가. 그는 원래 요한이 사랑했고 또 그로부터 사랑받던 처음 인자이시다. 그가 죽었다가 살아나서 '인자 같은 이'가 되셨다. 인자와 인자 같은 이는 한 분의 처음과 나중이다. 그러므로 요한은 그를 두려워할 아무런 이유가 없다. 그래서 그가 말씀하시기를, "두려워 말라 나는 처음과 나중이라"라고 하셨다. 이것은 '인자 같은 이'로부터 인자인 요한에게 들려진 위로의 말씀이며 부활의 말씀이다. '인자'인 요한도 계시의 실존을 이루면 '인자 같은 이'가 될 것이다.

1.18 καὶ ὁ ζῶν— καὶ ἐγενόμην νεκρὸς καὶ ἰδοὺ ζῶν εἰμι εἰς τοὺς αἰῶνας τῶν αἰώνων— καὶ ἔχω τὰς κλεῖς τοῦ θανάτου καὶ τοῦ ᾅδου.

카이 호 존 카이 에게노멘 네크로스 카이 이두 존 에이미 에이스 투스 아이오나스 톤 아이오논 카이 에코 타스 클레이스 투 다나투 카이 투 하두.

"살아 있는 자다. 내가 죽었었다. 그러나 보라, 세세에 살아 있고 또 사망과 음부의 열쇠들을 가지고 있다."

예수 말씀하시되, "나는 부활이요 생명이라"라고 하셨다. 부활은 알파요 생명은 오메가다. 그는 죽었다가 살아나셨으니 부활이요, 세세에 살아계시니 생명이다. 죽었다가 살아나신 이는 먼저 하나님께 대하여 죽어 있는 사람의 그 혼을 살려서 '산 혼의 실존'이 되게 하신다. 그리고 그 산 혼의 실존으로 하여금 육체와 함께 정과 욕심을 십자가에 못 박고 '살려주는 영'이 되게 하신다. '살려주는 영'은 예수의 발자취를 좇아서 죽은 자들을 살리기 위하여 그들 가운데에서 죽었다가 다시 사는 권세를 가진다. 인자 같은 이는 그 혼자 영원히 사는 것이 아니라 첫 사람의 크로노스와 둘째 사람의 카이로스에 함께 하신다. 그는 육신으로 사는 인생들의 시공의 크로노스 안으로 들어와서 그들을 카이로스를 통하여 영원 속으로 유월케 하신다. 그는 각 사람이 처하여 있는 그 사망과 그 음부의 열쇠를 가지고 계시며 믿음으로 거기서 나오고자 하는 모든 이들을 영원히 해방하신다.

● 사망과 음부

사망은 무엇이며 음부는 또한 무엇인가. 에덴의 동산에 들어온 첫 사람 아담이 선악을 알게 하는 나무의 실과를 따 먹고 선악지식으로 살고자 하다가 '레네페쉬 하야'가 죽었다. 산혼의 실존으로 하나님을 향해 살아야 할 사람이 욕심과 선악지식을 좇아서 땅을 향해 육신으로 사는 것이 '산 혼의 실존'을 죽이는 일이다. 하나님의 예정을 따라 첫 사람은 누구나 하나님의 마음 안에서 그 마음을 닮은 '영의 새로운 실존'이 되어야 할 자다. 아담은 '산 혼의 실존'만 죽인 것이 아니라 살려주는 영의 실존을 이루지 못하였으니 그 자신의 영과 생명도 죽었다.

요한 계시록은 첫째 사망과 둘째 사망을 계시하고 있다. 아담은 첫째 사망과 함께 둘째 사망도 함께 취했다. 그러나 야웨 하나님은 죽었던 그를 다시 '산 혼의 실존'으로 살리셨다. 그가 산 혼의 실존으로 돌아와서 부활의 믿음으로 살았으면 둘째 사망도 사라졌을 것이다. 오늘날 부활에 대한 오해가 심각하다.

종말에 육신이 부활하려고 하는 것은 영생이 아니라 영벌이다. 누구든지 그리스도의 죄사함을 통하여 하나님께 대하여 죽어 있던 혼이 먼저 살아나는 것이 알파다. 그 부활로 말미암아 그가 다시 그 자신의 육체와 함께 정과 욕심을 못 박고 살아나서 인자(그 사람의 그 아들)가 되고, 인자가 죽은 자를 살리려고 사람들 안에서 죽었다가 다시 사는 그 부활이 오메가다.

살려주는 영의 실존이 되지 못하면 예수 그리스도를 닮은 것도 하나님의 모양을 이룬 것도 아니다. 살려주는 영의 실존이 새 예루살렘을 이루며 그 성 안에 하나님과 어린양은 성전이 되시고 빛이 되신다. 이 모든 것은 우리 자신의 믿음이 아니라 우리 안에 계시된 예수 그리스도의 믿음을 우리 자신의 믿음으로 가질 때 이루어진다. 그러므로 우리의 첫 사람의 믿음이 죽고 예수 그리스도의 믿음으로 살아나는 것이 새 창조의 알파다. 그 알파가 없으면 예수 그리스도의 형상과 모양을 닮는 오메가는 오지 아니한다.

예수 그리스도의 부활의 믿음과 하나된 믿음을 좇아서 예수 그리스도의 증거를 가진 자는 부활의 실존이다. 그러나 많은 사람들이 자신의 믿음을 좇아서 죽지도 못하고 살지도 못하는 상태에 있으니 그것이 음부다. 인자 같은 이가 사망의 열쇠를 가지신 것은 '네가 첫 사람으로부터 죽으면 둘째 사람으로 살리라' 함이다. 그가 음부의 열쇠를 가지신 것은 '네가 너 자신의 부자의 믿음으로 스스로 만들어 거하는 그 음부로부터는 내가 주는 믿음으로 나오게 하려 함이다'라고 하신다.

● **하늘들의 나라의 열쇠들**

예수께서 베드로에게 말씀하시기를, "내가 그 하늘들의 나라의 열쇠들을 네게 주리니 네가 무엇이든지 그 땅 위에서 매면 그 하늘들에서 매일 것이요 네가 그 땅 위에서 풀면 그 하늘들에서 풀리리라"(마16:19)라고 하였다.

예수께서 주시는 이 열쇠들은 생명이요, 사랑이요, 거룩이요, 초월이다. 우리가 생명으로 땅 위에서 매면 하늘에서 생명으로 매인다. 우리가 생명으로 사망에 처한 자를 풀면 하늘에서도 풀린다. 예수께서 베드로에게 주신 열쇠들은 그를 비롯한 모든 믿는 자에게 주신 것이다. 베드로가 "주는 그리스도시요 살아 계신 하나님의 아들입니다"라고 고백하자 예수는 그 반석과 같은 믿음을 가진 자 위에 '내 에클레시아'를 세우시겠다 하셨다. 이 말씀은 에클레시아 위에 무슨 왕이나 권세자를 두시겠다는 말씀이 아니다. 이는 예수 그리스도께서 에클레시아의 머리요, 에클레시아는 그 몸의 지체이기 때문이다. 그 땅은 겉 사람이요, 그 하늘은 속 사람이 있는 마음 하늘이다. 하나님의 나라는 하나님이 계신 마음 하늘들의 나라다.

'인자 같은 이'는 사망과 음부의 열쇠들을 가지시고 그에게 오는 자마다 거기서 해방하신다. 거기서 해방된 이들은 예수 그리스도의 믿음과 하나된 믿음으로 그 하늘들의 나라의 열쇠들을 가지고 매기도 하며 풀기도 한다. 부활의 실존이 사랑으로 그 땅 위에서 매면 그 하늘들에서 매일 것이요, 사랑으로 욕심에 갇힌 자를 풀면 그 하늘들에서 풀릴 것이다. 맬 자를 매고 풀 자를 푸는 권세를 가진 자가 부활의 실존이다. 에클레시아는 생명으로 풀고 생명으로 매며, 사랑으로 풀고 사랑으로 매며, 거룩으로 풀고 거룩으로 매며, 초월로 풀고 초월로 맨다.

1.19 οὖν γράψον ἃ εἶδες καὶ ἃ εἰσὶν καὶ ἃ μέλλει γίνεσθαι μετὰ ταῦτα.

운 그라프손 하 에이데스 카이 하 에이신 카이 하 멜레이 게네스다이 메타 타우타.

"그러므로 네가 본 것들과 이제 있는 일들과 이 일들을 좇아서 될 일을 기록하라."

● **메타 타우타(이 일들을 좇아서)**

'메타 타우타'는 단순히 후에 될 일을 말하는 것이 아니다. 이것은 알파와 오메가, 처음과 나중, 근원과 궁극의 관계다. 알파 없이 오메가가 일어나지 않으며 처음 없이 나중이 일어나지 않으며 근원 없이 궁극에 이를 수 없다. 또 하나님의 새 창조는 선후를 바꾸어 일어나지 아니한다. 오늘날 우리 가운데 가장 크게 오해하고 있는 것 중에 하나는 우리 자신은 아무런 새로운 실존을 이루지 못했는데 새 하늘과 새 땅이 창조되면 거기에 들어가려는 것이다. 새 창조에 있어서는 사람이 새롭게 되는 것이 먼저다. 그 일은 변동되지 아니하며 변동될 수도 없다. 사람이 새롭게 되지 아니하면 아무것도 새롭게 될 수 없다. 종말 사상에 사로잡힌 자들은 이 일을 알지 못하고 욕심을 부리고 있다.

1.20 τὸ μυστήριον τῶν ἑπτὰ ἀστέρων οὓς εἶδες ἐπὶ τῆς δεξιᾶς μου, καὶ τὰς ἑπτὰ λυχνίας τὰς χρυσᾶς· οἱ ἑπτὰ ἀστέρες ἄγγελοι τῶν ἑπτὰ ἐκκλησιῶν εἰσίν, καὶ αἱ λυχνίαι αἱ ἑπτὰ ἑπτὰ ἐκκλησίαι εἰσίν.

토 뮈스테리온 톤 헵타 아스테론 후스 에이데스 에피 테스 덱시아스 무, 카이 타스 헵타 뤼크니아스 타스 크뤼사스· 호이 헵타 아스테레스 앙겔로이 톤 헵타 에클레시온 에이신, 카이 하이 뤼크니아이 하이 헵타 헵타 에클레시아이 에이신.

"네가 본 내 오른손의 그 일곱 별들과 그 일곱 금 촛대들의 비밀은 이것이다. 그 일곱 별들은 일곱 에클레시아들의 천사들이요 일곱 금 촛대들은 일곱 에클레시아들이다."

● 그 일곱 에클레시아들의 천사들

'현대인의 성경'은 '그 일곱 에클레시아들의 천사들'을 '일곱 교회의 지도자들'이라 번역하는 터무니없는 일을 했다. 예수 그리스도의 에클레시아를 교회라 하며 '종교인들의 모임'으로 한 것도 모자라 '천사들'을 '지도자'라 번역함으로써 예수 그리스도의 새 창조의 계시를 더욱 혼잡스럽게 만들었다.

예수 그리스도는 종교 지도자들에게 계시의 책을 보내고 있는 것이 아니다. 이천 년 전 예수가 유대 땅에 메시아로 오셨을 때 종교 지도자들이 행했던 유일한 일은 그를 십자가에 못 박는 것이었다. 전도자의 말과 같이 해 아래서는 새 것이 없다. 오늘의 종교도 그때와 조금도 다름없이 예수가 보낸 천사들을 십자가에 못 박는다. 그것은 종교가 가진 본질이며 한계성이다.

오늘날 우리에게 온 천사는 누구이며 어디에 있는가, 요한은 그 일곱 에클레시아들에게 계시의 책을 보냈고 그 책은 오늘날 우리에게도 와 있다. 그 책이야말로 우리에게 온 천사다. 우리는 그 천사를 천사인 줄 알지 못하며 안다고 하면서 그 천사의 말에 귀를 기울이지 않고 도리어 자기 뜻에 맞춘다. 우리가 욕심과 선악지식을 좇는 종교인이 되다 보니 천사의 말이 우리에게 해석될 수 없는 방언이 된지 오래다. 방언이 방언을 낳으면서 새 창조의 계시는 엄청난 혼란을 겪고 있다.

그러나 천사의 말을 듣는 자 따로 있다. 그들은 다름 아니라 그 하늘들에 계신 아버지의 이름이 거룩히 여김을 받기를 기도하는 자, 아버지의 나라가 임해 오기를 기도하는 자, 아버지의 뜻이 하늘에서와 같이 땅에서 이루 지기를 기도하는 자, 실존의 양식을 날마다 아버지께 구하는 자, 빚진 자를 사하여 주며 빚짐을 사함 받기를 구하는 자, 시험에 빠져들지 않고 악에서 구해지기를 구하는 자, 나라와 권세와 영광을 아버지께 돌리는 자다. 또 그들은 그 영을 향해 가난한 자, 애통하는 자, 온유한 자, 의에 주리고 목마른 자, 긍휼히 여기는 자, 마음이 청결한 자, 화평케 하는 자, 의를 인하여 핍박을 받는 자, 예수 그리스도로 인하여 욕을 먹고, 핍박을 당하고, 거짓으로 악하다는 말을 들을 때 기뻐하고 즐거워하는 자다.

누구든지 천사의 말을 들을 귀로 들은 자는 천사가 그에게 전한 좋은 소식의 실존을 이룬다. 그는 다시 그리스도께 보냄을 받은 천사가 되어 좋은 소식을 전한다. 천사는 예수 그리스도의 새 창조의 소망을 전하는 별과 같은 존재이다. 좋은 소식은 좋은 소식을 낳고 선악지식은 선악지식을 낳는다. 좋은 소식은 생명을 낳고 선악지식은 사망을 낳는다.

요한 계시록 2장

2.1 Τῷ ἀγγέλῳ τῆς ἐν Ἐφέσῳ ἐκκλησίας γράψον· Τάδε λέγει ὁ κρατῶν τοὺς ἑπτὰ ἀστέρας ἐν τῇ δεξιᾷ αὐτοῦ, ὁ περιπατῶν ἐν μέσῳ τῶν ἑπτὰ λυχνιῶν τῶν χρυσῶν·

토 앙겔로 테스 엔 에페소 에클레시아스 그라프손· 타테 레게이 호 크라톤 투스 헵타 아스테라스 엔 테 덱시아 아우투, 호 페리파톤 엔 메소 톤 헵타 뤼크니온 톤 크뤼손·

"에페소에 있는 그 에클레시아의 그 천사에게 쓰라. 그의 오른손에 일곱 별들을 붙잡고 일곱 금 촛대 사이를 거니시고 계신 이가 이것들을 말씀하신다."

● 일곱 금 촛대들과 일곱 별들

일곱 금 촛대들은 일곱 에클레시아들이며 일곱 별들은 일곱 에클레시아들에게 보내진 일곱 천사들이다. 이 일곱 금 촛대들은 하나님의 창조의 근원 안에 있는 모든 에클레시아가 처한 각각의 실존 상황을 징조한다. 그리고 일곱 별들은 그 각각의 상황에서 이루어야 할 실상(소망)을 징조한다. 첫날 가운데 있는 에클레시아는 첫날의 실상을 이루어야 하고, 이틀째 날 가운데 있는 에클레시아는 이틀째 날의 실상을 이루어야 한다. 이와 같이 모든 에클레시아는 하나님의 창조의 일곱 날들 가운데서 온전하게 지어진다. 이날들은 크로노스의 날들이 아니라 모든 사람 가까이 있는 카이로스의 날들이다. 예수 그리스도는 부활을 일으키는 그의 능력의 오른손에 일곱 에클레시아들이 이루어야 할 그 실상을 붙잡고 그들 사이를 거니시고 있다. 왼편은 죽어야 할 육신이 죽는 것을 말하고 오른편은 살아야 할 영이 사는 것을 말한다.

2.2   Οἶδα τὰ ἔργα σου, καὶ τὸν κόπον καὶ τὴν ὑπομονήν σου, καὶ ὅτι οὐ
δύνῃ βαστάσαι κακούς, καὶ ἐπείρασας τοὺς λέγοντας ἑαυτοὺς
ἀποστόλους, καὶ οὐκ εἰσίν, καὶ εὗρες αὐτοὺς ψευδεῖς·

**오이다 타 에르가 수, 카이 톤 코폰 카이 텐 휘포모넨 수, 카이 호티 우
뒤네 바스타사이 카쿠스, 카이 에페이라사스 투스 레곤타스 헤아우투스
아포스톨루스, 카이 우크 에이신, 카이 휴레스 아우투스 프슈데이스·**

나는 너의 그 일들과 너의 그 수고와 그 인내를 알고 또 네가 어떻게 악한
자들을 용납할 수 없었던 것과 자칭 사도들이라 하지만 아닌 자들을 시험하여
그들이 거짓말쟁이임을 밝혀낸 것을 알고 있다.

● 에르가 수(너의 일들)

'에르가'는 일이지 행위가 아니다. 에클레시아는 믿음으로 일하고 일은 그 믿음을
증거한다. 그러므로 에클레시아에게 믿음과 일은 하나다. 즉 믿음은 일로 드러난다.
에페소 에클레시아가 악한 자들을 용납할 수 없었던 것도 그의 믿음의 일이요,
자칭 사도라 하는 자들을 시험하여 거짓말쟁이임을 밝혀낸 것도 그의 믿음의 일이다.
누구든지 믿음으로 행하는 것도 있고 행하지 않는 것도 있다. 행하는 것도 믿음의
일이요, 행하지 않는 것도 믿음의 일이다. 믿는 자는 '나의 나됨'을 이루는 생명의
흐름 속에 있다. 그것이 그의 일이다. 기록된 바, "오른손이 하는 것을 왼손이 모르게
하라"라고 하였다. 왜냐하면 오른손의 일은 생명의 흐름을 좇아서 행할 것을 행하고,
왼손의 일은 행하지 않아야 할 것을 선악지식을 좇아서 행하는 것이기 때문이다.

2.3   καὶ ὑπομονὴν ἔχεις, καὶ ἐβάστασας διὰ τὸ ὄνομά μου, καὶ οὐ
κεκοπίακες.

**카이 휘포모넨 에케이스, 카이 에바스타사스 디아 토 오노마 무, 카이 우
케코피아케스.**

너는 인내심을 가지고 있으며 내 이름을 위하여 견디고 지치지 않았다.

● 예수 그리스도의 이름을 위하여

우리는 우리 안에 계시된 예수 그리스도의 이름, 곧 '나의 나뵘'을 이루시는 그의
이름 때문에 견디고 지치지 아니한다. 우리가 견디면서 지치지 않는 것은 그가
우리 안에 계시고 우리가 그 안에서 그와 하나되어 새 창조를 이루려 함이다.
우리가 물과 영으로 거듭나지 아니하면 예수 그리스도의 이름을 위하여 견디거나
지치지 않는 삶을 살 수 없다.

2.4 ἀλλὰ ἔχω κατὰ σοῦ ὅτι τὴν ἀγάπην σου τὴν πρώτην ἀφῆκες.

알라 에코 카타 수 호티 텐 아가펜 수 텐 프로텐 아페케스.

그럼에도 나는 너를 꾸짖을 것을 가지고 있으니 이는 네가 너의 그 처음 사랑을
버렸기 때문이다.

2.5 οὖν μνημόνευε πόθεν πέπτωκας, καὶ μετανόησον καὶ τὰ πρῶτα ἔργα
ποίησον· δὲ εἰ μή, ἔρχομαί σοι, καὶ κινήσω τὴν λυχνίαν σου ἐκ τοῦ
τόπου αὐτῆς, ἐὰν μὴ μετανοήσῃς.

운 므네모뉴에 포덴 펩토카스, 카이 메타노에손 카이 타 프로타 에르가
포이에손· 에이 데 메, 에르코마이 소이, 카이 키네소 텐 뤼크니안 수 에크 투
토푸 아우테스, 에안 메 메타노에세스.

그러므로 너는 어디서 떨어졌는지를 생각하라. 그리고 회개하라. 그리고 처음
일들을 성취하라. 만일 그렇지 않고 회개하지 아니하면 내가 네게 가서 너의
촛대를 그 자리에서 옮길 것이다.

● 타 프로타 에르가 포이에손(그 처음 일들을 성취하라)

'프로토스'는 '첫째의, 으뜸의, 가장 좋은'이다. 모든 에클레시아가 성취해야 할
첫째되는 것, 으뜸되는 것, 가장 좋은 것, 근원적인 것은 사랑이다. 사랑을 마음

에 품고 그 실존을 이루면 사랑이 밖으로 드러난다. 에페소에 있는 에클레시아가 그 마음에 품었던 것은 사랑이다. 그런데 언젠가 에페소의 에클레시아가 품었던 사랑이 사라져 버렸다. 사랑이 에클레시아의 마음에 계시되는 것은 알파다. 에클레시아가 그의 마음에 계시된 사랑을 좇아서 사랑의 실존을 이루는 것은 오메가다.

에페소 에클레시아는 으뜸 되는 사랑의 처소에서 떨어져 내렸다. 도대체 에페소의 에클레시아에게 무슨 일이 일어났기에 그들의 마음에서 사랑이 떨어졌는가. 악한 자들이 그들 안에 들어와 그들을 이용하고, 거짓 사도들이 들어와 사람들을 거짓되게 인도하므로 그것을 막으려고 맞서 싸우다가 으뜸되는 사랑을 떨어뜨렸다. 그들은 자신들이 가졌던 것을 스스로 지키려 하였으나 도리어 사랑을 버린 존재가 되었다. 어떤 에클레시아든 많은 일과 수고와 인내와 열심으로 사랑을 대체할 수 없다. 어떤 것으로도 사랑을 대체할 수 없다. 그러므로 에페소의 에클레시아는 반드시 회개하고, '사랑의 존재'로 돌아가야 한다.

2.6 ἀλλὰ τοῦτο ἔχεις ὅτι μισεῖς τὰ ἔργα τῶν Νικολαϊτῶν, ἃ κἀγὼ μισῶ.

알라 투토 에케이스 호티 미세이스 타 에르가 톤 니콜라이톤, 하 카고 미소.

그러나 네가 이것을 가지고 있으니 네가 니콜라파의 일들을 미워한다. 나도 그 일들을 미워한다.

에클레시아가 미워할 것을 미워하지 못하면 사랑할 것을 사랑하지 못한다. 에페소에 있는 에클레시아는 예수 그리스도가 미워하는 니콜라파의 일을 미워하고 있으므로 은혜의 성령 안에서 사랑이 어디서 떨어졌는지 생각하고, 거기서 돌이키고, 마침내 그 사랑을 다시 찾을 것이다. 예수 그리스도는 니콜라파를 미워하시는 것이 아니라 그들의 일들을 미워하신다. 그들도 구원될 자이기 때문이다.

● 니콜라파의 일들

'니콜라'는 '백성의 승리'라는 의미다. 하나님의 백성은 하나님 안에서 세상을 이기는 자들이다. 그러나 하나님의 백성이 세상을 향해 살면서 하나님을 이기는 것이 니콜라파의 일들이다. 이스라엘의 역사는 하나님의 백성이 자기들의 생각과 자기들의 길을 좇아서 하나님을 이긴 기록이다. 그러나 그것이 심판된 것을 성경은 분명히 보여주고 있다. 니콜라파는 그들의 교리로 하나님의 말씀과 예수 그리스도의 증거를 이긴다. 하나님의 자녀들이 사람의 가르침을 좇으며 하나님의 생각과 하나님의 길을 이긴다. 때문에 인자 같은 이는 그 일들을 심판하신다.

종교 지도자들은 사람들이 하나님을 잘 섬기게 하려고 교리를 만든다. 그러나 그것은 인간이 하나님의 사랑으로부터 떨어지는 일이다. 왜냐하면 사람의 교리가 세력을 얻으면 니콜라파와 같은 강한 종파를 형성한다. 마침내 그 종파의 교리는 예수 그리스도의 사랑의 계시 위에 군림한다. 결국 하나님의 백성이 하나님을 이기는 일이 벌어진다. 세상에 수많은 종파와 교리는 그렇게 해서 생겨났고 그들은 사람의 교리로 하나님의 사랑을 이긴다.

2.7　ὁ ἔχων οὖς ἀκουσάτω τί τὸ πνεῦμα λέγει ταῖς ἐκκλησίαις. τῷ νικῶντι δώσω αὐτῷ φαγεῖν ἐκ τοῦ ξύλου τῆς ζωῆς, ὅ ἐστιν ἐν τῷ παραδείσῳ τοῦ θεοῦ.

호 에콘 우스 아쿠사토 티 토 프뉴아 레게이 타이스 에클레시아이스. 토 니콘티 도소 아우토 파게인 에크 투 크쉴루 테스 조에스, 호 에스틴 엔 토 파라데이소 투 데우.

귀를 가지고 있는 자는 그 영이 그 에클레시아들에게 무엇을 말씀하시는지 들으라. 이기는 자 그에게 내가 하나님의 그 낙원에 있는 그 생명의 나무로부터 먹게 할 것이다.

● 호 에콘 우스(귀를 가지고 있는 자)

귀에도 알파와 오메가가 있다. 먼저는 '듣고자 하는 귀'요, 나중은 '들을 수 있는 귀'다. 사람이 자기의 선악지식을 붙들고 처음부터 계시의 말씀을 듣고자 아니하면 들을 수 있는 귀가 열리는 오메가로 나아갈 수 없다. 누구든지 듣고자 하면 '들을 수 있는 귀'가 열린다. 요한 계시록은 하나님의 보좌 앞에 일곱 영들이 있다 하였다. 그 영들은 하나님의 창조의 일곱 날들을 좇아서 역사하신다. 에페소 에클레시아에게 말씀하시는 영은 은혜의 영이다. 그 영이 무엇을 말씀하시는지 들어야한다. 듣고자 하지 않거나 들어도 듣지 못하면 아무 소용이 없다. 2,000여 년전 그 에클레시아들에게 성령이 말씀하신 것이 무엇인지를 들을 수 있어야 카이로스 안에 있는 오늘의 우리에게도 살았고 운동력 있는 계시의 말씀이다.

● 토 니콘티(이기고 있는 자에게)

예수 그리스도를 믿는 사람은 세상을 계속 '이기고 있는 승리'의 존재다. 그는 먼저 하나님을 이기는 자신의 생각(교리)을 이겨야 한다. 그는 하나님의 생각과 그의 길을 좇아서 선악지식을 이기는 자이며, 율법을 좇는 행위(몸짓)의 유혹을 이기는 자이며, 사랑을 품고 세상을 이기는 자이다. 은혜의 영은 이기고 있는 그에게 하나님의 그 낙원에 있는 그 생명나무로부터 먹게 하시겠다고 말씀하고 있다. 숨 쉬는 자는 산 자요, 산 자는 음식을 먹는다. 은혜의 영으로 숨 쉬는 자는 생명나무로부터 먹고 더욱 풍성한 생명에 이른다. 생명나무의 잎사귀는 만국을 소성케 하는 약재다.

2.8   Καὶ τῷ ἀγγέλῳ τῆς ἐν Σμύρνῃ ἐκκλησίας γράψον· Τάδε λέγει ὁ πρῶτος καὶ ὁ ἔσχατος, ὃς ἐγένετο νεκρὸς καὶ ἔζησεν·

카이 토 앙겔로 테스 엔 스뮈르네 에클레시아이스 그라프손· 타데 레게이 호 프로토스 카이 호 에스카토스, 호스 에게네토 네크로스 카이 에제센·

"스뮈르나에 있는 에클레시아의 그 천사에게 쓰라. 처음과 나중이며 죽었다가 살아나신 이가 이것들을 말씀하신다."

2.9　Οἶδά σου τὴν θλῖψιν καὶ τὴν πτωχείαν, ἀλλὰ πλούσιος εἶ, καὶ τὴν βλασφημίαν ἐκ τῶν λεγόντων Ἰουδαίους εἶναι ἑαυτούς, καὶ οὐκ εἰσίν, ἀλλὰ συναγωγὴ τοῦ Σατανᾶ.

오이다 수 텐 들리프신 카이 텐 프토케이안, 알라 플루시오스 에이, 카이 텐 블라스페미안 에크 톤 레곤톤 유다이우스 에이나이 헤아우투스, 카이 우크 에이신, 알라 쉬나고게 투 사타나.

"나는 너의 환난과 궁핍을 안다. 그러나 너는 도리어 부요하다. 또 자칭 유대인이라 하는 자들의 훼방도 안다. 그러나 그들은 유대인이 아니라 사탄의 모임이다."

스뮈르나에 있는 에클레시아에게 말씀하시는 이는 처음과 나중이요 죽었다가 살아나신 이다. 죽는 것은 처음이요 다시 사는 것은 나중이다. 부활의 믿음으로 오늘 여기 카이로스에서 육에서 죽은 자는 영으로 다시 산다. 누구든지 예수 그리스도 안에 있는 자는 이 일을 본받는 실존이다. 그들은 마치 예수의 비유에 등장하는 가난한 나사로와 같다. 그들은 육신으로는 가난하지만 영으로는 부요하다. 그들은 예수 그리스도의 부활과 생명 안에서 부요하다. 그들은 소금과 같은 존재다. 소금의 일은 처음과 나중이 동일하여 소금은 죽었다가 살아나신 이를 닮았다. 소금이 녹아서 다른 물체에 스며들면 그것이 썩지 않게 하는 능력(의력)으로 살아난다. 햇빛이 강렬하게 비칠 때 해의 형상은 도리어 보이지 않는다. 생명의 빛은 그 자신의 형상을 초월하며 역사한다. 스뮈르나 에클레시아는 육신으로 죽었다가 영으로 부활하신 예수 그리스도를 닮을 것이다.

● **쉬나고게 투 사타나(사탄의 모임)**

'유다'라는 이름은 '야웨를 찬송한다'는 의미다. 야웨를 찬송한다는 이름을 가진 그들은 '사탄의 모임'이 되었다. '사탄'이란 '대적자'란 뜻이다. 어떻게 하면 하나님을 찬송하는 것이 하나님을 대적하게 되는 것인가. 하나님의 자녀들이 하나님의 생각과 하나님의 길을 버리고 자기 생각과 자기 길을 좇을 때이다. 말하자면 에페소에 있던 니콜라파가 그 세력을 확장하면 '사탄의 회(모임)'가 된다. 이름과 실존은 왜 이처럼 달라지는가.

혈통이나 육신의 기쁜 뜻이나 자신의 주장을 가진 남자(교주)의 뜻으로 모인 모든 모임은 그 이름이 무엇이라 불리든지 간에 욕심과 선악지식을 좇으며 하나님을 대적한다. 이 계시를 읽으면서 사탄이 '나' 아닌 다른 유대인이라 생각하면 내가 사탄의 모임을 이루는 존재가 되고 만다. 그런즉 계시로 말미암아서 누구든지 자신이 하나님을 훼방하는 유대인이 되어 있는 그것을 보지 아니하면 계시는 선악지식이 되고 만다. 모든 계시는 나를 가리켜 보이고 있다.

2.10 μηδὲν φοβοῦ ἃ πάσχειν. μέλλεις ἰδοὺ μέλλει ὁ διάβολος βάλλειν ἐξ ὑμῶν εἰς φυλακὴν ἵνα πειρασθῆτε, καὶ ἕξετε θλῖψιν ἡμερῶν δέκα. γίνου πιστὸς ἄχρι θανάτου, καὶ δώσω σοι τὸν στέφανον τῆς ζωῆς.

메덴 포부 하 파스케인. 멜레이스 이두 멜레이 발레인 호 디아볼로스 에크스 휘몬 에이스 퓔라켄 히나 페이라스데테, 카이 에크세테 들리프신 헤메론 데카. 기누 피스토스 아르키 다나투, 카이 도소 소이 톤 스테파논 테스 조에스.
"너는 네가 받을 고난을 두려워 말라. 보라, 마귀가 너희에게 속한 자들을 옥에 던져 시험을 받게 할 것이며 너희는 열흘 동안 환난을 겪을 것이다. 너는 죽음에 이르기까지 신실하라. 그리하면 내가 그 생명의 면류관을 네게 줄 것이다."

처음과 나중이요 죽었다가 살아나신 이가 '보라' 하였으니 그것을 보아야 한다. 죽었다가 살아나신 이의 말씀을 듣고 보는 자마다 고난을 두려워하지 않고 처음과 나중이 동일한 부활의 믿음으로 산다.

● 발레인 에크스 휘몬(너희에게 속한 자들을 던져)

많은 성경이 이 말씀을 '너희 가운데 몇 사람을 던져'로 번역하고 있다. 그러나 한 사람인지, 몇 사람인지, 아니면 대부분의 사람인지는 나타나 있지 않다. 여기서 주목해야 할 것은 마귀가 무엇을 얻고자 그들을 옥에 던져 시험하는가 하는 것이다. 스뮈르나의 에클레시아는 그들의 육신의 궁핍을 영적 부요가 되게 하는 믿음을 가졌다.

그러므로 마귀는 그들이 죽음으로 몰릴 때까지도 그 영적 부요 안에 거할 것이냐를 시험고자 하는 것이다. 마귀는 스뮈르나의 에클레시아에게 선악전쟁을 일으켜 죽느냐 사느냐를 선택케 할 것이다. 오늘날 사람들은 목숨이 아니라 자신들의 먹거리만 위협받아도 믿음을 헌 신짝 버리듯 한다. 이것은 그들이 예수 그리스도의 믿음 안으로 유월되어 있지 않기 때문이다.

예수 그리스도께서 스뮈르나의 에클레시아에게 나는 처음과 나중이요 죽었다가 살아난 자라 하시는 것은 그들에게 '부활의 믿음' 안에서 '부활의 실존'을 이루어지게 하려 함이다. 예수께서 그들에게 약속하신 생명의 면류관은 부활의 면류관이다.

● 들리프신 헤메론 데카(열흘의 환난)

열흘은 많은 날 수가 아니다. 아마도 열은 붉은 용과 짐승의 열 뿔이 행할 수 있는 모든 박해의 수단일 것이다. 그 열흘이 스뮈르나의 에클레시아에게 징조하는 바는 중대하다. 주께는 하루가 천 년 같고 천 년이 하루 같다. 스뮈르나의 에클레시아는 하루가 천 년 같이 그들이 승리할 것을 믿고 기다리시는 주의 마음을 알고 있다. 때문에 한 순간이라도 그들의 마음을 마귀에게 빼앗길 수 없다. 참 믿음은 육신의 죽음을 이기는 부활의 믿음이다. 그들이 열흘의 환난을 이기는 것은 하루가 천 년 같은 주 앞에서 어느 누가 만년(1000×10)을 살아서 하나님을 찬양한 것보다 귀하다.

2.11 ὁ ἔχων οὖς ἀκουσάτω τί τὸ πνεῦμα λέγει ταῖς ἐκκλησίαις. ὁ νικῶν οὐ μὴ ἀδικηθῇ ἐκ τοῦ θανάτου τοῦ δευτέρου.

호 에콘 우스 아쿠사토 티 토 프뉴마 레게이 타이스 에클레시아이스. 호 니콘 우 메 아디케데 에크 투 다나투 투 듀테루.

"귀를 가지고 있는 자는 그 영이 그 에클레시아들에게 무엇을 말씀하시는지 들으라. 이기고 있는 자는 그 둘째 사망으로부터 해를 입지 아니할 것이다."

열흘의 시험에서 패배하는 것은 첫 번째 죽음이다. 첫 번째 죽음은 두 번째 죽음에 이른다. 스뮈르나 에클레시아에게 말씀하시는 영은 영광의 영이다. 영광의 영은 생명의 면류관을 이기고 있는 자에게 주신다. 기록된 바, "너희가 그리스도의 이름 안에서 욕을 받으면 복되다. 이는 그 영광의 영 곧 하나님의 영이 너희 위에 머물러 계시기 때문이라"(벧전4:14)라고 하였다.

우리 위에 머물러 계신 영광의 영으로 말미암아 자기에게 오는 시험을 이긴 부활의 실존은 둘째 사망으로부터 해를 입지 아니한다. 그러나 어느 에클레시아가 잠시 세상을 이기고 있었으나 육신의 죽음이 두려워 그의 믿음을 버리면 그는 이기고 있는 자가 아니다. 그러므로 그는 둘째 사망으로부터 해를 입을 것이다. 영광의 영은 예수 그리스도를 믿는 자들에게 영광을 주시기 원하신다.

2.12 Καὶ τῷ ἀγγέλῳ τῆς ἐν Περγάμῳ ἐκκλησίας γράψον· Τάδε λέγει ὁ ἔχων τὴν ῥομφαίαν τὴν δίστομον τὴν ὀξεῖαν·

카이 토 앙겔로 테스 엔 페르가모 에클레시아이스 그라프손· 타데 레게이 호 에콘 텐 롬파이안 텐 디스토몬 텐 옥세이안·

"페르가모에 있는 에클레시아의 천사에게 쓰라. 양쪽에 날 선 검을 가지신 이가 이것들을 말씀하신다."

2.13 Οἶδα ποῦ κατοικεῖς, ὅπου ὁ θρόνος τοῦ Σατανᾶ, καὶ κρατεῖς τὸ
ὄνομά μου, καὶ οὐκ ἠρνήσω τὴν πίστιν μου καὶ ἐν ταῖς ἡμέραις
Ἀντιπᾶς, ὁ μάρτυς μου, ὁ πιστός μου, ὃς ἀπεκτάνθη παρ' ὑμῖν, ὅπου
ὁ Σατανᾶς κατοικεῖ.

오이다 푸 카토이케이스, 호푸 호 드로노스 투 사타나, 카이 크라테이스 토
오노마 무, 카이 우크 에르네소 텐 피스틴 무 카이 엔 타이스 헤메라이스
안티파스, 호 마르튀스 무, 호 피스토스 무, 호스 아페크탄데 파르 휘민, 호푸
호 사타나스 카토이케이.

"나는 네가 어디 사는 것을 안다. 거기는 사탄의 보좌가 있는 곳이다. 그러나
너는 내 이름을 굳게 잡아서 내 충성된 증인 안티파스가 너희 가운데 곧 사단이
거하는 곳에서 죽임을 당하던 그 날들에 나의 믿음을 부인하지 않았다."

페르가모는 그 당시 알렉산드리아 다음으로 큰 도시였으며 황제 숭배의 중심지였
다. 양쪽에 날 선 검을 가지신 이는 우상이 된 자와 우상을 섬기는 자를 그 검으로
베신다. 오늘날 예수 그리스도를 믿는 자들 안에 그가 육신의 생사화복을 주관하
는 황제가 되어 있으니 그것이 황제 숭배다. 황제 숭배란 자기 믿음으로 예수를
세상 임금으로 믿는 것이다. 사탄의 무리는 안티파스의 육신을 죽였으나 그들은
도리어 양쪽에 날 선 검(말씀의 검)에 베임을 당하는 심판을 받았다. 예수 그리스
도는 그 검으로 첫 사람의 선(善)도 베시고, 악(惡)도 베신다.

'안티파스'는 '아버지를 위하여'란 의미다. 그는 아버지의 이름이 거룩히 여김을
받는 그 일로 인하여 죽임을 당했다. 그러나 그의 부활의 믿음은 영원히 살아서
예수 그리스도의 이름을 빛내고 있다. 그는 육신의 검을 휘두르는 '땅의 세력'을
부활의 믿음으로 이긴 사람이다.

● 텐 피스틴 무(나의 그 믿음을)

킹 제임스 버전은 '텐 피스틴 무'를 '나의 믿음(My faith)'이라 번역하였다. 그러나 그 이후에 나온 번역 성경들은 '나를 믿는 너의 믿음(Your faith in me)'이라 오역하고 있다. 물과 영으로 거듭나는 자는 첫 사람의 모든 것이 거듭난다. 믿음도 거듭난다. 부활의 실존으로 사는 에클레시아는 알파에서 예수 그리스도를 믿는 처음의 '자기 믿음'에서 죽고 오메가에서 예수 그리스도께서 아버지를 믿는 그 믿음으로 십자가에 못 박혀 죽었다가 살아나신 나중의 그의 '부활의 믿음'으로 살아난다.

누구든지 처음에는 어쩔 수 없이 자기 믿음으로 시작한다. 그러나 후에 예수 그리스도의 믿음이 그 안에 계시되면 자기 믿음에서 죽고 예수 그리스도의 믿음으로 살아난다. 자기 믿음은 알파요, 예수 그리스도의 부활의 믿음과 하나된 믿음은 오메가다. 이와 같이 믿음도 거듭난다. 오늘날까지 이 믿음의 알파와 오메가가 이해되지 않아서 각자 육신에 속한 자기 믿음을 좇아서 도처에서 교파와 교리(선악지식)를 만들어 내며 스스로 번성하다가 잠깐인 열흘의 시험을 견디지 못하고 첫째 사망을 당하고 있다. 그 첫째 사망은 둘째 사망으로 이어진다.

예수의 제자 가롯 유다는 왜 예수를 배반했을까. 그것은 그의 부유한 자기 믿음 때문이다. 그는 육신의 이스라엘을 구원하는 메시아를 확실하게 믿었다. 그는 자기 믿음으로 예수를 따라다녔다. 그러나 그에게 들을 귀가 열리지 않아서 그 안에 예수 그리스도의 믿음이 계시되지 못했다. 그가 가졌던 믿음은 예수를 세상 임금이 되게 하는 믿음이다. 그 믿음은 예수를 황제가 되게 한다. 황제가 될 사람이 황제가 되지 않음으로 그는 예수를 팔아 버렸다.

예수를 황제로 섬기는 자가 자기 믿음으로 예수의 이름을 부인하지 않는 것은 잠시다. 그에게 환란이나 핍박이나 고난이 오거나 자기 믿음의 기대에 어긋나는 상황이 오게 되면 그는 곧 예수의 이름을 부인한다. 가롯 유다는 그 일을 알게 하는 징조다. 첫 사람의 믿음이 둘째 사람의 믿음으로 거듭나지 아니하면 우리가 예수의 이름을 찬양하며 그의 이름을 전파하며 그의 이름으로 기도하는 것이 마침 내 그의 이름을 부인하는 일로 바뀌고 만다. 오늘날도 여전히 입술로는 하나님을 경외하는데 그 마음은 하나님으로부터 멀리 떠나 있던 유대인들과 같은 종교인들 이 생겨나는 비극이 여기에 있다.

2.14 ἀλλὰ ἔχω κατὰ σοῦ ὀλίγα, ὅτι ἔχεις ἐκεῖ κρατοῦντας τὴν διδαχὴν Βαλαάμ, ὃς ἐδίδασκεν τῷ Βαλὰκ βαλεῖν σκάνδαλον ἐνώπιον τῶν υἱῶν Ἰσραήλ, φαγεῖν εἰδωλόθυτα καὶ πορνεῦσαι·

알라 에코 카타 수 올리가, 호티 에케이스 에케이 크라툰타스 텐 디다켄 발라암, 호스 에디다스켄 토 발락 발레인 스칸달론 에노피온 톤 휘온 이스라엘, 파게인 에이돌로뒤타 카이 포르뉴사이·

"그러나 나는 너를 꾸짖을 몇 가지를 가지고 있다. 그것은 거기에 발람의 교훈 을 움켜쥐고 있는 자들이 있기 때문이니 발람은 발락을 가르쳐 이스라엘 자손 앞에 올무를 놓아 우상의 제물을 먹게 하였고 또 음행하게 하였던 자다."

2.15 οὕτως ἔχεις καὶ σὺ κρατοῦντας τὴν διδαχὴν Νικολαϊτῶν ὁμοίως.

후토스 에케이스 카이 쉬 크라툰타스 텐 디다켄 톤 니콜라이톤 호모이오스.

"이와 같이 너희 가운데 니콜라파의 교훈을 움켜쥐고 있는 자들이 있다."

에페소의 에클레시아는 니콜라파의 일들을 미워하였으나 페르가모의 에클레시아 안에는 니콜라파의 교훈을 움켜지고 있는 자들이 있었다.

이스라엘 자손이 우상의 제물을 먹고 음행한 것은 애굽을 떠나 광야를 지날 때였 다. 그때와 같은 일이 페르가모의 에클레시아 안에서 일어났다. 발람이 거짓 예언 자였던 것같이 페르가모의 에클레시아 안에 니콜라(백성의 승리)에게 가르침을 받고 그 가르침을 굳게 붙잡고 있는 자들이 있었다. 발락이 이스라엘 자손 앞에 덫을 놓은 것 같이 니콜라파는 페르가모의 에클레시아 앞에 니콜라의 교리의 덫을 놓았다. 사람의 마음에 심어진 니콜라파의 교훈이 페르가모의 에클레시아의 우상 숭배와 음행의 근원이 되고 있다. 그 교훈은 하나님을 이기고 있는 백성의 승리다. 오늘날 말씀의 옷을 입고 사람의 귀에 들려오는 교훈은 대부분이 첫 사람의 성공(승리)이거나 육신의 축복에 관한 것이다.

오늘날 하나님을 이기는 사람의 교훈은 '복음'이란 이름을 가지고 있다. 구원의 '좋은 소식(유앙겔리온, 호음)'이 '복음'으로 불리고 있는 곳에서는 백성의 승리를 위하여 하나님의 이름을 부르고, 예수 그리스도의 이름을 부른다. 하나님이 그들의 육신을 이기고 그들을 영이신 하나님의 아들들이 되게 하시는 것이 아니라 그들이 하나님을 이기고 하나님의 이름으로 육신의 세상 나라를 이루고 있다.

● **우상숭배의 길**

사람들은 왜 진리의 계시를 버리고 사람의 가르침을 좇아서 우상숭배에 빠져드는가. 그것은 그들이 진리의 사랑을 받지 않기 때문이다. 우상은 보지도 못하고 생각하지도 못하고 움직이지도 못한다. 그러므로 우상은 사실상 아무것도 아니다. 어느 누가 우상 앞에 제물을 놓거나 그 제물을 먹었다 한들 아무 일도 일어나지 아니하며 일어날 수도 없다. 그런즉 누군가가 아무것도 아닌 그 일을 문제 삼는다면 그것이 도리어 문제다. 이것은 사람이 하나님의 마음 안에서 그의 아들의 실존을 이루는 그 마음을 빼버린 논리다.

하나님은 사람의 논리(선악지식)가 아니라 사람이 창조의 근원인 그의 마음을 닮기 원하신다. 하나님은 사람을 그의 마음 안에서, 그의 마음으로 말미암아, 그의 마음 안으로 새롭게 지으신다. 그런데 사람들 가운데는 그들을 하나님의 아들들이 되게 하는 그의 마음을 버리고 자신들의 욕심과 선악지식의 논리를 좇아서 그들의 하나님(우상)을 섬기려 한다.

황제 숭배가 왕성하던 페르가모에서 황제의 우상에게 절하지 아니하거나 그 제물을 먹지 않는 것은 죽음까지도 감수하는 일이다. 그때에 누군가 우상숭배 세력에게 죽거나 핍박을 당하거나 직장을 잃는 등의 일을 피하기 위하여 우상에게 절하고 그 제물을 먹으면서 '우상이란 아무것도 아니다. 우상의 제물을 먹는다 한들 달라질 것은 아무것도 없다'라고 자기 논리(선악지식)를 전개했다면 그는 육신을 위하여 영을 버린 것이다.

우상 중에서도 가장 두려운 우상은 하나님의 마음을 떠난 사람들의 정교한 논리로 고안된 신(神)이다. 이때에 생명의 하나님은 생존을 위한 선악지식의 우상이 되어 버린다. 니콜라파와 같이 하나님의 마음을 버리고 선악지식을 좇는 거짓 예언자는 어디에나 있다. 그 거짓 예언자는 우리 안에 있으며 내 안에 있다. 그 거짓 예언자와 그의 선악지식을 예수 그리스도의 양쪽에 날 선 검으로 베지 아니하면 어린양의 순결한 신부로서 새 예루살렘의 실존을 이룰 수 없다.

2.16 οὖν· μετανόησον δὲ εἰ μή, ἔρχομαί σοι ταχύ, καὶ πολεμήσω μετ'
αὐτῶν ἐν τῇ ῥομφαίᾳ τοῦ στόματός μου.

운' 메타노에손 데 에이 메, 에르코마이 소이 타퀴, 카이 폴레메소 메트
아우톤 엔 테 롬파이아 투 스토마토스 무.

"그러므로 회개하라. 그렇지 않으면 내가 네게 속히 가서 내 입의 검으로 그들과 싸울 것이다."

● 에클레시아의 내면 전쟁

에클레시아는 그의 내면에서 진리로 선악지식과 싸워 이기는 자이다. 구약에 기록된 이스라엘의 모든 전쟁은 우리 내면의 영적 전쟁을 징조하고 있다. 이스라엘도 오늘의 우리도 그것을 놓치고 있다. 이스라엘은 그 내면 전쟁을 놓쳤으므로 오늘날까지도 외면의 육적 전쟁을 치르고 있다. 우리 또한 그러하다. 우리가 내면의

적과 싸워 이기면 외면의 적은 사라진다. 어느 때 어느 곳에서나 에클레시아는 예수 그리스도의 입의 검으로 자신의 내면에 있는 적인 니콜라와 싸워 이겨야 한다. 니콜라를 이기는 것이 세상을 이기는 첫걸음이다.

그런데 오늘날 성경을 가르치는 이들은 도리어 사람들을 니콜라가 되도록 열심히 가르치고 있다. 기록된 바, "우주와 그 가운데 있는 만유를 지으신 신께서는 천지의 주재시니 손으로 지은 전에 계시지 아니한다"(행17:14)라 하였다. 그런데 어느 한글 '오픈 성경'이라 하는 데서는 이에 대하여 다음과 같이 말하고 있다. "하나님은 손으로 지은 건물에만 계신 것이 아니라 사람의 마음에도 계신다." 바로 이런 주석이 니콜라의 교훈이요, 우상숭배요, 음행이다. '오픈 성경'을 발간한 사람들은 무엇 때문에 이렇게 스스로 니콜라임을 자증하고 있는가. 그들은 입술로는 하나님을 공경하지만 그들의 마음은 하나님에게서 멀다. 그들은 다만 많은 사람을 손으로 지은 집에 모아들이고자 하고 있다. 사람을 모으지 않고서야 어떻게 말씀을 전파하겠느냐 하고 있다. 그들은 진리를 버리고 선악지식을 좇고 있다.

하나님은 하루를 천 년 같이 기다리고, 천 년을 하루 같이 참으시면서 하나님의 아들의 실존을 이루는 자를 찾고 계신데 그들은 그 하나님의 마음을 힘써 외면하고 있다. 그들은 말하기를, "어떻게 사람을 모으지 않고서야 말씀을 전할 수 있겠느냐" 한다. 하나님은 그들이 말씀을 전하기에 앞서 그들 자신이 하나님의 아들의 실존을 이루기 원하시지만, 그들은 거기에 관심이 없다. 그들은 사람을 모아서 큰 세력을 이루려고 사람의 생각과 논리로 말씀을 이기고 있다.

사람들은 말씀을 이기는 그들의 논리로 손으로 지은 집을 성전이라 또는 노아의 방주라 부른다. 그들이 무슨 말로 그들의 행위를 정당화하든지 간에 하나님은 손으로 지은 집에 계시지 아니한다. 그들은 그들의 논리를 말씀 위에 두었고, 그들의 욕심을 하나님의 사랑 위에 두었고 그들의 선악지식을 생명 위에 두었다. 이 일을 행하는 자는 모든 사람 안에 있다. 왜냐하면 자기 믿음을 가진 자는 니콜라의 교훈을 좇고 있기 때문이다. 누구든지 자신의 니콜라와 싸워 이겨야 한다.

2.17 ὁ ἔχων οὖς ἀκουσάτω τί τὸ πνεῦμα λέγει ταῖς ἐκκλησίαις. τῷ νικῶντι δώσω αὐτῷ τοῦ μάννα τοῦ κεκρυμμένου, καὶ δώσω αὐτῷ ψῆφον λευκήν, καὶ ἐπὶ τὴν ψῆφον γεγραμμένον ὄνομα καινὸν ὃ οὐδεὶς οἶδεν εἰ μὴ ὁ λαμβάνων.

호 에콘 우스 아쿠사토 티 토 프뉴마 레게이 타이스 에클레시아이스. 토 니콘티 도소 아우토 투 만나 투 케크륌메누, 타이 도소 아우토 프세폰 류켄, 카이 에피 텐 프세폰 게그람메논 오노마 카이논 호 우데이스 오이덴 에이 메 호 람바논.

"귀를 가지고 있는 자는 그 영이 그 에클레시아들에게 무엇을 말씀하시는지 들으라. 이기고 있는 자 그에게는 내가 감추었던 만나를 주고 또 흰돌을 줄 것이다. 그 돌 위에는 새 이름이 쓰여 있으며 받는 자 밖에는 알 사람이 없다."

모든 에클레시아는 들을 귀를 가지고 진리의 영이 무엇을 말씀하시는지 잘 듣고 이기고 있는 존재가 되어야 한다. 니콜라는 진리를 듣지 못하고 사람의 교훈을 들었다. 그 자신은 듣고 알았다고 말하지만 그는 자기의 소리를 듣고 자기의 뜻을 안 것이다. 그러므로 예수 그리스도는 자기 지식의 제물(양식)을 먹지 않는 자에게 감추었던 만나(계시)를 주시고 또 흰돌을 주신다.

니콜라는 영의 양식을 육신의 양식으로 바꾸어 먹는 자이다. 예나 오늘이나 많은 사람은 그 육신의 양식을 먹고자 몰려든다. 흰돌(청결한 마음)에 쓰여진 이름은 그가 하나님의 입으로 나오는 모든 말씀으로 사는 하나님의 아들임을 증거한다. 그가 흰돌 위에 쓰여진 새 이름을 받는 것은 그가 육신의 의를 가진 자가 아니라 하나님이 주시는 영의 의 안에 거하고 있음을 말한다. 그의 새 이름은 그만의 고유하고 독특한 '나의 나됨'의 실존이므로 그만이 안다.

2.18 Καὶ τῷ ἀγγέλῳ τῆς ἐν Θυατείροις ἐκκλησίας γράψον· Τάδε λέγει ὁ υἱὸς τοῦ θεοῦ, ὁ ἔχων τοὺς ὀφθαλμοὺς αὐτοῦ ὡς φλόγα πυρός, καὶ οἱ πόδες αὐτοῦ ὅμοιοι χαλκολιβάνῳ·

카이 토 앙겔로 테스 엔 뒤아테이로이스 에클레시아스 그라프손· 타데 레게이 호 휘오스 투 데우, 호 에콘 투스 옾달무스 아우투 호스 플로가 퓌로스, 카이 호이 포데스 아우투 호모이오이 칼콜리바노·

"뒤아테이라에 있는 그 에클레시아의 그 천사에게 쓰라. 불꽃같은 눈과 빛난 주석 같은 발을 가지고 계신 그 하나님의 아들이 이것들을 말씀하신다."

뒤아테이라의 에클레시아에게 말씀하시는 그 하나님의 아들은 불꽃같은 눈으로 사람의 마음과 생각을 살피시므로 그 앞에 드러나지 않을 것이 아무것도 없다. 또 그는 빛난 주석 같은 발로 사망과 음부를 밟으신다.

2.19 Οἶδά σου τὰ ἔργα, καὶ τὴν ἀγάπην καὶ τὴν πίστιν καὶ τὴν διακονίαν καὶ τὴν ὑπομονήν σου, καὶ τὰ ἔργα σου τὰ ἔσχατα πλείονα τῶν πρώτων.

오이다 수 타 에르가, 카이 텐 아가펜 카이 텐 피스틴 카이 텐 디아코니안 카이 텐 휘포모넨 수, 카이 타 에르가 수 타 에스카타 플레이오나 톤 프로톤.

"나는 너의 그 일들과 그 사랑과 그 믿음과 그 섬김과 그 인내를 알고 있다. 또 너의 나중 일들이 처음 것들 보다 낫다."

● **플레이오나 톤 프로톤(처음 것들보다 낫다)**

많은 번역 성경들이 '플레이오나'를 '많다'로 번역하고 있다. 그러나 하나님의 아들은 뒤아테이라의 에클레시아에게 처음보다 많은 일을 하고 있다는 것을 말하고 있는 것이 아니다. 많은 것을 선으로 여기는 것은 첫 사람이다. 첫 사람은 언제나

'다다익선'이라 하며 많은 것을 좋아한다. 그러나 하나님의 마음 안에 있는 에클레시아에게는 많고 적음이 문제가 아니라 그의 실존이 문제다. 우리는 언제나 이 일을 놓치곤 한다.

첫 사람은 언제나 많고 적음이나, 높고 낮음이나, 크고 작음이나, 강하고 약함 등을 가지고 선악을 판단한다. 즉 많고, 높고, 크고, 강한 것을 좇는 것은 첫 사람의 일이지 둘째 사람의 일이 아니다. 여기 뒤아테이라의 에클레시아는 하나님의 마음 안에서 앞으로 나아가고 있어서 처음보다 낫다는 칭찬을 듣고 있다.

2.20 ἀλλὰ ἔχω κατὰ σοῦ ὅτι ἀφεῖς τὴν γυναῖκα Ἰεζάβελ, ἡ λέγουσα ἑαυτὴν προφῆτιν, καὶ διδάσκει καὶ πλανᾷ τοὺς ἐμοὺς δούλους πορνεῦσαι καὶ φαγεῖν εἰδωλόθυτα.

알라 에코 카타 수 호티 아페이스 텐 귀나이카 이자벨, 헤 레구사 헤아우텐 프로페틴, 카이 디다스케이 카이 플라나 투스 에무스 둘루스 포르뉴사이 카이 파게인 에이돌로뒤타.

"그러나 나는 너를 꾸짖을 것을 가지고 있다. 자칭 예언자라 하는 여자 이세벨을 네가 용납하였고 그녀는 나의 종들을 가르쳐 꾀어 음행하게 하고 우상의 제물을 먹게 하였다."

페르가모의 에클레시아에는 창남(니콜라파)의 가르침을 좇는 자가 있는 반면 뒤아테이라의 에클레시아에는 음녀의 가르침을 좇는 자가 있다. 페르가모에서는 짐승의 씨가 뿌려졌고, 뒤아테이라에는 음녀의 씨가 낳아졌다. 이세벨은 '거주할 데가 없다(아니다)'라는 뜻이다. 이세벨은 생명의 세계에 살 수 없는 자이기 때문에 그녀는 생명세계를 생존세계로 삼고 음녀가 되었다. 모든 에클레시아는 어린양의 정결한 신부다. 이세벨은 정결한 신부로는 살 수 없는 음녀이기 때문에 그녀는 그 정결한 곳을 더럽혀서 자기의 처소를 만들고 있다. 이세벨은 많은 것, 큰 것, 높은 것, 강한 것을 좇으며 육신의 향락을 즐기는 자들의 모형이다.

이세벨은 무엇으로 뒤아테이라의 에클레시아를 더럽히고 있는가. 그것이 바로 '플레이오나(많은 것)'이다. 에클레시아는 영과 생명 안에서 진보하여야 하는데 이세벨은 땅에서 많은 것을 얻는 것을 진보로 삼고 있다. 그녀가 음행을 저지르고 있는 것은 그 음행이 많은 사람을 끌어들이는 수단이 되기 때문이다. 오늘날 우리가 많은 것, 큰 것, 높은 것, 강한 것을 좇아가고 있는 것은 자신 안에 이세벨을 용납하고 떠받드는 일이다. 그 일을 사람들은 부흥이라 성공이라 말하고 있다.

많은 것을 좇는 사람은 누구든지 그의 하나님은 다름 아니라 숫자의 신이요, 세력의 신임을 말하고 있다. 세력의 신은 세상 임금이요 붉은 용이다. 어떤 지식인들은 기독교는 세계적 종교이기 때문에 참 종교라 말한다. 그러나 그것은 에클레시아는 종교인이 아니라 하나님의 아들임을 알지 못하는 이들이 말하는 이세벨의 교훈이다. 그러므로 에클레시아는 깨어서 이세벨의 교훈이 무엇인지 불꽃같은 눈으로 보고 거기서 돌이켜야 한다.

2.21 καὶ ἔδωκα αὐτῇ χρόνον ἵνα μετανοήσῃ, καὶ οὐ θέλει μετανοῆσαι ἐκ τῆς πορνείας αὐτῆς.

카이 에도카 아우테 크로논 히나 메타노에세, 카이 우 델레이 메타노에사이 에크 테스 프르네이아스 아우테스.

"내가 그 여자에게 회개할 시간을 주었으나 그 여자는 자기의 음행으로부터 회개하려 하지 않는다."

● 크로노스와 카이로스

우리의 겉 사람의 때는 크로노스요, 속 사람의 때는 카이로스다. 회개란 육신의 겉 사람에게 주어진 그 크로노스의 시간에서 영의 속 사람의 카이로스의 시간 안으로 들어오는 일이다. 예수 그리스도는 이세벨에게 은혜를 베풀어 회개할 시간

(크로노스)을 주셨으나 이세벨은 그것을 거절하였다. 참으로 많은 사람이 주님의 은혜로 받은 회개의 때에 이세벨처럼 육신의 정욕과 안목의 정욕과 이생의 자랑에서 돌이켜서 생명과 사랑과 거룩 안으로 들어오기를 거절하고 있다. 그들은 입으로는 회개하였다 하는데 마음은 너무나 멀다.

2.22 ἰδοὺ βάλλω αὐτὴν εἰς κλίνην, καὶ τοὺς μοιχεύοντας μετ' αὐτῆς εἰς θλῖψιν μεγάλην, ἐὰν μὴ μετανοήσωσιν ἐκ τῶν ἔργων αὐτῆς·

이두 발로 아우텐 에이스 클리넨, 카이 투스 모이큐온타스 메트 아우테스 에이스 들리프신 메갈렌, 에안 메 메타노에소신 에크 톤 에르곤 아우테스·

"보라, 내가 그 여자를 침상에 던질 것이다. 또 그 여자와 함께 간음하는 자들은 만일 그 여자의 일로부터 회개하지 아니하면 큰 환난 가운데 던질 것이다."

그녀의 침상은 이세벨이 스스로 음행하는 곳이다. 하나님의 아들은 그녀가 돌이키지 아니하므로 침상에 그녀를 던져서 그녀의 음행의 비밀이 모두에게 드러나게 하실 것이다. 또한 하나님의 아들은 그녀가 회개하지 아니하면 그녀는 물론 그 침상도 주석 같은 발로 밟아 그의 발등상이 되게 하실 것이다. 그것을 보고도 그녀와의 음행에 가담한 자들이 회개하지 아니하면 그들을 큰 환난 가운데 던지실 것이다.

그리스도 안에서 성결케 된 에클레시아에게 오는 환난은 기뻐하고 즐거워할 영광이요, 그리스도 밖에서 간음하던 자들에게 오는 환난은 견딜 수 없는 수욕이다. 많은 번역 성경들이 이세벨의 일에 대하여 종교적, 도덕적, 윤리적 관점에서 바라본 번역을 하고 있다. 그것은 이세벨의 눈으로 이세벨을 바라본 것이다. 하나님의 아들이 이세벨과 그녀의 동류들에게, 그리고 이 말씀을 읽는 우리에게 요구하시는 것은 성결이다.

2.23 καὶ τὰ τέκνα αὐτῆς ἀποκτενῶ ἐν θανάτῳ· καὶ γνώσονται πᾶσαι αἱ ἐκκλησίαι ὅτι ἐγώ εἰμι ὁ ἐραυνῶν νεφροὺς καὶ καρδίας, καὶ δώσω ὑμῖν ἑκάστῳ κατὰ τὰ ἔργα ὑμῶν.

카이 타 테크나 아우테스 아포크테노 엔 다나토· 카이 그노손타이 파사이 하이 에클레시아이 호티 에고 에이미 호 에라우논 네푸루스 카이 카르디아스, 카이 도소 휘민 헤카스토 카타 타 에르가 휘몬.

"또 내가 사망으로 그 여자의 자녀들을 죽일 것이니 그 모든 에클레시아가 나는 그들의 뜻과 마음을 살피고 있는 자인 줄 알 것이다. 나는 너희 각각에게 너희의 일들을 좇아서 갚아 줄 것이다."

● 아포크테노 엔 다나토(내가 사망으로 죽일 것이다)

몸을 죽이는 것과 '사망으로' 죽이는 것은 전혀 다르다. 기록된 바, "몸은 죽여도 혼은 능히 죽이지 못하는 자들을 두려워하지 말고 도리어 혼과 몸을 능히 지옥에 멸하시는 자를 두려워하라"(마10:28)라고 하였다. 이세벨이 음행으로 낳은 자녀들은 혼과 몸을 지옥에 멸하시는 하나님을 두려워하지 않은 그 음행의 결과이다. 그러므로 그들은 사망으로 죽임을 당한다. 즉 몸이 죽임을 당할 뿐 아니라 혼도 죽임을 당한다. 에클레시아는 이세벨의 자녀들이 사망 안에서 당하는 죽음이 무엇인지를 잘 보아야 한다. 에클레시아로 부름을 받은 사람들이 그 안에 낳은 아들들이 인자들이 아니라 음행의 자녀들이면 그들은 이미 하나님께 대하여 죽었고 또 두 번째 죽음(심판의 부활)을 당한다. 모든 에클레시아는 성결한 아들을 낳는 실존이다.

2.24 δὲ λέγω ὑμῖν τοῖς λοιποῖς τοῖς ἐν Θυατείροις, ὅσοι οὐκ ἔχουσιν τὴν διδαχὴν ταύτην, οἵτινες οὐκ ἔγνωσαν τὰ βαθέα τοῦ Σατανᾶ, ὡς λέγουσιν, οὐ βάλλω ἐφ' ὑμᾶς ἄλλο βάρος·

데 레고 휘민 토이스 로이포이스 토이스 엔 뒤아테이로스, 호소이 우크 에쿠신 텐 디다켄 타우텐, 호이티네스 우크 에그노산 타 바데아 투 사타나, 호스 레구신, 우 발로 에프 휘마스 알로 바로스·

"뒤아테이라에 남아 있는 자들 즉 이 교훈을 가지지 않고 사탄의 깊은 것들을 알지 아니한 너희에게 말한다. 나는 다른 짐을 너희에게 지우지 아니할 것이다."

오늘날 사람들은 시대 조류를 따라 많은 것을 좇는 물량주의에 젖어 있다. 거기에서 자유로운 자가 참으로 적다. 그 물량주의에서 자유로운 자가 남아 있는 자다. 사탄은 자기와 그를 좇는 자 안에서 항상 하나님의 지혜와 지식의 깊음을 흉내 내고 있음으로 그 거짓 또한 깊다. 그 사탄의 깊음은 무저갱이다. 누구든지 하나님의 계시를 좇아 진리의 사랑 안에 거하는 자만이 사탄의 깊은 것들에 빠져들지 아니한다. 선악지식을 좇는 많은 사람이 사탄의 깊은 것들에 빠져들고 있지만 그것들을 알지 아니한 남은 자들 또한 있어서 그들의 성결함을 더럽히지 아니한다.

2.25 πλὴν ὃ ἔχετε κρατήσατε ἄχρι ἂν οὗ ἥξω.

플렌 호 에케테 크라테사테 아르키 안 후 헥소.

"다만 너희가 가지고 있는 것을 내가 올 때까지 굳게 잡으라."

뒤아테이라에 남아 있는 자들은 첫 사람의 모든 것을 떠나보내고 살아난 자의 일과 사랑과 믿음과 인내 속에서 앞으로 나아가고 있다. 그것을 굳게 잡고 '되어짐' 가운데 있으면 예수 그리스도와 하나되는 실존을 이룰 것이다.

● 에르코마이와 헤코

헬라어 '에르코마이'는 대체로 '온다'라는 동작에 중점이 있고, '헤코'는 대체로 '와 있다'라는 상태에 중점이 있다. '아르키 안 후 헥소(내가 올 때까지)'의 '헥소'는 '헤코' 동사의 1인칭 단수 미래 능동태(또는 1인칭 단수 가정법 과거 능동태)이다. 예수 그리스도가 '내 안으로 오시는 것(에르코마이)'은 알파요, 내 안에 오셔서 '나와 함께 계신 것(헤코)'은 오메가다. 그 오메가에서 나는 예수 그리스도와 하나 된 실존임을 드러낸다.

2.26 καὶ ὁ νικῶν καὶ ὁ τηρῶν ἄχρι τέλους τὰ ἔργα μου, δώσω αὐτῷ ἐξουσίαν ἐπὶ τῶν ἐθνῶν,

카이 호 니콘 카이 호 테론 아르키 텔루스 타 에르가 무, 도소 아우토 엑수시안 에피 톤 에드논,

"이기고 있고 또 끝까지 나의 일을 품고 있는 자에게 나라들 위에 있는 권세를 줄 것이다."

● 타 에르가 무(나의 일들)

나의 일이란 무엇인가. 이것을 잘 알아야 한다. 예수 그리스도는 내 안에 들어와서 나를 나 되게 하신다. 그것이 예수 그리스도의 일인 새 창조다. 즉 새 창조 안에서 예수 그리스도는 나를 나되게 하시면서 영과 진리 안에서 나와 하나되신다. 그러므로 하나님의 아들들은 예수 그리스도와 하나되는 그의 일을 '마음에 품고(심비에 새기고)' 끝까지 이루는 자이다. 속 사람인 나와 겉 사람인 나가 하나되는 것이 나의 나뒴이요, 내가 하나님의 아들의 실존을 이루는 일이다. 하나님의 아들에게는 먼저 자기가 자기를 다스리는 권세가 주어지고 또 땅에 속한 이방 나라들 위에 있는 영의 권세가 주어진다. 에클레시아는 세상을 이기고 있는 자이며 그리스도께서 내 안에서 행하고 있는 '그 나의 일'을 품고 있는 자이다.

● 엑수시안 에피 톤 에드논(나라들 위에 있는 권세)

여기 나라들은 이방의 나라들이다. 이방의 나라들이란 육신의 첫 사람의 나라들이다. 그 나라들은 사람들이 그 욕심과 선악지식을 좇아서 그 마음 안에 이루어 놓은 첫 하늘과 첫 땅이다. 하나님의 아들의 실존은 이 첫 하늘과 첫 땅 위에 있는 권세를 가지고 그것을 떠나가게 한다. 그 권세는 시공 너머의 창조의 근원에서 오는 권세다. 그 권세로서 사람들에게서 첫 하늘과 첫 땅이 지나가게 하는 좋은 소식을 전한다. 이는 마치 예수 그리스도께서 이세벨의 하늘(우상숭배)과 땅(음행)을 심판하여 멸하심과 같다. 이세벨의 하늘과 땅이 떠나가는 데서부터 새 하늘과 새 땅은 시작된다.

2.27　*καὶ ποιμανεῖ αὐτοὺς ἐν ῥάβδῳ σιδηρᾷ ὡς τὰ σκεύη τὰ κεραμικὰ συντρίβεται,*

카이 포이마이네이 아우투스 엔 라브도 시데라 호스 타 스큐에 타 케라미카 쉰트리베타이,

"그는 철장을 가지고 그들을 다스리고 질그릇 깨뜨리듯이 할 것이다."

예수 그리스도께서 이세벨과 그의 자녀들과 그녀와 함께 음행을 행한 자들을 심판하시는 그 일은 곧 철장을 가지고 그들을 다스리고 질그릇 깨뜨리듯 하는 것이다. 이미 이세벨과 그 동류들을 이기고 승리한 자들은 그리스도께 철장을 받아 그리스도와 함께 만국을 다스릴 것이다. 왜냐하면 승리의 실존은 이미 하나님을 거스르는 자신의 육신의 나라들을 질그릇 깨뜨리듯 하였기 때문이다. 니콜라는 계시록 13장에 나오는 거짓 예언자의 원형이며, 이세벨은 17장에 나오는 큰 음녀의 원형이다.

2.28 ὡς κἀγὼ εἴληφα παρὰ τοῦ πατρός μου, καὶ δώσω αὐτῷ τὸν ἀστέρα τὸν πρωϊνόν.

호스 카고 에일레파 파라 투 파트로스 무, 카이 도소 아우토 톤 아스테라 톤 프로이논.

"나도 내 아버지께 받은 것이 그러하다. 나는 또 그에게 새벽 별을 줄 것이다."

새벽 별은 어두움 속에서 아침이 가까이 다가와 있음을 알리는 빛이다. 육신에 속한 밤의 크로노스에서 광명한 낮의 카이로스가 가까이 있음을 알리는 부활의 빛은 예수 그리스도다. 여명의 빛을 좇아서 낮을 맞이하면서 정결한 신부가 되는 자가 있는가 하면 여명의 빛을 육신의 빛으로 삼고 거기에서 음녀와 창남이 되는 자가 있다.

2.29 ὁ ἔχων οὖς ἀκουσάτω τί τὸ πνεῦμα λέγει ταῖς ἐκκλησίαις.

호 에콘 우스 아쿠사도 티 토 프뉴마 레게이 타이스 에클레시아이스.

"귀를 가지고 있는 자는 그 영이 그 에클레시아들에게 무엇을 말씀하시는지 들으라."

자칭 예언자인 이세벨의 행위가 음행이요, 우상숭배인 것은 성결의 영만이 아신다. 또 들을 귀를 가진 자는 성결의 영이 무엇을 말씀하시는지 알아듣는다. 이는 이세벨이 양의 옷을 입은 이리와 같이 겉으로는 성결의 옷을 입고 속으로는 음행과 우상숭배를 행하기 때문이다. 예수 그리스도는 우리가 사람의 눈에 드러나지 않는 음행과 우상숭배에 빠져들 때 불꽃과 같은 눈과 빛난 주석 같은 발과 철장과 새벽의 별로 임하여 오신다.

요한 계시록 3장

3.1   Καὶ τῷ ἀγγέλῳ τῆς ἐν Σάρδεσιν ἐκκλησίας γράψον· Τάδε λέγει ὁ
      ἔχων τὰ ἑπτὰ πνεύματα τοῦ θεοῦ καὶ τοὺς ἑπτὰ ἀστέρας· Οἶδά σου
      τὰ ἔργα, ὅτι ὄνομα ἔχεις ὅτι ζῇς, καὶ νεκρὸς εἶ.

   카이 토 앙겔로 테스 엔 사르데신 에클레시아스 그라프손· 타데 레게이 호
   에콘 타 헵타 프뉴마타 투 데우 카이 투스 헵타 아스테라스· 오이다 수
   타 에르가, 호티 오노마 에케이스 호티 제스, 카이 네크로스 에이.

   "사르데스에 있는 에클레시아의 천사에게 쓰라. 그 하나님의 일곱 영들과 일곱
   별들을 가지고 계신 이가 이것들을 말씀하신다. 나는 너의 일을 알고 있다.
   너는 살아 있다는 이름은 가지고 있으나 죽어 있다."

● 오노마 호티 제스(살아 있다는 이름)

살아 있다는 이름은 무엇인가. 예수 그리스도의 이름을 부르는 종교인들은 모두
살아 있다는 이름을 가지고 있다. 그러나 실상은 죽어 있다. 왜냐하면 그들은 하나님
의 아들의 실존을 이루고자 하지 않기 때문이다. 예루살렘 바이블이나 뉴 인터내셔널
버전에서 말하는 바와 같이 '명성(Reputation)'이 아니다. 에클레시아는 사망에서
생명으로 불러냄을 받은 실존이다. 그러므로 '에클레시아'란 '산 자'라는 뜻이다.
'네가 에클레시아라 불리는 것은 산 자란 뜻인데 그럼에도 너는 죽어 있는 자'라
함이다. 그러면 사르데이스의 에클레시아는 왜 죽어 있는가. 그것을 알아야 한다.

에클레시아는 흙에 속한 형상을 입은 자가 하늘에 속한 형상을 입도록 부름을
받은 자다. 에클레시아는 흙에 속한 생존과 욕심과 속됨과 시공에 갇힌 그 형상으
로부터 하늘에 속한 생명과 사랑과 거룩과 초월의 형상, 곧 하나님의 모양을 본받
는 근원 안에 들어와 있다. 그런데 사르데이스의 에클레시아는 흙에 속한 겉 사람
은 살아 있으나 하늘에 속한 속 사람은 죽어 있다. 하나님의 일곱 영들과 일곱

별들을 가지고 계신 이는 그의 영들로서 사르데이스 에클레시아로 하여금 살아나게 하여 하나님의 아들의 실존을 이루는 일곱 별들의 소망을 가지게 하려 하신다.

3.2   *γίνου γρηγορῶν, καὶ στήρισον τὰ λοιπὰ ἃ ἔμελλον ἀποθανεῖν, γὰρ οὐ εὕρηκά σου τὰ ἔργα πεπληρωμένα ἐνώπιον τοῦ θεοῦ μου·*

기누 그레고론, 카이 스테리손 타 로이파 하 에멜론 아포다네인, 가르 우 휴레카 수 타 에르가 페플레로메나 에노피온 투 데우 무.

"깨어나라 그리고 죽어가는 남은 것들을 일으키라. 나는 내 하나님 앞에서 너의 일들이 온전케 된 것을 찾지 못했다."

● 기누 그레고론(깨어나라)

사르데이스의 에클레시아가 깨어나려면 먼저 그가 들을 귀로 듣고 그 자신이 하나님을 향하여 죽어 있음을 깨달아야 한다. 그들이 죽어 있음에도 살아 있다고 아는 한 깨어날 수가 없다. 오늘날 우리는 얼마나 육신의 첫 사람이 깨어서 하나님께 복을 달라고 간구하고 있는가. 그러므로 둘째 사람은 죽어 있거나 질식 상태에 빠져 있다. 기록된 바, "육신의 생각은 사망이요 영의 생각은 생명과 평안이니라" (롬8:6)라고 하였다. 누구든지 속 사람이 깨어나고 조금이나마 그에게 남아 있는 영의 생각들이 일으킴을 받으면 하나님 앞에서 자신이 '되어진 존재'가 아니라 '되다만 존재'임을 알게 된다.

3.3   *οὖν μνημόνευε πῶς εἴληφας καὶ ἤκουσας καὶ τήρει, καὶ μετανόησον· οὖν ἐὰν μὴ γρηγορήσῃς, ἥξω ὡς κλέπτης, καὶ οὐ μὴ γνῷς ποίαν ὥραν ἥξω ἐπὶ σέ·*

운 므네모뉴에 포스 에일레파스 카이 에쿠사스 카이 테레이, 카이 메타노에손· 운 에안 메 그레고레세스, 헥소 호스 클레프테스, 카이 우 메 그노스 포이안 호란 헥소 에피 세·

그러므로 네가 어떻게 받았으며 들었는지 생각하고 마음에 품으라. 그리고 회개하라. 만일 네가 깨어나지 아니하면 내가 도둑같이 올 것이며 너는 내가 어느 때에 올지 결코 알지 못할 것이다.

기록된 바, "율법에 무엇이 기록되어 있으며 너는 어떻게 읽느냐"라고 하였다. 생명의 말씀을 받고 듣는 것은 알파요, 그 실존을 이루는 것은 오메가다. 사르데이스의 에클레시아로 하여금 생명의 말씀을 어떻게 받고 들었는지를 기억하고 마음에 품으라 하신 것을 보아 그들의 알파는 좋았다. 그러나 그들에게서 그 생명의 말씀의 실존을 이루는 오메가의 일이 온전하게 이루어진 것이 없다. 그러므로 그들은 회개(하나님의 생각을 따라 하나님의 길을 걷는 일)를 통하여 그 오메가의 일을 성취해야 한다.

● **호스 클레프테스(도둑같이)**

사르데이스의 에클레시아가 깨어나지 아니하고, 잠자고 있으면, 죽어 있으면, 하나님의 일곱 영들과 일곱 별들을 가지신 이가 언제 오시든 그것을 알 수 없다. 그가 일부러 도둑같이 오시는 것이 아니라 그들의 실존 상태가 도둑맞는 자와 같은 것이다.

오늘날 깨달았다고 하는 사람들 중에 두 부류의 죽은 자들이 있다. 하나는 종말이 가까웠다 하며 사람들을 두렵게 하여 첫 사람의 열심을 끌어내는 이들이다. 이들은 살아 있다는 이름은 가지고 있으나 죽어 있다. 다른 하나는 우리 하나님은 지금까지 수십억 년을 기다려 오신 분인데 서두를 것이 무엇이냐 하며 매우 느긋하다. 그들은 오늘 여기 카이로스에서 '반드시 속히 될 일'인 하나님의 아들의 실존이 무엇인지 알지 못하며, 또 그 일을 하루가 천 년과 같이 기다리시는 하나님의 마음을 알지 못하고 있다. 이들 또한 살아 있다는 이름은 가지고 있으나 죽어 있다.

3.4 ἀλλὰ ἔχεις ὀλίγα ὀνόματα ἐν Σάρδεσιν ἃ οὐκ ἐμόλυναν τὰ ἱμάτια αὐτῶν, καὶ περιπατήσουσιν μετ᾽ ἐμοῦ ἐν λευκοῖς, ὅτι ἄξιοί εἰσιν.

알라 에케이스 올리가 오노마타 엔 사르데신 하 우크 에몰뤼난 타 히마티아 아우톤, 카이 페리파테수신 메트 에모 엔 류코이스, 호티 악시오이 에이신.

"그러나 사르데이스에 그들의 옷을 더럽히지 아니한 몇 이름을 네가 가지고 있다. 그들은 흰옷을 입고 나와 함께 다닐 것인데 그들이 합당하기 때문이다."

흰옷을 입은 자는 그 이름(산 자)과 실존이 하나다. 생명의 실존을 이룬 이들이 가진 의의 증거가 흰옷, 곧 순결한 몸이다. 그러므로 그들은 예수 그리스도를 증거하는 증인들이다. 그들은 예수 그리스도와 함께 다니기에 합당하다. 오늘날 예수 그리스도를 증거하기에 합당하지 않은 이들이 그의 이름을 증거한다고 하지만 실상은 그들의 욕심과 선악지식으로 그의 이름을 훼손하고 있다.

3.5 ὁ νικῶν οὕτως περιβαλεῖται ἐν ἱματίοις λευκοῖς, καὶ οὐ μὴ ἐξαλείψω τὸ ὄνομα αὐτοῦ ἐκ τῆς βίβλου τῆς ζωῆς, καὶ ὁμολογήσω τὸ ὄνομα αὐτοῦ ἐνώπιον τοῦ πατρός μου καὶ ἐνώπιον τῶν ἀγγέλων αὐτοῦ.

호 니콘 후토스 페리발레이타이 엔 히마티오이스 류코이스, 카이 우 메 엑살레이프소 토 오노마 아우투 에크 테스 비블루 테스 조에스, 카이 호몰로게소 토 오노마 아우투 에노피온 투 파트로스 무 카이 에노피온 톤 앙겔론 아우투.

"이기고 있는 자는 이와 같이 흰옷을 입을 것이며 내가 그 이름을 생명책에서 결코 지우지 아니하고 그 이름을 내 아버지 앞과 그의 천사들 앞에서 시인할 것이다."

● 호 니콘(이기고 있는 자)

여기 이기고 있는 자는 첫째 그들의 옷을 더럽히지 아니한 자들이다. 그리고 그들 뿐 아니라 지금 하나님께 대하여 죽어 있으나 하나님의 일곱 영들과 일곱 별들을 가지고 계신 이의 말씀을 들을 귀로 듣고 믿음으로 죽음에서 살아나는 사람 또한 이길 것이다. 죽어 있는 자가 살아나면 그는 생명으로 이기고 있는 생명책이다. 누구든지 죽어 있었을지라도 말씀을 듣고 믿음으로 살아나면 아버지 앞과 그 천사들 앞에서 그가 산 자임을 예수 그리스도는 시인하신다.

3.6 ὁ ἔχων οὖς ἀκουσάτω τί τὸ πνεῦμα λέγει ταῖς ἐκκλησίαις.

호 에콘 우스 아쿠사토 티 토 프뉴마 레게이 타이스 에클레시아이스.

"귀를 가지고 있는 자는 그 영이 그 에클레시아들에게 무엇을 말씀하는지 들으라."

귀에도 알파와 오메가가 있다. 알파는 듣고자 하는 귀요, 오메가는 듣고 깨닫는 귀다. 사르데이스 에클레시아에게는 생명의 영이 말씀하고 있다. 누구든지 생명의 영의 말씀을 듣고자 하지 아니하면 그의 말씀을 들을 수도 깨달을 수도 없다. 누구든지 듣고자 하는 귀로 그의 말씀을 듣고 있으면 귀가 열려서 말씀이 들려진다. 생명의 영은 그의 말씀을 듣고자 하는 자의 귀를 열어서 깨닫게 하신다.

3.7 Καὶ τῷ ἀγγέλῳ τῆς ἐν Φιλαδελφείᾳ ἐκκλησίας γράψον· Τάδε λέγει ὁ ἅγιος, ὁ ἀληθινός, ὁ ἔχων τὴν κλεῖν Δαυίδ, ὁ ἀνοίγων καὶ οὐδεὶς κλείσει, καὶ κλείων καὶ οὐδεὶς ἀνοίγει·

카이 토 앙겔로 테스 엔 필라델페이아 에클레시아스 그라프손' 타데 레게이 호 하기오스, 호 알레디노스, 호 에콘 텐 클레인 다비드, 호 아노이곤 카이 우데이스 클레이세이, 카이 클레이온 카이 우데이스 아노이게이'

"필라델페이아에 있는 에클레시아의 천사에게 쓰라. 그 거룩하신 이, 그 진실하신 이, 그 다윗의 열쇠를 가지고 계신 이, 열면 아무도 닫을 수 없고, 닫으면 아무도 열 수 없는 그이가 이것들을 말씀하신다."

● 다윗(사랑받은 자)

다윗은 '사랑받은 자'란 의미다. 다윗의 열쇠는 하나님께 사랑받는 자에게 주어지는 영원한 언약이다. 그 거룩하신 이, 그 진실하신 이가 그의 영원한 언약으로 하늘의 문을 열면 아무도 닫을 수 없고, 그 문을 닫으면 아무도 열수 없다. 다윗의 열쇠를 가지고 계신 이만이 이 일을 행하시며 그는 그의 거룩하심과 진실하심으로 이 일을 보증하시고 계신다.

● 필라델페이아(형제 우호)

'필라델페이아'는 '형제 우호'다. 필라는 '필로(좋아하다)'에서 나온 말이다. 부활하신 예수께서 갈릴리 호숫가에서 베드로에게 세 번 물으셨다. 그중 두 번은 '네가 나를 사랑하느냐(아가파오)'였고, 마지막은 '좋아하느냐(필로)'였다. 우리는 너무 쉽게 하나님을 사랑한다, 예수 그리스도를 사랑한다 말하고 있어서 도리어 그 사랑의 실존에 이르지 못하고 있을 뿐 아니라 그 사랑을 잊고 산다. 베드로는 예수께서 십자가에 못 박혀 죽었다가 부활하신 후 예수께 '내가 당신을 사랑합니다'라고 할 수 없는 그 자신의 나약함을 너무나 잘 알고 있었다. 그래서 세 번 다 '내가 당신을 좋아합니다(필로 세)'라고 대답하였다. 이것이야말로 그의 진실한 알파의 답변이며 그가 예수 그리스도를 사랑하게 될 오메가의 바탕이다.

주님을 사랑하지 못하는 자가 솔직하게 '나는 당신을 사랑하지 못하지만 좋아합니다'라고 진실을 밝힐 때 비로소 그는 사랑의 발걸음을 내딛게 된다. 여기 필라델페이아의 에클레시아는 하나님이 그들을 사랑하신 그 사랑에 이르지 못한 실존임을 그 자신의 이름으로 고백하고 있다. 그러하기 때문에 그들에게는 그 사랑에 이를 소망이 있다. 우리에게 하나님의 아들의 실존이 이루어지기까지 형제간에 할 수 있는 것은 '필로(우호)'이다. 땅에서 요나단과 다윗처럼 진정으로 형제를 우호 하는 것도 드문 일인데 하물며 하나님을 '사랑한다'는 것은 약속의 영에 인도되지 아니하고는 불가능하다.

약속의 영은 언제 우리를 인도하시는가. 우리가 하나님도 사람도 사랑할 수 없는 존재임을 고백하고 깨어서 그의 긍휼에 호소할 때이다. 필라델페이아의 에클레시아는 다윗의 열쇠를 가지고 계신 이에게 "당신이 우리에게 하늘의 사랑의 문을 열어주십시오"라며 간구하고 있다. 그들은 약속의 영을 향하여 가난하며, 애통하며, 온유하며, 의에 주리고 목마르며, 긍휼함을 원하며, 마음이 청결하며, 화평을 구한다. 그러므로 그 거룩하신 이, 그 진실하신 이가 그들의 기도에 응답하시며 약속의 영으로 사랑의 인침을 행하신다. 약속의 영이 여신 것을 아무도 닫을 수 없고 그가 닫은 것을 아무도 열 수 없다.

3.8 Οἶδά σου τὰ ἔργα— ἰδοὺ δέδωκα ἐνώπιόν σου θύραν ἠνεῳγμένην, ἣν αὐτήν— κλεῖσαι οὐδεὶς δύναται ὅτι μικρὰν δύναμιν, ἔχεις καὶ ἐτήρησάς μου τὸν λόγον, καὶ οὐκ ἠρνήσω τὸ ὄνομά μου.

오이다 수 타 에르가 이두 데도카 에노피온 수 뒤란 에네오그메넨, 헨 아우텐 클레이사이 우데이스 뒤나타이 호티 미크란 뒤나민, 에케이스 카이 에테레사스 무 톤 로곤, 카이 우크 에르네소 토 오노마 무.

"나는 너의 일을 알고 있다. 보라, 내가 네 앞에 열린 문을 두었으니 아무도 그것을 닫을 수 없다. 왜냐하면 너는 적은 능력을 가지고 나의 그 말을 품으며 나의 그 이름을 부인하지 아니하였기 때문이다."

● 나의 그 말과 나의 그 이름

예수 그리스도가 내 안에 계시되는 것은 알파요, 그 계시를 좇아서 내 안에 그 실존을 이루는 것은 오메가다. 예수 그리스도는 내 안에 '사랑'으로 계시되고 '나'에게 사랑의 실존을 이루신다. 그러므로 예수 그리스도의 사랑 안에서 그의 말이 나의 말이 되고 그의 이름이 나의 이름이 되는 것이 하나님의 약속의 성취다. 필라델페이아의 에클레시아는 아직 예수 그리스도께서 약속하신 그 실존을 이루지 못하였지만 '형제 우호'라는 작은 능력을 가지고도 그의 말씀을 품고 그의 이름을 부인하지 아니하고 약속의 문으로 들어가고자 하고 있다. 예수 그리스도는 그 일을 좇아서 그들 앞에 아무도 닫을 수 없는 약속의 문을 열어 두셨다.

기록된 바, "내 능력이 약한 데서 온전하여지느니라"라고 함과 같이 예수 그리스도의 사랑의 능력은 자신의 연약함을 은혜로 가지고 있는 필라델페이아의 에클레시아 안에서 온전함을 이룰 것이다. 하나님의 새 창조는 큰 능력을 가진 자에게서가 아니라 작은 능력을 가지고도 예수 그리스도의 믿음과 하나된 자 안에서 이루어지며 그의 이름은 높아진 자에게서가 아니라 낮아진 자에게서 거룩히 여김을 받으신다. 큰 자, 높은 자, 강한 자, 부자 안에서는 사랑의 새 창조는 이루어지지 아니한다.

3.9 ἰδοὺ διδῶ ἐκ τῆς συναγωγῆς τοῦ Σατανᾶ, τῶν λεγόντων ἑαυτοὺς Ἰουδαίους εἶναι, καὶ οὐκ εἰσὶν ἀλλὰ ψεύδονται— ἰδοὺ ποιήσω αὐτοὺς ἵνα ἥξουσιν καὶ προσκυνήσουσιν ἐνώπιον τῶν ποδῶν σου, καὶ γνῶσιν ὅτι ἐγὼ ἠγάπησά σε.

이두 디도 에크 테스 쉬나고게스 투 사타나, 톤 레곤톤 헤아우투스 유다이우스 에이나이, 카이 우크 에이신 알라 프슈돈타이 이두 포이에소 아우투스 히나 헥수신 카이 프로스퀴네수신 에노피온 톤 포돈 수, 카이 그노신 호티 에고 에가페사 세.

"보라, 사탄의 모임 곧 자칭 유대인이라 하나 그렇지 않고 거짓말하는 자들 중에서 네게 줄 것이다. 보라, 나는 그들이 네게로 와서 네 발 앞에 절하게 하고 또 내가 너를 사랑한 줄 그들이 알게 하겠다."

● 이두(보라)

예수 그리스도께서 우리에게 '보라' 하실 때 잘 보아야 한다. 여기 '보라'는 말씀이 두 번 나오고 있으니 알파와 오메가다. 알파는 예수 그리스도께서 자칭 유대인이라 하는 사탄의 모임에 속한 이들 중에서 필라델페이아의 에클레시아에게 주시는 것이다. 오메가는 그들이 필라델페이아의 에클레시아에게 와서 그들의 발 앞에 절하게 하고 또, 그들이 예수 그리스도께서 필라델페이아의 에클레시아를 사랑하신 줄 알게 하시는 것이다.

오늘날 요한 계시록의 144,000 인에 대하여 잘못 알고 스스로 '유대인이라 자처하는 그룹들(쉬나고게)'이 세계 도처에 퍼져 있다. 그들은 아무런 근거도 없이 자신들이 육신의 이스라엘 열두 지파에 속한 듯이 거짓말을 하고 있다. 필라델페이아의 에클레시아는 누구에게든지 '형제 우호'의 문을 열어 두고 있으므로 예수 그리스도는 자칭 유대인들이 자신들의 거짓말을 버리고 필라델페이아의 에클레시아에게 오게 할 것이다. 그들은 예수 그리스도께서 거짓말하며 높아진 자신들을 사랑하신 것이 아니라 거짓말하지 못하며 낮아진 필라델페이아의 에클레시아를 사랑하신 것을 알게 될 것이다.

예수 그리스도는 약속의 영을 향하여 가난하며, 애통하며, 온유하며, 의에 주리고 목마르며, 긍휼하며, 마음이 청결하며, 화평하기 원하는 낮아진 실존을 사랑하신다. 이는 마치 야웨 하나님이 이새의 여덟 아들 중에 마지막 아들 다윗을 사랑하심과 같다. 기록된 바, "너희 중에 누구든지 처음이 되고자 하는 자는 너희 종이 되어라"(마20:27)라고 함과 같다. 하나님의 새 창조는 먼저된 육신이 나중되고 나중된 영이 먼저되게 하시는 일이다.

3.10　ὅτι ἐτήρησας τὸν λόγον τῆς ὑπομονῆς μου, κἀγώ σε τηρήσω ἐκ τῆς ὥρας τοῦ πειρασμοῦ τῆς μελλούσης ἔρχεσθαι ἐπὶ τῆς οἰκουμένης ὅλης, πειράσαι τοὺς κατοικοῦντας ἐπὶ τῆς γῆς.

호티 에테레사스 톤 로곤 테스 휘포모네스 무, 카고 세 테레소 에크 테스 호라스 투 페이라스무 테스 멜루세스 에르케스다이 에피 테스 오이쿠메네스 홀레스, 페이라사이 투스 카토이쿤타스 에피 테스 게스.

"네가 나의 인내의 말씀을 품었으므로 그 땅 위에 거하는 사람들을 시험하기 위하여 장차 그 온 세상에 임할 그 시험의 때에 나도 너를 품을 것이다."

● 톤 로곤 휘포모네스 무(나의 인내의 말씀을)

최근에 번역된 대부분의 성경들은 '톤 로곤 휘포모네스 무'를 '인내하라는 나의 명령' 등으로 번역하고 있다. 그러나 하나님의 새 창조의 말씀은 '인내의 말씀'이요, 언약의 말씀이다. 예수 그리스도께서는 우리의 새 창조를 위하여 하루를 천 년 같이 기다리시며 천 년을 하루같이 인내하신다. 그러므로 그의 인내는 곧 나의 인내이다. 내 안에 새 창조가 이루어지게 하는 일과 나의 인내는 하나다.

우리 중 누가 예수 그리스도로부터 인내하라는 명령을 받고 인내하고 있다면 그는 아직 율법 안에 있을 뿐이다. 즉 인내의 말씀이 그 자신의 실존이 되지 않았다. 예수 그리스도 안에서, 그로 말미암아, 그 안으로 이루어지는 새 창조는 생명의 실존이요, 사랑의 실존이요, 거룩의 실존이요, 초월의 실존이다. 그 실존은 나의 실존이니 인내 또한 나의 인내다. 나의 인내의 말씀은 내가 가진 나의 권세요, 인내하라는 명령은 내가 받은 율법이다.

● 테레소 에크 테스 호라스 투 페이라스무(시험의 때에 내가 너를 품을 것이다)

일부 번역 성경이 '테레소 에크 테스 호라스 투 페이라스무'를 '시험의 때를 면하게 할 것이다' 또는 '고난을 당하지 않게 해 주겠다'라고 하고 있다. 이 말씀은 '내가 너희를 품고 지켜서 그 시험을 능히 이기게 하시겠다'는 말씀이다. 새 창조에서 누구에게나 고난은 오게 되어 있다. 왜냐하면 첫 사람은 누구나 그 욕심과 선악지식으로 땅 위에서 그의 '세상(오이쿠메네)'을 짓고 거기에 거하고 있기 때문에 그리스도 안에서 그것들을 떠나보내는 고난이 오게 되어 있다.

땅에서 그 세상을 지었던 욕심과 선악지식은 우리의 뼛속 깊이, 잠재의식과 무의
식에까지 깊이 침투되어 있다가 부지불식간에 튀어나와 우리를 혼돈과 공허와
흑암으로 이끌어 간다. 그러므로 그 시험은 그것들을 떠나보내는 단련으로 오고
있다. 이것은 카이로스 안에 있는 자에게는 누구나 '저녁이 되며 아침이 되기'
때문이다. 그러므로 인자들은 인내의 말씀을 품고 아버지께 "우리를 시험에 빠져
들게 마옵소서"라고 기도한다. 인내의 말씀은 우리가 우리 자신의 욕심과 선악지
식을 떠나보내며 당하는 고난과 고통을 인내하라는 말씀이다. 그 인내야말로 우리
를 단련하여 예수 그리스도의 온전한 형제가 되게 한다.

3.11 *ἔρχομαι ταχύ· κράτει ὃ ἔχεις, ἵνα μηδεὶς λάβῃ τὸν στέφανόν σου.*

에르코마이 타퀴' 크라테이 호 에케이스, 히나 메데이스 라베 톤 스테파논 수.
"내가 속히 오고 있다. 네가 가진 것을 굳게 잡아 아무도 너의 그 면류관을
빼앗지 못하게 하라."

● 에르코마이(온다, 오고 있다)

누구든지 눈을 크게 뜨고 나를 나 되게 하시고자 나에게로 오고 계신 그 '나(그리
스도)'를 보아야 한다. 나에게 오고 계신 그는 새 창조를 통하여 나를 새롭게 하시
고 또 새로운 나와 하나 되고자 하신다. '에르코마이'는 전혀 미래 시제가 아니다.
예수 그리스도는 카이로스의 창조의 일곱 날들을 좇아서 우리에게 거듭거듭 새
롭게 오신다. 그러므로 그는 미래에 오실 분이 아니라 전부터 계셔 왔고, 지금도
계시며, 오고 계신 분이다. 그가 거듭하여 오시는 것은 그의 언약이 우리 안에서
온전하게 이루어지게 하려 함이다. 영과 진리 안에 깨어서 '나의 나됨'을 이루고
있는 실존은 거듭 오시는 그를 영접하는 카이로스 안에 있다. 부활과 생명이신
말씀은 전부터 계셔 왔고, 지금도 계시며, 오고 계신다.

3.12 ὁ νικῶν ποιήσω αὐτὸν στῦλον ἐν τῷ ναῷ τοῦ θεοῦ μου, καὶ ἔξω οὐ μὴ
ἐξέλθῃ ἔτι, καὶ γράψω ἐπ᾽ αὐτὸν τὸ ὄνομα τοῦ θεοῦ μου καὶ τὸ ὄνομα
τῆς πόλεως τοῦ θεοῦ μου, τῆς καινῆς Ἰερουσαλήμ, ἡ καταβαίνουσα
ἐκ τοῦ οὐρανοῦ ἀπὸ τοῦ θεοῦ μου, καὶ τὸ ὄνομά μου τὸ καινόν.

호 니콘 포이에소 아우톤 스튈론 엔 토 나오 투 데우 무, 카이 엑소 우 메
엑셀데 에티, 카이 그라프소 에프 아우톤 토 오노마 투 데우 무 카이 토 오노마
테스 폴레오스 투 데우 무, 테스 카이네스 예루살렘, 헤 카타바이누사
에크 투 우라누 아포 투 데우 무, 카이 토 오노마 무 토 카이논.

"이기고 있는 자, 그를 내가 나의 하나님의 그 성전에 기둥이 되게 할 것이며,
그는 결코 다시는 밖으로 나가지 아니할 것이다. 나는 나의 하나님의 이름과
나의 하나님의 성, 곧 그 하늘에서 나의 하나님으로부터 내려오고 있는 새
예루살렘의 이름과 나의 새 이름을 그 사람 위에 기록할 것이다."

● 나의 하나님, 나의 하나님의 그 성전, 나의 하나님의 이름, 나의 하나님으로부터

우리는 정말 예수 그리스도의 나의 하나님을 나의 하나님으로 영접하였는가. 그렇
다면 그의 하나님은 나의 하나님이다. 예수 그리스도가 내게로 오셔서 '나'와 함께
계실 때 그의 하나님은 나의 하나님이요, 나의 하나님은 그의 하나님이다. 아무리
우리 각 사람이 하나님의 이름을 부를지라도 예수 그리스도가 나의 하나님이라
부르는 그 하나님이 존재적으로 나의 하나님이 아니면 예수 그리스도와 나는 아무
런 상관이 없다.

요한 계시록은 예수 그리스도의 '나'가 내 안에 계시되고 또 나는 내게 계시된
그리스도의 그 실존을 본받아 나의 나됨을 이루는 사랑의 약속이다. 그러므로
내가 세상을 이기고 있는 자가 되면 내 안의 그리스도가 승리의 근원자가 되시어
나로 이기는 자가 되게 하신 것이다. 이 일에 대하여 어떤 이들은 선악지식을
따라 '내 안에 그리스도가 계시니 내가 그리스도다'라고 하고 있다. 그리되면 나

는 그 순간 붉은 용이 되었으므로 나의 나됨도 없고 그리스도의 새 창조도 없다. 그들은 거짓말쟁이요, 니콜라요, 이세벨이다. 그러므로 누구든지 이런 것들을 진리로 이기고 있는 '나'이어야 한다. 그때에 나는 내 하나님의 성전의 기둥이 될 것이요, 내 위에 내 아버지의 이름과 나에게 약속으로 주어진 새 예루살렘의 이름과 예수 그리스도의 새 이름이 기록될 것이다.

예수 그리스도가 나를 내 하나님의 성전의 기둥이 되게 하시는 것은 다시는 밖으로 나가서 세상의 기둥이 되지 않게 사랑으로 닫은 것이다. 그가 닫으시면 아무도 열 자가 없다. 내 하나님의 성전의 기둥이 된 그 나의 심비에는 아버지의 이름과 새 예루살렘의 이름과 어린양의 새 이름이 기록될 것이다. 모든 것이 새롭게 되었다.

3.13 ὁ ἔχων οὖς ἀκουσάτω τί τὸ πνεῦμα λέγει ταῖς ἐκκλησίαις.

호 에콘 우스 아쿠사토 티 토 프뉴마 레게이 타이스 에클레시아이스.
"귀를 가지고 있는 자는 그 영이 그 에클레시아들에게 무엇을 말씀하시는지 들으라."

약속의 영이 무엇을 약속하시는지 먼저 듣고자 하는 귀로 듣고 또 들을 귀로 들어서 나의 하나님의 생각이 무엇이며 나의 하나님의 길이 무엇인지를 알아야 한다. 그렇지 않으면 하나님의 푯대를 벗어난 우리는 각기 다른 생각으로 다른 길을 걸으며 다른 약속을 좇아서 세상의 기둥이 되고 거기에 붉은 용의 이름과 짐승의 이름과 음녀의 이름이 기록되게 할 것이다.

3.14 Καὶ τῷ ἀγγέλῳ τῆς ἐν Λαοδικείᾳ ἐκκλησίας γράψον· Τάδε λέγει ὁ
Ἀμήν, ὁ μάρτυς ὁ πιστὸς καὶ ἀληθινός, ἡ ἀρχὴ τῆς κτίσεως τοῦ θεοῦ·

카이 토 앙겔로 테스 엔 라오디케이아 에클레시아스 그라프손' 타데 레게이 호 아멘, 호 마르튀스 호 피스토스 카이 알레디노스, 헤 아르케 테스 크티세오스 투 데우'

"라오디케이아에 있는 에클레시아의 천사에게 쓰라. 아멘이시요, 그 신실하고 참된 증인이시요, 하나님의 창조의 그 근원이신 이가 이것들을 말씀하신다."

● 라오디케이아(백성의 의)

첫 사람은 육신의 욕심과 선악지식을 좇아서 시공 속에서 백성의 의를 추구하고 둘째 사람은 하나님의 생명과 사랑과 거룩과 초월을 좇아서 창조의 근원 안에서 하나님의 의를 추구한다. 그러나 라오디케이아의 에클레시아는 아멘이시요, 그 신실하고 참된 증인이시요, 하나님의 창조의 그 근원이신 이 밖에서 사람의 의를 추구하고 있다. 이런 일은 하나님의 백성들이 욕심과 선악지식(교리)를 좇아서 자신들의 육신의 의를 세우려고 힘써 하나님의 의를 복종하지 않는 일이다. 이 말씀을 잘 읽으면 이미 2,000년 전에 창세기 1장 1절의 '아르케'는 '태초'가 아니라 창조의 '근원'임이 분명히 드러난다.

'의'라는 같은 말을 할지라도 첫 사람은 사람의 의를 말하고, 둘째 사람은 하나님의 의를 말한다. 우리 중 많은 사람들이 종교와 도덕과 윤리와 수양과 사회정의와 권세 등의 육신의 첫 사람의 가치를 이루는 것을 하나님의 약속을 이루는 의로 오해하고 있다. 하나님이 에클레시아에게 주시는 의는 하나님의 마음, 곧 그의 창조의 근원 안에서 생명과 사랑과 거룩과 진리로 풍성하고 온전하게 하나님의 아들의 실존으로 지어져서 하나님과 하나되는 것이다. 에클레시아가 하나님과 하나되는 것이 의요, 안식이요, 화평이다.

사람들은 하나님의 의를 말하면 묵묵부답하다가도 선악지식을 좇는 백성의 의를 말하면 얼굴에 생기가 돌고, 눈에 빛이 나면서 큰 소리로 아멘을 연발한다. 그들은 아멘이라 외치는 자신들의 소리가 창조의 근원 밖에 있는 자임을 말하는 것임에도 알지 못한다. 그 아멘을 부르짖는 그들에게서는 아멘(참으로 그러하다)도, 믿음도, 진리도, 예수도 그들의 육신의 정욕, 안목의 정욕, 이생의 자랑을 이루는 수단일 뿐이다.

3.15 Οἶδά σου τὰ ἔργα, ὅτι εἶ οὔτε ψυχρὸς οὔτε

ζεστός. ὄφελον ἦς ψυχρὸς ἢ ζεστός.

오이다 수 타 에르가, 호티 에이 우테 프쉬크로스 우테

제스토스. 오펠론 에스 프쉬크로스 에 제스토스.

"나는 네 일들을 알고 있다. 너는 차지도 아니하고 덥지도 아니하다. 나는 네가

차든지 덥든지 하기를 원한다."

3.16 οὕτως, ὅτι χλιαρὸς εἶ καὶ οὔτε ζεστὸς οὔτε ψυχρός, μέλλω σε ἐμέσαι

ἐκ τοῦ στόματός μου.

후토스, 호티 클리아로스 에이 카이 우테 제스토스 우테 프쉬크로스, 멜로 세 에메사이

에크 투 스토마토스 무.

"왜냐하면 네가 이와 같이 미지근하여 덥지도 아니하고 차지도 아니하여 나의

그 입으로부터 너를 토하여 내고 싶기 때문이다."

라오디케이아의 에클레시아는 차지도 않고 덥지도 않은 그들의 미지근한 실존을
'부요(화평)'로 여기고 있다. 육신의 크로노스에서는 어디서든지 말썽 없는 인간의
의가 백성들에게 환영을 받지만 예수 그리스도는 그런 육신의 의를 그의 입에서
토하여 내신다. 예수 그리스도의 입에서 나오는 양쪽에 날 선 검은 차지도 않고
덥지도 않은 실존을 베어버린다. 차가움과 더움은 둘이 아니라 한 실존의 양면이
다. 세상에 대하여 찬 자 하나님께 덥고, 하나님께 찬 자 세상에 대하여 덥다.
그러나 라오디케이아의 에클레시아는 세상에 대하여도 미지근하고 하나님께 대
하여도 미지근하다. 그들은 미지근함을 화평으로 알고 있다.

그들이 미지근함으로 이룬 화평(부요)은 비참하고, 불쌍하고, 가난하고, 눈멀고,
벌거벗은 그들의 실존을 드러내고 있을 뿐이다. 그들의 화평은 하나님의 창조의
근원 안에서 이루어진 것이 아니므로 거기에서 돌이키지 아니하면 토하여 내침을
당할 것이다. 기록된 바, "모든 사람이 너희를 좋게 말하면 너희에게 화가 있으리

라. 왜냐하면 그들의 조상들이 그 거짓 예언자들에게 그렇게 하였기 때문이다"(눅 6:26)라 하였다. 백성들의 의는 거짓을 말하는 거짓 예언자들과 하나되어 있다.

3.17 ὅτι λέγεις ὅτι Πλούσιός εἰμι καὶ πεπλούτηκα καὶ οὐδὲν χρείαν ἔχω, καὶ οὐκ οἶδας ὅτι σὺ εἶ ὁ ταλαίπωρος καὶ ἐλεεινὸς καὶ πτωχὸς καὶ τυφλὸς καὶ γυμνός,

호티 레게이스 호티 플루시오스 에이미 카이 페플루테가 카이 우덴 크레이안 에코, 카이 우크 오이다스 호티 쉬 에이 호 탈라이포로스 카이 엘레에이노스 카이 프토코스 카이 튀플로스 카이 귐노스,

"네가 말하기를, 나는 부자라 풍족하여 부족한 것이 없다 한다. 그러나 너는 네가 비참하며 불쌍하며 가난하며 눈멀었으며 벌거벗은 자임을 알지 못한다."

라오디케이아의 에클레시아는 자신들의 실존을 알지 못하고 있다. 그들은 그들을 새롭게 지으시는 하나님의 창조의 근원을 등지고 있어서 비참하며, 보아도 보지 못하니 눈멀었고, 믿음을 떠나 있으니 벌거벗었다. 은혜의 영도, 영광의 영도, 진리의 영도, 성결의 영도, 생명의 영도 그들 안에서 그들을 위하여 일하지 못하고 있다. 약속의 영과 영원한 영 또한 일하지 못하고 있다.

3.18 συμβουλεύω σοι ἀγοράσαι παρ᾽ ἐμοῦ χρυσίον πεπυρωμένον ἐκ πυρὸς ἵνα πλουτήσῃς, καὶ ἱμάτια λευκὰ ἵνα περιβάλῃ καὶ μὴ φανερωθῇ ἡ αἰσχύνη τῆς γυμνότητός σου, καὶ κολλούριον ἐγχρῖσαι τοὺς ὀφθαλμούς σου ἵνα βλέπῃς.

쉼불류오 소이 아고라사이 파르 에무 크뤼시온 페퓌로메논 에크 퓌로스 히나 플루테세스, 카이 히마티아 류카 히나 페리발레 카이 메 파네로데 헤 아이스퀴네 테스 귐노테토스 수, 카이 콜루리온 엥크리사이 투스 옾달무스 수 히나 블레페스.

"내가 네게 권하는 것은 네가 나에게서 불로 연달된 금을 사서 풍족하게 하고, 흰옷을 사서 입어 너의 벌거벗음의 수치가 드러나지 않게 하고, 안약을 사서 너의 눈들에 발라 보게 하려 함이다."

라오디케이아는 상업도시였다. 라오디케이아의 에클레시아는 사고파는 일에 대하여 잘 알고 있다. 그러므로 그들이 잘 알고 있는 그 일을 징조로 삼아 예수 그리스도는 그들을 권고하셨다. 상인들이 손해 보는 일에 대하여 차고, 이익 보는 일에 대하여 덥지 아니하면 그들의 상업은 지속될 수 없다. 이것은 그들이 너무나 잘 아는 일이다. 그럼에도 그 일이 그들의 영적 의에 대하여는 아무런 징조가 되지 못했다.

너희 첫 사람은 장사를 잘하여 풍족하지만 너희 둘째 사람은 비참하고 불쌍하고 가난하다. 너희 첫 사람은 이익 되는 것을 잘 보지만 너희 둘째 사람은 생명을 보지 못한다. 너희 첫 사람은 입었으나 너희 둘째 사람은 벌거벗고 있다. 너희가 가진 사람(백성)의 의는 비참하고, 불쌍하고, 가난하고, 눈멀고, 벌거벗은 너희 실존을 드러낼 뿐이다. 그러므로 너희는 나에게서 값없이 받은 은혜로 믿음을 사서 풍족해지고, 생명을 얻는 의를 사서 옷을 입고, 눈을 열게 하는 성결을 사서 거룩한 것을 보게 하라 하신다.

3.19 ἐγὼ ἐὰν ὅσους φιλῶ ἐλέγχω καὶ παιδεύω· οὖν ζήλευε καὶ μετανόησον.

에고 에안 호수스 필로 엘렝코 카이 파이듀오˙ 운 젤류에 카이 메타노에손.

"나는 내가 좋아하는 자들을 책망하고 단련한다. 그러므로 너는 열심을 내라. 그리고 회개하라."

라오디케이아의 에클레시아가 예수 그리스도의 신실하고 참된 책망을 '아멘'으로 받아 미지근함에서 떠나는 것이 알파다. 그리고 하나님을 향해 더워지고 세상에 대하여 차가워지는 것이 오메가다. 이와 같이 덥고 찬 것은 하나다.

라오디케이아의 에클레시아는 그들의 미지근한 의에 갇혀 있어서 거기서 나와서 '참 사랑(아가페)'에 이르려면 갈 길이 멀다. 그러므로 예수 그리스도께서는 먼저 그들에게 "내가 너희를 좋아한다"라고 하셨다. 만약 그가 그들을 '사랑한다(아가파오)' 말하시면 그것은 도리어 그들에게 건너올 수 없는 구렁이 될 것이다.

그러므로 예수 그리스도는 그들의 실존에 맞추어 내가 너희를 좋아하고 있으므로 책망한다 하신다. 그들이 그의 좋아하심을 받아 그들의 미지근함에서 돌이키면 창조의 근원을 향하게 될 것이다. 그때에 그들은 그리스도께서 그들을 좋아하신다 말씀하신 그것은 그들을 참으로 사랑하기 때문인 것을 알게 될 것이다. 이것은 예수께서 그들의 눈 높이, 귀 높이, 마음 높이에 맞추어 그들에게 다가가신 것이다.

3.20 ἰδοὺ ἕστηκα ἐπὶ τὴν θύραν καὶ κρούω· ἐάν τις ἀκούσῃ τῆς φωνῆς μου καὶ ἀνοίξῃ τὴν θύραν, καὶ εἰσελεύσομαι πρὸς αὐτὸν καὶ δειπνήσω μετ' αὐτοῦ καὶ αὐτὸς μετ' ἐμοῦ.

이두 헤스테가 에피 텐 뒤란 카이 크루오· 에안 티스 아쿠세 테스 포네스 무 카이 아노익세 텐 뒤란, 카이 에이셀류소마이 프로스 아우톤, 카이 데이프네소 메트 아우투 카이 아우토스 메트 에무.

"보라, 내가 문 앞에 서서 두드린다. 누구든지 나의 음성을 듣고 그 문을 열면 내가 그에게로 들어가 그와 함께 먹고 그는 나와 함께 먹을 것이다."

주께서 '보라' 하였으니 누구든지 보아야 한다. 무엇을 보아야 하는가. 그가 문 앞에 서서 두드리고 있는 것을 보아야 한다. 그리고 그의 음성을 듣고 그 문을 열어야 한다. 그의 음성을 듣고 열어야 하는 그 문은 무엇인가. 인간의 욕심과 선악지식을 좇아가는 마음은 예수를 향하여 닫힌 문이다. 그래서 예수 그리스도는 문 앞에 서서 문을 열도록 두드리신다. 누구든지 자기 마음의 문을 열지 아니하면 예수 그리스도는 그 안으로 들어오실 수 없고 그 또한 예수 그리스도 안으로 들어갈 수 없다. 그가 우리 안에 들어오시면 우리 또한 그 안으로 들어가게 된다.

그것이 알파다. 그는 우리 안에 들어오셔서 그가 가져오신 하늘의 양식으로 우리와 함께 먹을 것이며 우리는 우리에게 이루어진 하나님의 아들의 '의'의 양식을 그와 함께 먹을 것이다. 그것은 오메가다.

3.21 ὁ νικῶν δώσω αὐτῷ καθίσαι μετ᾽ ἐμοῦ ἐν τῷ θρόνῳ μου, ὡς κἀγὼ ἐνίκησα καὶ ἐκάθισα μετὰ τοῦ πατρός μου ἐν τῷ θρόνῳ αὐτοῦ.

호 니콘 도소 아우토 카디사이 메트 에무 엔 토 드로노 무, 호스 카고 에니케사 카이 에카디사 메타 투 파트로스 무 엔 토 드로노 아우투.

"이기고 있는 자, 그에게는 내가 이기고 나의 아버지와 함께 그의 보좌에 앉은 것 같이 나와 함께 나의 보좌에 앉게 할 것이다."

이 얼마나 놀라운 일인가. 세상의 왕은 어느 누구도 자기 보좌에 다른 이를 앉게 하지 아니할 뿐 아니라 오히려 다른 이의 보좌를 빼앗고자 선악전쟁을 벌인다. 그러나 아멘이시요, 신실하신 이요, 진실하신 이요, 하나님의 창조의 근원이신 이는 백성의 의를 '이기고 있는' 자에게 그의 영원한 의의 보좌에 함께 앉게 하신다. 이는 그의 보좌는 이기고 있는 자와 함께 앉는 의의 보좌이기 때문이다. 아버지도 아들도 그 보좌를 아끼지 아니하시고 이기고 있는 자에게 그 위에 앉게 하시는 것은 이기고 있는 자는 누구든지 하나님의 생명과 사랑과 거룩과 초월 안으로 들어왔기 때문이다.

3.22 ὁ ἔχων οὖς ἀκουσάτω τί τὸ πνεῦμα λέγει ταῖς ἐκκλησίαις.

호 에콘 우스 아쿠사토 티 토 프뉴마 레게이 타이스 에클레시아이스.

"귀를 가지고 있는 자는 그 영이 그 에클레시아들에게 무엇을 말씀하시는지 들으라."

영원하신 성령이 무엇을 말씀하시는지 듣고자 하는 귀로 듣고, 들을 귀로 깨닫고 그 말씀으로 세상을 이기고 있는 에클레시아는 하나님의 창조의 근원이신 예수 그리스도의 영원한 의에 이를 것이다.

이틀

요한 계시록 4장, 5장, 6장, 7장

이틀 : 당신의 나라가 임하옵소서(계 4:1~7:17)

● 그 물들 가운데 궁창이 있어 그것이 물들 사이를 나누고 물들을 향하게 하라

창조의 이틀째 날 하나님이 말씀하시기를, "그 물들 가운데 궁창이 있어 그것이 물들의 사이를 나누고 물들을 향하게 하라"라고 하셨다. 그리고 하나님이 궁창을 만드시고 궁창 아래의 물들과 궁창 위의 물들로 나뉘게 하시고 궁창을 매개로 하여 서로 소통케 하셨다. '하나님이 궁창이 있어 그것이 물들 사이를 나누라' 하신 것은 처음이다. 궁창을 만드시고 궁창 위의 물들과 궁창 아래의 물들로 나누신 것은 나중이다. 하나님의 일은 이와 같이 처음과 나중이 짝을 이룬다. 이는 요한 계시록에서 하나님의 말씀과 예수 그리스도의 증거가 짝을 이룸과 같다.

인자들은 "당신의 나라가 임하옵소서"라고 기도한다. 그 기도는 처음이다. 그 기도를 좇아서 아버지의 나라가 임해오는 것은 나중이다. 이렇게 하여 에클레시아는 아버지의 이름이 거룩히 여김을 받는 첫 날에서 아버지의 나라가 임해오는 이틀째 날로 나아간다. 첫 날의 빛과 어두움이 선과 악이 아닌 것 같이 궁창 위의 물들과 궁상 아래의 물들 역시 선과 악이 아니다. 이것은 물들이 궁창 위의 물들과 궁창 아래의 물들로 나뉘어서 궁창을 매개로 하여 물들이 역동하게 하려 함이다.

사람의 마음에 하나님으로부터 빛이 비춰어 왔을지라도 그가 땅의 일에 매여 있으면 아직 하나님이 계신 그 하늘이 그에게 열리지 아니한다. 이틀째 날 궁창이 드러나고 윗물들과 아랫물들이 나뉜 것과 같이 그에게 새로운 마음 문이 열리면 그때 비로소 영과 육이, 생명과 생존이, 하나님의 생각과 사람의 생각이 분명하게 나누인다.

둘째 사람이 되고자 예수 그리스도에게 온 자에게서 윗물들과 아랫물들이 분명하게 나누이지 않거나 아랫물을 윗물로 삼고 윗물을 아랫물로 삼으면 그것은 혼돈이다. 아랫물은 육신의 눈에 드러난 문자적 지식이요, 윗물은 영의 눈에 드러난 계시다. 문자적 지식이 영과 생명 안에서 해석되어 심비에 새겨져서 살아 움직이

면 계시다. 우리 중 많은 사람이 여기서 혼돈을 겪고 있다. 하나님의 이름을 빌려 자기 생각을 말하는 것은 아랫물인 에고비전이다. 하나님은 우리로 하여금 말씀이 말씀 자신을 드러내는 영적 실상인 로고비전 안으로 들이오라 하신다.

누구든지 첫 날이 지나가고 이틀째 날이 왔음에도 첫 날의 빛을 붙들고 거기에 계속 머물고자 하면 그 첫 날의 빛은 둘째 날의 빛이 비춰어 오지 못하게 하는 흑암이 되었다. 그때에 그는 크로노스로 돌아가고 있다. 왜 이런 일이 벌어지는가. 첫 날의 빛은 더 광명한 다음 날의 빛이 올 어두움인 줄 알지 못하기 때문이다. 첫 날의 빛은 다음 날에 올 더 밝은 빛을 맞이할 은혜의 바탕이다. 이미 은혜 속에서 어두움이 되어진 그 빛을 붙잡고 다음 날의 빛을 받지 아니하면 어린아이 가 성장을 멈춘 것과 같다. 우리는 빛으로부터 빛으로 나가며 '나의 나됨'을 이룬 다. 에클레시아는 이 일을 알고 있기 때문에 이틀째 날에 "당신의 나라가 임하옵소 서"라고 기도한다. 그의 기도는 하나님의 나라를 구하는 애통이다. 그 애통은 위로함을 받는다.

창조의 근원으로 말미암아 우리 마음 안에 들어온 그 하늘(마음) 안에서 영과 육이 소통하며 계시와 지식이 소통한다. 속 사람과 겉 사람이, 좌우 상하가, 강함 과 약함이, 높음과 낮음이, 부요함과 가난함이, 큼과 작음이 소통한다. 그 하늘 안에서 생명과 죽음이 소통하며, 거룩과 속됨이 소통하며, 초월과 갇힘이 소통한 다. 이와 같이 우리는 그 하늘 안에서 하나님의 아들의 실존을 이루는 새 창조의 역동의 길을 걷는다.

요한 계시록 4장

4.1 Μετὰ ταῦτα εἶδον, καὶ ἰδοὺ θύρα ἠνεῳγμένη ἐν τῷ οὐρανῷ, καὶ ἡ φωνὴ ἡ πρώτη ἣν ἤκουσα ὡς σάλπιγγος λαλούσης μετ᾽ ἐμοῦ, λέγων· Ἀνάβα ὧδε, καὶ δείξω σοι ἃ γενέσθαι. μετὰ ταῦτα δεῖ

메타 타우타 에이돈, 카이 이두 뒤라 에네오그메네 엔 토 우라노, 카이 헤 포네 헤 프로테 헨 에쿠사 호스 살핑고스 라루세스 메트 에무, 레곤· 아나바 호데, 카이 데익소 소이 하 게네스다이. 메타 타우타. 데이

이 일들을 좇아서 내가 보았다. 보라, 그 하늘에 열린 문이 있다. 그리고 처음에 내가 들은 나팔 소리 같은 그 음성이 말하기를, "이리로 올라오라 이 일들을 좇아서 반드시 될 일들을 내가 네게 보이리라"라고 하였다.

● 메타 타우타(이 일들을 좇아서)

대부분의 번역 성경들이 '메타 타우타'를 '이 일 후에'라 번역하고 있기 때문에 카이로스에서 이루어지는 새 창조의 역동적 흐름을 놓치고 있다. 하나님은 알파와 오메가, 처음과 나중, 근원과 궁극이시다. 4장 1절에 '메타 타우타'가 두 번 쓰였는데 그 '메타 타우타'는 크로노스에서 일어나는 단순한 사건의 전후를 말하는 것이 아니다. 카이로스에 속한 영과 생명의 흐름 속에서 역동적으로 계속되는 일을 말한다. 앞의 '메타 타우타'는 요한 계시록 3장까지의 일들이며 뒤의 '메타 타우타'는 4장에 계시되는 일들이다. 그 일들을 좇아서 5장 이후의 일들이 이루어질 것이다. 전부터 있어 온 일은 지금 있는 일들의 바탕이요, 지금 있는 일들은 오고 있는 일들의 바탕이다.

그러므로 에클레시아가 요한이 책으로 써서 보낸 3장까지의 편지를 받아 영과 진리 안에서 읽고, 듣고, 해석하여 마음에 품고 있으면 4장의 일들이 이루어질 것이지만 그렇지 않으면 4장은 물론, 그 후의 일들과 아무런 상관이 없다. 그러므

로 요한은 그가 예수 그리스도의 계시를 본 것과 같이 보게 하려고 에클레시아에게 '보라' 하였다.

● **뒤라 에네오그메네 엔 토 우라노(그 하늘에 열린 문)**

이 열린 문은 필라델페이아의 에클레시아 앞에 두어진 열린 문이다. 아멘이시요, 거룩하신 이요, 참되신 이요, 다윗의 열쇠를 가지고 계신 이인 예수 그리스도께서 그들에게 말씀하시기를, "내가 네 앞에 열린 문을 두었다"라고 하셨다. 요한은 4장에서 그 열린 문을 보았으므로 모든 에클레시아에게 그 열린 문을 '보라' 하고 있다.

필라델페이아의 에클레시아는 먼저 땅에서 문을 열었다. 즉 사탄의 모임에 속한 이들이 그들에게 올 때에 문을 열고 그들을 맞았다. 그리하였더니 그들이 필라델페이아의 에클레시아에게 와서 그들의 발 앞에 절하면서 예수 그리스도가 사랑하는 실존이 그들임을 고백하였다. 기록된 바, "내가 그 하늘들이 나라의 열쇠들을 네게 주리니 네가 그 땅에서 무엇이든지 매면 그 하늘들에서도 매일 것이요, 네가 그 땅에서 풀면 그 하늘들에서도 풀리리라"(마16:19)라고 하였다. 필라델페이아의 에클레시아가 땅에서 그들의 문을 열었으므로 하늘에서 그들에게 문이 열렸다.

요한은 모든 에클레시아에게 일곱 번이나 반복하여 귀를 가지고 있는 자는 그 영이 에클레시아들에게 무엇을 말씀하시는지 들으라 하였다. 그러나 오늘날 우리 중 많은 사람이 듣고자 하는 귀도 들을 귀도 없이 요한 계시록을 읽고 있다. 그들은 다만 자기의 욕심과 선악지식이 말하는 소리를 듣고자 요한 계시록을 읽고 있다. 그러므로 그들의 마음 하늘은 감춰졌고 또한 그 마음 하늘에 있는 문이 닫혀 있음도 알지 못한다. 에클레시아에게 드러나는 하늘은 둘째 사람의 마음이다. 생명과 사랑과 거룩과 초월을 구하고 찾고 두드리는 사람의 그 마음 앞에 열린 문이 두어져 있다.

● 아나바 호데(이리로 올라오라)

'하늘 위로 올라간다'는 것은 영 안에 있게 되는 것이다. 잘 보라. "이리로 올라오라"는 말씀을 들은 요한은 구름이나 그 무엇을 타고 하늘로 올라간 것이 아니라 곧 영 안에 있게 되었다. 영 안에 있는 자 시공을 초월하여 하늘에 있다. 만약 요한이 무엇을 타고 하늘로 올라갔다면 그것을 기록하였을 터이다.

4.2 εὐθέως ἐγενόμην ἐν πνεύματι· καὶ ἰδοὺ θρόνος ἔκειτο ἐν τῷ οὐρανῷ, καὶ ἐπὶ τὸν θρόνον καθήμενος,

유데오스 에게노멘 엔 프튜마티' 카이 이두 드로노스 에케이토 엔 토 우라노, 카이 에피 톤 드로논 카데메노스,

나는 곧 영 안에 있게 되었다. 보라, 그 하늘에 보좌가 놓였고 그 보좌 위에 한 분이 앉아 계신다.

● 에게노멘 엔 프뉴마티(영 안에 있게 되었다)

요한에게 "이리로 올라오라"라고 한 그 말씀은 살았고 운동력이 있어서 요한을 '영 안으로' 인도하였다. 예수 말씀하시되, "내 말이 영이요, 생명이라"라고 하셨다. 살았고 운동력 있는 말씀을 듣는 자는 누구나 영 안에 있게 된다. 요한은 이와 같이 영광의 영 안에서 하나님의 영광의 보좌를 바라보게 되었다.

그 하늘은 어디인가. 하나님이 계시되는 둘째 사람의 마음이다. 첫 사람의 마음은 짐승의 보좌다. 둘째 사람은 짐승을 떠나보내고 짐승이 있던 보좌조차도 하늘이 되게 한다. 그 하늘에 하나님의 보좌가 놓인다. 이것은 첫 창조에서 '땅의 기초'로 창조된 그 땅에 궁창이 드러남과 같다. 오늘날 우리 중 많은 사람들이 자기들의 손으로 지은 집을 성전이라 부르며 거기에 하나님이 계신 것으로 알고 있기 때문에 정작 하나님이 계셔야 할 그들의 마음 하늘은 짐승이 차지하고 있다.

4.3 καὶ ὁ καθήμενος ὅμοιος ὁράσει λίθῳ ἰάσπιδι καὶ σαρδίῳ, καὶ ἶρις κυκλόθεν τοῦ θρόνου ὅμοιος ὁράσει σμαραγδίνῳ.

카이 호 카데메노스 호모이오스 호라세이 리도 이아스피디 카이 사르디오, 카이 이리스 퀴클로덴 투 드로누 호모이오스 호라세이 스마라그디노.

앉아 계신 이의 현형(現形)은 벽옥과 홍옥과 같고 또 무지개가 보좌를 둘렀는데 그 현형은 비취와 같았다.

● **호라시스(현형)**

기록된 바, "하나님은 가까이 가지 못할 빛에 거하시고 아무 사람도 보지 못하였고 또 볼 수 없는 자라"라고 하였다. 그럼에도 하나님은 에클레시아에게 영 안에서 그를 '호라오'하게 하신다. 그것이 요한이 바라본 '호라시스(현형)'이다. 여기 '호라세이'는 호라시스의 여격이다.

'현형(現形)'은 영 안에 있는 자에게 드러나는 하나님의 계시다. 보좌에 앉으신 이의 현형이 '벽옥과 홍옥 같다' 하였다. 벽옥은 거룩을 징조하며 홍옥은 사랑을 징조한다. 또 무지개는 영원한 생명의 언약이므로 생명을 징조한다. 그리고 하늘은 초월을 징조한다. 보좌에 앉아 계신 분은 거룩이요, 사랑이요, 생명이요, 초월이다. 이와 같이 하나님의 마음은 에클레시아에게 넷으로 현형되었으나 그 넷은 영원히 분리되지 않는 하나다. 하나님의 마음은 사람의 인식의 능력으로는 알 수 없기 때문에 하나님은 그의 마음을 현형으로서 에클레시아에게 계시하신 것이다.

하나님의 마음이 넷으로 현형된 것은 사람의 인식 능력의 한계성 때문이다. 그리고 그 넷은 하나다. 만약 어느 누가 하나님의 사랑과 생명과 거룩과 초월을 분리하여 각각을 지식으로 가지고 있으면 그것은 하나님의 마음이 아니라 선악지식이다. 이 일에 대하여 쉬운 예를 하나 들어보자. 하늘의 해는 그 본체가 있고 빛이 있고 열기가 있다. 우리는 해가 있는 그 하늘과 본체와 빛과 열기를 얼마든지 따로 관찰 할 수 있다. 그러나 그 넷은 분리할 수 없는 하나다. 그 넷 중 하나만을 붙들고 다른 것이 없는 것 같이 말하면 해는 이미 해가 아니다.

야웨 하나님의 존재와 그의 계시와 임재와 일하심 또한 하나이다. 성경이 그 각각을 나누어 말하는 것은 사람이 듣고 알게 하려 함일 뿐이다. 어떤 지식인은 거룩에 대하여 말하기를, 이는 '하나님의 격절'이라 하였다. 그러나 격절에는 사랑이 없다. 사랑이 없는 격절은 거룩이 아니다. 그가 말하는 거룩은 거룩이 아니라 거룩에 대한 그의 독단(선악지식)이다.

어떤 이는 말하기를, 하나님은 사랑이시므로 어찌하든 하나님은 모든 사람을 구원하실 것이라 한다. 그가 말하는 사랑에는 영도 거룩도 초월도 없다. 영도 거룩도 초월도 없는 사랑은 첫 사람이 사랑에 대하여 가진 독단(선악지식)일 뿐이다. 또 어떤 이는 영생을 영원히 생존하는 것으로 알고 있다. 영생은 영원하신 하나님과 하나됨이다. 그러나 영존은 하나님과 상관없이 크로노스의 삶이 끝없이 계속되는 것이다. 성경은 이 영존을 영원한 사망이라 한다.

종교다원주의가 있다. 사람은 무슨 종교를 통해서라도 구원된다는 육신의 생각이다. 그러나 예수 말씀하시기를, "아무든지 나를 따라오려거든 자기를 부인하고 날마다 제 십자가를 지고 나를 좇을 것이니라"(눅9:23)라고 하였다. 우리가 예수 그리스도를 믿기 전에 세상에서 어떤 지혜와 지식과 사상과 논리와 가치와 생각으로 살았든지 그것이 부인되지 아니하면 하나님의 생명의 계시 안으로 들어올 수 없다. 누구든지 첫 사람의 세상에서 얻은 자신의 선악지식을 부인하지 아니하고 하나님의 계시를 거기에 맞추려 하면 보아도 보지 못하는 흑암과, 들어도 듣지 못하는 공허와, 마음으로 생각해도 깨닫지 못하는 혼돈과, 하나님의 지혜와 지식이 깊음 속에서 선악지식으로 살려 하니 무저갱에 빠져든다.

● 숫자로 계시된 영적 실상

요한 계시록에 쓰인 숫자들은 매우 명쾌한 영적 실상을 징조하고 있다. 그 숫자들이 가리키는 바의 영적 실상을 알게 되면 숫자에 미혹되는 어리석은 자기 믿음은 사라질 것이다. 잠시 그 숫자를 살펴보자.

• 하나: 하나님은 우리의 유일하신 영의 아버지다. 육신에 있어서도 누구에게든지 그의 아버지는 유일하다. 이 하나가 하나님이 이루시는 모든 숫자의 근원이다. 하나님의 보좌도 하나요, 그 위에 앉으신 이도 하나요, 그 하나이신 아버지의 일을 온전히 이루신 어린양도 하나다. 하나님의 영도 하나다. 나의 나뉨을 이룬 하나님의 아들들 각각은 독특한 하나이며, 그들 모두는 하나님과 하나를 이룬다.

• 둘: 하나님은 알파와 오메가, 처음과 나중, 근원과 궁극이다. 이 둘은 둘로 있으려 함이 아니라 더욱 풍성하고 온전하게 하나되려 함이다. 하나님은 육과 영, 겉 사람과 속 사람, 첫 사람과 둘째 사람을 하나 되게 하시며 은혜와 진리, 심판과 의, 혼돈과 질서, 공허와 충만, 흑암과 빛, 밤과 낮을 하나 되게 하신다. 그러므로 이 둘은 하나님 안에서 역동하는 하나다.

• 셋: 야웨 하나님은 전부터 계셔 왔고, 지금도 계시며, 오고 계신 분이다. 이 하나님은 거룩하고 거룩하고 거룩하시다. 영원하신 하나님은 크로노스의 시공에 처하여 있는 사람에게 이 세 가지 시상을 좇아서 계시되고, 임재하시며, 일하신다. 이 셋은 영원 안에서 하나다.

• 넷: 하나님의 마음은 생명과 사랑과 거룩과 초월로 계시되고 임재하시며 일하신다. 넷은 사자와 송아지와 사람의 얼굴과 독수리의 네 생물로 계시되었고 또 왕과 제사장과 예언자와 인자 같은 이로 계시되었다. 이 넷은 하나님이 에클레시아 안에 이루시기 원하는 그의 모양이다. 예수 그리스도는 이 일을 이루신 증인이시다. 넷으로 표현된 하나님의 마음은 하나다.

• 다섯: 다섯은 요한 계시록에 다섯 달로 드러나 있다. 하나님의 형상 안에서 창조된 사람은 오감을 가지고 있으며 십일조를 드리는 사람의 손가락은 좌우 다섯 개씩이다. 오감과 열 손가락은 사람의 마음과 혼과 뜻의 다스림을 받는다.

• 여섯: 하나님은 첫 창조에서 엿새 동안 그 하늘들과 그 땅과 만물을 창조하여 지으셨고 이레째 날 안식하셨다. 엿새는 창조의 날들이요, 이레는 안식과 화평의 날이다. 그리스도 예수의 새 창조는 이 징조를 좇아서 그 실상이 이루어진다. 하나님의 마음이 넷으로 표현된 네 생물은 여섯 날을 징조하는 여섯 날개를 각각 가지고 있다.

• 일곱: 하나님의 창조가 완성된 날이다. 어린양의 뿔은 일곱이며 하나님의 영은 일곱 갈래로 역사하신다. 예수 그리스도는 일곱 에클레시아에게 편지를 보내셨으며 그의 오른손에 일곱 별들은 가지고 계신다. 이 모든 것은 하나님이 행하시는 새 창조의 온전함이며 에클레시아의 온전한 소망이다.

• 여덟: 여덟은 할례의 날이다. 이스라엘 사람의 남자아이는 난지 팔일에 할례받았다. 이날은 육신의 첫 사람이 영의 둘째 사람이 되고자 그 눈과 귀와 마음을 베고 하나님께 속하는 카이로스의 날을 징조하고 있다. 하나님의 마음이 영과 육으로, 낮과 밤으로, 알파와 오메가로 작동하면 여덟(4×2)이다.

• 아홉: 사람들은 열 개의 재물 중 하나를 떼어 하나님께 십일조로 바치면 복받는 줄 알고 있다. 그러나 그것은 하나님이 둘째 사람에게 원하시는 십일조가 아니다. 하나님이 새 창조에서 사람에게 원하시는 십일조는 하나님이 그의 마음을 창조의 근원이 되게 하신 것 같이 그 열 개의 재물을 다스리는 사람의 마음이다. 사람의 마음을 셋으로 나누면 마음과 혼과 뜻이다. 기록된 바, "네 마음을 다하고 목숨(혼)을 다하고 뜻을 다하여 주 너의 하나님을 사랑하라"라고 하였다. 마음을 다하고 혼을 다하고 뜻을 다하여 하나님을 사랑하는 것이 나의 나됨을 이루는 에클레시아가 하나님께 드리는 십일조다. 우리는 새 창조를 행하시는

예수 그리스도 안에서 율법을 따라 행하던 십일조의 대변혁을 이루었다. 즉 전부터 계셔 왔고, 지금도 계시고, 오고 계신 이에게 드리는 마음과 혼과 뜻은 아홉(3×3)을 이룬다.

• 열: 사람은 그 열 손가락으로 모든 일을 행하고 있다. 그 열 손가락은 사람의 마음의 다스림을 받고 있다. 그 열을 다스리는 하나(1/10)인 마음을 하나님께 드리는 것이 새 창조를 이루는 우리의 십일조이며, 영 안에서 진리 안에서 드리는 우리의 참 예배이다.

• 열둘: 이스라엘은 열두 지파였고 예수의 제자는 열두 명이었다. 열둘은 사람이 하나님의 마음(4)과 하나님의 시간(3)을 좇아서 그의 아들의 실존을 이루는 것을 징조한다(4×3).

• 스물넷: 하나님의 아들의 실존은 하나님의 마음(4)과 하나님의 시간(3)과 영과 육(2)이 하나된 실존이다(4×3×2). 율법의 제사장들은 24반 차로 나뉘어 있었다. 한 날을 사람의 시간으로 낮과 밤으로 나누면 크로노스의 24(12×2) 시간이다.

• 천: 에클레시아가 영 안에서 진리 안에서 하나님께 드리는 십일조는 천 배의 풍성함과 온전함을 이룬다. 마음(10)을 다하고 혼을 다하고(10), 뜻(10)을 다하는 자(10×10×10)에게 하나님은 천배로 그의 나라와 권세와 영광으로 임해 오신다. 그러나 그 나라와 권세와 영광을 자기 소유로 움켜진 자는 짐승이 되어 버린다. 그 짐승의 숫자는 육신의 정욕(6), 안목의 정욕(6), 이생의 자랑(6)을 나열한 666이다.

• 십사만 사천: 이스라엘 열두 지파 가운데서 그 이마에 인 맞은 자의 수다. 처음 세상을 이루고 있는 꿈 많은 첫 사람들(종교인들)이 요한 계시록에 등장한 징조와 모든 숫자를 영과 진리 안에서 해석하지 못하고 그들의 욕심과 선악지식으로

이 숫자를 실상으로 여기고 자기들의 특권으로 움켜쥐고 있다. 그들은 유대인도 아니지만 유대인이라 하며 여기저기서 그룹을 형성하고 144,000인만 차면 하늘로 휴거된다며 광분하고 있다.

144,000은 모든 에클레시아 안에 이루어지는 하나님의 아들의 풍성하고 온전한 실존을 징조하고 있다. 모든 에클레시아는 네(4) 갈래로 계시된 하나님의 마음을 그의 세(3) 시상을 좇아서(4×3) 하나님의 아들의 실존을 이루고 있다. 이때에 먼저된 육신이 나중되고 나중된 영이 먼저되면 스물네 장로(12×2)의 실존을 이룬다. 스물네 장로가 된 그 영과 육이 그 마음과 혼과 뜻을 다하여 하나님을 사랑하면서 서로를 향하여 살아서 움직이면 십사만 사천(12×12×10³)의 거룩하고 복된 실존을 이룬다. 이 실존은 온 천하를 주고도 바꿀 수 없는 어린양의 신부다.

어린양의 신부가 될 사람들이 144,000의 숫자로 계시된 영적 실상을 알지 못하였기 때문에 그 숫자를 도둑에게 빼앗긴 것이다. 우리 육신의 세포는 약 60조 개에 이르고 그 세포들로 이루어지는 지체들 또한 많다. 병이 없고 건강한 사람에게는 이 모든 세포와 지체들이 각기 살아서 자기 위치에서 역동하며 온전한 하나의 몸으로 움직이고 있다. 한 세포 한 세포가 한 몸 안에 함께 존재하고 있으며 그 몸은 그 각각의 세포에 의존하고 있다. 그 모두는 하나인 나를 이루고 있다. 이 모든 것들은 우리가 예수 그리스도 안에서 이룰 하나됨의 실상의 징조다.

오늘날 과학이 발달하여 한 사람에게서 한 세포를 떼어내어 그와 똑같은 복제인간을 만들어낼 날도 멀지 않았다 한다. 그런즉 한 세포는 한 몸의 근원이기도 하다. 만약 그때에 이르면 사람들이 말하기를, 우리는 이제 신의 영역에 이르렀고 신이 되었다 하겠지만 크로노스에 속한 그 신(神) 역시 시공에 갇힌 존재일 뿐이다. 우리의 하나님의 아들됨은 시공의 몸짓이 아니라 시공 너머에 있는 생명과 사랑과 거룩과 초월에로의 유월이다. '나의 나됨'은 참 사람의 길이요, 참 신의 길이다. 예수 그리스도가 그 증인이시다.

요한 계시록에는 일곱 머리 열 뿔의 짐승이 바다에서 올라온다. 바다는 생존의 세계요, 본능의 세계다. 열 뿔은 마치 사람이 열 손가락을 머리 위에 올리고 하나님께 대항하면서 하늘을 향하게 한 모양이다. 짐승은 그 열 뿔로 행하는 일마다 하나님을 대항한다. 그리고 일곱 머리는 성령의 일곱 역사를 짐승의 일곱 역사로 바꾸어 가진 것이다.

음녀가 된 자는 누구든지 짐승의 일곱 머리에 앉는다. 열 뿔은 짐승에게 그들의 힘과 권세를 바친다. 오늘날 사람들이 자기 열 손가락으로 일한 것을 짐승에게 바치며 하나님께 십일조를 바친다고 말하고 있다. 그렇다. 열 뿔을 가진 그 짐승이 물질의 십일조를 받는 그들의 하나님(우상)이기 때문이다.

짐승은 성령의 은혜를 거래로, 성령의 영광을 성공으로, 성령의 진리를 선악지식으로, 성령의 성결을 음행으로, 성령의 생명을 생존으로, 성령의 언약을 육신의 기복으로, 성령의 안식과 화평을 억압과 투쟁으로 바꾼다.

4.4   καὶ κυκλόθεν τοῦ θρόνου θρόνοι εἴκοσι τέσσαρες, καὶ ἐπὶ τοὺς
θρόνους εἴκοσι τέσσαρας πρεσβυτέρους καθημένους
περιβεβλημένους ἐν ἱματίοις λευκοῖς, καὶ ἐπὶ τὰς κεφαλὰς αὐτῶν
στεφάνους χρυσοῦς.

**카이 퀴클로덴 투 드로누 드로노이 에이코시 테싸레스, 카이 에피 투스
드로누스 에이코시 테싸라스 프레스뷔테루스 카데메누스
페리벨레메누스 엔 히마티오이스 류코이스, 카이 에피 타스 케팔라스 아우톤
스테파누스 크리수스.**

또 그 보좌 둘레에 스물네 보좌들이 있고 그 보좌들 위에 스물네 장로들이 흰옷을 입고 머리에 금 면류관을 쓰고 앉아 있다.

● 드로노스(보좌, 옥좌)

최근에 번역된 어떤 성경은 하나님의 '드로노스'를 '옥좌'라 하였고 이십사 장로의 '드로노스'를 '좌석'이라 하였다. 아마도 번역자들은 이 번역을 통하여 하나님께 영광을 돌리려 하였을지 모른다. 그러나 이런 일들로 높고 낮음을 분별하는 것은 선악지식에서 비롯된 것이다. 하나님은 우리에게 '너희는 나와 하나다'라고 하시는데 사람들은 그들의 선악지식을 좇아서 감히 '그럴 수 없습니다'라고 하면서 높고 낮음을 분별하면서 하나님과 하나되는 '나의 나됨'을 그르친다.

여기 보여지고 있는 하늘의 일들은 '내가 너희 안에 있고 너희가 내 안에 있느니라'라고 하시는 하나님의 계시다. 그러나 선악지식은 우리 안에서 끝없이 '그럴 수 없습니다'라 하고 있다. 그러나 하나님은 '내가 너희 안에 있는 것이 나의 영광이요 너희가 내 안에 있는 것이 너희의 영광이라'라고 하신다.

● 숫자와 성경

요한 계시록은 하늘의 일을 땅에 있는 자에게 계시하는 징조서다. 요한 계시록에 등장하는 모든 숫자와 상징은 육신의 눈에 보이지 아니하는 영의 일을 알게 하려고 쓰인 것이다. 그러나 만약 우리가 그 숫자와 상징들을 시공에 갇힌 육신의 소욕을 좇아서 보고, 듣고, 생각하면 그것들이 실상인 것 같이 보이고, 들리고, 생각된다. 그러므로 진리의 사랑을 받지 아니하는 이들은 그 숫자와 상징 때문에 미혹되어 심판을 자초한다.

● 스물네 보좌와 스물네 장로

스물네 보좌에 앉아 있는 스물네 장로는 하나님을 향하여 있는 왕이요, 제사장이요, 예언자요, 초월자다. 그들은 스스로 자기를 다스리는 왕이요, 자기를 제물로 삼는 제사장이요, 자기의 실존을 예언하는 예언자요, 자기를 초월하는 초월자이다. 그들이 장로인 것은 이미 그 일을 온전히 이루었기 때문이다. 이 일은 딴 데서 이루어지는 일이 아니라 각각의 에클레시아의 마음인 그 하늘 안에서 이루어지는 일이다. 스물네 장로들은 각 사람 안에서 넷으로 징조된 하나님의 마음을 세 시상을 좇아서 영과 육으로 이룬(4×3×2) 하나님의 모양이다. 그들은 스물네 시간, 스물네 방향으로 시공을 초월하며 하나님을 드러내고 있다.

그들이 입은 흰옷은 그들이 하나님의 생명과 사랑과 거룩과 초월 안에서 거하는 의를 말하며 그들이 쓴 금 면류관은 그들이 왕으로서, 제사장으로서, 예언자로서, 초월자로서 세상을 이긴 승리의 면류관이다. 에클레시아는 자기의 마음 하늘의 하나님의 보좌에서 이루어지고 있는 장엄한 영의 일을 '호라오'하며 그 실존을 이룬다.

4.5   *καὶ ἐκ τοῦ θρόνου ἐκπορεύονται ἀστραπαὶ καὶ φωναὶ καὶ βρονταί· καὶ ἑπτὰ λαμπάδες πυρὸς καιόμεναι ἐνώπιον τοῦ θρόνου, ἅ εἰσιν τὰ ἑπτὰ πνεύματα τοῦ θεοῦ,*

카이 에크 투 드로누 에크포류온타이 아스트라파이 카이 포나이 카이 브론타이· 카이 헵타 람파데스 퓌로스 카이오메나이 에노피온 투 드로누, 하 에이신 타 헵타 프뉴마타 투 데우,

그 보좌로부터 번개들과 음성들과 천둥들이 나오고 또 그 보좌 앞에는 일곱 등불들이 켜져 있는데 그들은 그 하나님의 그 일곱 영들이다.

번개와 음성과 천둥은 하나님의 영광의 모양을 드러내는 징조다. 번개는 하나님의 생명을, 음성은 하나님의 사랑을, 천둥은 하나님의 거룩을, 그리고 그의 보좌는 하나님의 초월을 징조하고 있다. 넷은 온전한 하나다.

이 일은 에클레시아가 자기 안에 있는 육신의 정욕, 안목의 정욕, 이생의 자랑, 선악지식을 십자가에 못 박고 새롭게 된 그 자신 안에 생명과 사랑과 거룩과 진리가 하나인 하나님의 모양을 본받게 될 것을 징조한다. 첫 사람 안에는 이 넷이 분리되어 있으나 둘째 사람 안에는 이 넷이 하나되어 있다. 보좌 앞에 켜져 있는 일곱 등불은 하나님의 창조의 일곱 날들을 좇아서 하나님의 마음이 에클레시아 안에 온전하게 이루어지도록 일하는 하나님의 일곱 영들이다.

4.6   καὶ ἐνώπιον τοῦ θρόνου ὡς θάλασσα ὑαλίνη ὁμοία κρυστάλλῳ. Καὶ ἐν μέσῳ τοῦ θρόνου καὶ κύκλῳ τοῦ θρόνου τέσσαρα ζῷα γέμοντα ὀφθαλμῶν ἔμπροσθεν καὶ ὄπισθεν·

카이 에노피온 투 드로누 호스 달라싸 휘알리네 호모이아 크뤼스탈로. 카이 엔 메소 투 드로누 카이 퀴클로 투 드로누 테싸라 조아 게몬타 옾달몬 엠프로스덴 카이 오피스덴·

또 보좌 앞에는 수정과 같은 유리 바다가 있고 보좌 가운데와 둘레에는 앞과 뒤에 눈들이 가득한 네 생물이 있다.

● 두 바다

요한 계시록에는 두 바다가 계시되어 있다. 구속된 자들이 그 위에 서 있는 초월의 유리 바다가 있고 일곱 머리 열 뿔 짐승이 그 욕심과 선악지식을 좇아서 올라오는 본성(생존)의 바다가 있다.

● 네 생물들

네 생물은 하나님의 마음이 계시된 네 모양이요 네 갈래다. 구약에서 네 생물들은 그룹과 스랍으로 표현되어 있다. 그룹의 어원은 분명하지 않으나 에스겔서 27장 2절을 보면 그룹이 '케레브 엘로힘(하나님의 마음과 같은 자)'임을 알 수 있다. 하나님은 그의 아들들을 창조의 근원인 그의 마음 안에서, 그 마음으로 말미암아,

그 마음 안으로 지으신다. 이것은 '우리의 형상 안에서 우리의 모양과 같이 사람을 만들자'라고 하신 하나님의 뜻을 이루시는 일이다.

시편에 "하나님은 그룹을 타고 날으신다"라고 하였다. 그러므로 그룹은 그들 위에 계신 하나님으로 말미암아 온전함을 이룬다. 그룹은 앞뒤에 눈들이 가득하다. 이것은 하나님의 계시와 임재와 일하심이 그룹을 통하여 알파로부터 오메가에 이르기까지 처음에서 나중까지, 근원에서 궁극까지 풍성하고 온전하게 계시되고 있음을 말한다.

4.7 καὶ τὸ ζῷον τὸ πρῶτον ὅμοιον λέοντι, καὶ τὸ δεύτερον ζῷον ὅμοιον μόσχῳ, καὶ τὸ τρίτον ζῷον ἔχων τὸ πρόσωπον ὡς ἀνθρώπου, καὶ τὸ τέταρτον ζῷον ὅμοιον ἀετῷ πετομένῳ·

카이 토 조온 토 프로톤 호모이온 레온티, 카이 토 듀테론 조온 호모이온 모스코, 카이 토 트리톤 조온 에콘 토 프로소폰 호스 안드로푸, 카이 토 테타르톤 조온 호모이온 아에토 페토메노·

그 첫째 생물은 사자 같고, 그 둘째 생물은 송아지 같고, 그 셋째 생물은 사람과 같은 얼굴을 가졌고, 그 넷째 생물은 날아가는 독수리 같았다.

사자는 왕을, 송아지는 자기 몸을 제물로 삼는 제사장을, 사람의 얼굴은 인자(예언자)를, 독수리는 초월자(인자 같은 이)를 징조하고 있다. 사자는 속 사람이 겉 사람을 다스리는 사랑의 왕이요, 송아지는 겉 사람이 속 사람을 위한 제물이 되는 생명의 제사장이다. 사람의 얼굴은 속 사람과 겉 사람이 하나됨을 예언하는 인자요, 독수리는 속 사람이 겉 사람을 죽은 자 가운데서 살리는 부활의 초월자다. 예수 그리스도는 이 네 실존을 이루시는 새 창조의 근원과 궁극이시며 또 증인이시다.

4.8 καὶ τὰ τέσσαρα ζῷα, ἓν καθ' ἓν αὐτῶν ἔχων ἀνὰ πτέρυγας ἕξ, κυκλόθεν καὶ ἔσωθεν γέμουσιν ὀφθαλμῶν· καὶ ἀνάπαυσιν οὐκ ἔχουσιν ἡμέρας καὶ νυκτὸς λέγοντες· Ἅγιος ἅγιος ἅγιος κύριος, ὁ θεός, ὁ παντοκράτωρ, ὁ ἦν καὶ ὁ ὢν καὶ ὁ ἐρχόμενος.

카이 타 테싸라 조아, 헨 카드 헨 아우톤 에콘 아나 프테뤼가스 헥스, 퀴클로텐 카이 에소텐 게무신 옾달몬· 카이 아나파우신 우크 에쿠신 헤메라스 카이 뉙토스, 레곤테스· 하기오스 하기오스 하기오스 퀴리오스, 호 데오스, 호 판토그라토르, 호 엔 카이 호 온 카이 호 에르코메노스.

그 네 생물이 각각 여섯 날개들을 가지고 있고 날개 주위와 안에 눈이 가득하였다. 그들이 밤 낮 쉬지 않고 말하고 있기를, "거룩하다 거룩하다 거룩하다 전능하신 주 하나님 전부터 계셔 왔고 지금도 계시고 오고 계신이라"라고 하였다.

● 눈들이 가득한 여섯 날개들

각 생물의 여섯 날개들은 창조의 여섯 날들을 징조하고 있다. 그 날개들에 가득한 눈들은 하나님의 영이 주신 신령한 눈들이다. 에클레시아는 속 사람에 속한 것이든지 겉 사람에 속한 것이든지, 낮에 속한 것이든지 밤에 속한 것이든지, 그 영의 눈들을 가지고 하나님의 은혜와 영광과 진리와 성결과 생명과 언약과 영원을 '호라오'한다. 그 눈들이 아무리 풍성하다고 할지라도 아직 온전한 것이 아니다. 일곱째 날에 그 눈들이 하나님 안에서 그의 지혜와 지식으로 충만케 될 때에 온전하다.

● 호 엔 카이 호 온 카이 호 에르코메노스
(전부터 계셔 온 이, 지금 계신 이, 오고 계신 이)

'야웨'는 '나는 나다', '나는 존재다(에헤예 아셰르 에헤예, I am that I am, I am that being)'라는 의미이다. 야웨 하나님은 전부터 계셔 온 이, 지금 계신 이, 오고 계신 이다. 지금도 예수 그리스도께 온 사람들이 자신들이 이루어야 할 '나의 나됨'을 알지 못하기 때문에 이 계시를 반드시 알아야 한다. 우리가 여기서 잘 보아야 할 것은 '호 엔', '호 온', '호 에르코메노스'는 크로노스의 과거, 현재, 미래가 아니다. 카이로스에 속한 생명의 흐름이 단절되지 않고 연속되고 있음을 말하고 있다는 것이다. '호 에르코메노스'는 '오고 계신 이'를 가리키는데 '장차 오실 자'라 하면 사람의 선악지식인 종말론에 빠져든다.

● 거룩하다 거룩하다 거룩하다

'전부터 계셔 온 이(호 엔)'도 거룩하며, '지금 계신 이(호 온)'도 거룩하며, '오고 계신 이(호 에르코메노스)'도 거룩하다. 에클레시아는 세 시상을 좇아서 거룩하고, 거룩하고, 거룩한 야웨 하나님과 하나되는 존재다. 에클레시아를 거룩하고, 거룩하고, 거룩하게 지으시는 그 하나님은 전능하신 자다. 첫 사람의 욕심과 선악지식과 자기 의지를 가지고 자기 뜻대로 살고자 하는 사람을 세상에서 불러내어 오늘 여기 카이로스에서 거룩하고, 거룩하고, 거룩하게 지어서 그와 하나되게 하시는 하나님만이 전능하신 자다.

야웨 하나님은 아버지로서 속 사람을 말씀으로 낳고 길러서 그의 모양(신성)을 본받은 아들이 되게 하시는데 그의 전능이 드러나게 하신다. 그러나 하나님은 그의 전능을 억지로 행사하지 않으신다. 왜냐하면 사람들을 억지로 그의 아들들이 되게 하시는 것은 전혀 하나님의 기쁘신 뜻이 아니기 때문이다. 그러므로 누구든지 믿음으로 기쁘게 그 자신을 하나님께 맡기는 에클레시아만이 그의 전능에 참여하고 있다. "전능하사 천지를 창조하신 하나님을 내가 믿습니다"라고 하는 첫 사람의 고백은 크로노스에 속한 자기 믿음일 뿐이요, 믿는 자 안에서 하나님의 전능이 드러나는 새 창조와는 아무런 상관이 없는 오만한 횡포자를 만들어낸다.

4.9 καὶ ὅταν δώσουσιν τὰ ζῷα δόξαν καὶ τιμὴν καὶ εὐχαριστίαν τῷ καθημένῳ ἐπὶ τῷ θρόνῳ, τῷ ζῶντι εἰς τοὺς αἰῶνας τῶν αἰώνων,

카이 호탄 도수신 타 조아 독산 카이 티멘 카이 유카리스티안 토 카테메노 에피 토 드로노, 토 존티 에이스 투스 아이오나스 톤 아이오논, 그 생물들이 영광과 존귀와 감사를 보좌에 앉아 세세에 살아 계신 이에게 돌릴 때에는

4.10 πεσοῦνται οἱ εἴκοσι τέσσαρες πρεσβύτεροι ἐνώπιον τοῦ καθημένου ἐπὶ τοῦ θρόνου, καὶ προσκυνήσουσιν τῷ ζῶντι εἰς τοὺς αἰῶνας τῶν αἰώνων, καὶ βαλοῦσιν τοὺς στεφάνους αὐτῶν ἐνώπιον τοῦ θρόνου, λέγοντες·

페순타이 호이 에이코시 테싸레스 프레스뷔테로이 에노피온 투 카테메누 에피 투 드로누, 카이 프로스퀴네수신 토 존티 에이스 투스 아이오나스 톤 아이오논, 카이 발루신 투스 스테파누스 아우톤 에노피온 투 드로누, 레곤테스· 스물네 장로들이 보좌에 앉으신 이 앞에 엎드려 세세에 살아 계신 그에게 경배할 것이요 또 자기의 면류관들을 그 보좌 앞에 내려놓을 것이며, 말하고 있기를,

4.11 ὁ κύριος καὶ ὁ θεὸς ἡμῶν, Ἄξιος εἶ, λαβεῖν τὴν δόξαν καὶ τὴν τιμὴν καὶ τὴν δύναμιν, ὅτι σὺ ἔκτισας τὰ πάντα, καὶ διὰ τὸ θέλημά σου ἦσαν καὶ ἐκτίσθησαν.

호 퀴리오스 카이 호 데오스 헤몬, 악시오스 에이, 라베인 텐 독산 카이 텐 티멘 카이 텐 뒤나민, 호티 쉬 에크티사스 타 판타, 카이 디아 토 델레마 수 에산 카이 에크티스데산. "우리 주 하나님이여 영광과 존귀와 능력을 받으시는 것이 합당합니다. 이는 주께서 만물을 창조하셨고 만물이 주의 뜻대로 있어 왔고 또 창조되었기 때문입니다"라고 할 것이다.

● 미래 시제

9절의 '도수신(드릴)'과 10절의 '페순타이(엎드릴)', '프로스퀴네수신(경배할)', '발루신(내려놓을)'은 미래 시제다. 여기의 찬송은 새 창조가 온전히 이루어진 때 네 생물들과 스물네 장로들이 하나님께 드리는 찬송이 예언되어 있다. 모든 번역 성경들이 이 새 창조를 알지 못하였으므로 번역에 혼란을 일으켰고 특히 11절의 말씀은 오역이 심하다. 한글 개역 성경은 주께서 만물을 '창조하셨다'라 하지 않고, '지으셨다'고 하였다.

여기 찬송은 아버지의 뜻이 하늘에서 이루어진 것 같이 땅에서 이루어지는 카이로스의 미래에 네 생물들과 스물네 장로들이 하나님께 드리는 찬송이다. '에이스 투스 아이오나스 톤 아이오논(세세토록)'은 단순히 크로노스의 연속을 말하는 것이 아니다. 첫 창조에 속한 세대들에서 새 창조에 속한 세대들로 유월하는 모든 사람들의 세대 안에 항상 함께 거하시는 알파와 오메가의 하나님을 계시하고 있다. 그러므로 야웨 하나님은 전부터 계셔 오셨고, 지금도 계시며, 오고 계신이다. 새 창조가 온전히 이루어져서 첫 창조와 새 창조가 온전히 하나된 때에 그들은 "주께서 만물을 창조하셨고, 만물이 주의 뜻대로 있어 왔고 또 (새롭게) 창조되었습니다"라고 찬송하게 될 것이다.

스물네 장로들은 왜 그들의 면류관을 그 보좌 앞에 내려놓는가. 면류관을 쓰는 것은 알파요, 내려놓는 것은 오메가이기 때문이다. 면류관을 쓰기에 합당한 자와 그렇지 못한 자가 구분되어야 할 때에 스물네 장로들은 면류관을 쓰고 있다. 그러나 모든 사람들이 하나님의 보좌 앞에서 면류관을 쓰게 되었을 때는 새 창조의 궁극에 이르렀으므로 면류관을 내려놓는다. 왜냐하면 이때에는 하나님과 어린양이 그들의 영광의 면류관이기 때문이다.

하나님은 처음에 에클레시아에게 생명과 사랑과 거룩과 초월의 존재로 계시되고, 임재하시고, 일하신다. 그다음 스물네 장로의 실존으로 계시되고 임재하시고 일하신다. 그다음 144,000인의 실존으로 계시되고 임재하시고 일하신다. 마지막에 셀 수 없는 큰 무리의 실존으로 계시되고 임재하시고 일하신다. 셀 수 없는 큰 무리는 하나님 안에서 풍성하고 온전한 하나를 이룬다. 이때에 하나님 안에 있는 자 모두는 내 안에 있고 나는 그들 안에 있다. '나'이신 하나님의 새 창조를 따라 그 안에서 모든 '나'가 하나되는 놀랍고 장엄한 일이 여기 계시되어 있다.

요한 계시록 5장

5.1 Καὶ εἶδον ἐπὶ τὴν δεξιὰν τοῦ καθημένου ἐπὶ τοῦ
θρόνου βιβλίον γεγραμμένον ἔσωθεν καὶ ὄπισθεν,
κατεσφραγισμένον σφραγῖσιν ἑπτά.

카이 에이돈 에피 텐 덱시안 투 카데메누 에피 투
드로누 비블리온 게그람메논 에소텐 카이 오피스텐,
카테스프라기스메논 스프라기신 헵타.

나는 또 그 보좌에 앉아 계신 이의 그 오른손에 한 책이 있는 것을 보았다.
그것은 안팎으로 글이 쓰여 있었고 일곱 인들로 봉해져 있었다.

● 새 창조의 비밀

4장에서 보좌에 앉아 계신 하나님과 네 생물과 스물네 장로들이 계시되었다. 에클레시아가 이 계시를 좇아서 하나님이 기뻐하시는 새로운 실존으로 지어질 것이 요한에게 보여졌다. 에클레시아는 예수 그리스도로 말미암아 보여진 이 일을 좇아서 하나님의 아들로 새롭게 지어지고 또 하나님의 나라를 이룬다.

육신의 첫 사람이 영의 둘째 사람으로 지어지기 위해서는 예수 그리스도 안에서 그 첫 사람의 봉인들이 떼어지지 않으면 안 된다. 그리고 일곱 인들은 사람이 새롭게 지어지는 카이로스의 날들 안에서 떼어진다. 사람을 새롭게 지으시는 하나님의 지혜와 지식은 하나님의 계시가 아닌 육신의 눈과 귀와 마음으로는 알 수 없다.

새 창조의 근원이신 어린양이 일곱 인들을 떼어주지 않으시면 아무도 그 인들을 뗄 수 없다. 첫 사람의 생각과 지혜, 지식과 사상, 깨달음과 수양, 관찰과 발견, 권세와 권능으로는 아무리 하나님의 새 창조의 비밀이 요한 계시록에 자세히 계시되어 있다 할지라도 그 일을 알 수 없다. 에클레시아는 먼저 요한이 책으로 써서 보낸 예수 그리스도의 편지를 받는다. 그리고 그는 그 편지를 보고, 듣고, 마음에 품는다. 그때에 비로소 그는 일곱 인들로 봉인된 책이 예수 그리스도 안에서 열려져야 할 자신임을 발견한다. '나의 나됨'을 이루는 하나님의 지혜와 지식을 새 창조의 근원이신 어린양이 열어주시지 않으면 아무도 열거나 알 수가 없다. 그러므로 요한 계시록은 예수 그리스도 안에서, 예수 그리스도로 말미암아, 예수 그리스도를 향하여 지어지는 사람에겐 열려지는 책이요, 그렇지 않은 사람에겐 닫힌 책이다.

● 보좌에 앉아 계신 이의 오른손에 있는 책

한 책이 그 보좌에 앉아 계신 이의 오른손에 있었다. 성경의 계시를 좇아서 보면 왼편은 육신이요, 오른편은 영이다. 왼편에는 욕심과 선악지식이 있고 오른편에는 사랑과 진리가 있다. 이것은 눈에 보이지 아니하는 영의 일을 계시하기 위한 비유이며 징조이다. 이 계시는 사람들이 좌우로, 동서로 나뉘어 투쟁하는 선악지식이 아니다. 죽을 데서 죽고 살 데서 사는 생명의 원리를 드러내는 계시다. 하나님의 아들들은 왼편에서 죽고 오른편으로 살아난다. 즉 첫 사람이 죽고 둘째 사람이 사는 그 일이 왼편과 오른편으로 계시되고 있다. 기록된 바, "주 예수께서 말씀을 마치신 후에 그 하늘로 올라가시어 그 하나님의 우편에 앉으셨다"(막 16:19)라고 하였다.

그 보좌에 앉아 계신 이의 오른손에 한 책이 있는 것은 하나님이 에클레시아를 부활의 실존이 되게 하시겠다는 새 창조의 계시다. 처음된 것이 나중되고 나중된 것이 처음되는 것은 하나님이 그 오른손으로 행하시는 일이다.

● 안과 밖

안과 밖은 오른편과 왼편의 또 다른 표현이다. 안은 속 사람이요, 밖은 겉 사람이다. 겉 사람은 첫 사람을 이루고 있고 속 사람은 둘째 사람을 이룰 것이다. 처음된 겉 사람이 나중되고 나중된 속 사람이 처음되어 둘이 온전한 하나를 이루는 것이 새 창조이다. 하나님의 아들의 실존은 겉 사람의 욕심과 선악지식이 왼편에서 죽고 속 사람의 사랑과 진리가 오른편에서 살아나는 데서 이루어진다. 하나님의 기쁘신 뜻은 모든 사람의 안과 밖에 쓰여 있다. 그 뜻을 거스르는 자는 누구든지 새롭게 지어질 수 없다.

● 일곱 인들

하나님은 그의 새 창조를 일곱 날들을 좇아서 행하신다. 하나님이 그날들의 인봉을 떼어주시지 아니하면 사람은 육신의 크로노스에서 영의 카이로스로 유월할 수 없다. 첫 사람은 하나님의 지혜와 지식의 깊음 속에서 혼돈과 공허와 흑암에 처하여 있다. 시공에 갇힌 첫 사람은 그 시공의 혼돈과 공허와 흑암으로부터 스스로 해방될 수 없다. 그러므로 하나님은 그 시공의 혼돈과 공허와 흑암으로부터 해방되기를 원하는 자가 하나님의 약속이 바라진 믿음으로 그 영을 향하여 가난하며, 애통하며, 온유하며, 의에 주리고 목마르며, 긍휼을 원하며, 마음이 청결하며, 화평을 짓는 자가 되기를 구하고, 찾고, 두드릴 때에 그 인봉들을 차례로 떼어주신다. 사람이 이 모든 일을 아는 지식을 가졌다 할지라도 그가 믿음으로 어린양 안으로 들어오지 아니하면 어린양이 그 인봉을 떼어 주시지 아니하기 때문에 그 스스로는 아무것도 할 수 없다.

5.2 καὶ εἶδον ἄγγελον ἰσχυρὸν κηρύσσοντα ἐν φωνῇ μεγάλῃ· Τίς ἄξιος ἀνοῖξαι τὸ βιβλίον καὶ λῦσαι τὰς σφραγῖδας αὐτοῦ;

카이 에이돈 앙겔론 이스퀴론 케뤼쏜타 엔 포네 메갈레· 티스 악시오스 아노익사이 토 비블리온 카이 루사이 타스 스프라기다스 아우투;

나는 또 힘센 천사가 큰 소리로 "누가 그 책을 펴며 그 봉인을 떼기에 합당하냐" 라고 외치고 있는 것을 보았다.

오늘날 우리 가운데 많은 사람들이 힘센 천사가 큰 소리로 외치며 묻는 그 질문을 듣지 못하고 있다. 비록 듣는다고 할지라도 그 질문이 무엇을 묻고 있는지 알지 못한다. 그리하여 그들은 종교의 교리나, 도덕이나, 윤리나, 수양이나, 사회정의나, 기복이나 그 무엇이건 간에 사람의 선악지식으로 그 인봉들을 떼려 한다. 첫 사람은 아무도 스스로 인봉들을 떼고 둘째 사람이 될 수 없다. 죽었다가 살아나신 어린양이 아니면 하나님께 대하여 죽은 자들의 사망의 인봉들을 떼어서 다시 살아나게 할 수 없다. 하나님께 대하여 죽은 자들은 스스로 그 죽음의 문을 열고나올 수 없다.

요즘 번역된 성경들을 보면 천사의 질문조차 이해하지 못하고 "누가 그 책을 펴며 그 봉인을 떼기에 합당하냐"라고 한 것을 "누가 봉한 것을 떼고 책을 펼 수 있겠느냐"로 바꾸어 놓았다. 어떤 율법사가 예수께 "내가 무엇을 하여야 영생을 얻겠습니까"라고 하였다. 그때에 그가 대답하시기를, "율법에 무엇이 기록되어 있으며 네가 어떻게 읽느냐"라고 하셨다. 요한 계시록에 무엇이 기록되어 있는가를 살피는 것은 알파요, 그것을 영과 생명 안에서 어떻게 해석하느냐는 오메가다.

그 책을 펴는 것은 무엇이며 그 인봉들을 떼는 것은 또 무엇인가. 그 책을 펴는 것은 책에 기록된 것을 읽는 것이요, 그 인봉들을 떼는 것은 기록된 것을 영 안에서 생명 안에서 해석하는 것이다. 첫 사람은 하나님의 계시를 보아도 보지 못하고, 들어도 듣지 못하고, 마음으로 생각지 못한다. 그러므로 우리에게서 먼저 눈과 귀와 마음의 봉인들이 떼어지지 아니하면 계시록은 읽을 수도, 들을 수도, 생각할 수도 없다. 먼저 읽고 듣고 생각할 수 있어야 예수 그리스도 안에서 해석이 가능하다. 그 해석이 곧 어린양이 우리를 위하여 인봉들을 떼시는 일이다.

힘센 천사가 큰 소리로 외치는 영의 일을 번역자들이 알아 듣지 못하고 봉인된 채로 판매되는 책들을 연상하고 있다. 아무리 그들이 요한 계시록을 새롭게 번역하려 한들 그 육신의 생각에 지배당하고 있어서 그 책이 서술된 순서마저 바꾸고 있다. 천사의 질문을 '누가 봉한 것을 떼고 책을 펼 수 있겠느냐(Who is worthy to break the seals and open the book?)'로 바꾸면 해석을 먼저 하고 책을 그다음에 읽은 것이 된다. 어떻게 책을 읽기도 전에 해석을 먼저 할 수 있겠는가. 성경에는 인간의 생각을 초월하는 말씀들이 많다. 그 말씀들이 이해되지 않으면 그대로 두고 읽으며 그 인봉들이 떼어지기까지 구하고 찾고 두드리면 되는 것이다. 영의 눈이 뜨이지 않은 사람에겐 모든 말씀이 인봉되어 있다.

하나님은 첫 사람이 둘째 사람이 되는 그 새 창조의 일을 인봉하여 두셨다. 왜냐하면 첫 사람이 둘째 사람이 되는 그 일은 하나님이 약속하신 '나의 나됨'이 바라져서 믿음으로 그 안으로 들어온 자에게 이루어지게 하시려고, 하나님만이 하시는 일이기 때문이다. 하나님이 행하시는 일을 사람이 스스로 행하려고 하기 때문에 거기에 종교, 윤리, 도덕, 수양, 사회정의, 철학, 과학, 사업, 권세 등 사람의 선악지식이 등장한다. 그러나 그것은 첫 사람의 가치다. 선악지식은 첫 사람을 첫 사람되게 하는 것일 뿐 부활의 둘째 사람이 되게 하지 못한다. 힘센 천사의 질문을 이해하는 자는 누구든지 자기가 그 인봉들을 떼기에 합당하지 않은 자임을 안다.

5.3 καὶ ἐδύνατο οὐδεὶς ἐν τῷ οὐρανῷ οὐδὲ ἐπὶ τῆς γῆς οὐδὲ ὑποκάτω τῆς γῆς ἀνοῖξαι τὸ βιβλίον οὔτε βλέπειν αὐτό.

카이 에뒤나토 우데이스 엔 토 우라노 우데 에피 테스 게스 우데 휘포카토 테스 게스 아노익사이 토 비블리온 우테 블레페인 아우토.

그리고 그 하늘 안에서나 그 땅 위에서나 그 땅 아래에 그 책을 펴거나 그것을 보거나 할 자가 아무도 없었다.

예수 그리스도는 새 창조의 근원이시다. 그 근원 안에서 새 하늘과 새 땅이 창조된다. 이 새 하늘과 새 땅은 에클레시아의 마음과 몸이 새롭게 지어져서 '나의 나됨'을 이루는 것이다. 시공에 갇힌 사람이 어떻게 자기 자신을 알고 해석하여 시공을 초월하는 영의 새로운 존재로 짓겠는가. 첫 사람에 속한 것은 새 것이 없다. 전도

자는 이 일에 대하여 말하기를, "해 아래는 새 것이 없다"라고 하였다. 그 하늘도, 그 땅도, 그 땅 아래도 새 창조의 근원 안에서만 새롭게 창조된다.

5.4   καὶ ἐγὼ ἔκλαιον πολὺ ὅτι οὐδεὶς ἄξιος εὑρέθη ἀνοῖξαι τὸ βιβλίον οὔτε βλέπειν αὐτό·

카이 에고 에클라이온 폴뤼 호티 우데이스 악시오스 휴레데 아노익사이 토 비블리온 우테 블레펜인 아우토·

그 책을 펴거나 그것을 읽거나 하기에 합당한 자가 보이지 아니하므로 나는 몹시 울었다.

기록된 바, "애통하는 자는 복되니 저희가 위로함을 받을 것이다"라고 하였다. 예수 그리스도 외에는 어느 누구도 에클레시아로 부름을 받은 그 사람을 읽거나 (해석하거나) 새롭게 지을 수 없다. 또 그 스스로도 그렇게 할 수 없다. 그래서 에클레시아는 애통한다. 애통하는 자는 복되니 위로함을 받는다. 그러나 오늘날 자신의 인봉이 떼어지지 않아서 애통하는 자는 찾기 힘들고 도리어 그 책을 펴서 읽었다는 이들은 많다. 그들은 도대체 무엇을 펴고 읽었다는 것인가.

애통하는 에클레시아는 위로받을 때에 먼저 영 안에서 하늘에 열린 문이 있음을 알게 된다. 그리고 그는 그 열린 문을 통하여 하나님의 보좌와 하나님과 네 생물들과 스물네 장로들을 바라본다. 그 후에 그는 하나님의 오른손에 있는 봉인된 책을 보게 된다. 에클레시아는 먼저 은혜의 영으로 말미암아 자기에게 보내진 편지를 읽고 듣고 마음에 품었다. 그랬더니 영광의 영 안에서 아버지의 보좌가 보여졌고 그 후에 안팎으로 쓰이고 일곱 인들로 봉인된 책이 보여졌다. 그는 그 책이 자기 자신임을 안다. 그는 애통하며 인봉된 자기 자신이 펴지고 읽히기를 구하고 찾고 두드린다.

에클레시아가 인봉된 책에서 '나의 나됨'을 이룰 생명과 거룩과 사랑과 초월을 찾지 아니하고 종교, 윤리, 도덕, 사회정의, 권세, 욕심, 종말, 길흉화복을 찾으면 그것 또한 찾아진다. 그러나 그것은 인봉들이 떼어지는 것이 아니라 그 책에 자신의 육신의 인봉들을 덧붙이는 일이다.

5.5 καὶ εἷς ἐκ τῶν πρεσβυτέρων λέγει μοι· Μὴ κλαῖε· ἰδοὺ ἐνίκησεν ὁ λέων ὁ ἐκ τῆς φυλῆς Ἰούδα, ἡ ῥίζα Δαυίδ, ἀνοῖξαι τὸ βιβλίον καὶ τὰς ἑπτὰ σφραγῖδας αὐτοῦ.

카이 헤이스 에크 톤 프레스뷔테론 레게이 모이· 메 클라이에· 이두 에니케센 호 레온 호 에크 테스 퓔레스 유다, 헤 리자 다비드, 아노익사이 토 비블리온 카이 타스 헵타 스프라기다스 아우투.

그 장로들 중에 하나가 내게 말하기를, "울지 말라, 보라, 유다 지파의 그 사자 다윗의 그 뿌리가 이겼으므로 그 책과 그 일곱 인들을 떼실 것이다"라고 하였다.

하나님은 그의 나라가 임해 오기를 애통하며 구하는 자에게 '울지 말라'라고 위로하신다. 어린양은 영으로는 다윗의 뿌리요, 육으로는 다윗의 자손이다. 모든 에클레시아의 영은 하나님에게서 왔고 그 육신은 부모에게서 온 것이다. 어린양은 유다 지파의 사자로서 첫 사람의 육신의 정욕과 안목의 정욕과 이생의 자랑과 선악지식을 이기셨고 또 다윗의 뿌리로서 사망을 이기셨다. 그리하여 그만이 일곱 인을 떼시고 일곱 날을 좇아서 에클레시아를 새롭게 지으실 권세와 권능을 가지셨다.

이 계시는 그리스도 안에서 시공에 속한 세상을 이기고 부활의 실존이 되려 하는 사람들을 위한 것이지 세상에서 성공하려는 사람들을 위한 것이 아니다. 어린양은 우리에게 세상을 이기게 하시고 사탄은 우리에게 세상에서 성공하게 한다. 이 '이김'을 알지 못하는 이들은 세상에서 성공하려 한다. 예수 그리스도의 믿음과 하나된 믿음으로 세상을 이기려 하는 자만 그의 인봉들이 떼어진다.

5.6 Καὶ εἶδον ἐν μέσῳ τοῦ θρόνου καὶ τῶν τεσσάρων ζῴων καὶ ἐν μέσῳ τῶν πρεσβυτέρων ἀρνίον ἑστηκὸς ὡς ἐσφαγμένον, ἔχων κέρατα ἑπτὰ καὶ ὀφθαλμοὺς ἑπτά, οἵ εἰσιν τὰ ἑπτὰ πνεύματα τοῦ θεοῦ, ἀπεσταλμένοι εἰς πᾶσαν τὴν γῆν.

카이 에이돈 엔 메소 투 드로누 카이 톤 테싸론 조온 카이 엔 메소 톤 프레스뷔테론 아르니온 헤스테코스 호스 에스파그메논, 에콘 케라타 헵타 카이 옵달무스 헵타, 호이 에이신 타 헵타 프뉴마타 투 데우, 아페스탈메노이 에이스 파산 텐 겐.

나는 또 그 보좌와 그 네 생물들 가운데와 그 장로들 가운데에 한 어린양이 서 있는 것을 보았는데 그는 전에 죽임을 당한 것 같았고 일곱 뿔들과 일곱 눈들을 가지고 있다. 그 눈들은 그 온 땅으로 보내심을 받은 하나님의 그 일곱 영들이다.

어린양은 에클레시아를 하나님의 아들의 실존으로 지어서 하나님과 하나되게 하시는 이다. 이 일은 전능자이신 하나님으로 말미암아 되는 일이다. 어린양이 그 보좌와 그 네 생물과 그 장로들 가운데 있는 것은 그가 하나님의 일을 온전하게 이루실 것을 드러내고 있다.

어린양은 작고 미약한 자이다. 하나님은 그의 일을 작고 미약하고 죽임을 당하는 어린양에게 수행케 하시고 부활로 승리하게 하셨다. 이것은 기록된 바, "내 능력이 약한 데서 온전하여짐이라"라고 함과 같다. 하나님의 새 창조의 능력은 강한 자, 높은 자, 큰 자, 부자에게서 드러나는 것이 아니라 예수 그리스도의 믿음과 하나된 믿음을 가진 약한 자, 작은 자, 낮은 자, 가난한 자에게서 드러난다. 그러므로 무엇이든지 자기 능력을 자랑하는 자는 하나님의 새 창조 안으로 들어올 수 없다.

일곱 뿔들은 새 창조의 일곱 날들을 좇아서 이루시는 어린양의 온전한 의다. 그리고 일곱 눈들은 에클레시아에게 그들 안에서 어린양이 이루시는 새 창조의 의가 무엇인지 보여주시는 하나님의 일곱 영들이다.

5.7   καὶ ἦλθεν καὶ εἴληφεν ἐκ τῆς δεξιᾶς τοῦ καθημένου ἐπὶ τοῦ θρόνου.

카이 엘덴 카이 에일레펜 에크 테스 덱시아스 투 카데메누 에피 투 드로누.

그가 나아와서 그 보좌에 앉아 계신 이의 그 오른손에서 그 책을 받았다.

하나님의 오른손은 능력의 손이요, 부활의 손이요, 새 창조의 손이다. 이제 에클레
시아는 죽었다가 살아나신 어린양과 같이 왼편(육신)에서 죽고 오른편(영)에서
사는 부활의 실존으로 지어질 것이다. 죽을 데서 죽고 살 데서 살아나는 일이
새 창조이다. 기록된 바, "예수 그리스도의 사람은 육체와 함께 정과 욕심을 십자
가에 못 박았다"라고 함과 같이 첫 사람이 죽고 둘째 사람이 사는 일이 어린양에게
속한 에클레시아에게 계시되었다.

5.8   καὶ ὅτε ἔλαβεν τὸ βιβλίον, τὰ τέσσαρα ζῷα καὶ οἱ εἴκοσι τέσσαρες
        πρεσβύτεροι ἔπεσαν ἐνώπιον τοῦ ἀρνίου, ἔχοντες ἕκαστος κιθάραν
        καὶ φιάλας χρυσᾶς γεμούσας θυμιαμάτων, αἵ εἰσιν αἱ προσευχαὶ τῶν
        ἁγίων·

**카이 호테 엘라벤 토 비블리온, 타 테싸라 조아 카이 호이 에이코시 테싸레스
프레스뷔테로이 에페산 에노피온 투 아르니우, 에콘데스 헤카스토스 키다란
카이 피알라스 크뤼사스 게무사스 듀미아마톤, 하이 에이신 하이 프로슈카이 톤
하기온·**

그리고 그가 그 책을 받자 네 생물들과 스물네 장로들이 각각 거문고와 향이
가득한 금 대접을 가지고 어린양 앞에 엎드렸다. 그 향은 그 거룩한 자들의
기도들이다.

어린양은 하늘과 땅에서 아버지의 이름이 거룩히 여김을 받게 하는 근원이요,
아버지의 나라가 임해 오게 하는 근원이요, 아버지의 뜻이 하늘에서와 같이 땅에
서 이루어지게 하는 근원이다. 그는 전에 있던 자에게나 지금 있는 자에게나 오고

있는 자에게나 시공 초월의 새 창조의 근원이다. 사람들은 그 근원 안에서, 그 근원으로 말미암아, 그 근원 안으로 새롭게 창조된다. 그러므로 그가 책을 받자 네 생물들과 스물네 장로들은 각각 거문고와 향이 가득한 금 대접을 가지고 그 앞에 엎드려 새 노래를 부른다. 네 생물들과 스물네 장로의 마음은 어린양을 찬양하는 심금이 되었고, 거룩한 자들의 기도들은 어린양께 향기가 되었다.

어린양은 죽었다가 살아나신 '인자 같은 이'이다. 이제 그 '인자 같은 이'가 에클레시아로 하여금 먼저 어린양을 본받게 하신다. 또 그들이 그를 닮은 '인자 같은 이들'이 되게 하시고자 그 인봉된 책을 받았다. 네 생물들과 스물네 장로들이 각각 거문고(심금)를 울릴 준비를 하였다. 또 그들은 '인자 같은 이'처럼 거룩한 초월자가 되고자 하는 이들의 기도를 가지고 어린양 앞에 엎드렸다.

5.9   καὶ ἄδουσιν ᾠδὴν καινὴν λέγοντες· Ἄξιος εἶ λαβεῖν τὸ βιβλίον καὶ ἀνοῖξαι τὰς σφραγῖδας αὐτοῦ, ὅτι ἐσφάγης καὶ ἠγόρασας τῷ θεῷ ἐν τῷ αἵματί σου ἐκ πάσης φυλῆς καὶ γλώσσης καὶ λαοῦ καὶ ἔθνους,

카이 아두신 오덴 카이넨 레곤테스· 악시오스 에이 라베인 토 비블리온 카이 아노익사이 타스 스프라기다스 아우투, 호티 에스파게스 카이 에고라사스 토 데오 엔 토 하이마티 수, 에크 파세스 퓔레스 카이 글로쎄스 카이 라우 카이 에드누스,

그들이 새 노래를 불렀다. "당신은 그 책을 받으시고 그 봉인들을 떼시기에 합당합니다. 그것은 당신이 죽임을 당하시고 모든 종족과 언어와 백성과 나라로부터 하나님께로 사람들을 당신의 그 피로 사셨고"

● 생명 경제와 선악 경제

'경제(Economy)'란 말은 '아낀다(Economize)'에서 나온 말이다. 첫 사람은 '돈(소유)'을 아끼면서 선악 경제를 이루고 둘째 사람은 '생명(존재)'을 아끼면서 생명 경제를 이룬다.

첫 사람은 돈을 얻기 위하여 생명을 지불하지만 둘째 사람은 하나님의 아들들을 얻기 위하여 '피'를 지불한다. 기록된 바, "그 육체의 혼은 그 피에 있다"(레17:1)라고 하였다. 어린양이 그의 피로 사람들을 사신 것은 하나님께 대하여 죽어 있는 그들의 혼이 '레네페쉬 하야(산 혼의 실존)'가 되게 하고, 또 물과 영으로 거듭나게 하시어 그들을 어린양을 본받은 살려주는 영이 되게 하려 함이다. 그는 그의 형제들이 그와 조금도 다르지 않고 그가 아버지를 닮은 것 같이 그의 형제들 또한 아버지를 닮기를 원하신다. 이것은 창세기에 "우리의 형상 안에서 우리의 모양(닮음)과 같이(베짤메누 키드무테누) 사람을 온전하게 짓자"라고 하신 하나님의 뜻이다.

그러므로 어린양은 그의 피로 육신의 계보에 속한 첫 사람의 모든 종족과 언어와 백성과 나라로부터 사람들을 샀다. 그리고 그의 십자가로 첫 사람의 모든 장벽을 허무시고 영의 계보에 속한 둘째 사람으로 지어서 그들을 왕들과 제사장들이 되게 하셨다. 이는 하나님은 영이시며, 육으로 난 것은 육이요, 영으로 난 것이 영인 까닭이다. 해 아래 새 것이 없으나 오직 어린양이 사람들을 그의 피로 사서 영과 진리 안에서 하나님의 아들의 실존을 이루게 하시는 그 일만이 새 것이다. 왜냐하면 해 아래서 육신에 속한 자는 아무도 첫 사람에게 속한 종족의 봉인과 언어의 봉인과 백성의 봉인과 나라의 봉인을 떼어내고 하나님의 아들들의 실존을 이루게 할 수 없기 때문이다.

5.10   *καὶ ἐποίησας αὐτοὺς τῷ θεῷ ἡμῶν βασιλεῖς καὶ ἱερεῖς, καὶ βασιλεύουσιν ἐπὶ τῆς γῆς.*

카이 에포이에사스 아우투스 토 데오 헤몬 바실레이스 카이 히에레이스, 카이 바실류수신 에피 테스 게스.

"또 그들을 우리 하나님께로 왕들과 제사장들이 되게 하셨기 때문입니다. 그들이 그 땅 위에서 왕 노릇 할 것입니다."라고 말하고 있다.

● 거듭남의 실상

예수 말씀하시되, "사람이 물과 영으로 나지 아니하면 그 하나님의 그 나라에 들어갈 수 없다"라고 하셨다. 오늘날 우리 중 이 말씀을 알지 못하고 있는 자는 아무도 없다. 그러나 많은 사람이 이 말씀을 영 안에서 생명 안에서 해석되지 아니한 문자의 지식으로 가지고 있다.

'물'은 말씀을 가리키고 있다. 그러면 '말씀으로 거듭난다'라 함은 무엇을 말함인 가. 성경은 모두 첫 사람의 언어로 쓰여 있다. 이는 첫 사람의 언어 외에는 첫 사람과 소통할 다른 방법이 없기 때문이다. 그러나 성경이 첫 사람의 언어를 쓰고 있다고 해서 그 첫 사람이 죄인되는 육신의 생각과 육신의 길을 말하는 것이 아니 다. 성경은 사람이 하나님의 생각을 따라 걷는 하나님의 길을 말하고 있다. 왜냐하 면 나의 나됨을 이루는 회개란 하나님의 생각을 따라 신됨의 길을 걷는 것이기 때문이다.

그러므로 첫 사람의 언어로 표현된 글에서 하나님의 생각을 찾아서 그것을 마음 에 품고 있지 않으면 아무도 거듭날 수 없다. 우리가 성경을 읽을 때 첫 사람의 언어로 표현된 모든 단어의 개념과 문장의 뜻이 하나님의 생명에 속한 개념과 뜻으로 바뀌지 않으면 말씀으로 거듭난 것이 아니다. 그러므로 나의 나됨을 이 루는 자는 내가 성경을 읽는 데로부터 성경이 나를 읽는(계시하는) 데로 나아가 지 않으면 안 된다.

여기 어린양의 피로 사서 하나님께 왕들과 제사장들이 되게 한 그들은 어떤 왕이 며 어떤 제사장인가. 첫 사람의 왕은 사람 위에 군림하는 자요, 첫 사람의 제사장 은 동물을 죽이거나 사람을 죽여 우상에게 제물로 드리는 자다. 그러나 둘째 사람 의 왕은 자기가 자기를 다스리는 자, 곧 속 사람이 겉 사람을 다스리는 왕이다. 제사장은 자기가 자기를 제물로 삼는 자, 곧 속 사람이 겉 사람을 영과 진리 안에서 하나님께 산 제물로 삼는 제사장이다. 첫 사람과 둘째 사람이 같은 단어인 왕과 제사장을 쓰고 있으나 육신의 첫 사람의 개념과 영의 둘째 사람의 개념은 전혀 다르다. 이와 같이 첫 사람이 쓰는 육신의 모든 말이 둘째 사람이 쓰는 영의 말씀으로 바뀌는 것이 물로 거듭남이다. 이 일이 먼저 이루어지지 아니하고는 영의 소욕을 좇아서 살게되는 '영으로 거듭나는 일'은 이루어지지 아니한다.

거듭남에도 알파와 오메가가 있으니 말씀으로 거듭나는 것이 알파요, 영으로 거듭나는 것이 오메가다. 모든 단어의 개념이 둘째 사람의 개념으로 바뀌었다 할지라도 육신은 여전히 첫 사람으로 살고자 한다. 때문에 영으로 육에 속한 자기를 부인하고 자기 십자가를 지는 실존으로 거듭나지 아니하고는 둘째 사람으로 살 수 없다. 어린양이 봉인들을 떼시는 것은 에클레시아의 거듭남을 위한 것이다. 누구든지 교리를 따라서는 종교인이 되고, 계시를 따라서는 하나님의 아들이 된다.

에클레시아가 왕과 제사장이 되었다는 것은 그가 물로 거듭났고 영으로 거듭났다 함이다. 그 왕과 그 제사장은 하나님을 향하며 나아가면서 자기가 자기를 다스리며 자기가 자기를 제물로 삼는다. 그러므로 그는 '거룩한 인자(그 사람의 그 아들)'를 거쳐 마침내 '인자 같은 이(초월자)'에 이른다. 마음이 말씀으로 온전히 거듭나면 그 마음은 하나님이 거하시는 온전한 성전 곧 하늘이다. 그 하늘에서 아버지의 뜻이 이루어진 것 같이 '몸(땅)'은 영으로 말미암아 아버지의 뜻이 이루어진다. 그리하여 에클레시아의 '마음(하늘)'과 '몸(땅)'은 온전한 하나를 이룬다.

5.11　Καὶ εἶδον, καὶ ἤκουσα φωνὴν ἀγγέλων πολλῶν κύκλῳ τοῦ θρόνου καὶ τῶν ζῴων καὶ τῶν πρεσβυτέρων, καὶ ἦν ὁ ἀριθμὸς αὐτῶν μυριάδες μυριάδων καὶ χιλιάδες χιλιάδων,

카이 에이돈, 카이 에쿠사 포넨 앙겔론 폴론 퀴클로 투 드로누
카이 톤 조온 카이 톤 프레스뷔테론, 카이 엔 호 아리드모스 아우톤
뮈리아데스 뮈리아돈 카이 킬리아데스 킬리아돈,
나는 또 그 보좌와 그 생물들과 그 장로들을 둘러싼 많은 천사들을 보았고 그들의 소리도 들었다. 그들의 수는 만만이요 천천이었다.

● 만만과 천천의 천사들

최근에 번역된 성경들 중에는 만만(10000×10000)과 천천(1000×1000)의 순서를 바꾸어 천천과 만만으로 고쳐 읽고 있다. 그럴 필요가 없다. 셀 수 없는 많은 수는 만만에 천천을 곱한 수(100조)일 수 있기 때문이다(10000×10000×1000×1000).

오늘날 한 사람의 세포의 수가 약 60조 개에 이르고 있음이 알려지고 있다. 약 60조 개의 세포가 각각 존재하며 한 사람을 이루듯이 만만 천천의 사람들이 한 하나님과 하나된 것이다. 이미 하늘에서는 아버지의 뜻이 이루어져 있는데 땅에서 이루어지지 않고 있기 때문에 하나님의 뜻이 만만과 천천의 천사들로 계시되고 있다.

그러면 만만과 천천의 천사들은 누구인가. 기록된 바, "삼가 이 소자들 중에 하나도 업신여기지 말라. 내가 너희에게 말하노니 저희 천사들이 하늘들에서 그 하늘들에 계신 내 아버지의 그 얼굴을 항상 보느니라"(마18:10)라고 하였다. 이들은 어린양이 각 종족과 언어와 백성과 나라로부터 사서 하나님을 향하여 있게 한 사람들인데 아직 왕과 제사장이 되지 못하였다. 그러므로 그들은 하나님의 보좌를 둘러싼 아들들이 아닌 천사들로 계시되고 있다. 이 일을 아는 자마다 그 실존을 이루고자 "당신의 뜻이 하늘에서와 같이 땅에서 이루어지이다"라고 간구한다.

우리는 여기서 하나님의 보좌를 중심으로 몇 개의 동심원을 그릴 수 있다. 아버지와 어린양이 앉아 있는 그 보좌를 중심으로 네 생물들이 있고, 스물네 장로들이 있고, 만만 천천의 천사들이 있다. 하나님의 생명과 사랑과 거룩과 초월이 동심원의 모양으로 점점 넓혀가고 있음을 알 수 있으며 또, 그 모두가 하나임을 알 수 있다. 이 일이 하나님의 새 창조의 예정이다.

5.12 λέγοντες φωνῇ μεγάλῃ· Ἄξιόν ἐστιν τὸ ἀρνίον τὸ ἐσφαγμένον
λαβεῖν τὴν δύναμιν καὶ πλοῦτον καὶ σοφίαν καὶ ἰσχὺν καὶ τιμὴν καὶ
δόξαν καὶ εὐλογίαν.

레곤테스 포네 메갈레· 악시온 에스틴 토 아르니온 토 에스파그메논
라베인 텐 듀나민 카이 플루톤 카이 소피안 카이 이스퀸 카이 티멘 카이
독산 카이 율로기안.

그들은 큰 소리로 "죽임을 당하신 어린양이 그 능력과 부와 지혜와 힘과 존귀와
영광과 축복을 받으심이 마땅합니다"라고 외치고 있다.

기록된 바, "십자가의 도가 멸망하는 자들에게는 어리석은 것이요 구원되는 우리
에게는 하나님(신됨)의 능력이라"(고전1:18)라고 하였다. 어린양은 그에게 구원
되어 하나님의 아들들이 되는 셀 수 없는 많은 사람들을 위하여 약해지시고, 가난
해지시고, 어리석어지시고, 낮아지시고, 비천해지시고, 저주되셨으니 그것이 십
자가의 도다.

만만 천천의 소자들은 죽임을 당한 어린양으로 말미암아 구원되어 둘째 사람의
능력과 부와 지혜와 힘과 존귀와 영광과 축복을 아버지께로부터 받았다. 그러므로
그들은 그들에게 주어진 능력과 부와 지혜와 힘과 존귀와 영광과 축복을 어린양이
받아야 마땅하다고 외친다. 이와 같이 주신 자와 받은 자가 생명의 흐름 속에서
다시 주고받으며 하나됨의 거룩한 소통이 이루어진다. 그러나 주신 자는 생명의
흐름 속에서 주었는데 받는 자가 그 생명의 흐름을 떠나 그 받은 것을 자기 것으로
움켜쥘 때 그는 욕심과 선악지식을 좇아 어린양의 새 창조의 풋대에서 벗어나버린
다. 특히 이것은 하나님께 부름을 받은 사람들이 시험에 빠져들며 범하는 죄다.

5.13 καὶ πᾶν κτίσμα ὃ ἐν τῷ οὐρανῷ καὶ ἐπὶ τῆς γῆς καὶ ὑποκάτω τῆς γῆς καὶ ἐπὶ τῆς θαλάσσης, καὶ τὰ ἐν αὐτοῖς πάντα, λέγοντας· ἤκουσα Τῷ καθημένῳ ἐπὶ τῷ θρόνῳ καὶ τῷ ἀρνίῳ ἡ εὐλογία καὶ ἡ τιμὴ καὶ ἡ δόξα καὶ τὸ κράτος εἰς τοὺς αἰῶνας τῶν αἰώνων.

카이 판 크티스마 호 엔 토 우라노 카이 에피 테스 게스 카이 휘포카토 테스 게스 카이 에피 테스 달랏쎄스, 카이 타 엔 아우토이스 판타, 레곤타스· 에쿠사 토 카데메노 에피 토 드로노 카이 토 아르니오 헤 율로기아 카이 헤 티메 카이 헤 독사 카이 토 크라토스 에이스 투스 아이오나스 톤 아이오논.

그때에 그 하늘 안에와 그 땅 위에와 그 땅 아래와 그 바다 위에 있는 모든 피조물과 그들 안에 있는 모든 것들이 "보좌에 앉아 계신 이와 그 어린양에게 그 축복과 그 존귀와 그 영광과 그 능력을 세세에 드리어라" 하고 외치고 있는 것을 내가 들었다.

하나님의 새 창조의 여정은 사람이 새롭게 되는 것이 먼저요 만물은 나중이다. 이 순서는 바뀌지 아니하며 바꿀 수도 없다. 위 말씀은 사람의 새로워짐을 좇아서 만물이 새롭게 지어지고 나서 피조물들이 하나님과 어린양에 드리는 찬송이다. 그러므로 이 찬송은 실상인 동시에 우리 각 사람에게 계시된 징조이기도 하다.

사람을 잘 보라. 사람 안에는 하늘의 것을 닮은 지혜와 지식이 있고, 땅의 것을 닮은 여러 가지 속성들이 있고, 땅속의 것을 닮은 무의식이나 재능들이 있다. 또, 바다 위의 것을 닮은 감성이 있고, 바닷속의 것을 닮은 생존 본능이 있다. 이 모든 것들은 겉 사람 안에 있는 거룩한 속 사람의 다스림을 받는다.

속 사람이 왕이 되고, 제사장이 되고, 다시 예언자가 되고, 초월자가 되어 겉 사람을 다스릴 때 그 사람은 온전한 둘째 사람이 된다. 겉 사람의 모든 것들이 속 사람을 찬양하게 될 때에 겉 사람과 속 사람이 하나된 그 둘째 사람은 온전하게 하나님과 어린양을 찬양할 수 있게 된다.

5.14   καὶ τὰ τέσσαρα ζῷα ἔλεγον· Ἀμήν. καὶ οἱ πρεσβύτεροι ἔπεσαν καὶ

προσεκύνησαν.

카이 타 테싸라 조아 엘레곤˙ 아멘. 카이 호이 프레스뷔테로이 에페산 카이

프로세퀴네산.

그리고 네 생물들은 "아멘" 하였고 장로들은 엎드려 경배하였다.

새 창조가 온전히 이루어지면, 어린양과 함께 하루를 천 년 같이 기다리며, 천
년을 하루같이 참아온 네 생물들은 아멘으로 화답하고 스물네 장로들은 엎드려
경배한다. 이 모든 일은 각각의 에클레시아의 마음(하늘) 안에서 일어나는 일이다.

요한 계시록 4장과 5장에는 하늘에 속한 일이 계시되고 6장과 7장에서는 땅에
속한 일이 계시되었다. 이는 첫 창조의 이틀째 날 궁창 위의 물들과 궁창 아래의
물들로 나뉜 것과 같다.

요한 계시록 6장

6.1   Καὶ εἶδον ὅτε ἤνοιξεν τὸ ἀρνίον μίαν ἐκ τῶν ἑπτὰ

σφραγίδων, καὶ ἤκουσα ἑνὸς ἐκ τῶν τεσσάρων

ζῴων λέγοντος ὡς φωνῇ βροντῆς· Ἔρχου.

카이 에이돈 호테 에노익센 토 아르니온 미안 에크 톤 헵타

스프라기돈, 카이 에쿠사 헤노스 에크 톤 테싸론

조온 레곤토스 호스 포네 브론테스· 에르쿠.

나는 어린양이 일곱 봉인들 중 하나를 떼는 것을 보았다. 그때에 내가 들으니
네 생물들 중 하나가 천둥 같은 소리로 '오라' 말하고 있다.

예수 말씀하시되, "나보다 먼저 온 자는 다 절도들이요 강도들이라"(요10:8)라고
하셨다. 어린양이 봉인을 떼시는 것은 그 절도들과 강도들을 에클레시아에게 보이
시려 함이다. 그러면 그보다 먼저 온 절도들과 강도들은 도대체 누구인가. 영의
눈으로 그 절도들과 강도들을 '호라오'할 때 그들을 알게 되고 비로소 요한 계시록
6장을 영과 진리 안에서 읽고, 듣고, 생각할 수 있다.

육신의 첫 사람은 누구든지 그 육신의 부모에게서 낳아져서 욕심과 선악지식으로
양육된다. 결국 첫 사람의 어머니는 욕심이요, 아버지는 선악지식이다. 여기에서
예외인 자가 없다. 그러므로 첫 사람은 그들의 부모처럼 그들의 욕심과 선악지식
을 충족시켜줄 신(神)을 찾는다. 이 일 또한 예외가 없다. 첫 사람이 찾는 신들은
우상이며 결국 이 우상들이 그에게 절도와 강도가 되어 있다. 그럼에도 첫 사람은
그것을 알지 못하고 그들을 섬기며 훔침과 강도 짓을 당한다. 많은 사람은 그런
일이 있고 나서야 그들을 구원하는 어린양을 믿음으로 영접한다.

절도들과 강도들이 되어 있는 우상들로부터 에클레시아가 불러냄을 받았으나 그
안에 먼저 들어와 있는 세상의 신들은 하나님의 부르심의 소망이 그들 안에 이루

어지지 못하도록 그의 지혜와 지식과 마음과 혼과 생명을 훔치고 빼앗는다. 그러므로 이 절도들과 강도들을 자기 안에 그대로 둔 채로는 아버지의 나라가 임해오게 하시는 어린양은 내 안에 오셔서 거하실 수도 다스릴 수도 없다. 그러므로 어린양은 먼저 그들이 누구이며 어떤 모습으로 와 있는지를 알게 하신다. 그 후에 에클레시아는 부활의 그 믿음으로 그들과 싸워 이기고 그들을 물리친다. 에클레시아가 어린양의 계시로 그들을 아는 것은 알파요, 그들과 싸워 이기고 그들을 내어쫓는 것은 오메가다.

● 천둥 같은 소리

하늘에서 나는 거룩한 음성은 에클레시아에게 천둥소리 같이 들려온다. 들을 귀를 가지고 있는 자는 그 거룩한 음성을 좇아서 그 모습을 드러내는 우상을 영의 눈으로 바라보게 된다. 어린양이 봉인을 떼시는 것은 알파요, 천둥 같은 소리로 '오라'라고 명하는 것은 오메가다. 즉 에클레시아 안에 우상이 숨어 있지 못하게 봉인이 떼어지는 것은 알파요, 그 우상이 '오라'는 명을 좇아 자신을 드러내는 것은 오메가다.

6.2 καὶ εἶδον, καὶ ἰδοὺ ἵππος λευκός, καὶ ὁ καθήμενος ἐπ' αὐτὸν ἔχων τόξον, καὶ ἐδόθη αὐτῷ στέφανος, καὶ ἐξῆλθεν νικῶν καὶ ἵνα νικήσῃ.

카이 에이돈, 카이 이두 힙포스 류코스, 카이 호 카데메노스 에프 아우톤 에콘 톡손, 카이 에도데 아우토 스테파노스, 카이 엑셀덴 니콘 카이 히나 니케세.
그리고 나는 보았다. 보라, 흰말이 있는데 그 위에 앉아 있는 자가 활을 가지고 있고, 그에게 면류관이 주어져 있었으며 그는 나가서 이기고 또 이기려 하였다.

● 흰말

흰말 위에 앉은 자의 일은 이생의 자랑을 이루고자 하는 모든 인생이 꿈꾸는 일이다. 흰말은 첫 사람이 갈망하는 육신의 평화와 번영이다. 때문에 육신의 첫 사람은 모두 흰말 위에 앉은 자에게 면류관을 준다. 그는 싸워서 이기기 전에 이미 면류관을 받는다. 이는 그가 모든 사람이 추구하는 육신의 선(善)의 편에 서 있기 때문이다. 그는 선악지식의 활을 가지고 자기에게 복종하지 않는 자를 악이라 칭하며 쏘아 죽이는 권세를 모든 사람에게서 받아 가지고 있다.

첫 사람은 무슨 수단을 써서라도 그들이 추구하는 선을 이루려 한다. 그들은 자신들이 평화와 번영을 누리기 위하여 폭력을 쓰는 것을 정당화하며 그것을 필요악이라 말한다. 흰말 위에 앉은 자는 이미 면류관을 받고 나가서 이기고 또 이기려 한다. 그가 나가는 것은 모든 사람이 그를 환영하며 부르기 때문이다. 그러나 그가 주는 화평과 번영은 활을 가진 자의 군림이요 억압이다. 활을 가진 자는 지배자가 되고 활을 갖지 못한 자는 피지배자가 되는 일이다.

이에 비하여 하나님이 노아에게 주신 평화는 구름 속의 무지개(어린양)다. 겉 사람 안에 있는 속 사람으로 말미암아 오는 참 평화다. 그러나 첫 사람은 그것을 알지 못한다. 어린양이 주시고자 하는 평화는 내가 네 안에 있고 네가 내 안에 있는 하나됨의 평화다. 그 평화는 첫 사람의 육신의 생각과 육신의 길을 좇아서 이루기엔 불가능한 일이다. 때문에 첫 사람은 그런 평화보다는 쉽고 가까운 것을 좇아서 지배와 피지배의 길을 걷는다. 그러므로 첫 사람이 꿈꾸는 평화의 수단(활)을 가진 자는 평화와 번영의 이름으로 전쟁을 일으킨다.

흰말 위에 앉는 자의 자기 선은 크로노스에 속한 인류 역사의 초기에 등장하여 끊이지 않고 그 흐름이 유지되고 있다. 그 가운데는 종교와 윤리와 도덕과 사회정의 등이 있다. 종교가, 윤리가, 도덕가, 사상가 등은 칼을 들지 않은 평화주의자다. 그러나 그들은 모든 사람의 가슴을 겨냥한 활을 가지고 있다.

활은 누구로부터 온 것인가. 창세기에 '니므롯은 야웨 앞에 강력한 사냥꾼'이라 하였다. 니므롯은 그의 선악지식을 좇아서 노아의 무지개를 활로 바꾸어 가진 첫 사람이다. 그는 흰말을 타고 활을 들고 최초의 바벨론을 세운 자다. 이것은 에클레시아로 하여금 흰말 위에 앉아 활을 들고 있는 절도와 강도를 보라는 계시다.

종교가, 윤리가, 도덕가, 사상가, 사회정의가 등은 평화란 이름의 활을 가진 사냥꾼이다. 사람들은 그들의 영혼이 사냥꾼에게 사냥당하는 것조차 알지를 못하고 그들을 평화와 번영을 가져오는 큰 자와 높은 자, 강한 자와 선한 자로 칭하고 있으며 환영하고 있다. 흰말 위에 앉아 있는 자는 인간 스스로 가치 있다고 여기는 것을 선으로 추구하고 있으므로 우상 중에도 으뜸을 차지하고 있다. 이것은 머리의 우상이다. 다니엘서의 약육강식하는 사자다. 첫 사람은 선의 최고의 자리에 하나님이라 부르는 우상을 두고 있다.

6.3   Καὶ ὅτε ἤνοιξεν τὴν σφραγῖδα τὴν δευτέραν, ἤκουσα τοῦ δευτέρου ζῴου λέγοντος· Ἔρχου.

카이 호테 에노익센 텐 스프라기다 텐 듀테란, 에쿠사 투 듀테루 조우 레곤토스˙ 에르쿠.

그가 둘째 인을 떼실 때에 나는 둘째 생물이 '오라' 말하고 있는 것을 들었다.

6.4   καὶ ἐξῆλθεν ἄλλος ἵππος πυρρός, καὶ τῷ καθημένῳ ἐπ' αὐτὸν ἐδόθη αὐτῷ λαβεῖν τὴν εἰρήνην ἐκ τῆς γῆς καὶ ἵνα ἀλλήλους σφάξουσιν, καὶ ἐδόθη αὐτῷ μάχαιρα μεγάλη.

카이 엑셀덴 알로스 힙포스 퓌르로스, 카이 토 카데메노 에프 아우톤 에도데 아우토 라베인 텐 에이레넨 에크 테스 게스 카이 히나 알렐루스 스팍수신, 카이 에도데 아우토 마카이라 메갈레.

그러자 다른 말이 나오는데 불같이 붉은 말이었다. 그 위에 앉아 있는 자에게 그 땅으로부터 평화를 가져가고 사람들이 서로 죽이도록 하는 힘이 주어졌고 또 그에게 큰 칼이 주어졌다.

● 불같이 붉은 말

불같이 붉은 말은 전쟁과 피 흘림의 세력이다. 첫 사람은 그 욕심과 선악지식으로 어디서나 전쟁을 일으키고 피를 흘린다. 그 말 위에 앉은 자는 어디서나 살육을 행할 힘과 큰 칼(수단)을 가지고 있다. 기록된 바, "칼을 가지는 자는 다 칼로 망하리라"(마26:52)라고 하였다. 칼을 가진 자는 서로 죽이면서 결국은 망하지만 칼을 가진 동안은 큰 힘을 발휘할 수 있기에 많은 사람이 칼(무기)을 좋아한다. 그가 큰 칼을 가졌으므로 칼이 없거나 작은 칼을 가진 자는 그에게 지배당하고 만다.

사람들은 흰말에 앉은 자 아래서 억압되고 거짓된 평화를 유지하지만 그것은 오래 가지 못한다. 큰 칼을 가진 자가 나타나서 흰말 위에 앉은 자와 싸워 이기고 지배권을 획득한다. 인간의 지배 욕망은 한이 없어서 흰말을 탄 자이건 붉은 말을 탄 자이건 서로 부딪히고 싸운다. 서로 멀리 있을 때에는 활을 가진 자가 유리하지만 가까이 있을 때는 칼을 가진 자가 유리하다. 종교와 윤리와 도덕과 사상을 가진 자는 "펜은 칼보다 강하다"라고 말하지만, 결국 칼 앞에 무력하다.

칼을 가진 자는 평화를 표방하지도 않는다. 인생은 무한 투쟁이라 하며 칼의 힘을 정당화한다. 칼의 세력은 사람들을 두렵게 하여 그들을 복종시킨다. 이것은 인간의 욕망이 만들어내는 두 번째 우상이다. 가슴의 우상이다. 다니엘서의 피 흘리는 곰이다.

6.5 Καὶ ὅτε ἤνοιξε τὴν σφραγῖδα τὴν τρίτην, ἤκουσα τοῦ τρίτου ζῴου λέγοντος· Ἔρχου. καὶ εἶδον, καὶ ἰδοὺ ἵππος μέλας, καὶ ὁ καθήμενος ἐπ᾽ αὐτὸν ἔχων ζυγὸν ἐν τῇ χειρὶ αὐτοῦ.

카이 호테 에노익세 텐 스프라기다 텐 트리텐, 에쿠사 투 트리투 조우 레곤토스· 에르쿠. 카이 에이돈, 카이 이두 힙포스 멜라스, 카이 호 카데메노스 에프 아우톤 에콘 쥐곤 엔 테 케이리 아우투.

그가 셋째 인을 떼실 때에 나는 셋째 생물이 '오라' 말하고 있는 것을 들었다. 그리고 나는 보았다. 보라, 검은 말인데 그 위에 앉아 있는 자가 저울을 가지고 있다.

6.6   καὶ ἤκουσα ὡς φωνὴν ἐν μέσῳ τῶν τεσσάρων ζῴων λέγουσαν· Χοῖνιξ σίτου δηναρίου, καὶ τρεῖς χοίνικες κριθῶν δηναρίου· καὶ τὸ ἔλαιον καὶ τὸν οἶνον μὴ ἀδικήσῃς.

카이 에쿠사 호스 포넨 엔 메소 톤 테싸론 조온 레구산·
코이닉스 시투 데나리우, 카이 트레이스 코이니케스 크리돈 데나리우· 카이 토 엘라이온 카이 톤 오이논 메 아디케세스.

나는 또 네 생물들 사이에서 나는 듯한 음성을 들었는데 "한 데나리온에 밀 한 되요 한 데나리온에 보리 석 되다. 그러나 감람유와 포도주는 해하지 말라" 라고 말하고 있다.

● 검은 말

검은 말은 소유 속의 결핍이다. 사람은 많은 것을 소유할수록 더욱 존재의 결핍을 당한다. 가진 자는 가진 자대로, 가지지 못한 자는 가지지 못한 대로, 부자는 부자대로, 가난한 자는 가난한 대로 존재의 결핍 속에서 허덕인다. 존재의 결핍 속에 있는 사람은 더욱더 소유에 집착한다. 존재에서 떠난 자가 의지할 것은 소유 밖에 없어서 누가 무엇을 더 많이 가졌느냐가 첫 사람의 생존의 척도다. 그들은 그것들을 저울에 달아 숫자로 표시한다. 그들은 최소 일곱 배 이상의 이익을 남기지 않고는 밀 한 되, 보리 석 되를 팔지 않는다.

저울은 부익부 빈익빈을 가속화시키지만 그들은 존재의 결핍 속에서 부자도 가난한 자도 저울을 포기하지 못한다. 그러나 그 가운데서도 저울로 달아볼 수도 알 수도 없는 신령한 존재가 있으니 하나님을 향한 왕과 제사장으로서 '나의 나됨'을 이루어가는 하나님의 아들들이다. 저울은 가진 자들은 그들을 해할 수 없다. 검은 말은 존재의 빈곤 속에 생존만을 으뜸으로 삼는 세 번째 우상이다. 다니엘서의 먹을거리 덮치기에 신속한 표범이다.

6.7　Καὶ ὅτε ἤνοιξεν τὴν σφραγῖδα τὴν τετάρτην, ἤκουσα φωνὴν τοῦ τετάρτου ζῴου λέγοντος· Ἔρχου.

카이 호테 에노익센 텐 스파리기다 텐 테트라텐, 에쿠사 포넨 투 테트라투 조우 레곤토스˙ 에르쿠.

그가 넷째 인을 떼실 때에 나는 넷째 생물이 '오라' 말하고 있는 것을 들었다.

6.8　καὶ εἶδον, καὶ ἰδοὺ ἵππος χλωρός, καὶ ὁ καθήμενος ἐπάνω αὐτοῦ ὄνομα αὐτῷ ὁ Θάνατος, καὶ ὁ ᾅδης ἠκολούθει μετ᾽ αὐτοῦ, καὶ ἐδόθη αὐτοῖς ἐξουσία ἐπὶ τὸ τέταρτον τῆς γῆς, ἀποκτεῖναι ἐν ῥομφαίᾳ καὶ ἐν λιμῷ καὶ ἐν θανάτῳ καὶ ὑπὸ τῶν θηρίων τῆς γῆς.

카이 에이돈, 카이 이두 힙포스 클로로스, 카이 호 카데메노스 에파노 아우투 오노마 아우토 호 다나토스, 카이 호 하데스 에콜루데이 메트 아우투, 카이 에도데 아우토이스 엑수시아 에피 토 테타르톤 테스 게스, 아포크테이나이 엔 롬파이아 카이 엔 리모 카이 엔 다나토, 카이 휘포 톤 데리온 테스 게스.

그리고 나는 보았다. 보라, 청황색 말인데 그 위에 앉아 있는 자의 이름은 그 사망이며 그 음부가 뒤를 따르고 있었다. 그들에게 칼과 결핍과 사망과 그 땅의 짐승으로 그 땅의 사분의 일을 죽일 권세가 주어졌다.

● **청황색 말**

청황색은 사망의 색깔이다. 네 번째의 청황색 말은 흰말, 불같이 붉은 말, 검은 말 다음에 나오면서 앞의 세 말들을 하나의 세력으로 아우른 것이다. 청황색 말 위에 앉은 자는 칼과 결핍과 사망과 짐승으로 사람들을 죽인다. 청황색 말은 머리의 우상, 가슴의 우상, 배의 우상을 하나로 결집한 네 번째 우상이다. 다니엘서의 두렵고 놀라운 짐승이다. 무저갱의 우상이다.

무저갱의 우상은 첫 사람이 하나님의 지혜와 지식의 깊음을 자신의 지혜와 지식으로 맞서 싸우게 한다. 그러나 그는 결국 그 깊음을 무저갱이 되게 한다. 그리고 음부는 그 무저갱 속에서나마 욕심과 선악지식으로 사는 자가 만드는 자기 처소다. 그러므로 무저갱과 음부는 따로 있는 것이 아니다. 첫 사람이 하나님의 지혜와 지식의 깊음 속에서 스스로 구원되려 하다가 빠져든 사망의 수렁이 무저갱이요, 그 무저갱 속에서 스스로 고통을 당하는 처소가 음부다.

● 네 우상들과 네 생물들

네 생물들은 속 사람 안에 있고, 네 우상들은 겉 사람 안에 있다. 네 생물들은 하나님의 살았고 운동력 있는 말씀이 에클레시아의 마음에 떨어져서 이루는 생명의 네 모양들이다. 그리고 네 우상들은 겉 사람이 가진 생존의 네 모양들이다.

네 우상들은 겉 사람에게서 권세를 받아 하나님에게서 온 네 생명들과 싸우고 있다. 즉 머리의 우상은 짐승을 동원하여 거룩한 지혜와 지식을 죽이려 한다. 가슴의 우상은 칼로 사랑을 죽이려 하고, 배의 우상은 기근으로 생명을 죽이려 하고, 무저갱의 우상은 사망으로 초월의 실존을 죽이려 한다. 네 우상들은 각각 '첫 사람(그 땅)'을 넷으로 분할하여 가진다. 그리고 어린양이 뿌리는 네 생명들의 씨앗이 그 땅에 떨어져 뿌리내리고 둘째 사람이 되는 것을 막는다. 이 우상들은 어린양보다 먼저 온 절도들이요, 강도들이다. 어린양은 내 안에 '구원자'로 오시고, 이들은 내 안에 절도와 강도로 오고 있다.

에클레시아가 자기를 부인하고 네 우상들을 십자가에 못 박을 때 어린양의 네 생명으로 부활한다. 즉 그들은 약육강식하는 그 사자를 못 박고 세상을 이기는 새로운 사자(왕)로 일으킴을 받고 남의 피를 흘리는 곰을 이기고 자신을 제물로 삼는 송아지(제사장)로 일으킴을 받는다. 먹을거리를 움켜쥐기에 신속한 표범을 이기고 거룩한 인자(예언자)로 일으킴 받고, 멸망을 일으키는 두렵고 놀라운 무저갱의 짐승을 이기고 시공을 초월하는 독수리(인자 같은 이)로 일으킴을 받는다.

기록된 바, "그리스도 예수의 사람들은 그 정들과 욕심들과 함께 육체를 십자가에 못 박았다"(갈5:24)라고 하였다. 여기서 육체는 머리의 우상이요, 정들은 배의 우상이요, 욕심들은 가슴의 우상이다. 우리가 세 우상들을 십자가에 못 박으면 네 번째 우상은 사라진다. 요한 계시록을 자세히 살펴보면 머리의 우상은 짐승을 낳고, 가슴의 우상은 거짓 예언자를 낳고, 배의 우상은 음녀를 낳고, 그 셋을 합한 넷째 우상은 붉은 용을 낳는다.

6.9 Καὶ ὅτε ἤνοιξεν τὴν πέμπτην σφραγῖδα, εἶδον ὑποκάτω τοῦ θυσιαστηρίου τὰς ψυχὰς τῶν ἐσφαγμένων διὰ τὸν λόγον τοῦ θεοῦ καὶ διὰ τὴν μαρτυρίαν ἣν εἶχον.

카이 호테 에노익센 텐 펨프텐 스파리기다, 에이돈 휘포카토 투 뒤시아스테리우 타스 프쉬카스 톤 에스파그메논 디아 톤 로곤 투 데우 카이 디아 텐 마르튀리안 헨 에이콘,
그가 다섯째 인을 떼실 때에 나는 하나님의 말씀과 저희가 가진 증거를 인하여 죽임을 당한 혼들이 제단 아래 있는 것을 보았다.

● 죽임 당한 혼들

부활의 믿음으로 죽임을 당한 혼들은 누구이며 누구에게 죽임을 당했는가. 5장 9절과 10절에서 "죽임을 당하신 어린양이 각 종족과 언어와 백성과 나라 가운데서 사람들을 그의 피로 사서 하나님을 향한 왕들과 제사장들이 되게 하셨다"라고 하였다. 그들은 하나님의 나라, 곧 하늘들의 나라가 임해 오게 하는 왕들이요 제사장들이다. 어린양은 그들을 자기가 자기를 다스리는 왕과 자기가 자기를 제물로 삼는 제사장이 되게 하셨다. 아버지의 나라는 그들 안에 임해 온다.

왕들과 제사장들은 하나님의 말씀과 그들이 가진 새 창조의 증거를 인하여 흰말의 세력과 붉은 말의 세력과 검은 말의 세력과 청황색 말의 세력에게 죽임을 당했다. 그들의 죽음은 어린양의 죽음을 본받은 것이다. 그럼에도 아직 그들은 땅에 뿌리 박고 있는 그 세력들로 인하여 아버지의 나라가 에클레시아 안에 온전하게 임해 오고 있는 것을 보지 못하고 있다.

6.10 καὶ ἔκραξαν φωνῇ μεγάλῃ λέγοντες· ὁ δεσπότης ὁ ἅγιος καὶ ἀληθινός, Ἕως πότε, οὐ κρίνεις καὶ ἐκδικεῖς τὸ αἷμα ἡμῶν ἐκ τῶν κατοικούντων ἐπὶ τῆς γῆς;

카이 에크락신 포네 메갈레 레곤테스· 호 데스포테스 호 하기오스 카이 알레디노스, 헤오스 포테, 우 크리네이스 카이 에크디케이스 토 하이마 헤몬 에크 톤 카토이쿤톤 에피 테스 게스;

그들은 큰 소리로 "거룩하고 참되신 대 주재여 어느 때까지 그 땅에 거하는 자들을 심판하여 우리의 그 피를 그들로부터 돌려받아 의를 이루지 않으시는 것입니까"라고 하며 외치고 있다.

거의 모든 번역 성경들은 '에크디케오'를 '신원하다', '복수하다(Avenge, Take vengeance)'로 번역하고 있다. 이들 번역자들은 하나님의 나라가 복수를 통해서 이루어지는 것 같이 번역했다. 나의 나됨은 너의 너됨을 위하여 있고, 너의 너됨은 나의 나됨을 온전케 하는 것이 하나님의 나라다. 그 하나님의 나라는 복수하는 마음에는 임하지 않는다. 그들이 죽임을 당하면서까지 믿고 소망하였던 그 아버지의 의로운 나라가 아직 그 땅에 임하여 오지 않고 있어서 그에 대하여 심은 대로 거두시는 아버지께 호소하고 있는 것이다.

그 땅은 여전히 우상을 섬기며 육신으로 '그 땅에 뿌리내리고 있는 자들(카토이쿤톤)'에게 지배되고 있어서 언제 아버지의 나라가 부활의 믿음으로 죽임을 당한 모든 이에게 임해 올지 알 수 없다. 그러므로 그들은 대 주재이신 하나님께 언제 당신의 거룩하심과 참되심으로 심판하여 당신의 나라가 임해 오는 그 의를 드러내실 것입니까 하며 묻고 있다. 그들은 아버지의 '의' 안에서 피를 흘렸다. 그러므로 그들은 우리가 땅에 거하는 자들에게 억울하게 죽임을 당했으니 복수하여 주소서 하는 기도를 할 수 없다. 도무지 그런 생각을 하지 않는다. 만약 누군가가 그런 생각을 한다면 그는 선악의 우상 편에 서 있는 것을 알아야 한다.

예수께서 십자가 위에서 처음 하신 말씀이 "아버지여 저희를 사하여 주옵소서 자기들이 무엇을 하는지 알지 못하기 때문입니다"(눅23:34)라고 하였다. 죽임을 당한 혼들도 어린양을 좇아서 같은 기도를 하고 있다.

● 심판과 의

하나님의 심판과 의는 하나이며 거기에는 알파와 오메가가 있다. 하나님의 의의 알파는 믿음으로 말미암아 사람이 그의 선악지식을 좇아서 사망의 길을 걷고 있는 데서 벗어나는 것이다. 그리고 하나님의 심판을 좇아서 생명의 길로 들어와서 그 길을 걷게 되는 일이다. 그 오메가는 생명의 길이 분명히 제시되었음에도 그리로 들어오지 아니하고 자기의 사망의 길을 걸은 결과로 오는 사망이다. 누구든지 생명을 심은 자는 생명을 거두고 사망을 심은 자는 사망을 거둔다. 하나님의 심판과 의는 선악을 가리는 것도 복수를 하는 것도 형벌을 내리는 것도 아니다. 생명을 심은 자에게 생명을 거두게 하고, 사망을 심은 자에게 사망을 거두게 하는 것이 하나님의 심판이요, 의다.

6.11 καὶ ἐδόθη αὐτοῖς ἑκάστῳ στολὴ λευκή, καὶ ἐρρέθη αὐτοῖς ἵνα ἀναπαύσονται ἔτι χρόνον μικρόν, ἕως πληρωθῶσιν καὶ οἱ σύνδουλοι αὐτῶν καὶ οἱ ἀδελφοὶ αὐτῶν οἱ μέλλοντες ἀποκτέννεσθαι ὡς καὶ αὐτοί.

카이 에도데 아우토이스 헤카스토 스톨레 류케, 카이 에르레데 아우토이스 히나 아나파우손타이 에티 크로논 미크론, 헤오스 플레로도신 카이 호이 쉰둘로이 아우톤 카이 호이 아델포이 아우톤 호이 멜론테스 아포크텐네스다이 호스 카이 아우토이.

그러자 그들 각각에게 흰 두루마기가 주어졌고 또 분부 받기를 "그들처럼 죽음을 당하고 싶어 하는 그들의 동무 종들과 형제들이 온전해지기까지 잠시 동안 쉬라"라고 하였다.

제단 아래 있는 혼들은 그들에게 이루어져야 할 하나님의 의를 이루었다. 그 증거로서 그들 각자에게 흰 두루마기가 주어졌다. 또한 그들과 같이 하나님의 의를 이루어야 할 그들의 동무 종들과 형제들이 있으므로 그들은 잠시 쉬며 기다리게 되었다. 일한 자에게 쉼을 주시는 것이 하나님의 의다.

대부분의 번역 성경들이 '플레로도신'을 '숫자가 채워진다'로 번역하고 있다. 그러나 이것은 숫자가 아니라 '그 동무 종들과 형제들의 실존이 온전하게 됨'을 말한다. 아무리 그들이 하나님의 나라가 임해 오게 하기 위하여 죽임을 당하는 것을 원할지라도 그들이 살려주는 영으로 온전하게 되기 전에는 아버지 하나님은 그들을 제물로 받으실 수 없다. 하나님은 온전하지 못한 제물은 받지 않으신다. 그러므로 먼저 그들의 실존이 온전하게 되어야 한다. '플레로도신'은 '플레로(완성하다)'의 3인칭 직설 미래 중간태다. 중간태는 존재적 성격이 강하다. 그들은 죽임 당하는 것을 불사할 만큼 하나님을 사랑하고 있다. 그러나 그들은 죽임을 당하는 것과 상관없이 온전하게 지어질 것이다.

만약 '플레로도신'이 숫자를 채우는 일이라면 '그 숫자로 이루고자 하시는 하나님의 의는 무엇인가'라는 의문을 일으킨다. 가령 누군가 하나님의 나라가 임해 오게 하기 위해 죽임 당하기를 원한다 하자. 그런데 하나님은 그에게 '너는 그 숫자에 들지 않았으니 죽임을 당할 수 없다'라고 한다면 그것이 하나님의 '의'겠는가. 또한 자기는 죽임 당하기를 원치 아니하는데 하나님이 '너는 그 숫자에 들었으니 죽임을 당해야 한다'라면 그것 또한 하나님의 '의'겠는가.

육신이 죽임을 당하건 당하지 않건 간에 먼저 이루어야 하는 것은 부활의 생명이다. 부활의 생명이 이루어지면 육신이 죽고 사는 것은 문제가 아니다. 다만 어느 때 어느 곳에서 하나님의 나라가 임해 오게 하는데 죽임이 요구될 때 온전한 제물로 죽임을 당하면 그것으로 복되다. 그러므로 11절 말씀은 그들의 동무 종들과 형제들이 다 죽는다는 의미가 아니다. 그들이 죽임을 당하는 것을 원할 만큼 하나님의 나라를 소망하고 있으니 먼저 그들이 온전하게 되기까지 기다리라 함이다. 하루를 천 년같이 기다리시는 어린양의 마음을 본받아서 제단 아래의 죽임을 당할 혼들은 그의 동무 종들과 형제들이 온전해지기를 기다릴 것이다. 그들의 동무 종들과 형제들이 온전하게 되었는지는 여섯째 인이 떼어질 때에 드러날 것이다

기록된 바, "아무든지 나를 따라오려거든 자기를 부인하라. 그리고 날마다 자기 십자가를 지라. 그리고 나를 좇으라"라고 하였다. 아버지의 이름이 거룩히 여김을 받게 하는 일은 육신의 자기를 부인하는 일이다. 그 일은 1장, 2장, 3장에서 자세히 계시되었다. 아버지의 나라가 임해 오게 하는 일은 자기를 부인한 자가 날마다 십자가를 지는 일이다. 그 일은 4장, 5장, 6장, 7장에서 자세히 계시되었다. 아버지의 뜻이 하늘에서 이룬 것 같이 땅에서 이루어지게 하는 일은 날마다 어린양을 좇는 일이다. 그 일은 8장, 9장 10장, 11장에서 자세히 계시되었다.

생명과 사랑과 거룩과 초월의 나라가 선악세계에 속한 첫 사람 안에 계시되고, 또 그 나라가 이루어지는 것은 죽을 것이 죽고 살 것이 사는 '십자가의 도' 외에는 없다. 어린양이 십자가를 지신 것 같이 에클레시아도 자기 십자가를 지지 아니하

고는 아버지의 나라는 임해 오지 아니한다. 첫 사람의 선악의 세계에서조차 자유가 아니면 죽음을 달라 외치는데 하물며 아버지의 나라가 피 흘림 없이 오겠는가. 하나님의 자녀는 절도와 강도인 자신 안의 우상과 싸워 이겨야 한다.

6.12 Καὶ εἶδον ὅτε ἤνοιξεν τὴν σφραγῖδα τὴν ἕκτην, καὶ σεισμὸς μέγας ἐγένετο, καὶ ὁ ἥλιος ἐγένετο μέλας ὡς σάκκος τρίχινος, καὶ ἡ σελήνη ὅλη ἐγένετο ὡς αἷμα,

카이 에이돈 호테 에노익센 텐 스프라기다 텐 헥텐, 카이 세이스모스 메가스 에게네토, 카이 호 헬리오스 에게네토 멜라스 호스 삭코스 트리키노스, 카이 헤 셀레네 홀레 에케네토 호스 하이마,

그가 여섯째 인을 떼실 때에 나는 보았다. 보라, 큰 진동이 나며 해가 총담같이 검어지고 온 달이 피같이 되었다.

안팎으로 씌었고 일곱 인으로 봉인된 책이 에클레시아 자신임을 다시 기억해야 하겠다. 에클레시아로 부름을 받은 이들 가운데 예수 그리스도의 믿음과 하나된 믿음 안에서 계시를 좇아 부활의 실존이 된 자와 자기 믿음으로 선악세계를 이룬 자가 있다. 12절에서 17절까지는 자기 믿음으로 선악세계를 이루고 있는 이들에게 일어나는 일이다. 이 일로 말미암아서 그들이 선악의 길에서 돌이켜 생명의 길로 들어서면 그들 또한 새 창조의 근원 안에서 새롭게 지어질 것이요, 돌이키지 않으면 심은 대로 거둘 것이다. 대부분의 번역 성경들이 '세이스모스'를 '지진'이라 번역하였다. 그러나 여기의 '진동'은 땅뿐 아니라 하늘도 포함되어 있다. 여기 일들은 단순한 지진이 아니다. 그러면 큰 진동은 어디서 일어난 것인가. 자기 믿음으로 이루어진 선악세계가 크게 흔들림을 당한 것이다.

둘째 사람에게 해는 사랑을 징조하고 달은 믿음을 징조한다. 그러나 첫 사람의 해는 머리의 우상이며 달은 가슴의 우상이다. 첫 사람의 머리는 그의 빛이요, 권세요, 권능이다. 여섯째 인이 떼어질 때에 첫 사람의 빛과 권세와 권능은 흑암인 것이 드러난다. 그러므로 임금과 큰 자들이 설 곳이 없다. 인간의 지혜와 지식은 하나님의 지혜와 지식이 드러날 때 총담(검은 머리 털로 짠 천) 같이 되고 만다.

달은 첫 사람의 자기 믿음이요 욕심이다. 여섯째 인이 떼어질 때에 육신의 첫 사람이 그 자신의 욕심과 믿음으로 행한 것이 핏덩어리임이 드러난다. 그러므로 장군들(붉은 말을 탄 자들)도 설 곳이 없다. 인간의 생존은 하나님의 생명이 드러날 때 죽은 자의 피같이 되고 만다.

6.13 καὶ οἱ ἀστέρες τοῦ οὐρανοῦ ἔπεσαν εἰς τὴν γῆν, ὡς συκῆ βάλλει τοὺς ὀλύνθους αὐτῆς ὑπὸ ἀνέμου μεγάλου σειομένη,

카이 호이 아스테레스 투 우라누 에페산 에이스 텐 겐, 호스 쉬케 발레이 투스 올륀두스 아우테스 휘포 아네무 메갈루 세이오메네,

그리고 그 하늘의 그 별들은 마치 무화과나무가 큰 바람에 흔들려 선 과실들을 떨어뜨리는 것 같이 그 땅으로 떨어졌다.

둘째 사람에게 별들은 소망이다. 그러나 첫 사람에게는 그 별들은 생존의 애착(배의 우상)이다. 즉 별들은 첫 사람이 좇는 여러 가지 생존의 이익 거리이다. 여섯째 인이 떼어질 때에 첫 사람의 여러 가지 생존의 이익 거리는 무화과나무에서 떨어진 선 과실들과 같음이 드러난다. 그러므로 부자들의 여러 가지 꿈이 사라지고 저울은 소용없으며 그들 또한 설 곳이 없다. 생존의 소망은 영원한 소망이 드러날 때 무화과나무에서 떨어진 선 과일과도 같다.

6.14 καὶ ὁ οὐρανὸς ἀπεχωρίσθη ὡς βιβλίον ἑλισσόμενον, καὶ πᾶν ὄρος καὶ νῆσος ἐκ τῶν τόπων αὐτῶν ἐκινήθησαν.

카이 호 우라노스 아페코리스데 호스 비블리온 헬리쏘메논, 카이 판 호로스 카이 네소스 에크 톤 토폰 아우톤 에키네데산.

그 하늘은 두루마리가 말리는 것 같이 떠나가고 각 산과 섬이 제자리에서 옮기었다.

사람의 육체는 잠시 있다가 사라지는 시공이다. 그 육체 속의 하늘과 땅은 여섯째 인이 떼어질 때에 두루마리가 말리듯이 사라져버린다. 산 같은 세력자들의 힘도 섬처럼 홀로 사는 자의 자유나 고독도 소용없으며 그들 또한 설 곳이 없다. 그들 모두가 각각 영원한 생명이 기록되는 하나의 책으로 주어졌으나 그들은 그 책의 실존을 이루지 못했다. 그러므로 그들의 하늘은 종잇장이 말리듯이 사라진다. 왜냐하면 그들의 하늘엔 하나님이 거하지 아니하시기 때문이다.

6.15 καὶ οἱ βασιλεῖς τῆς γῆς καὶ οἱ μεγιστᾶνες καὶ οἱ
χιλίαρχοι καὶ οἱ πλούσιοι καὶ οἱ ἰσχυροὶ καὶ πᾶς
δοῦλος καὶ ἐλεύθερος ἔκρυψαν ἑαυτοὺς εἰς τὰ
σπήλαια καὶ εἰς τὰς πέτρας τῶν ὀρέων·

카이 호이 바실레이스 테스 게스 카이 호이 메기스타네스 카이 호이
킬리아르코이 카이 호이 플로시오이 카이 호이 이스큐로이 카이 파스
둘로스 카이 엘류데로스 에크뤼프산 헤아투스 에이스 타
스펠라이아 카이 에이스 타스 페트라스 톤 오레온·

그러자 그 땅의 그 임금들과 그 큰 자들과 그 장군들과 그 부자들과 그 세력자들 과 모든 종들과 자유인들이 그 굴들과 그 산들의 바위들 속에 숨었다.

머리의 우상을 섬기던 임금들과 큰 자들, 가슴의 우상을 섬기던 장군들과 배의 우상을 섬기던 부자들, 육체의 우상을 섬기던 세력자들과 그 추종자들인 모든 종들과 자유인들이 설 곳이 없어 그 굴들과 그 산들의 바위 속에 숨었다. 굴들은 짐승의 처소요, 바위 틈들은 새들의 처소다. 이들 모든 육신의 첫 사람들이 그들 속에 이룬 모양은 짐승이요, 새임이 드러났다. 그러므로 그들의 육체는 굴이요 바위다. 그들이 굴과 바위 속에서 나오지 아니하면 다시 무저갱의 음부 속으로 숨어들 수밖에 없다. 그러나 어린양의 은혜로 말미암아 그들이 자신들의 우상을 버리고 아버지에게로 돌아오면 구원될 것이다. 그들이 처음에 보좌에 앉으신 이와

어린양을 두려워하여 숨었으나 어린양은 그들을 두렵게 하려고 여섯째 인을 떼신 것이 아니라 그들을 구원하려 하심이다.

6.16 καὶ λέγουσιν τοῖς ὄρεσιν καὶ ταῖς πέτραις· Πέσετε ἐφ᾽ ἡμᾶς καὶ κρύψατε ἡμᾶς ἀπὸ προσώπου τοῦ καθημένου ἐπὶ τοῦ θρόνου καὶ ἀπὸ τῆς ὀργῆς τοῦ ἀρνίου,

카이 레구신 토이스 오레신 카이 타이스 페트라이스· 페세테 에프 헤마스 카이 크뤼프사테 헤마스 아포 프로소푸 투 카데메누 에피 투 드로누 카이 아포 테스 오르게스 투 아르니우,

그 산들과 그 바위들에게 말하기를, "우리 위에 무너져 보좌에 앉아 계신 이의 낯에서와 어린양의 진노에서 우리를 숨겨다오."

에덴의 동산에서 아담은 육신의 정욕(배의 우상), 안목의 정욕(가슴의 우상), 이생의 자랑(머리의 우상)을 좇아서 선악을 알게 하는 나무의 실과를 그의 아내가 주는 대로 먹었다. 그리고 그 동산에 거니시는 야웨 하나님의 음성을 듣고 동산 나무 사이에 숨었다. 그가 숨은 것이 숨은 것이 되지 못한 것 같이 굴들과 바위들 속으로 숨은 자들 또한 숨은 것이 되지 못한다. 산들과 바위들이 그들 위에 무너져 내려도 숨지 못하기는 마찬가지다.

그들은 왜 하나님의 낯에서와 어린양의 진노에서 숨고자 하였는가. 우상들을 섬기는 자들은 하나님의 영광의 얼굴을 대할 수 없고 어린양의 진노를 피할 수 없는 까닭이다. 그러나 만약 그들이 우상을 버리면 하나님의 낯을 향하게 될 것이요, 어린양의 진노는 멈출 것이다. 어린양의 진노는 그의 구권을 버리고 절도와 강도인 우상을 섬기는 자들을 향한 것이요, 우상을 버리고 그에게 나오는 사람을 향한 것이 아니다. 하나님의 얼굴은 언제나 우상을 버리고 '아파르의 존재(부드러운 마음의 존재)'가 되어 그에게 나아오는 자들에게 생명의 빛을 비추시며 새롭게 지으신다.

6.17 ὅτι ἦλθεν ἡ ἡμέρα ἡ μεγάλη τῆς ὀργῆς αὐτῶν, καὶ

τίς δύναται σταθῆναι;

호티 엘덴 헤 헤메라 헤 메갈레 테스 오르게스 아우톤, 카이

티스 듀나타이 스타데나이;

"그들의 진노의 그 큰 날이 왔으니 누가 설 수 있느냐"라고 하였다.

이 말은 굴들과 바위들 속에 숨은 자들의 부르짖음일 뿐이다. 하나님의 진노의 큰 날은 그의 자녀들에게는 영광의 날이다. 멸망되는 자는 진노의 날에 하나님 앞에 설 수 없으나 영광의 자녀들과 구원되는 자는 그 앞에 세움을 입는다. 어린양이 인을 떼시는 것은 심판인 동시에 구원이다. 심판된 자가 그 심판을 알고 어린양에게로 돌이키면 구원된다. 그러므로 어린양의 심판은 사람을 멸망시키고자 함이 아니라 구원코자 함이다. 기록된 바, "그를 믿는 자는 심판을 받지 아니하는 것이요 믿지 아니하는 자는 하나님의 단독자의 이름을 믿지 아니하므로 벌써 심판을 받은 것이니라"(요3:18)라고 하였다.

요한 계시록 7장

7.1 Μετὰ τοῦτο εἶδον τέσσαρας ἀγγέλους ἑστῶτας ἐπὶ τὰς τέσσαρας γωνίας τῆς γῆς, κρατοῦντας τοὺς τέσσαρας ἀνέμους τῆς γῆς, ἵνα μὴ πνέῃ ἄνεμος ἐπὶ τῆς γῆς μήτε ἐπὶ τῆς θαλάσσης μήτε ἐπὶ πᾶν δένδρον.

메타 투토 에이돈 테싸라스 앙겔루스 헤스토타스 에피 타스 테싸라스 고니아스 테스 게스, 크라툰타스 투스 테싸라스 아네무스 테스 게스, 히나 메 프네에 아네모스 에피 테스 게스 메테 에피 테스 달라쎄스 메테 에피 판 덴드론.
이 일을 좇아서 나는 네 천사들이 그 땅의 그 네 모퉁이들 위에 선 것을 보았다. 그들은 그 땅의 그 네 바람들을 붙잡고서 그 땅 위나 그 바다 위나 모든 나무 위에 불지 못하게 하였다.

● **선악세계의 해체와 생명세계의 도래**

4장과 5장에서는 하나님의 마음이 어린양 안에서 동심원을 그려가며 네 생물들로, 스물네 장로들로, 만만 천천의 천사들로 계시되었다. 그리고 6장에서 첫 사람의 우상의 세력은 네 말들과 그 위에 앉은 자들로 계시되었다. 이 계시를 좇아서 7장은 인침을 계시하고 있다.

첫 사람의 우상의 세계는 여섯째 인이 떼어지고 나서 해체되고 있다. 그 세상의 임금들과 큰 자들(흰말을 탄 자들)과 장군들(붉은 말을 탄 자들)과 부자들(검은 말을 탄 자들)과 세력자들(청황색 말을 탄 자들)과 모든 종들과 자유인들은 굴들과 바위들 안에 숨어든다. 이것은 우상을 섬기는 첫 사람의 자기 믿음의 세상이 심판되는 모습이다. 에클레시아가 영의 눈으로 이 일을 '호라오'하지 못하면 선악지식을 좇아서 자기 아닌 다른 이들이 심판되는 줄 알고 기뻐한다.

에클레시아로 부름을 받은 이들이 육신의 자기 믿음을 좇아서 우상들을 만들고 그것들에 지배당하는 것을 알게 되는 것은 심판인 동시에 구원이다. 자기의 우상들이 받은 심판을 은혜로 받은 자는 어린양 앞으로 나아오고, 그것을 징벌로 받은 자는 굴이나 바위 속으로 숨어든다. 숨어든 후에라도 하나님의 부르심을 좇아서 나와 어린양에게로 오면 새 창조의 근원 안에서 새롭게 지어진다.

어린양이 인을 떼시는 것은 첫 사람의 선악세계를 해체하는 것이다. 어린양에게서 보냄을 받은 천사들이 하나님의 종들의 이마에 인을 치는 것은 첫 사람의 세상이 해체된 에클레시아에게 둘째 사람의 생명의 나라, 곧 아버지의 나라가 임하게 하는 것이다. 처음 것이 심판되지 아니하면 새 것이 올 수 없다. 이와 같이 아버지의 나라는 그의 심판을 따라 첫 사람으로부터 둘째 사람으로 유월한 자에게 임하여 온다. 그 둘째 사람은 자기 믿음에서 예수 그리스도의 믿음과 하나된 믿음으로 유월한 자이며 크로노스의 미래가 아닌 오늘 여기의 카이로스에서 부활의 실존을 이루는 자이다. 그 일을 위하여 천사들은 그들의 이마에 인을 친다.

기록된 바, "유업을 이을 자가 모든 것의 주인이나 어렸을 동안에는 종과 다름없다"(갈4:1)라고 하였다. 여기 인침을 받는 하나님의 종들은 모든 것의 주인들이나 아직 하나님의 아들의 풍성하고 온전한 실존에는 이르지 못했다. 그들은 인침을 받아 자신들이 하나님의 아들의 실존에 이르는 거룩한 종임이 드러났고, 또 반드시 그 일이 이루어질 것이다. 온전하고 풍성한 하나님의 나라가 그들 안에 임하여 올 것이다. 아버지의 뜻이 하늘에서와 같이 땅에서도 이루어질 것이다. 다시 말하지만 여기서 종이란 노예를 말하는 것이 아니라 반드시 하나님의 뜻이 이루어져야 할 복된 사람을 말한다.

어린양은 하나님의 나라가 임하여 오도록 각 종족과 언어와 백성과 나라 가운데서 사람들을 그의 피로 샀다. 또 그들을 하나님을 향한 왕들과 제사장들이 되게 하셨다. 이 왕들과 제사장들은 그들의 이마에 인침을 받아 하나님의 마음의 네 모양인 사랑과 생명과 거룩과 초월 안에서 하나님의 존재의 '세 시상(전부터 계셔 왔고,

지금도 계시고 오고 계신 이)'을 좇아서 밤낮으로 '스물네 장로의 모양($4 \times 3 \times 2$)'을 이룬다. 이것은 알파다.

또 이들은 다시 '영·육(속 사람과 겉 사람) 간에 소통하며(12×12)', 하나님을 향해 그 마음(10)을 다하고 혼(10)을 다하고 뜻(10)을 다하는 십일조의 삶을 산다. 그리하여 풍성하고 온전한 하나님의 아들의 실존을 이룬다. $144,000(12 \times 12 \times 10^3)$의 수는 다른 무엇이 아니라 영(하늘)과 육(땅)이 하나된 하나님의 아들의 장엄한 실존이다. 이 실존은 예수 그리스도의 믿음과 하나된 믿음 안에서만 이룰 수 있다.

● **네 천사들과 네 바람들**

여섯째 인이 떼어진 후에 요한은 네 천사들과 네 바람들을 보았다. 이것은 여섯째 인이 떼어진 후라야 모든 에클레시아가 그들의 영의 눈으로 네 천사들이 네 바람들을 붙잡고 있는 것을 '호라오'하게 됨을 말한다. 이 일은 다섯째 인이 떼어질 때 제단 아래서 호소하던 그 혼들의 외침을 하나님이 이루어 주시는 일이기도 하다. '네 천사들'이란 아버지께서 이미 에클레시아 안에 두신 마음의 네 모양이다. '네 바람들'이란 네 우상의 세력이다. 그 바람들은 에클레시아 안팎에서 불고 있다. 또 그 땅의 그 네 모퉁이들은 머리와 가슴과 배와 사지다. 즉 우상의 네 세력은 첫 사람의 온몸에 바람(에너지)이 되어 있다.

생명의 천사는 육신의 정욕의 바람을, 사랑의 천사는 안목의 정욕의 바람을, 거룩의 천사는 이생의 자랑의 바람을, 진리(초월)의 천사는 선악지식의 바람을 붙들고 있다. 그 땅은 에클레시아의 몸이요, 그 바다는 에클레시아의 생존이요, 모든 나무는 에클레시아의 지혜와 지식이다. 천사는 예수 그리스도의 부활의 믿음과 하나된 믿음을 가진 하나님의 종들의 이마에 인침을 행한다. 천사의 인침은 에클레시아로 부름을 받은 자가 그 부름에 합당한 실존을 이룰 수 있다는 증거며 보증이다. 오늘날 에클레시아로 부름을 받은 많은 사람은 인침의 계시를 읽고 있으나 땅에 불어오는 기복의 바람, 종말의 바람, 세상 권세의 바람, 사망의 바람에 불려 가며 그 바람을 붙들고 불지 못하게 할 천사의 인침을 받을 믿음(의력)도, 소망도 가지지 못하고 있다.

7.2   καὶ εἶδον ἄλλον ἄγγελον ἀναβαίνοντα ἀπὸ ἀνατολῆς ἡλίου, ἔχοντα σφραγῖδα θεοῦ ζῶντος, καὶ ἔκραξεν φωνῇ μεγάλῃ τοῖς τέσσαρσιν ἀγγέλοις οἷς αὐτοῖς ἐδόθη ἀδικῆσαι τὴν γῆν καὶ τὴν θάλασσαν,

카이 에이돈 알론 앙겔론 아나바이논타 아포 아나톨레스 헬리우, 에콘타 스프라기다 데우 존토스, 카이 에크락센 포네 메갈레 토이스 테싸르신 앙겔로이스 호이스 에도데 아우토이스 아디케사이 텐 겐 카이 텐 달라싼,

또 나는 살아 있는 신됨의 인을 가지고 해 오름으로 올라오고 있는 다른 천사를 보았다. 그는 그 땅과 그 바다를 해하도록 맡겨진 그 네 천사들에게 큰 소리로 외쳐 말하고 있기를,

어린양의 형상을 본받은 이는 하나님의 아들의 실존이다. 그 실존은 다른 사람들에게는 천사로서 계시된다. 그 천사는 신됨의 해 오름을 사람들 안에 증거하고 있다. 거의 모든 번역 성경들이 '아포 아나톨레스 헬리우'를 '동쪽으로부터' 또는 '해 돋는 쪽으로부터'라 해석하고 있다. 그 말씀을 육신의 눈으로 보는 동쪽 지방 사람들은 자기 믿음을 좇아 가슴 설렌다. 그들은 '동쪽에서 인침이 시작된다 하였으니 바로 여기다'라고 주장한다.

그러나 이 말씀은 지구의 지리적 동쪽을 가리키는 것이 아니라 어린양의 생명과 사랑과 거룩과 초월의 빛이 해 오름처럼 떠오르는 것을 가리키고 있다. 지구의 동쪽에 사는 많은 종말론자들은 이 동쪽에 미혹되어 자신들이 동쪽의 천사라 말하고 있다. 욕심과 선악지식의 눈에는 '동쪽'이란 말조차 그들의 소유가 된다. 그러나 누구든, 지구의 어느 쪽에 거하든지 간에 그 안에 어린양의 계시가 해처럼 떠올라서 신됨의 인침을 행하게 되었으면 천사다.

에클레시아 중에는 네 천사들로부터 아무런 고난이나 해함을 당하지 않고도 스스로 육신의 자기 믿음에서 죽고 예수 그리스도의 믿음 안으로 들어오는 자가 있다. 반면 네 천사로부터 고난이나 해함을 당한 후에야 비로소 자기 믿음을 떠나보내고 예수 그리스도의 믿음과 하나된 믿음 안으로 유월하는 자가 있다. 그러므로 우상의 바람이 불지 못하게 하는 알파나 우상의 바람이 불게 하는 오메가는 에클레시아로 부름받은 사람들을 구원되게 하려 함이다.

7.3　λέγων· Μὴ ἀδικήσητε τὴν γῆν μήτε τὴν θάλασσαν μήτε τὰ δένδρα, ἄχρι σφραγίσωμεν τοὺς δούλους τοῦ θεοῦ ἡμῶν ἐπὶ τῶν μετώπων αὐτῶν.

레곤˙ 메 아디케세테 텐 겐 메테 텐 달라싼 메테 타 덴드라,
아르키 스프라기소멘 투스 둘로스 투 데우 헤몬 에피 톤 메토톤 아우톤.

"우리가 우리 하나님의 그 종들의 그 이마들 위에 인치기까지 그 땅이나 그 바다나 그 나무들을 해하지 말라"라고 하였다.

우상들의 바람에 의해서 해함을 받지 않는 것은 하나님의 종들의 그 땅이요, 그 바다요, 그 나무들이다. 하나님의 종들의 땅과 바다와 나무가 아닌 것 위에는 우상들의 바람이 불어서 해친다. 하나님의 종들은 "아버지의 뜻이 하늘(마음)에서와 같이 땅(몸)에서도 이루어지이다"라고 기도하는 실존이다. 이 기간은 속 사람과 겉 사람이 온전히 하나되는 때이다. 하나님의 성소가 되어 있는 몸(땅)과 신령한 양식(바다)과 심은 대로 거두는 부활의 삶(나무)이 해를 당하지 않고 보호되는 때이다.

● **스프라기다 데우 존토스(살아 있는 신됨의 인)**

'살아 있는 신됨의 인'이란 무엇인가. 이 말씀을 영의 눈으로 바라보면 하나님의 새 창조가 무엇인지 분명하게 드러난다. '스프라기다(인)' 앞에도 '그'라는 관사가 없고 '데우(신)'앞에도 '그'라는 관사가 없다. 헬라어 '데오스'는 '신'이라는 보통

명사이다. 그러므로 '호 데오스'는 하나님이요, 데오스는 신이다. 그러므로 '스프라기다 데우 존토스'는 '살아 있는 신의 인'이다.

예수께서 말씀하시되, "성경은 폐하지 못하나니 그 신의 그 말씀이 그들에게 이루어진 사람을 신들이라 하셨다"(요10:35)라고 하였다. 즉 '호 로고스 투 데우(그 신의 그 말씀)'가 하나님의 종들에게 이루어져서 그들을 '모노게네스(하나님 앞에서 고유하고 독특한 그의 아들들의 실존)'가 되게 하는 일이다. 그 이마에 '살아 있는 신됨의 인'을 받는다는 것은 그들이 믿음으로 하나님의 말씀을 받아 그의 아들들이 된다는 말씀이요, 오늘 여기 카이로스에서 '살아 있는 신들(부활의 실존)'이 된다는 말씀이다.

그러므로 그 하나님의 그 말씀은 첫 사람이 가진 모든 '신 개념(神 개념)'을 폐하고 살았고 운동력 있는 새로운 신 개념으로 거듭나게 하면서 그 실존을 이루게 한다. 주께서 하루를 천 년 같이 기다리시고 천 년을 하루같이 참으시는 것은 이 거룩하고 장엄한 신됨의 일 때문이다. 이 일만이 해 아래서 새로운 것이다. 바울도 말하기를, "내가 나된 것은 신됨의 은혜라"(고전15:10)라고 하였다.

● 이마

예수 그리스도는 그의 몸인 에클레시아의 머리다. 이마는 머리에 속해 있고 그 이마는 모두에게 잘 보이는 부분이다. 그러므로 그 이마는 사람의 정체성을 드러내고 있다. 어느 누구든지 머리를 숙이고 다니는 것은 그 자신의 정체성을 드러내고 싶지 않아서이다. 그러므로 그 이마에 '살아 있는 신의 인'을 가진 자는 분명히 머리이신 어린양에 속한 자요, 그 이마에 짐승의 표를 가진 자는 짐승에 속한 자다. 어린양에게 속한 자의 정체성도 그 이마에 있고 우상에게 속한 자의 정체성도 그 이마에 있다.

에클레시아가 하나님의 아들이라 하는 것은 호칭(예언)인 동시에 그가 이루게 될 실존이다. 호칭과 실존은 알파와 오메가로서 새 창조를 통하여 온전한 하나를 이룬다. 사람들이 예수 그리스도를 믿는다 하면서 계속 우상을 섬기는 것은 하나님의 아들이란 호칭을 받은 그들의 신관이 살았고 운동력 있는 말씀으로 거듭나지 못했기 때문이다. '그 신'이라 불리는 야웨 하나님이 아버지가 되시어 그들을 아들들로 낳으시는 그것을 존재적으로 받지 못하기 때문이다. 인간의 모든 생각과 말과 개념이 살았고 운동력 있는 말씀으로 거듭나지 아니하면 하나님도 어린양도 인간의 생각과 말과 개념에 갇혀 생명이 생명을 낳는 일이 되지 못한다.

7.4   Καὶ ἤκουσα τὸν ἀριθμὸν τῶν ἐσφραγισμένων, ἑκατὸν τεσσεράκοντα
       τέσσαρες χιλιάδες, ἐσφραγισμένοι ἐκ πάσης φυλῆς υἱῶν Ἰσραήλ·

       카이 에쿠사 톤 아리드몬 톤 에스프라기스메논, 헤카톤 테쎄라콘타
       테싸레스 킬리아데스, 에스프라기스메노이 에크 파세스 퓔레스 휘온 이스라엘.
       나는 인침을 받은 자들의 그 수를 들었다. 이스라엘 자손들의 각 지파 중에서
       인침을 받은 자들이 십사만 사천이었다.

6장 11절의 죽임 당한 혼들의 소원이 이루어졌다. 요한은 왜 여기서 갑자기 이스라엘 열두 지파를 말하게 된 것인가. 이스라엘은 모든 에클레시아를 가리켜 보이는 징조이기 때문이다. 그것을 알아야 한다. 이스라엘은 전부터 징조로 있어 왔고 지금도 징조이며 오고 있는 징조이다. 요한은 혈통으로도 이스라엘 사람이요, 영적으로도 이스라엘 사람이다. 요한은 겉과 속이, 육과 영이 하나된 하나님의 아들이다. 요한은 자신을 통해서 첫 사람이 둘째 사람이 되는 새 창조를 보여주고 있다. 그가 이스라엘 자손이었기 때문에 이 일을 더욱 분명히 드러낼 수 있었다.

5장 8절, 9절, 10절에서 네 생물들과 스물네 장로들은 새 노래를 불렀다. 어린양이 각 종족과 언어와 백성과 나라 가운데서 그의 피로 사람들을 샀으며 그들을 하나님을 향하여 왕들과 제사장들이 되게 하셨다. 이 왕들과 제사장들은 하나님의 마음의 네(4) 모양인 사랑과 생명과 거룩과 초월 안에서 하나님의 존재의 '세(3)

시상(전부터 계셔 왔고, 지금도 계시며, 오고 계신 분)'을 좇아서 밤낮(2)으로 '스물네 장로의 모양을 이루고(4×3×2)' 있다. 또 이들은 '겉 사람과 속 사람이 소통하며(12×12)' 하나님께 그 마음(10)을 다하고 혼(10)을 다하고 뜻(10)을 다하여 십일조의 삶을 산다. 그러므로 하나님은 그들을 144,000(12×12×10^3)의 풍성하고 온전한 하나님의 아들의 실존을 이루게 하신다.

기록된 바, "사랑하는 자들아 주께는 하루가 천 년 같고 천 년이 하루 같은 이 한 가지를 잊지 말라"(벧후3:8)라고 하였다. 새 창조의 근원 안에서 온전함과 풍성함을 이룬 실존은 주와 함께 하루를 천 년 같이 사는 존재다.

우리가 창조의 근원이신 그리스도 안에서 이루는 그 카이로스의 하루는 둘째 사람의 영적 실존을 좇아서 지구가 해를 중심으로 돌면서 이루는 그 크로노스의 천 년이나 만 년이나 십만 년이나 그 이상의 날들을 얼마든지 넘어서고 있다. 이는 누구에게든지 새 창조로 말미암아 영원하신 하나님으로부터 오는 영의 빛을 받은 때가 낮이요, 그전에 천지 만물이 지나온 크로노스의 날들은 밤이기 때문이다. 그리하여 그날은 영원 속에 있는 카이로스의 하루다.

그러면 주께는 시간만 그런 것인가. 그렇지 않다. 공간도 그러하며 사람의 숫자 또한 그러하다. 하나님의 아들의 실존을 이룬 한 사람의 풍성함은 144,000이요, 그 온전함은 하나. 누구든지 하나님 안에 있는 자는 그 온전함으로 말하면 하나님과 하나요, 그 풍성함으로 말하면 144,000이다.

오늘날 144,000의 그룹에 속했다고 하는 이들이 곳곳에 진을 치고 있는데 각 그룹의 숫자를 합하면 이미 144,000을 넘었을 것이 틀림없다. 그룹마다 자기들만이 144,000이라 주장하니 그것이 곧 선악세계다. 그들은 대부분 이스라엘 사람도 아니다. 그럼에도 자신들을 이스라엘의 사람이라 주장한다. 그들은 성경 말씀을 인용하여 "표면적(드러난) 유대인이 유대인이 아니라 이면적(감추인) 유대인이 유대인이라"라고 할 것이다. 진리가 그러하므로 드러난 표면적 숫자가 숫자가 아니라 감추인 숫자가 숫자 임도 알아야 할 것이다. 그들은 영적인(이면적) 숫자는 버리고 문자적(표면적) 숫자를 움켜쥐었으니 멸망을 자취한 것이다.

144,000은 하나님의 아들에게서 이루어지는 풍성하고 온전한 영의 일이다. '나의 나됨'을 이룬 하나님의 아들의 실존이 드러내는 풍성함과 온전함이 144,000이다. 그러나 자칭 144,000 그룹이 행하고 있는 일들을 보면 마치 아담이 하나님의 동산에서 육신의 정욕, 안목의 정욕, 이생의 자랑을 좇아서 선악을 알게 하는 나무의 실과를 따 먹은 것과 조금도 다르지 아니하다. 하나님은 진리의 사랑을 받지 않은 자들로 거짓을 믿게 하신다. 거짓을 믿는 자는 거짓을 심고 멸망을 거둔다.

한 사람의 세포의 숫자는 약 60조 개에 이른다. 그 모든 세포가 각각 존재하면서 한 사람을 이루고 있다. 하나님의 아들의 실존이 144,000인 것은 시작에 불과하다. 셀 수 없이 많은 만만 천천의 무리가 하나님 안과 어린양 안에서 풍성하고 온전하게 역동하는 하나를 이루는 것이 새 창조다.

7.5　ἐκ φυλῆς Ἰούδα δώδεκα χιλιάδες ἐσφραγισμένοι, ἐκ φυλῆς Ῥουβὴν δώδεκα χιλιάδες, ἐκ φυλῆς Γὰδ δώδεκα χιλιάδες,

에크 퓔레스 유다 도데카 킬리아데스 에스프라기스메노이, 에크 퓔레스 루벤 도데카 킬리아데스, 에크 퓔레스 갇 도데카 킬리아데스,

유다 지파에서 인침을 받은 자가 일만 이천, 르우벤 지파에서 일만 이천, 갓 지파에서 일만 이천,

7.6　ἐκ φυλῆς Ἀσὴρ δώδεκα χιλιάδες, ἐκ φυλῆς Νεφθαλὶμ δώδεκα χιλιάδες, ἐκ φυλῆς Μανασσῆ δώδεκα χιλιάδες,

에크 퓔레스 아셰르 도데카 킬리아데스, 에크 퓔레스 네프달림 도데카 킬리아데스, 에크 퓔레스 마나쎄 도데카 킬리아데스,

아셀 지파에서 일만 이천, 납달리 지파에서 일만 이천, 므낫세 지파에서 일만 이천,

7.7 ἐκ φυλῆς Συμεὼν δώδεκα χιλιάδες, ἐκ φυλῆς Λευὶ δώδεκα χιλιάδες, ἐκ φυλῆς Ἰσσαχὰρ δώδεκα χιλιάδες,

에크 퓔레스 쉬메온 도데카 킬리아데스, 에크 퓔레스 레위 도데카 킬리아데스, 에크 퓔레스 잇사카르 도데카 킬리아데스,

시므온 지파에서 일만 이천, 레위 지파에서 일만 이천, 잇사갈 지파에서 일만 이천,

7.8 ἐκ φυλῆς Ζαβουλὼν δώδεκα χιλιάδες, ἐκ φυλῆς Ἰωσὴφ δώδεκα χιλιάδες, ἐκ φυλῆς Βενιαμὶν δώδεκα χιλιάδες ἐσφραγισμένοι.

에크 퓔레스 자불론 도데카 킬리아데스, 에크 퓔레스 요세프 도데카 킬리아데스, 에크 퓔레스 베니아민 도데카 킬리아데스 에스프라기스메노이.

스불론 지파에서 일만 이천, 요셉 지파에서 일만 이천, 벤야민 지파에서 인침을 받은 자가 일만 이천이었다.

애굽을 떠난 이스라엘 열두 지파는 광야에서 세 지파씩 짝을 지어 행군하며 성막을 지켰다. 그러나 여기 기록된 짝을 보면 그때와는 달라져 있다. 하나님의 새 창조에 있어서는 처음된 자가 나중되고 나중된 자가 처음되며, 둘이 하나된다. 열두 지파 중 '단' 지파에서 인침을 받은 자가 없고 '에브라임' 지파는 '요셉' 지파로 바뀐 것을 알 수 있다. 우리는 여기서 부름을 받은 자 모두가 택함을 받는 것이 아님도 알 수 있다.

어린양에게 부름을 받았으나 새 창조의 인침을 받지 아니하고 짐승의 선악지식의 표를 받은 자는 어린양의 신부가 될 수 없다. 하나님의 말씀과 예수 그리스도의 증거를 가진 자만 어린양의 신부다. 기록된 바, "청함을 받은 자는 많되 택함을

입은 자는 적다"(마22:14)라고 하였다. '단'은 '심판자'란 의미다. 하나님은 에클레시아를 선악의 심판자로 부르신 것이 아니다. 하나님의 말씀을 선악지식으로 받은 자는 선악의 심판자가 되어 자신을 '선하다, 옳다'하고 다른 사람을 '악하다, 그르다'하면서 심판한다. 선악심판으로 사는 자에게 영과 생명의 인침이 오지 아니하는 것은 그가 하나님을 대적하고 있는 존재이기 때문이다.

'에브라임(풍성함)'은 그 이름이 말하는 바와 같이 강성한 지파가 되어 이스라엘 자손을 쪼개어 북방 이스라엘을 이끄는 주도자가 되었다. 그러나 북방 이스라엘은 극심한 우상숭배에 빠졌고, 남방 유다를 괴롭히다가 유다보다 먼저 망해버렸다. 그리하여 에브라임 지파는 그 이름을 잃고 그 아버지의 이름인 요셉 지파로 대체되었다. 에브라임은 요셉의 둘째 아들이다. 이것이 징조하는 바는 무엇인가. 하나님께 부름을 받았어도 에브라임과 같이 육체의 소욕을 좇는 사람은 생명책에 기록될 수 없다. 선악지식을 좇는 첫 사람과 우상숭배자는 인침에서 제외되었다. 우상숭배가 무엇인지 알지 못하면 누구든지 하나님을 우상이 되게 하며 짐승의 표를 받게 될 것이다.

7.9 Μετὰ ταῦτα εἶδον, καὶ ἰδοὺ ὄχλος πολύς, ὃν αὐτὸν ἀριθμῆσαι οὐδεὶς ἐδύνατο, ἐκ παντὸς ἔθνους καὶ φυλῶν καὶ λαῶν καὶ γλωσσῶν, ἑστῶτες ἐνώπιον τοῦ θρόνου καὶ ἐνώπιον τοῦ ἀρνίου, περιβεβλημένους στολὰς λευκάς, καὶ φοίνικες ἐν ταῖς χερσὶν αὐτῶν·

메타 타우타 에이돈, 카이 이두 오클로스 폴뤼스, 혼 아우톤 아리드메사이 우데이스 에뒤나토, 에크 판토스 에드누스 카이 퓔론 카이 라온 카이 글로쏜, 헤스토테스 에노피온 투 드로누 카이 에노피온 투 아르니우, 페리베블레메누스 스톨라스 류카스, 카이 포이니케스 엔 타이스 케르신 아우톤·

나는 이 일들을 좇아서 보았다. 보라, 모든 나라들과 종족들과 백성들과 방언들에서 아무도 셀 수 없는 큰 무리가 흰 두루마기를 입고 그들의 손들에 종려가지들을 들고 그 보좌 앞과 그 어린양 앞에 서서 종려는 번영과 승리를 말한다. 즉 영과 생명의 번영이요 승리다. 아무도 셀 수 없는 큰 무리가 흰 두루마기를 입고 종려가지들을 들고 있다. 아무도 셀 수 없는 큰 무리이니 그것은 하나님의 백성의 번영이다. 그들이 흰 두루마기를 입었으니 그것은 선악의 세상을 이기고 아버지와 어린양에게서 받은 생명의 의다. 이 일은 오메가다. 알파는 에클레시아 안에 먼저 144,000의 풍성하고 온전한 실존이 이루어지는 일이다. 알파가 없으면 오메가도 없다. 알파가 있었을지라도 그 알파를 잃어버리면 오메가가 또한 잃어버린다. 알파의 풍성함과 온전함은 오메가의 '풍성함과 온전함(144,000×144,000×…)'을 이룬다.

7.10 καὶ κράζουσι φωνῇ μεγάλῃ λέγοντες· Ἡ σωτηρία τῷ θεῷ ἡμῶν τῷ καθημένῳ ἐπὶ τῷ θρόνῳ καὶ τῷ ἀρνίῳ.

카이 크라주시 포네 메갈레 레곤테스· 헤 소테리아 토 데오 헤몬 토 카데메노 에피 토 드로노 카이 토 아르니오.

큰 소리를 외쳐 말하고 있기를, "구원은 우리 하나님, 그 보좌 위에 앉으신 이와 그 어린양에게 있습니다"라고 하였다.

오늘날 우리 중 구원은 하나님과 어린양에 속해 있음을 알지 못하는 이들이 많다. 어떤 이들은 종교다원주의를 말하거나 또는 '한번 받은 구원은 영원하다'라고 말하며 편리하게 땅에 속한 종교인이 되거나 구원을 자기 소유로 삼는다. 선악지식을 가진 자는 종교든 구원이든 소유하는 것을 선으로 여긴다.

하나님과 어린양은 에클레시아를 구원하시고 에클레시아는 구원된다. 구원은 소유가 아니라 하나님께 속한 그들의 실존이다. 그들은 구원자이신 아버지와 구원된 아들들의 영과 생명의 관계성을 버리고 선악지식을 좇아서 구원을 그들의 소유로 바꾸었다.

종교나 구원을 소유한 자들은 그들의 선악지식 때문에 창조의 근원 안에서 하나님의 아들의 실존으로 지어지는 새 창조에 대하여는 아무런 관심도 없고 관계도 없다. 그들은 종교나 구원이란 말을 소유하였을 뿐 그 구원의 실상은 알지도 못한다. 구원은 하나님이 에클레시아와 함께하는 생명이요, 사랑이요, 거룩이요, 초월이다. 구원된 자가 소유할 것은 아무것도 없다.

7.11 καὶ πάντες οἱ ἄγγελοι εἱστήκεισαν κύκλῳ τοῦ θρόνου καὶ τῶν πρεσβυτέρων καὶ τῶν τεσσάρων ζῴων, καὶ ἔπεσαν ἐνώπιον τοῦ θρόνου ἐπὶ τὰ πρόσωπα αὐτῶν καὶ προσεκύνησαν τῷ θεῷ,

카이 판테스 호이 앙겔로이 에이스테케이산 퀴클로 투 드로누 카이 톤 프레스뷔테론 카이 톤 테싸론 조온, 카이 에페산 에노피온 투 드로누 에피 타 프로소파 아우톤 카이 프로세퀴네산 토 데오,

그러자 그 보좌와 그 장로들과 그 네 생물들을 둘러섰던 그 모든 천사들이 그 보좌 앞에 엎드려 하나님께 경배하며

7.12 λέγοντες· Ἀμήν· ἡ εὐλογία καὶ ἡ δόξα καὶ ἡ σοφία καὶ ἡ εὐχαριστία καὶ ἡ τιμὴ καὶ ἡ δύναμις καὶ ἡ ἰσχὺς τῷ θεῷ ἡμῶν εἰς τοὺς αἰῶνας τῶν αἰώνων· ἀμήν.

레곤테스· 아멘· 헤 율로기아 카이 헤 독사 카이 헤 소피아 카이 헤 유카리스티아 카이 헤 티메 카이 헤 뒤나미스 카이 헤 이스퀴스 토 데오 헤몬 에이스 투스 아이오나스 톤 아이오논· 아멘.

말하고 있기를, "아멘, 그 축복과 그 영광과 그 지혜와 그 감사와 그 존귀와 그 능력과 그 힘을 우리 하나님께 세세토록 돌리어라, 아멘"이라 하였다.

여기에 구원은 소유가 아니라 하나님 아버지와의 영원한 존재적 관계임이 잘 계시되어 있다. 하나님 나라의 백성은 어린양으로 말미암아 한 분 아버지 하나님의 마음의 네 모양이 스물네 장로의 모양으로, 그 스물네 장로의 모양이 144,000의 모양으로 그 144,000의 모양이 만만과 천천의 모양으로 풍성하고 온전하게 펴져

나간다. 이것은 한 사람의 일인 동시에 셀 수 없이 많은 사람의 일이다. 그 풍성함으로 보면 셀 수 없이 큰 무리요, 그 온전함으로 보면 하나다. "주께는 하루가 천 년 같고 천 년이 하루 같다"라고 함과 같이 한 아버지 안에 셀 수 없이 큰 무리가 있고 큰 무리 안에 한 아버지가 있다. 이것은 새 창조의 축복이요, 영광이요, 지혜요, 감사요, 존귀요, 능력이요, 힘이다. 이 장엄한 일이 우리 하나님으로 말미암아 이루어진 것이다.

5장 12절에서 만만 천천의 천사들은 어린양에게 그 능력과 부와 지혜와 힘과 존귀와 영광과 축복을 드렸다. 이는 그들이 구원된 셀 수 없이 많은 무리가 어린양으로 말미암아 구원될 것을 찬양함이다. 여기서는 셀 수 없는 큰 무리가 하나님께 그 축복과 그 영광과 그 지혜와 그 감사와 그 존귀와 그 능력과 그 힘을 드리고 있다. 어린양에게 드려진 찬송은 알파요, 아버지께 드려진 찬송은 오메가다.

구원을 예언하는 만만 천천의 천사들의 찬양에서는 구원하시는 어린양의 능력이 먼저다. 셀 수 없이 큰 무리는 구원이 이루어진 후에 하나님을 찬양하고 있으므로 축복이 먼저다. 이와 같이 찬송도 알파와 오메가가 있어서 처음 것이 나중되고 나중 것이 먼저되어 온전한 하나를 이룬다.

7.13   Καὶ ἀπεκρίθη εἷς ἐκ τῶν πρεσβυτέρων λέγων μοι· Οὗτοι οἱ
       περιβεβλημένοι τὰς στολὰς τὰς λευκὰς τίνες εἰσὶν καὶ πόθεν ἦλθον;

카이 아페크리데 헤이스 에크 톤 프레스뷔테론 레곤 모이· 후토이 호이 페리베블레메노이 타스 스톨라스 타스 류카스 티네스 에이신 카이 포덴 엘돈;
그때 장로들 중의 하나가 응답하여 내게 말하고 있기를, "흰 두루마기를 입은 그들은 누구이며 또 어디서 왔느냐"라고 하였다.

장로들 중 하나가 셀 수 없이 큰 무리의 찬송을 듣고 거기에 응답하면서 요한에게 "흰 두루마기를 입은 그들은 누구이며 또 어디서 왔느냐"라고 물었다. 하나님은 모든 에클레시아에게 '너희는 누구냐'라는 존재적 질문을 하신다. 또 '너희가 어디서(누구를 통하여) 왔느냐' 하시며 너희의 너희됨은 누구에게서 비롯되었느냐 하신다. 그러나 육신의 첫 사람은 욕심과 선악지식을 좇아서 무엇을 소유했느냐는 질문을 한다. 둘째 사람은 그런 질문은 어리석고 아무 쓸데 없는 질문인 것을 안다. '나의 나됨'이 소유가 될 수 없음은 자명한 일이다. 위로부터 난 자는 소유에서 존재로 유월된 자이다. 에클레시아는 세상이 소유적 질문으로 다가올 때 존재적 답변을 하는 자이다.

7.14   καὶ εἴρηκα αὐτῷ· Κύριέ μου, σὺ οἶδας. καὶ εἶπέν μοι· Οὗτοί εἰσιν οἱ ἐρχόμενοι ἐκ τῆς θλίψεως τῆς μεγάλης, καὶ ἔπλυναν τὰς στολὰς αὐτῶν καὶ ἐλεύκαναν αὐτὰς ἐν τῷ αἵματι τοῦ ἀρνίου.

카이 에이레카 아우토˙ 퀴리에 무, 쉬 오이다스. 카이 에이펜 모이˙ 후토이 에이신 호이 에르코메노이 에크 테스 들리프세오스 테스 메갈레스, 카이 에플뤼난 타스 스톨라스 아우톤 카이 엘류카난 아우타스 엔 토 하이마티 투 아르니우.

내가 말하기를, "내 주여 당신이 아십니다"라고 하였다. 그러자 그가 내게 말하기를, "그들은 그 큰 고난으로부터 나오고 있는 자들인데 그 어린양의 그 피에 그들의 두루마기를 빨았고 또 그것들을 희게 하였다."

기록된 바, "아무든지 나를 따라오려거든 자기를 부인하라. 그리고 날마다 자기 십자가를 지고 나를 좇으라"(눅10:33)라고 하였다.

자기를 부인하는 것은 첫 사람의 욕심(어머니)과 선악지식(아버지)을 부인하는 것이다. 그리고 날마다 자기 십자가를 지는 것은 그 부인된 욕심과 선악지식을 날마다 십자가에 못 박는 것이다. 나를 좇는 것은 내 안에 계시되시고 임재하시고 역사하시는 예수 그리스도를 나의 속 사람과 겉 사람이 함께 좇으며 '나의 나됨'을 이루는 것이다.

에클레시아가 알파의 크로노스를 좇아서 그 자신과 하나되어 있는 어머니와 아버지, 곧 그의 우상들을 부인하고 그것들을 십자가에 못 박는 일은 큰 고난이 아닐 수 없다. 에클레시아는 그 고난을 안과 밖에서 함께 겪는다. 이 고난 속에서 에클레시아는 새로운 실존으로 지어진다. 토기장이이신 하나님은 고난의 풀무 속에서 그들의 자녀를 단련하여 영의 실존으로 지으신다.

큰 고난으로부터 나오는 셀 수 없이 큰 무리는 육신의 첫 사람에 속한 임금들과 큰 자들과 장군들과 부자들과 세력자들과 모든 종과 자유인들 중에서 불러냄을 받고 구원된 자들이다. 그들이 숨어들었던 굴과 바위 속에서 어린양에게로 나와서 자기를 부인하고, 매일 자기 십자가를 지고 어린양을 좇는 그 고난의 풀무 안에서 새롭게 지어졌다. 그러므로 144,000은 구원된 실존의 알파요, 셀 수 없는 큰 무리는 오메가다. 기록된 바, "오직 그 거룩한 영이 너희에게 임하시면 너희가 권능을 받을 것이요 또 너희는 예루살렘 안에서 그리고 그 온 유다와 사마리아 안에서 그리고 그 땅의 끝까지 나의 증인들이 될 것이다"(행1:7)라고 하였다.

알파의 때에는 모두가 위 말씀을 문자대로 읽고 온 세상에 예수의 이름을 전파하는데 힘썼다. 아직도 그 일은 계속되고 있다. 그러나 오메가의 때에는 예수의 이름을 믿는 모든 사람들이 자신 안에서 그 실상인 그리스도의 실존이 이루어지게 한다. 그러므로 고난의 풀무 안에서 모든 에클레시아가 온전하게 지음을 받아서 흰 두루마기를 입고 하나님의 보좌 앞과 어린양 앞에 서게 된다.

셀 수 없이 큰 무리가 그 어린양의 피에 그들의 두루마기를 빠는 것은 자기 부인이다. 희게 하는 것은 부인된 우상들을 자기 십자가에 못 박고 오늘 여기서 날마다 부활을 맞는 의의 일이다. 모든 에클레시아는 오메가의 때의 예루살렘과 유다는 속 사람의 영역이요, 사마리아와 땅 끝까지는 겉 사람의 영역임을 알고 '나의 나됨'을 이루어야 할 것이다. 이것은 아버지의 뜻이 하늘에서와같이 땅에서 이루어지는 일이다.

7.15 διὰ τοῦτό εἰσιν ἐνώπιον τοῦ θρόνου τοῦ θεοῦ, καὶ λατρεύουσιν αὐτῷ ἡμέρας καὶ νυκτὸς ἐν τῷ ναῷ αὐτοῦ, καὶ ὁ καθήμενος ἐπὶ τοῦ θρόνου σκηνώσει ἐπ᾽ αὐτούς.

디아 투토 에이신 에노피온 투 드로누 투 데우, 카이 라트류우신 아우토 헤메라스 카이 뉙토스 엔 토 나오 아우투, 카이 호 카데메노스 에피 투 드로누 스케노세이 에프 아우투스.

"그러므로 그들은 하나님의 그 보좌 앞에 있고 또 그의 그 성전에서 낮과 밤에 그를 섬긴다. 그리고 그 보좌에 앉아 계신 이가 그들 위에 장막을 치실 것이다."

이스라엘 자손들이 종살이하던 애굽의 고난에서 나와서 야웨 하나님께 속한 의의 백성이 되었다. 이와 같이 셀 수 없는 큰 무리가 우상들을 섬기며 종노릇하던 그 고난에서 나와서 하나님의 보좌 앞에 있게 되었다. 그들은 또 그의 성전에서 새 창조의 날들의 낮과 밤에 그를 섬긴다. 그들이 보좌에 앉으신 하나님을 섬기는 일은 그들이 아버지 하나님의 기쁘신 뜻을 따라 아들의 실존으로 지어지는 일이다.

그러므로 하나님은 그들 위에 새 창조를 이루시기 위하여 생명과 사망과 거룩과 초월의 장막(하늘)을 치실 것이다. 이와 같이 144,000의 실존을 이룬 이들에게 드러났던 하늘이 셀 수 없이 큰 무리에게도 드러날 것이다. 이 일은 셀 수 없이 큰 무리의 일인 동시에 한 사람의 일이기도 하다. 기록된 바, "하나님의 나라는 한 여자가 가루 서 말속에 가져다 숨겨서 전부가 부풀게 된 누룩과 같다"(눅 13:21)라고 하였다. 한 사람 안에 이루어지는 144,000의 실존은 누룩과 같아서 그와 소통하는 많은 사람에게로 생명과 사랑과 거룩과 초월이 퍼져나가게 된다. 모두가 하나님 안에 있고 하나님이 모두 안에서 하나됨을 이루는 이 장엄한 일이 새 창조다.

모세가 이스라엘 백성을 애굽에서 이끌어 내었다. 그러므로 모세는 누룩과 같고 이스라엘은 부풀어 오른 가루 서 말과 같다. 하나님의 아들의 실존을 이룬 모든 에클레시아는 가루 서 말과 같고 어린양은 누룩과 같다. 속 사람은 누룩과 같고 겉 사람은 가루와 같다.

7.16　οὐ πεινάσουσιν ἔτι οὐδὲ διψήσουσιν ἔτι, οὐδὲ μὴ πέσῃ ἐπ᾽ αὐτοὺς ὁ ἥλιος οὐδὲ πᾶν καῦμα,

우 페이나수신 에티 우데 디프세수신 에티, 우데 메 페세 에프 아우투스 호 헬리오스 우데 판 카우마,

"그들은 다시 주리지도 아니하며 목마르지도 아니하며 해나 모든 뜨거운 열기가 그들 위에 내리쬐지도 아니할 것이다."

기록된 바, "의에 주리고 목마른 자는 복되니 만족케 되리라"라고 하였다. 또 인자들은 "오늘날 우리에게 일용할(존재의) 양식을 주옵소서"라고 기도한다. 누구든지 아버지의 나라와 그의 의에 굶주리고 목마른 자에게 아버지의 나라는 임하여 온다. 그의 나라가 임해 오고 또 어린양이 인도하시면 그는 주리지도 목마르지도 아니한다. 또 하나님의 장막은 해나 뜨거운 열기를 가리우는 그늘이 된다.

그러나 욕심과 선악지식을 좇아서 우상들을 섬기던 자에게 사랑과 생명의 빛이신 어린양(해)으로부터 빛이 비취어 오거나, 그를 닮은 하나님의 아들들에게서 사랑과 생명의 열기가 다가오면 이스라엘 자손이 뜨거운 광야에서 고난을 당한 것 같이 처음에는 그들 모두가 고난으로 애통하며 눈물을 흘리게 될 것이다. 그러나 그것은 그들이 참고 견디어 보좌에 앉아 계신 하나님과 어린양으로 말미암아 위로를 받게 하려는 것이다.

7.17 ὅτι τὸ ἀρνίον τὸ ἀνὰ μέσον τοῦ θρόνου ποιμανεῖ αὐτούς, καὶ ὁδηγήσει
αὐτοὺς ἐπὶ ζωῆς πηγὰς ὑδάτων· καὶ ἐξαλείψει ὁ θεὸς πᾶν δάκρυον ἐκ
τῶν ὀφθαλμῶν αὐτῶν.

**호티 토 아르니온 토 아나 메손 투 드로누 포이마네이 아우투스, 카이 호데게세이
아우투스 에피 조에스 페가스 휘다톤· 카이 엑살레이프세이 호 데오스 판 다크룬
에크 톤 옾달몬 아우톤.**
"왜냐하면 그 보좌 가운데에 계신 그 어린양이 그들의 목자가 되시어 그들을
생명수의 샘들로 인도하시고 하나님이 그들의 눈들에서 모든 눈물을 씻어주실
것이기 때문이다"라고 하였다.

어린양이 말씀하시기를, "내가 그에게 줄 그 물은 그 안에서 영원한 생명에 이르도
록 솟아나는 샘물이 되리라"(요4:14)라고 하였다.

이사야는 야웨 하나님이 행하실 일에 대하여 말하기를, "그가 사망을 영원히 멸하
실 것이라. 나의 주 야웨께서 모든 얼굴에서 눈물을 씻기시며 그 백성의 수치를
온 땅에서 제하시리라. 야웨께서 이같이 말씀하셨다"(사25:8)라고 하였다.

사흘

요한 계시록 8장, 9장, 10장, 11장

사흘 : 당신의 뜻이 하늘에서 이룬 것 같이 땅에서도 이루어지이다
(계 8:1 ~11:19)

● 뭍이 드러나라

창조의 사흘째 날 하나님이 말씀하시기를, "그 하늘들 아래의 물들이 한곳으로 모이고 그 뭍이 드러나라"라고 하셨고 그대로 되었다. 하나님이 그 뭍을 향하여 땅이라 칭하시고 그 모인 물들을 향하여 바다들이라 칭하셨다. 하나님이 보시니 좋았다. 여기까지가 사흘째 날 창조의 알파다.

또 하나님이 말씀하시기를, "그 땅은 풀과 씨 맺는 채소와 각기 종류대로 그 안에 씨가 있는 열매 맺는 과목을 내라"라고 하셨고 그대로 되었다. 풀은 육신의 삶을 사는 자를, 씨 맺는 채소는 '산 혼의 실존'을, 그 안에 씨가 있는 열매를 맺는 과목은 '살려주는 영'을 징조한다.

그 땅이 하나님의 말씀을 좇아서 식물을 낸 것은 사흘째의 오메가다. 하나님이 말씀하신 것은 처음이요, 그 말씀이 이루어진 것은 나중이다. 알파 안에도 처음과 나중이 있고 오메가 안에도 처음과 나중이 있다.

첫 창조의 사흘째 날은 새 창조의 사흘째를 징조한다. 새 창조의 사흘에 인자들은 믿음으로 아버지에게 "당신의 뜻이 하늘에서 이룬 것 같이 땅에서 이루어지이다"라고 기도하며, 아버지는 인자들의 기도를 이루신다. 인자들은 첫 날 "그 하늘들에 계신 아버지 당신의 이름이 거룩히 여김을 받으시옵소서"라고 기도한다. 이틀째 날 "당신의 나라가 임하옵소서"라고 기도하며, 사흘째 날 "당신의 뜻이 하늘에서 이룬 것 같이 땅에서 이루어지이다"라고 기도한다.

하나님의 새 창조는 인자들의 기도와 그 기도를 이루시는 하나님의 일이 짝을 이루고 있다. 사흘째 날의 그 땅과 그 바다들과 또 그 땅이 낸 풀과 채소와 나무들이 하나님이 보시니 좋았다. 첫 창조의 징조를 따라 좋음이 이루어진 새 창조의 사흘째 날 사람의 마음 땅에서도 좋음이 이루어진다. 육신에 속한 것들과 산 혼에 속한 것들과 살려주는 영에 속한 것들이 일체로서 하나님이 보시기에 좋다.

사흘째 날 새롭게 드러난 마른 땅은 생명의 씨를 뿌리는 마음의 영역이다. 이와 같이 마음도 하늘과 땅으로 나뉜다. 바다는 생존의 영역이다. 사람의 그 생존 본능의 영역이 거듭나면 생명을 섬기는 생명의 영역으로 바뀐다.

기록된 바, "온유한 자는 복되니 땅을 상속할 것임이라"라고 하였다. 온유한 마음은 좋은 땅이다. 좋은 땅에 뿌려진 씨앗은 삼십 배, 육십 배, 백배의 결실을 맺는다. 이와 같이 어린양으로 말미암아 말씀으로 온유한 자의 마음에 뿌려진 하나님의 아들의 씨앗은 아버지의 마음의 네 모양으로, 스물네 장로의 모양으로, 144,000의 모양으로, 셀 수 없는 큰 무리의 모양으로 부활과 생명의 열매를 맺는다.

첫 창조에서 사흘째 날 무생물의 땅에 생물이 출현한 것 같이 새 창조의 사흘째 날에 부드러워진 마음에 각종 생명이 출현한다. 이 일은 오직 부활과 생명이신 어린양으로 말미암은 일이다. 어린양은 에클레시아 안에 "나의 원대로 마옵시고 아버지의 원대로 하옵소서"라고 하는 온유한 마음이 드러날 때 생명과 사랑과 거룩과 초월의 씨앗을 그 마음 땅에 뿌리고 열매 맺게 하신다. 이때에 하늘이 된 마음과 땅이 된 몸이 일체를 이룬다.

어린양은 "밀알 하나가 땅에 떨어져 죽지 않으면 한 알 그대로 있고 죽으면 많은 열매를 맺는다"라고 말씀하셨다. 그는 한 알의 밀알처럼 십자가에 못 박혀 죽었다가 제 삼일에 부활하심으로써 모든 에클레시아로 하여금 새 창조의 사흘째에 일어나는 부활과 생명 안으로 들어오게 하셨다.

어린양은 전부터 부활과 생명이시요, 지금도 부활과 생명이시요, 언제나 부활과 생명으로 오고 계신다. 그럼에도 그를 믿는 우리 중 많은 사람이 막연히 장차

올 크로노스의 부활을 기다리며 오늘의 카이로스에서 부활을 맞이한 실존을 이루지 못한다.

이것은 마치 봄에 쭉정이 씨앗을 뿌리고 가을에 수확하려는 자와 같다. 미래의 부활이란 죽었던 자가 먼 훗날 다시 살아나서 영원히 생존하겠다는 것이다. 그러나 그 부활은 심판의 부활이요 형벌이다. 어린양은 지금 알파에서 우리 안에 들어와서 절도와 강도가 되어 있는 우상들을 십자가에 못 박고 하나님의 아들의 실존으로 부활하라 하신다. 그렇지 아니하면 오메가의 영원한 부활을 잃어버린다.

어린양은 우리의 일곱 봉인들을 떼어주시면서 '너희 안에 흰말, 붉은 말, 검은 말, 청황색 말로 징조된 우상들이 나보다 먼저 와서 절도와 강도가 되어있으니 그것들을 십자가에 못 박으라'라고 하신다. 그러나 우리는 '그것들 없이는 한 시도 살 수 없습니다'라고 말한다.

어린양은 우리에게 부활의 믿음으로 그것들을 십자가에 못 박으면 새로운 실존으로 부활케 하겠다 하시는데 우리는 한사코 그 우상들을 당신의 이름으로 섬길 것이니 복을 내려주소서 한다. 그러다가 우리가 죽으면 부활하게 하소서 한다. 오늘날 우리는 도대체 누구를 믿으며 무엇을 소망하는지 알 수 없게 되었다.

그러나 어린양은 우리가 육신의 자기 믿음을 죽이고 예수 그리스도의 부활의 믿음과 하나되는 믿음 안으로 들어오라 하신다. 그리하면 그 믿음으로 말미암아 그 우상들이 멸망당하게 하기 위하여 큰 나팔 소리를 우리 귀에 들려주신다. 이때에 '살아 있는 신됨의 인'으로 인침을 받은 이들은 어린양의 부활과 생명이 무엇인지를 보여주는 증거의 삶을 산다. 에클레시아에게서 육신에 속한 첫 사람의 인들이 떼어지고, 그들의 이마에 새로운 인침이 오는 것은 죽을 것이 죽고, 살 것이 살아나는 천사의 일곱 나팔 소리를 듣게 하려 함이다.

요한 계시록 8장

8.1 Καὶ ὅταν ἤνοιξεν τὴν σφραγῖδα τὴν ἑβδόμην, ἐγένετο σιγὴ ἐν τῷ οὐρανῷ ὡς ἡμιώριον.

카이 호탄 에노익센 텐 스프라기다 텐 헤브도멘, 에게네토 시게 엔 토 우라노 호스 헤미오리온.

그가 일곱째 인을 떼셨을 때 그 하늘에 반 시간쯤 고요함이 있었다.

이제 하나님의 계시는 어린양이 일곱 인들을 떼는 것에서 천사들의 나팔 소리로 옮겨가기 직전이다. 요한은 하나님의 계시가 어떻게 드러날지 알지 못하는 중에 그것을 기다리고 있었다. 그 기다림 중에 반 시간쯤 고요하였으니 요한은 계시의 큰 전환을 예상하였을 터이다. 보는 계시는 눈의 열림이요, 듣는 계시는 귀의 열림이다. 육신의 봉인들이 떼어지고 영의 인침을 받은 자는 들을 귀로 나팔 소리를 듣는다.

8.2 καὶ εἶδον τοὺς ἑπτὰ ἀγγέλους οἳ ἐνώπιον τοῦ θεοῦ ἑστήκασιν, καὶ ἐδόθησαν αὐτοῖς ἑπτὰ σάλπιγγες.

카이 에이돈 투스 헵타 앙겔루스 호이 에노피온 투 데우 헤스테카신, 카이 에도데산 아우토이스 헵타 살핑게스.

나는 그 일곱 천사들을 보았는데 그들은 하나님 앞에 서 있었고 또 일곱 나팔들이 주어졌다.

기록된 바, "그가 큰 나팔 소리와 함께 천사들을 보내리니 그들이 그의 택하신 자들을 그 네 바람들로부터 하늘들의 이 끝들에서 저 끝들에까지 모으리라"(마 24:31)라고 하였다. 어린양은 사람들이 가진 마음 하늘들에서 부는 우상의 네 바람들로부터 그의 택하신 자들을 자기에게로 모으시기 위하여 천사들을 보내시어 나팔을 불게 하신다.

8.3   Καὶ ἄλλος ἄγγελος ἦλθεν καὶ ἐστάθη ἐπὶ τοῦ θυσιαστηρίου ἔχων
λιβανωτὸν χρυσοῦν, καὶ ἐδόθη αὐτῷ θυμιάματα πολλὰ ἵνα δώσει
ταῖς προσευχαῖς τῶν ἁγίων πάντων ἐπὶ τὸ θυσιαστήριον τὸ χρυσοῦν
τὸ ἐνώπιον τοῦ θρόνου.

**카이 알로스 앙겔로스 엘덴 카이 에스타데 에피 투 뒤시아스테리우 에콘
리바노톤 크뤼순, 카이 에도테 아우토 뒤미아마타 폴라 히나 도세이
타이스 프로슈카이스 톤 하기온 판톤 에피 토 뒤시아스테리온 토 크뤼순
토 에노피온 투 드로누.**
또 다른 한 천사가 와서 금 향로를 가지고 제단 앞에 섰다. 그리고 그에게
많은 향이 주어졌는데 이는 그 모든 거룩한 자들의 그 기도들과 함께 그 보좌
앞의 금 제단 위에 드리고자 함이다.

5장 8절에서 그 거룩한 자들의 기도들은 어린양이 인을 떼시기 전에 네 생물들과
스물네 장로들의 손에 있는 금 대접들에 가득한 향으로 있었다. 8장 3절에서 천사
가 가진 금 향로의 향과 함께 그 거룩한 자들의 기도들은 금 제단 위에 드려진다.
그들의 기도들은 알파에서는 어린양으로 하여금 인을 떼시게 하고 오메가에서는
천사들의 나팔 소리가 들리게 한다. 거룩한 에클레시아의 기도는 어린양이 인들을
떼고, 나팔 소리를 울리게 한다.

8.4   καὶ ἀνέβη ὁ καπνὸς τῶν θυμιαμάτων ταῖς προσευχαῖς τῶν ἁγίων ἐκ
χειρὸς τοῦ ἀγγέλου ἐνώπιον τοῦ θεοῦ.

**카이 아네베 호 카프노스 톤 뒤미아마톤 타이스 프로슈카이스 톤 하기온, 에크
케이로스 투 앙겔루, 에노피온 투 데우.**
그 향들의 연기가 그 거룩한 자들의 기도들과 함께 그 천사의 손으로부터 하나
님 앞으로 올라갔다.

기록된 바, "우리는 구원되는 자들 안에서와 망하는 자들 안에서 하나님을 향한 그리스도의 향기니 이 사람들에게는 사망으로부터 사망에 이르는 냄새요 저 사람들에게는 생명으로부터 생명에 이르는 냄새라"(고후2:15~16)라고 하였다. 거룩한 자들의 삶(향기)과 그들의 기도는 온전한 짝이 되어 하나님께 드려진다. 그리고 에클레시아에게 천사들의 나팔 소리가 들려지면 그들 안에 여전히 보이지 않게 있던 우상들이 심판을 받고 멸망을 당한다.

8.5 καὶ εἴληφεν ὁ ἄγγελος τὸν λιβανωτόν, καὶ ἐγέμισεν αὐτὸν ἐκ τοῦ πυρὸς τοῦ θυσιαστηρίου, καὶ ἔβαλεν εἰς τὴν γῆν· καὶ ἐγένοντο βρονταὶ καὶ φωναὶ καὶ ἀστραπαὶ καὶ σεισμός.

카이 에일레펜 호 앙겔로스 톤 리바노톤, 카이 에게미센 아우톤 에크 투 퓌로스 투 뒤시아스테리우, 카이 에발렌 에이스 텐 겐· 카이 에게논토 브론타이 카이 포나이 카이 아스트라파이 카이 세이스모스.

그 천사가 그 향로를 가지고 그 제단의 불을 가득 담아 그 땅에 던졌다. 그러자 천둥들과 음성들과 번개들과 진동이 있었다.

여기 그 땅은 어디인가. 에클레시아의 마음 땅이다. 그러면 그 천사는 왜 에클레시아의 마음 땅에 제단의 불을 향로에 가득 담아서 던졌는가. 그 이유가 7절 이후에 드러나고 있다.

일곱 천사들이 나팔을 불기 전 그 땅에 오늘 여기서 이루어지는 심판의 불이 던져졌다. 그러자 아버지로부터 거룩한 천둥소리들과 사랑의 음성들과 생명의 빛들과 초월의 진동이 에클레시아에게 임해 왔다. 전부터 계셨고, 지금도 계시며, 오고 계신 하나님은 육신의 크로노스의 과거와 미래의 자기 믿음에 갇혀 오늘의 카이로스에서 육에서 죽고 영으로 사는 존재적 부활을 믿지 못하는 이들에게 그것을 알고 믿게 하는 나팔 소리를 듣게 하신다. 크로노스에 속한 사람들은 막연히 과거에 하나님이 천지를 창조하신 것과 미래에 부활할 것은 믿지만 오늘 여기의 카이

로스의 존재적 부활은 도무지 믿지 아니한다. 그들은 실체가 없는 공허한 믿음
속에 있다.

8.6   Καὶ οἱ ἑπτὰ ἄγγελοι οἱ ἔχοντες τὰς ἑπτὰ σάλπιγγας ἡτοίμασαν
      αὐτοὺς ἵνα σαλπίσωσιν.

      **카이 호이 헵타 앙겔로이 호이 에콘테스 타스 헵타 살핑가스 헤토이마산
      아우투스 히나 살피소신.**

      그때 그 일곱 나팔들을 가지고 있는 그 일곱 천사들이 나팔을 불 채비를 하였다.

에클레시아에게 아버지로부터 거룩한 천둥소리와 사랑의 음성과 생명의 번개 빛
들과 초월의 진동이 오고 있는 동안 일곱 천사들은 나팔을 불 채비를 하였다.
하나님이 에클레시아에게 나팔 소리를 들려주시는 것은 오늘의 부활이 비어 있는
그 자신의 공허한 믿음과 싸워 이기고 오늘 여기 카이로스에서 부활의 믿음으로
나의 나됨을 이루게 하려 함이다.

8.7   Καὶ ὁ πρῶτος ἐσάλπισεν· καὶ ἐγένετο χάλαζα καὶ πῦρ μεμιγμένα ἐν
      αἵματι, καὶ ἐβλήθη εἰς τὴν γῆν· καὶ τὸ τρίτον τῆς γῆς κατεκάη, καὶ
      τὸ τρίτον τῶν δένδρων κατεκάη, καὶ πᾶς χόρτος χλωρὸς κατεκάη.

      **카이 호 프로토스 에살피센· 카이 에게네토 칼라자 카이 퓌르 메미그메나 엔
      하이마티, 카이 에블레데 에이스 텐 겐· 카이 토 트리톤 테스 게스 카테카에, 카이
      토 트리톤 톤 덴드론 카테카에, 카이 파스 코르토스 클로로스 카테카에.**

      첫째 천사가 나팔을 불자 피 섞인 우박과 불이 나서 그 땅에 던져져 그 땅의
      삼분의 일이 타버렸고 그 나무들의 삼분의 일이 타버렸고 푸른 풀이 다 타
      버렸다.

● 삼분의 일 심판

'삼분의 일 심판'을 알지 못하면 요한 계시록을 아무리 읽어도 소용없다. 천사들의 나팔 소리에 의해서 시행되는 삼분의 일 심판은 무엇인가. 그 심판은 왜 에클레시아에게 일어나는가. 그것을 알지 못하면 에클레시아의 믿음도 소망도 사랑도 공허한 것이다. 모든 에클레시아는 '인생(휘오스 안드로푸, 벤 아담)' 가운데서 예수 그리스도를 본받아 '그 사람의 그 아들(인자)'의 실존을 이루도록 그 이마에 인침을 받은 하나님의 종이다. 종이라 함은 노예가 아니라 반드시 이뤄야 할 일이 있다 함이다. 그것이 바로 부활의 실존이 되는 일이다.

에클레시아는 하나님의 마음의 네 모양이 그 안에서 세 시상을 좇아서 영과 육으로 '스물네 장로의 모양($4 \times 3 \times 2$)'을 이루어야 한다. 그러나 모든 에클레시아는 처음에 그 육신으로 시공 속에서 첫 사람의 세상을 이루어 산다. 그는 언제나 육신의 정욕, 안목의 정욕, 이생의 자랑, 선악지식의 유혹을 받는다. 그 유혹들은 에클레시아 안에 네 말들이 징조하는 우상들을 만들어 가지게 한다.

에클레시아는 '전부터 계서 왔고(호 엔)', '지금도 계시며(호 온)', '오고 계신 이(호 에르코메노스)'를 믿는 실존이다. 그러나 수많은 에클레시아는 어제, 오늘, 내일의 세 시상 속에 살면서도 특히 오늘에 관한 한 예수 그리스도의 부활의 믿음 안으로 들어와서 카이로스의 실존을 이루지 아니하고 자기 믿음으로 살며 그것이 무너지지도 않는다.

수많은 에클레시아는 하나님이 천지를 창조하신 것도 믿고, 새 하늘과 새 땅을 창조하실 것도 믿는다. 하지만 오늘 여기 카이로스에서 그리스도께서 그를 부활의 새로운 실존으로 창조하시는 것에 대하여는 알지도 믿지도 아니한다. 어린양은 하나님께 부름받은 사람들의 오늘의 부활을 위하여 십자가에 못 박혀 죽으시고 제 삼일에 살아나셨다. 그러나 에클레시아는 그 일을 자기의 일로 알지도 믿지도 아니한다.

어린양은 어제도 부활과 생명이시며, 오늘도 부활과 생명이시며, 내일도 부활과 생명이시다. 어린양의 믿음 안으로 들어와서 그 믿음과 하나된 에클레시아 또한 그러하다. 그러함에도 많은 에클레시아가 오늘에 관한 한 계시의 말씀을 믿지 아니하고 첫 사람의 생각을 따라 첫 사람의 길을 걷고 있다. 오늘을 자기 뜻대로 사는 에클레시아의 자기 믿음 속에 우상들이 절도와 강도가 되어 섬김을 받고 있다.

그런즉 어린양과 에클레시아의 믿음 사이에 건널 수 없는 '오늘'이라는 구렁이 존재한다. 에클레시아가 죽을 데서 죽고 살 데서 사는 오늘의 부활 안으로 들어오지 않고, 내일의 부활을 믿을수록 더욱 우상을 섬긴다. 그가 그 우상을 하나님이라 부르든, 어린양이라 부르든 상관없이 오늘의 부활을 믿지 아니하는 자의 하나님은 우상이다. 그 우상은 오늘 여기서 자기 믿음이 죽고 예수 그리스도의 믿음으로 부활한 때에 심판받아 멸망당할 것이지만 그 힘이 너무나 강력하다.

그러므로 삼분의 일 심판은 오늘의 부활과 생명 안으로 들어오지 아니하는 에클레시아의 자기 믿음의 세상에 대한 심판이다. 이 심판은 부활과 생명이 비어 있는 '오늘(1/3)'의 삶에 속한 모든 것을 불태운다. 이 일은 에클레시아를 심판하여 그로부터 우상의 세상을 멸망시키고 아버지의 뜻이 하늘에서 이룬 것 같이 그에게서 이루어지게 하려 함이다. 그러므로 땅(마음)의 삼분의 일은 아직까지 욕심의 영역이다.

자기 믿음으로 욕심을 좇아 오늘을 사는 에클레시아는 그 욕심 때문에 예수 그리스도의 피와 하나님의 말씀과 하나님의 영의 역사를 헛되게 하고 있다. 그러므로 말씀은 우박이 되고 성령의 역사는 불이 되어 어린양의 피와 함께 에클레시아의 삼분의 일의 땅에 던져진다. 이는 오늘 죽을 것이 죽고, 살 것이 살게 하려 함이다. 이 심판으로 붉은 말이 지배하는 세상인 땅과 나무들과 풀이 타버린다. 이 때에 피 흘리는 곰이 죽고 섬김의 송아지가 일으킴을 받는다.

8.8 Καὶ ὁ δεύτερος ἄγγελος ἐσάλπισεν· καὶ ὡς ὄρος μέγα πυρὶ καιόμενον
ἐβλήθη εἰς τὴν θάλασσαν· καὶ ἐγένετο τὸ τρίτον τῆς θαλάσσης αἷμα,

카이 호 듀테로스 앙겔로스 에살피센· 카이 호스 오로스 메가 퓌리 카이오메논
에블레데 에이스 텐 달라싼· 카이 에게네토 토 트리톤 테스 탈라쎄스 하이마.

둘째 천사가 나팔을 불자 불타는 큰 산과 같은 것이 그 바다에 던져져서 그
바다의 삼분의 일이 피가 되었고

첫째 천사의 나팔소리를 좇아서 욕심의 우상이 지배하는 땅과 나무들과 푸른 풀이
불타버린다. 그러나 그 땅에 첫 사람의 선이 큰 산을 이루고 있다. 그것은 둘째
나팔 소리를 좇아서 바다에 던져진다.

8.9 καὶ ἀπέθανε τὸ τρίτον τῶν κτισμάτων τῶν ἐν τῇ θαλάσσῃ, τὰ
ἔχοντα ψυχάς, καὶ τὸ τρίτον τῶν πλοίων διεφθάρησαν.

카이 아페다네 토 트리톤 톤 크티스마톤 톤 엔 테 달라쎄, 타
에콘타 프쉬카스, 카이 토 트리톤 톤 플로이온 디에프다레산.

그 바다 안에 있는 혼들을 가지고 있는 그 피조물들의 삼분의 일이 죽고 그
배들의 삼분의 일이 파괴되었다.

바다는 생존 본능의 영역이다. 그 삼분의 일은 아직 생명을 섬기는 영역으로 거듭
나지 못했다. 바다는 검은 말을 탄 자가 지배하는 우상의 처소다. 이 일은 에클레
시아가 검은 말과 싸우면서 그 우상의 처소를 자신의 피로 채우는 일이다. 곧
'검은 말(표범)'은 죽고 인자가 일으킴을 받기 위함이다. 생존 세상을 신속하게
넘나들던 '배(Belly)'의 우상이 파괴되는 일이다. '배(Belly)'는 바다의 '배(Ship)'
와 같다. 에클레시아는 이때에 생존의 믿음으로부터 생명의 믿음으로 일으킴을
받아 하늘의 실존에 맞닿아 있는 양식을 구하게 된다.

8.10 Καὶ ὁ τρίτος ἄγγελος ἐσάλπισεν· καὶ ἔπεσεν ἐκ τοῦ οὐρανοῦ ἀστὴρ μέγας καιόμενος ὡς λαμπάς, καὶ ἔπεσεν ἐπὶ τὸ τρίτον τῶν ποταμῶν καὶ ἐπὶ τὰς πηγὰς τῶν ὑδάτων.

카이 호 트리토스 앙겔로스 에살피센' 카이 에페센 에크 투 우라누 아스테르 메가스 카이오메노스 호스 람파스, 카이 에페센 에피 토 트리톤 톤 포타몬 카이 에피 타스 플레가스 톤 휘다톤.

셋째 천사가 나팔을 불자 횃불처럼 타는 큰 별이 그 하늘로부터 떨어져 그 강들의 삼분의 일 위와 물들의 그 샘들 위에 떨어졌다.

강들과 물들이 솟아오르는 샘들의 삼분의 일은 에클레시아의 교리와 자기 깨달음의 선악세계다. 이 영역은 흰말을 탄 자가 지배하고 있다. 셋째 천사의 나팔소리에 '아담처럼 선악지식으로 하나님과 같이 되겠다'라고 하며 횃불같이 불타던 큰 소망(선)은 에클레시아의 하늘에서 떨어져 내린다. 이 심판으로 약육강식하던(세상에서 성공하던) 사자는 죽고 세상을 이기는 사자가 일으킴을 받는다. 세상을 이기는 사자는 속 사람이 겉 사람의 왕이 되어 그 겉 사람을 다스리는 자다.

8.11 καὶ τὸ ὄνομα τοῦ ἀστέρος λέγεται· ὁ Ἄψινθος. καὶ ἐγένετο τὸ τρίτον τῶν ὑδάτων εἰς ἄψινθον, καὶ πολλοὶ τῶν ἀνθρώπων ἀπέθανον ἐκ τῶν ὑδάτων, ὅτι ἐπικράνθησαν.

카이 토 오노마 투 아스테로스 레게타이' 호 아프신도스. 카이 에게네토 토 트리톤 톤 휘다톤 에이스 아프신돈, 카이 폴로이 톤 안드로폰 아페다논 에크 톤 휘다톤, 호티 에피크란데산.

그 별의 이름은 쑥이라 불리우며 그 물들의 삼분의 일이 쑥이 되었고 그 물들이 쓰게 된 까닭에 많은 사람이 죽었다.

셋째 나팔 소리에 에클레시아가 자기 믿음으로 붙들고 살아오던 그 선악지식은 마침내 쑥이 되고, 그 쓴 물을 마시며 약육강식하던 사자들은 죽고 다시 세상을 이기는 진리의 사자들이 일으킴을 받는다.

8.12 Καὶ ὁ τέταρτος ἄγγελος ἐσάλπισεν· καὶ ἐπλήγη τὸ τρίτον τοῦ ἡλίου καὶ τὸ τρίτον τῆς σελήνης καὶ τὸ τρίτον τῶν ἀστέρων, ἵνα σκοτισθῇ τὸ τρίτον αὐτῶν καὶ ἡ ἡμέρα μὴ φάνῃ τὸ τρίτον αὐτῆς, καὶ ἡ νὺξ ὁμοίως.

카이 호 테타르도토스 앙겔로스 에살피센' 카이 에플레게 토 트리톤 투 헬리우 카이 토 트리톤 테스 셀레네스 카이 토 트리톤 톤 아스테론, 히나 스코티스데 토 트리톤 아우톤 카이 헤 헤메라 메 파네 토 트리톤 아우테스, 카이 헤 뉙스 호모이오스.

넷째 천사가 나팔을 불자 그 해의 삼분의 일과 그 달의 삼분의 일과 그 별들의 삼분의 일이 타격을 받아 그것들의 삼분의 일이 어두워졌으며 낮의 삼분의 일에 빛이 없고 밤도 그러하였다.

해는 낮을 비추고 달과 별은 밤을 비춘다. 에클레시아에게 해는 사랑이요, 달은 믿음이요, 별은 소망이다. 에클레시아에게 어린양은 사랑의 근원이요, 믿음의 근원이요, 소망의 근원이다. 그러나 그 에클레시아 안의 삼분의 일인 오늘은 우상을 섬기는 사랑과 우상을 믿는 믿음과 우상을 소망하는 소망이 자리 잡고 있다. 그것들이 타격을 받아 어두워졌으니 이제 어린양의 사랑과 믿음과 소망으로 일으킴을 받을 것이다.

그러나 에클레시아로 불리고 있는 사람들 가운데 그 이마에 인침을 받지 아니한 사람들은 그들이 사랑하고, 믿고, 소망하는 우상들이 타격을 받아 죽었을지라도 그들은 어린양 안에 있지 아니하므로 다시 살아날 수 없다. 그러므로 삼분의 일 심판은 어린양 안에 있는 자들에게는 부활을 가져오고, 그 밖에 있는 자에게는 멸망을 가져온다. 오늘의 부활의 실존을 이룬 에클레시아는 독수리와 같다. 그들은 시공을 초월하여 시공 너머의 근원 안으로 들어온다. 그러나 오늘의 부활을 알지도 믿지도 못하는 자는 청황색 말과 함께 멸망에 이른다.

에클레시아는 어린양으로 말미암아 아버지의 마음의 네 모양 안에서 세 시상을 좇아서 낮과 밤으로 '스물네 장로의 모양($4 \times 3 \times 2$)'을 이룬다. 스물네 모양은 다시 마음을 다하고, 혼을 다하고, 뜻을 다하는 십일조의 삶을 통하여 '144,000 ($12 \times 12 \times 10^3$)의 풍성하고 온전한 모양'을 이룬다. 그 이마에 인침을 받아 풍성하고 온전한 부활의 실존을 이루는 이들은 14장에서 어린양과 함께 시온 산에 선다. 그들은 아직 나팔을 불지 않은 세 천사들이 나팔을 부는 동안 '나의 나됨'의 풍성함과 온전함에 이른다.

8.13 Καὶ εἶδον, καὶ ἤκουσα ἑνὸς ἀετοῦ πετομένου ἐν μεσουρανήματι λέγοντος φωνῇ μεγάλῃ· Οὐαὶ οὐαὶ οὐαὶ τοὺς κατοικοῦντας ἐπὶ τῆς γῆς ἐκ τῶν λοιπῶν φωνῶν τῆς σάλπιγγος τῶν τριῶν ἀγγέλων τῶν μελλόντων σαλπίζειν.

카이 에이돈, 카이 에쿠사 헤노스 아에투 페토메누 엔 메수라네마티 레곤토스 포네 메갈레· 우아이 우아이 우아이 투스 카토이쿤타스 에피 테스 게스 에크 톤 로이폰 포논 테스 살핑고스 톤 트리온 앙겔론 톤 멜론톤 살피제인.

나는 또 보고 들었다. 공중에 날아가는 독수리 한 마리가 큰 소리로 "그 땅에 거하는 자들에게 화, 화, 화가 있으리니 아직도 그 세 천사들이 불 나팔 소리들이 남아있기 때문이다"라고 말하고 있다.

공중에 날아가는 독수리는 네 나팔 소리를 좇아서 이루어진 부활의 실존이다. 그러나 네 나팔 소리에도 불구하고 여전히 육신의 정욕과 안목의 정욕과 이생의 자랑과 선악지식을 좇아서 오늘 여기 카이로스에서 삼분의 일 심판이 이루어지지 않고 여전히 땅에 뿌리내리고 사는 이들이 있다. 독수리는 하늘 높이 날면서 그들에게 세 가지 화들이 오고 있다고 외치고 있다. 이는 그들로 그 '땅에 뿌리내리지(카토이케오)' 말고 '땅에 잠시 머물며(파로이케오)' 생명의 근원을 향해 나아가는 복된 자가 되라는 외침이다. 그러나 땅에 뿌리내린 자들은 들을 귀가 없어서 독수리의 외침을 들어도 듣지 못한다.

요한 계시록 9장

9.1   Καὶ ὁ πέμπτος ἄγγελος ἐσάλπισεν· καὶ εἶδον ἀστέρα ἐκ τοῦ οὐρανοῦ πεπτωκότα εἰς τὴν γῆν, καὶ ἐδόθη αὐτῷ ἡ κλεὶς τοῦ φρέατος τῆς ἀβύσσου·

카이 호 펨프토스 앙겔로스 에살피센' 카이 에이돈 아스테라 에크 투 우라누 페프토코타 에이스 텐 겐, 카이 에도데 아우토 헤 클레이스 투 프레아토스 테스 아뷔쑤.

다섯째 천사가 나팔을 불었다. 내가 보니 그 하늘에서 그 땅속으로 떨어진 별 하나가 있는데 그에게 그 무저갱의 그 열쇠가 주어졌다.

어린양이 다섯째 인을 떼셨을 때 하나님의 말씀과 그들이 가진 증거를 인하여 죽임을 당한 혼들이 제단 아래에 있었다. 그들은 그들의 마음 하늘의 소망인 부활하신 어린양을 본받아 죽임을 당했다. 그러나 다섯째 천사가 나팔을 불었을 때 부활의 소망인 어린양을 새벽 별로 영접하지 못하고 무저갱의 별로 영접한 자들이 드러났다. 그들에겐 죽임을 당하고 살아나신 어린양이 오늘의 부활과 생명이 아니라 무저갱의 임금이 되어 있다. 그들에게 어린양은 하늘 문을 여는 자가 아니라 무저갱의 문을 여는 자가 되었다. 오늘날 온 세상은 살아 계신 그리스도 예수를 본받지 아니하고 죽은 예수를 우상으로 붙들고 무저갱으로 빠져들고 있다.

9.2   καὶ ἤνοιξεν τὸ φρέαρ τῆς ἀβύσσου, καὶ ἀνέβη καπνὸς ἐκ τοῦ φρέατος ὡς καπνὸς καμίνου μεγάλης, καὶ ἐσκοτώθη ὁ ἥλιος καὶ ὁ ἀὴρ ἐκ τοῦ καπνοῦ τοῦ φρέατος.

카이 에노익센 토 프레아르 테스 아뷔쑤, 카이 아네베 카프노스 에크 투 프레아토스 호스 카프노스 카미누 메갈레스, 카이 에스코토데 호 헬리오스 카이 호 아네르 에크 투 카프누 투 프레아토스.

그가 그 무저갱을 열자 그 구렁으로부터 큰 풀무의 연기 같은 연기가 올라와서 그 해와 그 공기가 그 구렁의 연기로 어두워졌다.

새로 번역된 어떤 한글 성경은 '토 프레아르 테스 아뷔쑤'를 '끝없이 깊은 지옥 구렁'이라 하였다. 그러나 이것은 '아뷔쑤'가 무엇인지 알지 못한 데서 비롯된 것이다. 창세기 1장 2절의 '테홈'은 '깊음(바도스)'이다. 이 깊음이 헬라어로 번역될 때 '아뷔쑤(Abyss)'로 오역되었다. 첫 사람은 하나님의 지혜와 지식의 '깊음(바도스)' 속에서 하나님의 계시를 좇아 건져냄을 받는다. 그러나 하나님의 계시를 좇지 아니하고 인간의 욕망과 선악지식을 좇는 자는 하나님의 측량할 수 없는 지혜와 지식의 깊음 속에서 길을 잃게 된다. 그러므로 하나님의 지혜와 지식의 깊음은 자신의 욕망과 선악지식을 좇는 자에게 '무저갱(Abyss)'이 되고 만다. 이와 같이 자신의 욕망과 선악지식을 좇아서 예수 그리스도를 세상 임금으로 믿는 자는 무저갱 속으로 빠져들고 만다.

자기 믿음으로 하늘에서 땅속으로 떨어진 별(세상 임금)을 가진 자는 그 별이 그에게 무저갱의 문을 열어 준다. 그 무저갱에 빠진 이들은 이제 구렁 밖으로 나와서 큰 세력으로 그들의 세상을 만들고자 한다. 첫째 천사의 나팔 소리를 좇아서 그 땅의 삼분의 일과 그 나무들의 삼분의 일과 모든 푸른 풀들이 불타버렸다. 그 불은 꺼지지 않고 무저갱까지 이르렀다. 무저갱이 열리자 거기로부터 큰 풀무의 연기 같은 연기가 올라왔다. 그 연기는 사람들에게 빛(해)이신 어린양을 보지 못하게 하고, 그들의 마음을 더욱 어둡게 한다.

9.3   καὶ ἐκ τοῦ καπνοῦ ἐξῆλθον ἀκρίδες εἰς τὴν γῆν, καὶ ἐδόθη αὐταῖς
       ἐξουσία ὡς ἔχουσιν ἐξουσίαν οἱ σκορπίοι τῆς γῆς.

카이 에크 투 카프누 엑셀돈 아크리데스 에이스 텐 겐, 카이 에도데 아우타이스 엑수시아 호스 에쿠신 엑수시안 호이 스코르피오이 테스 게스.

또 그 연기로부터 메뚜기들이 그 땅속으로 들어왔는데 그들에게 그 땅의 그 전갈들이 가진 권세와 같은 권세가 주어졌다.

여기서 '메뚜기들'은 무엇을 말함인가. 이사야서 40장에 "땅의 거민들은 메뚜기들과 같다"라고 하였다. 어린양은 사람들로 하여금 "하나님의 아들의 실존으로 새롭게 지어지라"라고 말씀하신다. 그러나 자기 믿음으로 크고, 높고, 강하고, 부자가 되고자 하는 그들은 도리어 무저갱에서 올라와서 땅에 거하는 메뚜기가 되었다. 그들의 얼굴은 사람이지만 마음은 메뚜기다.

모세가 이스라엘 백성을 애굽에서 인도해 낸 후 가나안 땅 가까이 이르렀을 때 이스라엘 열두 지파에서 한 사람씩 선택하여 가나안 땅을 탐지하게 하였다. 그들이 사십일 간 그 땅을 탐지하고 돌아와서 말하기를, "거기서 네피림 후손 아낙 대장부들을 우리가 보았는데 우리 눈에도 우리가 메뚜기 같았으니 그들의 눈에도 그와 같았을 것이다"(민13:33)라고 하였다.

누구든지 삼분의 일 심판이 시행될 때에 예수 그리스도 안에서 자기가 하나님의 아들임을 믿고 그 심판을 견디는 자는 하나님의 아들이 되고 메뚜기라 믿는 자는 메뚜기가 된다. 여기에 믿음의 비밀이 있다. 이 메뚜기들은 창세기 1장 26절에 계시된 '우리 형상 안에서 우리의 모양과 같이(베짤메누 키드무테누)' 사람을 만들자 하신 하나님의 계시를 믿지 않고 인간의 선악지식을 좇아서 스스로 메뚜기가 되었다. 하나님의 영은 그들에게 소멸하는 불이 되었고 그들의 믿음은 풀무의 연기가 되었다. 그러나 그들에게는 잠시 사람을 해치는 권세가 주어졌다. 그들은 전갈이 쏘듯이 그들의 선악지식으로 사람을 쏜다. 하나님은 땅에 거하는 사람들이 메뚜기를 닮지 않게 하기 위하여 메뚜기에게 잠시 권세를 주어서 이 일을 행하신다.

9.4 καὶ ἐρρέθη αὐταῖς ἵνα μὴ ἀδικήσουσιν τὸν χόρτον τῆς γῆς οὐδὲ πᾶν χλωρὸν οὐδὲ πᾶν δένδρον, εἰ μὴ τοὺς ἀνθρώπους οἵτινες οὐκ ἔχουσι τὴν σφραγῖδα τοῦ θεοῦ ἐπὶ τῶν μετώπων.

카이 에르레데 아우타이스 히나 메 아디케수신 톤 코르톤 테스 게스 우데 판 클로론 우데 판 덴드론, 에이 메 투스 안드로푸스 호이티네스 우크 에쿠시 텐 스프라기다 투 데우 에피 톤 메토톤.

그들은 그 땅의 풀이나 푸른 것이나 나무는 아무것도 해하지 말고 오직 그들의 이마에 하나님의 그 인을 가지지 아니한 사람들만 해하라고 지시받았다.

그 땅의 풀이나 푸른 것이나 나무의 삼분의 일은 이미 삼분의 일 심판 때에 다 타버렸다. 다섯째 천사가 나팔을 불 때에는 그 이마에 살아 있는 신됨의 인을 가진 자의 마음 땅에 있는 풀이나 푸른 것이나 나무는 메뚜기들이 해할 수 있는 대상이 아니다. 메뚜기들은 그것들을 해할 권세가 없다. 다만 그들이 해할 수 있는 자들은 이마에 신됨의 인을 갖지 아니한 자들이다. 메뚜기는 군집성이 강한 곤충이다. 오늘날 메뚜기가 되어버린 그들은 떼를 지어 다니며 사람들을 괴롭힌다. 에클레시아는 영의 눈으로 이 일을 '호라오'할 수 있어야 한다.

9.5 καὶ ἐδόθη αὐτοῖς ἵνα μὴ ἀποκτείνωσιν αὐτούς, ἀλλ᾽ ἵνα βασανισθήσονται μῆνας πέντε· καὶ ὁ βασανισμὸς αὐτῶν ὡς βασανισμὸς σκορπίου, ὅταν παίσῃ ἄνθρωπον.

카이 에도데 아우토이스 히나 메 아포크테이노신 아우투스, 알 히나 바사니스데손타이 메나스 펜테· 카이 호 바사니스모스 아우톤 호스 바사니스모스 스코르피우, 호탄 파이세 안드로폰.

그러나 그들을 죽이지는 못하고 다섯 달 동안 괴롭히도록 되었는데 그들의 괴롭힘은 전갈이 사람을 쏠 때의 괴롭힘과 같았다.

메뚜기들은 육체와 함께 정과 욕심을 십자가에 못 박는 그 죽음이 두려워 욕심과 선악지식의 무저갱으로 숨어든 자들이다. 그들은 첫 사람이 죽지 못하여 둘째 사람으로 일으킴을 받지 못하였다. 그래서 메뚜기가 되었다. 그들은 죽을 권세도 없었고 또 아무도 죽일 권세도 없다. 다만 다섯 달 동안 사람들을 괴롭힐 권세를 가졌다. 그러면 다섯 달은 무엇을 징조하고 있는가.

사람은 오감이 있으며 손가락은 좌우 다섯씩 열 개다. 메뚜기는 육신의 정욕, 안목의 정욕, 이생의 자랑을 십자가에 못 박지 못하고 선악지식의 무저갱으로 숨어든 자들이다. 다섯 달은 일백오십일이다. 다섯 달의 영적 의미는 메뚜기가 된 사람이 그 '오감(5)'을 가지고 '육신의 정욕, 안목의 정욕, 이생의 자랑(3)'을 이루고자 '열 손가락(10)' 모두(5×3×10)를 쓰고 있는 모습이다. 메뚜기의 몸은 그들이 갇힌 공간이요, 일백오십일은 그들이 갇힌 시간이다. 다섯 달은 메뚜기들이 시공에 갇혀서 그들의 선악지식으로 시공에 갇힌 사람들을 괴롭히는 크로노스의 때이다.

오늘날 메뚜기들은 하늘에서 땅속으로 떨어진 별(부활하신 그리스도가 아닌 십자가에 못 박혀 죽은 예수)이 그들의 욕심과 선악지식을 이루어주시는 주님이요 왕이라 믿는다. 그들은 자기 믿음으로 땅 속으로 떨어졌던 별(예수)을 믿을 뿐, 부활의 믿음으로 그 땅속에서 올라와서 죽은 자들을 살리시려고 하늘에 오른 새벽별인 그리스도 예수를 믿지 아니한다. 오늘 여기서 부활의 실존을 이루는 자는 새벽 별인 예수 그리스도를 믿는 자이다.

9.6   *καὶ ἐν ταῖς ἡμέραις ἐκείναις ζητήσουσιν οἱ ἄνθρωποι τὸν θάνατον καὶ οὐ μὴ εὑρήσουσιν αὐτόν, καὶ ἐπιθυμήσουσιν ἀποθανεῖν καὶ φεύγει ὁ θάνατος ἀπ' αὐτῶν.*

카이 엔 타이스 헤메라이스 에케이나이스 제테수신 호이 안드로포이 톤 다나톤 카이 우 메 휴레수신 아우톤, 카이 에피뒤메수신 아포다네인, 카이 퓨게이 호 다나토스 아프 아우톤.

그날들에는 사람들이 죽음을 구할 것이나 그것을 찾지 못할 것이며 죽고 싶으나 그 죽음이 그들로부터 피할 것이다.

첫 사람의 육신의 크로노스의 날들에서 선악지식을 좋아서 육신의 정욕, 안목의 정욕, 이생의 자랑을 이루고자 하는 사람들은 죽을 것이 죽고 살 것이 사는 부활에

이를 수 없다. 비록 그들이 죽음을 구한다 할지라도 그 죽음은 부활을 맞이하는 죽음도 아니며 죽음이 그들로부터 피해 간다.

기록된 바, "십자가의 도가 멸망하는 자들에게는 어리석음이요 구원되는 우리에게는 신됨의 능력이라"(고전1:18)라고 하였다. 어리석음과 지혜는 동전의 양면과 같아서 첫 사람에게 어리석은 것은 둘째 사람에게 지혜가 된다. 또한 둘째 사람에게 신됨의 능력이 되는 것은 첫째 사람에게 무능함이 된다. 첫 사람은 육신의 정욕, 안목의 정욕, 이생의 자랑을 이루는 것을 지혜와 능력으로 삼고, 반면 둘째 사람은 그 육신의 정욕, 안목의 정욕, 이생의 자랑을 십자가에 못 박고 생명과 사랑과 거룩과 진리로 부활하는 것을 지혜와 능력으로 삼는다.

메뚜기들이 사람들을 그들의 욕심과 선악지식으로 괴롭힐 때에는 사람들은 자기의 육신의 정욕과 안목의 정욕과 이생의 자랑으로부터 죽을 수가 없다. 이는 그것들이 그들에게 지혜와 선(善)이 되어 있기 때문이다. 그들이 아무리 말씀을 좇아서 죽고 싶어도 그들의 지혜와 선은 그들로부터 죽음이 피하여 도망가게 한다. 메뚜기들과 그 이마에 하나님의 인을 가지지 못한 사람들은 아무도 어린양의 죽음과 부활을 본받을 수 없다. 그러나 메뚜기에게 괴롭힘을 당하는 가운데서 어린양을 향해 애통하며 그에게로 돌아오는 자는 누구든지 구원될 것이다.

9.7   *Καὶ τὰ ὁμοιώματα τῶν ἀκρίδων ὅμοια ἵπποις ἡτοιμασμένοις εἰς πόλεμον, καὶ ἐπὶ τὰς κεφαλὰς αὐτῶν ὡς στέφανοι ὅμοιοι χρυσῷ, καὶ τὰ πρόσωπα αὐτῶν ὡς πρόσωπα ἀνθρώπων,*

카이 타 호모이오마타 톤 아크리돈 호모이아 힙포이스 헤토이마스메노이스 에이스 폴레몬, 카이 에피 타스 케팔라스 아우톤 호스 스테파노이 호모이오이 크뤼소, 카이 타 프로소파 아우톤 호스 프로소파 안드로폰,

그 메뚜기들의 모양들은 전쟁을 위하여 준비된 말들 같고 그 머리에 금 같은 면류관 비슷한 것을 썼으며 그 얼굴은 사람의 얼굴 같고 생명의 말씀을 육신의 선악지식으로 받은 메뚜기들(종교인들)은 자기 선을 확장하고자 언제나 땅에 속한 선악전쟁을 일으킨다. 그들은 선악전쟁을 위하여 준비된 말들과 같다. 그들은 자기들과 다른 생각, 다른 깨달음, 다른 종교, 다른 길을 가는 이들을 그리스도께 구원되어야 할 자로 여기지 아니하고 마땅히 땅에서 제거해야 할 악으로 여긴다. 때문에 그들은 선악전쟁을 좋아한다. 그들은 그들의 생각이나 믿음이 자신에게서 제거되어야 할 악인 줄 전혀 알지 못한다.

메뚜기들이 머리에 쓰고 있는 것은 금도 아니요 면류관도 아니다. 그 비슷한 것이다. 그들이 금 같은 면류관 비슷한 것들을 쓰고 있다는 것은 잠시 그들이 메뚜기의 믿음으로 큰 세력을 이루어 땅에서 이기고 있는 것이다. 하늘의 셋째 생물도 그 얼굴이 사람의 얼굴 같고 메뚜기들도 그 얼굴이 사람의 얼굴 같다. 메뚜기들은 사람의 얼굴을 가지고 있으나 그들은 부활의 실존이 아니라 곤충이며 썩어짐의 종들이다. 셋째 생물과 메뚜기가 같은 사람의 얼굴을 가진 것을 영의 눈으로 '호라오' 하자.

9.8 καὶ εἶχον τρίχας ὡς τρίχας γυναικῶν, καὶ οἱ ὀδόντες αὐτῶν ὡς λεόντων ἦσαν,

카이 에이콘 트리카스 호스 트리카스 귀나이콘, 카이 호이 오돈테스 아우톤 호스 레온톤 에산,

또 여자들의 머리털 같은 머리털을 가졌고 그들의 이빨은 사자들과 같았고

메뚜기들이 여자들의 머리털 같은 머리털을 가진 것은 누군가의 아내임을 징조한다. 그 이마에 살아 있는 신됨의 인을 가진 자는 하늘의 광명한 새벽 별(어린양)의 아내다. 그러나 메뚜기들은 하늘에서 땅속으로 떨어진 별(우상)의 아내다. 그들이 자신들의 우상을 하나님이라, 예수라, 어린양이라 부르고 있다 할지라도 헛된 일이다. 그들은 사자와 같은 이빨을 가졌으니 선악지식으로 약육강식하고 있다.

9.9 καὶ εἶχον θώρακας ὡς θώρακας σιδηροῦς, καὶ ἡ φωνὴ τῶν πτερύγων
αὐτῶν ὡς φωνὴ ἁρμάτων ἵππων πολλῶν τρεχόντων εἰς πόλεμον·

**카이 에이콘 도라카스 호스 도라카스 시데루스, 카이 헤 포네 톤 프테뤼곤
아우톤 호스 포네 하르마톤 힙폰 폴론 트레콘톤 에이스 폴레몬·**
또 철 가슴받이 같은 가슴받이를 가졌고 그들의 날개 소리는 많은 전차와 말들
이 전쟁터로 달려가고 있는 소리 같았다.

메뚜기의 가슴은 철 가슴받이 같은 것으로 무장되어 있다. 그들의 종교적 확신은
철판과 같다. 그러므로 생명의 말씀은 그들의 마음 안으로 들어갈 수 없다. 하늘의
네 생물들의 날개 소리는 하나님의 영광을 드러내지만 메뚜기들의 날개 소리는
전쟁 소리를 낸다. 메뚜기들은 사방의 우상의 바람을 타고 떼 지어 전쟁터로 몰려
간다. 오늘날 우리는 많은 사람들이 생명도 없고 긍휼도 없는 교리로 가슴받이를
하고 봉사와 전도와 선교와 기복의 바람을 타고 종교 전쟁을 일삼고 있는 것을
볼 수 있다. 오늘날 수많은 메뚜기들로 이루어진 종교 군대의 움직임은 사람들을
두려움에 떨게 한다.

9.10 καὶ ἔχουσιν οὐρὰς ὁμοίας σκορπίοις καὶ κέντρα, καὶ ἐν ταῖς οὐραῖς
αὐτῶν ἡ ἐξουσία αὐτῶν ἀδικῆσαι τοὺς ἀνθρώπους μῆνας πέντε.

**카이 에쿠신 우라스 호모이아스 스코르피오이스 카이 켄트라, 카이 엔 타이스
우라이스 아우톤 헤 엑수시아 아우톤 아디케사이 투스 안드로푸스 메나스 펜테.**
또 전갈들과 같은 꼬리들과 가시들을 가졌고 그 꼬리들로 다섯 달 동안 사람들
을 해하는 권세를 가졌다.

이사야 9장에 "꼬리는 거짓을 가르치는 예언자"라 하였다. 이와 같이 메뚜기들은
거짓 예언자들이 되어 사람들에게 거짓을 피난처로 삼게 하며 해를 끼친다. 또한
메뚜기들이 가진 선악지식은 가시다. 그들은 가시로 사람들을 찌르며 죽음을 맛보
게 하지만, 사람들은 죽기를 원해도 죽을 수조차 없다.

9.11 ἔχουσιν ἐπ' αὐτῶν βασιλέα τὸν ἄγγελον τῆς ἀβύσσου· ὄνομα αὐτῷ Ἑβραϊστὶ Ἀβαδδὼν καὶ ἐν τῇ Ἑλληνικῇ ὄνομα ἔχει Ἀπολλύων.

에쿠신 에프 아우톤 바실레아 톤 앙겔론 테스 아뷔쑤· 오노마 아우토 헤브라이스티 아바돈, 카이 엔 테 헬레니케 오노마 에케이 아폴뤼온.

그들은 그 무저갱의 그 천사를 그들 위의 왕으로 가졌고 그의 이름은 히브리어로 아바돈이며 헬라어로는 아폴론이다.

그 무저갱의 그 천사는 하늘에서 땅속으로 떨어진 그 별이다. 히브리어 '아바돈'이나 헬라어 '아폴론'은 '파괴자'란 뜻이다. 어린양은 사람들에게 사망을 멸하고 생명을 주시려고 십자가에 못 박혀 죽으셨다가 살아나신 구원자이시다. 그런데 메뚜기들은 그 생명의 왕을 자신들의 선악지식과 육신의 정욕, 안목의 정욕, 이생의 자랑을 좇아서 생명을 멸하고 사망을 주는 '파괴자(세상 임금)'로 가졌다. 어린양은 사람들의 마음 안에 계신 왕인데 그들은 그를 그들 위에 군림하는 왕으로 가졌다. 메뚜기들은 하나님의 말씀과 예수 그리스도의 증거를 거꾸로 가진 파괴의 세력이 되었다.

9.12 Ἡ οὐαὶ ἡ μία ἀπῆλθεν· ἰδοὺ ἔρχεται ἔτι δύο οὐαὶ μετὰ ταῦτα.

헤 우아이 헤 미아 아펠덴· 이두 에르케타이 에티 뒤오 우아이 메타 타우타.

그 첫째 화는 지나갔다. 보라, 이 일들을 좇아서 아직도 화 둘이 온다.

9.13 Καὶ ὁ ἕκτος ἄγγελος ἐσάλπισεν· καὶ ἤκουσα φωνὴν μίαν ἐκ τῶν κεράτων τοῦ θυσιαστηρίου τοῦ χρυσοῦ τοῦ ἐνώπιον τοῦ θεοῦ,

카이 호 헥토스 앙겔로스 에살피센· 카이 에쿠사 포넨 미안 에크 톤 케라톤 투 뒤시아스테리우 투 크뤼수 투 에노피온 투 데우,

여섯째 천사가 나팔을 불자 나는 하나님 앞에 있는 그 금 제단의 뿔들에서 나오는 한 음성을 들었다.

뿔은 구원인 동시에 심판이다. 누구든지 그의 구원의 뿔이 들어 올림을 받으면 사망을 이긴다. 메뚜기들은 그 반대의 길을 걷고 있다.

9.14 λέγοντα τῷ ἕκτῳ ἀγγέλῳ, ὁ ἔχων τὴν σάλπιγγα·
Λῦσον τοὺς τέσσαρας ἀγγέλους τοὺς δεδεμένους
ἐπὶ τῷ ποταμῷ τῷ μεγάλῳ Εὐφράτῃ.

레곤타 토 헥토 앙겔로, 호 에콘 텐 살핑가
뤼손 투스 테싸라스 앙겔루스 투스 데데메누스
에피 토 포타모 토 메갈로 유프라테.

그것은 나팔을 가지고 있는 여섯째 천사에게 "그 큰 강 유프라테스에 매여 있는 네 천사들을 놓아 주라"라고 말하는 것이었다.

유프라테스는 첫 사람의 욕심과 선악지식이 흐르는 큰 강이다. 거기에 네 천사들이 매여 있었는데 놓아 주게 되었다. 이 네 천사들은 아바돈의 일을 수행하는 자들이다. 잠시 생존과 욕심과 속됨과 간힘의 바람들이 큰 세력으로 땅 위에 불게 되었다.

9.15 καὶ ἐλύθησαν οἱ τέσσαρες ἄγγελοι οἱ ἡτοιμασμένοι εἰς τὴν ὥραν καὶ
ἡμέραν καὶ μῆνα καὶ ἐνιαυτόν, ἵνα ἀποκτείνωσιν τὸ τρίτον τῶν
ἀνθρώπων.

카이 엘뤼테산 호이 테싸레스 앙겔로이 호이 헤토이마스메노이 에이스 텐 호란 카이
헤메란 카이 메나 카이 에니아우톤, 히나 아포크테이노신 토 트리톤 톤
안드로폰.

그래서 네 천사들이 놓였다. 그들은 정해진 연 월 일 시에 그 사람들의 삼분의 일을 죽이기로 준비된 자들이었다.

어제와 오늘과 내일의 세 시상 속에서 오늘의 카이로스에서 존재적 부활이 없는 자기 믿음을 가진 사람들을 죽이기로 예비한 자들은 네 천사들이다. 네 천사들에게 사람이 죽으면 부활이 없는 메뚜기가 된다. 예나 오늘이나 전도와 선교란 이름으로 행하는 선악전쟁은 먼저 메뚜기가 된 자들이 사람들을 그들과 같은 메뚜기가 되게 하려는 것이다. 메뚜기는 메뚜기를 낳고 모노게네스는 모노게네스를 낳는다.

9.16 καὶ ὁ ἀριθμὸς τῶν στρατευμάτων τοῦ ἱππικοῦ δισμυριάδες μυριάδων· ἤκουσα τὸν ἀριθμὸν αὐτῶν.

카이 호 아리드모스 톤 스트라튜마톤 투 힙피쿠 디스뮈리아데스 뮈리아돈· 에쿠사 톤 아리드몬 아우톤.

그 기마병들의 수는 이만만이었다. 나는 그들의 수를 들었다.

예나 오늘이나 어린양을 첫 사람의 욕심과 선악지식을 이루어주시는 이로 믿는 사람들이 너무나도 많다. 그들에게 어린양은 하늘에서 땅속으로 떨어진 별이며 아바돈이다. 아바돈을 임금으로 섬기는 메뚜기들은 이억이나 되는 기마병으로 사람 삼분의 일을 죽여 그들 또한 메뚜기들이 되게 한다. 파괴자 아바돈은 언제나 '세력의 신(많은 숫자의 신)'이 되어 있다. 아바돈은 사람들에게 많은 숫자로 생명과 사랑과 거룩과 초월을 대신하게 하면서 너희는 하나님의 자녀라 말한다. 그러나 아바돈은 양의 옷을 입고 양들을 노략질하는 이리다.

5장 11절에는 "하늘에 있는 천사들의 수가 만만이며 천천이라"라고 하였다. 여기 기마병의 수는 이만만이다. 하나님을 적대하는 세력은 육신의 소욕을 좇아 사는 이들에게 하나님이 행하시는 것보다 두 배로 다가온다. 세력의 신을 좇는 자들은 사람들에게 땅에서 복받고, 천국 간다는 두 배의 복으로 미혹한다. 사람들은 그 꾐에 압도당하고 만다. 오늘날 사람들이 생명이나 사랑이나 거룩이나 초월 대신 큰 건물, 많은 사람, 많은 돈, 많은 행사를 하는 곳에 진리가 있는 줄 알고 그리로 몰려든다. 겉으로는 하나님도 어린양도 성령도 다 그들의 소유가 된 것처럼 보인다. 그들이 승리한 것처럼 보인다. 그러나 그것은 사람들의 삼분의 일이 죽임을 당하게 하는 아바돈의 일이다.

9.17 καὶ οὕτως εἶδον τοὺς ἵππους ἐν τῇ ὁράσει καὶ τοὺς καθημένους ἐπ᾽ αὐτῶν, ἔχοντας θώρακας πυρίνους καὶ ὑακινθίνους καὶ θειώδεις· καὶ αἱ κεφαλαὶ τῶν ἵππων ὡς κεφαλαὶ λεόντων, καὶ ἐκ τῶν στομάτων αὐτῶν ἐκπορεύεται πῦρ καὶ καπνὸς καὶ θεῖον.

카이 후토스 에이돈 투스 힙푸스 엔 테 호라세이 카이 투스 카데메누스 에프 아우톤, 에콘타스 도라카스 퓌리누스 카이 휘아킨디누스 카이 데이오데이스· 카이 하이 케팔라이 톤 힙폰 호스 케팔라이 레온톤, 카이 에크 톤 스토마톤 아우톤 에크포류에타이 퓌르 카이 카프노스 카이 데이온.

이와 같이 그 계시 가운데서 그 말들과 그것들 위에 앉아 있는 자들을 보았는데 그들은 불같은 붉은색과 자주색과 유황색의 가슴받이들을 가지고 있고 그 말들의 머리는 사자들의 머리 같고 그들의 입에서는 불과 연기와 유황이 나온다.

사람들의 얼굴을 가진 메뚜기들과 말들(우상들)은 일체가 되어 이만만의 기마병들을 이루고 있다. 그들은 마치 둘째 사람이 영과 육이 하나되는 것과 같이 우상과 메뚜기가 하나 되었다. 말들 위에 앉은 자들은 붉은색과 자주색과 유황색의 가슴받이들을 가지고 있어서 그들 자신은 말들의 입에서 나오는 불과 연기와 유황으로부터 보호된다. 메뚜기들은 양의 옷을 입은 이리처럼 육신의 정욕과 안목의 정욕과 이생의 자랑을 생명과 사랑과 거룩으로 위장한 가슴받이를 가지고 있다. 그래서 그들은 말들이 사람들을 죽이려고 토해내는 불(육신의 정욕)과 연기(안목의 정욕)와 유황(이생의 자랑)으로부터 안전하다.

9.18 ἀπεκτάνθησαν τὸ τρίτον τῶν ἀνθρώπων, ἀπὸ τῶν τριῶν πληγῶν

τούτων ἐκ τοῦ πυρὸς καὶ τοῦ καπνοῦ καὶ τοῦ θείου τοῦ

ἐκπορευομένου ἐκ τῶν στομάτων αὐτῶν.

아페크탄데산 토 트리톤 톤 안드로폰, 아포 톤 트리온 플레곤
투톤 에크 투 퓌로스 카이 투 카프누 카이 투 데이우 투
에크포류오메누 에크 톤 스토마톤 아우톤.

이 세 가지 재앙들 곧 그들의 입에서 나오고 있는 그 불과 그 연기와 그 유황
때문에 그 사람들의 삼분의 일이 죽임을 당했다.

왜 사람들의 삼분의 일은 그 세 가지 재앙들로 정해진 연 월 일 시에 죽임을 당하는
가. 첫 사람은 예외 없이 육신의 정욕과 안목의 정욕과 이생의 자랑을 이루는
것을 축복이라 선이라 지혜라 여긴다. 그것을 이용하여 말들과 그 위에 앉은 자들
은 사람들에게 육신의 정욕은 불이 되고, 안목의 정욕은 연기가 되고, 이생의
자랑은 유황이 되게 한다. 여기 사람들은 메뚜기들을 좇아서 육신의 정욕, 안목의
정욕, 이생의 자랑을 죽이지 못하고 도리어 생명과 사랑과 거룩을 죽인다. 사람
삼분의 일은 그들에게서 죽을 것이 살고 살 것이 죽으면서 멸망을 당한다.

9.19 γὰρ ἡ ἐξουσία τῶν ἵππων ἐστιν ἐν τῷ στόματι αὐτῶν καὶ ἐν ταῖς

οὐραῖς αὐτῶν· γὰρ αἱ οὐραὶ αὐτῶν ὅμοιαι ὄφεσιν, ἔχουσαι κεφαλάς,

καὶ ἐν αὐταῖς ἀδικοῦσιν.

가르 헤 엑수시아 톤 힙폰 에스틴 엔 토 스토마티 아우톤 카이 엔 타이스
우라이스 아우톤· 가르 하이 우라이 아우톤 호모이아이 오페신, 에쿠사이 케팔라스,
카이 엔 아우타이스 아디쿠신.

그 말들의 권세는 그들의 입과 그들의 꼬리에 있는데 그 꼬리들은 뱀들 같고
또 꼬리에 머리들을 가지고 있으며 그것들로 사람들을 해한다.

그 말들은 머리에 입을 가지고 있을 뿐 아니라 뱀 같은 꼬리에도 머리를 가지고 있다. 18절에서 말들의 머리는 사자 같다 하였다. 그러므로 말들은 머리의 입으로는 약육강식하는 사자 같은 말을 한다. 첫 사람의 세상에서 커지고, 높아지고, 부자되고, 강해지는 것이 선이요 복이라 말한다. 그리고 꼬리의 입으로는 육신이 죽었다가 종말에 부활하여 하나님의 나라에 들어간다 말한다. 머리의 입으로는 육신의 정욕, 안목의 정욕, 이생의 자랑을 부추기고, 꼬리의 입으로는 거짓 예언을 하며 사람들을 유혹한다. 그리하여 오늘 여기 카이로스에서 에클레시아가 육에서 죽고 영으로 일으킴을 받는 부활을 없애버린다. 이와 같이 사람 삼분의 일이 메뚜기들과 말들에게 죽임을 당한다.

9.20 Καὶ οἱ λοιποὶ τῶν ἀνθρώπων, οἳ οὐκ ἀπεκτάνθησαν ἐν ταῖς πληγαῖς ταύταις, οὐδὲ μετενόησαν ἐκ τῶν ἔργων τῶν χειρῶν αὐτῶν, ἵνα μὴ προσκυνήσουσιν τὰ δαιμόνια καὶ τὰ εἴδωλα τὰ χρυσᾶ καὶ τὰ ἀργυρᾶ καὶ τὰ χαλκᾶ καὶ τὰ λίθινα καὶ τὰ ξύλινα, ἃ δύνανται οὔτε βλέπειν οὔτε ἀκούειν οὔτε περιπατεῖν,

카이 호이 로이포이 톤 안드로폰, 호이 우크 아페크탄데산 엔 타이스 플레가이스 타우타이스, 우데 메테노에산 에크 톤 에르곤 톤 케이론 아우톤, 히나 메 프로스퀴네수신 타 다이모니아 카이 타 에이돌라 타 크뤼사 카이 타 아르귀라 카이 타 칼카 카이 타 리디나 카이 타 크쉴리나, 하 뒤난타이 우테 블레페인 우테 아쿠에인 우테 페리파테인,

이런 재앙들로 죽임을 당하지 않고 살아남은 그 사람들은 그들의 그 손들로 행하는 일들을 회개하지 아니하고 그 귀신들과 보거나 듣거나 걷거나 하지 못하는 금과 은과 동과 돌과 나무의 그 우상들에게 절하는 것을 그치지 않고

말들에게 죽임을 당하지 않은 사람은 누구인가. 이 말들 위에 앉아 있는 자들이 행한 첫 사람의 사망 전쟁 안으로 이끌림을 받지 않은 사람들이다. 말들은 그들이 자기 믿음으로 행하는 욕심이나 선악지식의 사망 전쟁 안으로 이끌려 오는 사람들

외에는 죽일 수 없다. 남은 사람들은 그들 나름의 육신의 믿음을 가지고 그 전쟁에 가담하지 않았다. 마음(믿음)은 손으로 행하는 일들을 다스린다. 남은 사람들은 그들의 손으로 행하는 일들을 회개할 마음이 전혀 없다. 그들은 여전히 그 귀신들과 우상들에게 절한다. 그것이 그들의 삶의 근거인 까닭이다.

금과 은과 동과 돌과 나무의 우상들에게 절하는 것은 '돈의 신(매몬)'에게 절하는 것이다. 이 모든 재료들은 돈이 되는 물질이다. 예나 오늘이나 돈이 되는 것에 절하지 않는 자 극히 드물다. 매몬을 섬기는 자 하나님을 섬길 수 없고, 하나님을 섬기는 자 매몬을 섬길 수 없다. 그러나 종교인들은 기복 신앙으로 하나님을 매몬으로 섬기고 있다.

9.21 καὶ οὐ μετενόησαν ἐκ τῶν φόνων αὐτῶν οὔτε ἐκ τῶν φαρμάκων αὐτῶν οὔτε ἐκ τῆς πορνείας αὐτῶν οὔτε ἐκ τῶν κλεμμάτων αὐτῶν.

카이 우 메테노에산 에크 톤 포논 아우톤 우테 에크 톤 파르마콘 아우톤 우테 에크 테스 포르네이아스 아우톤 우테 에크 톤 클렘마톤 아우톤.
또 그들은 그들의 살인도 마술도 음행도 도둑질도 회개하지 않았다.

말들과 그 위에 앉은 자들에 의해서 사람들의 삼분의 일이 죽임을 당했다. 그것은 그들에게 죽임을 당하지 않고 남은 자들 또한 죽임을 당할 수 있다는 징조다. 그러나 남은 자들은 그 징조를 알지 못하고 살인과 마술과 음행과 도둑질을 회개하지 않았다. 육을 살리는 것은 영을 죽이는 일, 곧 살인이다. 사람이 생명의 말씀을 선악지식으로 삼는 것은 마술이며, '매몬(돈)'과 함께 하나님을 섬기는 것은 음행이다. 하나님께 드려야 할 마음과 혼과 뜻을 세상에 주는 것은 하나님께 드려야 할 십일조(사랑)를 도둑질하는 일이다.

요한 계시록 10장

10.1 Καὶ εἶδον ἄλλον ἄγγελον ἰσχυρὸν καταβαίνοντα ἐκ τοῦ οὐρανοῦ, περιβεβλημένον νεφέλην, καὶ ἡ Ἶρις ἐπὶ τὴν κεφαλὴν αὐτοῦ, καὶ τὸ πρόσωπον αὐτοῦ ὡς ὁ ἥλιος, καὶ οἱ πόδες αὐτοῦ ὡς στῦλοι πυρός,

카이 에이돈 알론 앙겔론 이스퀴론 카타바이논타 에크 투 우라누, 페리베블레메논 네펠렌, 카이 헤 이리스 에피 테스 케팔렌 아우투, 카이 토 프로소폰 아우투 호스 호 헬리오스, 카이 호이 포데스 아우투 호스 스튈로이 퓌로스, 나는 또 힘센 다른 천사가 구름을 입고 하늘로부터 내려오고 있는 것을 보았다. 그의 머리 위에는 무지개가 있고 그의 얼굴은 해 같고 그 발은 불기둥 같았다.

힘센 다른 천사는 에클레시아에게 이루어질 실상이다. 이 일은 홍수 후에 하나님이 노아에게 주신 무지개 언약의 실상이다. 또한 모세가 이스라엘 백성과 함께 광야를 지나갈 때에 하나님이 그들에게 낮에는 구름 기둥으로 밤에는 불기둥으로 인도하심과 같다. 사람들의 삼분의 일이 죽임을 당하는 절망(검은 구름)의 때가 지나고 구름을 입은 천사(구름 속에 둔 무지개)가 나타났다. 그의 머리 위에 무지개(생명의 언약)가 있고, 그의 얼굴은 해와 같이 생명의 빛을 비추고, 그의 발은 불기둥같이 밤을 밝히는 빛이 되어 있었다.

10.2 καὶ ἔχων ἐν τῇ χειρὶ αὐτοῦ βιβλαρίδιον ἠνεῳγμένον. καὶ ἔθηκεν τὸν πόδα αὐτοῦ τὸν δεξιὸν ἐπὶ τῆς θαλάσσης, δὲ τὸν εὐώνυμον ἐπὶ τῆς γῆς,

카이 에콘 엔 테 케이리 아우투 비블라리디온 에네오그메논. 카이 에데켄 톤 포다 아우투 톤 덱시온 에피 테스 달라쎄스, 데 톤 유오뉘몬 에피 테스 게스,

그의 손에 펴 놓인 작은 책을 가지고 있고 그 오른발은 그 바다 위에 그 왼발은 그 땅 위에 두었다.

펴 놓인 작은 책은 무엇인가. 에클레시아는 처음에 예수 그리스도로부터 책으로 써서 보내진 편지(성경)를 읽고 듣고 마음에 품는다. 그는 그 편지를 읽으며 안팎으로 씌었고 일곱 인들로 봉인된 책이 자신임을 알게 된다. 자신을 안팎으로 봉하고 있는 일곱 인들이 어린양으로 말미암아 다 떼어진다. 그리고 여섯째 나팔 소리가 들리기까지 그에게서 첫 사람이 죽고 둘째 사람이 살아난다. 그 책의 큰 부분은 모두 성취되었고 이제 핵심(작은) 부분만 남았다. 그 작은 부분은 참으로 그가 작은 자가 되어 예언자의 삶을 살며 마침내 '인자 같은 이'의 초월의 실존을 이루는 부분이다. 그래서 그 책은 작아졌다.

힘센 천사가 오른발을 바다 위에 두고 있는 것은 에클레시아가 생존의 세상에 빠지지 않는 영적 존재임을 가리킨다. 왼발을 땅에 두고 있는 것은 에클레시아가 육신으로부터 초월하는 실존을 이루려 함이다.

10.3 καὶ ἔκραξεν φωνῇ μεγάλῃ ὥσπερ λέων μυκᾶται. καὶ ὅτε ἔκραξεν, ἐλάλησαν αἱ ἑπτὰ βρονταὶ τὰς ἑαυτῶν φωνάς.

카이 에크락센 포네 메갈레 호스페르 레온 뮈카타이. 카이 호테 에크락센, 엘라레산 하이 헵타 브론타이 타스 헤아우톤 포나스.

그는 사자가 부르짖는 것 같이 큰 소리로 외쳤다. 그가 외칠 때 그 일곱 천둥들이 그들의 소리들로 말했다.

세상을 이긴 사자가 큰 소리로 외치자 하늘에서 일곱 천둥들이 그 소리들을 내었다. 이 천둥소리들은 세상을 이긴 사자의 외침을 받아서 마음 하늘에서 일곱 배로 울려 퍼지는 거룩한 예언의 소리들이다.

10.4 καὶ ὅτε ἐλάλησαν αἱ ἑπτὰ βρονταί, ἤμελλον γράφειν· καὶ ἤκουσα
    φωνὴν ἐκ τοῦ οὐρανοῦ λέγουσαν· Σφράγισον ἃ ἐλάλησαν αἱ ἑπτὰ
    βρονταί, καὶ μὴ αὐτὰ γράψῃς.

    카이 호테 엘라레산 하이 헵타 브론타이, 에멜론 그라페인· 카이 에쿠사
    포넨 에크 투 우라누 레구산· 스프라기손 하 엘라레산 하이 헵타
    브론타이, 카이 메 아우타 그라프세스.

    일곱 천둥들이 그들의 소리로 말할 때 내가 기록하려고 하였는데 "그 일곱
    천둥들이 말한 것들을 봉인하고 그것들을 기록하지 말라"라고 하는 음성이
    그 하늘로부터 들려왔다.

    일곱 천둥들은 요한에게 무엇을 말하였는가. 하늘에서 들린 음성은 왜 요한에게
    그것들을 인봉하고 기록하지 말라 한 것인가. 요한은 천둥의 아들이란 이름을
    가지고 있다. 그런즉 그 천둥소리는 아버지로부터 아들에게 들려온 소리다. 에클
    레시아가 사자가 되어 세상을 향하여 외칠 때 하늘로부터 그에게만 들려오는 천둥
    소리 같은 음성이 있다. 그 음성은 그만의 고유한 예언의 삶을 살게 하는 살았고
    운동력 있는 말씀이다. 그 이마에 살아 있는 신됨의 인을 가진 자가 세상을 이기는
    사자가 되면 자기만 가지게 되는 생명의 비밀이 그에게 계시되고 그것은 인봉된
    다. 그는 두 인봉 즉, 이마에 가진 인봉과 마음 하늘에 새겨진 인봉으로 마침내
    생명책이 된다.

10.5 καὶ ὁ ἄγγελος, ὃν ἑστῶτα ἐπὶ τῆς θαλάσσης καὶ ἐπὶ τῆς γῆς, εἶδον
    ἦρεν τὴν χεῖρα αὐτοῦ τὴν δεξιὰν εἰς τὸν οὐρανόν,

    카이 호 앙겔로스, 혼 헤스토타 에피 테스 달라쎄스 카이 에피 테스 게스, 에이돈
    에렌 텐 케이라 아우투 텐 덱시안 에이스 톤 우라논,

    내가 본 그 천사가 그 바다 위와 그 땅 위에 서서 그의 오른손을 그 하늘로
    쳐들고

왼편은 땅이요, 육이요, 크로노스요, 죽을 데서 죽는 것이요, 시공이며 오른편은 하늘이요, 영이요, 카이로스요, 살 데서 사는 것이요, 근원이다. 이 둘은 새 창조로 말미암아 하나된다.

10.6 καὶ ὤμοσεν τῷ ζῶντι εἰς τοὺς αἰῶνας τῶν αἰώνων, ὃς ἔκτισεν τὸν οὐρανὸν καὶ τὰ ἐν αὐτῷ καὶ τὴν γῆν καὶ τὰ ἐν αὐτῇ καὶ τὴν θάλασσαν καὶ τὰ ἐν αὐτῇ, ὅτι χρόνος οὐκέτι ἔσται·

카이 오모센 엔 토 존티 에이스 투스 아이오나스 톤 아이오논, 호스 엑티센 톤 우라논 카이 타 엔 아우토 카이 텐 겐 카이 타 엔 아우테 카이 텐 달라싼 카이 타 엔 아우테, 호티 크로노스 우케티 에스타이·

세세토록 살아 계신 이, 곧 그 하늘과 그 안에 있는 것들, 그 땅과 그 안에 있는 것 들, 그 바다와 그 안에 있는 것들을 창조하신 이 안에서 맹세하기를, "더 이상 크로노스는 있지 아니하리라"라고 하였다.

천사는 세세토록 살아계신 이 안에서, 만물을 창조하신 이 안에서 맹세하고 있다. 에클레시아는 그 천사가 누구 안에서 맹세하는지를 잘 보아야 한다. 하나님 안에 온전히 들어온 자는 더 이상 시공의 크로노스에 머물지 아니한다. 그에게서 처음의 때인 크로노스는 지나갔고, 나중의 때인 카이로스 안에 들어와 있다.

● **호티 크로노스 우케티 에스타이(크로노스는 더 이상 있지 않을 것이다)**

대부분의 번역 성경에서 '호티 크로노스 우케티 에스타이'는 번역자의 종말 사상을 좋아서 "기다림의 시간은 지나갔다(The time of waiting is over)"라든가 "더 이상 지체하지 아니할 것이다(There will be no more delay)" 등으로 번역되어 있다. 그러나 이 말씀은 세세토록(크로노스의 때에도 에클레시아와 함께 계시고 또 카이로스 때에도 그들과 함께 계시는) 살아 계신 이 안에 들어와 있는 자에게는 그가 육신 안에 거하고 있을지라도 그 육신의 "크로노스는 더 이상 영의 카이로스와 분리되어 있지 않을 것이다"인 것이다.

창조의 근원 안에서 하나님의 비밀이 하나님의 종들에게 이루어지면 크로노스와 카이로스는 온전히 하나이다. 그가 육신으로 사는 크로노스는 영의 카이로스와 하나되었다. 그러므로 '에이스 투스 아이오나스 톤 아이오논'은 '영원 무궁히'가 아니라 알파에서 오메가로, 처음에서 나중으로, 근원에서 궁극으로 나아가며 풍성하고 온전한 부활을 가져오시는 야웨 하나님의 계시와 임재와 창조를 말하는 것이다. '영원 무궁히'란 크로노스가 끊임없이 지속되는 것을 말하는 첫 사람의 생각이다.

10.7 ἀλλ᾽ ἐν ταῖς ἡμέραις τῆς φωνῆς τοῦ ἑβδόμου ἀγγέλου, ὅταν μέλλῃ σαλπίζειν, καὶ ἐτελέσθη τὸ μυστήριον τοῦ θεοῦ, ὡς εὐηγγέλισεν τοὺς ἑαυτοῦ δούλους τοὺς προφήτας.

알 엔 타이스 헤메라이스 테스 포네스 투 에브도무 앙겔루, 호탄 멜레 살피제인, 카이 에텔레스데 토 뮈스테리온 투 데우, 호스 유엥겔리센 투스 헤아우투 둘루스 투스 프로페타스.

"참으로 그 일곱째 천사가 나팔을 부는 그때에 그 소리가 나는 날들에 하나님의 그 비밀은 하나님이 그의 종들인 예언자들에게 좋은 소식을 전하신 것과 같이 이루어질 것이다"라고 하였다.

이마에 살아 있는 신됨의 인침을 받고, 또 일곱 천사들의 소리를 듣고 그것을 마음에 품고 있는 에클레시아는 하나님의 비밀을 좋은 소식으로 받은 종이요 예언자다. 오늘날 하나님의 종에 대한 오해가 심각하다. 사람들은 종교적 직책을 가진 자를 하나님의 종이라 부르고 있으나 하나님의 종은 그런 것이 아니다. 기록된 바, "상속자가 모든 것의 주인이나 어렸을 동안에는 종과 다름이 없다"(갈4:1)라고 하였다. 에클레시아는 어렸을 때에도 주인이나 하나님의 뜻을 따라 풍성하고 온전하게 지어지기까지는 종과 다름없다. 즉 하나님이 원하시는 풍성하고 온전한 하나님의 아들의 실존을 반드시 이루는 사람이 하나님의 종이다.

하나님의 종인 예언자들은 그들만이 들은(일곱 천둥들의 소리와 같은) 하나님의 비밀이 그들에게 전해진 것과 같이 이루어지는 카이로스 안에 있다. 그들에게 하나님의 비밀이 좋은 소식으로 전해진 처음은 지나갔고, 이제 그 좋은 소식이 실상이 되는 나중 안에 있다. 나의 나됨을 이루는 사람은 누구나 하나님을 본받는 고유하고 독특한 존재다. 때문에 하나님의 말씀도 그에게 고유하고 독특하게 들린다.

10.8 Καὶ ἡ φωνὴ ἣν ἤκουσα ἐκ τοῦ οὐρανοῦ, πάλιν λαλοῦσαν μετ᾽ ἐμοῦ καὶ λέγουσαν· Ὕπαγε λάβε τὸ βιβλίον τὸ ἠνεῳγμένον ἐν τῇ χειρὶ τοῦ ἀγγέλου τοῦ ἑστῶτος ἐπὶ τῆς θαλάσσης καὶ ἐπὶ τῆς γῆς.

카이 헤 포네 헨 에쿠사 에크 투 우라누, 팔린 랄루산 메트 에무 카이 레구산' 휘파게 라베 토 비블리온 토 에네오그메논 엔 테 케이리 투 앙겔루 투 에스토토스 에피 테스 달라쎄스 카이 에피 테스 게스.

내가 그 하늘로부터 들었던 그 음성이 또 내게 말하고 있기를, "너는 가서 그 바다 위와 그 땅 위에 서 있는 그 천사의 손에 펴 놓인 그 책을 가지라"라고 하였다.

이 일은 일곱째 천사가 나팔을 불기 전에 일어나는 일이다. 세상에서 큰 자, 높은 자, 부자, 강한 자가 예수 그리스도 안에서 작은 자, 낮은 자, 가난한 자, 약한 자가 되게 하는 작은 책이 천사의 손에 펴 놓여 있다. 에클레시아는 하늘의 음성을 들을 귀로 듣고 가서, 그 작은 책을 가지고 그것을 먹고 작은 자가 되어야 한다.

10.9 καὶ ἀπῆλθα πρὸς τὸν ἄγγελον λέγων αὐτῷ δοῦναί μοι τὸ
βιβλαρίδιον. καὶ λέγει μοι· Λάβε καὶ κατάφαγε αὐτό, καὶ πικρανεῖ
σου τὴν κοιλίαν, ἀλλ' ἐν τῷ στόματί σου ἔσται γλυκὺ ὡς μέλι.

카이 아펠다 프로스 톤 앙겔론 레곤 아우토 두나이 모이 토
비블라리디온. 카이 레게이 모이· 라베 카이 카타파게 아우토, 카이 피크라네이
수 텐 코일리안, 알 엔 토 스토마티 수 에스타이 글뤼퀴 호스 멜리.

그래서 나는 그 천사에게 나아가 그에게 그 작은 책을 달라고 말하고 있는데
그가 내게 말하기를, "이것을 가져다 먹어버리라. 이것이 네 배를 쓰게 하겠지
만 너의 입 안에서는 꿀같이 달 것이다"라고 하였다.

입은 위에 있고 배는 아래에 있다. 위는 하늘이요, 영이요, 생명이요, 아래는 땅이
요, 육이요, 생존이다. 하나님의 계시는 하늘에 속한 영과 생명의 실존에게는
꿀같이 단 것이지만, 땅에 속한 육과 생존에게는 쓴 것이다. 작은 책은 큰 자가
작은 자가 되는 예언자의 삶을 살며 속 사람이 처음되고 겉 사람이 나중되게 하는
십자가의 도, 곧 '나의 나됨'의 처방이다.

10.10 καὶ ἔλαβον τὸ βιβλαρίδιον ἐκ τῆς χειρὸς τοῦ ἀγγέλου καὶ
κατέφαγον αὐτό, καὶ ἦν ἐν τῷ στόματί μου ὡς μέλι γλυκύ· καὶ ὅτε
ἔφαγον αὐτό, ἐπικράνθη ἡ κοιλία μου.

카이 엘라본 토 비블라리디온 에크 테스 케이로스 투 앙겔루 카이
카테파곤 아우토, 카이 엔 엔 토 스토마티 무 호스 멜리 글뤼퀴· 카이 호테
에파콘 아우토, 에피크란데 헤 코일리아 무.

나는 그 천사의 손에서 그 작은 책을 가져다 그것을 먹어버렸다. 그것은 내
입안에서는 꿀같이 달았으나 그것을 먹은 후에 내 배는 쓰게 되었다.

에클레시아는 "아버지의 뜻이 하늘에서 이룬 것 같이 땅에서도 이루어지이다"라
고 하며 기도한다. 그 기도를 이루게 하기 위하여 어린양은 그들에게 펴 놓인

작은 책을 주신다. 하나님은 그의 뜻을 구하고 찾고 두드리는 자에게 그의 뜻을 계시하신다. 그 때 그 말씀은 꿀과 같이 달지만, 그 계시의 실존을 이루는 것은 쓸개처럼 쓰다. 요한이 그 작은 책을 먹어버리고 그 책과 하나된 것 같이 에클레시아는 요한처럼 펴 놓인 작은 책을 먹고 작은 책의 실존을 이룬다.

오늘날 우리에게 "요한이나 예언자들이 받았던 계시는 없다"라고 말하는 지식인들이 많다. 그들은 계시를 읽으면서도 계시인 줄 알지 못한다. 때문에 그들은 아버지의 뜻이 땅에서 이루어지는 예언자의 삶을 살지 못한다. 그들에게 계시가 없는 것은 이미 그들에게 주어진 펴 놓인 작은 책을 가져다 먹지 않고 있기 때문이다.

사람들은 펴 놓인 작은 책을 먹으면 그것이 배에서 쓸개처럼 쓰게 될 것을 알기 때문에 두려워서 먹고자 하지 아니한다. 8장 11절에서와 같이 사람들은 쑥으로 인하여 쓰게 된 물을 마시는 것은 주저하지 않지만 펴 놓인 작은 책을 먹는 것은 거절한다. 이는 첫 사람이 사망(생존)을 생명으로 알고 생명을 사망으로 알기 때문이다. 천사의 손에 있는 펴 놓인 작은 책을 가져다 먹지 않는 종교인들은 누구나 큰 자요, 부활을 모르는 자요, 이방인이요, 적대자요, 어린양 밖에 있는 자다.

10.11 Καὶ λέγουσίν μοι· Δεῖ σε πάλιν προφητεῦσαι ἐπὶ λαοῖς καὶ ἔθνεσιν καὶ γλώσσαις καὶ βασιλεῦσιν πολλοῖς.

카이 레구신 모이˙ 데이 세 팔린 프로페튜사이 에피 라오이스 카이 에드네신 카이 글로싸이스 카이 바실레우신 폴로이스.

그때 그가 내게 말하기를, "너는 많은 백성들과 나라들과 언어들과 왕들 위에서 다시 예언해야 한다"라고 하였다.

에클레시아는 어린양이 그의 피로 많은 백성들과 나라들과 언어들과 왕들로부터 사서 하나님께 왕과 제사장과 예언자로 세운 자이다. 그가 왕과 제사장의 삶을 거쳐 신됨의 예언의 삶을 살 수 있는 작은 자가 된 것은 알파이다. 이제 작아진 그는 전에 떠나왔던 곳으로 다시 돌아가 많은 백성들과 나라들과 언어들과 왕들 위에서 예언하는 자가 되었다. 이는 그 바다와 그 땅 위에 서 있는 천사의 징조를 좇아서 이루어지는 실상이다. 작은 자는 많은 백성들과 나라들과 언어들과 왕들의 세상 속으로 빠져드는 자가 아니라 그는 존재적으로 그들 위에 있는 초월의 존재다. 그는 누구든지 세상에서 건져냄을 받기 원하는 자를 어린양에게 인도한다.

에클레시아가 좁은 길을 걸으며 작은 자의 실존을 이루는 것은 알파다. 작은 자가 많은 백성들과 나라들과 언어들과 왕들 위에 있는 초월의 존재로서 예언하는 것은 우리 하나님을 향한 대로(大路)를 여는 오메가다.

요한 계시록 11장

11.1 Καὶ ἐδόθη μοι κάλαμος ὅμοιος ῥάβδῳ, λέγων·

"Εγειρε καὶ μέτρησον τὸν ναὸν τοῦ θεοῦ καὶ τὸ

θυσιαστήριον καὶ τοὺς προσκυνοῦντας ἐν αὐτῷ.

카이 에도데 모이 칼라모스 호모이오스 라부도, 레곤·

에게이레 메트레손 톤 나온 투 데우 카이 토

뒤시아스테리온 카이 투스 프로스퀴논타스 엔 아우토.

또 내게 지팡이 같은 갈대 하나가 주어졌는데 그때에 말하고 있기를, "너는
일어나서 하나님의 성전과 제단과 그 안에서 예배하는 자들을 측량하라."

지팡이 같은 갈대를 받은 요한은 누구를 징조하고 있는가. 천사의 손에 펴 놓인
작은 책을 먹은 이들이다. 즉 그 이마에 살아 있는 신됨의 인을 가진 이들이 여기까
지 이르렀다. 그들이 작은 책을 먹고 작은 자가 되었고 지팡이 같은 갈대를 받아
성전과 제단과 그 안에서 예배하는 자들을 측량케 되었다. 이 측량은 큰 자, 높은
자, 강한 자, 부자가 말씀을 좇아서 하나님이 기뻐하시는 작은 자, 낮은 자, 약한
자, 가난한 자가 되었는지 알아보는 일이다.

이 일은 일곱 인들이 떼어지고 여섯째 천사의 나팔 소리가 들린 후 작은 책을 먹은
이들이 일곱째 천사가 나팔을 불기 직전에 행하는 일이다. 성전과 제단과 그 안에서
예배하는 자들을 측량하는 것은 그들이 어린양의 뜻(측량 자)을 좇아 새롭게 지어지고
있는지를 측량하고 측량의 결과를 좇아 그들에게 예언하고자 함이다.

성전에서 예배하는 자들은 하나님의 계시를 품고 세상에 대하여 작아지고, 낮아지
고, 약해지고, 가난해져서 예수 그리스도의 능력으로 그들 안에서 온전함을 이루
게 해야 하는 하나님의 종들이다. 이는 기록된 바, "내게 말씀하시기를 나의 그
은혜가 네게 족하다. 이는 내 능력이 약한 데서 온전하여짐이니라"(고후12:9)라고

함과 같다. 이 측량은 옛 성전과 옛 제단과 옛 사람이 영과 진리 안에서 새 성전과 새 제단과 새 사람으로 유월되게 하려 함이다.

11.2　*καὶ τὴν αὐλὴν τὴν ἔξωθεν τοῦ ναοῦ ἔκβαλε ἔξωθεν, καὶ μὴ αὐτὴν μετρήσῃς, ὅτι ἐδόθη τοῖς ἔθνεσιν, καὶ τὴν πόλιν τὴν ἁγίαν πατήσουσιν μῆνας τεσσεράκοντα δύο.*

카이 텐 아울렌 텐 엑소텐 투 나우 에크발레 엑소텐, 카이 메 아우텐 메트레세스, 호티 에도데 토이스 에드네신, 카이 텐 풀린 텐 하기안 파테수신 메나스 테쎄라콘타 뒤오.

"그러나 성전의 바깥 뜰은 측량하지 말고 그냥 두라. 그것은 이방인에게 주어졌으니 그들이 그 거룩한 성을 마흔두 달 동안 짓밟을 것이다."

예수 그리스도를 믿는다 하지만 일곱 인들이 떼어지지 아니한 사람들은 여전히 하나님 밖에 있는 이방인들이다. 그들은 천사들의 나팔 소리를 듣지 못하고, 작은 책을 먹지 아니한다. 이방인들은 큰 자요, 높은 자요, 부자요, 강한 자요, 거룩한 성을 짓밟는 자다. 그들은 성전 바깥 뜰까지는 오지만 어린양의 성전 안으로 들어오지 아니한다.

이 영적 이방인들은 육신의 정욕, 안목의 정욕, 이생의 자랑과 선악지식의 갈대를 가지고 스스로를 측량하며 만족한다. 마흔두 달은 육신의 정욕, 안목의 정욕, 이생의 자랑과 선악지식이 자기 믿음의 달빛이 되어 있는 때이다. 즉 햇빛(예수 그리스도의 믿음과 소망과 사랑)이 아닌 육신의 달빛 아래 있는 사람들의 어두움의 때다. 그들에게 이 기간은 육신에 속한 첫 사람의 자기 믿음으로 땅의 권세를 누리는 때이다.

11.3   καὶ δώσω τοῖς δυσὶν μάρτυσίν μου, καὶ προφητεύσουσιν ἡμέρας
        χιλίας διακοσίας ἑξήκοντα, περιβεβλημένοι σάκκους.

**카이 도소 토이스 뒤신 마르튀신 무, 카이 프로페튜수신 헤메라스
킬리아스 디아코시아스 헥세콘타, 페리베블레메노이 삭쿠스.**

"나는 나의 두 증인에게 권세를 줄 것이며 그들은 굵은 베옷을 입고 일천이백육
십일 동안 예언할 것이다."

두 증인에게 허락된 것은 무엇인가. 그들이 굵은 베옷을 입고 일천이백육십 일을
예언하는 일이다. 마흔두 달은 날 수로는 일천이백육십 일이다. 마흔두 달은 큰
자들이 육신(달)의 빛을 좇는 크로노스의 때요, 일천이백육십 일은 작은 자들이
매일 영의 빛을 좇는 카이로스의 때이다.

작은 자는 예수 그리스도의 믿음과 하나된 믿음 안에서 밤에도 낮의 삶을 살고,
큰 자는 자기 믿음을 좇아서 낮에도 밤의 삶을 산다. 두 증인들이 굵은 베옷을
입고 애통하며 예언하는 것은 성전 안에서 예배하는 큰 자들로, 속히 작은 자의
삶 안으로 들어오게 하는 일이다. 두 증인들이 베옷을 입는 것은 이방인들(큰
자들)이 자신들의 거룩한 성을 짓밟고 있는 것을 애통하는 것이다.

11.4   Οὗτοί εἰσιν αἱ δύο ἐλαῖαι καὶ αἱ δύο λυχνίαι αἱ
        ἐνώπιον τοῦ κυρίου τῆς γῆς ἑστῶτες.

**후토이 에이신 하이 뒤오 엘라이아이 카이 하이 뒤오 뤼크니아이 하이
에노피온 투 퀴리우 테스 게스 헤스토테스.**

"이들은 그 땅의 주 앞에 서 있는 그 두 감람나무와 두 촛대들이다."

● 두 감람나무와 두 촛대

두 감람나무와 두 촛대는 무엇인가. 기록된 바, "내가 그에게 물어 말하기를, 그

등대의 좌우에 있는 두 감람나무는 무슨 뜻입니까"라고 하였다. 또다시 그에게 말하기를, "그 두 금관에 위로부터 금 기름을 흘려내는 이 두 감람나무 가지들은 무엇입니까"라고 하였다. 그가 내게 대답하여 말하기를, "이들은 기름 발리운 두 아들들인데 이들은 온 땅의 주를 향해 서 있는 자들이다"(슥4:11~14)라고 하였다.

또 기록되었으되, "다시 진실로 너희에게 말하거니와 만일 너희의 둘이 합심하여 그 땅 위에서 무엇이든지 구하면 하늘들에 계신 아버지로 말미암아 그들에게 이루어지리라"(마18;17)라고 하였다. 그리고 우리는 인자의 기도를 좇아서 "아버지의 뜻이 하늘에서 이룬 것 같이 땅에서 이루어지이다"라고 기도한다. 또 기록되었으되, "사람이 등불을 켜서 그 말 아래 두지 아니하고 그 등대 위에 두나니 이러므로 그 집에 있는 모든 이들에게 비췬다"(마5:18)라고 하였다.

위 모든 말씀은 작은 자가 된 그 실존에 관한 말씀이다. 하나님은 사람을 창조하시기 전에 "우리의 형상 안에서 우리의 모양과 같이 사람을 만들자"라고 하셨다. 하나님의 형상 안에서 하나님의 모양을 이룬 자는 작은 자이며 어린양을 닮은 '인자(그 사람의 그 아들)'이다. 그러므로 하나님의 맏아들이신 그리스도 예수는 두 감람나무의 근원이다. 두 감람나무는 작은 자의 형상과 모양으로 나의 나됨을 이룬 실존을 징조하고 있다.

예수 그리스도는 하나님의 참 형상이요, 그리스도는 예수는 하나님의 참 모양이다. 하나님의 참 형상과 참 모양은 둘인 동시에 하나다. 사람인 예수 그리스도와 하나님인 그리스도 예수가 하나인 것 같이 인자들 또한 사람인 동시에 '신(하나님의 아들)'이다. 그러므로 작은 자는 하나님의 형상의 빛과 모양의 빛을 비추는 촛대다. 촛대 둘이 두 증인이 되어 예언하게 되었다. 알파에서 그 둘은 속 사람과 겉 사람이요, 말씀(영)과 육이요, 하나님의 말씀과 예수 그리스도의 증거다. 오메가에서 기름 발리운 하나님의 아들 두 사람이 짝을 이루어 두 증인이 되었다. 하나님은 알파에서도 짝을 이루게 하시고 오메가에서도 짝을 이루게 하신다.

11.5 καὶ εἴ τις θέλει αὐτοὺς ἀδικῆσαι, πῦρ
ἐκπορεύεται ἐκ τοῦ στόματος αὐτῶν καὶ
κατεσθίει τοὺς ἐχθροὺς αὐτῶν· καὶ εἴ τις θελήσῃ
αὐτοὺς ἀδικῆσαι, οὕτως δεῖ αὐτὸν ἀποκτανθῆναι.

**카이 에이 티스 텔레이 아우투스 아디케사이, 퓌르
에크포류에타이 에크 투 스토마토스 아우톤 카이
카테스디에이 투스 에크드루스 아우톤· 카이 에이 티스 텔레세
아우투수 아디케사이, 후토스 데이 아우톤 아포크탄데나이.**

"만일 누구든지 그들을 해하려고 하면 그들의 입에서 불이 나서 그들의 원수들을 삼켜버린다. 그들을 해하려고 하는 자는 반드시 이와 같이 죽임을 당한다."

두 증인이 예언하는 일천이백육십 일 동안은 아무도 그들을 해하지 못하도록 심판하는 영과 소멸하는 영이 그들 안에서 역사하신다. 그들을 해하려는 원수들은 그들을 해하려 하는 순간 심판되고 그들의 입에서 나오는 거룩한 불에 삼키운다. 두 증인이 예언하는 것은 알파요, 그들의 입에서 나오는 불이 원수들을 삼키는 것은 오메가다. 원수들은 그들의 육신의 정욕, 안목의 정욕, 이생의 자랑, 선악지식과 함께 성령의 불에 소멸당한다.

11.6 οὗτοι ἔχουσιν τὴν ἐξουσίαν κλεῖσαι τὸν οὐρανόν, ἵνα μὴ ὑετὸς βρέχῃ
τὰς ἡμέρας τῆς προφητείας αὐτῶν, καὶ ἐξουσίαν ἔχουσιν ἐπὶ τῶν
ὑδάτων στρέφειν αὐτὰ εἰς αἷμα καὶ πατάξαι τὴν γῆν ἐν πάσῃ πληγῇ
ὁσάκις ἐὰν θελήσωσιν.

**후토이 에쿠신 텐 엑수시안 클레이사이 톤 우라논, 히나 메 휘에토스 브레케
타스 헤메라스 테스 프로페테이아스 아우톤, 카이 엑수시안 에쿠신 에피 톤
휘다톤 스트레페인 아우타 에이스 하이마 카이 파탁사이 텐 겐 엔 파세 플레게
호사키스 에안 델레소신.**

"그들이 권능을 가지고 하늘을 닫아 그 예언을 하는 날 동안 비가 오지 못하게 하고 또 권능을 가지고 물을 피로 변하게 하고 아무 때든지 원하는 대로 여러 가지 재앙으로 땅을 치리라."

두 증인의 예언은 새 창조의 근원 안에서 그들 자신을 어린양에게 맡기는 일이며 성전에서 예배하는 자들에게 새 창조의 실상을 계시하는 일이며 큰 자들의 세상을 심판하는 일이다. 그러므로 그들은 자신들의 예언으로 하늘의 물들과 땅의 물들을 구별한다. 그들은 하늘로부터 생명의 물들이 이방인의 땅 위에 내리지 않게 하고 생존의 물들은 사망의 피인 것을 알게 한다. 또, 큰 자들이 움켜쥔 온갖 땅의 축복은 바로 재앙임을 그들이 원할 때마다 세상에 알게 한다.

11.7 Καὶ ὅταν τελέσωσιν τὴν μαρτυρίαν αὐτῶν, τὸ θηρίον τὸ ἀναβαῖνον ἐκ τῆς ἀβύσσου ποιήσει μετ᾽ αὐτῶν πόλεμον καὶ νικήσει αὐτοὺς καὶ ἀποκτενεῖ αὐτούς.

카이 호탄 텔레소신 텐 마르튀리안 아우톤, 토 데리온 토 아나바이논 에크 테스 아뷔쑤 포이에세이 메트 아우톤 폴레몬 카이 니케세이 아우투스 카이 아포크테네이 아우투스.

"그리고 두 증인들이 그들의 증거를 마칠 때에 그 무저갱으로부터 올라오는 짐승이 그들과 싸워 이기고 그들을 죽일 것이다."

두 증인들이 그들의 증거를 마칠 때에 무저갱으로부터 올라오는 짐승에게 죽임을 당하는 것은 예수께서 유대인들에게 죽임을 당한 것과 같다. 그들의 죽음은 부활을 증거하기 위한 것이다. 예수는 유대 땅에서 일천이백육십 일을 예언하신 후 유대인들의 무저갱(하나님의 지혜와 지식의 깊음 속에서 그들 자신의 선악지식으로 빠져들었던 구렁)으로부터 올라온 넷째 우상(청황색 말과 그 위에 앉은 자)에게 죽임을 당했다. 작은 자가 살아서 행하는 증거는 알파요, 그가 죽임을 당하고 다시 부활하는 것은 오메가다. 알파의 승리는 오메가의 승리를 위하여 있고, 오메가의 승리는 알파의 승리를 온전케 하며 둘이 하나된다. 짐승이 작은 자를 죽이고 잠시 승리한 것 같았으나 그들은 영원한 패배자다. 작은 자는 죽임을 당하면서 육신으로 패배를 한 것 같았으나 그는 영원한 승리자다.

기록된 바, "진실로 진실로 너희에게 말한다. 그 한 알의 밀이 그 땅속으로 떨어져 죽지 아니하면 그것은 한 알 그대로 있고 죽으면 많은 열매를 맺는다"(요 12:24)라고 하였다. 에클레시아가 작은 자가 되어 그의 증거를 마치는 것은 알파요, 그의 증거가 열매 맺게 하기 위하여 땅에 떨어져서 죽었다가 살아나는 것은 오메가다. 에클레시아가 작은 자가 되는 것도 참된 일이요, 그가 땅에 떨어져 죽었다가 다시 사는 것도 참된 일이다. 그러나 알파와 오메가가 하나되게 하지 못하는 사람은 에클레시아로 부름을 받았을지라도 그 은혜를 헛되게 하고 다시 잃어지고 있다.

11.8   *καὶ τὸ πτῶμα αὐτῶν ἐπὶ τῆς πλατείας τῆς πόλεως τῆς μεγάλης, ἥτις καλεῖται πνευματικῶς Σόδομα καὶ Αἴγυπτος, ὅπου καὶ ὁ κύριος αὐτῶν ἐσταυρώθη.*

카이 토 프토마 아우톤 에피 테스 플라테이아스 테스 폴레오스 테스 메갈레스, 헤티스 칼레이타이 프뉴마티코스 소도마 카이 아이귑토스, 호푸 카이 호 퀴리오스 아우톤 에스타우로데.

"그들의 시체는 큰 성의 길 위에 놓여 있을 것이다. 그 성은 영적으로 하면 소돔과 애굽이라 하고 그들의 주께서 십자가에 못 박히신 곳이다."

바벨론에 사로잡혀 갔던 이스라엘 중 남은 자들이 유대 땅에 돌아와서 예루살렘을 중건하였다. 그러나 그 성은 여전히 거룩한 백성의 성이 되지 못했다. 그 성 사람들은 예수를 죽였다. 그러므로 그 성은 영적으로 소돔과 애굽이 되었다. 이것은 징조다. 하나님의 자녀라는 칭호를 받는 이들이 그 이름과 그 실존이 하나된 작은 자가 되지 못하고 큰 자로 있을 때 그가 소돔이요, 애굽이다.

소돔과 애굽은 육신의 정욕, 안목의 정욕, 이생의 자랑을 좇는 큰 자들의 성(몸)이다. 그들의 마음은 굳어진 길과 같아서 두 증인들의 시체를 길에 놓아두었다. 즉 두 증인의 예언은 큰 성에서는 길에 떨어져 죽어 있지만, 성전에서 예배하는 자들의 마음속에는 부활의 씨앗으로 떨어져 있다. 큰 자들의 마음은 좋은 밭이 아니라 세상 사람들이 왕래하는 길이 되어 있어서 하나님의 말씀과 예수 그리스도의 증거가 싹이 나고 자라서 열매를 맺지 못한다. 때문에 그들은 영원한 생명의 부활에 참여할 수 없다.

11.9 *καὶ βλέπουσιν ἐκ τῶν λαῶν καὶ φυλῶν καὶ γλωσσῶν καὶ ἐθνῶν τὸ πτῶμα αὐτῶν ἡμέρας τρεῖς καὶ ἥμισυ, καὶ οὐκ ἀφίουσιν τὰ πτώματα αὐτῶν τεθῆναι εἰς μνῆμα.*

카이 블레푸신 에크 톤 라온 카이 퓔론 카이 글로쏜 카이 에드논 토 프토마 아우톤 헤메라스 트레이스 카이 헤미쉬, 카이 우크 아피우신 타 프토마타 아우톤 테데나이 에이스 므네마.

"그 백성들과 종족들과 언어들과 나라들에 속한 사람들이 그들의 시체를 사흘 반 동안을 보면서 무덤 속에 두는 것을 허락하지 아니할 것이다."

큰 자들은 십자가에 못 박혀 죽은 어린양이 무덤에서 사흘 만에 살아나신 것을 알고 있다. 그러므로 그들은 그 일에 미혹되어 두 증인의 시체를 무덤에 묻지 못하게 하고 길 위에 놓아두게 한다. 이것 또한 징조다. 예수가 십자가에 못 박혀 죽어 그 몸이 무덤에 두어졌던 것은 요나가 큰 고기 뱃속에서 삼일 밤낮을 있었던 것 같다.

만약 두 증인이 죽어 큰 자들의 마음 땅속에 묻혀 사흘 반 동안 있었다면 그들이 부활할 때 큰 자들도 하나님께 대하여 죽은 데서 일으킴을 받았을 것이다. 그러나 큰 자들은 두 증인이 살아 있을 때나 죽어 있을 때나, 다시 살아날 때나 부활과 아무 상관이 없었다. 그러나 두 증인은 죽어 성전 안에서 예배하던 사람들의 마음 땅속에 사흘 반 동안 있다가 부활하였다. 그러므로 두 증인의 부활은 성전에서 예배하던 사람들의 부활을 가져온다. 이 일은 살려주는 영인 두 증인이 행하는 일이다.

이마에 살아 있는 신됨의 인을 가진 사람은 먼저 144,000의 풍성하고 온전한 실존을 이룬다. 그리고 그는 한 알의 밀이 되어 사람의 마음 땅에 떨어져서 그로 하여금 자기와 같은 144,000의 풍성하고 온전한 열매를 삼십 배, 육십 배, 백배를 맺게 한다. 한 알의 밀이 땅에 떨어져 많은 열매를 맺고 또 그 밀알들이 땅에 떨어져 열매를 맺는 부활 농사가 하나님의 새 창조다.

11.10 καὶ οἱ κατοικοῦντες ἐπὶ τῆς γῆς χαίρουσιν ἐπ' αὐτοῖς καὶ
εὐφραίνονται, καὶ δῶρα πέμψουσιν ἀλλήλοις, ὅτι οὗτοι οἱ δύο
προφῆται ἐβασάνισαν τοὺς κατοικοῦντας ἐπὶ τῆς γῆς.

카이 호이 카토이쿤테스 에피 테스 게스 카이루신 에프 아우토이스 카이 유프라이논타이, 카이 도라 펨프수신 알레로이스, 호티 후토이 호이 뒤오 프로페타이 에바사니산 투스 카토이쿤타스 에피 테스 게스.

"그 땅에 거하는 자들이 그들 위에서 즐거워하고 기뻐하게 되고 서로 선물들을 보낼 것이다. 그것은 이 두 예언자들이 그 땅에 거하는 자들을 시련을 겪게 하였기 때문이다"라고 하였다.

그 땅에 뿌리를 내리고 사는 이들이 시련을 겪은 것은 두 증인들이 그들을 괴롭히고자 했기 때문이 아니다. 그들을 어린양에게로 돌이키게 하려는 그들의 예언이 그들에게 시련이 되었다. 즉 큰 자들에게 작은 자가 되라는 두 증인들의 예언은 도리어 그들을 괴롭히는 것이 되었다. 그러므로 그들은 두 증인들이 죽고 그들의 시체가 성 길 위에 놓이자 그들 위에서 즐거워하였다.

백성들과 종족들과 언어들과 나라들 위에서 두 증인들이 예언한 것 같이 큰 자들은 죽임을 당한 두 증인들의 시체 위에서 즐거워하고 기뻐하면서 서로 선물들을 주고받는다. 첫 사람은 육신의 눈으로 '에이돈'하는 것(생존)을 믿고 둘째 사람은 영의 눈으로 '호라오'하는 것(생명)을 믿는다. 육신의 눈으로 보는 것은 다 지나갈 것이지만, 첫 사람은 시공에 갇혀서 그것들을 움켜쥐고 그들의 최종적 승리인 것으로 믿고 기뻐한다. 그러나 그들의 기쁨은 잠시일 뿐이다.

11.11 *Καὶ μετὰ τὰς τρεῖς καὶ ἥμισυ ἡμέρας πνεῦμα ζωῆς ἐκ τοῦ θεοῦ εἰσῆλθεν ἐν αὐτοῖς, καὶ ἔστησαν ἐπὶ τοὺς πόδας αὐτῶν, καὶ φόβος μέγας ἐπέπεσεν ἐπὶ τοὺς θεωροῦντας αὐτούς·*

카이 메타 타스 트레이스 카이 헤미쉬 헤메라스 프뉴마 조에스 에크 투 데우 에이셀덴 엔 아우토이스, 카이 에스테산 에피 투스 포다스 아우톤, 카이 포보스 메가스 에페페센 에피 투스 데오룬타스 아우투스·

사흘 반 후에 하나님으로부터 생명의 영이 그들 속에 들어가자 그들은 자기들의 발로 섰다. 그들을 보고 있는 자들 위에 큰 두려움이 떨어져 내렸다.

어린양은 제 삼일에 부활하셨고 두 증인들은 제 사일에 부활하였다. 예수의 부활은 맏아들의 부활이요, 두 증인들의 부활은 그 형제들의 부활이다. 예수 그리스도의 형제들의 부활에도 처음과 나중이 있다. 처음은 오늘 여기서 육체와 함께 정과 욕심을 십자가에 못 박고 부활하는 영의 실존을 이루는 것이다. 나중은 예언자로서 사람들 안에서 부활을 증거하다가 죽임을 당한 후 그들 안에서 다시 사는 것이다. 부활을 믿는 자들에게 두 증인들의 부활은 큰 기쁨이지만 부활을 믿지 아니하는 자들에게는 큰 두려움이다.

11.12 *καὶ ἤκουσαν φωνῆς μεγάλης ἐκ τοῦ οὐρανοῦ λεγούσης αὐτοῖς·*
Ἀνάβατε ὧδε, καὶ ἀνέβησαν εἰς τὸν οὐρανὸν ἐν τῇ νεφέλῃ, καὶ
ἐθεώρησαν αὐτοὺς οἱ ἐχθροὶ αὐτῶν.

카이 에쿠산 포네스 메갈레스 에크 투 우라누 레구세스 아우토이스·
아나바테 호데, 카이 아네베산 에이스 톤 우라논 엔 테 네펠레, 카이
에데오레산 아우투스 호이 에크드로이 아우톤.

그들은 그 하늘로부터 그들에게 "이리로 올라오라"라고 말하고 있는 큰 음성을
들었다. 그러자 그들은 그 구름 속에서 그 하늘로 올라갔고 그들의 원수들은
그들을 쳐다보았다.

● **엔 테 네펠레(그 구름 속에서)**

하나님은 홍수 후에 노아에게 구름 속에 둔 무지개를 생명의 언약의 징조로 주셨
다. 그 언약에서 무지개와 구름은 하나의 짝이다. 무지개는 생명이요, 영이요,
모양이요, 구름은 생존이요, 육이요, 형상이다. 또한 구름 속의 무지개는 죽은
자의 부활이다. 구름에 가려 하늘로 올리운 예수나 구름 속에서 하늘로 올리운
두 증인들은 부활한 자의 영적 초월성을 징조한다. 두 증인은 구름같이 많은 부활
의 증인들 속에서 하늘로 올라갔다. '엔 테 네펠레'는 '구름 가운데서'이지 '구름을
타고'가 아니다. 영적 초월성에 이른 부활의 실존은 구름이라는 운송 수단을 필요
로 하지 않는다.

두 증인들이 구름 속에서 하늘로 올라가는 것을 그들의 원수들이 쳐다보았다.
그러나 그들은 그것이 무엇을 징조 하는지는 알지 못했다. 두 증인들이 올라간
하늘은 11장 1절에서 성전에서 예배하는 자들의 마음 하늘이다. 두 증인들은 사람
들의 마음 하늘에 올라갔다. 그것은 에클레시아가 부활의 실존이 되게 하려 함이
다. 두 증인들은 144,000의 풍성하고 온전한 실존을 말하고 있다. 그들은 자신들

만 144,000의 실존이 되는 것이 아니라 에클레시아가 그들처럼 풍성하고 온전한 부활의 실존에 이르도록 예언하였다.

11.13 καὶ ἐν ἐκείνῃ τῇ ὥρᾳ ἐγένετο σεισμὸς μέγας, καὶ τὸ δέκατον τῆς πόλεως ἔπεσεν, καὶ ἀπεκτάνθησαν ἐν τῷ σεισμῷ ὀνόματα ἀνθρώπων χιλιάδες ἑπτά, καὶ οἱ λοιποὶ ἔμφοβοι ἐγένοντο καὶ ἔδωκαν δόξαν τῷ θεῷ τοῦ οὐρανοῦ.

카이 엔 에케이네 테 호라 에게네토 세이스모스 메가스, 카이 토 데카톤 테스 폴레오스 에페센, 카이 아페크탄데산 엔 토 세이스모 오노마타 안드로폰 킬리아데스 헵타, 카이 호이 로이포이 엠포보이 에게논토 카이 에도칸 독산 토 데오 투 우라누.

그때에 큰 진동이 일어나 그 성의 십분의 일이 무너지고 그 진동에 죽은 사람들의 이름들이 칠천 명이었다. 그 남은 자들이 크게 두려워하여 그 하늘의 하나님께 영광을 돌렸다.

이 말씀은 무엇을 계시하고 있는가. 두 증인들이 죽었다가 살아나서 하늘로 올라가자 땅에 지진이 나서 사람 칠천 명이 죽었다는 것인가. 두 증인들의 부활과 칠천 인의 죽음과는 무슨 관련이 있는 것인가.

사람은 누구든지 그 마음을 좇아서 열 손가락으로 모든 일을 행한다. 즉 마음은 열 손가락을 다스린다. 그러므로 하나님은 에클레시아로부터 열 손가락을 다스리는 그 마음을 십일조로 받으신다. 큰 성은 다름이 아니라 큰 자가 하나님의 이름을 빌어 그의 열 손가락을 자기 마음대로 쓰고 있는 상태다. 즉 그는 열 손가락으로 큰 성을 짓고 큰 자가 되어 그 안에 거한다. 큰 자는 누구든지 열 손가락을 다스리는 자기 마음의 십일조를 하나님께 드리지 아니하고 자기 것으로 소유하고 있다. 그가 스스로 큰 자가 되어 하나님께 대항하면서 그 마음과 혼과 뜻을 좇아 성령의 일곱 역사를 거스른다. 이와 같이 그는 성령을 거스르며 하나님께 드려야 할 십일조를 소유로 삼고 육적인 풍성함을 누리고 있으므로 그 숫자는 멸망하는 일곱 머리 열 뿔의 일 곧 '칠천($7×10^3$)'이다. 이것은 666의 또 다른 이름이다. 즉 에클레시아가 자기 믿음으로 육신의 정욕(6), 안목의 정욕(6), 이생의 자랑(6)을 십자가에 못 박지 못하고, 666의 존재가 되어 있다가 멸망하는 일이다.

큰 성의 십분의 일이 무너지고, 칠천 인이 죽은 것은 하나님께 드려야 할 십일조를 자기 것으로 움켜쥔 큰 자들의 마음과 몸에 대한 심판이다. 그 성을 지배하던 큰 자들이 죽자 그들의 지배를 받던 사람들이 하늘의 하나님을 두려워하여 그에게 영광을 돌린다. 남은 자들 중에 이 징조를 보고 깨닫는 자는 자신들의 생존에서 돌이켜 작은 자의 생명 안으로 들어올 것이다. 이와 같이 죽었다가 부활한 두 증인과 같은 길을 걷는 영과 진리의 에클레시아는 그들의 풍성하고 온전한 144,000의 실존을 통하여 자기 마음 성전에서 하나님께 예배하는 자들에게는 물론, 하나님을 적대하고 있는 사람들에게도 하나님의 새 창조의 실상을 드러내고 있다.

11.14 Ἡ οὐαὶ ἡ δευτέρα ἀπῆλθεν· ἰδοὺ ἡ οὐαὶ ἡ τρίτη ἔρχεται ταχύ.

헤 우아이 헤 듀테라 에펠덴' 이두 헤 우아이 헤 트리테 에르케타이 타퀴.

그 둘째 화는 지나갔다. 보라, 그 셋째 화가 속히 오고 있다.

기록된 바, "그 십자가의 그 도가 멸망당하는 그들에게는 어리석은 것이요, 구원되는 이들인 우리에게는 신됨의 능력이라"(고전1:18)라고 하였다. 세상에 있는 큰 자에게 화인 것은 그리스도 안에 있는 작은 자에게는 축복이다. 그러므로 세상에서 성공하는 큰 자가 세상을 이기는 작은 자의 생명으로 돌이키면 큰 자에게 오는 화는 복으로 변한다. 이것은 두 증인의 예언이 행하는 심판이며 새 창조의 증거다.

11.15 Καὶ ὁ ἕβδομος ἄγγελος ἐσάλπισεν· καὶ ἐγένοντο φωναὶ μεγάλαι ἐν
τῷ οὐρανῷ λέγοντες. Ἐγένετο ἡ βασιλεία τοῦ κόσμου τοῦ κυρίου
ἡμῶν καὶ τοῦ χριστοῦ αὐτοῦ, καὶ βασιλεύσει εἰς τοὺς αἰῶνας τῶν
αἰώνων.

카이 호 에브도모스 앙겔로스 에살피센· 카이 에게논토 포나이 메갈라이 엔
토 우라노 레곤테스· 에게네토 헤 바실레이아 투 코스무 투 퀴리우
헤몬 카이 투 크리스투 아우투, 카이 바실류세이 에이스 투스 아이오나스 톤
아이오논.

그 일곱째 천사가 나팔을 불자 그 하늘에서 큰 음성들이 나서 말하고 있기를,
"그 세상의 나라가 우리 주와 그의 그리스도의 나라가 되었다. 그리고 그가
세세토록 다스릴 것이다"라고 하였다.

육신의 첫 사람은 왕이 되는 것을 '사람들 위에 군림하는 것(To reign over them)'
으로 알고 있다. 그러나 하나님은 그의 자녀들 위에 군림하지 않으시고 '그들 안에
서 다스리며(To reign in them)', '그들과 하나되신다(To become one)'. 하나님
의 자녀들 또한 만물 위에 군림하지 아니하고 그들 안에서 다스린다. 안에서 행하
는 다스림은 어린양을 닮은 부활의 실존만이 행하는 새 창조의 섬김이다. 부활의
실존은 위에서 군림하는 땅의 질서의 크로노스로부터 안에서 다스리는 하늘의
질서의 카이로스 안으로 옮겨 왔다.

11.16 Καὶ οἱ εἴκοσι τέσσαρες πρεσβύτεροι οἱ ἐνώπιον τοῦ θεοῦ καθήμενοι
ἐπὶ τοὺς θρόνους αὐτῶν ἔπεσαν ἐπὶ τὰ πρόσωπα αὐτῶν καὶ
προσεκύνησαν τῷ θεῷ,

카이 호이 에이코시 테싸레스 프레스뷔테로이 호이 에노피온 투 데우 카데메노이
에피 투스 드로누스 아우톤 에페산 에피 타 프로소파 아우톤 카이
프로세퀴네산 토 테오,

그러자 하나님 앞에서 자기들의 보좌에 앉은 스물네 장로들이 엎드려 하나님께 경배하며

11.17 λέγοντες· Εὐχαριστοῦμέν σοι, κύριε, ὁ θεός, ὁ παντοκράτωρ, ὁ ὢν καὶ ὁ ἦν, ὅτι εἴληφας τὴν δύναμίν σου τὴν μεγάλην καὶ ἐβασίλευσας.

레곤테스· 유카리스투멘 소이, 퀴리에, 호 데오스, 호 판토크라토르, 호 온 카이 호 엔, 호티 에일레파스 텐 뒤나민 수 텐 메갈렌 카이 에바실류사스.

말하고 있기를, "지금도 계시고 전부터 계셔 온 전능하신 주 하나님, 당신께 감사드립니다. 이는 당신이 친히 당신의 그 큰 권능을 잡으셨고 또 다스리기 시작하셨고"

생명과 사랑과 거룩과 초월의 하나님은 군림하시는(Reign over) 분이 아니다. 하나님이 새 창조를 행하시는 것은 그가 그의 자녀들 위에서 군림하려 하심이 아니라 그들 안에서 그들과 하나되려 하심이다. 하나님은 그의 크신 권능으로 에클레시아를 섬기신다. 스물네 장로들은 그 일에 대하여 하나님께 감사하고 있다.

11.18 καὶ τὰ ἔθνη ὠργίσθησαν, καὶ ἦλθεν ἡ ὀργή σου καὶ ὁ καιρὸς τῶν νεκρῶν κριθῆναι καὶ δοῦναι τὸν μισθὸν τοῖς δούλοις σου τοῖς προφήταις καὶ τοῖς ἁγίοις καὶ τοῖς φοβουμένοις τὸ ὄνομά σου, τοὺς μικροὺς καὶ τοὺς μεγάλους, καὶ διαφθεῖραι τοὺς διαφθείροντας τὴν γῆν.

카이 타 에드네 오르기스데산, 카이 엘덴 헤 오르게 수 카이 호 카이로스 톤 네크론 크리데나이 카이 두나이 톤 미스돈 토이스 둘로이스 수 토이스 프로페타이스 카이 토이스 하기오이스 카이 토이스 포부메노이스 토 오노마 수,

투스 미크루스 카이 투스 메갈루스, 카이 디아프데이라이 투스 디아프데이론타스 텐 겐.

"그 이방 나라들이 분노하였으나 그 카이로스가 되어 당신의 진노가 내리며, 죽은 자들이 심판받으며, 당신의 종들인 그 예언자들과 그 거룩한 자들과 당신의 이름을 경외하는 그 작은 자들과 그 큰 자들에게 상을 주시며, 그 땅을 망하게 하는 자들을 멸망시킬 것이기 때문입니다"라고 하였다.

이방 나라들은 왜 분노하는가. 이방 나라들은 육신의 첫 사람의 나라들이다. 첫 사람의 나라들을 다스리는 자들은 다스림을 받는 자들 위에 군림한다. 그러나 전능하신 하나님의 다스림은 군림이 아니라 다스림을 받는 자들 안에서 섬기며 그들과 하나됨이다. 군림을 좋아하며 거기에 갇혀버린 첫 사람은 이 다스림을 알 수도 없고 받을 수도 없다. 그러므로 그들은 하나님의 큰 권능과 다스림에 대하여 분노하며 대항하지만 그 헛됨을 알지 못한다.

그 이마에 살아있는 신됨의 인을 가진 자는 이제 온전한 스물네 장로의 실존을 이루었다. 이제 144,000의 실존으로 나아가게 되었다. 하나님은 각 사람에게 합당한 상을 주신다. 그 몸(땅)을 망하게 한 자들은 멸망이 합당하므로 그들을 멸하실 것이다. 하나님은 누구든지 심은 대로 거두게 하신다.

11.19 Καὶ ἠνοίγη ὁ ναὸς τοῦ θεοῦ ὁ ἐν τῷ οὐρανῷ, καὶ ὤφθη ἡ κιβωτὸς τῆς διαθήκης αὐτοῦ ἐν τῷ ναῷ αὐτοῦ· καὶ ἐγένοντο ἀστραπαὶ καὶ φωναὶ καὶ βρονταὶ καὶ σεισμὸς καὶ χάλαζα μεγάλη.

카이 에노이게 호 나오스 투 테우 호 엔 토 우라노, 카이 오프데 헤 키보토스 테스 디아데케스 아우투 엔 토 나오 아우투· 카이 에게논토 아스트라파이 카이 포나이 카이 브론타이 카이 세이스모스 카이 칼라자 메갈레.

그러자 그 하늘에 있는 하나님의 그 성전이 열리고 그의 성전 안에 있는 하나님의 그 언약궤가 보였고 번개들과 음성들과 천둥들과 진동과 큰 우박이 있었다.

그 이마에 살아 있는 신됨의 인을 가진 자에게 스물네 장로의 실존이 이루어지자 하늘에 있는 하나님의 성전이 열리면서 하나님의 언약궤가 보였다. 여기 11장 19절에서 성전이 열렸다. 그전에 4장 13절에서 하늘에 열린 문이 있었고, 6장 1절에서 12절까지는 여섯 인들이 열렸고(떼어졌고), 8장 1절에서 일곱째 인이 열렸다. 9장 2절에서 무저갱이 열렸고, 10장 2절에서 펴 놓인(열린) 작은 책이 천사의 손에 있었고, 10장 10절에서 요한은 그 열린 책을 먹었다. 그 후에 두 증인들이 천이백육십 일을 예언하였고 그들에게 부활의 문이 열렸다.

언약궤 안에는 두 돌비가 있었다. 이 두 돌비는 사람의 두 심비를 징조하고 있다. 두 돌비 중 하나는 사람과 하나님의 사랑의 관계성이다. 즉 "네 마음을 다하고 혼을 다하고 뜻을 다하여 주 너의 하나님을 사랑하라"는 것이다. 다른 하나는 사람과 사람의 사랑의 관계성이다. 즉 "네 이웃을 네 자신과 같이 사랑하라"는 것이다. 스물네 장로의 실존을 이룬 자는 두 돌비가 징조하는 바의 참 십일조의 삶을 살면서 144,000의 실존을 이룬다.

인자의 기도에서 처음의 세 부분은 에클레시아가 가진 아버지와의 관계성이요, 나중의 세 부분은 에클레시아 상호의 관계성이다. 이와 같이 인자의 기도는 처음 과 나중의 둘로 이루어져 있다. 처음의 세 부분은 아버지께서 그의 자녀들에게 베푸시는 유월절과 오순절과 장막절의 실상이다. 그리고 나중의 세 부분은 그 세 절기의 실상을 풍성하고 온전하게 이루는 그의 자녀들의 삶이다. 새 창조의 처음의 세 날은 야웨의 길을 예비하는 날들이요, 나중의 세 날은 우리 하나님을 향하여 함께 대로를 걷는 날들이다.

하나님은 번개로서 그의 생명을 계시하시며, 음성으로 그의 사랑을 계시하신다. 또, 천둥으로 그의 거룩을 계시하시며, 진동으로 그의 초월을 계시하시며, 우박으로 세상을 심판하신다. 4장 5절에는 보좌로부터 번개와 천둥이 있었고, 8장 5절에는 천둥과 음성과 번개와 진동이 있었으며, 11장 19절에는 번개와 음성과 천둥과 진동과 큰 우박이 있었다.

● 십일조와 한 이례 언약

그리스도 예수 안에 있는 에클레시아의 십일조는 돈도 물질도 아니다. 율법의 십일조는 폐해졌다. 그러므로 영과 진리의 때임에도 계속되고 있는 돈과 물질의 십일조는 짐승이 받는다. 예수 그리스도 안에 있는 에클레시아에게 그 십일조가 거듭나지 아니하면 하나님의 새 창조 안으로 들어올 수 없다. 거듭난 존재의 십일조는 하나님의 새 창조 안에서 마음을 다하고 혼을 다하고 뜻을 다하여 하나님을 사랑하고 또 이웃을 자신과 같이 사랑하는 것이다. 에클레시아의 거듭남은 십일조의 거듭남이다. 거듭난 자는 다니엘이 말한 '한 이례 언약'을 가진 자다.

한 이례의 언약은 새 창조를 위한 일곱 날의 언약을 징조하고 있다. 그러면 누구에게 한 이례 언약이 베풀어지는가. 동정녀가 그녀의 순결한 마음과 혼과 뜻을 한 남자에게 주는 것과 같이 죄사함을 받고 순결케 된 에클레시아가 그의 순결한 마음과 혼과 뜻을 어린양에게 드리어 거룩케 되는 것이 새로운 십일조다. 새 창조의 언약은 그 마음과 혼과 뜻을 어린양에게 드린 자에게 오는 하나님의 아들됨의 언약이다.

모세는 말하기를, 우리의 년수가 칠십이요, 강건하면 팔십이라 하였다. 그 70년의 십분의 일이 7년이다. 7년의 반은 삼 년 반이며, 한 때, 두 때, 반 때이며 마흔두 달이며 1260일이다. 7년(또는 7일)의 반은 인자의 기도 처음 부분이요, 나머지 반은 나중 부분이다. 이 모든 것은 눈에 보이지 않는 새 창조를 눈에 보이도록 가리키고 있다.

죄사함을 받은 모든 에클레시아가 영과 진리 안에서 동정녀가 되어 그의 마음과 혼과 뜻을 다하여 하나님을 사랑하면 그가 사는 70년의 십분의 일인 7년을 온전히 하나님께 드릴 수 있다. 그 십일조의 삶 속에서 하나님의 새 창조는 이루어진다. 요한 계시록에 등장하는 일곱은 이 일을 가리키고 있다. 하나님의 새 창조는 일곱 에클레시아, 일곱 천사, 일곱 별, 일곱 영, 일곱 뿔, 일곱 인, 일곱 나팔, 일곱 대접, 일곱 날로 계시되고 있다.

70년이나 7년이나 7일은 크로노스에서는 각각 다르나 하루가 천년 같고 천년에 하루 같은 주님의 카이로스에서는 동일하다. 70년은 인생이 사는 크로노스의 년수를 말한다. 7년은 70년을 통하여 십일조의 삶을 사는 에클레시아의 실존을 말하고, 7일은 하나님이 70년의 7년을 통하여 이루시는 새 창조의 7일을 말한다. 가령 어느 누가 70년을 사는데 30년을 하나님을 알지 못하고 지냈다 하자. 어느 날 그가 하나님을 믿고 하나님의 이름이 거룩히 여김 받기를 기도하게 되었다면 지나간 30년은 밤이요, 기도하게 된 것은 낮이다. 그러므로 그에게는 그때에 비로소 카이로스의 한 날이 왔다. 그러므로 그때가 7년의 시작이며 7일의 시작이다.

에클레시아에게 있어서 처음 삼 년 반은 야웨의 길을 예비하는 때요, 나중 삼 년 반은 우리 하나님을 향하여 함께 대로를 걷는 때이다. 그러니 누구든지 '새 창조의 언약(예수 그리스도의 믿음)' 안으로 들어오지 아니하고 종말론을 좇아 언젠가 올 종말의 7년을 기다리고 있으면 그에게는 '나의 나됨'을 이루는 7년도 7일도 하루도 없다. '새 창조의 때(카이로스)'는 언제나 지금 여기에 있다. 그러므로 들을 귀를 가진 자만 카이로스 안으로 들어온다.

나흘

요한 계시록 12장, 13장, 14장

나흘 : 오늘날 우리에게 우리의 일용할(존재의) 양식을 주옵소서 (계 12:1~14:20)

● 그 하늘들의 궁창 안에 광명체들이 있으라

첫 창조의 나흘째 날 하나님이 말씀하시기를, "그 하늘들의 궁창 안에 광명체들이 있어 그날과 그 밤을 나뉘게 하라. 또 그것들이 징조들과 시기들과 일자들과 연한들을 위하여 있으라. 또 그것들이 그 하늘들의 궁창 안에 광명체들로 있어 그 땅 위에 비춰라"라고 하셨고 그대로 되었다. 하나님이 그 두 큰 광체들을 만드시고 그 큰 광명체로 그 낮을 관장하게 하시고 그 작은 광명체로 그 밤을 관장하게 하셨다. 또 그 별들을 만드시고 하나님이 그것들을 그 하늘들의 궁창에 두어 그 땅 위에 비춰게 하시며 그 빛과 그 어두움을 나뉘게 하셨다. 하나님이 보시니 좋았다. 땅의 생명체는 광명체의 빛이 없으면 생존할 수 없다. 그러므로 그 빛이 생존의 근본적 양식이다.

● 두 가지 양식

기록된 바, "썩는 그 양식을 얻으려 힘쓰지 말고 영생하도록 있는 그 양식을 얻으려 힘쓰라. 이 양식은 인자가 너희에게 줄 것이니 그는 그 아버지 하나님이 인치신 자이다"(요6:27)라고 하였다. 양식에는 첫 사람이 구하는 썩는 양식이 있고 둘째 사람이 구하는 영생에 이르는 양식이 있다. 예수께서는 사람들에게 생명의 양식을 주셨고 육신의 양식도 주셨다. 예수께서 사람들에게 육신의 양식을 주신 것은 생명의 양식을 알게 하려는 징조였다.

● 인자가 주시는 생명의 양식과 그가 먹는 양식

인자는 사람들에게 영생하도록 있는 그의 양식을 주신다. 인자도 그가 먹는 양식이 따로 있었다. 그가 먹은 양식은 무엇이며 그가 주시는 양식은 무엇인가.

이 두 양식을 분별하지 못하면 그를 좇아서 부활의 실존을 이룬 하나님의 아들의 삶이 무엇인지를 알지 못한다. 그가 말씀하시기를, "나는 너희가 알지 못하는 먹을 양식을 가지고 있다. 나의 양식은 나를 보내신 이의 그 뜻을 행하며 그의 일을 온전히 이루는 것이니라"라고 하셨다. 이것은 어린양이신 인자가 먹는 양식이다. 그러므로 그 양식은 그를 믿어서 그와 같이 인자가 된 사람들의 양식이기도 하다. 인자들은 그와 함께 그 양식을 먹으며 그와 소통한다.

그러나 그 양식은 첫 사람이 인자가 된 후의 양식이다. 누구든지 인자가 되기 전의 첫 사람은 다른 양식을 먹는다. 예수 말씀하시되, "내 살은 참된 양식이요 내 피는 참된 음료라. 내 살을 먹고 내 피를 마시는 자는 내 안에 거하고 나도 그 안에 거하나니 살아 있는 아버지께서 나를 보내셨으므로 그 아버지로 인하여 사는 것 같이 그도 나를 인하여 살리라"(요6:55~56)라고 하였다.

그러므로 인자의 살을 먹고 피를 마시고 죽은 데서 살아난 인자들만이 아버지의 뜻을 행하고 그의 일을 온전히 이루는 것을 자신의 영원한 양식으로 삼는다. 부활의 실존에겐 이와 같이 인자와 함께 먹는 양식이 있다. 즉 그는 하나님께 대하여 죽은 자들에게 주어서 먹고 살아나게 하는 양식을 가지고 있다. 즉 어린양이 그의 살과 피를 죽은 자들의 양식과 음료로 주셨던 것 같이 부활의 실존 또한 그러하다. 에클레시아는 이 부활과 생명의 흐름 속에서 모두가 하나되고 있다.

첫 창조의 나흘째에 땅 위에 빛을 비추게 된 해는 사랑을, 달은 믿음을, 별은 소망을 징조한다. 새 창조의 나흘째에 예수 그리스도의 사랑과 생명과 거룩의 빛은 작은 자가 된 에클레시아의 마음의 궁창에서 사랑과 믿음(생명)과 소망(거룩)의 빛을 비추는 광명체들이 되어 있다. 자신의 마음 하늘에 이 광명체들을 가진 자마다 아버지의 뜻을 행하고 그의 일을 이루는 것을 하나님의 나라를 이루는 자신의 양식으로 삼는다. 그러므로 부활의 실존은 어린양을 본받아 자기의 살과 피를 죽은 자들에게 주어서 그들을 살게 한다. 이는 그가 살려주는 영이 되었기 때문이다.

생명들의 나무가 징조하는 부활의 실존은 누구나 이러한 삶을 살고 있다. 그 안에 씨가 있는 열매 맺는 과목은 땅으로부터 물을 흡수하고, 공기 중에서 탄산가스를 흡수하고 햇빛을 받아 양식을 만든다. 물이나 탄산가스나 햇빛은 과목이 먹는 양식이요, 그 과목이 맺는 열매와 그것이 내는 산소는 생물들의 양식이다. 이와 같이 에클레시아가 먹는 양식과 내놓는 양식은 둘이 온전한 하나를 이루고 있다.

새 창조의 나흘째 날에 그리스도의 능력을 온전케 하는 작은 자가 된 에클레시아는 의에 주리고 목마르다. 그가 의에 주리고 목마르기 때문에 "오늘날 우리에게 우리의 일용할(존재의) 양식을 주옵소서"라고 기도한다. 에클레시아 중에는 인자가 주시는 그의 살과 피를 양식으로 받아먹고 부활의 실존으로 유월하는 자와 이미 부활의 실존이 되어 아버지의 뜻을 행하고 그의 일을 온전히 이루는 인자들 곧 그 이마에 살아 있는 신됨의 인을 가진 자들이 있다.

● **만나(이것이 무엇이냐)**

이스라엘 백성이 애굽을 떠나 광야를 지날 때 하나님은 하늘에서 그들이 먹을 양식을 내리셨다. 그들은 광야 지면에 내린 작고 둥글며 서리 같이 세미한 양식이 무엇인지 몰라 "이것이 무엇이냐"라고 하였다.

그러나 그들은 자신들의 질문에 진정한 해답을 얻지 못한 채 다만 그 만나를 육과 생존의 양식으로 삼고 말았다. 그러나 오늘날 하나님의 부르심을 받은 사람들은 인자의 살을 먹고 피를 마시는 것이 무엇이냐고 묻지도 아니한다. 많은 사람에게 그의 살과 피는 영과 생명의 양식이 아니라 육과 생존의 양식이 되어버렸다. 오늘날 사람들은 그들을 구원하시는 그 인자를 육신의 정욕, 안목의 정욕, 이생의 자랑을 만족시켜주는 붉은 용으로 삼고 있다.

사람들에게 인자가 '붉은 용이 되느냐 구원자가 되느냐' 하는 것은 그들이 인자로부터 '썩는 양식을 구하느냐, 영생하도록 있는 양식을 구하느냐'의 문제다.

요한 계시록 12장

12.1 Καὶ σημεῖον μέγα ὤφθη ἐν τῷ οὐρανῷ, γυνὴ περιβεβλημένη τὸν ἥλιον, καὶ ἡ σελήνη ὑποκάτω τῶν ποδῶν αὐτῆς, καὶ ἐπὶ τῆς κεφαλῆς αὐτῆς στέφανος ἀστέρων δώδεκα,

카이 세메이온 메가 오프데 엔 토 우라노, 귀네 페리베블레메네 톤 헬리온, 카이 헤 셀레네 휘포카토 톤 포돈 아우테스 카이 에피 테스 케팔레스 아우테스 스테파노스 아스테론 도데카,

그리고 그 하늘에 큰 징조가 보였다. 한 여자가 해를 입고 그녀의 발들 아래에는 달이 있고 그녀의 머리 위에는 열두 별들의 면류관이 있었다.

● 큰 징조로 보여진 여자

해(사랑)를 입고 믿음(달) 위에 서서 열두 별들(소망들)의 면류관을 쓰고 있는 이 여자는 누구인가. 그녀는 알파에서 순결한 처녀가 되었고 오메가에서 어머니가 된 작은 자 곧 에클레시아다. 그러면 이 여자는 어떻게 어머니가 되었는가.

기록된 바, "누구든지 그 하늘들에 계신 내 아버지의 그 뜻을 이루는 자가 내 형제요 자매요 어머니라"(마12:50)라고 하였다. 또 기록된 바, "나의 자녀들아 너희 속에 그리스도가 이루기까지 다시 너희를 위하여 해산하는 아픔을 겪는다"(갈4:19)라고 하였다.

여기에 에클레시아가 어머니가 되어 겪는 두 가지 산고가 계시되어 있다. 그 알파는 자신 안에 '인자'의 실존을 이루는 일이다. 그리고 그 오메가는 인자의 실존을 이룬 그가 야웨 하나님으로 말미암아 어머니가 되어 남은 자손 안에 인자를 낳는 일이다. 인자를 낳은 어머니는 다시 '인자 같은 이'의 실존을 이룬다.

4장 6절에 계시된 네 생물들은 하나님의 마음의 네 모양이다. 이 넷은 하나님의 존재의 '세 시상(호 엔, 호 온, 호 에르코메노스)'을 좇아서 영과 육으로 에클레시아 안에 스물네 장로들의 모양을 이룬다. 스물네 장로들의 모양을 이룬 에클레시아는 그 이마에 살아 있는 신됨의 인을 가지고 첫 번째는 세상을 이기는 왕(사자)으로, 두 번째는 자기 육신을 제물로 삼는 제사장(송아지)으로 산다. 또, 세 번째는 하나님의 뜻을 예언하는 예언자(사람의 얼굴)로, 네 번째는 시공을 초월하는 독수리(인자 같은 이)로 살며 영과 육으로 하나님의 사랑과 생명과 거룩과 초월의 풍성함과 온전함을 드러내는 144,000의 실존을 이룬다.

이 일을 위하여 5장 10절에서 어린양은 그의 피로 모든 종족과 언어와 백성과 나라 가운데서 사람들을 사서 하나님을 향하여 왕들과 제사장들이 되게 하셨다. 11장에서 펴 놓인 작은 책을 먹은 두 증인들이 많은 백성과 나라들과 언어들과 임금들 위에서 일천이백육십 일을 예언하였다. 두 증인은 죽임을 당하였다가 사흘 반 후에 살아나서 하늘로 올리웠다.

12장에서 두 증인의 예언 후에 어린양의 믿음과 소망과 사랑으로 두 가지 산고를 겪는 어머니가 계시 되었다. 이 어머니는 육신의 계보(종족) 대신 영의 계보를 낳아서 그들 안에 욕심의 마음(언어) 대신 사랑의 마음을 낳는 자가 되게 하는 산고를 겪는다. 이 어머니는 속된 백성 대신 거룩한 백성을 낳아서 세상의 나라 대신 하나님의 나라를 이루는 산고를 겪는다.

12.2 *καὶ ἐν γαστρὶ ἔχουσα· καὶ κράζει ὠδίνουσα καὶ βασανιζομένη τεκεῖν.*

카이 엔 가스트리 에쿠사· 카이 크라제이 오디누사 카이 바사니조메네 테케인.

아이를 밴 그녀는 해산하게 되어 아파서 부르짖었다.

기록된 바, "내가 진실로 진실로 너희에게 말한다. 왜냐하면 너희는 울고 애통할 것이나 그 세계는 기뻐할 것이기 때문이다. 너희는 슬퍼할 것이나 너희의 그 슬픔은 기쁨이 될 것이다. 그 여자가 해산할 즈음에 그녀의 시간이 왔으므로 근심하지만, 그 아이를 낳으면 그 세계 속으로 사람이 태어난 그 기쁨 때문에 다시는 그 환난을 기억하지 아니한다"(요16:20~21)라고 하였다. 여기 '그 세계(호 코스모스)'는 세상이 아니라 예수 그리스도의 생명의 세계다. 사람들 안에 예수 그리스도를 본받은 작은자(기름 부음을 받은 자)가 태어날 때마다 산고의 아픔이 먼저 오지만 그 아픔은 곧 기쁨이 된다. 산고의 아픔은 알파요, 해산의 기쁨은 오메가다. 하나님의 나라에서는 에클레시아가 어머니가 되는 산고의 아픔에 처하게 된 것을 기뻐한다. 이는 그 하나님의 나라 안으로 영과 진리에 속한 한 사람이 태어나서 들어올 것이기 때문이다.

12.3 καὶ ὤφθη ἄλλο σημεῖον ἐν τῷ οὐρανῷ, καὶ ἰδοὺ δράκων μέγας πυρρός, ἔχων κεφαλὰς ἑπτὰ καὶ κέρατα δέκα καὶ ἐπὶ τὰς κεφαλὰς αὐτοῦ ἑπτὰ διαδήματα,

카이 오프데 알로 세메이온 엔 토 우라노, 카이 이두 드라콘 메가스 퓌르로스, 에콘 케팔라스 헵타 카이 케라타 데카 카이 에피 타스 케팔라스 아우투 헵타 디아데마타,

그때 다른 징조가 그 하늘에 보였다. 보라, 한 붉은 용이 일곱 개의 머리들과 열 개의 뿔들을 가지고 있고 그의 머리들에는 일곱 개의 왕관들을 쓰고 있었다.

12장의 첫 번째 징조는 아기를 낳는 어머니요, 두 번째 징조는 일곱 머리들과 열 뿔들을 가진 붉은 용이다. 해를 입은 여인은 하나님의 의를 가진 자요, 붉은 용은 자기 선을 가진 자다. 하나님의 의는 영의 의요, 사랑의 의요, 둘째 사람의 의다. 붉은 용의 선은 육신의 선(이익)이요, 선악지식의 선이요, 첫 사람의 선이다. 첫 사람의 선은 붉고, 둘째 사람의 의는 희다. 붉은 용은 육신의 정욕, 안목의 정욕, 이생의 자랑과 선악지식으로 하나님의 아들의 생명과 사랑과 거룩과 진리를 삼키려 하고 있다. 붉은 용은 땅에서 선을 좇는 모든 사람의 왕 중의 왕이 되어 일곱 왕관들을 일곱 머리들에 쓰고 있다.

붉은 용의 일곱 머리들과 열 뿔들은 무엇을 징조하고 있는가. 그는 하나님의 새 창조의 일곱 날들과 하나님의 일곱 영들의 역사와 어린양의 일곱 뿔들을 흉내 내 그의 일곱 머리들에 선악지식으로 가지고 있다. 또한 용은 사람이 그 마음을 다하고, 혼을 다하고, 그 뜻을 다하여 하나님을 사랑하는 것과 사람이 자기 이웃을 자기처럼 사랑하는 영적인 십일조를 돈과 물질로 바꾸어 자신에게 돌려서 받고 있다. 이 일은 용이 사람이 그 열 손가락으로 행하는 모든 것을 제 것으로 움켜쥔 것이다. 그러므로 용은 예수 그리스도의 이름을 빙자하여 일곱 머리들과 열 뿔들을 가지고 첫 사람 위에 군림하는 왕 중의 왕이 되어 있다.

12.4 καὶ ἡ οὐρὰ αὐτοῦ σύρει τὸ τρίτον τῶν ἀστέρων τοῦ οὐρανοῦ, καὶ ἔβαλεν αὐτοὺς εἰς τὴν γῆν. καὶ ὁ δράκων ἔστηκεν ἐνώπιον τῆς γυναικὸς τῆς μελλούσης τεκεῖν, ἵνα ὅταν τέκῃ τὸ τέκνον αὐτῆς καταφάγῃ.

카이 헤 우라 아우투 쉬레이 토 트리톤 톤 아스테론 투 우라누, 카이 에발렌 아우투스 에이스 텐 겐. 카이 호 드라콘 헤스테켄 에노피온 테스 귀나이코스 테스 멜루세스 테케인, 히나 호탄 테케 토 테크논 아우테스 카타파게.
그의 꼬리가 그 하늘의 별들의 삼분의 일을 끌어다가 그 땅속으로 던졌다. 그리고 그 용은 해산하려는 그 여자 앞에 서서 그녀가 해산하면 그녀의 아이를 삼켜버리려 하였다.

용의 꼬리는 용이 뒤에서 행하는 거짓을 징조한다. 그가 행하는 거짓은 하나님을 대적하는 육신의 선이요, 땅의 선이요, 첫 사람의 선이요, 깨달음의 선이다. 용은 하늘에 속한 영의 의를 땅으로 끌어와 육신의 이익(선)으로 대신한다. 그리고 에클레시아로 하여금 세상을 이기는 하늘의 소망을 땅의 성공으로 대신하게 한다.

에클레시아에게는 세 시상 중 항상 오늘의 믿음이 문제가 된다. 왜냐하면 첫 사람에게는 오늘 여기 카이로스에서 하늘에 둔 소망이 아니라 크로노스에 속한 땅에 둔 현실(성공)이 더 절실하며, 더 가까우며, 더 매력적이다. 용은 땅에 속한 현실의 성공을 유혹 거리로 삼는다. 그리하여 용은 예수 그리스도의 이름으로 전부터 계셔 오셨고, 지금도 계시며, 오고 계신 하나님을 믿는 에클레시아의 마음 중 지금의 삼분의 일을 차지하고 현실의 신으로 앉았다. 용은 여자가 낳는 아이 또한 육신의 정욕, 안목의 정욕, 이생의 자랑과 선악지식으로 삼켜서 하나님께 대하여 죽은 자가 되게 하려 한다.

12.5 καὶ ἔτεκεν υἱόν, ἄρσεν, ὃς μέλλει ποιμαίνειν πάντα τὰ ἔθνη ἐν ῥάβδῳ σιδηρᾷ· καὶ ἡρπάσθη τὸ τέκνον αὐτῆς πρὸς τὸν θεὸν καὶ πρὸς τὸν θρόνον αὐτοῦ.

카이 에테켄 휘온, 아르센, 호스 멜레이 포이마이네인 판타 타 에드네 엔 라브도 시데라· 카이 헤르파스데 토 테크논 아우테스 프로스 톤 데온 카이 프로스 톤 드로논 아우투.

그 여자는 남자아이를 낳았는데 그는 철장으로 모든 나라를 다스릴 자였다. 그녀의 아이는 하나님과 그의 보좌로 올리워 갔고

그 눈은 불꽃 같고 그 발은 빛나는 주석 같은 하나님의 아들이 뒤아테이라에 있는 에클레시아에 말씀하시기를, "이기고 있고 끝까지 나의 일을 품고 있는 자에게 만국을 다스리는 권세를 줄 것이다. 나도 아버지께 받은 것이 그러하다"라고 하셨다. 여자가 낳은 아이는 붉은 용을 섬기며 이세벨처럼 음행하는 나라들을 철장으로 다스리며 그들을 질그릇 깨뜨리는 것과 같이 할 것이다. 이 일은 남자아이 자신 안에서 이루어질 것이다. 이것은 아버지의 나라가 굳건히 서게 하기 위함이다. 붉은 용은 이것을 알기 때문에 남자아이를 삼켜버리려 한다.

● 헤르파스데(올리워 갔다)

'헤르파스데'는 '하르파조(들어 올리다)' 동사의 직설 과거 수동태이며 여자가 낳은 남자아이는 독수리의 실존이다. 이것은 이 아이의 영적 초월성을 가리키고 있다. 위로부터 난 하나님의 아들들은 비록 육체로는 땅에 거하고 있으나 그 실존은 영과 생명 안에서 휘장 너머의 하늘에 올리워 있다. 기록된 바, "하늘에서 내려온 자 인자 외에는 하늘에 올라가 있는 자가 없다"(요3:13)라고 하였다. '하르파조'는 종교인들의 선악지식인 '휴거'와는 아무런 상관이 없다. 이 '하르파조'를 알지 못하기 때문에 사람들이 구름 타고 하늘에 오르려 하는 미신에 빠져 있다.

12.6 καὶ ἡ γυνὴ ἔφυγεν εἰς τὴν ἔρημον, ὅπου ἔχει ἐκεῖ τόπον ἡτοιμασμένον ἀπὸ τοῦ θεοῦ, ἵνα ἐκεῖ τρέφωσιν αὐτὴν ἡμέρας χιλίας διακοσίας ἑξήκοντα.

카이 헤 귀네 에퓌겐 에이스 텐 에레몬, 호푸 에케이 에케이 토폰 헤토이마스메논 아포 투 데우, 히나 에케이 트레포신 아우텐 헤메라스 킬리아스 디아코시아스 헤크세콘타.

그 여자는 그 광야 안으로 도망했다. 거기에는 일천이백육십 일 동안 그녀를 먹여 살리려고 하나님이 마련한 곳이 있었다.

철장으로 모든 나라를 다스릴 남자아이를 낳은 그 여자는 붉은 용을 피하여 광야로 도망하였다. 에클레시아의 마음에 '속 사람(남자아이)'이 낳아지면 그 에클레시아는 어머니다. 그리하여 어머니는 땅에서, 아들은 하늘에서 용의 세력과 싸우게 된다. 여자가 용을 피하여 광야로 도망가게 되면 거기에 하나님을 향한 사람들의 대로(大路)가 놓이게 된다. 광야에서 대로를 걷는 이들에게 하늘로부터 만나가 내리고, 반석에서 생수가 솟고, 의의 옷이 해어지지 아니한다. 하나님의 새 창조는 첫 사람의 그 선악지식으로 버려진 광야에서 이루어진다. 첫 번째 일천이백육십 일이 지나고 이제 여기서 나중의 일천이백육십 일이 시작되고 있다.

인생들의 연수는 칠십 년이며 그 십분의 일은 칠 년이다. 칠 년을 둘로 나누면 삼 년 반이요, 날수로는 일천이백육십 일이다. 이 모든 것은 숫자로 드러난 징조이다. 이 칠년은 마음을 다하고, 혼을 다하고 뜻을 다하여 십일조의 삶을 사는 자에게 드러나는 알파와 오메가의 새 창조의 카이로스의 날들이다. 이날들은 첫 사람이 육과 생존을 좇는 크로노스의 날들이 아니다. 에클레시아가 하나님을 향하여 영과 육이 하나되면서 이루어지는 영과 생명의 카이로스의 날들이다.

12.7 Καὶ ἐγένετο πόλεμος ἐν τῷ οὐρανῷ, ὁ Μιχαὴλ καὶ οἱ ἄγγελοι αὐτοῦ τοῦ πολεμῆσαι μετὰ τοῦ δράκοντος. καὶ ἐπολέμησεν ὁ δράκων καὶ οἱ ἄγγελοι αὐτοῦ,

카이 에게네토 폴레모스 엔 토 우라노, 호 미카엘 카이 호이 앙겔로이 아우투 투 폴레메사이 메타 투 드라콘토스. 카이 에폴레메센 호 드라콘 카이 호이 앙겔로이 아우투,

그때 그 하늘에서 전쟁이 일어났다. 그 미가엘과 그의 사자들이 그 용을 대항하여 싸우고 그 용과 그의 사자들도 맞서 싸웠으나

미가엘은 누구이며, 이 전쟁은 무엇인가. 미가엘은 '누가 하나님과 같으냐'이다. 그러면 누가 하나님과 같은가. 어린양이신 예수 그리스도가 하나님과 같다. 또한 그리스도 안에서 나의 나됨을 이룬 에클레시아가 하나님과 같다. 그런즉 하나님께 올리워 간 남자아이는 미가엘이다. 그는 아버지 하나님의 생명과 사랑과 거룩과 초월 안에서 아버지를 닮은 자다.

미가엘이 용과 전쟁하는 것은 그가 올리워 간 그 하늘은 용의 처소가 아니기 때문이다. 붉은 용은 절도와 강도가 되어 잠시 사람들의 마음 하늘을 점거하고 있다. 그러므로 미가엘은 "누가 하나님과 같으냐", "누가 하늘에 있어야 하느냐"라며 전쟁을 일으킨다. 누구든지 하나님의 마음을 닮은 자로 낳아진 자는 사람들의 마음 하늘에 먼저 와 있는 붉은 용과 전쟁을 일으켜 그를 거기서 내어 쫓는다.

기록된 바, "그 마귀의 계략들에 대항할 수 있도록 하나님의 그 전신 갑주를 입으라. 이는 우리의 그 투쟁은 피와 육신을 대항하는 것이 아니라 이 어두움의 세상의 근원자들과 권세들과 지배자들과 하늘의 영역들에 있는 악한 영적인 것들에 대항하는 것이기 때문이라"(엡6:11~12)라고 하였다.

속 사람과 겉 사람이 하나된 자는 피와 육신을 대항하여 싸우는 자가 아니다. 그는 이미 그 전쟁에서 승리했다. 그러므로 그는 이 어두움의 세상의 근원자들과 권세들과 지배자들에 대항하여 진리의 말씀으로 싸운다. 그 싸움이 끝난 자는 다시 마음 하늘에 있는 영적인 악한 것들과 영으로 싸운다. 이것이 미가엘의 싸움이다.

12.8 καὶ οὐκ ἴσχυσεν, οὐδὲ τόπος αὐτῶν εὑρέθη ἔτι ἐν τῷ οὐρανῷ.

카이 우크 이스퀴센, 우데 토포스 아우톤 휴레데 에티 엔 토 우라노.

그는 당해내지 못했고, 그 하늘에는 더 이상 그들이 있을 곳이 없었다.

에클레시아는 하늘의 열린 문을 통하여 하나님의 보좌를 '호라오'한다. 그 후에 어린양은 일곱 인들을 떼어주시면서 하나님의 종들의 이마에 인을 치신다. 인침을 받은 하나님의 종들은 일곱 천사들의 나팔 소리를 좇아서 삼 분의 일 심판을 받는다. 그리고 마침내 펴 놓인 작은 책을 먹고 예언자가 되어 둘이 짝이 된 증인들로서 일천이백육십 일을 예언한 후에 무저갱으로부터 올라오는 짐승에게 죽임을 당한다. 그러나 그들은 죽임을 당한지 사흘 만에 살아나서 하늘에 오른다. 두 증인(하나님의 형상과 모양)이 에클레시아의 마음 하늘에 오르면 그 에클레시아는 어머니가 되어 독수리의 실존인 남자아이를 낳는다. 남자아이는 하나님과 그의 보좌로 올리워 가고 여자는 붉은 용을 피하여 첫 사람이 거하지 않는 광야로 도망한다. 에클레시아의 마음 하늘에 오른 남자아이는 미가엘이 되어 붉은 용과 전쟁을 일으킨다. 붉은 용과 그의 사자들은 전쟁에서 패하여 더 이상 하늘에 있을 곳이 없다.

12.9 καὶ ἐβλήθη ὁ δράκων ὁ μέγας, ὁ ὄφις ὁ ἀρχαῖος, ὁ καλούμενος
       Διάβολος καὶ ὁ Σατανᾶς, ὁ πλανῶν τὴν οἰκουμένην ὅλην— ἐβλήθη
       εἰς τὴν γῆν, καὶ οἱ ἄγγελοι αὐτοῦ μετ᾽ αὐτοῦ ἐβλήθησαν.

**카이 에블레데 호 드라콘 호 메가스, 호 오피스 호 아르카이오스, 호 칼루메노스
디아블로스 카이 호 사타나스, 호 플라논 텐 오이쿠메넨 홀렌 에블레데
에이스 텐 겐, 카이 호이 앙겔로이 아우투 메트 아우투 에블레데산.**

그 큰 용은 마귀라고도 하고 사탄이라고도 하며 온 세상을 유혹하는 그 옛
뱀인데 그가 그 땅으로 내던져졌고 그의 사자들도 함께 내던져졌다.

그 큰 용과 그의 사자들은 하늘에서 쫓겨나서 땅으로 내던져졌다. 그들은 더 이
상 하늘에 거할 처소가 없다. 첫 사람의 하늘은 속됨이요, 땅은 욕심이요, 바다
는 생존이요, 무저갱은 하나님의 지혜와 지식의 깊음 속에서 첫 사람이 스스로
빠져든 구렁이다. 둘째 사람의 하늘은 거룩이요, 땅은 사랑이요, 바다는 생명이
요, 하나님의 지혜와 지식의 깊음은 계시다. 양의 옷을 입은 이리처럼 붉은 용은
거룩을 빙자하여 사람들의 하늘에 거하고 있었으나 더 이상 그렇게 할 수 없게
되었다.

그 큰 용은 어떻게 예수 그리스도를 믿는 자들의 하늘에서 왕 노릇을 하게 되는가.
그것은 사람들이 욕심과 선악지식을 좇아 예수 믿고 큰 자, 높은 자, 부자, 강한
자가 되려 하기 때문이다. 펴 놓인 작은 책을 먹고 작은 자가 되어야 할 사람들이
육신의 첫 사람의 욕심과 선악지식과 자기 믿음을 좇아서 예수를 세상 임금으로
영접한다. 그 세상 임금이 그 사람들의 하늘에 거하는 그 큰 용이다. 그 큰 용이
미가엘에게 져서 땅(육신)으로 쫓겨났기 때문에 그는 땅에서 마지막 싸움을 걸어
온다. 아들을 낳은 땅의 어머니도 그 용과 싸워 이긴다.

미가엘은 하늘에서 먼저 이기고 남자아이를 낳은 어머니는 땅에서 나중에 이긴다.
하나님의 말씀이 먼저 이기고 예수 그리스도의 증거가 나중에 이긴다. 하나님의

생각이 사람의 생각을 먼저 이기고, 하나님의 길이 사람의 길을 나중에 이긴다. 속 사람이 먼저 이기고 겉 사람이 나중에 이긴다. 하나님의 은혜가 먼저 이기고, 진리가 나중에 이긴다. 사람은 하나님의 마음 안으로 들어오며 이기고, 그 안에서 그의 마음을 닮으면서 이긴다. '누가 하나님과 같으냐'라며 싸우는 전쟁에서 아들도 이기고 어머니도 이긴다. 에클레시아는 알파에서 이기고 또 오메가에서 이긴다. 이렇게 하여 에클레시아는 온전한 '나의 나됨'을 이룬다.

12.10 Καὶ ἤκουσα φωνὴν μεγάλην ἐν τῷ οὐρανῷ λέγουσαν· Ἄρτι ἐγένετο ἡ σωτηρία καὶ ἡ δύναμις καὶ ἡ βασιλεία τοῦ θεοῦ ἡμῶν καὶ ἡ ἐξουσία τοῦ χριστοῦ αὐτοῦ, ὅτι ἐβλήθη ὁ κατήγωρ τῶν ἀδελφῶν ἡμῶν, ὁ κατηγορῶν αὐτοὺς ἐνώπιον τοῦ θεοῦ ἡμῶν ἡμέρας καὶ νυκτός.

카이 에쿠사 포넨 메갈렌 엔 토 우라노 레구산' 아르티 에게네토 헤 소테리아 카이 헤 뒤나미스 카이 헤 바실레이아 투 데우 헤몬, 카이 헤 엑수시아 투 크리스투 아우투, 호티 에블레데 호 카테고르 톤 아델폰 헤몬, 호 카테고론 아우투스 에노피온 투 데우 헤몬 헤메라스 카이 뉙토스.

그때 나는 그 하늘에서 말하고 있는 큰 음성을 들었다. "이제 우리 하나님의 그 구원과 그 능력과 그 나라와 그의 그리스도의 그 권세가 도래하였다. 이는 우리의 그 형제들의 고소자 곧 우리 하나님 앞에서 낮밤으로 그들을 고소하고 있는 자가 내던져 졌고"

오늘날 우리 중 참으로 많은 사람이 선악지식을 좇아 사탄처럼 고소자들이 되어 있는 것을 볼 수 있다. 사탄은 어떻게 낮밤으로 하나님의 자녀들을 고소하는가. 그것은 그가 가진 선악지식 때문이다. 성경을 읽으며 진리를 버리고 선악지식을 좇아 사는 자에게 고소당하지 않을 자 없다. 또 고소의 대상이 아닌 것이 없다. 어느 누가 생명으로 이렇게 말하면 그는 생존으로 저렇게 말하고, 사랑으로 저렇게 말하면 그는 욕심으로 이렇게 말한다.

선악지식을 좇는 자가 아무리 하나님의 말씀을 훔쳐다가 자신을 포장해도 그가 하는 말은 육신의 정욕과 안목의 정욕과 이생의 자랑을 따라 행하는 고소다. 옛 뱀은 언제나 사람들에게 먹는데 좋고, 보는데 즐거우며, 지혜롭게 하는데 흠모되는 것이 선이라 말하며 그들을 유혹한다. 따라서 그는 육신의 선을 좇지 아니하는 모든 사람을 하나님 앞에서 악하다 고소한다.

오늘날 붉은 용을 좇는 종교인들은 양의 옷을 입은 이리가 되어 있다. 가난한 사람은 믿음이 없어서 가난하며, 물질의 십일조를 바치지 않아서 가난하며, 집 팔아서 헌금 내지 않아서 복을 받지 못한다고 말하며 고소한다. 이 모든 일이 겉으로는 하나님과 예수 그리스도와 성령의 이름으로 행해지고 있으니 참소이며 무고이다. 그들은 영과 진리 안에서 '하나되라'라는 말씀을 훔쳐서 여기저기서 욕심과 선악지식으로 사람을 모아서 '하나되라' 하면서 늑탈하며 종으로 삼는다. 그 때문에 하나님의 자녀들의 풍성하고 온전한 하나됨을 이루는 사랑이 식고 사라진다. 미가엘은 이런 일에 대하여 전쟁을 일으키고 고소자들을 하늘에서 내쫓는다.

12.11 καὶ αὐτοὶ ἐνίκησαν αὐτὸν διὰ τὸ αἷμα τοῦ ἀρνίου καὶ διὰ τὸν λόγον τῆς μαρτυρίας αὐτῶν, καὶ οὐκ ἠγάπησαν τὴν ψυχὴν αὐτῶν ἄχρι θανάτου·

카이 아우토이 에니케산 아우톤 디아 토 하이마 투 아르니우 카이 디아 톤 로곤 테스 마르튀리아스 아우톤, 카이 우크 에가페산 텐 프쉬켄 아우톤 아르키 다나투·

"또 형제들은 그 어린양의 피와 그들의 그 증거의 말씀으로 그를 이겼으며 그들은 죽기까지 그들의 그 혼을 아끼지 않았다."

기록된 바, "누구든지 자기 혼을 살리고자 하면 그것을 죽일 것이요 누구든지 나를 인하여 자기 혼을 죽이면 그는 그것을 살릴 것이다"(눅9:24)라고 하였다.

사람은 물론 모든 동물은 '산 혼(네페쉬 하야)'이다. 산 혼은 육체의 삶을 산다. 육체와 하나로 있는 산 혼인 첫 사람은 그의 생존을 위하여 육체를 살리려 한다. 그러나 그것은 육체와 함께 혼을 죽이는 일이다. 그러나 누구든지 자기 안에 임하여 오시어 '나의 나됨'을 이루시는 그리스도를 인하여 그 육체(육신의 정욕, 안목의 정욕, 이생의 자랑, 선악지식)가 죽는 데까지 이르면 그는 부활하면서 죽은 혼을 살린다.

한글번역 성경들이 '프쉬케(네페쉬 하야)'를 혼이라 번역하지 않고 목숨이나 생명으로 번역하고 있다. 그래서 동물처럼 땅을 향해 살면서 하나님을 향하여 죽어 있던 혼이 영 안에서 부활하는 실상을 알지 못하게 한다. 미가엘과 그의 형제들은 어린양의 피와 그들의 증거의 말씀과 부활의 믿음으로 오늘 여기서 붉은 용과 그의 무리들과 죽기까지 싸워 이기고 하늘에서 내쫓는다. 그때 그 하늘에 우리 하나님의 그 구원과 그 능력과 그 나라와 그의 그리스도의 권세가 도래한다.

오늘날 자기 믿음으로 그 마음에 육신의 정욕, 안목의 정욕, 이생의 자랑을 추구하는 자들 가운데 우상(붉은 용)을 머리로 삼고 하나님의 구원이 왔다고 하는 사람들이 많이 있다. 그러나 예수 그리스도의 구원의 말씀이 에클레시아를 미가엘의 존재가 되게 하여 그 우상을 내쫓기까지는 하나님의 구원과 능력과 나라와 그의 그리스도의 권세가 그들에게 도래한 것이 아니다.

기록된 바, "여자의 씨는 네 머리를 상하게 할 것이요 너는 그의 발꿈치를 상하게 할 것이라"라고 하였다. 예수께서 여자의 씨로 오셔서 십자가 위에서 옛 뱀의 머리를 상하게 한 것은 알파다. 그리고 여자가 낳은 남자아이가 미가엘이 되어 붉은 용과 싸워 이기고 그를 하늘에서 쫓아내고 발아래 두는 것은 오메가다. 즉 에클레시아는 새 창조의 근원이신 예수 그리스도 안에서 그와 하나 되어 이 모든 일을 이루고 있다.

12.12 διὰ τοῦτο εὐφραίνεσθε, οἱ οὐρανοὶ καὶ οἱ ἐν αὐτοῖς σκηνοῦντες. οὐαὶ τὴν γῆν καὶ τὴν θάλασσαν, ὅτι κατέβη ὁ διάβολος πρὸς ὑμᾶς, ἔχων θυμὸν μέγαν, εἰδὼς ὅτι ὀλίγον καιρὸν ἔχει.

디아 투토 유프라이네스데, 호이 우라노이 카이 호이 엔 아우토이스 스케눈테스. 우아이 텐 겐 카이 텐 달라싼, 호티 카테베 호 디아볼로스 프로스 휘마스, 에콘 뒤몬 메간, 에이도스 호티 올리곤 카이론 에케이.

"그러므로 그 하늘들과 그 안에 거하는 자들아 즐거워하라. 그러나 그 땅과 그 바다에는 화가 있으리니 이는 그 마귀가 때가 얼마 남지 않은 것을 알고 큰 분을 가지고 너희에게 내려갔기 때문이다."

아버지가 계신 그 하늘들은 인자들의 그 마음 하늘들이다. 그 하늘들은 생명의 하늘, 사랑의 하늘, 거룩의 하늘, 초월의 하늘로서 복수인 동시에 장엄한 하나다. 마귀는 하늘에서 쫓겨나서 욕심의 땅과 생존의 바다로 내려왔고 그 자신의 때도 얼마 남지 않은 것을 알고 있다. 여기 '카이로스(때)'는 새 창조의 나흘째이므로 그 마귀가 땅에서 에클레시아와 싸울 수 있는 기간은 사흘 반이다.

12.13 Καὶ ὅτε εἶδεν ὁ δράκων ὅτι ἐβλήθη εἰς τὴν γῆν, ἐδίωξεν τὴν γυναῖκα ἥτις ἔτεκεν τὸν ἄρσενα.

카이 호테 에이덴 호 드라콘 호티 에블레데 에이스 텐 겐, 에디옥센 텐 귀나이카 헤티스 에테켄 톤 아르세나.

그 용은 자기가 땅으로 던져진 것을 보게 되자 남자아이를 낳은 그 여자를 추격하였다.

그 큰 용은 미가엘로 말미암아 하늘에서 땅으로 던짐을 당하자, 남자아이를 낳은 여자를 추격한다. 붉은 용을 땅으로 던지는 것은 미가엘의 영광이요, 땅에서 그에게 추격당하는 것은 어머니의 고난이다. '나의 나뙴'의 실존에겐 영광과 고난이 함께 있다. 용은 더 이상 하늘의 일을 말하지 못하고 육과 생존으로 영과 생명에 대항한다.

12.14 καὶ ἐδόθησαν τῇ γυναικὶ αἱ δύο πτέρυγες τοῦ ἀετοῦ τοῦ μεγάλου, ἵνα πέτηται εἰς τὴν ἔρημον εἰς τὸν τόπον αὐτῆς, ὅπου τρέφεται ἐκεῖ καιρὸν καὶ καιροὺς καὶ ἥμισυ καιροῦ ἀπὸ προσώπου τοῦ ὄφεως.

카이 에도데산 텐 귀나이키 하이 뒤오 페테뤼게스 투 아에투 투 메갈루, 히나 페테타이 에이스 텐 에레몬 에이스 톤 토폰 아우테스, 호푸 트레페타이 에케이 카이론 카이 카이루스 카이 헤미쉬 카이루 아포 프로소푸 투 오페오스.
그러나 그 여자에게 그 큰 독수리의 두 날개들이 주어졌다. 이는 그 광야에 있는 자기 곳으로 날아가 뱀의 낯을 피하여 한 때와 두 때와 반 때 동안 양식을 공급받으려 함이었다.

이 광야는 육신의 정욕, 안목의 정욕, 이생의 자랑, 선악지식이 말라버린 곳이다. 즉 첫 사람의 선악지식과 욕심의 강이 말라 버렸다. 이 여자의 양식은 두 가지다. 하늘에서 내리는 만나와 아버지의 뜻을 행하고 그의 일을 온전히 이루는 것이다. 여자는 첫 사람의 땅과 바다를 초월하는 두 날개를 받았다.

한 때는 여자가 뱀의 낯을 피하여 광야의 자기 곳으로 날아간 때다. 두 때는 그 뱀이 여자 뒤에서 그 입에서 물을 강 같이 내보내는 때요, 반 때는 땅이 그 물을 삼켜버리는 때다. 한 때와 두 때와 반 때의 전체는 삼 년 반이며 일천이백육십 일이다. 한 이레 언약의 나중 때이다.

여자가 받은 독수리의 두 날개들은 하나님의 말씀(영)과 예수 그리스도의 증거 (부활의 생명)이다. 여자는 두 날개로 뱀으로부터 오는 육체와 생존의 박해를 초월한다.

12.15 καὶ ἔβαλεν ὁ ὄφις ἐκ τοῦ στόματος αὐτοῦ ὀπίσω τῆς γυναικὸς ὕδωρ
ὡς ποταμόν, ἵνα αὐτὴν ποταμοφόρητον ποιήσῃ.

**카이 에발렌 호 오피스 에크 투 스토마토스 아우투 오피소 테스 귀나이코스
휘도르 호스 포타몬, 히나 아우텐 포타모포레톤 포이에세.**

그 뱀은 그녀를 물에 떠내려가게 하려고 그 여자의 뒤에서 그 입으로부터 물을
강 같이 토해냈다.

뱀은 그 입으로부터 여자 뒤에서 육신의 정욕, 안목의 정욕, 이생의 자랑을 강물같
이 토해내며 그것들을 선악지식을 좇아서 선(善)으로 정당화한다. 잘 보라. 오늘
날 선악지식을 좇는 수많은 종교에서 나온 육신의 교리가 거대한 강물(종교다원주
의)을 이루고 있는 것을. 그러나 여자는 독수리의 두 날개를 가지고 있어서 그
물에 빠지지 아니하고 그 위를 날고 있다.

12.16 καὶ ἐβοήθησεν ἡ γῆ τῇ γυναικί, καὶ ἤνοιξεν ἡ γῆ τὸ στόμα αὐτῆς καὶ
κατέπιεν τὸν ποταμὸν ὃν ἔβαλεν ὁ δράκων ἐκ τοῦ στόματος αὐτοῦ·

**카이 에보에데센 헤 게 테 귀나이키, 카이 에노익센 헤 게 토 스토마 아우테스
카이 카테피엔 톤 포타몬 혼 에발렌 호 드라콘 에크 투 스토마토스 아우투·**
그 땅이 그 여자를 도와서 그 입을 벌려 그 용이 그의 입에서 토해낸 그 강물을
삼켜버렸다.

그리스도 안에 있는 자는 영으로 눈으로 '호라오'하는 광야를 알아야 한다. 광야는
여자가 뱀의 세상에 대하여 십자가에 못 박히고 또 그 세상이 여자에 대하여 십자
가에 못 박힌 곳이다. 거기에 아무리 뱀이 육신의 정욕, 안목의 정욕, 이생의
자랑을 토해내며 선악지식의 강물을 넘쳐흐르게 할지라도 여자는 독수리의 두
날개를 가지고 있어서 거기에 빠지지 않는다. 또 그 땅은 여자를 도와서 뱀이
그 입에서 토해낸 그 강물을 삼켜버리기 때문에 그녀의 처소도 안전하다. 그리하
여 뱀의 지혜와 지식은 무저갱 속으로 떨어져 내린다.

12.17 καὶ ὠργίσθη ὁ δράκων ἐπὶ τῇ γυναικί, καὶ ἀπῆλθεν ποιῆσαι πόλεμον
μετὰ τῶν λοιπῶν τοῦ σπέρματος αὐτῆς, τῶν τηρούντων τὰς ἐντολὰς
τοῦ θεοῦ καὶ ἐχόντων τὴν μαρτυρίαν Ἰησοῦ·

**카이 오르기스데 호 드라콘 에피 테 귀나이키, 카이 아펠덴 포이에사이 폴레몬
메타 톤 로이폰 투 스페르마토스 아우테스, 톤 테룬톤 타스 엔톨라스
투 데우 카이 에콘톤 텐 마르튀리안 예수·**

그러자 그 용은 그 여자에게 분노하여 그녀의 그 씨의 그 남은 자손들 곧 하나님
의 그 계명들을 품고 있으며 예수 그리스도의 그 증거를 가지고 있는 자들과
싸우러 가서

여자의 마음 땅에 뿌려진 씨로 말미암아 낳아진 자손에는 알파와 오메가가 있
다. 알파는 하늘로 올리운 남자아이요, 오메가는 남은 자손들이다. 미가엘은 하
늘에서 거룩한 영적 전쟁을 일으켜 붉은 용을 이겼다. 붉은 용은 땅 위에서 육신
의 정욕, 안목의 정욕, 이생의 자랑으로 여자를 향하여 전쟁을 일으켰으나 이기
지 못하고 그 전쟁은 수포로 돌아갔다. 그러자 그는 이제 그 여자의 씨의 남은
자손들과 전쟁하려고 바다(생존세계)로 향했다. 그 뱀은 하늘 전쟁과 땅 전쟁에
서 지고 이제 바다 전쟁을 일으키려 한다. 하늘 전쟁은 거룩과 이생의 자랑의
전쟁이요, 땅의 전쟁은 사랑과 욕심의 전쟁이요, 바다의 전쟁은 생명과 생존의
전쟁이다.

12.18 καὶ ἐστάθη ἐπὶ τὴν ἄμμον τῆς θαλάσσης.

카이 에스타데 에피 텐 암몬 테스 달라쎄스.

용은 바닷모래 위에 서게 되었다.

붉은 용은 에클레시아의 영의 하늘도 마음의 땅도 차지할 수 없게 되자 사람의
생존 본능을 전쟁터로 삼았다. 그러나 용은 바닷모래 위에 선 자요, 여자의 씨의
남은 자손들은 진리의 반석 위에 선 자들이다. 붉은 용은 언제나 사람들의 머리의

우상과 가슴의 우상과 배의 우상이 되어 모래와 같이 많은 사람을 동원한다. 그러나 그가 세운 선악지식의 진은 모래 위에 세운 집과 같아서 하늘에서 비가 내리고 바람이 불면 그것은 곧 무너져 내린다.

요한 계시록 13장

13.1 Καὶ εἶδον ἐκ τῆς θαλάσσης θηρίον ἀναβαῖνον, ἔχον κέρατα δέκα καὶ κεφαλὰς ἑπτά, καὶ ἐπὶ τῶν κεράτων αὐτοῦ δέκα διαδήματα, καὶ ἐπὶ τὰς κεφαλὰς αὐτοῦ ὀνόματα βλασφημίας.

카이 에이돈 에크 테스 달라쎄스 데리온 아나바이논, 에콘 케라타 데카 카이 케팔라스 헵타, 카이 에피 톤 케라톤 아우투 데카 디아데마타, 카이 에피 타스 케팔라스 아우투 오노마타 블라스페미아스.

또 나는 그 바다에서 한 짐승이 올라오는 것을 보았다. 그 짐승은 열 개의 뿔들과 일곱 개의 머리들을 가지고 있으며 그 뿔들에는 열 개의 왕관을 썼고 그 머리들에는 모독하는 이름들이 있었다.

붉은 용과 짐승은 다 같이 일곱 개의 머리들과 열 개의 뿔들을 가졌다. 용은 그 일곱 머리들에 왕관을 썼고, 짐승은 그 열 뿔들에 왕관을 썼다.

용은 성령이 에클레시아를 위하여 행하시는 그의 일곱 가지 일들을 제 것으로 바꾸었다. 즉 용은 성령의 은혜와 영광과 진리와 성결과 생명과 영적 언약과 영원한 생명을 세상의 거래와 성공과 선악지식과 음행과 생존과 육적 언약과 영존으로 바꾸었고 그 스스로 왕관을 썼다.

마귀인 용은 사람들 안으로 들어가서 그들을 지배하고, 짐승은 밖에서 그들 위에 군림한다. 이들은 사람들에게서 물질의 십일조를 받아 점점 부강해진다. 영과 진리 안에 있는 에클레시아의 거룩한 십일조는 그 마음을 다하고 혼을 다하고 뜻을 다하여 하나님을 사랑하고, 자기 이웃을 자신과 같이 사랑하는 것이다. 그러나 용과 짐승은 그것을 거래로 바꾸어 열 손가락으로 버는 물질의 십일조를 내는 자가 하나님을 사랑하는 자이며 하나님은 그에게 한없는 육적인 축복을 내린다고 유혹하며 거짓을 믿게 한다.

사람의 열 손가락은 그 마음의 다스림을 받는다. 에클레시아가 그의 마음을 용에게 빼앗기면 그가 열 손가락으로 일하여 얻은 물질(돈)의 십일조를 짐승에게 드리면서 육신의 복을 내려달라고 애원한다. 이와 같이 짐승에게 돈의 십일조를 내는 자의 열 손가락은 짐승의 열 뿔들이 되어 있다. 그리고 짐승은 그 뿔로서 어린양에 대항하며 스스로 왕관을 쓰고 있다.

짐승의 일곱 머리들에 있는 모독하는 이름들은 용에게서 받은 것이다. 붉은 용과 짐승의 일곱 머리들은 그들의 선악지식이요, 열 뿔들은 그들의 욕심이다. 붉은 용은 짐승에게 육신의 생존 전쟁을 일으키게 한다. 짐승은 누구인가. 사람들 위에 군림하며 그들의 혼을 사망으로 이끄는 기복의 왕이다. 즉 땅에서 육신의 복을 구하는 자들의 왕이다.

13.2   καὶ τὸ θηρίον ὃ εἶδον ἦν ὅμοιον παρδάλει, καὶ οἱ πόδες αὐτοῦ ὡς ἄρκου, καὶ τὸ στόμα αὐτοῦ ὡς στόμα λέοντος. καὶ ἔδωκεν αὐτῷ ὁ δράκων τὴν δύναμιν αὐτοῦ καὶ τὸν θρόνον αὐτοῦ καὶ ἐξουσίαν μεγάλην.

카이 토 데리온 호 에이돈 엔 호모이온 파르달레이, 카이 호이 포데스 아우투 호스 아르쿠, 카이 토 스토마 아우투 호스 스토마 레온토스. 카이 에도켄 아우토 호 드라콘 텐 뒤나민 아우투 카이 톤 드로논 아우투 카이 엑수시안 메갈렌.

내가 본 그 짐승은 표범을 닮았고, 그의 발들은 곰과 같고, 그의 입은 사자의 입과 같았다. 그 용은 자기의 그 능력과 그 보좌와 큰 권세를 그에게 주었다.

붉은 용은 하늘에서 미가엘과의 전쟁에 패하여 땅으로 쫓겨났고 땅에서 그 여자와 전쟁하였으나 수포로 돌아갔다. 이제 바다에서 그 여자의 씨의 남은 자손들과의 전쟁에서 이기지 못하면 무저갱으로 쫓겨날 것이다. 그는 그의 모든 능력과 보좌의 높은 자리와 큰 권세를 바다에서 올라온 짐승에게 주어서 죽느냐 사느냐의 전쟁으로 그리스도 안에 있는 에클레시아의 믿음과 소망과 사랑을 무너뜨리려 하고 있다.

에클레시아가 항상 깨어서 예수 그리스도의 믿음과 하나된 믿음을 가지고 있지 아니하면 그 믿음은 짐승의 능력에 의해 무너질 것이다. 에클레시아가 오늘 여기서 육에서 죽고 영으로 일으킴을 받는 카이로스 부활의 소망 안에 거하지 아니하면 땅의 높은 보좌에 앉은 짐승으로부터 오는 영광을 탐하게 될 것이다. 또 에클레시아가 마음을 다하고 혼을 다하고 뜻을 다하는 사랑의 십일조를 하나님께 드리고 있지 아니하면 그는 큰 권세를 가진 짐승을 좇으며 그의 표를 받고 돈의 십일조를 드릴 것이다.

용과 짐승은 더 이상 물러날 곳이 없음을 알고 그들의 모든 능력과 보좌와 권세를 동원하여 전쟁에 임한다. 여기 짐승은 표범과 곰과 사자를 섞어 놓은 짐승이다. 다니엘서의 무섭고 놀라운 짐승이다. 이 짐승은 배의 우상(표범), 가슴의 우상(곰), 머리의 우상(사자)을 하나로 아우른 크고 강한 우상이며 요한 계시록의 청황색 말과 그 위에 앉은 자다. 이 짐승은 육신의 정욕, 안목의 정욕, 이생의 자랑을 하나님의 말씀을 훔친 선악지식으로 포장하여 좋은 소식(유앙겔리온)이 아닌 '복소리(복음)'라는 이름으로 사람들을 속이며 종교전쟁을 수행한다.

13.3 καὶ μίαν ἐκ τῶν κεφαλῶν αὐτοῦ ὡς ἐσφαγμένην εἰς θάνατον, καὶ ἡ πληγὴ τοῦ θανάτου αὐτοῦ ἐθεραπεύθη. καὶ ἐθαυμάσθη ὅλη ἡ γῆ ὀπίσω τοῦ θηρίου,

카이 미안 에크 톤 케팔론 아우투 호스 에스파그메넨 에이스 다나톤, 카이 헤 플레게 투 다나투 아우투 에데라퓨데. 카이 에다우마스데 홀레 헤 게 오피소 투 데리우,

그 짐승은 머리 하나에 치명상을 입어 거의 죽게 되었다가 그의 죽음의 상처가 나았다. 그 온 땅이 기이하게 여기고 그 짐승을 따르고

붉은 용은 일곱 머리들을 가지고 있다. 그것은 성령의 은혜와 영광(승리)과 진리와 성결과 영적 언약과 영원한 생명을 세상의 거래와 성공과 선악지식과 음행과 육적 언약과 영존으로 바꾸어 가진 것이다. 용은 미가엘과의 싸움에서 패배하고 여인과의 싸움에서 패배하였다. 그 때문에 짐승이 가진 성공의 머리는 거의 죽게 되었다. 그러나 짐승의 상처가 낫게 되자 용은 짐승을 통하여 다시 성공을 꿈꾸게 되었다. 그래서 그는 여자의 남은 자손들과 처절한 생존 전쟁을 벌인다.

오늘날 온 세상은 붉은 용과 짐승이 땅에서 행하는 생존 전쟁이라 불리우는 그것에 휩쓸려 있다. 그 전쟁에 휘말리지 않은 자 찾기 어렵다. 그것은 용이 그 마지막 전쟁을 위하여 짐승을 바다에서 끌어올렸기 때문이다. 짐승은 그 죽게 되었던 머리 하나가 나았고, 사람들은 그것을 기이하게 여기고 그 짐승을 따른다. 왜냐하면 사람들은 짐승에게서 거짓 부활(기적)을 보고 놀랐기 때문이다.

13.4 καὶ προσεκύνησαν τῷ δράκοντι ὅτι ἔδωκεν τὴν ἐξουσίαν τῷ θηρίῳ, καὶ προσεκύνησαν τῷ θηρίῳ λέγοντες· Τίς ὅμοιος τῷ θηρίῳ, καὶ τίς δύναται πολεμῆσαι μετ' αὐτοῦ;

카이 프로세퀴네산 토 드라콘티 호티 에도켄 텐 엑수시안 토 데리오, 카이 프로세퀴네산 토 데리오 레곤테스· 티스 호모이오스 토 데리오, 카이 티스 뒤나타이 폴레메사이 메트 아우투;

사람들은 그 짐승에게 권세를 준 그 용에게 경배하였다. 또 그들은 그 짐승에게 경배하며 말하고 있기를, "누가 그 짐승과 같으냐, 누가 그와 맞서 싸울 수 있느냐"라고 하였다.

미가엘은 '누가 하나님과 같으냐'이다. 짐승을 따르는 사람들은 미가엘이 붉은 용과 싸우면서 "누가 하나님과 같으냐"라고 한 것을 알고 있다. 그러므로 사람들은 머리 하나가 죽게 되었다 살아난 짐승을 경배하며 "누가 그 짐승과 같으냐, 누가 그와 맞서 싸울 수 있느냐"라고 말하고 있다. 이와 같이 그들은 짐승의 승리를 확신하고 있다. 오늘날 큰 건물, 많은 사람, 많은 재산을 가진 종교의 왕들은 땅의 권세를 휘두르며 '누가 우리와 같으냐, 누가 우리와 맞서 싸울 수 있느냐'라고 하면서 종교 전쟁을 일으키고 있다. 그들의 모양은 무섭고 놀라우며 그 소리 또한 매우 커서 많은 사람이 두려워하며 움츠러든다. 그러나 여자의 씨의 남은 자손들은 그들의 세상에 속한 속된 모양이나 소리가 도리어 그들의 때가 얼마 남지 않은 것을 드러내는 징조임을 안다.

13.5 Καὶ ἐδόθη αὐτῷ στόμα λαλοῦν μεγάλα καὶ βλασφημίας, καὶ ἐδόθη αὐτῷ ἐξουσία ποιῆσαι μῆνας τεσσεράκοντα δύο.

카이 에도데 아우토 스토마 랄룬 메갈라 카이 블라스페미아스, 카이 에도데 아우토 엑수시아 포이에사이 메나스 테쎄라콘타 뒤오.

그 짐승에게 큰 소리와 모독하는 소리를 말하는 입이 주어졌고 또 그에게 마흔 두 달 동안 행사할 권세가 주어졌다.

그 짐승은 에클레시아가 작은 자가 되어 하나님의 말씀과 예수 그리스도의 증거를 진실하게 말하는 것에 대항하여 큰 소리와 모독하는 소리로 말하는 입을 가졌다. 또 그는 큰 소리와 모독하는 소리로 선악지식을 진리처럼 행사할 권세도 가졌다. 왜냐하면 세상에서는 목소리 큰 자가 이기기 때문이다. 그 입과 그 권세는 붉은 용이 주었고 많은 무리가 그 입과 권세에 압도 당한다.

13.6 καὶ ἤνοιξε τὸ στόμα αὐτοῦ εἰς βλασφημίας πρὸς τὸν θεόν, βλασφημῆσαι τὸ ὄνομα αὐτοῦ καὶ τὴν σκηνὴν αὐτοῦ, τοὺς ἐν τῷ οὐρανῷ σκηνοῦντας.

카이 에노익센 토 스토마 아우투 에이스 블라스페미아스 프로스 톤 데온, 블라스페메사이 토 오노마 아우투 카이 텐 스케넨 아우투, 투스 엔 토 우라노 스케눈타스.

그는 그의 입을 벌려 하나님을 향하여 모독하면서 그의 그 이름과 그의 그 장막과 그 하늘에 거하는 자들을 모독하였다.

짐승이 하나님을 향하여 모독한다는 것은 도대체 무엇인가. 이 일을 알지 못하면 요한 계시록을 아무리 읽어도 소용없다. 짐승이 하나님을 향하여 공공연히 욕을 한다는 말인가.

가령 집에서 기르는 고양이가 말할 수 있게 되었다 하자. 그런데 그 고양이가 주인을 아버지라 부르고 주인의 아들을 형님이라 부른다면 그 주인과 그의 아들은 고양이가 된 것이다. 이것은 고양이가 자기 근원을 알지 못하고 행하는 주인 모독이다. 바다에서 올라온 짐승은 그 겉은 사람일지라도 그 속은 짐승이다. 짐승이 거짓으로 공공연하게 자신의 아버지가 아닌 하나님을 향하여 아버지라 부르며 찬양한다면 그것은 하나님 모독이 아니면 무엇인가. 이런 일들이 짐승의 무리에게서 일어난다.

하나님은 이사야를 통하여 말씀하시기를, "내 생각은 너희 생각이 아니며 너희 길은 내 길이 아니다"(사55:8)라고 하였다. 그럼에도 짐승은 하나님의 생각인 말씀을 자기 생각대로 말하고 제 길을 하나님의 길이라 말한다. 짐승이 행하는 하나님 모독은 이 두 가지로 이루어진다. 하나님의 생각을 제 생각으로 바꾸어 말하는 것은 말씀의 육신화이다. '말씀의 육신화'란 말씀을 영 안에서 읽지 못하고 문자대로 읽으며 자기의 육적 소욕을 이루는 일이다. 말씀을 문대대로 읽는 자마다 하나님을 붉은 용이 되게 한다. 말씀이 육신의 뜻을 이루는 종이 되는 일이 말씀의 육신화이다. 성경을 복 소리(복음)라 부르며 땅의 복을 구하는 기복 신앙은 말씀의 육신화이다.

그러므로 기록된 바, "문자는 죽이는 것이요 영은 살리는 것이라"(고후3:6)라고 하였다. 살았고 운동력 있는 말씀을 영과 생명 안에서 읽지 않고 문자대로 읽으면 그 문자는 읽는 자의 머리의 우상 곧 붉은 용이 되고 만다. 하나님을 붉은 용이 되게 하는 것 이상 하나님에 대한 모독이 없다.

짐승은 첫 사람의 길 곧 육신의 정욕, 안목의 정욕, 이생의 자랑을 이루는 것을 하나님이 사람에게 주신 복과 선이라 말한다. 그리고 그것을 여기저기의 성경 구절로 뒷받침하며 복음이라 부른다. 그것은 말씀의 육신화다. 다른 한편 육신의 말씀화는 육신의 선악지식을 진리로 미화하는 짐승의 교리를 낳는다. 오늘날 종교 인들에게 종교의 교리는 육신의 말씀화를 이루는 알파와 오메가다. 이것 이상 예수 그리스도를 모독하는 것은 없다.

말씀이 육신이 되신 그 모노게네스의 진리는 말씀의 육신화도 아니요, 육신의 말씀화도 아니다. 그것은 생명의 말씀이 겉 사람인 '나' 안에 떨어져서 속 사람인 '나'가 되어 둘이 온전한 하나를 이루는 '나의 나됨'이다. 종교인들 안에 언제나 일어나고 있는 언어의 유희가 말씀의 육신화와 육신의 말씀화를 일으킨다. 이런 일이 곧 하나님 모독이다. 사람의 모든 말이 영과 생명 안에서 거듭나지 않으면 언어의 유희 속에 빠져든다.

● 하나님의 장막은 어떻게 짐승에게 모독을 당하고 있는가

기록된 바, "우주와 그 가운데 있는 만물을 지으신 하나님은 천지의 주인이시니 손으로 지은 전에 계시지 아니한다"(행17:24)라고 하였다. 또, "너희의 그 몸은 너희가 하나님께로 받은 바 너희 가운데 계신 성령의 전인 줄 알지 못하느냐 너희 는 너희의 것이 아니라"(고전6:19)라고 하였다. 그러나 짐승은 짐승을 따르는 무 리에게서 돈의 십일조를 받아 그 손으로 그들이 섬기는 우상인 붉은 용이 거할 집을 짓는다. 이 이상 하나님의 장막에 대한 모독이 없다. 하나님의 성전은 사람의 몸 이외에는 없다. 온 세상이 사람의 손으로 지은 집을 성전이라 부르는 그 하나만 으로도 하나님의 장막을 넘치게 모독하고 있다.

13.7 καὶ ἐδόθη αὐτῷ ποιῆσαι πόλεμον μετὰ τῶν ἁγίων καὶ νικῆσαι
αὐτούς, καὶ ἐδόθη αὐτῷ ἐξουσία ἐπὶ πᾶσαν φυλὴν καὶ λαὸν καὶ
γλῶσσαν καὶ ἔθνος.

**카이 에도데 아우토 포이에사이 폴레몬 메타 톤 하기온, 카이 니케사이
아우투스, 카이 에도데 아우토 엑수시아 에피 파산 퓔렌 카이 라온 카이
글로산 카이 에드노스.**

그에게는 거룩한 자들과 싸워서 이기는 힘이 주어졌고 모든 종족과 백성과
언어와 나라 위에 군림하는 권세가 주어졌다.

이 땅 위에서 짐승에게 주어진 권세는 사람을 죽이는 폭력의 권세요, 거룩한 자들
의 권세는 사람을 살리는 섬김의 권세다. 짐승이 땅에서 거룩한 자들을 이기는
육신의 힘을 가진 것은 거룩한 자들이 짐승의 폭력에 전혀 대항하지 않는 영의
권세를 가졌기 때문이다. 거룩한 자들이 짐승의 폭력에 대항하지 않고 죽기까지
믿음에 굳게 서는 것은 그들이 받은 권세가 죽었다가 부활하는 권세이기 때문이
다. 그러므로 그들이 땅(육)에서 지는(죽는) 일이 하늘(마음)에서 이기는 일이다.
때문에 오늘 여기서 육에서 죽고 영으로 사는 부활의 권세가 없는 자는 다 짐승에
게 경배한다.

13.8 καὶ προσκυνήσουσιν αὐτὸν πάντες οἱ κατοικοῦντες ἐπὶ τῆς γῆς, οὗ οὐ
γέγραπται τὸ ὄνομα αὐτοῦ ἐν τῷ βιβλίῳ τῆς ζωῆς τοῦ ἀρνίου τοῦ
ἐσφαγμένου ἀπὸ καταβολῆς κόσμου.

**카이 프로스퀴네수신 아우톤 판테스 호이 카토이쿤테스 에피 테스 게스, 후 우
게그라프타이 토 오노마 아우토 엔 토 비블리오 테스 조에스 투 아르니우 투
에스파그메누 아포 카타볼레스 코스무.**

이 땅 위에 뿌리내리고 사는 모든 사람들 곧 세상의 기초가 놓인 이후로 죽임
을 당한 어린양의 그 생명책에 기록되지 아니한 자들은 모두 그에게 경배할
것이다.

거룩한 자들은 '이 땅 위에 뿌리내리고 사는 자들(호이 카토이쿤테스)'이 아니라 하나님께 부름을 받은 '그 하늘에 거하는 자들(호이 스케눈테스 엔 토 우라노)'로서 이 땅에서는 나그네로 산다. 그러므로 땅에서 하늘의 본향을 향해 나그네가 되어 있는 사람들만이 짐승에게 경배하지 아니한다.

● **아포 카타볼레스 코스무(세상의 기초가 놓인 이후로, 말씀의 씨 뿌림 이후로)**

근원 안에 하나님이 그 하늘들과 그 땅을 창조하셨다. 그리고 하나님은 그 처음 땅(땅의 기초)으로부터 엿새 동안 새롭게 하늘들과 땅을 지으시고 엿새째 날 사람을 그의 형상 안에서 창조하셨다. 하나님은 그의 형상 안에서 창조하신 사람을 그가 창조하신 하늘들과 땅에 거하게 하셨고 또 그의 영의 모양을 본받게 예정하셨다. 그러므로 첫 창조의 오메가에서 새롭게 지어진 그 하늘들과 그 땅은 하나님의 자녀들이 새 창조에서 그의 모양을 닮아 가는 징조가 되었다.

'카타볼레'는 예수 그리스도께서 새 창조를 위한 말씀의 씨를 뿌리는 일이다. 다시 말해 이 말씀의 알파는 창세기의 그 하늘들과 그 땅의 창조 이후란 말이요, 오메가는 새 창조를 위한 말씀의 씨를 뿌리는 일이다. 왜냐하면 예수 그리스도는 창조의 근원이시기 때문이다. 그 창조의 근원 안에서 에클레시아는 말씀을 받아 하나님의 모양으로 새롭게 지어진다. 에클레시아의 마음에 뿌려진 말씀의 씨가 하나님의 모양을 이룬다.

하나님의 모양은 에클레시아가 육에서 죽고 영으로 부활하면서 하나님의 아들의 실존을 이루는 일이다. 즉 '아포 카타볼레스 코스무'는 어린양이 사람을 새롭게 짓기 위하여 말씀의 씨알을 뿌리신 이후이다. 그러므로 하나님의 아들의 실존을 이루는 그 사람의 심비가 생명책이다. 그 마음을 짐승에게 빼앗긴 자들 곧 땅에 뿌리를 내리고 사는 자들이 어린양의 부활에 참여하지 못하는 것은 그 이름들이 어린양의 생명책에 기록되지 아니하였기 때문이다. 그 사람들은 다 짐승에게 경배한다.

13.9 Εἴ τις ἔχει οὖς ἀκουσάτω.

에이 티스 에케이 우스 아쿠사토.

누구든지 귀 가진 사람은 들으라.

듣는 데에도 알파와 오메가가 있다. 누구든지 계시의 말씀이 들려올 때 듣고자 하는 귀를 가지고 있지 아니하면 처음부터 듣지 아니한다. 어느 누구도 듣지 아니한 것을 깨달을 수 없다. 그러므로 듣고자 하는 귀가 먼저다. 누구든지 듣고자 하는 귀로 계시의 말씀을 들으면 들을 귀가 열려서 그 말씀이 무엇인지 들려진다.

오늘날 우리 중 많은 사람들이 짐승의 교리에 갇혀서 계시의 말씀을 듣고자 하지 아니한다. 도리어 그들의 선악지식으로 하나님의 이름과, 그의 장막과, 하늘에 거하는 자들을 모독하고 있다. 이런 일은 땅에 뿌리를 내리는 자에게 일어난다. 누구든지 육신의 정욕, 안목의 정욕, 이생의 자랑을 좇아서 '그 땅에 뿌리내리게 되면(카토이케오)' 그 속 사람은 짐승이 되고 만다. 짐승이 하나님을 찬양하는 것도 모독이니 그가 하나님을 모독하는 것은 더욱 큰 모독이 될 뿐이다.

13.10 εἴ τις εἰς αἰχμαλωσίαν, εἰς αἰχμαλωσίαν ὑπάγει· εἴ τις ἐν μαχαίρῃ
ἀποκτανθῆναι αὐτὸν ἐν μαχαίρῃ ἀποκτανθῆναι. ὧδέ ἐστιν ἡ
ὑπομονὴ καὶ ἡ πίστις τῶν ἁγίων.

**에이 티스 에이스 아이크말로신, 에이스 아이크말로신 휘파게이' 에이 티스 엔
마카이레 아포크탄데나이 아우톤 엔 마카이레 아포크탄데나이. 호데 에스틴 헤
휘포모네 카이 헤 피스티스 톤 하기온.**

잡혀갈 사람은 잡혀갈 것이요 칼에 죽임을 당할 사람은 칼에 죽임을 당할 것이다. 그 거룩한 자들의 그 인내와 그 믿음은 여기에 있다.

부활의 실존으로 사는 거룩한 에클레시아는 짐승이 땅에서 일으키는 육신의 전쟁에서 지고 영으로 부활하는 것이 그들의 승리의 권세다. 왜냐하면 그들은 외편(땅)에서 죽고 오른편(하늘)에서 부활하는 자이기 때문이다. 그러므로 그들은 땅에서 사로잡혀 가거나 죽임을 당할 수밖에 없다. 짐승이 거룩한 자들을 사로잡거나 칼로 죽이는 것은 그들의 부활의 믿음을 빼앗기 위한 것이다. 왜냐하면 부활은 죽은 후에 오기 때문이다. 그러므로 그 이름이 어린양의 생명책에 기록되는 자는 어린양이 사로잡힌 것과 같이 사로잡히며 그가 죽임을 당한 것 같이 죽임을 당하며 그가 부활한 것 같이 부활하는 인내와 믿음으로 짐승을 이긴다.

13.11 Καὶ εἶδον ἄλλο θηρίον ἀναβαῖνον ἐκ τῆς γῆς, καὶ εἶχεν κέρατα δύο ὅμοια ἀρνίῳ, καὶ ἐλάλει ὡς δράκων.

카이 에이돈 알로 데리온 아나바이논 에크 테스 게스, 카이 에이켄 케라타 뒤오 호모이아 아르니오, 카이 엘라레이 호스 드라콘.

또 나는 그 땅에서 다른 한 짐승이 올라오는 것을 보았다. 그는 어린양처럼 두 뿔을 가졌고 용처럼 말했다.

붉은 용은 하늘에서 땅으로 쫓겨났고, 첫 번째 짐승은 바다에서 올라왔고, 두 번째 짐승은 땅에서 올라왔다. 붉은 용은 머리의 우상, 첫 번째 짐승은 배의 우상, 두 번째 짐승은 가슴의 우상이 되어 땅에 뿌리내리고 있는 사람들 위에 군림하게 되었다. 어린양처럼 두 뿔을 가진 짐승은 한 뿔은 용을 위하여, 또 한 뿔은 짐승을 위하여 가지고 있다. 두 뿔은 거룩한 에클레시아가 하나님의 말씀과 예수 그리스도의 증거를 가지고 있는 것에 대항하려 함이다. 두 번째 짐승은 용의 말을 대변하며 큰 징조를 행하는 거짓 예언자이다.

13.12 *καὶ τὴν ἐξουσίαν τοῦ πρώτου θηρίου πᾶσαν ποιεῖ ἐνώπιον αὐτοῦ. καὶ ποιεῖ τὴν γῆν καὶ τοὺς ἐν αὐτῇ κατοικοῦντας ἵνα προσκυνήσουσιν τὸ θηρίον τὸ πρῶτον, οὗ ἐθεραπεύθη ἡ πληγὴ τοῦ θανάτου αὐτοῦ.*

카이 텐 엑수시안 투 프로투 데리우 파산 포이에이 에노피온 아우투. 카이 포이에이 텐 겐 카이 투스 엔 아우테 카토이쿤타스 히나 프로스퀴네수신 토 데리온 토 프로톤, 후 에데라퓨데 헤 플레게 투 다나투 아우투.

그는 그 첫째 짐승의 모든 권세를 그 앞에서 행하며 그 땅과 거기에 뿌리내리고 있는 자들로 그의 치명적 상처에서 회복된 그 첫째 짐승에게 경배하게 하였다.

에클레시아는 하나님의 말씀과 예수 그리스도의 부활의 증거를 증거한다. 그러나 두 번째 짐승은 이 일에 대항하여 용처럼 말하며 예수 그리스도의 부활을 증거하는 대신 첫 번째 짐승의 치명적 상처가 나은 기적(기사)을 증거한다. 그리하여 그는 육신의 정욕, 안목의 정욕, 이생의 자랑, 선악지식을 좇는 첫 사람의 마음(땅)과 거기에 뿌리내리고 있는 자들로 그 짐승에게 경배하게 한다.

13.13 *καὶ ποιεῖ σημεῖα μεγάλα, ἵνα καὶ ποιῇ πῦρ ἐκ τοῦ οὐρανοῦ καταβαίνειν εἰς τὴν γῆν ἐνώπιον τῶν ἀνθρώπων.*

카이 포이에이 세메이아 메갈라, 히나 카이 포이에 퓌르 에크 투 우라누 카타바이네인 에이스 텐 겐 에노피온 톤 안드로폰.

그는 큰 징조들을 행하는데 그 사람들 앞에서 그 하늘로부터 그 땅으로 불이 내려오게까지 한다.

두 번째 짐승이 큰 징조들을 행하고 하늘에서 불이 내리게 하는 것은 그가 사람들에게 참 하나님의 예언자로 보이게 하려 함이다. 그리하여 이 짐승은 엘리야를 흉내 내고 있다. 오늘날 용(욕심)의 불은 사람이 지혜로 만든 각종 무기 속에 감추어져 있다가 생존전쟁을 따라 하늘에서 내려오면서 그 위력을 드러낸다.

13.14 καὶ πλανᾷ τοὺς κατοικοῦντας ἐπὶ τῆς γῆς διὰ τὰ σημεῖα ἃ ἐδόθη
αὐτῷ ποιῆσαι ἐνώπιον τοῦ θηρίου, λέγων τοῖς κατοικοῦσιν ἐπὶ τῆς
γῆς ποιῆσαι εἰκόνα τῷ θηρίῳ, ὃς ἔχει τὴν πληγὴν τῆς μαχαίρης καὶ
ἔζησεν.

**카이 플라나 투스 카토이쿤타스 에피 테스 게스 디아 타 세메이아 하 에도데
아우토 포이에사이 에노피온 투 데리우, 레곤 토이스 카토이쿠신 에피 테스
게스, 포이에사이 에이코나 토 데리오, 호스 에케이 텐 플레겐 테스 마카이레스
카이 에제센.**

그리고 그 짐승 앞에서 행하도록 주어진 그 징조들을 통하여 그 땅 위에 뿌리내
리고 있는 자들을 미혹한다. 그는 그 땅에 뿌리내리고 있는 자들에게 말하기를,
"칼에 상하였다가 살아난 그 짐승을 위하여 우상을 만들라"라고 하였다.

두 번째 짐승은 어린양이 하나님의 나라의 징조들을 보이신 그 일을 흉내 내어
땅에 뿌리내리고 있는 자들을 미혹한다. 또 칼에 상하였다가 살아난 첫 번째 짐승
을 위하여 우상을 만들게 한다.

13.15 καὶ ἐδόθη αὐτῷ δοῦναι πνεῦμα τῇ εἰκόνι τοῦ θηρίου, ἵνα καὶ λαλήσῃ
ἡ εἰκὼν τοῦ θηρίου καὶ ποιήσῃ ἵνα ἐὰν ὅσοι μὴ προσκυνήσωσιν τῇ
εἰκόνι τοῦ θηρίου ἀποκτανθῶσιν.

**카이 에도데 아우토 두나이 프뉴마 테 에이코니 투 데리우, 히나 카이 랄레세
헤 에이콘 투 데리우 카이 포이에세 히나 에안 호소이 메 프로스퀴네소신 테
에이코니 투 데리우 아포크탄도신.**

그에게 또 권세가 주어졌는데 그 짐승의 우상에게 영을 주어 그 짐승의 우상으
로 하여금 말하게 하고 또 그 짐승의 우상에게 경배하지 아니하는 자는 모두
죽이게 하였다.

거짓 예언자에게 주어진 권세가 너무나 크기 때문에 그는 그 짐승의 우상에게 영을 주어 말하게까지 하였다. 이것은 성령의 일을 모독하는 일이다. 사람들이 말하는 우상에게 절하는 것은 그들이 영의 눈으로 '호라호'하지 못하기 때문에 일어난다. 즉 그들은 거짓 예언자의 징조에 미혹된 것이다.

에클레시아는 육체와 함께 정과 욕심을 십자가에 못 박은 부활의 권세자요, 거룩한 영을 받아 육체의 휘장을 찢고 창조의 근원 안으로 들어가는 초월의 실존이다. 거짓 예언자가 아무리 짐승의 우상에게 영을 주어 말하게 하고 또 그것에게 경배하지 않는 자는 다 죽인다 할지라도 에클레시아는 그것에 미혹 되거나 그 우상에게 절하지 아니한다.

칼에 상하였다가 살아난 짐승은 자신의 칼로 사람을 죽이고, 거짓 예언자는 큰 말과 큰 징조로서 사람을 죽이고, 말하는 우상은 거짓 영으로 사람을 죽인다. 이 셋은 사람의 육체와 마음과 영을 함께 망하게 한다.

13.16 καὶ ποιεῖ πάντας, τοὺς μικροὺς καὶ τοὺς μεγάλους, καὶ τοὺς πλουσίους καὶ τοὺς πτωχούς, καὶ τοὺς ἐλευθέρους καὶ τοὺς δούλους, ἵνα δῶσιν αὐτοῖς χάραγμα ἐπὶ τῆς χειρὸς αὐτῶν τῆς δεξιᾶς ἢ ἐπὶ τὸ μέτωπον αὐτῶν,

카이 포이에이 판타스, 투스 미크루스 카이 투스 메갈루스, 카이 투스 플루시우스 카이 투스 프토쿠스, 카이 투스 엘류데루스 카이 투스 둘루스, 히나 도신 아우토이스 카라그마 에피 테스 케이로스 아우톤 테스 덱시아스, 에 에피 토 메토톤 아우톤,

그는 작은 자들이나 큰 자들이나 부자들이나 가난한 자들이나 자유자들이나 종들이나 할 것 없이 모든 사람들에게 그 오른손에나 그 이마에 표를 받게 한다.

● 카라그마(표)

'카라그마'의 원래 의미는 뱀에게 물린 자국이다. 붉은 용은 옛 뱀이다. 그 옛 뱀에게 물린 자마다 그 뱀의 독으로 죽는다. 그러므로 짐승의 표는 사망을 받는 자의 정체성이다. 거짓 예언자는 어린양의 인침의 일을 모방하여 모든 사람에게 그 오른손이나 그 이마에 표를 받게 한다. 이마는 머리에 있다. 짐승의 표를 그 이마에 받은 자는 짐승의 두뇌 집단이 되고 그 오른손에 짐승의 표를 받은 자는 짐승의 수족 집단이 된다. 짐승의 표를 받은 자들은 모두 작은 짐승들이 되었다.

13.17 καὶ ἵνα μή τις δύνηται ἀγοράσαι ἢ πωλῆσαι εἰ μὴ ὁ ἔχων τὸ χάραγμα, τὸ ὄνομα τοῦ θηρίου ἢ τὸν ἀριθμὸν τοῦ ὀνόματος αὐτοῦ.

카이 히나 메 티스 뒤네타이 아고라사이 에 폴레사이 에이 메 호 에콘 토 카라그마, 토 오노마 투 데리우 에 톤 아리스몬 투 오노마토스 아우투.
그리고 누구든지 그 표를 가진 자 외에는 사거나 팔거나 하지 못하게 했다. 그 표는 그 짐승의 이름이나 또는 그 이름의 숫자이다.

붉은 용과 짐승과 거짓 예언자가 행하는 첫 번째 일은 예수 그리스도의 은혜를 거래로 바꾸는 것이다. 그리하여 예나 오늘이나 종교 비즈니스가 번창하고 있다. 어린양은 그의 피로 사람들을 사서 값없이 그들을 하나님을 향하여 왕과 제사장을 삼으셨다. 그러나 짐승은 사람들을 장사꾼으로 바꾸었다. 짐승의 표를 받은 사람들이 입으로는 예수를 구세주라, 만왕의 왕이라, 만주의 주라 부르지만 실상 예수는 그들의 땅의 욕망을 채워 주는 용에 다름 아니다. 짐승은 '예수 시장'을 크게 열어 놓고 그의 표를 가진 사람들끼리 예수의 구원을 세상의 복으로 바꾸어 사고 팔게 한다.

그 예수 시장에서 사람들은 큰 자가 되고, 높은 자가 되고, 부자가 되고, 강한 자가 되려고 밤낮없이 일한다. 그들의 기도와 찬송과 설교와 간증과 헌금과 봉사와 각종 행사는 우상 예수로부터 축복을 받기 위한 대가이다. 짐승의 표를 받은 그들은 요한 계시록에 기록된 이 일이 자신들이 예수의 이름으로 행하고 있는 바로 그 짐승의 일임을 알지 못한다.

13.18 *ὧδε ἡ σοφία ἐστίν· ὁ ἔχων νοῦν ψηφισάτω τὸν ἀριθμὸν τοῦ θηρίου, γὰρ ἀριθμὸς ἀνθρώπου ἐστίν· καὶ ὁ ἀριθμὸς αὐτοῦ ἑξακόσιοι ἑξήκοντα ἕξ.*

호데 헤 소피아 에스틴· 호 에콘 눈 프세피사토 톤 아리드몬 투 데리우, 가르 아리드모스 안드로푸 에스틴· 카이 호 아리드모스 아우투 헥사코시오이 헥사콘타 헥스.

여기에 지혜가 있다. 깨닫는 마음을 가지고 있는 자는 그 짐승의 수를 세어 보라. 그 수는 사람의 수니 육백육십육이다.

● 누스(마음)

'누스'는 욕심의 '겉 마음(카르디아)' 너머에 있는 사랑의 속 마음이다. 어린양의 순결한 신부는 사랑에서 흘러나오는 영적 지혜로 산다. 그러나 짐승은 겉 마음에서 나오는 선악지식으로 산다. 666이란 도대체 무엇을 말함인가. 오늘날 사람들이 예수 그리스도 밖에서 그의 지혜나 이해력이나 통찰력이나 명민함을 동원하여 666을 계산해서 어느 한 사람을 666이라 지적하곤 한다. 그러나 그런 것으로는 666이 무엇인지 알 수 없다. 그럼에도 오늘날 사람들이 그 수에 해당하는 이름을 계산해 내려고 애쓰고 있다. 그런 일을 하는 자는 예수 그리스도의 계시는 영의 눈으로 '호라오'하는 말씀인 것을 알지 못하고 있다. 6은 육신의 첫 사람을 징조하고 7은 영의 둘째 사람을 징조한다.

성경에 666의 숫자와 관련된 한 사람은 지혜자 솔로몬이다. 기록된 바, "솔로몬의 세 임금의 중수가 육백육십육 금 달란트다"(왕상10:14)라고 하였다. 솔로몬의 세 임금의 중수는 그가 땅에서 누렸던 나라와 권세와 영광을 징조한다. 성경은 분명히 그가 자기의 지혜를 좇아서 하나님의 사람에서 짐승으로 변한 것을 보여주고 있다. 그는 하나님의 사랑을 받았으나 그 사랑을 버리고 일곱 머리 열 뿔의 짐승의 원형이 되었다. 그가 너무나 유명한 유다의 왕이었기 때문에 도리어 그것이 그의 실상을 가렸다. 그럼에도 오늘날 그를 닮은 왕(짐승) 되려는 사람들이 얼마나 많은가.

하나님은 솔로몬을 사랑하시어 이스라엘 나라(6)와 권세(6)와 영광(6)을 주셨다. 그러나 그는 그것들(666)을 제 것으로 움켜쥐었다. 나라(6)도 권세(6)도 영광(6)도 내 것(666)이라는 것이 솔로몬이 가진 선(善)이다. 아담 아래로 모든 인생이 이 선을 좇고 있다. 666은 모든 인생들이 큰 자가 되고, 높은 자가 되고, 부자가 되고, 강한 자가 되기 위하여 좇는 육신의 정욕(6), 안목의 정욕(6), 이생의 자랑(6)이다.

그 셋을 선악지식을 좇아서 하나로 모은 것이 666이다. 육신의 첫 사람이 짐승을 좇아가게 되면 그의 이마나 오른손에 666의 표를 받는 것이 드러나게 되어 있다.

솔로몬의 계산법은 땅에서 육과 생존을 좇는 이에게는 그 이상 지혜로운 것이 없지만 영과 생명을 좇는 이에게는 그 이상 어리석은 것이 없다. 인간의 지혜로는 솔로몬과 같은 자가 없었으나 그는 하나님의 지혜를 버리고 자기의 지혜를 움켜쥐었다. 그는 하나님께서 주신 지혜로 땅에서 얻은 나라와 권세와 영광을 취하려고 아버지의 나라와 권세와 영광을 버렸다.

솔로몬은 땅에서는 지혜로웠으나 그를 사랑하신 하나님에 대하여는 매우 어리석었다. 기록된 바, "내가 지혜로운 사람들의 지혜를 멸하고 총명한 자의 총명을 헛되게 하리라"(고전 1:19)라고 했다. 이와 같이 예수 그리스도의 계시는 세상 지혜자의 지혜를 멸하고 총명한 자의 총명을 헛되게 한다. 이는 십자가의 도가 모든 사람에게 신됨의 능력이 되게 하려 함이다.

666을 달리 생각해 볼 수 있다. 느부갓네살이 세운 금 신상의 높이가 60규빗, 넓이가 6규빗이었다. 이는 느부갓네살 자신은 600규빗의 거인임을 징조한다. 느부갓네살이야말로 나라(6)와 권세(6)와 영광(6)을 움켜쥔 큰 자다. 우리가 영의 눈으로 '호라오'할 때 솔로몬이 느부갓네살이요, 느부갓네살이 솔로몬이다. 느부갓네살의 뜻은 '느보(지식의 신)는 나의 경계석을 지켜주셨다'이다. 세상에 속한 모든 사람이 섬기는 '느보(용)'는 그 사람들의 육신의 정욕, 안목의 정욕, 이생의 자랑을 땅에 속한 선악지식으로 지켜주고 있다. 오늘날 666을 좇는 이들이 144,000에 속한 임금들이 되겠다고 혈안이 되어 있다. 계시록에 쓰여 있는 숫자를 영의 눈으로 '호라오'하지 아니하면 누구든지 그 숫자를 움켜쥐고 멸망을 자취(自取) 한다.

요한 계시록 14장

14.1 Καὶ εἶδον, καὶ ἰδοὺ τὸ ἀρνίον ἑστὸς ἐπὶ τὸ ὄρος Σιών, καὶ μετ᾽ αὐτοῦ
ἑκατὸν τεσσεράκοντα τέσσαρες χιλιάδες ἔχουσαι τὸ ὄνομα αὐτοῦ
καὶ τὸ ὄνομα τοῦ πατρὸς αὐτοῦ γεγραμμένον ἐπὶ τῶν μετώπων
αὐτῶν.

**카이 에이돈, 카이 이두 토 아르니온 헤스토스 에피 토 오로스 시온, 카이 메트
아우투 헤카톤 테쎄라콘타 테싸레스 킬리아데스 에쿠사이 토 오노마 아우투
카이 토 오노마 투 파트로스 아우투 게그람메논 에피 톤 메토폰 아우톤.**
또 나는 보았다. 보라, 어린양이 시온 산에 섰고 그와 함께 144,000이 섰는데
그들의 이마에는 어린양의 이름과 그의 아버지의 이름이 쓰여 있다.

요한 계시록에는 '보라'는 말이 30번이나 쓰이고 있다. 이것은 요한이 본 것이
무엇인지 에클레시아가 그 실상을 잘 보게 하려 함이다. 그러면 요한은 무엇을
에클레시아와 함께 보고자 하는 것인가. 7장에서 그 이마에 인침을 받은 이들이
마침내 어린양의 신부로 등장하였기 때문에 그들을 보라고 하는 것이다.

144,000의 숫자는 7장에 처음 등장하였다. 사도 요한은 이스라엘 사람이었기
때문에 그 이스라엘을 에클레시아를 위한 징조로 삼았다. 육신의 이스라엘이 영의
이스라엘로 풍성하고 온전하게 창조되는 것은 곧 에클레시아가 새롭게 창조되는
일의 징조다. 10장에서 요한은 펴 놓인 작은 책을 먹고 작은 자가 되었다. 그때에
하나님의 말씀과 예수 그리스도의 증거를 예언하는 두 증인이 보냄을 받는다.
그러므로 두 증인의 삶은 144,000의 삶을 대변하고 있으며 그들의 이마에는 어린
양의 이름과 그의 아버지의 이름이 쓰여 있다. 이것은 살아 있는 신됨의 인을
가진 자들이 그 인침의 실존을 이룬 것을 말한다.

이 사람들은 사자 같은 왕과 송아지 같은 제사장과 사람의 얼굴 같은 예언자와
독수리 같은 초월자(인자 같은 이)의 삶을 산 어린양의 신부들이다. 이들은 12장에

서 남자아이를 낳은 여자다. 어린양의 신부는 그 이름(순결한 여자, 겉 사람)과 그 실존(남자아이, 속 사람)이 하나된 '그 사람들의 그 아들들'이다. 에클레시아가 요한이 본 계시를 보는 것은 알파요, 그 계시의 실존을 이루는 것은 오메가다. 에클레시아가 계시를 받는 것은 그 계시의 실존을 이루기 위함이다.

요한 계시록의 숫자는 징조이며 원리다. 666은 짐승과 그에게 속한 자들의 육신의 정욕(6), 안목의 정욕(6), 이생의 자랑(6)을 좇아 육신의 선악 세상을 이루는 것을 징조한다. 144,000은 어린양과 그에게 속한 자들이 생명과 사랑과 거룩과 초월을 좇아 하나님의 나라를 이루는 것을 징조한다.

그러므로 짐승의 숫자는 짐승과 그에게 속한 자들이 걷는 멸망의 길이요, 어린양의 숫자는 어린양과 그에게 속한 자들이 걷는 생명의 길이다. 그럼에도 짐승의 길을 걷는 이들이 욕심과 선악지식을 좇아 미혹된 채 144,000의 숫자를 움켜쥐고 자기들만이 그 숫자에 속했다고 억지를 부리고 있다. 들을 귀를 가진 자는 지금이라도 그 길에서 돌이켜야 한다. 144,000은 하나님이 행하시는 새 창조의 풍성함과 온전함을 계시하고 있다.

하나님의 마음은 네 모양(생명, 사랑, 거룩, 초월)이 세 시상(전부터 계셔 왔고, 지금도 계시며 오고 계신)을 좇아서 밤낮(영과 육)으로 새롭게 지어져서 '스물네 실존($4 \times 3 \times 2$)'을 이룬다. 그리고 그 스물네 실존이 어머니가 되어 남자아이를 낳고 또 여자의 씨의 남은 자손들을 양육하면서 마음을 다하고, 혼을 다하고, 뜻을 다하는 십일조의 삶을 살면서 144,000의 실존($12 \times 12 \times 10^3$)을 이룬다. 이 일은 무엇을 말하고 있는가. 나의 나됨은 너의 너됨을 위하여 있고 너의 너됨은 나의 나됨을 온전케 하면서 많은 사람이 그리스도 안에서 하나됨을 이룬다. 이와 같이 에클레시아는 새 창조를 통하여 하나님이 예정하신 풍성함과 온전함에 이른다.

그러므로 이 일은 창조의 근원이신 어린양 안에 있는 한 사람의 일인 동시에 그 안에 있는 모든 사람의 일이다. 내가 어린양 안에 있고 어린양 안에 있는 모든 사람이 내 안에 있다. 이 일은 어린양 안에 있는 모든 부활의 실존이 이루는 모든 사람의 하나됨이다. 이 일은 온전함으로 말하면 하나이며 풍성함으로 말하면 새 예루살렘의 '만만, 천천($10000^2 \times 1000^2 \cdots$)'의 셀 수 없이 많은 수의 사람이다.

그러나 숫자를 소유로 삼은 이들은 그 숫자로 육신의 세상을 이룬다. 그들은 육신의 정욕, 안목의 정욕, 이생의 자랑을 좇는 666 밑에 모든 징조와 원리를 둔다. 숫자가 클수록 그들의 나라와 권세와 영광은 크다. 때문에 그들은 솔로몬처럼 하나님께 받은 나라(6)도, 권세(6)도, 영광(6)도 다 내 것(666)이라 한다.

오늘날 에클레시아 안에 이루어지는 하나님의 새 창조의 풍성함과 온전함을 계시하는 144,000을 제 것으로 움켜쥔 집단들이 곳곳에 진을 치고 있다. 그들은 자기들이 행하는 일들이 짐승의 일인지조차 알지 못하고 종말에 특별히 선택된 계층에 속하고자 한없는 욕심을 부리며 광분하고 있다. 왜 이런 일이 벌어지는가. 이는 그들이 혼미한 마음으로 진리의 사랑을 받지 아니하고 불의를 기뻐하기 때문이다.

14.2   *καὶ ἤκουσα φωνὴν ἐκ τοῦ οὐρανοῦ ὡς φωνὴν ὑδάτων πολλῶν καὶ ὡς φωνὴν βροντῆς μεγάλης, καὶ ἡ φωνὴ ἣν ἤκουσα ὡς κιθαρῳδῶν κιθαριζόντων ἐν ταῖς κιθάραις αὐτῶν.*

카이 에쿠사 포넨 에크 투 우라누 호스 포넨 휴다톤 폴론 카이 호스 포넨 브론테스 메갈레스, 카이 헤 포네 헨 에쿠사 호스 키다로돈 키다리존톤 엔 타이스 키다라이스 아우톤.

그리고 나는 그 하늘로부터 많은 물들의 소리와 같고 큰 천둥소리와 같은 소리를 들었다. 나는 또 그 소리를 거문고 타는 사람들이 그들의 거문고를 타고 있는 것 같이 들었다.

요한은 144,000이 어린양과 함께 시온 산에 서자 하늘로부터 세 가지 소리를 들었다. 그가 들은 많은 물들의 소리는 거듭난 자들의 생명의 울림이요, 큰 천둥소리는 그들의 거룩의 울림이요, 거문고 타는 소리는 그들의 사랑의 울림이다.

14.3 καὶ ᾄδουσιν ὡς ᾠδὴν καινὴν ἐνώπιον τοῦ θρόνου καὶ ἐνώπιον τῶν τεσσάρων ζῴων καὶ τῶν πρεσβυτέρων· καὶ οὐδεὶς ἐδύνατο μαθεῖν τὴν ᾠδὴν εἰ μὴ αἱ ἑκατὸν τεσσεράκοντα τέσσαρες χιλιάδες, οἱ ἠγορασμένοι ἀπὸ τῆς γῆς.

카이 아두신 호스 호텐 카이넨 에노피온 투 드로누 카이 에노피온 톤 테싸론 조온 카이 톤 프로스뷔테론· 카이 우데이스 에뒤나토 마데인 텐 오덴, 에이 메 하이 헤카톤 테쎄라콘타 테싸레스 킬리아테스, 호이 에고라스메노이 아포 테스 게스.

그들은 그 보좌 앞에서 그 네 생물들과 그 장로들 앞에서 새 노래를 부르고 있었다. 그 땅으로부터 속량된 그들 144,000 외에는 아무도 그 노래를 배울 수 없었다.

14.4 οὗτοί εἰσιν οἳ μετὰ γυναικῶν οὐκ ἐμολύνθησαν, γὰρ παρθένοι εἰσιν· οὗτοι οἱ ἀκολουθοῦντες τῷ ἀρνίῳ ἂν ὅπου ὑπάγῃ· ⌜οὗτοι ἠγοράσθησαν ἀπὸ τῶν ἀνθρώπων ἀπαρχὴ τῷ θεῷ καὶ τῷ ἀρνίῳ,

후토이 에이신 호이 메타 귀나이콘 우크 에몰륀데산, 가르 파르데노이 에이신· 후토이 호이 아콜루둔테스 토 아르니오 안 호푸 휘파게· 후토이 에고라스데산 아포 톤 안드로폰 아파르케 토 데오 카이 토 아르니오,

이들은 순결한 처녀들로서 여자들과 더불어 더럽히지 아니하였고, 이들은 어린양이 어디로 가든지 그를 따라가고 있는 자들이다. 이들은 그 사람들로부터 속량되어 하나님과 어린양에게 드려진 첫 열매들이다.

순결한 처녀들이 여자들과 더불어 더럽히지 않았다는 것은 무엇인가. 첫 사람은 그 성별에 상관없이 하나님께 대하여 모두 여자다. 그 여자들 가운데서 예수 그리스도의 피로 말미암아 땅으로부터 속량된 144,000은 순결한 처녀가 되었다. 즉 이들은 육신의 정욕, 안목의 정욕, 이생의 자랑, 선악지식을 좇는 여자들 가운데서

속량되었고 또 하나님의 생명과 사랑과 거룩과 초월로 충만하게 되었다. 이들은 새 창조의 근원(아르케)으로부터 오는 존재의 양식을 먹고 근원에 속한 열매가 되었다. 그러므로 이들은 하나님께는 아들들이오, 어린양께는 순결한 신부들로서 그가 어디로 가든지 따라가는 존재다.

14.5 καὶ ἐν τῷ στόματι αὐτῶν οὐχ εὑρέθη ψεῦδος· ἄμωμοί εἰσιν.

카이 엔 토 스토마티 아우톤 우크 휴레데 프슈도스· 아모모이 에이신.

그들의 입들에는 거짓말을 찾아볼 수 없었고 그들은 흠이 없는 자들이다.

거짓말을 하지 않는 그들은 거짓말을 하실 수 없는 하나님을 닮았고, 또 온전하신 하나님 안에서 흠이 없는 자가 되었다. 그들은 하나님께 대하여 영광스러운 실존을 이루었다. 우리는 여기서 4절과 5절이 144,000이 부르는 새 노래임을 알 수 있다. 그들의 노래는 "우리는 순결한 처녀들로서 여자들과 더불어 더럽히지 않았다. 우리는 어린양이 어디로 가든지 따라가며 세상 사람들 가운데서 속량된 처음 열매로 하나님과 어린양에게 드려졌다. 우리의 입은 거짓말을 하지 아니하며 하나님은 우리를 흠 없는 자가 되게 하셨다"이다. 이 노래는 아무나 입으로 부르는 노래가 아니라 참 실존의 노래다.

14.6 Καὶ εἶδον ἄλλον ἄγγελον πετόμενον ἐν μεσουρανήματι, ἔχοντα
εὐαγγέλιον αἰώνιον εὐαγγελίσαι ἐπὶ τοὺς καθημένους ἐπὶ τῆς γῆς
καὶ ἐπὶ πᾶν ἔθνος καὶ φυλὴν καὶ γλῶσσαν καὶ λαόν,

카이 에이돈 알론 앙겔론 페토메논 엔 메소우라네마티, 에콘타
유앙겔리온 아이오니온 유앙겔리사이 에피 투스 카데메누스 에피 테스 게스,
카이 에피 판 에드노스 카이 퓔렌 카이 글로산 카이 라온,

나는 또 다른 천사가 하늘 가운데 날아가고 있는 것을 보았다. 그는 그 땅에 앉아 있는 자들 위에 곧 모든 나라와 종족과 언어와 백성 위에 펼쳐야 할 영원한 호음을 가지고 있었다.

'유앙겔리조(좋은 소식을 가져오다, 전파하다)'는 요한 계시록에 두 번 사용되었는데 두 번 다 능동태이다. 그 외 다른 호음들에서는 중간태로 쓰이고 있다. 10장 7절에서 '유앙겔리조'는 여격을 취하고 있는데 여기서는 '에피(위에)'라는 속격 전치사를 취하고 있다. 여기 천사가 가지고 있는 '영원한 호음'은 다른 것이 아니라 어린양의 신부인 144,000이 이룬 그 실존이다. 이들은 하나님과 어린양에게 드려진 첫 열매로서 모든 나라와 종족과 언어와 백성으로부터 속량되었다. 그러므로 어린양의 순결한 신부가 되는 그 영광스러운 실존은 영원한 호음으로 펼쳐질 것이다.

영원한 호음(好音)은 알파와 오메가가 하나되고 처음과 나중이 하나되고 근원과 궁극이 하나되는 온전한 호음이며 첫 창조와 새 창조가 하나되는 호음이다. 그러므로 하나님은 144,000의 실존이 증거하는 바와 같이 에클레시아 안에 하늘과 땅과 바다와 물들의 근원을 새롭게 짓고 계신다. 어린양에 속한 첫 열매인 144,000을 통하여 영원한 호음이 펼쳐질 때 하나님은 영광스러운 나중 열매를 얻게 될 것이다.

수확에도 처음과 나중이 있어서 오순절에 첫 열매를 수확하고 초막절에 나중 열매를 수확한다. 에클레시아에게 144,000의 실존이 이루어지는 것은 처음이요, 그 일을 좇아서 셀 수 없이 무수한 실존이 이루어지는 것은 오메가다. 새 예루살렘은 이 일을 증거한다.

14.7 λέγων ἐν φωνῇ μεγάλῃ· Φοβήθητε τὸν θεὸν καὶ δότε αὐτῷ δόξαν, ὅτι ἦλθεν ἡ ὥρα τῆς κρίσεως αὐτοῦ, καὶ προσκυνήσατε τῷ ποιήσαντι τὸν οὐρανὸν καὶ τὴν γῆν καὶ θάλασσαν καὶ πηγὰς ὑδάτων.

레곤 엔 포네 메갈레· 포베데테 톤 데온 카이 도테 아우토 독산, 호티 엘덴 헤 호라 테스 크리세오스 아우투, 카이 프로스퀴네사테 토 포이에산티 톤 우라논 카이 텐 겐 카이 달라싼 카이 페가스 휴다톤.

그는 큰소리로, "너희는 하나님을 두려워하고 그에게 영광을 돌리라. 이는 그의 심판하실 시간이 왔기 때문이다. 그 하늘과 그 땅과 바다와 물들의 근원들을 지어오신 그분에게 경배하라"고 말하고 있다.

요한은 10장 6절에서 "하나님이 그 하늘과 그 가운데 있는 것들과 그 땅과 그 가운데 있는 것들과 그 바다와 그 가운데 있는 것들을 창조하셨다(에크티센)"라고 하였다. 그러나 여기 14장 7절에서는 '만들어 오셨다(포이에산티; 포이에오 동사의 과거분사 능동태)'는 말을 썼다. 즉 요한은 '크티조(창조)'를 통하여 첫 창조를 말하고, '포이에오(완성)'를 통하여 새 창조를 말하고 있다. '포이에산티(완성하여 오신 분)'는 에클레시아 안에서 새 창조를 행하고 계신 하나님이다.

14.8 Καὶ ἄλλος δεύτερος ἄγγελος ἠκολούθησεν λέγων· Ἔπεσεν, ἔπεσεν Βαβυλὼν ἡ μεγάλη, ἡ ἐκ τοῦ οἴνου τοῦ θυμοῦ τῆς πορνείας αὐτῆς πεπότικεν πάντα τὰ ἔθνη.

카이 알로스 앙겔로스 듀테로스 에콜루데센 레곤· 에페센, 에페센 바뷜론 헤 메갈레, 헤 에크 투 오이누 투 뒤무 테스 포르네이아스 아우테스 페포티켄 판타 타 에드네.

또 다른 둘째 천사가 그 뒤를 이어 말하고 있기를, "큰 성 바벨론이 거꾸러졌다. 거꾸러졌다. 바벨론이 자기의 그 음행의 분노의 포도주로 모든 나라를 마시게 했다"라고 했다.

하나님의 심판의 시간이 오면 바벨론은 모든 나라들을 음행으로 부패케 한 그 일로 인하여 무너져 내린다. 그것에도 알파와 오메가가 있다. 바벨론은 이세벨처럼 음행으로 번성하고 있다. 그 번성은 처녀의 순결로부터 거꾸러진 여자들의 음행의 부패다. 또한 바벨론은 자기만 음행하는 것이 아니라 자기의 음행에 분노의 포도주를 담아서 모든 나라를 마시게 했다. 이것은 음행의 확산이다. 그것은 바벨론이 하나님께 대한 자신의 분노의 포도주를 모든 나라들에 마시게 하여 그들을 거꾸러지게 한 것이다. 그러므로 바벨론 또한 하나님의 분노의 포도주를 받아 마시고 거꾸러지고 또 거꾸러진다. 그러나 바벨론이 아직 멸망한 것은 아니다.

14.9 Καὶ ἄλλος ἄγγελος τρίτος ἠκολούθησεν αὐτοῖς λέγων ἐν φωνῇ μεγάλῃ· Εἴ τις προσκυνεῖ τὸ θηρίον καὶ τὴν εἰκόνα αὐτοῦ, καὶ λαμβάνει χάραγμα ἐπὶ τοῦ μετώπου αὐτοῦ ἢ ἐπὶ τὴν χεῖρα αὐτοῦ,

카이 알로스 앙겔로스 트리토스 에콜루데센 아우토이스 레곤 엔 포네 메갈레· 에이 티스 프로스퀴네이 토 데리온 카이 텐 에이코나 아우투, 카이 람바네이 카라그마 에피 투 메토푸 아우투, 에 에피 텐 케이라 아우투,

또 다른 셋째 천사가 그 뒤를 이어 큰 소리로 말하고 있기를, "만일 누구든지 그 짐승과 그의 우상에게 경배하고 그 이마에나 그 손에 표를 받으면"

누구든지 그 짐승과 그의 우상에게 경배하고 짐승의 표를 받는 것은 바벨론의 생각을 좇아서 바벨론의 길을 걸으며 하나님의 생각(말씀)과 하나님의 길(예수 그리스도의 증거)을 버리고 멸망을 자초한 것이다.

14.10 καὶ αὐτὸς πίεται ἐκ τοῦ οἴνου τοῦ θυμοῦ τοῦ θεοῦ τοῦ κεκερασμένου ἀκράτου ἐν τῷ ποτηρίῳ τῆς ὀργῆς αὐτοῦ, καὶ βασανισθήσεται ἐν πυρὶ καὶ θείῳ ἐνώπιον ἀγγέλων ἁγίων καὶ ἐνώπιον τοῦ ἀρνίου.

카이 아우토스 피에타이 에크 투 오이누 투 뒤무 투 데우 투 케케라스메누 아크라투 엔 토 포테리오 테스 오르게스 아우투, 카이 바사니스데세타이 엔 퓌리 카이 데이오 에노피온 앙겔론 하기온 카이 에노피온 투 아르니우.

"그도 하나님의 분노의 포도주를 마시게 될 것이다. 그것은 그의 진노의 그 잔에 아무 것도 섞지 않고 부은 것이며 그는 거룩한 천사들 앞과 어린양 앞에서 불과 유황으로 고난을 받으리라."

하나님의 분노의 포도주는 하나님의 말씀을 적대하던 바벨론의 생각(분노)에 대한 심판이다. 불과 유황은 예수 그리스도의 부활 증거를 적대하던 그들의 사망의 길에 대한 심판이다. 이 심판은 그들이 스스로 택한 것이다. 그러므로 그들은 하나님의 거룩한 천사들 앞과 어린양 앞에서 긍휼 없는 심판으로 고난을 받는다. 그들이 거룩한 천사들이 전한 하나님의 계시와 어린양의 부활의 증거를 거절하고 적대한 것은 하루를 천 년 같이 기다리시며 천 년을 하루 같이 참으신 하나님의 긍휼을 알고도 의도적으로 배반한 것이다. 그들은 하나님의 진노를 스스로 심고 거둔 것이다.

14.11 καὶ ὁ καπνὸς τοῦ βασανισμοῦ αὐτῶν εἰς αἰῶνας
αἰώνων ἀναβαίνει, καὶ οὐκ ἔχουσιν ἀνάπαυσιν
ἡμέρας καὶ νυκτός, οἱ προσκυνοῦντες τὸ θηρίον
καὶ τὴν εἰκόνα αὐτοῦ, καὶ εἴ τις λαμβάνει τὸ
χάραγμα τοῦ ὀνόματος αὐτοῦ.

카이 호 카프노스 투 바사니스무 아우톤 에이스 아이오나스
아이오논 아나바이네이, 카이 우크 에쿠신 아나파우신
헤메라스 카이 뉙토스, 호이 프로퀴눈테스 토 데리온
카이 텐 에이코나 아우투, 카이 에이 티스 람바네이 토
카라그마 투 오노마토스 아우투.

"그들의 고난의 연기는 영구히 올라가고 그 짐승과 그의 우상에게 경배하거나 그의 그 이름의 표를 받는 자는 누구든지 밤낮 쉬지 못할 것이다"라고 하였다.

● 호 카프노스 투 바사니스무(그 고난의 연기)

예수께서 말씀하신 가난한 나사로와 부자의 비유에서 자기 믿음으로 욕심과 선악 지식을 좇으며 부유했던 그 부자는 음부에 떨어져 불꽃 가운데서 고난을 당한다.

그는 멀리 아브라함의 품에 있는 나사로를 바라보면서 아브라함에게 그의 고난에 대하여 호소하지만, 매번 아브라함의 말을 부정하고 자기의 말을 내세운다. 그는 불꽃 가운데서 고난을 당하는 존재임에도 자기 생각이 옳다고 말한다. 이것은 아브라함과 그 부자 사이에 있는 건널 수 없는 구렁이다. 아브라함의 생각이 그에게로 건너가거나 그의 생각이 아브라함에게로 건너올 수 없다. 그는 그 자신의 믿음으로 스스로 음부를 만들고 거기에 빠졌음을 알지 못한다. 짐승과 그의 우상에게 경배하거나 그의 그 이름의 표를 받는 자들이 당하는 고난의 연기는 그들 자신이 취한 것이지 하나님이 주신 것이 아니다. 하나님의 심판은 심은대로 거두는 일이다.

● 에이스 투스 아이오나스 톤 아이오논(세세토록)과
에이스 아이오나스 아이오논(영구히)

요한은 '세세토록(에이스 투스 아이오나스 톤 아이오논)'과 '영구히(에이스 아이오나스 아이오논)'를 구분하여 쓰고 있다. 여기 14장 11절에 쓰인 것은 '에이스 아이오나스 아이오논'이다. 그는 크로노스의 처음의 때에서 카이로스의 나중의 때로 옮기운 에클레시아에 대하여는 '에이스 투스 아이오나스 톤 아이오논'을 써서 영생을 말했다. 그리고 첫 사람의 때인 크로노스에서 둘째 사람의 카이로스로 옮기지 못한 자에 대하여는 '에이스 아이오나스 아이오논'을 썼다. 즉 사람이 육신으로 살거나 죽거나 관계없이 오늘 여기서 카이로스의 생명의 실존을 이루지 못한 자는 불과 유황의 불꽃 가운데서 '영구히' 쉬지 못한다. 하나님의 아들의 실존을 이루지 못한 자가 불꽃 가운데서 영존하며(영생이 아니다) 밤낮 쉬지 못하는 것이 둘째 사망이다.

사람들이 선악지식을 따라 말하는 사후세계란 영생이 아닌 영벌이다. 하나님의 아들들에게 사후세계란 없다. 왜냐하면 그들은 이미 오늘 여기 카이로스에서 그리스도 예수 안에서 육신의 소욕을 죽이고 영의 소욕으로 사는 알파의 때에 부활의 세계에 들어와 있기 때문이다. 알파의 부활이 없는 존재가 바라는 사후세계란 영생의 부활이 아닌 심판의 부활이다. 그러므로 오늘 여기 카이로스에서 먼저 부활의 실존을 이루어야 한다.

14.12 *Ὧδε ἐστίν, ἡ ὑπομονὴ τῶν ἁγίων οἱ τηροῦντες τὰς ἐντολὰς τοῦ θεοῦ καὶ τὴν πίστιν Ἰησοῦ.*

호데 에스틴, 헤 휘포모네 톤 하기온 호이 테룬테스 타스 엔톨라스 투 데우 카이 텐 피스틴 예수.

하나님의 그 계명들과 예수의 믿음을 품는 그 거룩한 이들의 그 인내가 여기에 있다.

● **텐 피스틴 예수(예수의 믿음을)**

예루살렘 바이블은 '텐 피스틴 예수'를 'Faith in Jesus(예수 안에 있는 믿음)'로, 뉴 인터내셔널 버전은 'Faithful to Jesus(예수께 신실한)'로 번역했다. 또 새 번역은 '예수를 믿는 믿음'으로, 현대인의 성경은 '예수님을 충실히 믿는'으로, 공동 번역은 '예수께 대한 믿음을'이라 번역했다. 이 모든 것은 자기 믿음을 말하는 것이다.

믿음에도 처음과 나중이 있다. 누구든지 처음에는 자기 믿음으로 예수를 믿는다. 그러나 나중에는 예수 그리스도의 믿음이 그 안에 계시된다. 그때 그는 그에게 계시된 예수 그리스도의 믿음 안으로 들어온다. 누구든지 예수 그리스도의 부활의 믿음과 하나된 믿음이 아니면 오늘 여기서 인내하여 거룩한 카이로스의 부활의 실존을 이룰 수 없다. 이와 같이 그의 믿음이 예수 그리스도의 믿음과 하나 될 때 그는 영원한 호흡을 좇아 하나님의 아들의 실존을 이룬다.

가난한 나사로와 부자의 비유에서 나사로는 예수 그리스도의 믿음과 하나된 믿음을 가지고 영 안에서 가난한 자가 되었으며 부자는 자기 믿음으로 부자가 되어 있었다. 부자는 육신에 속한 자기 믿음을 가지고 있었다. 그가 믿음이 없어서 음부에 떨어진 것이 아니다. 그는 다만 첫 사람의 부유한 믿음으로 자기가 거할 음부를 지었기 때문에 그리로 가게 된 것이다. 예수 그리스도의 믿음은 어디서 온 것인가. 그의 믿음은 아버지로부터 온 것이다. 즉 예수 그리스도의 믿음은 하나님의 믿음과 하나된 믿음이다. 믿음의 근원이신 예수 그리스도로부터 온 믿음과 하나된 믿음이 나사로의 믿음이며 에클레시아의 믿음이다.

오늘날 여기저기에 육신에 속한 자기 믿음으로 충만한 믿음의 부자가 너무나 많다. 그러나 그들은 그 자기 믿음으로 그들에게 계시된 예수 그리스도의 부활의 믿음을 거절하고 있다. 예수 그리스도에게 부름을 받은 자가 짐승이 되고, 거짓 예언자가 되고, 음녀가 되고, 짐승에게 경배하게 되고, 짐승의 표를 받게 되는 것은 그들에게 충만한 자기 믿음 때문이다. 에클레시아는 육신에서 죽지 못하는 처음의 자기 믿음의 때에서 육에서 죽고 영으로 사는 예수 그리스도의 믿음의 때로 유월하는 자이다.

누구든지 자기 믿음으로는 종교인밖에 될 수 없다. 하나님의 자녀는 오늘 여기 카이로스에서 자기 안에 계시된 예수 그리스도의 부활의 믿음으로 육에서 죽고 영으로 사는 자이다. 종교인들의 자기 믿음은 강력한 교리를 낳고 그 교리는 다시 자기 믿음을 공고히 한다. 이것이 곧 유대인들이 빠져들었던 자기 믿음의 감옥이다. 그들은 메시아에 대한 믿음이 없어서가 아니라 육신의 유대 나라를 구원할 그 메시아에 대한 자기 믿음이 너무나 강력하였기 때문에 예수 그리스도를 십자가에 못 박아 죽였다. 자기 믿음이 강한 자는 자기를 구원하려고 오신 그 메시아를 십자가에 못 박는다. 짐승과 거짓 예언자와 음녀는 다른 데서 생기는 것이 아니라 육신의 첫 사람의 강력한 자기 믿음에서 생겨난다.

14.13 Καὶ ἤκουσα φωνῆς ἐκ τοῦ οὐρανοῦ λεγούσης· Γράψον· Μακάριοι οἱ νεκροὶ οἱ ἐν κυρίῳ ἀποθνῄσκοντες ἀπ᾽ ἄρτι. ναί, λέγει τὸ πνεῦμα, ἵνα ἀναπαήσονται ἐκ τῶν κόπων αὐτῶν, γὰρ τὰ ἔργα αὐτῶν ἀκολουθεῖ μετ᾽ αὐτῶν.

카이 에쿠사 포네스 에크 투 우라누 레구세스· 그라프손· 마카리오이 호이 네크로이 호이 엔 퀴리오 아포드네스콘테스 아프 아르티. 나이, 레게이 토 프뉴마, 히나 아나파에손타이 에크 톤 코폰 아우톤, 가르 타 에르가 아우톤 아콜루데이 메트 아우톤.

나는 또 그 하늘로부터 소리를 들었는데 말하고 있기를, "기록하라, 이제부터 주 안에서 죽고 있는 죽은 자들은 복되다"라고 하였다. 그러자 그 영이 "그렇다. 그들의 그 수고들로부터 쉬게 될 것이다. 이는 그들의 일들이 그들을 따를 것이기 때문이다"라고 하였다.

'주 안에서 죽고 있는 죽은 자들은 복되다'는 말씀은 무엇을 말하는 것인가. 이 사람들은 어린양의 부활의 믿음과 하나된 믿음으로 육신의 정욕, 안목의 정욕, 이생의 자랑, 선악지식으로부터 죽고 있었고 마침내 그것으로부터 죽은자들이다. 그들은 창조의 근원 안에서 죽을 것이 죽고, 살 것이 살았으므로 생명과 사랑과 거룩과 초월의 실존을 이루었다. 그 일들이 그들을 따라다닌다.

14.14 Καὶ εἶδον, καὶ ἰδοὺ νεφέλη λευκή, καὶ ἐπὶ τὴν νεφέλην καθήμενον ὅμοιον υἱὸν ἀνθρώπου, ἔχων ἐπὶ τῆς κεφαλῆς αὐτοῦ στέφανον χρυσοῦν καὶ ἐν τῇ χειρὶ αὐτοῦ δρέπανον ὀξύ.

카이 에이돈, 카이 이두 네펠레 류케, 카이 에피 텐 네펠렌 카데메논 호모이온 휘온 안드로푸, 에콘 에피 테스 케팔레스 아우투 스테파논 크뤼순 카이 엔 테 케이리 아우투 드레파논 옥쉬.

나는 또 보았다. 보라, 흰 구름이 있고 그 구름 위에 인자 같은 이가 앉아 있는데 그 머리에 금 면류관을 쓰고 있으며 그 손에는 예리한 낫을 가지고 있다.

흰 구름(증인들) 위에 앉은 인자 같은 이는 죽었다가 살아난 어린양의 시공을 초월하는 형상과 모양이다. 1장 13절에서 인자 같은 이는 요한에게 계시자로 나타나셨고, 여기 14장 14절에서는 승리자와 수확자로 나타나셨다. 노아의 홍수 후에 하나님은 노아에게 구름 속에 두신 무지개를 생명의 언약으로 주셨다. 그것은 알파이며 징조이다. 여기 흰 구름 위에 앉으신 인자 같은 이는 오메가이며 실상이다. 1장 13절에서 요한에게 계시된 인자 같은 이는 자기와 같이 에클레시아가 초월의 실존(구름)이 되도록 인도하셨다. 그리고 이제 14장에서 그 구름 위에 앉아서 새로운 열매들을 거두시고자 예리한 낫을 가지고 계신다. 인자 같은 이에게 거두어진 열매들은 새 예루살렘을 이루게 될 것이다.

14.15 καὶ ἄλλος ἄγγελος ἐξῆλθεν ἐκ τοῦ ναοῦ κράζων ἐν φωνῇ μεγάλῃ τῷ καθημένῳ ἐπὶ τῆς νεφέλης· Πέμψον τὸ δρέπανόν σου καὶ θέρισον, ὅτι ἦλθεν ἡ ὥρα θερίσαι, ὅτι ἐξηράνθη ὁ θερισμὸς τῆς γῆς.

카이 알로스 앙겔로스 엑크셀덴 에크 투 나우 크라존 엔 포네 메갈레 토 카데메노 에피 테스 네펠레스· 펨프손 토 드레파논 수 카이 데리손, 호티 엘덴 헤 호라 데리사이, 호티 에크세란데 호 데리스모스 테스 게스.
또 다른 천사가 그 성전으로부터 나와서 그 구름 위에 앉아 계신 이에게 큰 소리로 외치고 있기를, "그 땅의 곡식이 무르익어 거둘 때가 되었으니 당신의 낫을 내밀어 거두십시오"라고 하였다.

11장 19절에서 하늘에 있는 하나님의 그 성전(지성소)이 열리고 성전 안에 언약궤가 보였고 번개와 음성과 천둥과 진동과 큰 우박이 있었다. 이는 하나님의 언약이 이루어져서 열매들이 거두어질 계시다. 14장 15절에서 그 일이 이루어졌다. 한 천사가 성전으로부터 나와서 구름 위에 앉아 계신 이에게 큰 소리로 땅의 곡식을 거두도록 하나님의 기쁘신 뜻을 전했다.

14.16 καὶ ἔβαλεν ὁ καθήμενος ἐπὶ τῆς νεφέλης τὸ δρέπανον αὐτοῦ ἐπὶ τὴν γῆν, καὶ ἐθερίσθη ἡ γῆ.

카이 에발렌 호 카데메노스 에피 테스 네펠레스 토 드레파논 아우투 에피 텐 겐, 카이 에데리스데 헤 게.

그 구름 위에 앉아 계신 이가 그의 낫을 그 땅에 휘두르자 그 땅이 거두어졌다.

인자의 기도에서 "당신의 뜻이 하늘에서 이룬 것 같이 땅에서도 이루어지이다"라고 하였다. 인자 같은 이는 아버지의 뜻이 이루어진 사람의 마음 땅을 거두셨다. 이 수확은 사람들이 땅에서 곡식을 거두는 것과 같지 아니하다. 이는 인자 같은 이가 사람의 마음 땅 자체를 거두셨기 때문이다. 그에게 수확된 마음 땅은 인자 같은 이가 앉은 그 초월의 구름의 실상이다.

14.17 Καὶ ἄλλος ἄγγελος ἐξῆλθεν ἐκ τοῦ ναοῦ τοῦ ἐν τῷ οὐρανῷ, ἔχων καὶ αὐτὸς δρέπανον ὀξύ.

카이 알로스 앙겔로스 엑크셀덴 에크 투 나우 투 엔 토 우라노, 에콘 카이 아우토스 드레파논 옥쉬.

또 다른 천사가 그 하늘에 있는 성전으로부터 나왔는데 그도 역시 예리한 낫을 가지고 있다.

하나님의 심판은 그 심판을 행하는 천사와 그 심판을 전하는 천사가 각각 있어서 하나님의 뜻은 그가 원하시는 때에 시행된다. 그러나 붉은 용과 짐승과 거짓 예언자와 음녀와 그 무리는 그들 자신의 뜻과 때를 좇아서 하나님의 뜻과 때를 변경시키려 하지만 그 일을 이룰 수 없다. 그러나 하나님께 속한 자들은 그의 뜻과 때를 좇아서 뿌리는 자와 거두는 자가 함께 즐거워한다.

14.18 καὶ ἄλλος ἄγγελος ὁ ἔχων ἐξουσίαν ἐπὶ τοῦ πυρός, ἐκ τοῦ
θυσιαστηρίου, καὶ ἐφώνησεν φωνῇ μεγάλῃ τῷ ἔχοντι τὸ δρέπανον
τὸ ὀξὺ λέγων· Πέμψον σου τὸ δρέπανον τὸ ὀξὺ καὶ τρύγησον τοὺς
βότρυας τῆς ἀμπέλου τῆς γῆς, ὅτι ἤκμασαν αἱ σταφυλαὶ αὐτῆς.

카이 알로스 앙겔로스 호 에콘 엑수시안 에피 투 피로스, 에크 투
뒤시아스테리우, 카이 에포네센 포네 메갈레 토 에콘티 토 드레파논
토 옥쉬 레곤· 펨푸손 수 토 드레파논 토 옥쉬 카이 트뤼게손 투스
보트뤼아스 테스 암펠루 테스 게스, 호티 에크마산 하이 스타퓔라이 아우테스.
또 그 불을 관리하는 권세를 가지고 있는 다른 천사가 그 제단으로부터 나와
예리한 그 낫을 가지고 있는 그에게 큰 소리로 말하고 있기를, "당신의 예리한
그 낫을 내밀어 그 땅의 그 포도송이들을 거두십시오. 그 포도들이 무르익었습
니다"라고 하였다.

하나님의 분노의 포도주는 그것을 마신 자로 하여금 불과 유황 가운데서 고난을
당하게 한다. 그 불을 관리하는 권세를 가지고 있는 천사는 불을 일으키는 하나님
의 분노의 포도주를 만들기 위하여 예리한 낫을 가지고 있는 천사에게 포도송이들
을 거두라 한다.

14.19 καὶ ἔβαλεν ὁ ἄγγελος τὸ δρέπανον αὐτοῦ εἰς τὴν γῆν, καὶ ἐτρύγησεν
τὴν ἄμπελον τῆς γῆς, καὶ ἔβαλεν εἰς τὴν ληνὸν τοῦ θυμοῦ τοῦ θεοῦ
τὸν μέγαν.

카이 에발렌 호 앙겔로스 토 드레파논 아우투 에이스 텐 겐, 카이 에트뤼게센
텐 암펠론 테스 게스, 카이 에발렌 에이스 텐 레논 투 뒤무 투 데우
톤 메간.
그 천사가 그의 낫을 그 땅속으로 휘둘러 그 땅의 그 포도나무를 거두어 하나님
의 분노의 큰 포도주 틀에 던져 넣었다.

여기 수확은 포도 열매만이 아니다. 천사는 땅의 포도송이들을 맺는 그 나무 자체를 거두어 하나님의 분노의 큰 포도주 틀에 던져 넣었다.

14.20 καὶ ἐπατήθη ἡ ληνὸς ἔξωθεν τῆς πόλεως, καὶ ἐξῆλθεν αἷμα ἐκ τῆς ληνοῦ ἄχρι τῶν χαλινῶν τῶν ἵππων ἀπὸ σταδίων χιλίων ἑξακοσίων.

카이 에파테데 헤 레노스 엑소덴 테스 폴레오스, 카이 엑셀텐 하이마 에크 테스 레누 아르키 톤 칼리논 톤 힙폰 아포 스타디온 킬리온 헥사코시온.

그 성 밖에서 그 포도주 틀이 밟히자 그 틀에서 피가 나와 그 말들의 굴레에까지 닿았고 일천 육백 스타디온에 퍼졌다.

예수 말씀하시기를, "나는 참 포도나무요 내 아버지는 그 농부다"(요15:1)라고 하였다. 그러나 14장 18절의 포도 열매는 참 포도나무에 맺힌 열매가 아니라 심판받는 땅의 포도나무에 맺힌 음행과 피 흘림의 열매다. 그 나무가 하나님의 분노의 포도주 틀에 던져지고 그 틀이 밟히자 피가 흘러나와 말들의 굴레에까지 닿았고 1,600스타디온(약 300킬로미터)에 퍼졌다. 이 일은 도대체 무엇을 징조하고 있는가.

여기서도 이스라엘이 징조로 쓰였다. 이스라엘은 마음 땅을 징조한다. 1,600스타디온은 이스라엘의 종단 거리이며 말들은 네 우상들이다. 머리의 우상, 가슴의 우상, 배의 우상 그리고 이 셋을 합친 네 번째 우상에게 사람들이 그들의 욕심과 선악지식을 좇아서 빠져들었고 그 결과 음행과 피 흘림의 포도 열매를 맺었다. 우상 숭배자들은 네 우상들(4)을 좇아서 사방(4)으로 100배(4×4×100)의 포도 열매를 맺었다. 그러므로 그 포도나무가 던지우고 포도주 틀이 밟히자 거기서 흘러나온 피가 말들의 굴레에까지 닿았고 1,600스타디온에 퍼졌다. 하나님은 이 피를 그의 진노의 잔에 담아 바벨론에게 마시게 할 것이다.

닷새

요한 계시록 15장, 16장, 17장, 18장

닷새 : 우리가 우리에게 빚진 자를 사하여 준 것 같이 우리의 빚을 사하여 주옵소서(계 15:1~18:24)

● **그 물들은 생물들을 번성케 하라. 그 땅 위의 하늘들의 궁창에는 새가 날으라**

닷새째 날 창조된 물고기들과 새들은 서로가 그 생존을 빚지고 있다. 한 생물은 다른 생물을 먹고 살기 때문에 먹는 자는 먹히는 자에게 빚을 지고, 먹히는 자는 먹는 자에게 빚을 주고 있다. 그러나 빚을 진다든가 또는 빚을 준다는 생각은 오직 사람만이 가진 욕심과 선악지식에서 나온 것이다.

사람 이외의 모든 생물은 생존의 법에 순응하여 살고 있다. 어느 생물도 먹거리를 주고받음에 예외인 것이 없다.

그러나 사람만은 그 욕심과 선악지식을 좇아서 누구에게 빚을 주었다든가 빚을 졌다든가 판단하며 그에 따라 빚을 지기도, 갚기도 한다. 그러므로 육신의 첫 사람들은 단호하게 "공짜 점심은 없다"라고 말한다. 그러나 그들이 값을 받거나 주거나 하는 그 점심의 재료 중 어느 하나도 하나님께 거저 받지 않은 것이 없다. 생명이든 생존이든 하나님께 거저 받은 천지 만물 가운데 살고 있다. 하나님이 이 모든 것을 사람에게 거저 주신 것은 욕심과 선악지식으로 살게 하려 함이 아니다. 은혜와 진리 가운데서 생명으로 살게 하려 함이다.

오늘날 우리는 경제(Economy)란 말에 익숙해 있다. 경제는 '아끼다(Economize)'란 말에서 나왔다. 그런즉 누가 무엇을 아끼고 있는가는 육신의 첫 사람이냐 영의 둘째 사람이냐를 분별하게 한다. 생명을 아끼는 자는 영의 둘째 사람이요, 돈을 아끼는 자는 육신의 첫 사람이다. 생명을 사랑하는 자는 돈을 사랑하지 않고, 돈을 사랑하는 자는 생명을 사랑하지 않는다. 빚은 어디서 생겨나는가. 빚은 거래 속에서 생긴다.

은혜 안에 거하는 생명의 존재는 생명의 흐름을 좇아서 살기 때문에 빚을 주거나 빚을 지는 일이 없다. 그러므로 인자들은 빚을 주거나, 빚을 지거나 하는 사람들이 아니다. 그들은 예수 그리스도의 은혜 안에서 진리를 좇아 '나의 나됨'과 '너의 너됨'과 '우리의 하나됨'을 이루는 사람들이다. 우리는 육신의 소욕을 좇아 걷는 세상의 거래의 길에서 돌이켜 하나님의 은혜의 길로 들어왔다. 그러므로 인자들은 늘 "우리가 우리에게 빚진 자를 사하여 준 것 같이 우리 빚을 사하여 주옵소서"라고 하는 실존으로 산다.

예수 그리스도에게로 부름을 받는 사람은 누구나 하나님의 은혜와 진리 안에서 새롭게 지어진다. 그는 하나님의 은혜와 진리를 값없이 거저 받고 있다. 그러므로 하나님은 그에게 네가 거저 받았으니 거저 주어라 하신다. 거저 받고 거저 주는 것은 하나님의 생명 경제요, 거저 받은 것을 돈을 받고 주는 것은 사람의 선악 경제이다. 아담과 하와는 어디서 선악을 알게 하는 나무의 실과를 따 먹었는가. 바로 에덴의 동산에서다. 그들의 몸은 하나님이 주신 은혜와 진리의 동산에 있었으나 그들의 마음은 하나님의 마음(창조의 근원) 밖에 있다가 뱀의 시험에 빠져들었다.

하나님의 마음 밖에 있는 자는 생명을 사랑하지 아니하고 선악지식을 사랑한다. 선악지식을 사랑하는 자는 그 선악지식을 좇아서 선악 경제를 이루고 빚진 자가 그 빚을 다 갚기 전에는 놓아주지 않는다.

기록된 바, "그러므로 그 하늘들의 나라는 그의 종들과 계산을 하고자 했던 한 왕과 같다. 계산을 시작하자 일만 달란트를 빚진 사람이 그에게 끌려왔다. 그가 빚을 갚을 길이 없음으로 그의 주인은 그에게 그와 그의 아내와 자식들과 그가 가진 것 전부를 팔아서 빚을 갚으라 명령하였다. 그러자 그 종은 엎드려 그 주인에게 절하며 '조금만 참아주십시오. 다 갚겠습니다'라 하였다. 그 종의 주인은 그를 불쌍히 여겨 그를 놓아 보내며 그 빚을 면제해주었다."

"그러나 그 종은 나가 자기에게 백 데나리온을 빚진 동료를 만나자 붙들고 멱살을 잡고 '내게 진 빚을 갚으라'라고 하였다. 그 동료는 엎드려 '참아주게 내가 갚겠네' 라며 애원했다. 그러나 그는 듣지 않고 가서 빚을 다 갚을 때까지 그의 동료를 감옥에 가두었다. 다른 동료 종들이 되어진 일들을 보고 몹시 마음이 아파서 그들의 주인에게 가서 그 된 일을 낱낱이 고했다."

"그러자 그의 주인은 그를 불러들였다. '이 악한 종아, 네가 내게 간청하기에 내가 그 모든 빚을 면제해주지 않았느냐. 그렇다면 내가 너를 불쌍히 여긴 것처럼 너도 너의 동료를 불쌍히 여김이 마땅하지 아니하냐'라며 몹시 노하여 그의 빚을 다 갚을 때까지 고문자들에게 넘겼다. 너희 각각이 너희 마음으로부터 그의 형제를 용서하지 아니하면 하늘에 계신 내 아버지께서도 이와 같이 하실 것이다"(마 18:23~35)라고 하였다.

이 용서는 하나님으로부터 먼저 오고 다시 자기 자신 안에서 시작된다. 닷새째 날 창조된 물고기와 새는 육신의 겉 사람과 영의 속 사람을 징조하고 있다. 겉 사람과 속 사람은 서로 빚지고 있는 형제다. 속 사람은 겉 사람 안에 거하고 있으니 겉 사람에게 처소를 빚지고 있다. 겉 사람은 속 사람에게서 생명의 빛을 받고 있으니 속 사람에게서 생명을 빚지고 있다. 그러나 육신의 첫 사람은 그 욕심과 선악지식을 좇아서 겉 사람과 속 사람이 서로에게 빚을 갚으라며 투쟁하고 있다. 이에 비하여 둘째 사람은 속 사람과 겉 사람이 서로에게 진 빚을 탕감하며 온전한 하나를 이루고 있다. 한 사람 안에 있는 속 사람과 겉 사람이 화해하지 못하면 밖에 있는 형제와 이웃을 용서하거나 화해할 수 없다.

그런즉 죄사함에도 처음과 나중이 있다. 죄사함의 근원이신 예수 그리스도의 은혜 안에서 우리 각자가 자신 안에서 속 사람과 겉 사람이 서로를 용서하는 것이 야웨의 길을 예비하는 처음이다. 그리고 우리가 우리에게 빚진 자를 사하며 하나님의 나라를 넓혀가는 것이 우리 하나님을 향한 대로를 걷는 나중이다. 야웨의 길을 예비한 자만이 우리 하나님을 향한 대로(大路)를 걷게 된다. 즉 죄사함의 근원인 예수 그리스도로 말미암아 내 안에서 이루어진 죄사함은 다시 내 형제와 이웃을 향하여 베풀어진다.

죄사함의 길은 긍휼의 길이다. 예수 그리스도에게 긍휼을 입은 자마다 그의 형제와 이웃에게 긍휼을 베풀게 되는 생명의 흐름 속에 있다. 긍휼은 땅에서 매인 빚을 풀면서 하늘에서 매인 빚을 푼다. 기록된 바, "긍휼히 여기는 자는 복되니 긍휼히 여김을 받을 것임이라"라고 하였다. 하나님이 우리의 죄를 사하시는 것은 우리로 죄지은 형제를 사하는 긍휼의 권세 자가 되게 하려 함이다.

그리스도 안에 있는 작은 자들이 바다에서 올라 온 짐승을 피하여 사막에서 고난을 겪으며 긍휼의 권세를 가지고 긍휼의 대로를 걷고 있을 때, 짐승과 그 무리는 거룩한 성을 차지하고 새 예루살렘이 땅 위에서 임해오는 것을 힘을 다해 방해하며 막고 있다. 기이하게도 하나님의 나라가 모두의 마음 안에 임해 와야 할 그때 짐승의 세력은 더욱 맹위를 떨치며 사람들 위에 군림한다.

이때 하나님은 계속 그 일을 보고만 계시는가. 뿌린대로 거두게 하시는 하나님은 그의 영원한 호흡을 이루시기 위하여 그 흉포한 짐승과 그 무리 위에 진노의 재앙을 내리신다. 그때 그 재앙을 피하여 바벨론 성에 나와서 하나님께 오는 자는 그의 백성이 되게 하신다. 하나님이 바벨론에 재앙을 내리시기 전에 그의 백성을 거기서 나오게 하시는 것은 그의 백성을 구원하려 하심이다.

요한 계시록 15장

15.1 Καὶ εἶδον ἄλλο σημεῖον ἐν τῷ οὐρανῷ μέγα καὶ θαυμαστόν,
ἀγγέλους ἑπτὰ ἔχοντας πληγὰς ἑπτὰ τὰς ἐσχάτας, ὅτι ἐν αὐταῖς
ἐτελέσθη ὁ θυμὸς τοῦ θεοῦ.

**카이 에이돈 알로 세메이온 엔 토 우라노 메가 카이 다우마스톤,
앙겔루스 헵타 에콘타스 플레가스 헵타 타스 에스카타스, 호티 엔 아우타이스
에텔레스데 호 뒤모스 투 데우.**

나는 또 그 하늘에서 크고 놀라운 징조를 보았다. 일곱 천사들이 그 마지막
일곱 재앙들을 가지고 있는데 그것들로서 하나님의 그 분노가 끝나게 되었다.

요한이 그 하늘에서 본 크고 놀라운 징조는 무엇인가. 모세가 애굽에서 이스라엘
백성을 인도하여 낼 적에 하나님은 열 가지 재앙을 애굽에 내리셨다. 그 재앙들은
하나님이 이스라엘 백성을 애굽으로부터 이끌어내시는 크고 놀라운 구원의 징조
였다. 그러나 그 징조는 애굽 사람들에게는 멸망의 '기사(테라다)'였다. 이와 같이
하나님은 짐승과 그의 무리들에게 고난을 당하고 있는 그의 백성을 구원하시기
위하여 크고 놀라운 일을 행하신다. 이 일은 짐승과 그 무리들에게는 크고 이상한
재앙이지만 그의 백성들에게는 구원이 된다.

15.2 Καὶ εἶδον ὡς θάλασσαν ὑαλίνην μεμιγμένην πυρί, καὶ τοὺς νικῶντας
ἐκ τοῦ θηρίου καὶ ἐκ τῆς εἰκόνος αὐτοῦ καὶ ἐκ τοῦ ἀριθμοῦ τοῦ
ὀνόματος αὐτοῦ ἑστῶτας ἐπὶ τὴν θάλασσαν τὴν ὑαλίνην, ἔχοντας
κιθάρας τοῦ θεοῦ.

**카이 에이돈 호스 달라싼 휘알리넨 메미그메넨 퓌리, 카이 투스 니콘타스
에크 투 데리우 카이 에크 테스 에이코노스 아우투 카이 에크 투 아리드무 투
오노마토스 아우투 헤스토타스 에피 텐 달라싼 텐 휘알리넨, 에콘타스
키다라스 투 데우.**

나는 또 불이 섞인 유리 바다 같은 것을 보았다. 그 짐승과 그의 우상과 그의 이름의 수를 이기고 있는 사람들이 그 유리 바다 위에 서서 하나님의 거문고들을 가지고 있다.

● 니콘타스(이기고 있는 사람들)

'니콘타스'는 '니카오(이기다)'의 현재 분사 능동 복수형이다. 즉 '니콘타스'는 '이긴 자'들이 아니라 '이기고 있는 자들'이다. 출애굽 시 모세가 인도하던 이스라엘 백성이 하나님의 돌보심을 좇아서 '애굽을 이기는 백성'이 되었다. 이와 같이 그 육신은 바벨론에 있을지라도 불이 섞인 유리 바다 위에 서서 그 짐승과 그의 우상과 그의 이름의 수를 이기고 있는 사람들이 있다. 그들의 마음은 하나님을 찬송하는 거문고와 같다.

불이 섞인 유리 바다는 짐승과 그의 무리를 이기는 사람들의 카이로스의 실존을 징조하고 있다. 불은 뜨거운 것이요, 유리 바다는 투명하고 차가운 것이다. 유리 바다 위에 서 있는 그들은 하나님께 대하여 뜨겁고 짐승의 세상에 대하여 차갑다. 그들은 하나님께 대하여 뜨거운 사랑의 심금을 가지고 있다. 그들은 아버지를 사랑하신 예수께서 바다 위를 걸으신 것 같이 그들의 영적 초월성으로 유리 바다 위에 서 있다.

15.3 καὶ ἄδουσιν τὴν ᾠδὴν Μωϋσέως τοῦ δούλου τοῦ θεοῦ καὶ τὴν ᾠδὴν τοῦ ἀρνίου λέγοντες· Μεγάλα καὶ θαυμαστὰ τὰ ἔργα σου, κύριε, ὁ θεός, ὁ παντοκράτωρ· δίκαιαι καὶ ἀληθιναὶ αἱ ὁδοί σου, ὁ βασιλεὺς τῶν ἐθνῶν·

카이 아두신 텐 오덴 모위세오스 투 둘루 투 데우 카이 텐 오덴 투 아르니우 레곤테스· 메갈라 카이 다우마스타 타 에르가 수, 퀴리에, 호 데오스, 호 판토크라토르· 디카이아이 카이 알레디나이 하이 호도이 수, 호 바실류스 톤 에드논·

그들이 하나님의 종 모세의 노래와 어린양의 노래를 부르고 있는데, "주 하나님 전능하신이여, 당신의 그 일들은 크고 놀랍습니다. 모든 나라들의 왕이시여, 당신의 그 길들은 의롭고 참되십니다."

영원한 호흡을 좇아서 유리 바다 위에 서있는 초월의 실존들은 언제나 오늘 여기의 카이로스에서 세상을 이기고 있다. 그들은 "주 하나님 전능하신 이여, 당신의 그 일들은 크고 놀랍습니다. 모든 나라들의 왕이시여, 당신의 그 길들은 의롭고 참되십니다"라며 노래한다. 왜냐하면 장엄한 일을 행하는 하나님은 그의 크신 은혜로서 그들을 구원하시기 때문이다.

하나님이 첫 창조와 새 창조를 하나되게 하시는 것과 같이 첫 언약과 새 언약을 하나되게 하신다. 모세의 노래는 첫 언약의 노래요, 어린양의 노래는 새 언약의 노래다. '나의 나됨'을 이룬 이들은 모세의 노래와 어린양의 노래를 하나되게 한다.

알파와 오메가, 처음과 나중, 근원과 궁극이 하나되게 하시는 하나님의 일들은 크고 놀라우며 하나님의 의롭고 참된 길들을 계시하고 있다. 욕심과 선악지식을 좇아 살게 하는 짐승의 길들은 불의하고 거짓되다. 전능하신 하나님은 짐승의 길로부터 자기 백성을 이끌어내어 의롭고 참된 생명의 길을 걷게 하셨기 때문에 그들이 그 일을 노래하고 있다. 첫 사람의 이방 나라들이 하나님의 의롭고 참된 다스림을 받게 되었으니 하나님은 이제 만국의 왕이 되셨다.

15.4 τίς οὐ μὴ φοβηθῇ, κύριε, καὶ δοξάσει τὸ ὄνομά σου, ὅτι μόνος ὅσιος; ὅτι πάντα τὰ ἔθνη ἥξουσιν καὶ προσκυνήσουσιν ἐνώπιόν σου, ὅτι τὰ δικαιώματά σου ἐφανερώθησαν.

티스 우 메 포베데, 퀴리에, 카이 독사세이 토 오노마 수, 호티 모노스 호시오스; 호티 판타 타 에드네 헥수신 카이 프로스퀴네수신 에노피온 수, 호티 타 디카이오마타 수 에파네로데산.

"주여, 누가 당신을 경외하지 아니하며 당신의 그 이름을 영화롭게 하지 않겠습니까. 오직 당신만 거룩하십니다. 당신의 그 의로운 일들이 보여졌으니 모든 나라가 당신 앞에 와서 경배할 것입니다"라고 하였다.

유리 바다 위에 서있는 이 사람들은 첫 사람의 모든 이방 나라들 가운데서 하나님께로 이끌림을 받은 이들이다. 그들은 오직 하나님만이 '홀로 거룩하신(호시오스)' 자임을 안다. 또 그의 거룩으로 말미암아 하나님의 의로운 일들이 계시되는 것도 '호라오'하고 있다. 마침내 모든 이방 나라들은 그들의 노래와 같이 하나님 앞에 와서 경배하게 될 것이다.

그들은 크고 놀라운 일들이 하나님의 의롭고 참된 길들을 좇아서 이루어질 것을 '호라오'하면서 사람들의 심금을 울리는 모세의 노래와 어린양의 노래를 부르고 있다.

15.5 Καὶ μετὰ ταῦτα εἶδον, καὶ ἠνοίγη ὁ ναὸς τῆς σκηνῆς τοῦ μαρτυρίου ἐν τῷ οὐρανῷ,

카이 메타 타우타 에이돈, 카이 에노이게 호 나오스 테스 스케네스 투 마르튀리우 엔 토 우라노,

이 일들을 좇아서 나는 그 하늘에 그 증거 장막의 성전이 열린 것을 보았다.

유리 바다 위에 선 사람들이 부른 모세의 노래와 어린양의 노래는 그들 자신의 증거 장막의 성전을 여는 예언이며 기도이며 찬송이다. 불의하고 거짓된 길에서 돌이켜 의롭고 참된 길을 걷게 된 그들은 예수 그리스도의 부활의 증거를 가진 증거 장막의 성전이다. 그 성전이 열린 것은 아버지의 뜻이 하늘에서 이루어진 것 같이 땅 위에서도 이루어지게 하려 함이다.

15.6 καὶ ἐξῆλθον οἱ ἑπτὰ ἄγγελοι οἱ ἔχοντες τὰς ἑπτὰ πληγὰς ἐκ τοῦ
ναοῦ, ἐνδεδυμένοι λίνον καθαρὸν λαμπρὸν καὶ περιεζωσμένοι περὶ
τὰ στήθη ζώνας χρυσᾶς.

**카이 엑셀돈 호이 헵타 앙겔로이 호이 에콘테스 타스 헵타 플레가스 에크 투
나우, 엔데뒤메노이 리논 카다론 람프론 카이 페리에조스메노이 페리
타 스테데 조나스 크뤼사스.**

그 일곱 재앙들을 가지고 있는 그 일곱 천사들이 그 성전으로부터 나왔다.
그들은 깨끗하고 빛난 세마포 옷을 입고 가슴에는 금띠를 두르고 있었다.

이 천사들은 유리 바다 위에 선 사람들의 실존을 징조하고 있다. 천사들이 입은
깨끗하고 빛난 세마포 옷은 그들이 가진 두 가지 의다. 그 옷이 깨끗한 것은 그들이
예수께 죄사함을 받은 '의'다. 그 옷이 빛나는 것은 그들이 자기들에게 죄지은
자들을 사하여 준 '의'다. 그들은 "우리가 우리에게 빚진(죄지은) 자를 사하여 준
것 같이 우리의 빚(죄)을 사하여 주옵소서"라 하는 실존을 이루었다. 그러므로
그들은 가슴에 금띠(예수 그리스도의 부활의 믿음과 하나된 변치 않는 믿음)를
두르고 있다.

15.7 καὶ ἓν ἐκ τῶν τεσσάρων ζῴων ἔδωκεν τοῖς ἑπτὰ ἀγγέλοις ἑπτὰ
φιάλας χρυσᾶς γεμούσας τοῦ θυμοῦ τοῦ θεοῦ τοῦ ζῶντος εἰς τοὺς
αἰῶνας τῶν αἰώνων.

**카이 헨 에크 톤 테싸론 조온 에도켄 토이스 헵타 앙겔로이스 헵타
피알라스 크뤼사스 게무사스 투 뒤무 투 데우 투 존토스 에이스 투스
아이오나스 톤 아이오논.**

네 생물들 중 하나가 세세토록 살아 계신 하나님의 분노로 가득한 일곱 금
대접들을 그 일곱 천사들에게 주었다.

짐승은 성령이 행하시는 일곱 가지 일들을 짐승의 일곱 머리의 일들로 바꾸었다. 그리하여 짐승은 하나님의 일곱 금 대접들에 하나님의 사랑을 담는 대신 그의 분노를 가득히 담았다. 성령의 일들을 짐승의 일들로 바꾼 것은 성령을 모독한 것으로서 용서받을 수 없는 죄다. 기록된 바, "사람의 모든 죄와 모독은 용서받을 것이나 성령을 거스른 모독은 용서받지 못할 것이다"라고 하였다. 성령을 거스른 모독 죄는 왜 용서받을 수 없는가. 하나님의 자녀들은 성령으로 거듭난다. 따라서 성령을 모독하는 자를 성령이 거듭나게 할 수 없는 것은 너무나 자명하다. 성령을 모독하는 자는 누구든지 그 스스로 구원도 거듭남도 부활도 영원히 거절하였다.

15.8 *καὶ ἐγεμίσθη ὁ ναὸς καπνοῦ ἐκ τῆς δόξης τοῦ θεοῦ καὶ ἐκ τῆς δυνάμεως αὐτοῦ, καὶ οὐδεὶς ἐδύνατο εἰσελθεῖν εἰς τὸν ναὸν ἄχρι τελεσθῶσιν αἱ ἑπτὰ πληγαὶ τῶν ἑπτὰ ἀγγέλων.*

카이 에게미스데 호 나오스 카프누 에크 테스 독세스 투 데우 카이 에크 테스 뒤나메오스 아우투, 카이 우데이스 에뒤나토 에이셀데인 에이스 톤 나온, 아르키 텔레스도신 하이 헵타 플레가이 톤 헵타 앙겔론.

그 성전은 하나님의 그 영광과 그의 그 권능으로부터 나오는 연기로 가득 찼으며 그 일곱 천사들의 일곱 재앙들이 마치기까지는 아무도 그 성전 안으로 들어갈 수 없었다.

하나님이 일곱 재앙들을 짐승의 세상에 내리기 전에 증거 장막의 성전을 그의 영광과 권능의 연기로 가득하게 하신 것은 무엇 때문인가. 하나님이 짐승의 세상에 재앙을 내리시는 근본적인 목적은 바벨론을 심판하기 위해서다. 그리고 거기서 고난 당하고 있는 그의 백성으로 하여금 나오게 하시고, 그들을 하나님의 거룩으로 거룩하게 되도록 하려 함이다.

그러므로 하나님은 자기 몸을 증거 장막의 성전이 되게 하여야 할 백성에게 그의 영광과 권능을 나타내 보이셨다. 그리고 그들이 일곱 재앙들로 성결케 되기까지는 그 증거 장막에 아무도 들어갈 수 없음을 계시하셨다. 일곱 재앙들은 짐승의 세상을 심판함과 동시에 그의 백성들을 성결케 하는 일이다. 하나님이 행하시는 심판과 그 백성을 성결케 하는 일을 아무도 방해할 수 없다.

요한 계시록 16장

16.1 Καὶ ἤκουσα μεγάλης φωνῆς ἐκ τοῦ ναοῦ λεγούσης τοῖς ἑπτὰ ἀγγέλοις· Ὑπάγετε καὶ ἐκχέετε τὰς ἑπτὰ φιάλας τοῦ θυμοῦ τοῦ θεοῦ εἰς τὴν γῆν.

카이 에쿠사 메갈레스 포네스 에크 투 나우 레구세스 토이스 헵타 앙겔로이스· 휘파게테 카이 에크케에테 타스 헵타 피알라스 투 뒤무 투 데우 에이스 텐 겐.

나는 또 그 성전으로부터 그 일곱 천사들에게 말하고 있는 큰 소리를 들었는데, "너희는 가서 하나님의 그 분노의 일곱 대접들을 그 땅으로 쏟으라"라고 하였다.

16장에서 하나님의 분노가 쏟아지는 그 땅은 짐승과 그의 무리들이 선악 세상을 이루고 있는 그 땅이다. 그들은 육신의 정욕, 안목의 정욕, 이생의 자랑과 선악지식으로 자신들의 선악 세상을 이루고 있다.

16.2 Καὶ ἀπῆλθεν ὁ πρῶτος καὶ ἐξέχεεν τὴν φιάλην αὐτοῦ εἰς τὴν γῆν· καὶ ἐγένετο ἕλκος κακὸν καὶ πονηρὸν ἐπὶ τοὺς ἀνθρώπους τοὺς ἔχοντας τὸ χάραγμα τοῦ θηρίου καὶ τοὺς προσκυνοῦντας τῇ εἰκόνι αὐτοῦ.

카이 아펠텐 호 프로토스 카이 에크세케엔 텐 피알렌 아우투 에이스 텐 겐· 카이 에게네토 헬코스 카콘 카이 포네론 에피 투스 안드로푸스 투스 에콘타스 토 카라그마 투 데리우 카이 투스 프로스퀴눈타스 테 에이코니 아우투.

첫째가 나가서 그의 대접을 그 땅속으로 쏟았다. 그러자 그 짐승의 표를 가지고 있는 자들과 그의 우상에게 경배하고 있는 자들에게 흉측하고 독한 종기가 생겼다.

첫째 대접은 성결의 영이 행하시는 심판이다. 짐승의 표를 가지고 있으며 그의 우상에게 절하는 것은 음행이다. 그 음행은 흉측하고 독한 종기의 근원이다. 성결의 영은 짐승의 표를 가지고 있으며 그의 우상에게 경배하는 자들 안에 감춰져 있던 흉측하고 독한 종기를 드러내시어 심판하신다.

이사야가 예언할 당시 웃찌야 왕이 유다를 다스리고 있었다. 그는 솔로몬 다음으로 유다를 강성케 했다. 그러나 그의 강력한 힘은 도리어 문둥병의 근원이 되었다. 이는 '웃찌야(야웨는 나의 힘)'가 야웨의 힘을 더러운 욕심에 사용코자 했기 때문이다. 야웨의 힘을 속되게 쓰는 자에게 성결의 영은 흉측하고 독한 종기의 심판을 내리신다. 청결한 눈을 가진 자는 이 흉측하고 독한 종기가 무엇인지 안다.

16.3 Καὶ ὁ δεύτερος ἐξέχεεν τὴν φιάλην αὐτοῦ εἰς τὴν
θάλασσαν· καὶ ἐγένετο αἷμα ὡς νεκροῦ, καὶ πᾶσα
ψυχὴ ζωῆς τὰ ἐν τῇ θαλάσσῃ ἀπέθανεν.

카이 호 듀테로스 에크세케엔 텐 피알렌 아우투 에이스 텐
달라싼' 카이 에게네토 하이마 호스 네크루, 카이 파사
프쉬케 조에스 타 엔 테 달라쎄 아페다넨

둘째가 그의 대접을 그 바닷속으로 쏟았다. 그러자 그것은 죽은 자의 피처럼 되었고 그 바다에 있는 모든 산 혼이 죽었다.

둘째 대접은 생명의 영이 행하시는 심판이다. 이것은 짐승의 세상에서 영원한 생명이 생존(사망)으로 바뀐 것에 대한 심판이다. 사람이 그 육신만으로 생존하는 것은 그 혼이 하나님께 대하여 죽은 것이다. 즉 그 육신은 살았으나 그 혼은 하나님께 대하여 죽어 있다. 생명의 영은 죽어 있는 자를 살리시는 영이다. 그러나 짐승의 세상은 성령을 거슬러 모독하는 것을 '하나님 섬김'으로 행하고 있다. 그러므로 성령은 하나님께 대하여 죽어버린 혼들을 영원한 죽음에 처하게 하셨다. 생명의 영은 하나님께 대하여 단절된(죽어버린) 혼들을 드러내어 심판하신다.

16.4 Καὶ ὁ τρίτος ἐξέχεεν τὴν φιάλην αὐτοῦ εἰς τοὺς ποταμοὺς καὶ τὰς πηγὰς τῶν ὑδάτων· καὶ ἐγένετο αἷμα.

카이 호 트리토스 에크세케엔 텐 피알렌 아우투 에이스 투스 포타무스 카이 타스 페가스 톤 휘다톤· 카이 에게네토 하이마.

셋째가 그의 대접을 그 강들과 그 물들의 근원들 속으로 쏟았다. 그러자 그것이 피가 되었다.

요한 계시록을 비롯한 모든 성경을 읽는 이들은 자신들의 육신의 에고비전을 좇아서 말씀을 읽지 말고 말씀이 말씀 자신을 계시하는 영의 로고비전을 좇아서 읽어야 한다. 왜 강들과 물들의 근원은 피가 되었는가. 그것은 셋째 천사가 그 강들과 물들의 근원 속으로 쏟은 하나님의 분노는 사람들(작은 짐승들)의 '에고비전(강과 물 근원)'이 피임을 드러내었다. 하나님은 심은 대로 거두게 하신다. 그들이 생명의 피를 사망의 피가 되게 하였으므로 그 피를 거두었다.

16.5 καὶ ἤκουσα τοῦ ἀγγέλου τῶν ὑδάτων λέγοντος· Δίκαιος εἶ, ὁ ὢν καὶ ὁ ἦν, ὁ ὅσιος, ὅτι ταῦτα ἔκρινας,

카이 에쿠사 투 앙겔루 톤 휘다톤 레곤토스· 디카이오스 에이, 호 온 카이 호 엔, 호 호시오스, 호티 타우타 에크리나스,

그리고 나는 그 물들의 천사가 이렇게 말하고 있는 것을 들었다. "지금도 계시고 전부터 계셔 오신 거룩하신 이여 이렇게 심판하셨으니 당신은 의로우십니다."

그 물들의 천사는 누구인가. 강들과 물들의 근원 속으로 하나님의 분노를 쏟은 셋째 천사다. 그는 말씀을 심은 자에게 생명을 거두게 하시고 사망의 선악지식을 심은 자에게 피를 거두게 하시는 하나님의 심판을 보았다. 거룩하신 하나님은 언제나 의로운 심판을 행하신다.

16.6 ὅτι αἷμα ἁγίων καὶ προφητῶν ἐξέχεαν, καὶ αἷμα αὐτοῖς δέδωκας
πιεῖν· ἄξιοί εἰσιν.

호티 하이마 하기온 카이 프로페톤 에크세케안, 카이 하이마 아우토이스 데도카스
피에인· 악시오이 에이신.

"그들이 거룩한 자들과 예언자들의 피를 흘렸으므로 그들에게 피를 주어 마시
게 하시는 것이 마땅합니다"라고 하였다.

셋째 대접은 진리의 영이 행하시는 심판이다. 이것은 짐승의 세상에서 그들이
진리를 선악지식으로 바꾸고, 그 선악지식으로 거룩한 자들과 예언자들을 죽인
것에 대한 심판이다. 사람이 선악지식(인간의 교훈)을 좇아 생존하는 것은 자신은
물론 모든 사람의 생명을 죽인다. 그 선악지식이 종교의 교리이건, 윤리이건,
도덕이건 무엇이건 간에 상관이 없다. 진리의 영은 누구든지 그가 심은 대로 거두
게 하신다. 이것이 하나님의 의다. 검을 가진 자는 검으로 망하고 피를 흘린 자는
피를 마시고 망한다. 진리의 영은 그가 거룩하게 한 것을 그들이 속되다 하며
피를 흘렸고, 그가 주신 계시를 거짓으로 바꾸어 가졌기 때문에 진리의 거룩함으
로 그들을 심판하셨다.

16.7 καὶ ἤκουσα τοῦ θυσιαστηρίου λέγοντος· Ναί, κύριε, ὁ θεός, ὁ
παντοκράτωρ, ἀληθιναὶ καὶ δίκαιαι αἱ κρίσεις σου.

카이 에쿠사 투 뒤시아스테리우 레곤토스· 나이, 퀴리에, 호 데오스, 호
판토크라토르, 알레디나이 카이 디카이아이 하이 크리세이스 수.

나는 또 그 제단으로부터, "그렇습니다. 주 하나님 전능하신 이여, 당신의 그
심판들은 참되고 의롭습니다"라고 말하고 있는 것을 들었다.

물들의 천사와 제단은 하나님의 참되고 의로운 심판의 두 증인이 되었다. 물들의
천사와 제단이 하나님의 심판이 참되고 의로운 것을 말하는 것은 모든 에클레시아

가 그들의 증언을 듣고 깨달아 믿음으로 참되고 의로운 하나님의 아들의 실존을 이루게 하려 함이다.

16.8 Καὶ ὁ τέταρτος ἐξέχεεν τὴν φιάλην αὐτοῦ ἐπὶ τὸν ἥλιον· καὶ ἐδόθη αὐτῷ καυματίσαι τοὺς ἀνθρώπους ἐν πυρί.

카이 호 테타르토스 에크세케엔 텐 피알렌 아우투 에피 톤 헬리온· 카이 에도데 아우토 카우마티사이 투스 안드로푸스 엔 퓌리.

넷째가 그의 대접을 해 위에 쏟았다. 그러자 해에게 사람을 불로 태울 권세가 주어졌다.

넷째 대접은 은혜의 영이 행하시는 심판이다. 짐승의 세계에서는 하나님의 사랑은 욕심으로 바뀌어 있고 성령의 은혜는 거래로 바뀌어 있다. 도처에 사람을 태우는 욕심의 열기가 넘쳐난다. 그러므로 오늘날 많은 사람이 은혜로 받은 그리스도의 구원을 자신들의 열심과 봉사와 헌금과 돈, 십일조 등으로 사들인 줄 알고 있다. 그들은 그리스도의 사랑 위에 욕심을 쏟아부으며 자신들을 욕되게 하고 있다. 그 일이 심판되지 않을 수 없다.

16.9 καὶ ἐκαυματίσθησαν οἱ ἄνθρωποι καῦμα μέγα· καὶ ἐβλασφήμησαν τὸ ὄνομα τοῦ θεοῦ τοῦ ἔχοντος τὴν ἐξουσίαν ἐπὶ τὰς πληγὰς ταύτας, καὶ οὐ μετενόησαν δοῦναι αὐτῷ δόξαν.

카이 에카우마티스데산 호이 안드로포이 카우마 메가· 카이 에블라스페메산 토 오노마 투 데우 투 에콘토스 텐 엑수시안 에피 타스 플레가스 타우타스, 카이 우 메테노에산 두나이 아우토 독산.

그 사람들이 큰 열기에 지짐을 당하자 그들은 이 재앙들을 행하시는 권세를 가지고 계신 하나님의 이름을 모독하며 회개하지 않고 그에게 영광을 돌리지 않았다.

'사람들이 태양의 열기에 지짐을 당한다'는 것은 무엇을 말함인가. 짐승의 세상에 사는 이들이 큰 열기에 자신이 지짐을 당하고 있는 것을 알기나 하는 것인가. 오늘날 예수 그리스도의 사랑이 짐승과 그 무리에게는 제어할 수 없는 기복(욕심)의 열기가 되어 있다. 즉 하나님의 아들됨의 '좋은 소식(호음, 유앙겔리온)'이 육신의 욕심을 불태우는 복소리(복음)가 되어 있다.

그리스도의 사랑을 대신한 첫 사람의 욕심은 기복의 열기가 되어 모든 사람의 몸과 마음을 지져서 마비시키고 있다. 그들은 육신의 복을 받기 위하여 밤낮으로 주여, 주여, 아멘, 아멘 하고 있다. 그들은 그것이 영이신 하나님의 이름을 모독하는 것인 줄 도무지 알지 못한다. 그러므로 그들은 그 일을 회개할 수도 없고 하나님께 영광을 돌릴 수도 없다. 오늘날 땅(지구)조차 첫 사람의 그 욕심의 열기 때문에 심각한 기후변화의 위기를 당하고 있다.

16.10 Καὶ ὁ πέμπτος ἐξέχεεν τὴν φιάλην αὐτοῦ ἐπὶ τὸν θρόνον τοῦ θηρίου· καὶ ἐγένετο ἡ βασιλεία αὐτοῦ ἐσκοτωμένη, καὶ ἐμασῶντο τὰς γλώσσας αὐτῶν ἐκ τοῦ πόνου,

카이 호 펨프토스 에크세케엔 텐 피알렌 아우투 에피 톤 드로논 투 데리우· 카이 에게네토 헤 바실레이아 아우투 에스코토메네, 카이 에마손토 타스 글로싸스 아우톤 에크 투 포누,

다섯째가 그의 대접을 그 짐승의 보좌 위에 쏟았다. 그러자 그의 나라가 어두워졌고 사람들은 그 괴로움 때문에 그들의 혀들을 깨물었다.

'짐승의 나라가 어두워졌다'는 것은 무엇을 말함인가. 그것은 어둠을 빛으로 삼은 그들의 빛이 어둠이었다는 것을 드러낸다. 즉 그때까지 짐승의 나라를 든든하게 할 수 있었던 그들의 육신의 지혜와 총명이 폐함을 당하게 된 것이다. 즉 짐승의 나라의 권세와 권능과 영광은 빛을 잃었다. 그들은 그들에게 닥친 그 일에 대하여 무엇을 해야 할지 고민하지만 혀를 깨무는 것 외에는 다른 방도가 없다.

16.11 καὶ ἐβλασφήμησαν τὸν θεὸν τοῦ οὐρανοῦ ἐκ τῶν πόνων αὐτῶν καὶ
ἐκ τῶν ἑλκῶν αὐτῶν, καὶ οὐ μετενόησαν ἐκ τῶν ἔργων αὐτῶν.

카이 에블라스페메산 톤 데온 투 우라누 에크 톤 포논 아우톤 카이
에크 톤 헬콘 아우톤, 카이 우 메테노에산 에크 톤 에르곤 아우톤.

사람들은 그들의 그 고통과 종기들 때문에 그 하늘의 하나님을 모독했고 그들
이 행하고 있는 일들을 회개하지 않았다.

다섯째 대접은 영광의 영이 행하시는 심판이다. 짐승의 세상에서 하나님의 영광이 사람
의 성공으로 바뀐 것에 대한 심판이다. 그들은 하나님의 이름을 빌려 큰 자가 되고,
높은 자가 되고, 부자가 되고, 힘센 자가 되는 성공을 하나님께 받는 영광이라 하며
점점 비대해졌다. 사람이든 나라든 그 무엇이든 비대해지기까지는 좋아 보이나 비대해
진 후에는 교만해지고 둔감해져서 땅에 떨어진 네필림이 되어 멸망을 당할 수밖에 없다.

작은 자가 되지 아니하고 비대해진 자들은 그것을 자신들의 영광으로 알기 때문에
그들은 그것이 하나님 모독임을 알지 못한다. 그들은 비대해진 것이 하나님께 받은
영광인 줄 알고 있다. 그들은 하나님의 영광을 인간적 성공으로 바꾸어 가진 영원한
흑암에 처했다. 그런즉 이 심판은 빛을 흑암으로 삼고, 흑암을 빛으로 삼은 자에
대한 심판이다. 고통과 종기가 그들이 비대해진 까닭에 오는 것임으로 거기서 벗어날
수도 고칠 수도 없다. 그들은 선악지식으로 쓴 것을 달다 하고, 단 것을 쓰다 하던
자들이다. 이와 같이 땅에 속한 종교 왕국은 무너져 내리고 만다.

16.12 Καὶ ὁ ἕκτος ἐξέχεεν τὴν φιάλην αὐτοῦ ἐπὶ τὸν ποταμὸν τὸν μέγαν
τὸν Εὐφράτην· καὶ ἐξηράνθη τὸ ὕδωρ αὐτοῦ, ἵνα ἑτοιμασθῇ ἡ ὁδὸς
τῶν βασιλέων τῶν ἀπὸ ἀνατολῆς ἡλίου.

카이 호 헥토스 에크세케엔 텐 피알렌 아우투 에피 톤 포타몬 톤 메간
톤 유프라텐' 카이 에크세란데 토 휘도르 아우투, 히나 헤토이마스데 헤 호도스
톤 바실레온 톤 아포 아나톨레스 헬리우.

여섯째가 그의 대접을 그 큰 강 유프라데스 위에 쏟았다. 그러자 해 오르는 데로부터 오는 그 왕들의 그 길이 마련되게 하기 위하여 그 물이 말랐다.

여섯째 대접은 언약의 영이 행하시는 심판이다. 작은 자들이 화평의 대로(大路)를 마련할 때에 큰 자들은 전쟁의 대로를 마련한다. 그들은 하나님의 화평의 언약 대신 스스로 화평한 세상을 만든다면서 큰 전쟁을 예비한다. 누구보다 앞선 전쟁 무기를 개발해내는 것을 해 오름으로 여기는 자들 앞에서는 첫 사람이 가진 선악 지식의 강물(종교, 윤리, 도덕, 사회정의, 수양 등의 인간 가치)조차 말라버린다. 작은 자들에게 화평의 태양이 떠오를 때 큰 자들에게는 전쟁의 태양이 떠오른다. 오늘날은 가공할 불덩어리인 핵 개발이 큰 나라와 작은 나라를 구분할 것 없이 해 오름이 되었다.

16.13 καὶ εἶδον ἐκ τοῦ στόματος τοῦ δράκοντος καὶ ἐκ τοῦ στόματος τοῦ θηρίου καὶ ἐκ τοῦ στόματος τοῦ ψευδοπροφήτου πνεύματα τρία ἀκάθαρτα ὡς βάτραχοι·

카이 에이돈 에크 투 스토마토스 투 드라콘토스 카이 에크 투 스토마토스 투 데리우 카이 에크 투 스토마토스 투 프슈도프로페투 프뉴마타 트리아 아카다르타 호스 바트라코이·

나는 또 그 용의 입과 그 짐승의 입과 그 거짓 예언자의 입에서 개구리들 같은 세 더러운 영들이 나오는 것을 보았다.

'개구리들 같은 세 더러운 영들'은 무엇을 말함인가. 개구리는 물에서도 살고 뭍에서도 사는 물뭍 동물이다. 그러므로 개구리들 같은 세 더러운 영들은 계시의 말씀과 선악지식을 공교히 섞은 지혜와 지식으로 많은 사람들을 지배한다. 그들은 용의 욕심과 어린양의 사랑을 섞고, 짐승의 생존과 어린양의 생명을 섞고, 거짓 예언자의 선악지식과 어린양의 진리를 섞는 더러운 영들이다. 그들은 사람들에게 혼돈과 공허와 흑암을 일으켜서 사망의 무저갱에 빠져들게 한다.

16.14 γὰρ εἰσὶν πνεύματα δαιμονίων ποιοῦντα σημεῖα, ἃ ἐκπορεύεται ἐπὶ
τοὺς βασιλεῖς τῆς οἰκουμένης ὅλης, συναγαγεῖν αὐτοὺς εἰς τὸν
πόλεμον τῆς ἡμέρας τῆς μεγάλης τοῦ θεοῦ τοῦ παντοκράτορος—

**가르 에이신 프뉴마타 다이모니온 포이운타 세메이아, 하 에크포류에타이 에피
투스 바실레이스 테스 오이쿠메네스 홀레스, 쉬나고게인 아우투스 에이스 톤
폴레몬 테스 헤메라스 테스 메갈레스 투 데우 투 판토크라토로스,**

그것들은 사람 사는 온 세상의 그 왕들을 위에 징조들을 행하고 있는 귀신의
영들로 그 왕들에게 가서 전능하신 하나님의 그 큰 날의 전쟁 속으로 모았다.

육신에 속한 온 세상의 왕들은 개구리 같은 영들이 행하는 기이한 징조들에 속아
보이지 아니하는 하나님의 큰 날의 전쟁에서 이길 것을 확신하고 그 전쟁에 가담
하게 된다. 용의 입에서 나온 더러운 영은 왕들의 머리를 움직이고, 짐승의 입에서
나온 더러운 영은 그들의 몸을 움직이고, 거짓 예언자의 입에서 나온 더러운 영은
그들의 가슴을 움직이고 있다.

16.15 Ἰδοὺ ἔρχομαι ὡς κλέπτης. μακάριος ὁ γρηγορῶν καὶ τηρῶν τὰ
ἱμάτια αὐτοῦ, ἵνα μὴ γυμνὸς περιπατῇ καὶ βλέπωσιν τὴν
ἀσχημοσύνην αὐτοῦ—

**이두 에르코마이 호스 클레프테스. 마카리오스 호 그레고론 카이 테론 타
히마티아 아우투, 히나 메 귐노스 페리파테, 카이 블레포신 텐
아스케모쉬넨 아우투**

보라, 나는 도둑같이 온다. 벌거벗고 다니지 아니하며 사람들이 자기의 부끄러
움을 보지 않게 깨어 있어서 자기의 그 옷들을 지키고 있는 자는 복되다.

세 더러운 영들은 사람들이 하나님께 대하여 깊은 잠에 빠져들고 마는 그 더러운
지혜와 지식으로 잠들게 한 후에 의의 옷을 빼앗아 벌거벗게 한다. 그들은 많은

사람이 '큰 자(왕)'가 되려는 미혹에 빠지도록 징조들을 행한다. 그들로 인해 많은 사람이 땅의 일에 대하여는 깨어 있으나 하늘의 일에 대하여는 깊이 잠들게 된다. 그때에 어린양은 깨어 있어서 하나님께서 주신 의와 구원의 옷들을 지키고(품고) 있는 하나님의 백성을 거기서 이끌어내시려고 도둑같이 오신다.

세 더러운 영들이 절도들과 강도들이 되어 있는 그때에 어린양은 하나님의 백성을 찾으러 오신다. 이것은 마치 모세가 이스라엘 백성을 애굽에서 인도하여 냄과 같다. 그러나 짐승과 함께 자고 짐승과 함께 옷을 벗는 자들은 어린양을 좇아서 짐승의 세상에서 빠져나올 수 없다. 그러므로 깨어서 자기 옷들을 지키고 있는 자들이 복되다. 어린양이 도둑같이 갑자기 오실 때 깨어 있는 자들은 고대하고 있던 영광을 맞이할 것이요, 깨어 있지 못한 자들은 갑작스런 치욕을 맞이할 것이다.

16.16 καὶ συνήγαγεν αὐτοὺς εἰς τὸν τόπον τὸν καλούμενον Ἑβραϊστὶ Ἁρμαγεδών.

카이 쉬네가겐 아우투스 에이스 톤 토폰 톤 칼루메논 헤브라이스티 하르마게돈.

그 세 영들은 히브리말로 아마겟돈이라 하는 그곳으로 왕들을 모았다.

아마겟돈은 어디인가. 아마겟돈은 영과 생명의 눈으로 '호라오'하면 어디인지 분명히 드러난다. 아마겟돈은 '아(하르)'와 '마겟돈(므깃도)'의 합성어이다. '아'는 히브리어의 '산(하르)'이거나 '성(이르)'이며 '마겟돈'은 소집(군집)의 장소다. 아마겟돈이란 결국 개구리 같은 더러운 영들이 세상에서 '큰 자(왕)'가 되고자 하는 자들을 개구리처럼 모아서 그들이 시체가 되게 하여 산처럼 쌓아 올리는 그 사망의 산을 징조하고 있다. 그들은 육체로는 살았으나 하나님께 대하여는 이미 죽은 자들이다. 그들은 다만 산과 같은 큰 숫자의 세력을 이루어 보이지 아니하는 하나님과의 전쟁에서 이기려고 준비한다. 그들은 자신들의 일이 자신들의 무덤을 예비하는 것임을 알지 못한다.

유대 땅 '므깃도'는 산이 아니라 평원이다. 유사 이래 그곳에서는 큰 자가 되고자 했던 사람들로 인해 수많은 전쟁이 벌어졌다. 많은 사람이 전쟁에 동원되어 므깃도 평원에서 죽었고 그 시체가 산처럼 무더기를 이루었다. 요한은 이 일을 징조로 쓰고 있다.

큰 자들이 하늘의 하나님을 대적하며 땅에서 할 수 있는 일은 시체 무더기를 산처럼 쌓는 일이다. 시체라고 해서 육체가 죽은 그 몸뚱이만을 생각하면 이 징조를 온전히 '호라오'한 것이 아니다. 그 육체가 살았든 죽었든 상관없이 그 혼과 영이 하나님께 대하여 죽어 있으면 죽은 자다. 하나님께 대하여 죽은 자는 벌거벗은 자(생명을 벗은 자)요, 그 시체가 산처럼 쌓이게 되는 사망의 부끄러움을 당할 자다.

16.17 Καὶ ὁ ἕβδομος ἐξέχεεν τὴν φιάλην αὐτοῦ ἐπὶ τὸν ἀέρα— καὶ ἐξῆλθεν φωνὴ μεγάλη ἐκ τοῦ ναοῦ ἀπὸ τοῦ θρόνου λέγουσα· Γέγονεν—

카이 호 헤브도모스 에크세케엔 텐 피알렌 아우투 에피 톤 아에라 카이 엑셀덴 포네 메갈레 에크 투 나우 아포 투 드로누 레구사· 게고넨

일곱째가 그의 대접을 공중에 쏟았다. 그러자 큰 소리가 그 성전에서 보좌로부터 나서 말하고 있기를, "되었다"라고 하였다.

일곱째 대접은 영원하신 성령이 공중 권세에 행하시는 심판이다. 공중은 하늘의 일부가 땅과 하나된 공간이다. 그런데도 사람들은 거기가 자신들이 소망하는 하늘인 줄 알고 오르려 한다. 그러므로 사람들은 공중의 권세를 잡은 자에게 미혹된다. 공중이란 육신의 욕망을 추구하는 첫 사람의 공허한 마음이다. 마귀는 그곳을 지배하고 있다.

요한 호음 19장 30절에 어린양은 십자가 위 공중에서 "테텔레스타이('텔레오' 동사의 직설 완료 수동 3인칭 단수, 그것이 이루어졌다)"라 말씀하셨다. 여기 16장 17절에서는 성전에서 보좌로부터 '게고넨('기노마이' 동사의 직설 완료 능동 3인칭 단수, 그것이 되었다)'이라 하였다. 어린양은 십자가에 못 박혀 죽으시면서 아버지가 그에게 주신 죄사함의 일을 온전하게 이루셨다. 그리고 하나님은 그의 일곱 재앙들의 심판을 마지막으로 어린양의 구원의 일이 완성되게 하셨다. 그러므로 어린양으로 말미암아 십자가 위에서 이루어진 일은 알파요, 그 알파를 온전하게 하신 아버지의 일은 오메가다.

16.18 καὶ ἐγένοντο ἀστραπαὶ καὶ φωναὶ καὶ βρονταί, καὶ σεισμὸς μέγας ἐγένετο, οἷος οὐκ ἐγένετο ἀφ' οὗ ἄνθρωποι ἐγένετο ἐπὶ τῆς γῆς τηλικοῦτος σεισμὸς οὕτω μέγας,

카이 에게논토 아스트라파이 카이 포나이 카이 브론타이 카이 세이스모스 메가스 에게네토, 호이오스 우크 에게논토 아프 후 안드로포스 에게네토 에피 테스 게스 텔리쿠토스 세이스모스 후토 메가스,
번개들과 소리들과 천둥들이 있었고 또 큰 진동이 있었다. 이런 큰 진동은 사람이 그 땅 위에 생긴 이래 일찍이 없었다.

번개들은 생명을, 소리들은 사랑을, 천둥들은 거룩을, 진동은 초월을 징조한다. 땅만 진동한 것이 아니라 하늘도 진동하였다. 기록된 바, "야웨께서 시온에서 부르짖고 예루살렘에서 그의 목소리를 내리니 하늘들과 땅이 진동하리라"(욜 3:16)라고 하였다.

16.19 καὶ ἐγένετο ἡ πόλις ἡ μεγάλη εἰς τρία μέρη, καὶ αἱ πόλεις τῶν ἐθνῶν ἔπεσαν· καὶ Βαβυλὼν ἡ μεγάλη ἐμνήσθη ἐνώπιον τοῦ θεοῦ δοῦναι αὐτῇ τὸ ποτήριον τοῦ οἴνου τοῦ θυμοῦ τῆς ὀργῆς αὐτοῦ·

카이 에게네토 헤 폴리스 헤 메갈레 에이스 트리아 메레, 카이 하이 폴레이스 톤 에드논 에페산· 카이 바뷜론 헤 메갈레 엠네스데 에노피온 투 데우 두나이 아우테 토 포테리온 투 오이누 투 뒤무 테스 오르게스 아우투·

그리고 그 큰 성은 세 조각이 났고 이방 나라들의 그 성들도 무너졌다. 그리고 그 큰 성 바벨론이 하나님 앞에서 기억되었으므로 그의 진노를 쏟는 그 분노의 포도주잔을 그녀에게 주셨다.

하나님의 생명과 사랑과 거룩과 진리를 생존과 욕심과 속됨과 선악지식으로 바꾸었던 짐승의 큰 성은 세 조각이 났다. 또 이방 나라의 성들은 무너졌다. 이로써 한데 뭉쳐 큰 힘을 발휘하던 우상이 심판 되어 배(생존)의 우상, 가슴(욕심)의 우상, 머리(속됨)의 우상으로 갈라졌다. 그에 더하여 하나님은 큰 성 바벨론(음녀)에는 그의 진노를 쏟는 분노의 포도주 잔을 주셨다. 이는 큰 성 바벨론이 어린양의 죄사함의 피의 잔을 그 자신의 음행의 피의 잔으로 바꾸었기 때문이다.

16.20 *καὶ πᾶσα νῆσος ἔφυγεν, καὶ ὄρη οὐχ εὑρέθησαν.*

카이 파사 네소스 에퓌겐, 카이 오레 우크 휴레데산.
그러자 모든 섬들은 도망가고 산들은 자취를 감추었다.

섬들은 생존 세계의 크고 작은 자들이요, 산들은 선악 세계의 크고 작은 자들이다. 하나님의 심판 앞에서 그들은 도망가고 자취를 감추었다.

16.21 *καὶ χάλαζα μεγάλη ὡς ταλαντιαία καταβαίνει ἐκ τοῦ οὐρανοῦ ἐπὶ τοὺς ἀνθρώπους· καὶ ἐβλασφήμησαν οἱ ἄνθρωποι τὸν θεὸν ἐκ τῆς πληγῆς τῆς χαλάζης, ὅτι μεγάλη ἐστὶν ἡ πληγὴ αὐτῆς σφόδρα.*

카이 칼라자 메갈레 호스 탈란티아이아 카타바이네이 에크 투 우라누 에피 투스 안드로푸스· 카이 에블라스페메산 호이 안드로포이 톤 데온 에크 테스 플레게스 테스 칼라제스, 호티 메갈레 에스틴 헤 플레게 아우테스 스포드라.
또 무게가 한 달란트나 되는 큰 우박이 그 하늘로부터 그 사람들 위에 떨어졌다. 그 사람들은 그 우박의 재앙이 너무나 심해서 그 우박을 핑계로 하나님을 모독하였다.

큰 자들은 그들의 욕심과 선악지식을 좇아서 거룩한 자들과 예언자들을 정죄하고 박해하기를 우박 내리듯 하였다. 일곱째 대접은 그들의 육신의 세상(하늘과 땅)을 흔들어서 큰 성은 세 조각이 났고 이방 나라의 성들은 무너졌고 섬들과 산들도 사라졌다. 그들의 하늘이 흔들리자 한 달란트(약 50킬로그램)나 되는 우박이 하늘에서 쏟아졌다. 이는 그들 자신의 욕심과 선악지식이 공중에서 육체의 무게만큼 큰 우박이 되어 그들 위에 쏟아진 것이다. 이로써 하나님의 진노 아래서 파멸되지 아니할 짐승의 세상은 없다는 것이 계시되었다.

요한 계시록 17장

17.1 Καὶ ἦλθεν εἷς ἐκ τῶν ἑπτὰ ἀγγέλων τῶν ἐχόντων τὰς ἑπτὰ φιάλας, καὶ ἐλάλησεν μετ᾽ ἐμοῦ λέγων· Δεῦρο, δείξω σοι τὸ κρίμα τῆς πόρνης τῆς μεγάλης τῆς καθημένης ἐπὶ ὑδάτων πολλῶν,

카이 엘덴 헤이스 에크 톤 헵타 앙겔론 톤 에콘톤 타스 헵타 피알라스, 카이 엘라레센 메트 에무 레곤˙ 듀로, 데익소 소이 토 크리마 테스 포르네스 테스 메갈레스 테스 카데메네스 에피 휘다톤 폴론,

그 일곱 대접들을 가지고 있는 일곱 천사들 중 하나가 내게 와서 말하고 있기를, "이리 오라. 내가 너에게 많은 물들 위에 앉아 있는 그 큰 음녀에게 내린 그 심판을 보여주겠다."

일곱 천사들이 쏟은 일곱 대접들의 심판은 알파다. 이제 음녀에 대한 오메가의 심판이 요한에게 보여지고 있다. 심판은 처음과 나중이 있어서 처음은 '판결(크리시스, 재판)'을 내리는 것이요, 나중은 그 '판결(크리마, 선고)'를 집행하는 것이다. 음녀는 이미 심판된 자다. 그러므로 천사는 요한에게 그 심판의 집행을 보여주고 있다. 21장 9절에 천사는 어린양의 신부를 보여주기 위하여 요한에게 온다. 그러므로 17장에서 먼저 천사가 요한에게 큰 음녀의 심판을 보여주는 것은 모든 에클레시아가 그 심판이 무엇인지 '호라오'하게 하여 짐승의 세상에서 나와서 어린양의 신부가 되게 하려 함이다.

17.2 μεθ᾽ ἧς ἐπόρνευσαν οἱ βασιλεῖς τῆς γῆς, καὶ ἐμεθύσθησαν οἱ κατοικοῦντες τὴν γῆν ἐκ τοῦ οἴνου τῆς πορνείας αὐτῆς.

메드 헤스 에포르뉴산 호이 바실레이스 테스 게스, 카이 에메뒤스데산 호이 카토이쿤테스 텐 겐 에크 투 오이누 테스 포르네이아스 아우테스.

"그 땅의 그 왕들이 그 여자와 더불어 음행하였고 또 그 땅에 뿌리내리고 사는 자들도 그녀의 음행의 포도주에 취하였다"라고 하였다.

큰 음녀에게 붉은 용은 머리의 우상이요, 짐승은 배의 우상이요, 거짓 예언자는 가슴의 우상이다. 음녀는 이들과 영적인 음행을 하고 있으며 땅의 임금들(큰 자들, 높은 자들, 강한 자들, 부자들)과는 육적인 음행을 하고 있다. 큰 음녀는 영육 간 이런 썩음의 주역이다. 그리고 그녀는 혼자 썩는 것이 아니라 그 썩음(음행)의 포도주로 땅에 뿌리내리고 사는 자들을 취하게 한다. 큰 음녀가 가진 음행의 포도 주는 선악지식으로 포장된 육신의 정욕과 안목의 정욕과 이생의 자랑이다. 즉 육신의 첫 사람들이 먹기에 좋고, 보기에 즐겁고, 지혜롭게 하는데 흠모되는 것들 이다. 그러나 오늘날 우리 중 많은 사람이 이 음행의 포도주가 무엇인지 보아도 보지 못하고, 들어도 듣지 못하고, 마음으로 생각하지 못한다.

17.3 καὶ ἀπήνεγκέν με εἰς ἔρημον ἐν πνεύματι. καὶ εἶδον γυναῖκα
καθημένην ἐπὶ θηρίον κόκκινον, γέμοντα ὀνόματα βλασφημίας,
ἔχων κεφαλὰς ἑπτὰ καὶ κέρατα δέκα.

**카이 아페넹켄 메 에이스 에레몬 엔 프뉴마티. 카이 에이돈 귀나이카
카데메넨 에피 데리온 콕기논, 게몬타 오노마타 블라스페미아스,
에콘 케팔라스 헵타 카이 케라타 데카.**

그리고 그는 나를 영 안에서 한 광야로 데리고 갔다. 나는 진홍색 짐승 위에 앉아 있는 한 여자를 보았다. 그 짐승은 하나님을 모독하는 이름들로 가득했고 일곱 머리들과 열 뿔들을 가지고 있다.

12장에서 남자아이를 낳은 그 여자는 뱀의 낯을 피하여 그 광야로 도망하였다. 그 광야는 그 여자가 그 뱀의 세상에 대하여 십자가에 못 박히고, 하나님의 나라 안에 있는 영과 육의 상태다. 여기 요한이 나간 한 광야는 음녀가 하나님의 나라에 대하여 적대하며 짐승의 나라 속으로 빠져든 영과 육의 상태다. 즉 음녀는 하나님 의 나라에 대하여 광야가 된 영과 육이요, 남자아이를 낳은 여자는 짐승의 나라에 대하여 광야가 된 영과 육이다. 요한이 영 안에서 광야로 나가게 된 것은 에클레시 아가 누구에 대하여 광야가 될 것이냐를 가리켜 보이고자 함이다.

13장에서 바다에서 올라온 짐승은 그 일곱 머리들에 하나님을 모독하는 이름들이 있었다. 그러나 여기 붉은 짐승은 그 온몸에 하나님을 모독하는 이름들을 가지고 있다. 이 진홍색 짐승은 무저갱으로부터 올라온 자다. 음녀는 진홍색 짐승을 타고 그 짐승의 권세를 누리고 있다. 이 음녀는 선악지식과 말씀을 섞은 포도주에 취하여 영육 간 음행을 즐기며 육신의 정욕, 안목의 정욕, 이생의 자랑 속에 뒹굴고 있다.

17.4 καὶ ἡ γυνὴ ἦν περιβεβλημένη πορφυροῦν καὶ κόκκινον, καὶ κεχρυσωμένη χρυσίῳ καὶ λίθῳ τιμίῳ καὶ μαργαρίταις, ἔχουσα ἐν τῇ χειρὶ αὐτῆς ποτήριον χρυσοῦν γέμον βδελυγμάτων καὶ τὰ ἀκάθαρτα τῆς πορνείας αὐτῆς,

카이 헤 귀네 엔 페리베블레메네 포르퓌룬 카이 콕키논, 카이 케크뤼소메네 크뤼시오 카이 리도 티미오 카이 마르가리타이스, 에쿠사 엔 테 케이리 아우테스 포테리온 크뤼순 게몬 브델뤼그마톤 카이 타 아카다르타 테스 포르네이아스 아우테스,

그 여자는 주홍과 진홍색 옷을 입고 금과 보석과 진주로 꾸몄고 그 여자의 손에는 가증한 것들과 그녀의 음행의 더러운 것들이 가득한 금잔을 가지고 있다.

그 여자가 입은 주홍과 진홍색 옷은 무엇인가. 그 여자가 행한 음행의 죄다. 기록된 바, "야웨께서 말씀하시되, 오라 우리가 서로 변론하자. 너희 죄가 주홍 같을지라도 눈과 같이 희어질 것이요 진홍같이 붉을지라도 양털같이 되리라"(사1:18)라고 하였다. 그러나 하나님 앞에서 이 음녀는 하나님의 은혜의 초청을 색욕 거리로 삼았다. 새 예루살렘 성은 수정 같은 금으로 되어 있으며 그 성곽은 열두 보석으로 꾸며졌고, 그 성의 열두 문은 진주로 되어 있다. 이 모든 것은 하늘의 신령한 것을 알게 하기 위하여 땅의 것으로 비유한 것이다. 그러나 음녀는 그 비유와 징조를 땅으로 끌어다가 실상으로 움켜쥐고 금과 보석과 진주로 자신을 꾸몄다.

잘 보라! 모든 사람 안에 크고 작은 음녀가 있다. 그 음녀는 육신의 욕망을 좇는 자기 믿음의 잔에 하나님의 눈에 가증한 것들과 음행의 더러운 것들을 가득 채워 가지고 있다. 어린양은 모든 사람이 그 음녀의 잔을 마시고 멸망케 된 것을 구원하기 위하여 그 멸망의 잔을 대신 마시고 십자가에 못 박혀 죽으셨다가 살아나셨다. 그러나 욕심과 선악지식을 좇는 음녀는 여전히 그 음행의 잔을 마시는 것이 하나님이 주신 복을 누리는 일이라는 데서 돌이키지 않는다. 음녀는 그 잔을 자신이 즐겨 마실 뿐 아니라 모든 사람을 마시고 취하게 하면서 음행의 세계를 지배하고 있다.

17.5 καὶ ἐπὶ τὸ μέτωπον αὐτῆς γεγραμμένον, ὄνομα μυστήριον, Βαβυλὼν ἡ μεγάλη, ἡ μήτηρ τῶν πορνῶν καὶ τῶν βδελυγμάτων τῆς γῆς.

카이 에피 토 메토폰 아우테스 게그람메논, 오노마 뮈스테리온, 바뷜론 헤 메갈레, 헤 메테르 톤 포르논 카이 톤 브델뤼그마톤 테스 게스.

그녀의 이마에 이름이 쓰였는데 '미스터리, 그 큰 바벨론, 그 땅의 음녀들과 그 가증한 것들의 어머니'라 하였다.

광야에 두 여자가 있다. 하나는 어린양의 신부요, 또 하나는 음녀다. 그 음녀의 이름이 '미스터리(비밀)'인 것은 사람들이 육신의 눈으로 그녀를 보기 때문에 그 이름(실존)을 보아도 보지 못하고, 들어도 듣지 못하고 마음으로 생각해도 깨달을 수 없다. 그러나 영과 생명의 눈으로 그 이름을 '호라오'하는 자에게는 전혀 비밀이 아니다. 그 여자의 이름이 미스터리한 것은 그 여자 역시 광야에 있기 때문이다. 음녀와 어린양의 신부는 광야에 있다.

어린양의 신부는 세상 나라를 십자가에 못 박은 광야에 있다. 그러나 음녀는 하나님의 나라를 십자가에 못 박은 광야에 있다. '광야'라는 말은 같으나 전혀 다른 실존이다. 사람들이 이것을 알지 못하기 때문에 그녀의 이름은 모두에게 알려져 있으나 그 실상은 미스터리하다. 마치 회칠한 무덤 같아서 겉은 아름답게 보이나 그 안에는 죽은 사람의 뼈와 모든 더러운 것들이 가득하다.

이 음녀는 그리스도의 순결한 신부인 것처럼 가장하고 있다. 그녀가 입은 주홍, 진홍색 옷과 금, 보석, 진주로 꾸민 것과 그녀가 든 금잔은 육신의 눈에는 권위와 부요와 축복이다. 그녀는 '그 모든 것(666)'을 세상에 속한 자기 믿음으로 성취했다. 그리고 음녀는 그것들을 예수 그리스도의 이름으로 포장하고 있다.

미스터리한 큰 바벨론은 어린양의 신부로 부름을 받은 자들 가운데 세상을 향한 자들을 모두 음녀가 되게 하고 있다. 뒤아테이라의 이세벨은 이 음녀의 원형이다. 큰 음녀는 세상에 속한 자기 믿음으로 육신의 정욕, 안목의 정욕, 이생의 자랑을 좇는 음녀들만 낳는다. 또 그 음녀들을 선악지식으로 화려하게 포장해준다. 그러므로 그녀는 땅의 음녀들과 가증한 것들의 어머니다.

음녀들이 행하는 가증한 일의 특징은 자기들은 어린양의 신부요, 다른 이들은 '이단'이라 단호히 정죄하는 데 있다. 그런데 음녀들은 서로가 서로를 이단이라 칭하고 자기만 정통이라 칭하며 땅에 속한 종교 논쟁을 한다. 종교 논쟁 자체가 그 스스로 음녀임을 명백히 드러내는 것이다. 왜냐하면 에클레시아는 종교인이 아니기 때문이다. 에클레시아는 이 일을 영의 눈으로 잘 보아야 한다. 만약 어느 에클레시아가 자신의 선악지식으로 누군가를 이단이라 칭하면 그 스스로 하나님과 상관없는 종교인이 되었음을 자증하는 것이다.

17.6   *καὶ εἶδον τὴν γυναῖκα μεθύουσαν ἐκ τοῦ αἵματος*
      τῶν ἁγίων καὶ ἐκ τοῦ αἵματος τῶν μαρτύρων
      Ἰησοῦ. Καὶ ἐθαύμασα ἰδὼν αὐτὴν θαῦμα μέγα·

카이 에이돈 텐 귀나이카 메뒤우산 에크 투 하이마토스
톤 하기온 카이 에크 투 하이마 토스 톤 마르튀론
예수. 카이 에다우마사 이돈 아우텐 다우마 메가·
나는 또 그 여자가 그 거룩한 자들의 피와 예수의 그 증인들의 피에 취하여 있는 것을 보았다. 나는 그녀를 보고 크게 놀랐다.

요한은 왜 그녀를 보고 크게 놀랐는가. 이는 요한이 그녀에게서 예수의 말씀이 이루어진 것을 보았기 때문이다. 기록된 바, "사람들이 너희를 회당에서 쫓아낼 것이다. 그리고 너희를 죽이는 사람이 그렇게 하는 것이 하나님을 섬기는 일이라 생각하는 때가 오고 있다"(요16:2)라고 하였다. 그녀는 어린양의 신부라 자칭하면서 세상에서 가장 화려하게 입었다. 거기다가 거룩한 자들과 예수의 증인들의 피를 마시고 취하였으니 놀라운 일이 아닐 수 없다. 오늘날 우리가 음녀를 보고도 음녀인 줄 알지 못하니 그것 또한 놀랍다. 에클레시아는 큰 음녀 건 작은 음녀 건 자신 안에 있는 심판된 음녀를 볼 수 있도록 깨어 있어야 한다.

성결의 영은 "나와 너와 그와 그녀와 우리와 너희와 그들 안에서 심판된 그 음녀를 마음의 눈으로 보라"라고 하신다. 보라 하실 때 밖을 보지 말고 자기 안을 자세히 살펴보아야 한다. 그러면 심판된 그 음녀가 자기 안에 있는 것을 보고 놀라게 될 것이다.

17.7 καὶ εἶπέν μοι ὁ ἄγγελος· Διὰ τί ἐθαύμασας; ἐγὼ ἐρῶ σοι τὸ μυστήριον τῆς γυναικὸς καὶ τοῦ θηρίου τοῦ βαστάζοντος αὐτήν, τοῦ ἔχοντος τὰς ἑπτὰ κεφαλὰς καὶ τὰ δέκα κέρατα·

카이 에이펜 모이 호 앙겔로스· 디아 티 에다우마사스; 에고 에로 소이 토 미쉬테리온 테스 귀나이코스 카이 투 데리우 투 바스타존토스 아우텐, 투 에콘토스 타스 헵타 케팔라스 카이 타 데카 케라타·

그때 그 천사가 내게 말했다. "왜 놀라느냐. 내가 그 여자와 그 여자를 태우고 다니는 일곱 머리들과 열 뿔들을 가지고 있는 그 짐승의 그 비밀을 말해주겠다."

천사는 놀라는 요한에게 "그 여자와 그 여자를 태우고 다니는 그 짐승의 비밀을 말해주겠다"라고 하였다. 그 비밀은 과연 무엇인가.

17.8 τὸ θηρίον ὃ εἶδες ἦν καὶ οὐκ ἔστιν, καὶ μέλλει ἀναβαίνειν ἐκ τῆς ἀβύσσου, καὶ εἰς ἀπώλειαν ὑπάγει· καὶ θαυμασθήσονται οἱ κατοικοῦντες ἐπὶ τῆς γῆς, ὧν τὸ ὄνομα οὐ γέγραπται ἐπὶ τὸ βιβλίον τῆς ζωῆς ἀπὸ καταβολῆς κόσμου, βλεπόντων τὸ θηρίον ὅτι ἦν καὶ οὐκ ἔστιν καὶ παρέσται.

토 데리온 호 에이데스 엔 카이 우크 에스틴, 카이 멜레이 아나바이네인 에크 테스 아뷔쑤, 카이 에이스 아폴레이안 휘파게이· 카이 다우마스데손타이 호이 카토이쿤테스 에피 테스 게스, 혼 토 오노마 우 게그라프타이 에피 토 비블리온 테스 조에스 아포 카타볼레스 코스무, 블레폰톤 토 데리온 호티 엔 카이 우크 에스틴 카이 파레스타이.

"네가 본 그 짐승은 전부터 있어 왔으나 지금은 없으며 장차 그 무저갱으로부터 올라와 멸망으로 들어갈 것이다. 그 땅에 뿌리내리고 사는 자들로서 세상의 기초가 놓여진 이후로 그 생명책에 그 이름들이 기록되지 아니한 자들은 전부터 있어 왔으나 지금은 없으며 장차 있을 짐승을 보면서 놀랄 것이다."

● 아포 카타볼레스 코스무(세상의 기초가 놓여진 이후로)

'아포 카타볼레스 코스무'를 영과 생명의 눈과 귀와 마음으로 보고, 듣고, 깨달을 수 있어야 요한 계시록 17장을 이해할 수 있다. 풀 한 포기, 나무 한 그루, 새 한 마리, 물고기 한 마리, 짐승 한 마리는 각각 그에 해당하는 고유한 하늘과 땅, 곧 우주(질서, 세상)가 있다. 그 각각의 생물은 자기의 우주 속에서 산다. 사람 또한 그와 같다.

각각의 사람은 자기의 '하늘과 땅(우주)'에 거하고 있다. 육신의 첫 사람은 육신에 속한 자기 우주(질서)에 거하고 있으며, 영의 둘째 사람은 영에 속한 자기 우주에 거하고 있다. 둘째 사람이 거하는 우주는 예수 그리스도의 말씀의 씨앗이 뿌려져서 새롭게 창조되는 영원한 생명의 우주인 하나님의 나라다.

'카타볼레'에도 알파와 오메가가 있다. 첫 창조에서 하나님이 "빛이 있으라"라고 명하신 것을 시작으로 처음 땅(땅의 기초)은 새로운 땅으로 지어졌다. 새 창조에서는 말씀이 육신이 되신 그분이 창조의 근원이 되셔서 그의 말씀을 뿌려서 우리를 새로운 영의 질서의 존재로 지으신다.

예수 그리스도는 첫 사람 안에 생명의 씨를 '뿌려서(카타발로)' 생명의 우주, 곧 하나님의 나라를 창조하신다. 그러므로 '아포 카타볼레 코스무'는 '창조의 근원이신 예수 그리스도로부터 사람의 마음에 생명의 씨를 뿌림 받은 이후부터(영과 진리의 새로운 세상의 기초가 놓여진 이후로)'란 의미다. 많은 번역 성경들이 '아포 카타볼레 코스무'를 '창세 때부터', '세상이 창조될 때부터', '천지 창조 때부터', '창세 이후로', '세상이 시작된 이후로(Since the beginning of the world)', '세상의 창조로부터(From the creation of the world)' 등으로 번역하고 있다.

그러나 '아포 카타볼레스 코스무'는 믿는 자의 마음에 어린양이 말씀의 씨를 뿌려서 새로운 영의 세상을 이루기 시작한 이후부터이다. 하나의 씨알은 땅에 떨어지기 전 그것이 이루게 될 자신의 우주를 가지고 있다. 이와 같이 말씀의 씨알 또한 그러하다. 각 사람마다 그 마음에 살았고 운동력 있는 말씀의 씨가 뿌려져서 하나님의 뜻을 따라 그에게 고유한 하나님의 나라가 이루어진다. 이 일은 인자의 기도에서 "당신의 뜻이 하늘에서 이룬 것 같이 땅에서 이루어지이다"라고 하는 그 소망을 이루는 하나님의 새 창조다.

살았고 운동력 있는 말씀이 사람의 순결한 마음(땅)에 떨어져서 그 안에 새 하늘과 새 땅(하나의 우주)이 창조되면 그 사람의 이름은 생명책에 이미 기록되었다. 실상은 그 사람 자신의 심비가 생명책이다. 육신의 첫 사람의 처음 하늘과 처음 땅이 사라지고 영의 둘째 사람의 새 하늘과 새 땅이 창조되는 이 영과 생명의 흐름을 놓치면 사람의 선악지식인 종말론이나 종교다원주의에 갇힌다. 그래서 아무도 크로노스의 생존에서 카이로스의 생명으로 옮기우는 새 창조의 일을 보아도 보지 못하고, 들어도 듣지 못하고, 마음으로 생각지 못한다. 말씀의 씨가 뿌려져서 나의 나됨을 이룬 둘째 사람에게 있어서 새 하늘은 그의 마음이요, 새 땅은 그의 몸이다.

예수 그리스도는 '전부터 계셔 오셨고(호 엔)', '지금도 계시며(호 온)', '오고 계신 이(호 에르코메노스)'다. 그러나 예수 그리스도를 세상 임금으로 영접한 자에게 예수 그리스도는 그 안에 계시지 않고 다만 하나님 우편에 계시다가 종말에 오실 분으로 여겨지고 있다.

때문에 육신에 속한 자기 믿음을 가진 자들은 굳건한(철과 같은) 고집스러운 소망으로 크로노스의 미래에 올 예수 그리스도를 고대하고 있다. 그러므로 용과 짐승과 거짓 예언자는 육신에 갇혀 존재의 변화가 없는 그들의 굳건한 소망을 이루어 주는 광명한 천사로 등장하여 그들의 공허한 마음을 차지하고 그들을 음녀가 되게 한다.

● **무저갱으로부터 올라오는 자**

전부터 있어 왔으나 지금은 없으며 장차 그 무저갱으로부터 올라오는 자는 누구인가. 놀라지 말라. 첫 사람이 자기 믿음으로 믿고 있는 세상 임금 예수다! 지금 자기 안에 생명과 사랑과 거룩과 진리로 '나의 나됨'을 이루시는 그리스도가 없는 사람은 크로노스의 종말에 구름 타고 오실 그 예수를 대망하고 있다. 때문에 짐승이 나타나서 "내가 바로 그 재림 예수다"라고 하게 되면 거기에 속는 것이다. 그러나 내가 재림 예수다 하는 자들은 오래가지 못한다. 그가 아무리 사람을 잘 속인다 할지라도 그의 육신이 죽으면 끝이다.

그럴지라도 거짓 예수가 생존하는 동안은 말씀의 씨가 뿌려진 후 자라나서 열매 맺지 못한 자들에게 그 거짓 예수는 놀라움과 열광의 대상이 되고 있다. 또 어떤 이들은 재림 예수와 함께 구름 타고 하늘에 오를 것으로 안다. 그러다가 종주가 죽으면 끝이다. 그들의 이름은 이와 같이 생명책에 기록되지 못한다.

그러므로 사람이 '땅에 뿌리를 내리고 사는 자(카토이케오)'가 되느냐 아니면 하늘을 향하여 '그 땅을 여행하는 나그네(파로이케오)'가 되느냐가 문제다. 예수 그리스도의 믿음과 하나된 자는 부활의 실존으로 그 땅을 여행할 것이다. 그러나 자기 믿음에 갇힌 자는 자신의 욕심과 선악지식을 좇아서 그 땅에 뿌리를 내리고 육신으로 생존하면서 있지도 않은 크로노스의 종말에 오실 예수 그리스도를 고대할 것이다. 그러나 생명책에 기록되지 아니한 그의 고대는 헛될 뿐이다.

17.9 Ὧδε ὁ νοῦς ὁ ἔχων σοφίαν. αἱ ἑπτὰ κεφαλαὶ ἑπτὰ ὄρη εἰσίν, ὅπου ἡ γυνὴ κάθηται ἐπ᾽ αὐτῶν. καὶ βασιλεῖς ἑπτά εἰσιν·

호데 호 누스 호 에콘 소피안. 하이 헵타 케팔라이 헵타 오레 에이신, 호푸 헤귀네 카데타이 에프 아우톤. 카이 바실레이스 헵타 에이신·

"여기에 지혜를 가지고 있는 마음이 필요하다. 그 일곱 머리들은 그 여자가 앉은 일곱 산들이며 또 일곱 왕들이다."

하나님은 그의 지혜와 지식의 '깊음(바도스)' 속에서 첫 사람을 건져내시는 새 창조를 행하신다. 때문에 하나님은 그의 계시를 믿는 자에게 새 창조를 행하신다. 그러나 짐승은 자기의 욕심과 선악지식을 좇아서 그 깊음에서 나오려 하다가 도리어 무저갱이 되게 한다. 즉 그에게 하나님의 지혜와 지식의 깊음은 나올 수 없는 구렁이다. 그러므로 그 짐승과 그 여자에게 미혹되지 않으려면 우리에게 하나님께 믿음으로 받은 지혜의 '마음(누스)'이 필요하다.

우리가 하나님께 받은 지혜의 마음으로 바라보면 짐승의 일곱 머리들은 그 여자가 앉아 있는 일곱 산들이다. 요한이 계시를 보았던 당시의 로마는 일곱 언덕들에 위치해 있었다. 그러면 그것들은 에클레시아에게 무엇을 징조하고 있는가. 음녀가 그 위에 앉은 짐승은 용을 좇아서 성령의 일곱 가지 일들을 자기의 육신의 일들로 바꾸었다.

즉 짐승은 욕심과 선악지식을 좇아서 성령의 은혜를 육신의 거래로, 성령의 영광을 육신의 성공으로, 성령의 진리를 육신의 선악지식으로, 성령의 성결을 육신의 음행으로, 성령의 생명을 육신의 생존으로, 성령의 인침을 짐승의 표로, 성령의 안식을 짐승의 전쟁으로 바꾸었다. 짐승은 사람들을 동원하여 전쟁하며 그들의 시체로 일곱 산들을 이루게 한다. 그 여자는 그 짐승 위에 앉아서 하나님을 위한 그들의 죽음이 큰 보상을 받으리라 한다. 그리고 그녀를 책망하는 거룩한 자들과 예언자들을 죽이고 그들의 피를 마시고 취한다.

17.10 οἱ πέντε ἔπεσαν, ὁ εἷς ἐστιν, ὁ ἄλλος οὔπω ἦλθεν, καὶ ὅταν ἔλθῃ ὀλίγον αὐτὸν μεῖναι, δεῖ

호이 펜테 에페산, 호 헤이스 에스틴, 호 알로스 우포 엘덴, 카이 호탄 엘데 올리곤 아우톤 메이나이, 데이

"다섯은 사라졌고 하나는 지금 있으며 다른 하나는 아직 오지 않았다. 그가 오면 반드시 잠시 동안 머물 것이다."

일곱 산들은 일곱 왕들이다. 요한 계시록을 좇아서 보면 17장은 새 창조의 닷새가 지나갔다. 그러므로 다섯 왕들 또한 사라졌다. 사라지는 세상의 왕들은 스스로 가진 것은 없고 하나님이 행하시는 새 창조를 욕심과 선악지식으로 대적하고 있을 뿐이다. 여섯째 왕이 있다는 것은 새 창조의 여섯째 날에 하나님의 일을 흉내 내고 있는 짐승이 있음을 말한다. '호 에르코메노스(오고 계신 이)'이신 예수 그리스도는 새 창조의 일곱 날들을 좇아서 에클레시아에게 거듭 새롭게 오시기 때문에 짐승도 번갈아 나타나서 그 일을 흉내 내고 있다.

17.11 καὶ τὸ θηρίον ὃ ἦν καὶ οὐκ ἔστιν. καὶ αὐτὸς ὄγδοός ἐστιν καὶ ἐκ τῶν ἑπτά ἐστιν, καὶ εἰς ἀπώλειαν ὑπάγει.

카이 토 데리온 호 엔 카이 우크 에스틴. 카이 아우토스 오그도오스 에스틴 카이 에크 톤 헵타 에스틴, 카이 에이스 아폴레이안 휘파게이.

"전부터 있어 왔으나 지금은 없는 그는 여덟째 왕이다. 그는 그 일곱 중에 속한 자로서 그도 멸망으로 들어간다."

자기 믿음으로 사는 이들에게는 오늘 여기에서 육에서 죽고 영으로 사는 '카이로스'의 부활은 없다. 그들은 심판의 부활인 사후세계의 부활만을 믿는다. 그들이 다시 오실 것으로 믿는 그 예수는 그들에게는 여덟째 왕이다. 왜냐하면 그들은 오늘의 부활이요, 생명이신 예수 그리스도를 통하여 부활의 알곡(실존)이 되지 못하였기 때문이다.

알곡(부활의 실존)을 거두시는 이는 쭉정이를 불에 태우신다. 쭉정이는 부활을 믿건 믿지 않건 불 탈 존재다. 그들 자신도, 그들이 자기 믿음으로 믿었던 우상 예수(짐승)도 멸망으로 들어간다. 한 분이신 예수 그리스도는 전부터 계셔왔고, 지금도 계시며, 오고 계신다. 그러나 어떤 우상도 사라진다. 사람이 만드는 우상은 먼저 왔던 자가 잠시 있다가 사라지면 다른 자가 나타난다.

17.12 καὶ τὰ δέκα κέρατα ἃ εἶδες εἰσιν, δέκα βασιλεῖς οἵτινες βασιλείαν οὔπω ἔλαβον, ἀλλὰ ἐξουσίαν ὡς βασιλεῖς μίαν ὥραν λαμβάνουσιν μετὰ τοῦ θηρίου.

카이 타 데카 케라타 하 에이데스 에이신, 데카 바실레이스 호이티네스 바실레이안 우포 엘라본, 알라 엑수시만 호스 바실레이스 미안 호란 람바누신 메타 투 데리우.

"네가 본 열 뿔들은 열 왕들이다. 그들은 아직 나라를 얻지 못하였으나 그 짐승과 함께 잠시 동안 왕처럼 권세를 받을 것이다."

짐승과 열 뿔들은 짐승의 원형인 솔로몬과 그의 신하들의 관계에서 잘 드러나고 있다. 솔로몬이 왕좌에 오르기 전 다윗의 노년에 솔로몬과 그 형제들 사이에 왕위를 놓고 권력 투쟁이 벌어졌다. 이때 솔로몬은 다윗의 충신들에 의해 왕위에 오르게 되었다. 그가 왕이 되자 그 밑에 열한 신하들을 두었다. 그들은 솔로몬의 등극에 크게 기여한 자들이거나 그들의 아들들이었다. 즉 그들은 한뜻을 가지고 자기의 능력과 권세를 솔로몬에게 바친 자들이었다. 그들은 솔로몬의 밑에서 신하 노릇을 하는 동안 큰 권세를 받았다. 왕의 신하는 언제나 바뀔 수 있고 바뀐다. 왕의 신하가 받는 권세는 그가 왕을 섬기는 잠시 동안이다. 우리의 마음에 짐승이 들어와 있으면 열 손가락은 열 뿔이다. 즉 예수 그리스도가 세상 임금으로 우리 마음에 자리 잡고 있으면 우리의 열 손가락은 그 임금을 섬기는 작은 왕들이다.

17.13 οὗτοι μίαν γνώμην ἔχουσιν, καὶ τὴν δύναμιν καὶ ἐξουσίαν αὐτῶν τῷ θηρίῳ διδόασιν.

후토이 미안 그노멘 에쿠신, 카이 텐 뒤나민 카이 엑수시안 아우톤 토 데리우 디도아신.

"그들은 한 목적을 가지고 그들의 능력과 권세를 그 짐승에게 준다."

열 뿔들이 그들의 능력과 권세를 짐승에게 바쳐서 그 짐승의 능력과 권세가 강해지면 강해질수록 그들이 짐승에게서 받는 잠시 동안의 권세도 커질 것이다. 자기 능력과 권세를 짐승에게 바치는 자들은 항상 있기 때문에 짐승은 큰 권세와 영광을 계속 누린다. 열 뿔들은 가장 큰 짐승을 섬기며 그 밑에서 권세를 누리는 짐승들이다. 그들은 작고, 낮고, 약하고, 가난한 존재들을 섬기시는 어린양과 싸우겠다는 한 목적을 가지고 연합되어 있다.

사람의 마음이 '나의 나됨'을 이루시는 하나님께 드려져 있으면 그 열 손가락들로서 행하는 일이 하나님의 뜻을 이루는 십일조다. 그러나 그 마음을 짐승에게 빼앗기고 있으면 그 열 손가락들로 행하는 일이 짐승의 뜻을 이루는 육신의 십일조다.

● 솔로몬이 짐승(큰 자, 666)의 원형이 된 까닭은 무엇인가

솔로몬은 그의 아버지 다윗으로부터 이스라엘 나라와 권세와 영광을 상속받았다. 또 하나님은 그를 사랑하셨고 지혜도 주셨다. 그러나 그는 그가 받은 모든 것들을 육신의 정욕(6), 안목의 정욕(6), 이생의 자랑(6)을 좇아 자기 것으로 움켜쥐고 하나님을 그가 지은 돌집(예루살렘 성전)에 유폐시켰다. 그는 그 자신의 마음 보좌에서 하나님을 쫓아냈다. 솔로몬은 육신의 지혜와 지식으로 짐승의 생각과 짐승의 길을 택하였다.

● 오늘날의 솔로몬은 누구인가

예수 그리스도가 사람의 마음에 세상 임금(붉은 용)이 되어 있으면 그는 666의 솔로몬(짐승)이다. 짐승은 의도적으로 사람들이 모이는 큰 건물을 성전이라 노아의 방주라 부른다. 그 건물에 하나님이 계시니 거기로 모이라 하면서 사람들을 불러 모은다. 사람들은 정작 하나님의 성전인 자신들의 마음은 용과 짐승과 거짓 예언자에게 주어버리고 사람의 손으로 지은 큰 집에 몸뚱이들만 모여 예배한다. 그들이 아무리 그곳을 성전이라 부를지라도 그들의 마음은 붉은 용의 것이 되었다. 그 붉은 용은 다름 아니라 그들의 우상인 세상 임금 예수다. 욕심과 선악지식을 좇아서 그들이 세상 임금 예수를 영접하였으니 이름만 예수지 실상은 붉은 용이다.

● 솔로몬은 어떻게 음녀를 태우고 다니는 짐승이 되었는가

솔로몬은 하나님이 금지하신 이방 족속과의 결혼을 감행하였다. 그는 정략적으로 애굽과 모압과 암몬과 에돔과 시돈과 헷에서 아내를 맞았다. 이스라엘까지 합하면 일곱 나라들이다. 이것은 우상을 섬기는 이방 여인들이 솔로몬이란 짐승을 타고 있는 것과 같다. 일곱 머리들이란 성령의 일곱 역사들을 이용하는 짐승의 일이다. 하나님이 솔로몬에게 큰 지혜를 주셨으나 그는 그 지혜로 짐승이 되어 버렸고 음녀들이 그 위에 올라앉았다.

하나님의 말씀을 받은 자들이 작은 자들이 되려 하지 아니하고, 세상 임금을 좇아 큰 자들이 되려 할 때 붉은 용을 섬기는 짐승이 되고 또 음녀를 그 등에 태우고 다니게 된다. 짐승은 자기가 짐승인 줄 알지 못하고, 음녀는 자기가 음녀인 줄 알지 못한다. 이 일은 영과 생명의 눈을 가진 에클레시아에게만 계시되는 미스터리다. 그리하여 짐승은 다른 짐승을 향하여 너는 짐승이라 부르고, 음녀는 다른 음녀를 향하여 너는 음녀라 부르지만 그들 모두가 짐승이며 음녀이다. 서로가 서로를 정죄하지만 거기엔 짐승과 음녀만 있다. 이 일은 욕심과 선악지식을 좇는 자가 행하는 자기 정죄의 미스터리다.

17.14 οὗτοι μετὰ τοῦ ἀρνίου πολεμήσουσιν, καὶ τὸ ἀρνίον νικήσει αὐτούς, ὅτι ἐστὶν κύριος κυρίων καὶ βασιλεὺς βασιλέων, καὶ οἱ μετ' αὐτοῦ κλητοὶ καὶ ἐκλεκτοὶ καὶ πιστοί.

후토이 메타 토 아르니우 폴레메수신, 카이 토 아르니온 니케세이 아우투스, 호티 에스틴 퀴리오스 퀴리온 카이 바실류스 바실레온, 카이 호이 메트 아우투, 클레토이 카이 에클렉토이 카이 피스토이.

"그들은 그 어린양과 싸울 것이다. 그러나 그 어린양은 주들의 주요 왕들의 왕이시므로 그들을 이기실 것이며 또 그와 함께 있는 자들 곧 부르심을 받고, 택하심을 입고, 믿는 자들은 이길 것이다"라고 하였다.

17.15 Καὶ λέγει μοι· Τὰ ὕδατα ἃ εἶδες, οὗ ἡ πόρνη κάθηται, εἰσὶν λαοὶ καὶ ὄχλοι καὶ ἔθνη καὶ γλῶσσαι.

카이 레게이 모이ʼ 타 휘다타 하 에이데스, 후 헤 포르네 카데타이, 에이신 라오이 카이 오클로이 카이 에드네 카이 글로싸이.

또 그 천사가 내게 말했다. "네가 본 물들, 즉 그 음녀가 앉은 물들은 백성들과 무리들과 나라들과 언어들이다."

어린양은 종족들과 언어들과 백성들과 나라들 가운데서 셀 수 없는 큰 무리를 그의 피로 사셨는데 그 무리 가운데는 음녀의 삶에 유혹되어 그녀 밑에서 종노릇 하며 음녀들이 된 자들이 허다하다.

17.16 καὶ τὰ δέκα κέρατα ἃ εἶδες καὶ τὸ θηρίον, οὗτοι μισήσουσι τὴν πόρνην, καὶ ποιήσουσιν αὐτὴν ἠρημωμένην καὶ γυμνήν, καὶ τὰς σάρκας αὐτῆς φάγονται, καὶ αὐτὴν κατακαύσουσιν ἐν πυρί·

카이 타 데카 케라타 하 에이데스 카이 토 데리온, 후토이 미세수시 텐 포르넨, 카이 포이에수신 아우텐 에레모메넨 카이 귐넨, 카이 타스 사르카스 아우테스 파곤타이, 카이 아우텐 카타카우수신 엔 퓌리·

"네가 본 이 열 뿔들과 그 짐승은 그 음녀를 미워하고 황폐케 하고 벌거벗기고 그녀의 살들을 먹고 그녀를 불로 태워버릴 것이다."

무엇 때문에 일곱 머리 열 뿔의 짐승은 자기가 태우고 다니던 음녀를 미워하고, 황폐케 하고, 벌거벗게 하고, 그녀의 살을 먹고 또 불로 태워버리는가.

하나님은 16장 19절에서 그 음녀(큰 성 바벨론)에게 그의 진노의 잔에 담긴 분노의 포도주를 주셨다. 일곱 천사들의 일곱 재앙들을 받고도 음녀는 돌이키지 아니하고 여전히 음녀 노릇을 하고 있었다. 그런데 하나님이 그녀를 심판하시면서 그녀에게 주신 진노의 포도주로 말미암아 열 뿔들과 그 짐승에게 그녀를 향하여 미움이 일어나게 되었다. 이는 마치 하나님이 인간들의 죄에 대한 진노의 잔을 어린양에게 주어 마시게 하시자 인간들에게 어린양에 대한 미움이 치솟아 그를 십자가에 못 박은 것과 같다. 구원자이신 어린양이 유대인들에게 미움을 받은 것 같이 하나님께 진노의 포도주를 받은 음녀는 열 뿔들과 짐승에게 미움을 받게 되었다.

그 음녀에게 주신 하나님의 진노의 잔은 이이제이(以夷制夷) 하시는 하나님의 심판이다. 유대인들이 메시아를 십자가에 못 박은 것은 어린양을 믿지 않는 그들의 죄에 대한 하나님의 심판을 그들 스스로 받게 한 것이다. 열 뿔들과 짐승이 음녀를 불로 태워버리기까지 하는 것은 그녀에 대한 하나님의 심판을 그들이 대신 행하는 일이다. 욕심과 선악지식을 좇는 자는 서로 이익이 될 때만 함께 한다.

17.17 γὰρ ὁ θεὸς ἔδωκεν εἰς τὰς καρδίας αὐτῶν ποιῆσαι τὴν γνώμην αὐτοῦ, καὶ ποιῆσαι μίαν γνώμην καὶ δοῦναι τὴν βασιλείαν αὐτῶν τῷ θηρίῳ, ἄχρι τελεσθήσονται οἱ λόγοι τοῦ θεοῦ.

가르 호 데오스 에도켄 에이스 타스 카르디아스 아우톤 포이에사이 텐 그노멘 아우투, 카이 포이에사이 미안 그노멘 카이 두나이 텐 바실레이안 아우톤 토 데리오, 아르키 텔레스데손타이 호이 로고이 투 데우.

"그것은 하나님이 그의 말씀들이 온전히 이루기까지 당신의 뜻을 행하려는 마음들을 그들에게 주어서 그들이 뜻을 모아 그들의 왕권을 그 짐승에게 주게 하셨기 때문이다."

열 뿔들은 한뜻으로 그들의 왕권을 짐승에게 주어서 그의 왕권을 강화하려 한다. 그때에 방해가 되는 것이 음녀다. 음녀는 짐승 위에 앉아서 백성들과 무리들과 나라들과 언어들을 지배한다. 음녀가 가진 그 지배권은 짐승 위에 앉아 있는 것 때문에 오는 것이다. 음녀는 열 뿔들과는 달리 그녀의 지배권을 짐승에게 넘기려 하지 않는다. 음녀의 뜻은 짐승의 왕권을 강화하고자 하는 열 뿔들의 뜻과 전혀 다르며 짐승의 뜻과도 배치된다. 열 뿔들과 짐승은 음녀를 미워하게 된다. 이 미움은 그녀가 불사름을 당하게 하는 데까지 이른다. 그녀의 음행에 대한 하나님의 심판은 이와 같이 그들 가운데서 이루어진다.

17.18 καὶ ἡ γυνὴ ἣν εἶδες ἔστιν ἡ πόλις ἡ μεγάλη ἡ ἔχουσα βασιλείαν ἐπὶ
τῶν βασιλέων τῆς γῆς.

**카이 헤 귀네 헨 에이데스 에스틴 헤 폴리스 헤 메갈레 헤 에쿠사 바실레이안
에피 톤 바실레온 테스 게스.**

"네가 본 그 여자는 그 땅의 그 왕들을 지배하는 왕권을 가진 큰 성이다."

땅의 왕들을 지배하는 음녀인 그 큰 성은 때가 이르면 하나님으로 말미암아 자기
가 타고 다니던 그 짐승에게 미움을 받아 불사름을 당한다. 이와 같이 짐승의
세상은 자멸하는 길을 걷는다.

요한 계시록 18장

18.1 Μετὰ ταῦτα εἶδον ἄλλον ἄγγελον καταβαίνοντα ἐκ τοῦ οὐρανοῦ, ἔχοντα ἐξουσίαν μεγάλην, καὶ ἡ γῆ ἐφωτίσθη ἐκ τῆς δόξης αὐτοῦ.

메타 타우타 에이돈 알론 앙겔론 카타바이논타 에크 투 우라누,
에콘타 엑수시안 메갈렌, 카이 헤 게 에포티스데 에크 테스 독세스 아우투.

이 일들을 좇아서 다른 천사가 큰 권세를 가지고 그 하늘로부터 내려오고 있는 것을 보았다. 그 땅은 그의 영광으로 환해졌다.

어두움에 빛이 비취어 오면 감춰져 있던 일들이 드러난다. 여기 하늘에서 내려온 천사는 큰 성 바벨론의 감추인 실상을 그의 영광으로 드러내고 또 그 성의 멸망을 선고하는 권세를 가졌다.

18.2 καὶ ἔκραξεν ἐν ἰσχυρᾷ φωνῇ λέγων· Ἔπεσεν, ἔπεσεν Βαβυλὼν ἡ μεγάλη, καὶ ἐγένετο κατοικητήριον δαιμονίων καὶ φυλακὴ παντὸς πνεύματος ἀκαθάρτου καὶ φυλακὴ παντὸς ὀρνέου ἀκαθάρτου καὶ φυλακὴ παντὸς θηρίου ἀκαθάρτου καὶ μεμισημένου,

카이 에크락센 엔 이스퀴라 포네, 레곤· 에페센 에페센, 바빌론 헤
메갈레, 카이 에게네토 카토이케테리온 다이모니온 카이 퓔라케 판토스
프뉴마토스 아카다르투 카이 퓔라케 판토스 오르네우 아카다르투 카이
퓔라케 판토스 데리우 아카다르투 카이 메미세메누,

그가 힘찬 소리를 부르짖으며 말하고 있기를, "거꾸러졌다, 거꾸러졌다, 그 큰 성 바벨론이, 그것은 귀신들의 처소와 온갖 더러운 영들이 지키는 곳과 온갖 더럽고 가증한 새들이 지키는 곳이 되었다."

바벨론 성에는 여왕인 음녀가 보좌에 앉아 있다. 그 성은 본래 어린양의 거룩하고 영광스런 신부를 위하여 있어야 하였으나 거기에서 거꾸러지고 거꾸러져서(떨어져서) 음녀의 보좌가 되었다. 또 귀신들의 처소와 온갖 더러운 영들과 새들이 겹겹이 음녀를 지키는 곳이 되었다. 왕이든 여왕이든 왕궁에는 보좌가 있고 그 보좌를 둘러싸고 그곳에 거하는 자들과 지키는 자들이 있기 마련이다. 바벨론은 음녀를 중심으로 한 귀신들의 처소가 되었다. 온갖 더러운 영들과 온갖 더럽고 가증한 새들이 그 성을 지키고 있다. 이것은 큰 권세를 가진 천사 앞에 드러난 바벨론의 거꾸러진(부패한) 모습이다. 이것은 그녀가 음행으로 불러온 결과다.

18.3 ὅτι ἐκ τοῦ οἴνου τοῦ θυμοῦ τῆς πορνείας αὐτῆς πέπτωκαν πάντα τὰ ἔθνη, καὶ οἱ βασιλεῖς τῆς γῆς μετʼ αὐτῆς ἐπόρνευσαν, καὶ οἱ ἔμποροι τῆς γῆς ἐκ τῆς δυνάμεως τοῦ στρήνους αὐτῆς ἐπλούτησαν.

호티 에크 투 오이누 투 뒤무 테스 포르네이아스 아우테스 펩토칸 판타 타 에드네, 카이 호이 바실레이스 테스 게스 메트 아우테스 에포르뉴산, 카이 호이 엠포로이 테스 게스 에크 테스 뒤나메오스 투 스트레누스 아우테스 에플루테산.
"모든 나라는 그녀의 음행의 분노의 포도주를 마셨고 그 땅의 그 왕들은 그녀와 더불어 음행하였고 또 그 땅의 상인들은 그녀의 엄청난 사치 때문에 부자가 되었다"라고 하였다.

12장 13절에서 하늘에서 쫓겨난 용은 큰 분노를 가지고 땅으로 내려왔다. 음녀의 분노는 용에게서 받은 것이다. 음녀가 용의 분노를 받아 그것을 드러내는 방식은 모든 나라에는 음행의 분노의 포도주를 마시게 하는 것이요, 땅의 왕들과는 직접 음행하는 것이다. 음녀는 작은 자가 되라고 하는 어린양의 포도주(은혜와 진리)에 분노하였다. 그래서 모든 나라에 육신의 정욕, 안목의 정욕, 이생의 자랑을 좇아 큰 자가 되라는 음행의 포도주를 마시게 했다.

음녀는 왕들 곧 큰 자들, 높은 자들, 부자들, 강한 자들과만 어울리고 작은 자, 낮은 자, 가난한 자들, 약한 자들을 멸시한다. 그러나 멸시를 당하는 그들이 그 음녀의 엄청난 사치를 떠받치고 있다. 그녀의 사치로 인하여 이익을 보는 자는 성령의 은혜를 거래로 바꾼 상인들이다. 그들은 음녀와의 거래로 부자가 되었다. 그러나 그들이 부자인 것은 육적인 것이다. 영적으로는 라오디케아에 있는 에클레 시아처럼 비참하고 가련하고 가난하고 눈멀고 벌거벗었다. 이 모든 것은 바벨론의 거꾸러진 모습이다. 바벨론은 어린양의 신부의 자리에서 거꾸러지고 거꾸러졌다.

18.4 Καὶ ἤκουσα ἄλλην φωνὴν ἐκ τοῦ οὐρανοῦ λέγουσαν· ὁ λαός μου,
Ἐξέλθατε, ἐξ αὐτῆς, ἵνα μὴ συγκοινωνήσητε ταῖς ἁμαρτίαις αὐτῆς,
καὶ ἵνα ἐκ τῶν πληγῶν αὐτῆς μὴ λάβητε·

카이 에쿠사 알렌 포넨 에크 투 우라누 레구산· 호 라오스 무,
에크셀다테, 에크스 아우테스, 히나 메 슁코이노네세테 타이스 하마르티아이스
아우테스, 카이 히나 에크 톤 플레곤 아우테스 메 라베테·
나는 또 그 하늘에서 나는 다른 소리를 들었다. 말하고 있기를, "내 백성아
그녀에게서 나와 그녀의 죄들에 참여하지 말고 그녀의 재앙들을 받지 말라."

하늘에서 큰 권세를 가지고 내려온 천사의 영광으로 큰 성 바벨론이 거꾸러지고 거꾸러진 모습이 드러났다. 이것은 하나님이 그의 백성에게 바벨론의 실체를 보여 주시고 거기서 나오게 하려 함이다. 들을 귀를 가진 하나님의 백성은 그때에 그의 부르심을 좇아 거기서 나올 것이다. 그의 부르심을 듣고도 거기에 머물러 있는 자는 그녀의 죄와 재앙에 함께 참여하게 될 것이다.

18.5 ὅτι ἐκολλήθησαν αὐτῆς αἱ ἁμαρτίαι ἄχρι τοῦ οὐρανοῦ, καὶ
ἐμνημόνευσεν ὁ θεὸς τὰ ἀδικήματα αὐτῆς.

호티 에콜레데산 아우테스 하이 하마르티아이 아르키 투 우라누, 카이
엠네모뉴센 호 데오스 타 아디케마타 아우테스.
"그녀의 죄들은 그 하늘에까지 사무쳤으며 하나님은 그녀의 불의한 일들을
기억하셨다."

그 여자가 하나님의 마음을 떠나 음행한 죄는 하늘에까지 사무쳤고, 의도적으로 하나님께 대적하여 바벨론이 귀신의 처소가 되게 한 그 일들은 하나님이 기억하셨다. 하나님은 사람들의 죄를 기억조차 하지 않으시려고 어린양으로 하여금 죄사함의 은혜를 베풀케 하셨다. 그런데 음녀는 그 은혜를 색욕거리가 되게 하였다. 그녀는 자기의 죄와 불의로 말미암아 하나님께 기억되었다.

하나님의 백성들은 그녀가 어린양의 신부인 줄 알고 그녀와 함께 있었다. 그러나 그녀는 그 자신의 죄를 하늘에까지 사무치게 한 자요, 하나님이 그녀의 불의한 일들을 기억하셨다. 그들은 더 이상 그녀와 함께 있을 수 없음을 알게 되었다. 이제 하나님의 백성은 그녀로부터 결별할 때가 되었다. 하나님의 백성이 바벨론을 떠나기 위해서는 먼저 자신 안의 선악지식을 좇으며 보이지 않게 있는 음녀와 결별해야 한다. 그렇지 않고서는 큰 음녀인 바벨론과 결별할 수 없다.

18.6 ἀπόδοτε αὐτḵ ὡς καὶ αὐτὴ ἀπέδωκεν, καὶ διπλώσατε τὰ διπλᾶ κατὰ τὰ ἔργα αὐτṛς· ἐν τῷ ποτηρίῳ ῷ ἐκέρασεν κεράσατε αὐτḵ διπλοῦν·

아포도테 아우테 호스 카이 아우테 아페도켄, 카이 디플로사테 타 디플라 카타 타 에르가 아우테스· 엔 토 포테리오 호 에케라센 케라사테 아우테 디플룬·

"너희는 그 여자가 준 것만큼 되돌려주고 그 여자의 일들을 따라서 갑절이 되게 하라. 너희는 그 여자가 섞은 잔에 갑절을 섞어 주라."

6절의 말씀은 무엇인가. 들을 귀로 듣지 않으면 갑절의 복수처럼 들릴 것이다. 만약 어느 누가 그렇게 듣고 있다면 그는 그 자신의 음녀와 결별하고 있는 것이 아니라 음녀의 편에 서는 것이다. 아무리 하나님의 백성일지라도 그가 바벨론에 거한 이상 그 안에 음녀가 있다. 그 음녀와 결별하는 일이 6절이다.

자신의 음녀가 큰 음녀에게서 무엇을 받았든지 그것을 되돌려 주지 아니하면 바벨론을 떠날 수 없다. 큰 음녀에게서 종교를 받았으면 그 종교를, 도덕을 받았으면 그 도덕을, 윤리를 받았으면 그 윤리를, 사회정의를 받았으면 그 사회정의를, 권세를 받았으면 그 권세를, 교리를 받았으면 그 교리를, 밥벌이를 받았으면 그 밥벌이를 그녀에게 돌려주어야 한다. 그리고 하나님의 인도하심을 좇아 거기서 나와야 한다. 이것은 아브람이 하나님의 말씀을 좇아 갈대아 우르를 떠난 것과 같고 이스라엘 백성이 애굽을 떠난 것과 같다.

큰 음녀를 떠나는 자가 그녀에게 받은 것만큼 돌려주면 그녀는 갑절로 받는다. 내가 그녀에게서 받아 마시던 섞은 잔을 그녀의 잔에 부어 주면 그녀는 갑절로 마시게 된다. 갑절을 준다는 것은 내게 온 그녀의 것을 모두 되돌려주는 일이다. 복수의 이야기가 아니다. 그녀가 내게 주었던 그것은 무엇이 되었건 하나님의 백성인 내가 받을 것이 아니었기에 돌려주는 것이다.

바벨론을 떠나는 것은 하나님의 백성에게도 갑절의 고난을 가져온다. 내 것으로 여겼던 것을 그녀에게 돌려주어야 하고, 또 그곳을 떠나야 하기 때문이다. 이것은 자기를 부인하고 자기 십자가를 지는 일이다. 이것은 예수 그리스도의 속량을 받는 이들이 행하는 자기 속량이다. 그 일이 힘들고 두려워서 떠나지 아니하면 음녀의 죄와 재앙에 함께 참여하는 자가 되고 만다. 이 일은 작은 자가 되어 있을수록 쉽고, 큰 자가 되어 있을수록 어렵다. 왜냐하면 큰 자가 되어 있을수록 바벨론의 사치와 영화에 깊이 빠져 있기 때문이다.

18.7 ὅσα ἐδόξασεν αὐτὴν καὶ ἐστρηνίασεν, τοσοῦτον βασανισμὸν καὶ πένθος. δότε αὐτῇ ὅτι ἐν τῇ καρδίᾳ αὐτῆς λέγει ὅτι Κάθημαι βασίλισσα, καὶ χήρα οὐκ εἰμί, καὶ πένθος οὐ μὴ ἴδω.

호사 에독사센 아우텐 카이 에스트레니아센, 토수톤 바사니스몬 카이 펜도스. 도테 아우테 호티 엔 테 카르디아 아우테스 레게이, 호티 카데마이 바실리싸, 카이 케라 우크 에이미, 카이 펜도스 우 메 이도.

"그녀가 자기를 영화롭게 하고 사치를 누린 그만큼 그녀에게 고난과 슬픔으로 갚아 주라. 그녀는 마음속으로 '나는 여왕으로 앉아 있고 과부가 아니다. 나는 결코 슬픔을 보지 아니할 것이다'라고 말한다."

큰 음녀는 땅의 음녀들과 가증한 것들의 어머니다. 큰 음녀의 딸들인 음녀들은 누구인가. 큰 음녀는 자기 믿음을 좇아서 모든 나라들에게 음행의 분노의 포도주를 마시게 했고 땅의 왕들과 음행을 하였다. 그 음행의 결과로 그녀가 낳은 자녀들은 육체의 성별에 관계없이 음녀들이다. 그러므로 그 음녀를 자기 안에서 찾지 아니하고 다른 데서 찾으면 누구든지 계속 음녀로 살 수밖에 없다.

누구든지 자기 안에는 크건 작건 자기 믿음의 음녀가 있다. 그 음녀는 자기 믿음으로 욕심과 선악지식을 좇아서 사는 자 안에 여왕으로 앉아 있고, 과부가 아니며 슬픔을 결코 보지 않으리라 믿는다. 음녀에게 고난과 슬픔으로 갚아주라는 것은 자기 안에 있는 음녀와 결별하는 고난이요 슬픔이다. 이 일이 회개다. 이것은 아브라함이 하갈과 이스마엘을 광야로 내보내는 것과 같은 일이다.

이 고난과 슬픔은 우리에게서 육신에 속한 우리 자신의 믿음을 떠나보내고 예수 그리스도의 부활의 믿음과 하나되는 고난이요 슬픔이다. 이 회개의 고난과 슬픔 없이는 큰 바벨론을 떠날 수 없다. 큰 바벨론이 겪는 고난과 슬픔은 그녀의 딸들인 줄 알았던 이들이 그녀를 버리고 떠나가기 때문에 오는 것이다. 바벨론을 떠나는 자가 스스로 택한 고난과 슬픔은 생명을 이루고 바벨론에 남은 자의 기쁨과 즐거움은 사망을 이룬다.

18.8 διὰ τοῦτο ἐν μιᾷ ἡμέρᾳ ἥξουσιν αἱ πληγαὶ αὐτῆς, θάνατος καὶ πένθος καὶ λιμός, καὶ ἐν πυρὶ κατακαυθήσεται· ὅτι ἰσχυρὸς κύριος ὁ θεὸς ὁ κρίνας αὐτήν.

디아 투토 엔 미아 헤메라 헥수신 하이 플레가이 아우테스, 다나토스 카이 펜도스 카이 리모스, 카이 엔 퓌리 카타카우데세타이· 호티 이스퀴로스 퀴리오스 호 데오스 호 크리나스 아우텐.

"그러므로 하루에 그녀에게 사망과 슬픔과 기근의 재앙들이 닥칠 것이며 그 여자는 또한 불에 타버리고 말 것이다. 그녀를 심판하시는 주 하나님은 강하신 자이다"라고 하였다.

큰 음녀에게는 그녀를 섬기던 음녀들이 떠나가는 것은 딸들의 죽음이요 슬픔이요 기근이다. 작은 음녀들에게서 공급되던 양식이 중단되니 기근이 오지 않을 수 없다. 이 모든 것은 영과 육으로 큰 음녀에게 닥쳐오는 것들이다. 큰 성 바벨론이 불타버린 후에야 어린양의 신부인 새 예루살렘 성이 하늘로부터 내려올 것이다. 그러므로 하나님의 백성이 되고자 하는 자는 누구든지 자기 부인을 통하여 자신의 음녀를 심판한다. 하나님은 강한 자이시므로 이 모든 일을 막을 자 아무도 없다.

18.9 Καὶ κλαύσουσιν καὶ κόψονται ἐπ᾽ αὐτὴν οἱ βασιλεῖς τῆς γῆς οἱ μετ᾽ αὐτῆς πορνεύσαντες καὶ στρηνιάσαντες, ὅταν βλέπωσιν τὸν καπνὸν τῆς πυρώσεως αὐτῆς,

카이 클라우수신 카이 코프손타이 에프 아우텐 호이 바실레이스 테스 게스 호이 메트 아우테스 포르뉴산테스 카이 스트레니아산테스, 호탄 블레포신 톤 카프논 테스 퓌로세오스 아우테스,
그녀와 함께 음행하고 사치하던 그 땅의 왕들은 그녀의 불붙는 그 연기를 보는 때에는 그녀를 위하여 울며 가슴을 칠 것이다.

● **호탄 블레포신(그들이 보는 때에는)**

'블레포신'은 '블레포(보라)'의 3인칭 복수 가정법 현재 능동태이다. 즉 '블레포' 동사의 과거나 현재나 미래가 아니다. 즉 '호탄 블레포신'은 '본 때'도 '보고 있는 때'도 '볼 때'도 아니다. 우리는 여기서 큰 음녀와 함께 음행한 그 땅의 왕들 중에 그녀가 당하는 불의 심판을 보는 자도 있겠지만, 보지 못하는 자들도 있음을 알 수 있다. 그 땅의 왕들이 그녀의 불붙는 연기를 보는 때에는 그녀를 위하여 울고 가슴을 칠 것이다. 그러나 그들은 그녀가 아니라 자신들을 위하여 울며 가슴 칠 것을 도무지 알지 못한다.

기록된 바, "예루살렘의 딸들아 나를 위하여 울지 말고 너희와 너희 자녀를 위하여 울라"(눅23:28)라고 하였다. 이 말씀은 예수께서 십자가에 못 박히시려고 골고다를 향해 가실 때 그를 위하여 가슴을 치며 슬피 우는 여자들의 무리를 향해 하신 말씀이다. 이와 같이 인생들은 자기의 겉 사람과 속 사람을 위하여 울어야 할 때에 남을 위하여 울며 가슴을 친다. 인생들은 자신이 위로부터 거듭나야 할 때에 그 일을 버려두고 도리어 함께 멸망할 사람들을 모으는데 광분하고 있다. 여기 왕들은 자신들을 알지 못하고 있다. 어느 때든 큰 음녀와 음행하며 사치하던 왕들(큰 자들)은 음녀에게 내려진 심판을 보면서 울며 가슴을 치겠지만 자신은 거기서 돌이키지 못한다.

땅의 왕들은 음녀와 자신들을 분리한 상태에서 그녀의 불붙는 연기를 보고 있다. 그러나 그들 역시 그녀가 받은 심판과 같은 심판 아래에 있다. 이와 같이 큰 자들에게 음녀가 받은 심판은 회개에 이르는 징조가 되지 못한다. 다만 그녀에게 내려진 두려운 일로만 여기고 있다. 땅의 왕들은 그녀의 불붙는 연기를 보겠지만 하나님의 심판으로 그들 자신 안에서 불붙는 연기는 보지 못한다. 그러므로 보아도 보지 못한 것이다. 선악지식으로 사는 자는 누구든지 남에게 내려진 심판은 잘 보지만 자기에게 내려진 심판은 보지 못한다.

18.10 ἀπὸ μακρόθεν ἑστηκότες διὰ τὸν φόβον τοῦ βασανισμοῦ αὐτῆς λέγοντες· Οὐαὶ οὐαί, ἡ πόλις ἡ μεγάλη, Βαβυλὼν ἡ πόλις ἡ ἰσχυρά, ὅτι μιᾷ ὥρᾳ ἦλθεν ἡ κρίσις σου.

아포 마크로덴 헤스테코테스 디아 톤 포본 투 바사니스무 아우테스 레곤테스' 우아이 우아이, 헤 폴리스 헤 메갈레, 바뷜론 헤 폴리스 헤 이스퀴라, 호티 미아 호라 엘덴 헤 크리시스 수.

그들은 그녀가 받는 고난이 두려워서 멀리 서서 "화로다, 화로다, 그 큰 성, 그 견고한 성 바벨론아, 너의 심판이 일시에 이르렀구나"라고 말하고 있다.

그들은 그녀가 받는 고난이 두려울 뿐 하나님이 두려운 것이 아니며, 바벨론에 화가 이른 것을 알지만 자기들에게 오고 있는 화는 알지 못한다. 그들이 멀리 서 있다고 바벨론에 미친 화가 그들과 상관이 없는 것이 아니다. 하지만 그들은 자신들이 안전하다고 여긴다. 이로써 그녀가 음행하던 왕들은 그녀에게 아무 도움이 되지 못했고 다만 그녀는 고통 당하는 과부인 것이 여실히 드러났다.

● 헤 크리시스 수(너의 그 심판)

바벨론이 불에 타는 것은 그녀가 그녀에게 내린 심판이다. 어떻게 그녀가 자신에게 심판을 내린 것인가. 어린양의 신부로 부름받은 자가 거꾸러지고 거꾸러져서 음녀가 되어 음행을 했다. 모든 나라에 음행의 분노의 포도주를 마시게 했고, 귀신의 처소와 각종 더러운 영들과 더럽고 가증한 새들의 파수 보는 곳이 되게 했다. 또한 거룩한 자들과 예언자들의 피에 취하였다. 그 모든 일들은 하나님 앞에서 그녀가 자신을 멸망될 자로 심판한 것이다. 즉 그녀는 심은 대로 거두었다. 그녀가 자신을 심판한 것은 알파요, 하나님이 행하신 심판은 오메가다.

18.11 Καὶ οἱ ἔμποροι τῆς γῆς κλαίουσιν καὶ πενθοῦσιν ἐπʼ αὐτήν, ὅτι οὐδεὶς ἀγοράζει οὐκέτι, τὸν γόμον αὐτῶν

카이 호이 엠포로이 테스 게스 클라이우신 카이 펜두신 에프 아우텐, 호티 우데이스 아고라제이 우케티, 톤 고몬 아우톤

그 땅의 상인들도 이제는 그들의 상품들을 사는 사람이 하나도 없으므로 그녀를 위하여 울며 슬퍼한다.

상인들은 다양한 상품을 음녀에게 독점적으로 팔아 왔으나 그녀가 멸망하자 그 상품을 사는 자가 없게 되었다. 그들은 음녀의 화려함과 사치 때문에 부자가 되었는데 그들의 상품을 사는 자가 없으니 울며 슬퍼한다. 상인들은 영과 생명에는 관심이 없다. 단지 육신의 이익이 되면 기뻐하고 손해가 되면 슬퍼한다.

18.12 γόμον χρυσοῦ καὶ ἀργύρου καὶ λίθου τιμίου καὶ μαργαριτῶν καὶ βυσσίνου καὶ πορφύρας καὶ σιρικοῦ καὶ κοκκίνου, καὶ πᾶν ξύλον θύϊνον καὶ πᾶν σκεῦος ἐλεφάντινον καὶ πᾶν σκεῦος ἐκ ξύλου τιμιωτάτου καὶ χαλκοῦ καὶ σιδήρου καὶ μαρμάρου,

고몬 크뤼수 카이 아르귀루 카이 리두 티미우 카이 마르가리톤 카이 뷔씨누 카이 프로퓌라스 카이 시리쿠 카이 콕기누, 카이 판 크쉴론 뒤이논 카이 판 스큐오스 엘레판티논 카이 판 스큐오스 에크 크쉴루 티미오타투 카이 칼쿠 카이 시데루 카이 마르마루,
그 상품은 금과 은과 보석과 진주와 세마포와 자주 옷감과 비단과 진홍색 옷감과 각종 향나무와 각종 상아 기구와 값진 나무나 구리나 쇠나 대리석으로 만든 각종 기구와

18.13 καὶ κιννάμωμον καὶ ἄμωμον καὶ θυμιάματα καὶ μύρον καὶ λίβανον καὶ οἶνον καὶ ἔλαιον καὶ σεμίδαλιν καὶ σῖτον καὶ κτήνη καὶ πρόβατα, καὶ ἵππων καὶ ῥεδῶν καὶ σωμάτων, καὶ ψυχὰς ἀνθρώπων.

카이 킨나모몬 카이 아모몬 카이 뒤미아마타 카이 뮈론 카이 리바논 카이 오이논 카이 엘라이온 카이 세미달린 카이 시톤 카이 크테네 카이 프로바타, 카이 힙폰 카이 레돈 카미 소마톤, 카이 프쉬카스 안드로폰.
계피와 향료와 향과 몰약과 유향과 포도주와 감람유와 밀가루와 밀과 소와 양과 말과 수레와 종들과 사람들의 혼들이다.

18.14 καὶ ἡ ὀπώρα σου τῆς ἐπιθυμίας τῆς ψυχῆς ἀπῆλθεν ἀπὸ σοῦ, καὶ πάντα τὰ λιπαρὰ καὶ τὰ λαμπρὰ ἀπώλετο ἀπὸ σοῦ, καὶ οὐκέτι οὐ μὴ αὐτὰ εὑρήσουσιν.

카이 헤 오포라 수 테스 에피뒤미아스 테스 프쉬케스 아펠덴 아포 수, 카이 판타 타 리파라 카이 타 람프라 아폴레토 아포 수, 카이 우케티 우 메 아우타 휴레수신.

즉 너희 혼의 탐심의 실과는 너에게서 떠났고 그 모든 기름진 것들과 빛나는 것들도 네게서 떠났으니 네가 다시는 이것들을 보지 못할 것이다.

바벨론의 탐심의 실과는 음행(육신의 정욕), 화려와 사치(안목의 정욕), 백성과 무리와 나라와 언어를 지배하는 권세(이생의 자랑)다. 이 실과들이 그녀에게서 떠나갔고 또 모든 기름진 것들과 빛나는 것들이 떠나갔다. 기름진 것들은 13절에 기록되었고 빛나는 것들은 12절에 기록되었다. 바벨론은 다시는 이런 것들을 보지 못할 것이다. 14절은 상인들이 한 말일 수 없다. 왜냐하면 14절은 바벨론의 멸망을 영의 눈으로 '호라오'한 자의 말이기 때문이다. 아마도 14절은 바벨론의 멸망을 바라보는 요한의 증언일 것이다.

13절을 보면 상인들은 세상의 물건들뿐 아니라 사람들의 몸과 혼을 큰 음녀에게 팔았다. 이것으로 보아 이 상인들은 특별한 자격을 가진 장사꾼들임을 알 수 있다. 그들은 큰 음녀(종교)로부터 사람들의 몸과 혼을 미혹하여 상품으로 만드는 자격(짐승의 표)을 그 이마나 손에 받았을 것이다. 안수례이든 다른 무엇이든 바벨론에게서 받은 그 자격이 그들을 부자가 되게 하였다.

부자들에 대하여 예수 말씀하시되, "부자가 하나님의 나라에 들어가는 것보다 낙타가 바늘 귀로 들어가는 것이 더 쉽다"(마19:24)라 하셨다. 오늘날 도처에서 육신의 기복에 갇혀버린 자기 믿음의 장사꾼들은 '가난한 자들은 부자 될 믿음조차 없다'라고 외쳐댄다. 그 부자들은 그 영을 향하여 가난한 나사로들을 문전 박대하며 스스로 땅 위에서 음부를 짓고 그 안에서 부귀영화를 누린다. 그러나 그 부귀영화가 일시에 유황불이 될 것임을 알지 못한다.

18.15 οἱ ἔμποροι τούτων, οἱ πλουτήσαντες ἀπ᾽ αὐτῆς,

　　　ἀπὸ μακρόθεν στήσονται διὰ τὸν φόβον τοῦ

　　　βασανισμοῦ αὐτῆς κλαίοντες καὶ πενθοῦντες,

　　　호이 엠포로이 투톤, 호이 플루테산테스 아프 아우테스,

　　　아포 마크로덴 스테손타이 디아 톤 포본 투

　　　바사니스무 아우테스 클라이온테스 카이 펜둔테스,

　　　그녀 때문에 부자가 된 그 상인들은 그녀가 받는 그 고난을 무서워하며 멀리서서 울며 슬퍼하면서

음녀 때문에 부자가 된 상인들은 하나님의 심판이 두려운 것이 아니라 그녀가 받는 고난을 무서워하고 있다. 그들은 다만 그녀로부터 멀리 서서 울고 있을 뿐 그녀의 고난에서 구원의 징조를 보고 하나님에게로 돌아오지 아니한다.

18.16 λέγοντες· Οὐαὶ οὐαί, ἡ πόλις ἡ μεγάλη, ἡ περιβεβλημένη βύσσινον

　　　καὶ πορφυροῦν καὶ κόκκινον καὶ κεχρυσωμένη χρυσίῳ καὶ λίθῳ

　　　τιμίῳ καὶ μαργαρίτῃ,

　　　레곤테스· 우아이 우아이, 헤 폴리스 헤 메갈레, 헤 페리베블레메네 뷔씨논

　　　카이 프로퓌룬 카이 콕키논 카이 케크뤼소메네 엔 크리쉬오 카이 리도

　　　티미오 카이 마르가리테,

　　　말하고 있기를, "화로다, 화로다, 그 큰 성아 세마포와 주홍색 옷과 진홍색 옷을 입고 금과 보석과 진주로 꾸몄던 자여,"

상인들은 음녀에게 닥친 두 가지 화를 말하고 있다. 하나는 그녀가 세마포와 주홍색 옷과 진홍색 옷을 입은 것에 대한 것이다. 다른 하나는 그녀가 금과 보석,

진주로 꾸민 것에 대한 것이다. 어린양의 신부는 그녀의 의를 드러내는 깨끗하고 빛난 세마포 옷을 입는다. 그러나 음녀는 그녀의 불의를 드러내는 세마포와 그녀의 죄악을 드러내는 주홍색 옷과 진홍색 옷을 입고 있다.

어린양의 신부는 하늘에서 내려오는 새 예루살렘 성을 이룬다. 그 성은 맑은 유리 같은 순금이며 그 성벽은 벽옥으로 쌓였고, 그 성벽의 주춧돌은 갖가지 보석으로 꾸며져 있고 그 열두 문들은 각각 하나의 진주로 되어 있다. 이것들은 눈에 보이지 않는 고귀한 영의 일을 징조하고 있다. 그러나 음녀는 그 일을 알지 못하고 사람의 눈에 보이는 것으로 사치를 부리며 땅의 금과 보석, 진주로 꾸미고 있다. 이 세 가지는 징조하는 바가 있다. 금은 음녀의 육체에 속한 자기 믿음이요, 보석은 귀신과 더러운 영들의 도움을 받는 그녀의 선악지식이요, 진주는 그녀의 더럽고 가증스런 욕망을 포장한 위선이다.

18.17 ὅτι μιᾷ ὥρᾳ ἠρημώθη ὁ τοσοῦτος πλοῦτος. Καὶ πᾶς κυβερνήτης καὶ πᾶς ὁ ἐπὶ τόπον πλέων, καὶ ναῦται καὶ ὅσοι τὴν θάλασσαν ἐργάζονται, ἀπὸ μακρόθεν ἔστησαν

호티 미아 호라 에레모데 호 투소토스 플루토스. 카이 파스 퀴베르네테스 카이 파스 호 에피 토폰 플레온, 카이 나우타이 카이 호소이 텐 달라싼 에르가존타이, 아포 마크로덴 에스테산,

"그러한 부가 일시에 사라졌다"라고 하였다. 또 모든 선장과 각처를 다니는 선객들과 선원들과 바다에서 일하는 사람들이 멀리 서서

음녀의 멸망에 대하여 멀리 서서 울며 슬퍼하는 세 부류의 사람들이 있다. 첫째는 그녀와 함께 음행하던 땅의 왕들이다. 둘째는 그녀에게 상품을 팔아 부자가 된 상인들이다. 셋째는 바다에서 그 상품을 운반하는데 필요한 일들을 하던 사람들이다. 이들은 음녀의 멸망을 울며 슬퍼할 뿐 자신들에게 속히 다가올 멸망을 알지 못한다. 이들은 보아도 보지 못하며, 들어도 듣지 못하며, 마음으로 깨닫지 못한다.

18.18 καὶ ἔκραξαν βλέποντες τὸν καπνὸν τῆς πυρώσεως αὐτῆς λέγοντες· Τίς ὁμοία τῇ πόλει τῇ μεγάλῃ;

카이 에크락산 블레폰테스 톤 카프논 테스 퓌로세오스 아우테스 레곤테스· 티스 호모이아 테 폴레이 테 메갈레;

그 불붙는 연기를 보면서 외치기를, "이처럼 큰 성이 어디에 또 있었는가"라고 말하고 있다.

짐승이 올라온 바다는 첫 사람의 생존의 세상이다. 거기에 사는 자들은 큰 자나 작은 자나 모두 커지고, 높아지고, 강해지고, 부유해지려 한다. 그것이 그들의 행복이요 선이다. 큰 자는 더욱 커지고, 높아지고, 강해지고, 부유해지려 한다. 작은 자는 큰 자처럼 커지고, 높아지고, 강해지고, 부유해지려 한다. 그들은 크로노스에서 과거, 현재, 미래를 불문하고 그들의 욕심과 선악지식을 좇아서 큰 것이 선이 되어 있다.

그러므로 음녀는 어제 심판 되었고, 오늘 심판 되고, 또한 내일 심판 될 것이다. 음녀의 심판에 과거형, 현재형, 미래형, 가정형이 함께 쓰이고 있는 것은 이 때문이다. 첫 사람 안에 있는 음녀는 과거, 현재, 미래의 구분 없이 어디서나 하나님께 심판되고 있다. 왜냐하면 음녀가 심판되지 아니하면 하나님이 육신의 크로노스 가까이 두신 영과 진리의 카이로스에서 그의 아들들을 사람 안에 낳을 수 없기 때문이다.

18.19 καὶ ἔβαλον χοῦν ἐπὶ τὰς κεφαλὰς αὐτῶν καὶ ἔκραξαν κλαίοντες καὶ πενθοῦντες λέγοντες· Οὐαὶ οὐαί, ἡ πόλις ἡ μεγάλη, ἐν ᾗ ἐπλούτησαν πάντες οἱ ἔχοντες τὰ πλοῖα ἐν τῇ θαλάσσῃ ἐκ τῆς τιμιότητος αὐτῆς, ὅτι μιᾷ ὥρᾳ ἠρημώθη.

카이 에발론 쿤 에피 타스 케팔라스 아우톤 카이 에크락산 클라이온테스 카이 펜둔테스 레곤테스· 우아이 우아이, 헤 폴리스 헤 메갈레, 엔 헤 에플루테산

판테스 호이 에콘테스 타 플로이이아 엔 테 달라쎄 에크 테스 티미오테토스
아우테스, 호티 미아 호라 에레모데.

그들은 티끌을 자기들 머리 위에 뿌리고 울며 슬퍼하면서, 외쳐 말하고 있기를,
"화로다 화로다 이 큰 성이여 그녀 가운데서 바다에 배들을 가지고 있는 모든 사람이
그녀의 부요함 때문에 부자가 되었는데 그녀가 일시에 망하였다"라고 하였다.

'바다에 배들을 가지고 있는 사람들'의 그 배들은 음녀의 물품을 운반하기 위한
것이었다. 음녀가 망하자 그것들은 소용없게 되었다. 소용없게 된 그것들은 그들
의 머리 위에 뿌린 티끌과도 같다. 음녀가 망하자 음녀에게 모든 것을 의존해
살던 그들은 뱀의 먹거리인 티끌같이 되었다. 만약 그들이 하나님 앞에 티끌같이
낮아진 마음이 되어 돌아왔다면 그들 또한 하나님께 새롭게 빚어지는 존재가 되었
을 것이다.

18.20 Εὐφραίνου ἐπ' αὐτῇ, οὐρανέ, καὶ οἱ ἅγιοι καὶ οἱ ἀπόστολοι καὶ οἱ προφῆται, ὅτι ἔκρινεν ὁ θεὸς τὸ κρίμα ὑμῶν ἐξ αὐτῆς.

유프라이노 에프 아우테, 우라네, 카이 호이 하기오이 카이 호이
아포스톨로이 카이 호이 프로페타이, 호티 에크리넨 호 데오스 토
크리마 휘몬 에크스 아우테스.

"하늘아, 거룩한 자들아, 사도들과 예언자들아 그녀를 인하여 기뻐하라. 이는
하나님이 그녀로부터 너희의 심판을 행하셨기 때문이다."

20절을 복수의 의미로 번역한 성경들이 많다. 요한 계시록 18장에까지 와서 조차
하나님의 심판이 복수로 이해되는 것은 성경을 읽는 이들에게 선악지식이 얼마나
깊게 뿌리내리고 있는지를 잘 보여주고 있다. 하나님의 심판은 복수가 아니다.
생명을 심은 자에게 생명으로 거두게 하시고, 사망을 심은 자에게 사망을 거두게
하시는 것이 하나님의 심판이다.

● 그녀로부터 너희의 심판(토 크리마 휘몬 에크스 아우테스)이란 무엇인가

너희는 그녀가 음녀로 살면서 자기 자신을 멸망될 자(염소)로 심판한 그녀의 죄와 재앙을 거절하고 거기서 나왔으니 너희는 너희 자신을 살 자(양)로 심판하였다. 그러므로 하나님은 너희가 너희 자신에게 내린 심판이 의로우므로 그 심판대로 이루셨다 함이다. 사람은 누구든지 믿음을 따라서 자신을 '살 자'로 심판하든지 '죽을 자'로 심판하고 있다.

거룩한 자들은 하늘들에 계신 아버지의 이름이 거룩히 여김을 받는 그 거룩한 심판을 자신들에게 내린 왕들이다. 사도들(보냄을 받은 사람들)은 아버지의 나라가 임해 오도록 죄사함의 권세로 땅의 부요를 심판하고 하늘의 부요를 택하게 하는 제사장들이다. 예언자들은 아버지의 뜻이 하늘에서 이룬 것 같이 자신의 마음 땅에서 이루어지도록 심판하시는 하나님의 계시를 따라 산 자들이다. 이들의 마음 안에 하나님이 거하시므로 거기가 하늘이다. 하늘과 거룩한 자들과 사도들과 예언자들이 기뻐하는 것은 음녀가 복수를 받았기 때문이 아니다. 그들은 하나님 앞에서 의를 심어 생명을 거두었고 음녀는 불의를 심어 사망을 거두었기 때문이다. 그들은 예수 그리스도의 부활의 믿음과 하나된 믿음으로 농사를 잘 지은 그 일을 기뻐한다.

복수는 복수를 낳는 사망의 길이다. 하나님의 백성 가운데는 아직 온전하게 생명의 길에 들어서지 못한 이들이 많이 있어서 자칫하면 복수하려는 선악의 길로 빠져든다. 그러므로 바울은 그런 사람들을 위하여 다음과 같이 말했다. "사랑하는 여러분, 스스로 복수하지 말고 하나님의 진노에 맡기십시오. 기록된 바, 처벌은 내 것이니 내가 갚으리라 주께서 말씀하셨다"(롬12:19)라고 하였다. 하나님이 행하시는 의로운 심판이 한 사람에게는 사망이 되고 다른 사람에게는 생명이 된다. 왜냐하면 하나님의 심판은 심은 대로 거두게 하시기 때문이다.

18.21 Καὶ ἦρεν εἷς ἄγγελος ἰσχυρὸς λίθον ὡς μύλινον μέγαν, καὶ ἔβαλεν εἰς τὴν θάλασσαν λέγων· Οὕτως ὁρμήματι βληθήσεται Βαβυλὼν ἡ μεγάλη πόλις, καὶ οὐ μὴ εὑρεθῇ ἔτι.

카이 에렌 헤이스 앙겔로스 이스퀴로스 리돈 호스 뮐리논 메간, 카이 에발렌 에이스 텐 달라싼 레곤· 후토스 호르메마티 블레데세타이 바뷜론 헤 메갈레 폴리스, 카이 우 메 휴레데 에티.

그리고 힘센 한 천사가 큰 맷돌 같은 돌을 들어 바다에 던지며 말하고 있기를, "큰성 바벨론이 이와 같이 맹렬히 던져져 다시 보이지 않을 것이다."

이 일은 종교인들이 생각하는 것과 같이 크로노스의 종말에 있을 심판이 아니라 전부터 있어 왔고, 지금도 있으며 오고 있는 카이로스의 심판이다. 이 일을 종말에 있을 심판으로 아는 사람에겐 요한 계시록은 아무 계시가 되지 못하고 미혹이 된다. 오늘 여기서 우리 안에 도사리고 있는 음녀를 심판하지 않으면 우리 각자는 힘센 천사가 되어 그 음녀를 바다 깊은 곳에 던져버릴 수 없다. 요한 계시록은 누구에게나 오늘 여기 카이로스에서 속히 이루어질 새 창조의 계시다. 음녀를 떠나보낸 거기에 어린양의 신부가 등장한다. 기록된 바, "누구든지 나를 믿는 이 소자 중 하나를 실족케 하면 차라리 연자 맷돌을 그 목에 달리우고 깊은 바다에 빠뜨리우는 것이 나으니라"(마18:6)라고 하였다.

18.22 καὶ φωνὴ κιθαρῳδῶν καὶ μουσικῶν καὶ αὐλητῶν καὶ σαλπιστῶν οὐ μὴ ἀκουσθῇ ἐν σοὶ ἔτι, καὶ πᾶς τεχνίτης πάσης τέχνης οὐ μὴ εὑρεθῇ ἐν σοὶ ἔτι, καὶ φωνὴ μύλου οὐ μὴ ἀκουσθῇ ἐν σοὶ ἔτι,

카이 포네 키다로돈 카이 무시콘 카이 아울레톤 카이 살피스톤 우 메 아쿠스데 엔 소이 에티, 카이 파스 테크니테스 파세스 테크네스 우 메 휴레데 엔 소이 에티, 카이 포네 뮐루 우 메 아쿠스데 엔 소이 에티,

"또 거문고 타는 사람들과 노래하는 사람들과 피리 부는 사람들과 나팔 부는 사람들의 소리가 다시는 네 가운데서 들리지 않을 것이며 어떤 종류의 기술자도 네 가운데서 다시 보이지 않을 것이며 맷돌 소리가 다시 네 가운데서 들리지 않을 것이며"

누구든지 자신 안의 음녀가 큰 맷돌처럼 바다 깊은 곳에 던져지면 그 음녀의 귀를 즐겁게 하던 각종 음악소리가 그칠 것이다. 그 음녀가 부리던 각종 기술자들도 더 이상 일할 수 없고 그 음녀의 맷돌 역시 멈출 것이다. 음녀가 떠나간 후 어린양의 신부는 사랑의 거문고 소리, 생명의 노랫소리, 거룩의 피리 소리, 초월의 나팔 소리를 울려 퍼지게 할 것이다. 각종 기술자(재능)는 그녀를 위하여 더욱더 일을 잘할 것이며 그녀는 자신과 이웃의 양식을 위하여 맷돌을 더욱 힘차게 돌릴 것이다. 이와 같이 음녀가 멸망한 데로부터 어린양의 신부의 일은 더욱 활기차고 존귀함을 이룬다.

18.23 καὶ φῶς λύχνου οὐ μὴ φάνῃ ἐν σοὶ ἔτι, καὶ φωνὴ
νυμφίου καὶ νύμφης οὐ μὴ ἀκουσθῇ ἐν σοὶ ἔτι· ὅτι
οἱ ἔμποροί σου ἦσαν οἱ μεγιστᾶνες τῆς γῆς, ὅτι ἐν
τῇ φαρμακείᾳ σου ἐπλανήθησαν πάντα τὰ ἔθνη,

카이 포스 뤼크누 우 메 파네 엔 소이 에티, 카이 포네
님피우 카이 님페스 우 메 아쿠스데 엔 소이 에티· 호티
호이 엠포로이 수 에산 호이 메기스탄데스 테스 게스, 호티 엔
테 파르마케이아 수 에플라네데산 판타 타 에드네,

"등불 빛이 네 가운데서 다시 비취지 않을 것이며 신랑과 신부의 음성이 네 가운데서 다시 들리지 않을 것이다. 왜냐하면 네 상인들이 그 땅의 권력자가 되어 왔고 모든 나라들이 너의 그 마술에 미혹되었으며"

어린양의 신부인 새 예루살렘 성은 해도 달도 소용이 없다. 하나님의 영광이 그 성을 비춰고 어린양이 그 등불 빛이 되시기 때문이다. 어린양과 새 예루살렘 성은 신랑과 신부이다. 하나님의 은혜 속에서 신랑과 신부는 모든 것을 거저 주고 거저 받는다. 그것이 하나님의 기쁘신 뜻이다. 그러나 그 관계가 거래가 되면 창남과 창녀다. 창남과 창녀(음녀)가 떠나가면 그들이 빛으로 삼던 '거래'가 온전히 사라진다.

음녀는 땅의 왕들을 '신랑'이 아닌 '음행의 거래자'들로 대하였기 때문에 그녀와 함께 하던 사람들은 창남들뿐이었다. 또한 그녀는 상인들을 권력자로 세우고 하나님께 거저 받은 것을 돈으로 사고팔았다. 하나님의 백성은 거저 받은 것을 거저 주는 자다. 기록된 바, "너희가 거저 받았으니 거저 주어라"(마10:8)라고 하였다.

그러나 음녀는 하나님께 거저 받은 은혜를 상인들을 동원하여 온 세상에 돈 받고 파는 마술을 부렸다. 하나님의 새 창조는 거저 주고 거저 받는 은혜 경제요, 생명의 경제다. 오늘날 우리 중 많은 사람들이 예수 믿고 구원받았으니 세상의 복을 내려달라고 밤낮으로 구하고 있다. 하나님의 백성은 그 일이 거래인 것을 '호라오' 하고 그것을 즉시 멈추어야 한다.

18.24 *καὶ ἐν αὐτῇ εὑρέθη αἷμα προφητῶν καὶ ἁγίων καὶ πάντων τῶν ἐσφαγμένων ἐπὶ τῆς γῆς.*

카이 엔 아우테 휘레데 하이마 프로페톤 카이 하기온 카이 판톤 톤 에스파그메논 에피 테스 게스.

"예언자들과 거룩한 자들과 그 땅에서 죽임을 당한 모든 사람들의 피가 그녀에게서 발견되었기 때문이다"라고 하였다.

기록된 바, "보이는 것은 나타난 것으로 말미암아 된 것이 아니라"(히11:13)라고 하였다. 보이는 바벨론 성의 심판은 하나님의 백성으로 하여금 보이지 않는 바벨론 성의 심판을 알게 하려 함이다. 이는 육신의 눈에 보이는 성(것)은 육신의 눈에 보이지 않는 마음의 성(것)이 그 근원을 이루고 있기 때문이다.

사람의 마음 안에 있는 욕심과 선악지식의 성은 영의 눈으로 '호라오'하지 않으면 보이지 아니한다. 하나님의 백성이 이 일은 '호라오'하지 못하면 자기 안에 있는 음녀를 심판하여 불태워서 바다 깊은 곳에 던지고 어린양의 신부로 새롭게 지어지는 새 창조 안으로 들어올 수 없다.

우리의 십자가와 부활은 오늘 여기서 음녀가 십자가에 못 박혀 죽고 어린양의 신부로 다시 사는 일이다. 누구든지 깨어 있지 못하면 자신의 감추인 바벨론 성안에 갇혀서 큰 음녀와 함께 있으며 거기서 나오지 못한다. 예수 그리스도를 믿는 사람들이 예수 그리스도 안에서 하나인 것 같이 땅 위에서 욕심과 선악지식을 좇아서 피를 흘리는 자들은 짐승과 음녀 안에서 그들과 하나이다.

엿새

요한 계시록 19장, 20장

엿새 : 우리를 시험에 빠져들게 마옵시고 다만 악에서 구하옵소서
(계 19:1~20:14)

● **우리의 형상 안에서 우리의 모양과 같이 사람을 만들자**

'바라(창조)'는 없는 것을 있게 하는 것이요, '아사(만듦, 온전케 함)'는 있게 된 것을 온전하게 하는 것이다. 하나님은 그의 형상으로 창조된 사람 안에 그의 모양을 낳으시어 온전케 하신다. 창조하시는 것은 알파요, 온전케 하시는 것은 오메가다. 그러므로 하나님은 그의 형상을 좇아 창조된 육신의 첫 사람을 영의 새로운 사람으로 온전하게 지으신다.

하나님의 모양은 하나님의 예정 곧 하나님의 생각을 좇아 하나님이 인도하시는 길을 걷는 자에게 이루어진다. 하나님의 생각(마음)은 그의 말씀으로, 하나님의 길은 예수 그리스도의 증거로 계시되었다. 사람은 그를 창조하신 '하나님의 마음(사랑, 생명, 거룩, 초월)' 안으로 들어와서 그 마음을 닮은 아들의 실존으로 지어진다. 이 일이 하나님이 사람에게 주신 푯대이다. 이 일을 형상과 모양의 관계성에서 보면 사람은 하나님의 마음 안에 거하도록 창조되었다. 또 그의 마음을 닮은 모양을 이루어 하나님과 하나된다.

형상과 모양의 관계를 비유로 들어 보면 사람이 아이를 낳는 것은 형상이요, 사람답게 살도록 기르는 것은 모양이다.

오늘날 우리 중 많은 사람이 예수 그리스도께 '죄사함을 받았다'라고 하면서 그 죄에서 나오지 아니하고 계속 머물러 있다. 이것은 하나님이 사람을 창조하신 기쁘신 뜻을 알지 못하기 때문이다. 죄사함은 사람들로 하나님의 마음 안에 거하며 그 마음을 닮게 하려 함이다. 믿는 자에게 하나님의 아들이란 이름(형상)을 먼저 주신 것은 그의 마음(창조의 근원) 안에서 하나님의 아들의 실존(모양)을 이루려는 것이다. 즉 이름은 알파요, 실존은 오메가다. 알파는 오메가를 위하여 있고 오메가는 알파를 온전하게 하면서 둘은 온전한 하나를 이룬다.

사람들에게 오는 시험은 두 가지 형태다. 동일한 시험일지라도 멸망하는 자들에게는 미혹이 되고 구원을 얻는 자들에게는 단련이 된다. 기록된 바, "그 불법자가 오는 것은 온갖 능력과 징조들과 기사들을 행하는 사탄의 역사이다. 그는 멸망하는 사람들에게 불의한 모든 속임으로 온다. 그들이 구원되지 못하는 것은 진리의 사랑을 받지 않았기 때문이다. 그러므로 하나님은 그들이 거짓을 믿도록 미혹을 보내어 역사하게 하시는데 그것은 진리를 믿지 아니하고 불의를 기뻐하는 모든 사람들로 심판받게 하려 함이라"(살후2:9~12)라고 하였다.

하나님의 마음은 사랑이요, 생명이요, 거룩이요, 초월이다. 하늘의 네 생물들은 이들을 징조하고 있다. 이 넷은 유일하신 하나님의 마음이요 모양이니 넷은 곧 하나다. 하나님은 그의 사랑을 진리를 통하여 계시하신다. 누구든지 진리로 말미암아 계시된 하나님의 사랑을 영접하면 그는 하나님을 사랑하고 또 진리를 사랑하게 된다. 진리를 사랑하는 자마다 하나님의 마음 안에 거하고 있으므로 사탄의 모든 역사와 불의한 속임으로부터 자유로운 하나님의 백성이다.

하나님을 사랑하는 자에게 오는 불같은 시험은 그를 더욱 온전케 하는 단련이 된다. 그러나 진리로 계시된 하나님의 사랑을 받지 아니한 자는 그 진리와 사랑을 첫 사람의 선악지식과 욕심으로 바꾸어 가지며 멸망하는 자가 된다. 선악지식과 욕심은 거짓을 믿고 불의를 기뻐하게 한다. 그러므로 들을 귀를 가지지 못한 모든 인생들이 귀하게 여기는 선악지식과 욕심은 그들로 거짓을 믿고 불의를 기뻐하며 멸망하는 자가 되게 한다.

이 모든 일은 땅의 지혜자들이 자기 유익(선)을 위하여 밤낮으로 행하는 일임을 알아야 한다. 어떤 종교에서 말하기를, "우리가 말하는 선은 세상 사람이 말하는 선이 아니다"라 하고 있다. 그러나 그들은 세상의 선을 악이라 하고 있으니 그것 역시 선악지식이다. 하나님의 구원은 사람의 어떤 선과도 상관이 없다.

또 기록된 바, "사랑하는 이들이여 당신들을 시련하려고 일어나는 불 시험을 당신들에게 이상한 일이 일어난 것처럼 생각지 마십시오. 오히려 당신들이 그리스도의 고난에 참여하는 것으로 기뻐하십시오. 이는 그의 영광이 계시될 때에 당신들이 기뻐하고 즐거워하게 하기 위함입니다. 당신들이 그리스도의 이름 안에서 모욕을 당하면 복됩니다. 이는 영광의 영이신 하나님의 영이 당신들 위에 머물러 계시기 때문입니다"(벧전4:12~14)라고 하였다.

성령의 인침은 하나님의 백성으로 하여금 그들 안의 음녀와 짐승과 거짓 예언자와 붉은 용을 십자가에 못 박고 새 창조를 이루려 함이다. 그들에게 '불의 시험(시련)'이 오는 것은 영광의 영이 그들로 하여금 그리스도의 부활의 영광에 참여케 하기 위한 것이다. 그러므로 진리의 사랑을 받은 자마다 예수 그리스도 안에서 그에게 온 불 시련을 이기고 더욱 온전하게 하나님의 모양을 닮는다. 이 모든 일은 하나님께 속한 작은 자들을 위한 것이다.

하나님을 믿으며 큰 자가 되려는 자마다 진리에서 선악지식으로 옮겨갔고, 사랑에서 욕심으로 옮겨 갔다. 이 일은 하나님의 백성으로 부름을 받은 이들이 자신들에게 온 시험에 빠져들 때 일어난다. 시험에 빠져든 자마다 선악지식과 욕심에 미혹되어 악을 움켜쥔다. 기록된 바, "마음이 청결한 자는 복되니 하나님을 뵐 것(호라오)이라"라고 하였다. 진리의 사랑을 받고 진리를 사랑하는 자는 그 마음이 청결하여 시험에 직면할 때마다 그 영의 눈으로 하나님을 '호라오'하며 그 시험을 이기며 세상에 생명의 빛을 비춘다.

요한 계시록 19장

19.1 Μετὰ ταῦτα ἤκουσα ὡς φωνὴν μεγάλην ὄχλου πολλοῦ ἐν τῷ
οὐρανῷ λεγόντων· Ἁλληλουϊά· ἡ σωτηρία καὶ ἡ δόξα καὶ ἡ δύναμις
τοῦ θεοῦ ἡμῶν,

메타 타우타 에쿠사 호스 포넨 메갈렌 오클루 폴루 엔 토
우라노 레곤톤· 할렐루이야· 헤 소테리아 카이 헤 독사 카이 헤 뒤나미스
투 데우 헤몬,

이 일들을 좇아서 그 하늘에서 수많은 무리가 큰소리로 외치고 있는 것을 내가
들었다. "할렐루야, 그 구원과 그 영광과 그 능력이 우리 하나님의 것이다."

큰 음녀는 멸망하고 하나님의 백성은 구원되었다. 하늘에서 수많은 무리가 큰
소리로 "할렐루야"라고 하며 구원과 영광과 능력이 하나님의 것임을 외친다. 그러
나 오늘날 우리 가운데 하나님의 것을 자기 것으로 가진 자들이 많다. 그들은
한번 받은 구원은 영원하다 말한다. 그것은 바로 소유된 구원이다. 구원을 소유한
자의 믿음은 첫 사람의 욕심과 선악지식을 좇아서 생겨난다.

● 사람이 어떻게 구원을 소유하게 되는지 사도행전 4장 12절을 살펴보자.

행4:12 καὶ οὐκ ἔστιν ἐν ἄλλῳ οὐδενὶ ἡ σωτηρία, γὰρ
οὐδὲ ἐστιν ὑπὸ τὸν οὐρανὸν ὄνομά ἔτερον τὸ
δεδομένον ἐν ἀνθρώποις ἐν ᾧ δεῖ σωθῆναι ἡμᾶς.

카이 우크 에스틴 엔 알로 우데니 헤 소테리아, 가르
우데 에스틴 휘포 톤 우라논 오노마 헤테론 토
데도메논 엔 안드로포이스 엔 호 데이 소데나이 헤마스.

다른 이에게는 구원이 없으니 그 하늘 아래 우리를 구원되게 하는 다른 이름이 인간에게 주어진 일이 없다.

한글 번역 성경들은 '테이 소데나이 헤마스'를 '구원을 얻을 만한, 구원받을, 구원받을 수 있는' 등으로 번역하고 있다. 이것은 한국어에 수동태가 취약하기 때문에 일어난 번역상의 문제다. '데이 소데나이 헤마스'는 '구원되어야 할(Must be saved)'이다. 번역 성경들이 '구원되어야 할'을 '구원을 얻을, 구원받을' 등으로 표현하고 있기 때문에 그 성경들을 읽는 사람들은 무의식적으로 '구원을 받는 것'으로 알게 된다. 또한 그들은 받은 것은 '소유된 것'으로 믿는다. 나아가 그들은 그들의 욕심과 선악지식을 좇아서 한번 받은 구원은 영원하다는 자기 논리에 빠져든다. 그리하여 그들은 예수 그리스도 안에서 구원된 실존과는 아무런 상관없는 잃어진 무리가 되어버린다.

구원을 소유한 자의 마음에는 거듭남도, 부활도, 새 창조도 계시될 수 없다. 왜냐하면 이미 모든 것을 소유했기 때문이다. 그들은 구원이 하나님의 마음 안에 거하며 그 마음을 닮는 실존이 되는 것임을 알지 못한다. 그리하여 구원을 소유로 믿는 사람과 구원을 하나님의 마음 안에 거하는 실존으로 믿는 자 사이에 건널 수 없는 구렁이 생긴다.

부자와 가난한 나사로의 비유에서 부자는 자기 믿음으로 구원을 소유한 자였다. 반면 나사로는 예수 그리스도의 믿음과 하나된 믿음으로 구원의 실존을 이루는 자였다. 구원을 소유한 부자들은 언제 어디서나 하나님을 자기편에 두고 넘치는 확신을 가지고 잠시 땅에서 육신의 즐거움을 누린다. 그러나 그들의 하나님은 그들의 욕심과 선악지식으로 만들어낸 우상(붉은 용)이다. 그들은 거짓을 믿으며 멸망으로 나아간다.

19.2 ὅτι ἀληθιναὶ καὶ δίκαιαι αἱ κρίσεις αὐτοῦ· ὅτι

ἔκρινεν τὴν πόρνην τὴν μεγάλην ἥτις ἔφθειρεν

τὴν γῆν ἐν τῇ πορνείᾳ αὐτῆς, καὶ ἐξεδίκησεν τὸ

αἷμα τῶν δούλων αὐτοῦ ἐκ χειρὸς αὐτῆς.

호티 알레디나이 카이 디카이아이 하이 크리세이스 아우투· 호티

에크리넨 텐 포르넨 텐 메갈렌 헤티스 에프데이렌

텐 겐 엔 테 포르네이아 아우테스, 카이 에크세디케센 토

하이마 톤 둘론 아우토 에크 케이로스 아우테스.

"이는 그의 심판들은 참되고 의롭기 때문이다. 그녀의 그 음행으로 그 땅을 부패케 한 그 큰 음녀를 심판하셨고 그녀의 손으로 흘린 자기 종들의 피를 갚으셨다."

잘 보라. 하나님의 이름과 예수 그리스도의 이름으로 구원을 소유물로 삼고 짐승을 타고 있는 음녀의 삶이 음행이다. 오늘날 수많은 종교인은 그들의 종주(짐승)를 타고 있으나 그들은 그 일을 구원인 줄 안다. 그러므로 참되신 하나님은 거짓된 음녀를 심판하여 그의 참되심을 드러내신다. 음녀는 욕심과 선악지식을 좇아서 큰 자가 되어 사랑과 진리 안에 거하는 작은 자들인 하나님의 종들의 피를 흘리면서 스스로 의롭다 하였다. 그러나 하나님은 피 흘림을 당한 그의 종들이 의롭다 하시고 음녀를 멸하신다.

욕심과 선악지식을 좇아 사는 이들은 하나님을 자기편에 세우고 스스로 참되다, 의롭다 하면서 자신들의 참됨과 의로움을 증명하려고 예수를 십자가에 못 박은 사람들을 본받아 하나님의 종들의 피 흘리기를 즐겨한다. 하지만 그들은 자신들이 하나님 앞에서 거짓되고 불의한 자임을 전혀 알지 못한다. 이는 그들이 진리의 사랑을 본받아 아니하고 그들의 욕심을 좇아서 거짓을 믿기 때문이다. 음녀가 음녀임을 알지 못하고 도리어 자신을 하나님이 종이라 믿으며 하나님의 종들의 피를 흘린 일은 그녀의 비극이 아닐 수 없다.

19.3 καὶ δεύτερον εἴρηκαν· Ἁλληλουϊά· καὶ ὁ καπνὸς αὐτῆς ἀναβαίνει εἰς τοὺς αἰῶνας τῶν αἰώνων.

카이 듀테론 에이레칸· 할렐루이아· 카이 호 카프노스 아우테스 아나바이네이 에이스 투스 아이오나스 톤 아이오논.

그들이 두 번째 외쳤다. "할렐루야, 그녀의 연기가 세세토록 올라간다."

그 실존이 하늘에 있는 하나님의 백성은 그 영의 눈으로 그녀의 연기가 세세토록 올라가는 것을 '호라오'한다. 자기 안에 있는 음녀가 멸망된 자는 계시의 영으로 말미암아 큰 음녀의 불타는 연기가 세세에 오르는 것을 바라본다. 왜냐하면 하나님의 음녀에 대한 심판은 세세토록 멈추지 아니하기 때문이다. 그러므로 그 일은 심은대로 거두시는 하나님이 순결한 처녀가 된 사람들 안에 말씀의 씨를 뿌려 그의 아들들을 얻으시는 그의 뜻을 거스린 음녀에 대한 엄중한 심판이다.

19.4 καὶ ἔπεσαν οἱ πρεσβύτεροι οἱ εἴκοσι τέσσαρες καὶ τὰ τέσσαρα ζῷα, καὶ προσεκύνησαν τῷ θεῷ τῷ καθημένῳ ἐπὶ τῷ θρόνῳ λέγοντες· Ἁμήν, Ἁλληλουϊά.

카이 에페산 호이 프레스뷔테로이 호이 에이코시 테싸레스 카이 타 테싸라 조아, 카이 프로세퀴네산 토 데오 토 카데메노 에피 토 드로노 레곤테스· 아멘, 할렐루이아.

그러자 스물네 장로들과 네 생물들이 그 보좌에 앉아 계신 하나님께 엎드려 경배하며 말하고 있기를, "아멘, 할렐루야"라고 하였다.

나의 나뉨을 이룬 부활의 실존들이 "할렐루야"라고 하면서 하나님께 영광을 돌릴 때 스물네 장로들과 네 생물들은 거기에 화답하여 "아멘, 할렐루야"라고 하면서 하나님께 엎드려 경배한다. 이는 스물네 장로들과 네 생물들로 말미암아 계시된 하나님의 모양이 구원된 자들 안에 이루어졌음이다.

19.5 Καὶ φωνὴ ἀπὸ τοῦ θρόνου ἐξῆλθεν λέγουσα·

Αἰνεῖτε τῷ θεῷ ἡμῶν, πάντες οἱ δοῦλοι αὐτοῦ, καὶ

οἱ φοβούμενοι αὐτόν, οἱ μικροὶ καὶ οἱ μεγάλοι.

카이 포네 아포 투 드로누 에크셀텐 레구사·

아이네이테 토 데오 헤몬, 판테스 호이 둘로이 아우투, 카이

호이 포부메노이 아우톤, 호이 미크로이 카이 호이 메갈로이.

그리고 그 보좌로부터 소리가 나서 말하고 있기를, "그를 경외하는 그의 모든 종들아, 작은 자들과 큰 자들아, 우리의 하나님을 찬양하라"라고 하였다.

하나님의 종들은 먼저 된 자(겉 사람, 큰 자)가 나중 되고, 나중 된 자(속 사람, 작은 자)가 먼저 되어 둘이 온전한 하나를 이룬다. 작은 자들과 큰 자들이 하나님 안에서 하나를 이루는 것이 하나님의 기쁘신 뜻이다. 그러므로 하나님은 작은 자와 큰 자가 하나된 실존의 찬송을 기쁘게 받으신다.

19.6 καὶ ἤκουσα ὡς φωνὴν ὄχλου πολλοῦ καὶ ὡς φωνὴν ὑδάτων πολλῶν

καὶ ὡς φωνὴν βροντῶν ἰσχυρῶν, λεγόντων· Ἀλληλουϊά, ὅτι

ἐβασίλευσεν κύριος, ὁ θεός, ὁ παντοκράτωρ.

카이 에쿠사 호스 포넨 오클루 폴루 카이 호스 포넨 휘다톤 폴론

카이 호스 포넨 브론톤 이스퀴론, 레곤톤· 할렐루이아, 호티

에바실류센 퀴리오스, 호 데오스, 호 판토크라토르.

또 나는 많은 무리의 소리와도 같고 많은 물들의 소리와도 같고 큰 천둥소리와도 같은 소리를 들었다. 말하고 있기를, "할렐루야, 전능하신 우리 주 하나님이 다스리신다."

큰 무리의 소리는 사랑의 소리요, 많은 물들의 소리는 생명의 소리요, 천둥소리는 거룩의 소리다. 전능하신 주 하나님은 작은 자들과 큰 자들을 그의 사랑과 생명과 거룩과 진리로 하나되게 하시고 마침내 그들을 그의 초월에 참여케 하신다. 이 일은 전능하신 하나님 외에는 아무도 행할 수 없다.

19.7 χαίρωμεν καὶ ἀγαλλιῶμεν, καὶ δώσομεν τὴν δόξαν αὐτῷ, ὅτι ἦλθεν ὁ γάμος τοῦ ἀρνίου, καὶ ἡ γυνὴ αὐτοῦ ἡτοίμασεν ἑαυτήν,

카이로멘 카이 아갈리오멘, 카이 도소멘 텐 독산 아우토, 호티 엘덴 호 가모스 투 아르니우, 카이 헤 귀네 아우투 헤토이마센 헤아우텐,

"우리가 기뻐하고 즐거워하며 그에게 영광을 드리자. 이는 어린양의 혼인이 이르렀고 그의 신부는 자신을 예비하였기 때문이다."

음녀가 욕심과 선악지식으로 어린양의 신부의 자리를 차지하고 음행으로 사람의 마음(땅)을 부패시키고 있는 어둠의 때 그의 참 신부는 인내 속에서 어린양과의 혼인 준비를 마쳤다. 이제 거짓 신부가 사라지자 어린양과 그의 신부의 혼인을 알리는 기쁘고 즐거운 노래가 하늘에서 울려 퍼졌다.

19.8 καὶ ἐδόθη αὐτῇ ἵνα περιβάληται βύσσινον λαμπρὸν καθαρόν, γὰρ τὸ βύσσινον τὰ δικαιώματα τῶν ἁγίων ἐστίν.

카이 에도데 아우테 히나 페리발레타이 뷔씨논 람프론 카다론, 가르 토 뷔씨논 타 디카이오마타 톤 하기온 에스틴.

"그녀는 빛나고 깨끗한 세마포 옷을 입도록 되었으니 그 세마포 옷은 거룩한 자들의 그 의로운 일들이다"라고 하였다.

거룩한 자들의 '의로운 일들(디카이오마타)'은 그들의 믿음으로 가지고 있는 '의로운 힘(디카오쉬네)'이 밖으로 표현되는 일들이다. 그리스도 예수 안에서 부활의 믿음을 가진 자는 그 믿음이 의력이 되어 영과 진리를 따라 의로운 삶을 산다. 그러므로 거룩한 자들은 안과 밖이 온전히 하나된 의의 실존이다. 분명히 말하지만 이 의는 사람의 정의나 공의나 어떤 종교적 선(善)과는 아무런 관계가 없다.

거룩한 자들이 의력을 가진 것은 그들이 믿음으로 하나님의 사랑과 생명과 거룩과 초월을 본받았기 때문이다. 그 세마포 옷이 깨끗한 것은 그리스도의 죄사함으로 이루어진 알파의 의다. 그 옷이 빛나는 것은 그들이 죄지은 형제를 사하는 긍휼의 권세자로 살면서 예수 그리스도의 의의 빛을 비춘 오메가의 의다. 즉 인자들은 "우리가 우리에게 빚진 자를 사하여 준 것 같이 우리의 빚을 사하여 주옵소서"라고 기도하는 긍휼의 실존이다. 또 "나의 원대로 마옵시고 아버지의 원대로 하옵소서"라고 하며 아버지의 의를 이루는 실존이다.

19.9 Καὶ λέγει μοι· Γράψον· Μακάριοι οἱ εἰς τὸ
δεῖπνον τοῦ γάμου τοῦ ἀρνίου κεκλημένοι. καὶ
λέγει μοι· Οὗτοι οἱ λόγοι ἀληθινοὶ τοῦ θεοῦ εἰσιν.

**카이 레게이 모이· 그라프손· 마카리오이 호이 에이스 토
데이프논 투 가모 투 아르니우 케클레메노이. 카이
레게이 모이· 후토이 호이 로고이 알레디노이 투 데우 에이신.**

또 그 천사가 내게 말하기를, "기록하라. 어린양의 그 혼인 잔치에 초대받은 사람들은 복되다"라고 하였다. 또 내게 말하기를, "이것들은 하나님의 참된 말씀들이다"라 하였다.

'마카리오이'는 '복이 있다'가 아니라 '복되다'이다. '복되다'는 실존을 말하고, '복이 있다'는 소유를 말한다. 복된 실존 대신 땅에서 여러 가지 소유될 '복을 구하는 자(아래에 속한 자)'는 어린양의 신부가 될 수 없다. 어린양의 신부는 어린양과 하나되는 복된 존재이지 어린양이 가진 복을 탐내는 자가 아니다.

복된 실존은 어린양 안에 있고, 소유할 복을 좇는 자는 어린양 밖에 있다. 복된 실존은 이미 하나님의 나라 안에 있으나 복을 소유하려는 자는 하나님의 나라 밖에 있다. 복을 소유하려는 것은 첫 사람의 믿음이요, 복된 실존이 되는 것은 둘째 사람의 믿음이다. 하나님의 참된 말씀 안에 거하는 자는 진리로 말미암아 복을 소유하려는 모든 유혹으로부터 자유케 된 자다.

19.10 καὶ ἔπεσα ἔμπροσθεν τῶν ποδῶν αὐτοῦ προσκυνῆσαι αὐτῷ. καὶ
λέγει μοι· Ὅρα μή· εἰμι σύνδουλός σού καὶ τῶν ἀδελφῶν σου τῶν
ἐχόντων τὴν μαρτυρίαν Ἰησοῦ· τῷ θεῷ προσκύνησον· γὰρ ἡ
μαρτυρία Ἰησοῦ ἐστιν τὸ πνεῦμα τῆς προφητείας.

카이 에페사 엠프로스텐 톤 포돈 아우투 프로스퀴네사이 아우토. 카이
레게이 모이· 호라 메· 에이미 쉰둘로스 수 카이 톤 아델폰 수 톤
에콘톤 텐 마르튀리안 예수· 토 데오 프로스퀴네손· 가르 헤
마르튀리아 예수 에스틴 토 프뉴마 테스 프로페테이아스.

그때 나는 그에게 경배하려고 그의 발 앞에 엎드렸다. 그러자 그는 나에게
말하기를, "보라, 그러지 말라. 나는 너와 네 형제들과 같이 예수 그리스도의
그 증거를 가지고 있는 종이다. 하나님께 경배하라. 이는 예수의 증거는 예언의
영이기 때문이다."

요한은 천사를 통하여 '하나님의 참된 말씀'을 듣고 그 말씀을 전한 천사에게 감사
하는 마음으로 경배하려고 그의 발 앞에 엎드렸다. 이때 천사는 "호라 메(보라,
그러지 말라)"라고 하면서 그를 즉시 제지하였다. 만약 이때에 천사가 요한에게
경배를 받았다면 그는 하나님이 받으셔야 할 경배를 받으며 우상이 되었을 것이며
요한은 우상에게 경배하는 죄를 범했을 터이다. 이 일은 예언하는 자도 예언을
듣는 자도 다 함께 하나님께 경배하여야 한다는 것을 계시하고 있다.

예언하는 자가 예언을 듣는 자에게 경배받는 것은 하나님이 받으실 영광을 자신
의 것으로 삼았다. 이로써 그는 하나님을 욕되게 하였다. 오늘날 점이나 선악지
식을 예언처럼 말하는 사람들은 그 말을 듣는 이들에게서 경배받으면 기뻐하고
우상이 된 것을 즐거워한다. 하나님의 종이라 자처하는 사람들이 사람들에게 경
배받기를 좋아하며 그것을 당연하게 여긴다. 그들은 경배받는 자신들이 우상(짐
승)이 되고 있는 줄 알지 못한다. 예언하는 자는 예언을 하며 하나님께 경배하
고, 예언을 듣는 자는 예언을 들으며 하나님께 경배한다. 왜냐하면 예언하는 천

사도 예언을 듣는 요한도 보이지 아니하는 하나님의 예언의 영의 인도함을 받아 하나님의 말씀을 이루는 종이기 때문이다.

● 호라 메(보라, 그러지 말라)

'호라'는 영의 눈으로 보라는 것이요, '메'는 그러지 말라는 것이다. 영의 눈으로 보는 자는 하나님 이외에는 누구에게도 경배하지 아니한다. 예언의 영으로 말미암아 예언하는 자는 듣는 자에게 우상숭배에 빠져들지 않게 하지만, 욕심으로 선악 지식을 예언처럼 말하는 자는 사람에게 보이는 우상이 되어 경배를 받는다.

19.11 Καὶ εἶδον τὸν οὐρανὸν ἠνεῳγμένον, καὶ ἰδοὺ ἵππος λευκός, καὶ ὁ καθήμενος ἐπ᾽ αὐτὸν καλούμενος πιστὸς καὶ ἀληθινός, καὶ ἐν δικαιοσύνῃ κρίνει καὶ πολεμεῖ.

카이 에이돈 톤 우라논 에네오그메논, 카이 이두 힙포스 류코스, 카이 호 카데메노스 에프 아우톤 칼루메노스 피스토스 카이 알레디노스, 카이 엔 디카이오쉬네 크리네이 카이 폴레메이.

나는 또 그 하늘이 열려 있는 것을 보았다. 보라. 흰말이 있고 그 위에 타고 계신 이가 있는데 그는 신실하다 참되다 불리신다. 그는 의로 심판하시며 싸우신다.

신부의 자리에 있던 음녀는 멸망했고, 신부는 이미 혼인을 위하여 예비하였다. 그러나 악한 자들(짐승과 거짓 예언자와 붉은 용)이 여전히 신랑의 자리를 차지하고 떠나지 않고 있다. 그러므로 신랑은 흰말을 타고 거짓 신랑과 그 세력을 의로 심판하시며 싸우신다. 4장에서는 하늘의 문이 열렸고, 11장에서는 하나님의 성전이 열렸고, 15장에서는 증거 장막의 성전이 열렸고, 19장에서는 온 하늘이 열렸다.

19.12 δὲ οἱ ὀφθαλμοὶ αὐτοῦ φλὸξ πυρός, καὶ ἐπὶ τὴν
κεφαλὴν αὐτοῦ διαδήματα πολλά, ἔχων ὄνομα
γεγραμμένον ὃ οὐδεὶς οἶδεν εἰ μὴ αὐτός,

데 호이 옾달모이 아우투 호스 플록스 퓌로스, 카이 에피 텐
케팔렌 아우투 디아데마타 폴라, 에콘 오노마
게그람메논 호 우데이스 오이덴 에이 메 아우토스,

그의 눈은 불꽃같고 그의 머리에는 많은 왕관을 썼으며 자기 외에는 아무도
알지 못하는 쓰인 이름을 가지고 있다.

흰말을 타신 이의 불꽃같은 눈앞에 드러나지 않을 것이 아무것도 없다. 그는 부활의
믿음으로 세상을 이긴 수많은 왕들의 왕이시므로 많은 왕관들을 쓰셨다. 그 만이 알고
있는 쓰인 이름은 아버지께 받은 그의 유일하고 독특한 실존을 드러내고 있다. 기록된
바, "내 아버지로부터 내게 모든 것이 맡겨졌다. 아버지 외에는 아들을 아는 자가 없고
아들과 그리고 그가 아버지를 계시하려고 택한 사람 외에는 아버지를 아는 자가 없다"
(마11:27)라고 하였다. 예수 그리스도는 그의 믿음 안으로 들어온 자들에게는 아무도
알지 못하는 그의 이름(실존)을 혼인을 통하여 그의 신부들에게 알게 하실 것이다.

19.13 καὶ περιβεβλημένος ἱμάτιον βεβαμμένον αἵματι, καὶ κέκληται τὸ
ὄνομα αὐτοῦ ὁ Λόγος τοῦ Θεοῦ.

카이 페리베블레메노스 히마티온 베밤메논 하이마티, 카이 케클레타이 토
오노마 아우투 호 로고스 투 데우.

또 그는 피에 적신 옷을 입었는데 그의 이름은 그 하나님의 그 말씀이라 하였다.

사람들의 죄는 피 흘림이 없이는 사해질 수 없으므로 하나님의 그 말씀은 육신이
되시어 그의 피로써 모든 사람의 죄를 사하셨다. 때문에 하나님의 말씀으로 거듭
나는 자 또한 말씀을 본받아 자기의 피로써 자기에게 빚진(죄지은) 자를 사한다.
하나님의 말씀은 피에 적신 옷(피로 이룬 의)을 입고 있다.

19.14 καὶ τὰ στρατεύματα τὰ ἐν τῷ οὐρανῷ ἠκολούθει αὐτῷ ἐφ᾽ ἵπποις
λευκοῖς, ἐνδεδυμένοι βύσσινον λευκὸν καθαρόν.

카이 타 스트라튜마타 타 엔 토 우라노 에콜루데이 아우토 에프 힙포이스
류코이스, 엔데뒤메노이 뷔씨논 류콘 카다론.

그리고 하늘에 있는 군대들이 희고 깨끗한 세마포 옷을 입고 흰말들을 타고
그를 따르고 있었다.

하나님의 말씀은 피에 적신 옷을 입고 있으나 그를 따르는 군대는 희고 깨끗한
세마포를 입었다. 어린양의 혼인 잔치에 초청을 받은 복된 자들이 하늘의 군대가
되어 희고 깨끗한 세마포 옷을 입고 흰말을 타고 그를 따르며 거짓 신랑과 싸워
이기게 된다.

기록된 바, "누구든지 나를 따라오려거든 자기를 부인하고 제 십자가를 지고 날마
다 나를 따르라"(눅9:23)라고 하였다. 땅에서 자기를 부인하고 날마다 어린양을
따른 자들이 이제 하늘에서 희고 깨끗한 세마포 옷을 입고 흰말을 타고 어린양을
따르며 그의 혼인 자리를 준비하는 의의 군대가 되었다.

19.15 καὶ ἐκ τοῦ στόματος αὐτοῦ ἐκπορεύεται ῥομφαία
ὀξεῖα, ἵνα ἐν αὐτῇ πατάξῃ τὰ ἔθνη, καὶ αὐτὸς
ποιμανεῖ αὐτοὺς ἐν ῥάβδῳ σιδηρᾷ· καὶ αὐτὸς
πατεῖ τὴν ληνὸν τοῦ οἴνου τοῦ θυμοῦ τῆς ὀργῆς
τοῦ θεοῦ τοῦ παντοκράτορος.

카이 에크 투 스토마토스 아우투 에크포류에타이 롬파이아
옥세이아, 히나 엔 아우테 파탁세 타 에드네, 카이 아우토스
포이마이네이 아우투스 엔 라브도 시데라· 카이 아우토스

파테이 텐 레논 투 오이누 투 뒤무 테스 오르게스
투 데우 투 판토크라토로스.

그의 입에서는 그 나라들을 칠 예리한 검이 나온다. 그는 철장으로 그들을
다스릴 것이다. 그는 전능하신 하나님의 맹렬한 진노의 그 포도주 틀을 밟으
신다.

신랑은 그 입에서 나오는 예리한 검으로 거짓 신랑들이 추구하는 그 나라들의
선악지식을 치고 그 거짓 신랑들의 나라를 움직이게 하는 탐욕을 철장으로 부스러
뜨린다. 그리고 피 흘림과 음행의 모든 더러운 것과 가증스러운 것들을 하나님의
맹렬한 진노의 포도주 틀에 던져 밟는다. 신랑이 의로 심판하며 싸우는 것은 오늘
여기 카이로스의 일이다. 어린양의 혼인에 초청을 받은 이들이 생명의 카이로스
안으로 들어오면 그들은 하늘에 속한 의의 군대가 되어 신랑을 따르며 의의 싸움
을 한다. 어린양의 혼인 잔치에 초청을 받은 이들이 하늘의 군대가 되는 것은
크로노스의 먼 훗날의 일이 아니라 오늘 여기 카이로스의 일이다.

하나님의 진노의 포도주 틀이 밟히는 것에도 처음과 나중이 있다. 14장에서 첫
열매가 거두어진 때 땅의 포도송이들도 거두어져서 하나님의 진노의 포도주 틀에
던져져 밟혔다. 이것은 처음이다. 나중 열매가 거두어지는 때 역시 땅의 포도송이
들이 거두어져 하나님의 진노의 포도주 틀에 던져져 밟힌다. 이것은 나중이다.
이 나중은 종말도 먼 미래도 아니다. 씨를 땅에 뿌리면 먼저 열매 맺은 것과 나중
열매 맺는 것이 있다. 때문에 농부이신 하나님은 알파에서도 오메가에서도 쭉정이
와 알곡을 나누어 거두어들이신다.

19.16 καὶ ἔχει ἐπὶ τὸ ἱμάτιον καὶ ἐπὶ τὸν μηρὸν αὐτοῦ ὄνομα γεγραμμένον·
Βασιλεὺς βασιλέων καὶ κύριος κυρίων.

카이 에케이 에피 토 히마티온 카이 에피 톤 메론 아우투 오노마 게그람메논·
바실류스 바실레온 카이 퀴리오스 퀴리온.

그는 그의 옷 위와 넓적다리 위에 왕들의 왕과 주들의 주라 쓰인 이름을 가지고 있다.

신랑은 왕들 안에 계신 왕이요, 주들 안에 계신 주다. 왜냐하면 신랑은 영과 생명의 흐름 속에서 그 왕들과 주들의 근원이 되어 있기 때문이다. 그러나 사람의 선악지식과 욕심을 좇아서 스스로 사람들 위에 군림하는 왕과 주가 된 자들이 있다. 이들은 거짓 신랑들이요, 절도와 강도들이요, 하나님의 새 창조를 방해하는 방해꾼들이다. 신랑은 이 불의한 이들을 의로 심판하며 싸워 이기신다. 그러나 그들 또한 선악지식으로 단련된 육신의 정의와 공의를 들고 나와서 큰 전쟁을 하게 된다. 그것이 아마겟돈 전쟁이다. 아마겟돈 전쟁에도 처음과 나중이 있으니 19장의 전쟁은 처음이요, 20장의 전쟁은 나중이다.

하나님의 아들들이 의롭다 하는 것은 무엇을 말함인가. 그것은 그들이 먼저 예수 그리스도의 부활의 믿음과 하나된 믿음을 가진 것이며 또한 그 믿음으로 말미암아 하나님의 사랑과 생명과 거룩과 진리로 이룬 그 실존이다. 또 이웃을 자신처럼 사랑하는 존재가 된 것이다. 그러나 세상이 말하는 공의나 정의는 사람의 욕심과 선악지식으로 말미암아 생겨난 것임으로 한편에 '유리한 것(정의롭다고 말하는)' 은 다른 편에 '불리하므로(불의하므로)' 거기서는 언제나 불의한 존재들 간의 선악 전쟁이 그치지 아니한다.

육신의 세상에서 강한 자가 잠시 자신의 힘을 의지하고 스스로 자신을 정의롭다 주장하지만 그것은 더욱 불의하다. 오늘날 하나님의 말씀과 예수 그리스도의 이름으로 육신의 정의를 스스로 구현하려는 사람들이 도처에 자리 잡고 있는데 그들은 거짓 신랑들이다. 이런 일은 전부터 있어 왔고, 지금도 있으며 또 오고 있다. 어린양의 혼인 잔치에 초청을 받은 복된 자는 이런 일을 영과 생명의 눈으로 보면서 하나님의 의로 심판하고 싸워 이긴다.

19.17 Καὶ εἶδον ἕνα ἄγγελον ἑστῶτα ἐν τῷ ἡλίῳ, καὶ ἔκραξεν φωνῇ
μεγάλῃ λέγων πᾶσι τοῖς ὀρνέοις τοῖς πετομένοις ἐν μεσουρανήματι·
Δεῦτε συνάχθητε εἰς τὸ δεῖπνον τὸ μέγα τοῦ θεοῦ,

카이 에이돈 헤나 앙겔론 헤스토타 엔 토 헬리오, 카이 에크락센 포네
메갈레 레곤 파시 토이스 오르네오이스 토이스 페토메노이스 엔 메수라네마티·
듀테 쉬나크데테 에이스 토 데이프논 토 메가 투 데우,

또 나는 한 천사가 그 태양 안에 서 있는 것을 보았다. 그는 하늘 사이에서
날고 있는 그 모든 새들에게 큰 소리로 외쳐 말하고 있기를, "자 이리 와서
하나님의 큰 잔치에 모여들어"

한 천사가 해 안에 서서 해의 밝은 빛으로 하늘 사이를 보았다. 그 하늘 사이에는
먹거리를 찾는 그 새들이 공중을 날고 있었다. 그는 그 새들에게 하나님의 큰
잔치에 모이라고 큰소리로 외쳤다. 이 새들은 무엇을 징조하고 있는가. 이들은
종교, 윤리나 도덕, 수양이나 명상, 그 무엇으로든지 사람의 수단으로 잠시 땅의
일을 초월한 것처럼 보이는 존재들이다. 그러나 그들에겐 하늘의 문이나 성전이
열리지 않아서 하늘 사이를 날고 있을 뿐이다. 그들이 하늘 사이를 날고 있는
궁극적 관심은 땅에 있는 육신의 먹거리를 배부르게 먹는 데 있다. 그들이 하늘
사이를 날며 땅을 관찰하는 것은 이 때문이다.

하늘 사이를 나는 새들은 큰 전쟁이 땅에서 일어날 것을 예감하고 있다. 그들
은 그 전쟁 자체에는 아무런 관심이 없고 그 전쟁에서 생겨나는 먹거리에만 관
심이 있다. 그러므로 그들은 멀리 공중을 날면서 땅의 일을 자세히 살핀다. 이
때에 해 안에 서 있는 천사가 그들을 하나님의 큰 잔치에 모이라 외친다. 천사
의 외침은 그들이 거절할 수 없는 매우 반가운 초청이다. 어린양의 혼인 잔치
가 가까이 있는 그때에 먼저 '하나님의 큰 잔치'가 하늘 사이를 나는 새들에게
베풀어진다.

오늘날 우리 중 많은 사람들이 크게 오해하고 있는 것이 하나 있으니 하나님이 행하시는 그 일이다. 여기서 분명히 계시된 것과 같이 하나님은 하늘 사이를 나는 새들에게는 '시체의 잔치'를 베푸신다. 그 잔치의 이름이 '하나님의 큰 잔치'다. 하나님의 큰 잔치가 하는 사이를 날지만 땅을 향해 살면서 하나님께 대하여 죽은 새들에게 베풀어지는 시체의 잔치다. 시체를 먹고 배부르게 되기를 원하는 자마다 '어린양의 혼인 잔치'가 아니라 '하나님의 큰 잔치'에 부름을 받고 거기에 모여든다. 오늘날, '하나님의 축복 부흥회'니 '하나님의 축복 성회'니 하는 잔치가 여기저기서 열리고 있다. 하나님의 자녀들은 깨어서 그것들이 무엇을 말하는지 영의 눈으로 꿰뚫어 보아야 한다.

19.18 ἵνα φάγητε σάρκας βασιλέων καὶ σάρκας χιλιάρχων καὶ σάρκας ἰσχυρῶν καὶ σάρκας ἵππων καὶ τῶν καθημένων ἐπ' αὐτῶν, καὶ σάρκας πάντων τε ἐλευθέρων καὶ δούλων καὶ μικρῶν καὶ μεγάλων.

히나 파게테 사르카스 바실레온 카이 사르카스 킬리아르콘 카이 사르카스 이스퀴론 카이 사르카스 힙폰 카이 톤 카데메논 에프 아우톤, 카이 사르카스 판톤 테 엘류데론 카이 둘론 카이 미크론 카이 메갈론.

"왕들의 고기와 장군들의 고기와 힘센 자들의 고기와 말들과 그 위에 앉아 있는 자들의 고기와 그리고 모든 자들, 자유한 자들이나 종들이나 작은 자들이나 큰 자들의 고기를 먹어라"라고 하였다.

짐승은 이미 음녀를 먹고 불살랐고 이제 짐승의 군대들은 하늘 사이를 나는 새들에게 먹히게 되었다. 짐승의 군대는 땅의 군대요, 육신의 군대요, 욕심의 군대요, 선악지식의 군대요, 자기 믿음의 군대요, 기복의 군대요, 큰 자의 군대요, 우상의 군대요, 패배의 군대요, 하나님의 큰 잔치를 위한 군대이다.

19.19 καὶ εἶδον τὸ θηρίον καὶ τοὺς βασιλεῖς τῆς γῆς καὶ τὰ στρατεύματα
αὐτῶν συνηγμένα ποιῆσαι τὸν πόλεμον μετὰ τοῦ καθημένου ἐπὶ τοῦ
ἵππου καὶ μετὰ τοῦ στρατεύματος αὐτοῦ.

카이 에이돈 토 데리온 카이 투스 바실레이스 테스 게스 카이 타 스트라튜마타
아우톤 쉬네그메나 포이에사이 톤 폴레몬 메타 투 카데메누 에피 투
힙푸 카이 메타 투 스트라튜마토스 아우투.
또 나는 그 짐승과 그 땅의 왕들과 그들의 군대들이 그 말 위에 앉아 계신
이와 그의 군대와 맞서 싸우려고 모여 있는 것을 보았다.

짐승과 땅의 왕들과 그들의 군대들은 전쟁하려고 모였으나 실상 그들은 하나님이
예비하신 새들의 먹거리였다. 예수 그리스도의 믿음 안으로 들어오지 아니하고
자기 믿음을 좇아 자칭 하나님을 위한 전쟁에 힘써 모이는 자들은 새들의 먹거리
가 되고 만다.

19.20 καὶ ἐπιάσθη τὸ θηρίον καὶ μετ᾽ αὐτοῦ ὁ ψευδοπροφήτης ὁ ποιήσας τὰ
σημεῖα ἐνώπιον αὐτοῦ, ἐν οἷς ἐπλάνησεν τοὺς λαβόντας τὸ χάραγμα
τοῦ θηρίου καὶ τοὺς προσκυνοῦντας τῇ εἰκόνι αὐτοῦ· ζῶντες
ἐβλήθησαν οἱ δύο εἰς τὴν λίμνην τοῦ πυρὸς τῆς καιομένης ἐν θείῳ.

카이 에피아스데 토 데리온 카이 메트 아우투 호 프슈도프로페테스 호 포이에사스
타 세메이아 에노피온 아우투, 엔 호이스 에플라네센 투스 라본타스 토 카라그마
투 데리우 카이 투스 프로스퀴눈타스 테 에이코니 아우투· 존테스
에블레데산 호이 뒤오 에이스 텐 림넨 투 퓌로스 테스 카이오메네스 엔 데이오.
그 짐승이 잡히고 그를 위하여 징조들을 행하던 그 거짓 예언자도 그와 함께
잡혔다. 그는 짐승의 표를 받은 자들과 그의 우상에게 경배하고 있는 자들을
그 징조들로 미혹하던 자다. 그 둘이 산 채로 유황불 붙는 그 못으로 던져졌다.

짐승과 거짓 예언자가 산 채로 유황불 못에 던져진 것은 그들 자신이 욕심과 선악지식으로 유황불 못을 이룬 존재였기 때문이다. 유황불 못에 던져진 자는 누구든지 그 자신이 그것을 만들고 거기에 던져진다. 즉 그들은 심은 대로 거둔다.

19.21 καὶ οἱ λοιποὶ ἀπεκτάνθησαν ἐν τῇ ῥομφαίᾳ τοῦ καθημένου ἐπὶ τοῦ ἵππου τῇ ἐξελθούσῃ ἐκ τοῦ στόματος αὐτοῦ, καὶ πάντα τὰ ὄρνεα ἐχορτάσθησαν ἐκ τῶν σαρκῶν αὐτῶν.

카이 호이 로이포이 아페크탄데산 엔 테 롬파이아 투 카데메노스 에피 투 힙푸 테 에크셀두세 에크 투 스토마토스 아우투, 카이 판타 타 오르네아 에코르타스데산 에크 톤 사르콘 아우톤.

그리고 그 남은 자들은 그 말 위에 앉아 계신 이의 입에서 나오는 그 검에 죽었고 그 모든 새들은 그들의 시체로 배부르게 되었다.

음행자들과 우상숭배자들의 시체를 새들의 먹이가 되게 하신 하나님의 심판은 참으로 오묘하다. 음행자들과 우상숭배자들의 시체를 먹은 새들 또한 하나님께 심판되었기 때문이다. 왜냐하면 새들은 죽은 시체를 먹고 잠시 죽음(생존)을 사는 자들이기 때문이다.

짐승과 어린양, 음녀와 어린양의 신부 사이의 싸움은 여기서 일단락되었다. 그러나 붉은 용의 심판은 미루어지고 있어서 아직 그의 멸망의 때가 오지 않았다. 그 때문에 그가 다시 싸움을 걸어온다.

요한 계시록 20장

20.1 Καὶ εἶδον ἄγγελον καταβαίνοντα ἐκ τοῦ οὐρανοῦ, ἔχοντα τὴν κλεῖν τῆς ἀβύσσου καὶ ἅλυσιν μεγάλην ἐπὶ τὴν χεῖρα αὐτοῦ.

카이 에이돈 앙겔론 카타바이논타 에크 투 우라누, 에콘타 텐 클레인 테스 아뷔쑤 카이 알뤼신 메갈렌 에피 텐 케이라 아우투.

나는 또 한 천사가 그 무저갱의 열쇠와 큰 사슬을 그의 손에 들고 그 하늘로부터 내려오고 있는 것을 보았다.

요한 계시록에는 무저갱에 갇혔다가 거기서 나오는 세 부류가 계시되었다. 첫째는 메뚜기의 무리요, 두 번째는 짐승이요, 나중은 옛 뱀이다. 무저갱에 대한 오해가 심각하므로 여기서 다시 말해보자. '무저갱'이란 창조주 하나님의 지혜와 지식의 '깊음(바도스)' 속에서 욕심과 선악지식을 좇는 자들이 하나님의 계시를 버리고 스스로 빠져든 깊은 구렁이다.

하나님은 그의 계시로 말미암아 그 깊음 속에서 사람들을 건져내신다. 그러나 그의 계시를 버리고 자신의 욕심과 선악지식으로 그 깊음에서 나오고자 하는 자는 누구든지 무저갱에 빠져든다. 무저갱에 빠져든 자마다 흑암을 빛으로 삼고 빛을 흑암으로 삼아서 그 자신의 거처인 '음부(셰올, 헤디스)'를 짓고 거한다. 불 못에 던져지는 심판을 받기 전까지는 무저갱도 음부도 그들의 눈에 감춰져 있다.

19장에서 짐승과 거짓 예언자는 산 채로 유황불 못에 던져지고 그를 따르던 모든 무리는 시체가 되어 새들의 먹거리가 되었다. 그러자 용 또한 피하거나 의지할 데가 없었다. 그때에 천사가 무저갱의 열쇠와 큰 사슬을 들고 하늘로부터 내려왔다.

20.2 καὶ ἐκράτησεν τὸν δράκοντα, ὁ ὄφις ὁ ἀρχαῖος, ὅς ἐστιν Διάβολος καὶ
ὁ Σατανᾶς, καὶ ἔδησεν αὐτὸν χίλια ἔτη,

**카이 에크라테센 톤 드라콘타, 호 오피스 호 아르카이오스, 호스 에스틴 디아볼로스
카이 호 사타나스, 카이 에데센 아우톤 킬리아 에테,**

그는 그 옛 뱀이며 마귀이며 사탄인 그 용을 단단히 잡아 천년 동안 결박하여

기록된 바, "주께는 하루가 천 년 같고 천 년이 하루 같다"라고 하였다. 어떻게
천 년이 하루 같고 하루가 천 년 같은 일이 있을 수 있는가. 우리가 하나님의
새 창조 안에서 주님과 함께 하는 그 카이로스의 하루는 크로노스로는 천 년과
같기도 하며 그 천 년을 훨씬 넘어서기도 한다. 하나님의 새 창조 밖에서 인생들이
몇 천 년, 몇 십만 년, 몇 백만 년을 살았다 할지라도 그날들은 새 창조가 이루어지
며 생겨나는 카이로스의 한 날도 이루지 못한 밤일뿐이다. 하나님의 아들들은
카이로스의 낮을 통하여 하나님의 영원 속으로 진입한다.

카이로스의 낮은 새 창조 안에서만 오는 것이므로 수많은 크로노스의 날들은 다만
밤일뿐이다. 그러므로 수많은 크로노스의 날들을 좇아서 종교적, 도덕적, 윤리적
수양을 하거나 주님을 기다리거나 종말을 고대하는 자는 하나님의 새 창조의 카이
로스의 한 날도 맞이하지 못했다. 그가 믿음으로 부활의 실존을 이루는 카이로스
안으로 들어오지 아니하면 밤 속에 있다가 밤 속에서 멸망할 것이다.

그러므로 주님과 하나되어 카이로스의 하루를 이룬 자에게 있어서의 그 하루는
크로노스의 천 년이나 만 년이나 그 이상의 날들을 밤에 속해 지내온 인생들의
때와는 비교할 수 없는 영의 때다. 밤과 낮이 하루를 이루듯이 밤에 속한 크로노스
에 생명의 빛이 비춰어 오면 비로소 카이로스의 한 날을 이룬다. 하나님은 크로노
스도 카이로스도 자기의 권세 하에 두셨다. 그러나 오늘날 우리 중 많은 사람들이
하나님의 권세 하에 두어진 '두 때(육신의 크로노스와 영의 카이로스)'에 대하여
점을 치며 크로노스의 종말에 이익을 보려고 한다. 그러나 그들이 점치며 기다리

는 그 종말은 있지도 않거니와 어린양은 점치는 그들에게 도둑같이 와서 그들의 세상을 사라지게 하신다.

주님이 도둑같이 와서 짐승과 거짓 예언자와 그 무리들에게서 그들의 하늘과 땅과 그들이 가졌던 모든 것을 사라지게 할 때 천 년이 하루 같고 하루가 천 년 같은 이 일을 각 사람은 자신의 실존으로 알게 된다.

● **천사와 용**

천사와 용은 우리의 카이로스의 실존과 어떤 관계가 있는 것인가. 오늘날 사람들은 그것을 알지 못한 채 선악지식 속에서 천사와 용 이야기를 읽고 듣고 말하고 있다. 그래서 요한 계시록을 읽을수록 그들은 더욱 혼란에 빠져들고 구원의 징조를 실상으로 움켜쥔다. 천사는 우리에게 하나님의 계시를 가져오는 관계성 속에서 드러나고, 용은 욕심과 선악지식을 가져오는 관계성 속에서 드러난다. 천사는 흑암 속에 빛을 가져오는 존재이다. 용은 빛을 흑암으로 삼게 하고 흑암을 빛으로 삼게 하는 존재이며, 세력이며, 능력이며, 일이며, 논리이며, 소식이다. 멸망하는 사람들에게는 용이 그들의 천사이다.

사람들은 왜 용을 좋아하며 따르고 그의 종이 되는 것인가. 기록된 바, "그 불법자가 오는 것은 사탄의 역사이며 그는 온갖 능력과 징조와 거짓 기사를 행할 것이다. 그리고 온갖 불의한 것으로 멸망하는 자들을 속일 것이다. 그들은 진리의 사랑을 받지 아니하여 구원되지 못한다"(딤후2:9~10)라고 하였다.

진리(계시)는 하나님의 사랑을 드러낸다. 왜냐하면 생명과 사랑과 거룩과 진리는 하나인 하나님의 모양이기 때문이다. 하나님은 사람들에게 진리로 말미암아 그의 사랑을 받게 하신다. 그러나 하나님의 사랑을 받지 아니하는 자는 누구든지 그 욕심으로 말미암아 진리를 선악지식이 되게 한다. 선악지식은 빛을 흑암으로 삼고 흑암을 빛으로 삼는 인간의 인식이 그 근원이다. 사람은 그 선악지식으로 온갖 꿈과 유혹, 가설과 거짓을 낳고 그것을 정당화하며 그 안에 거한다. 용은 다른 것이 아니라 사람이 그의 욕심과 선악지식을 좇아 섬기는 우상(천사)이다.

하늘의 군대가 짐승의 군대를 이긴 것은 욕심과 선악지식에 대한 사랑과 진리의 승리이다. 승리는 승리를 전한다. 승리는 기쁨의 천사가 되어 모든 사람에게 좋은 소식을 전한다. 천사에게 용이 포박될 때 사람들의 욕심과 선악지식도 사랑과 진리에 포박된다.

20.3 *καὶ ἔβαλεν αὐτὸν εἰς τὴν ἄβυσσον, καὶ ἔκλεισεν καὶ ἐσφράγισεν ἐπάνω αὐτοῦ, ἵνα μὴ πλανήσῃ ἔτι τὰ ἔθνη, ἄχρι τελεσθῇ τὰ χίλια ἔτη· μετὰ ταῦτα δεῖ λυθῆναι αὐτὸν μικρὸν χρόνον.*

카이 에발렌 아우톤 에이스 텐 아뷔쏜, 카이 에클레이센 카이 에스파기센 에파노 아우투, 히나 메 플라네세 에티 타 에드네, 아르키 텔레스데 타 킬리아 에테· 메타 타우타 데이 뤼데나이 아우톤 미크론 크로논.

그를 그 무저갱에 던져 가두고 그 위에 봉인하여 그 천 년이 끝나기까지는 그 나라들을 미혹하지 못하게 하였다가 그 일들을 좇아서 그는 반드시 잠시 동안 풀려날 것이다.

19장에서 짐승과 거짓 예언자가 유황불 못에 던져졌다. 이때에 비로소 사람들은 배의 우상(생존의 우상)과 가슴의 우상(욕심의 우상)으로부터 미혹되지 않게 되었다. 그러나 천 년이 지나면 그 옛 뱀이 무저갱으로부터 잠시 풀려나서 사람들을 미혹하게 될 것이다. 이 일은 무엇을 가리키고 있는가.

창세기 3장에서 뱀은 하와를 선악지식으로 미혹했고 하와는 다시 아담을 미혹했다. 아담과 하와가 뱀에게 미혹당한 것은 진리로 말미암아 계시된 하나님의 사랑을 받지 않았기 때문이다. 그들이 하나님의 말씀을 믿는 순결한 마음으로 하나님의 사랑 안에 거하였다면 그들은 육신의 욕심을 좇아서 선악지식을 추구하지 않았을 것이다. 에덴의 동산에서 '레네페쉬 하야'에서 살려주는 영이 되지 못한 두 사람은 뱀의 미혹에 빠져 거짓을 믿고 범죄하고 심판되었다. 그러나 셀 수 없이 많은 무리가 하나님의 진리로 말미암아 계시된 사랑을 받고 그 사랑 안에 거하게 되는 때에 뱀의 선악지식은 아무런 미혹이 될 수 없다.

육신의 첫 사람은 그 욕심으로 선악지식을 좇는 크로노스의 때에 거하고 영의 둘째 사람은 그 사랑으로 말미암아 진리를 좇는 카이로스의 때에 거한다. 크로노스의 때에 거하는 첫 사람은 육신에 속한 자기 믿음으로 선악지식을 좇는다. 카이로소의 때에 거하는 둘째 사람은 예수 그리스도의 믿음과 하나된 믿음으로 생명의 지식(진리)을 좇는다.

첫 사람이 하나님의 부르심이 있을 때 그의 사랑과 함께 진리를 받지 아니하고 그 진리를 욕심으로 받으면 그 진리는 그 자신을 멸망시키는 선악지식이 되어버린다. 창세기 3장과 요한 계시록 20장은 이 일을 분명히 보여주고 있다. 하나님의 사랑을 받지 않은 자는 누구든지 새로운 존재로 지어질 수 없다. 창세기 3장에서 일어난 아담의 일은 진리(계명)로 베풀어진 하나님의 사랑 안에 거하지 아니하는 모든 사람의 모형이다.

첫 사람은 욕심과 선악지식으로 사탄과 짐승(무법자)과 거짓 예언자와 음녀와 그 무리들을 그들 안에 낳고 키운다.

용이 천 년 동안 무저갱에 갇혀 있는 때에 하나님의 사랑 안에 거하는 하나님의 백성과 하나님의 사랑 밖에 거하는 세상의 백성이 함께 섞여 있다. 그러나 용이 잠시 동안 풀려나서 선악지식으로 세상을 미혹하면 하나님의 백성과 세상의 백성은 확연히 구별된다. 이와 같이 하나님은 예수 그리스도를 적대하는 뱀으로 하여금 빛의 자녀와 어두움의 자녀를 나누신다. 하나님은 이 일을 통하여 에클레시아가 나의 나됨을 이루게 하시지만 뱀은 하나님을 적대하는 일을 스스로 택하였고,

또 그가 즐기는 일이다. 진리의 사랑을 받지 않는 자는 누구든지 스스로 하나님을 적대하며 멸망의 길을 걷는다.

20.4 Καὶ εἶδον θρόνους, καὶ ἐκάθισαν ἐπ᾽ αὐτούς, καὶ κρίμα ἐδόθη αὐτοῖς, καὶ τὰς ψυχὰς τῶν πεπελεκισμένων διὰ τὴν μαρτυρίαν Ἰησοῦ καὶ διὰ τὸν λόγον τοῦ θεοῦ, καὶ οἵτινες οὐ προσεκύνησαν τὸ θηρίον οὐδὲ τὴν εἰκόνα αὐτοῦ καὶ οὐκ ἔλαβον τὸ χάραγμα ἐπὶ τὸ μέτωπον καὶ ἐπὶ τὴν χεῖρα αὐτῶν· καὶ ἔζησαν καὶ ἐβασίλευσαν μετὰ τοῦ χριστοῦ χίλια ἔτη.

카이 에이돈 드로누스, 카이 에카디산 에프 아우투스, 카이 크리마 에도데 아우토이스, 카이 타스 프쉬카스 톤 페펠레키스메논 디아 텐 마르튀리안 예수 카이 디아 톤 로곤 투 데우, 카이 호이티네스 우 프로세퀴네산 토 데리온 우데 텐 에이코나 아우투 카이 우크 엘라본 토 카라그마 에피 토 메토톤 카이 에피 텐 케이라 아우톤· 카이 에제산 카이 에바실류산 메타 투 크리스투 킬리아 에테.

나는 또 보좌들과 그 위에 앉은 이들과 그들에게 주어진 심판하는 권세를 보았다. 그리고 나는 예수의 그 증거와 하나님의 그 말씀을 인하여 목 베임을 받은 자들의 혼들과 또 짐승과 그의 우상에게 경배하지도 아니하고 그들의 이마나 그 손에 그 표를 받지 아니한 자들이 살아서 그리스도와 함께 천 년 동안 왕이 되어 다스리는 것을 보았다.

● 성경에 붙여진 소제목들

번역 성경들에는 원문에 없는 소제목이 많이 달려 있다. 이 소제목들은 번역 성경을 편집·발간하는 이들이 성경을 읽는 이들에게 도움을 주고자 한 것이다. 그러나 이 소제목들은 독자들에게 도움을 주기도 하지만 어떤 것들은 성경을 이해하는데 걸림돌과 방해가 되며 나아가 성경을 거꾸로 읽게 하고 심지어 선악지식의 길잡이가 되고 있다.

● 그 소제목들에 관하여 몇 가지 예를 들어 살펴보자

누가 호음(유앙겔리온) 10장에 등장하는 예수님의 비유의 말씀을 살펴보자. 어떤 사람이 예루살렘에서 여리고로 내려가다가 강도를 만났다. 강도들은 그의 옷을 벗기고 때려서 반쯤 죽은 상태로 버려두고 가버렸다. 어떤 사마리아인이 여행 중에 그를 발견하고, 불쌍히 여겨 도와서 살게 하였다. 사실 이 말씀은 너무나 평이하여 소제목을 달 필요가 없는 비유이다. 소제목을 단 것이 도리어 군더더기인 선악지식이다.

그런데 거기에 ‘선한 사마리아인’이라든가 ‘착한 사마리아 사람’이란 소제목이 붙어 있다. 이 비유는 어떤 율법사의 “내 이웃은 누구입니까”라는 질문에 예수께서 답하신 것이다. 율법에 “네 이웃을 네 자신처럼 사랑하라”라고 하였다. 사마리아인은 강도 당한 자를 이웃으로 알고 자신처럼 사랑했다는 말씀이다. 그런즉 굳이 소제목을 붙이려면 적어도 ‘이웃을 사랑한 사마리아인’이라든가 ‘강도 맞은 사람을 사랑한 사마리아인’, ‘이웃 사랑’, ‘생명의 사마리아인’으로 해야 할 것이다. 그 제목이 ‘선한 사마리아인’, ‘착한 사마리아 사람’, 'The parable of the good Samaritan(선한 사마리아인의 비유)’이 된 것은 사랑을 선악지식으로 바꾸었다는 확실한 반증이다.

성경을 번역하고 발간하는 사람들이 성경을 잘 번역하려고 개정에 개정을 거듭한다고 할지라도 진리의 사랑을 받은 마음으로 말씀을 듣지 않으니 생명의 말씀은 선악지식이 되고 만다. 용과 거룩한 자들의 싸움이 무엇인가. 사랑의 말씀과 선악지식의 싸움이다.

한글로 된 어느 '오픈 성경'은 이사야서 58장을 '참된 예배에 대한 서술'이란 소제목을 달고 있다. 6절과 7절에 대한 해석은 다음과 같다. '하나님이 기뻐하시는 금식, 곧 올바른 금식이 무엇인지를 밝힌다. 그런데 금식에 대한 직접적인 언급은 없고, 압박을 당하는 자들과 불쌍하고 가난한 자들(7절), 곧 종된 자와 가난한 자에 대해 어떤 태도를 보일 것인가에 대해 말한다. 그러므로 여기서는 이웃에 대한 사랑이 발휘되지 못한 금식이란 무용하다고 규정하고, 종된 자를 풀어 주며 가난한 자를 도와주는 것이 진정한 의의 외적 증거로 제시된다. 성경은 이런 사실을 누누이 이야기한다.'(욥31:17~20·겔18:7,16·마25:35~36)

위 해설에는 해설자의 엄청난 선악지식이 들어있다. 이는 이사야서를 영과 생명의 눈으로 바라보지 못하기 때문이다. 이 해설은 종된 자를 풀어주며 가난한 자를 이웃으로 삼는 그 일이 금식임을 알지 못한다. 왜냐하면 모든 사람들이 금식을 곡기를 끊고 기도하는 육신의 일로 알고 있기 때문이다.

이사야가 말하는 금식이란 곡기를 끊는 것을 말하는 것이 아니다. 이사야는 우리에게 악을 음식처럼 먹는 것을 끊는 것이 금식이라 하고 있다. 흉악의 결박을 풀어주는 것이 흉악을 먹지 않는 금식이며, 멍에의 줄을 풀어주는 것이 멍에를 메우는 식사를 금식하는 것이다. 압제 당하는 자를 자유케 하는 것이 압제의 식사를 금식하는 것이며 모든 멍에를 꺾는 것이 멍에를 메우는 악의 식사를 끊는 것이라 함이다. 이사야가 말하는 것은 '너희가 곡기를 끊고 기도하는 것은 흉악을 행하고, 멍에의 줄을 단단히 매고, 압제 당하는 자를 더욱 압제하고자 하는 식사가 아니냐' 함이다. 이사야는 육신의 금식을 말하는 것이 아니다.

이사야의 영과 생명의 눈에 드러난 이스라엘의 금식은 금식이 아니라 탐식이다. 이 해설은 '이웃에 대한 사랑이 발휘되지 못한 금식이란 무용하다고 규정하고'라 하였다. 바로 이런 것이 선악지식이다. 이 말은 다름이 아니라 '이웃에 대한 사랑이 발휘된 금식은 유용하고'가 되기 때문이다. 여전히 곡기를 끊고 기도하는 것을 금식으로 알고 있으니 이사야의 마음과는 상관없는 해설이다. 욕심과 선악지식을 십자가에 못 박은 자는 금식이 무엇인지 알고 참 금식을 행한다. 그가 누구인가. 이웃을 사랑한 사마리아인이다. 그는 욕심을 먹지 않고 이사야가 말한 바의 참 금식을 하였다.

● **이제 요한 계시록의 20장의 소제목을 살펴보자**

현대인의 성경은 요한 계시록 20장의 제목을 '천 년 왕국'이라 하였고, 새 번역은 '천 년마다 있을 일'이라 하였다. 예루살렘 바이블은 'The reign of a thousand years(한 천 년의 통치)'라 하였고, 뉴 인터내셔널 버전은 'The thousand years(그 천 년)'라고 하였다.

오늘날 우리 중 많은 사람들이 한없는 욕심을 좇아 종말에 있을 왕국에서 왕 노릇 하며 사람들 위에 군림할 기회를 노리고 있다. 그들은 자기들의 패거리 안에 있어 야 왕 노릇 할 수 있다는 투철한 자기 믿음을 가지고 있다. 그들이 아무리 투철한 자기 믿음을 가지고 있다 한들 그 믿음은 하나님의 나라와 상관이 없는 독단이다. 하나님의 나라와 상관이 있으려면 자기 믿음에서 죽고, 예수 그리스도의 믿음으로 부활한 복되고 거룩한 부활의 실존이 되어야 한다.

요한 계시록에는 다만 20장 4절에 "그리스도와 함께 천 년을 다스렸다"란 말씀이 기록되어 있다. 20장에 제목을 붙인 이들은 어떻게 '천 년 왕국'을 알았으며, '천 년마다 있는 일'임을 안 것인가. 세상의 왕들은 백성들 위에 '군림(Reign over)'한 다. 그러나 예수 그리스도는 하나님의 자녀들 안에서 생명과 사랑과 거룩과 진리 로 '다스리시는(Reign in)' 분이다. 하나님의 나라는 하나님과 그 자녀들이 서로 안에서 하나되는 영과 생명의 나라이다. '천 년 왕국'이란 제목을 붙인 이들은 그들의 욕심으로 '천 년 왕국'이란 선악지식을 만들어내고 말았다.

필자는 어렸을 때부터 '천 년 왕국'이란 말을 들었고 그것이 뇌리에 박혀서 오랜 세월 떠나지 않았다. 도대체 천 년 왕국이란 무엇인가. 왜 일부 사람들은 자기들만 천 년 왕국에서 왕이 된다면서 저렇게 난리들일까. 또 왕이 되는 사람은 정작 누구인가 하였다. 필자는 666이 솔로몬을 가리키는 징조임을 알게 되었을 때 비로소 '천 년 왕국'이란 솔로몬을 꿈꾸는 이들이 탐심으로 지어낸 거짓 왕국임도 알게 되었다.

● '천 년의 다스림'은 무엇을 말하고 있는가

그리스도와 함께 천 년을 다스리는 왕들은 예수의 부활의 증거를 가진 부활과 생명의 실존들이며 하나님이 그의 진리로 드러내신 사랑 안에 거하는 실존들이다. 이들 각 사람은 생명과 사랑과 거룩과 진리 안에서 자신이 자신을 다스리는 왕이다. 동시에 죽은 자들 안에 부활과 사랑으로 들어가 그들을 살려서 그들 또한 부활과 사랑 안에 거하게 하는 생명의 왕이다. 이들은 예수 그리스도로 말미암아 육신의 첫 사람을 영의 둘째 사람으로 거듭나게 하는 왕들이다. 이들은 하나님께 대하여 죽은 자들을 구원하시려고 길이 참으시는 하나님의 마음(시공의 근원) 속에 거하는 카이로스의 왕들이다. 어린양과 함께 다스리는 그들의 하루는 천 년과 같다. 그들의 다스림은 군림이 아니라 섬김이다.

이 오메가의 천 년은 부활의 믿음으로 자신들의 혼(목숨)을 잃어버리기까지 담대하게 세상을 이기며 매일의 삶을 흠 없고 거룩한 산 제물로 하나님께 드린 존재를 위하여 하나님이 그의 은혜로 그들을 위하여 예비하신 첫 영광의 때이다. 알파에서 아담의 후손들은 천 년 가까이 살면서 하나님의 놀라운 은혜를 헛되이 하면서 부패하였고 강포하여 졌다.

그러나 오메가에서는 첫째 부활에 참여한 존재들이 생명과 사랑과 거룩과 진리의 왕들이 되었다. 그들은 그리스도 안에서 하루가 천 년 같은 새로운 카이로스의 때를 거룩하게 살면서 하나님이 기뻐하시는 온전함과 풍성함에 동참하고 있다. 사람의 생각이 어려서부터 나쁘기(악하기) 때문에 하나님은 노아의 홍수 후 사람의 나이를 120세까지 줄이셨다. 그러나 이제 그때가 지나가고 그리스도 안에서 매일(하루)의 삶을 통하여 하나님의 기쁘신 뜻을 이룬 이들에게 그 하루를 천년으로 갚아 주셨다.

● **디아 텐 마르튀리안 예수(예수의 그 증거를 인하여)와**
  디아 톤 로곤 투 데우(하나님의 그 말씀을 인하여)

번역 성경들에서 '디아 텐 마르튀리안 예수'와 '디아 톤 로곤 투 데우'가 선악지식의 관점에서 번역되어 있다. 그래서 번역 성경은 요한 계시록의 마지막 부분에 이르기까지 사람들을 선악지식의 감옥에 가두고 있다.

현대인의 성경은 '디아 텐 마르튀리안 예수'를 '예수 그리스도를 증거하고'로, '디아 톤 로곤 투 데우'를 '하나님의 말씀을 전하다가'로 번역하고 있다. 공동 번역은 두 문장을 합쳐서 '예수께서 계시하신 진리와 하나님의 말씀을 전파했다'고 되어 있다. 또 예루살렘 바이블은 'For having witnessed for Jesus and for having preached God's words'로, 뉴 인터내셔널 버전은 'Because of testimony for Jesus and because of the word of God'으로 되어 있다. 이 번역들이 과연 무엇을 말하는지 살펴보자.

'예수의 그 증거를 인하여'와 '하나님의 그 말씀을 인하여'는 무엇인가. '예수의 그 증거'는 그의 믿음의 증거 곧 그의 부활이다. 우리는 예수의 부활의 믿음과 하나된 믿음으로 그의 부활에 동참한다. 오늘 여기서 예수의 부활에 동참한 부활의 실존이 아니면 예수의 그 증거와는 아무런 관련이 없는 종교인일 뿐이다. 그 종교인은 예수의 증거를 가진 자를 죽이는 것을 하나님을 섬기는 일로 삼는다.

'하나님의 그 말씀'은 하나님의 사랑을 계시하고 있다. 하나님의 사랑을 받지 아니하고 욕심으로 말씀(진리)을 받은 자는 그 말씀을 선악지식이 되게 한다. 선악지식이 되어버린 말씀은 하나님과 아무런 상관이 없다. 용, 짐승, 거짓 예언자, 음녀와 싸우는 우리의 싸움은 예수 그리스도의 믿음과 하나된 작은 자의 영적 싸움이다.

세상을 이기는 작은 자의 부활의 믿음이 세상에서 성공하는 큰 자의 자기 믿음과 싸우는 것이다. 또 작은 자의 생명의 말씀이 큰 자의 선악지식과 싸우는 것이다. 용은 우리에게 욕심과 선악지식으로 큰 자가 되라고 한다. 반면 어린양은 우리에게 사랑과 진리로 작은 자가 되라 하신다. 작은 자는 하나님께 속한 자요, 큰 자는 하나님을 우상으로 삼아 자기편으로 끌어들인 자다. 그들의 하나님은 용이기 때문에 이 싸움을 위하여 용이 잠시 풀려난다.

● **보좌들과 그 위에 앉은 이들과 그들에게 주어진 심판의 권세**

여기 보좌들은 누구를 위하여 예비된 것인가. 그것들은 심판의 권세가 주어진 이들을 위한 것이다. 그러면 그 심판의 권세가 주어진 이들은 누구이며 어디에 있는가. 그들은 곧 예수의 증거와 하나님의 그 말씀을 인하여 목 베임을 받은 혼들이다. 그리고 짐승과 그의 우상에게 경배하지 아니하고 이마나 그 손에 그 표를 받지 아니한 자들이다. 그들이 살아서 그 보좌들 위에 앉아서 심판을 행한다. 즉 오늘 여기서 그 첫째 부활의 실존을 이룬 이들에게 심판의 권세가 주어진다.

이 심판은 선악 심판이 아니다. 그들의 심판은 죽을 것이 죽고 살 것이 살게 하는 부활의 심판이다. 오늘 여기서 육신의 자기 믿음에서 죽고 예수 그리스도의 믿음과 하나된 영의 믿음으로 살아나게 하는 심판이다. 또한 자기 욕심에서 죽고 하나님의 사랑과 하나된 진리로 살아나게 하는 심판이다.

예수 그리스도께서 죽은 자 가운데서 부활하신 것 같이 예수의 증거와 하나님의 그 말씀을 인하여 목 베임을 당한 자들과 짐승과 그의 우상에게 경배하지 아니하고 이마나 그 손에 그 표를 받지 아니한 자들은 죽은 자들 가운데서 부활한다. 그리고 그리스도와 함께 하루가 천 년 같고 천 년이 하루 같은 카이로스의 왕들이 되어 나의 나됨을 온전하고 풍성하게 발휘하면서 하나님께 대하여 죽은 자들을 살리는 심판을 행한다. 그리스도가 그들 안에 계시고 그들이 그리스도 안에 있으므로 그들은 생명과 사랑으로 섬기는 섬김의 왕들이다. 천 년의 다스림은 왕들이 사람들 위에 군림하는 천 년 왕국을 말하는 것이 아니다.

20.5 οἱ λοιποὶ τῶν νεκρῶν οὐκ ἔζησαν ἄχρι τελεσθῇ τὰ χίλια ἔτη. αὕτη ἡ ἀνάστασις ἡ πρώτη.

호이 로이포이 톤 네크론 우크 에제산 아르키 텔레스데 타 킬리아 에테. 아우테 헤 아나스타시스 헤 프로테.

그 나머지 죽은 자들은 천 년이 끝나기까지 살아나지 못했다. 이것은 그 첫째 부활이다.

● **처음 부활과 나중 부활**

처음 부활은 무엇이며 나중 부활은 무엇인가. 모든 첫 사람은 하나님께 창조된 네페쉬 하야다. 그 '네페쉬 하야'가 땅을 향해 살면서 하나님을 향해 살고 있지 아니하면 그 육신은 살았으나 그의 혼은 하나님께 대하여 죽어 있다. 그러므로 그는 예수 그리스도를 믿을 때에 하나님을 향하여 사는 '레네페쉬 하야(산 혼의 실존)'가 된다. 그것은 처음 부활의 알파다. 그 처음 부활에서 산 혼의 실존이 된 자는 다시 육에서 죽고 영으로 살아나며 살려주는 영의 실존으로 나아간다. 그것이 처음 부활의 오메가다. 처음 부활에는 이와 같이 두 가지가 있다.

'살려주는 영'이 되는 부활은 '네페쉬 하야'가 '레네페쉬 하야'가 되는 그 부활 다음에 이루어지고 있다. '살아난 자'가 예수 그리스도의 믿음과 하나된 부활의 믿음으로 자기의 욕심과 선악지식을 십자가에 못 박고 살아나는 것이 살려주는 영이 되는 부활이다. 이제 살려주는 영이 된 그는 죽은 자를 살리려고 그들을 위하여 그들 안에서 그의 혼이 죽었다가 사는 부활의 권세자로 산다. 요한 계시록 20장 5절의 '그 첫째 부활'은 '네페쉬 하야'가 '레네페쉬 하야'가 되는 처음 부활을 말하는 것이 아니라 살려주는 영이 된 사람이 부활의 권세로서 죽은 자들을 살리려고 그들 가운데서 죽었다가 사는 것이다.

그 첫째 부활을 맞이한 자들은 복되고 거룩하며 이 첫째 부활을 통하여 영원한 생명에 이르렀다. 기록된 바, "나는 부활이요 생명이니 나를 믿는 자는 죽어 있어도 살겠고 살아서 믿는 자는 영원히 죽지 아니하리니 네가 이것을 믿느냐"(요 11:26)라고 하였다. 예수 그리스도를 믿는 자에게 '레네페쉬 하야'의 부활이 먼저 온다. 왜냐하면 예수 그리스도를 믿기 전에는 모든 사람이 하나님께 대하여 죽어 있기 때문이다. 그러므로 예수 그리스도를 믿음으로 말미암아 하나님께 대하여 죽었던 혼이 먼저 살아나서 '산 혼의 실존'이 된다.

그러나 이 '산 혼의 실존'은 아직 죽은 자를 살리는 살려주는 영이 아니다. 그 산 혼의 실존이 예수 그리스도 안에서 나의 나됨의 생명을 이루면 살려주는 영이다. 기록된 바, "누구든지 이 세상에서 자기의 그 혼을 사랑하는 자는 그것을 잃을 것이요 자기의 혼을 미워하는 자는 영생하도록 그것을 보존하리라"(요 12:25)라고 하였다. 예수 그리스도께서 우리의 혼을 살리시는 것은 이 세상에서 그 혼을 사랑하며 잃어버리게 하려 함이 아니다. 살려주는 영이 된 그가 그의 혼을 그리스도의 증인으로서 죽은 자를 위하여 죽었다가 다시 살아나면서 첫째 부활에 참여하게 하려는 것이다.

세상에 대하여 살고 하나님께 대하여 죽어 있는 자에게는 다만 불 못에 들어가는 심판의 부활이 있을 뿐이다. 그러므로 '네페쉬 하야'에서 '레네페쉬 하야' 된 자는 그리스도 안에서 육에서 죽고 영으로 사는 부활로 '살려주는 영(나의 나됨)'으로 나아간다. 그렇지 아니하면 아담처럼 그 욕심과 선악지식을 좇아서 세상을 사랑하게 되고 그는 살아난 혼 조차 다시 잃어버린다. 아담처럼 사는 자는 누구든지 용이 잠시 무저갱에서 풀려나서 세상을 미혹할 때 그를 좇아서 함께 망할 것이다. 창세기 3장의 아담은 그 일의 모형이다.

20.6 μακάριος καὶ ἅγιος ὁ ἔχων μέρος ἐν τῇ ἀναστάσει τῇ πρώτῃ· ἐπὶ τούτων ὁ δεύτερος θάνατος οὐκ ἔχει ἐξουσίαν, ἀλλ' ἔσονται ἱερεῖς τοῦ θεοῦ καὶ τοῦ χριστοῦ, καὶ βασιλεύσουσιν μετ' αὐτοῦ χίλια ἔτη.

마카리오스 카이 하기오스 호 에콘 메로스 엔 테 아나스타세이 테 프로테' 에피 투톤 호 듀테로스 다나토스 우크 에케이 엑수시안, 알 에손타이 히에레이스 투 데우 카이 투 크리 스투, 카이 바실류수신 메트 아우투 킬리아 에테.

이 첫째 부활에 참여하는 자들은 복되고 거룩하다. 그 둘째 사망은 그들 위에 아무런 권세가 없고 그들은 하나님과 그리스도의 제사장들이 될 것이요 또 그와 함께 천 년을 왕이 되어 다스릴 것이다.

요한 계시록에 '복되다(마카리오스)'는 말씀이 일곱 번 쓰이고 있다. 여기 20장 6절은 다섯 번째요, 19장 9절에서 어린양의 혼인 잔치에 초청을 받은 자들이 복되다 한 것이 네 번째다. 1장 3절도, 14장 13절도, 16장 15절도, 19장 9절도 20장 6절에 계시된 복된 자가 되게 하기 위함이다. 우리가 여기서 알아야 할 것은 복되고 거룩한 자만이 첫째 부활에 참여하고 하나님과 그리스도의 제사장이 되고 천 년 동안 그리스도와 함께 왕으로서 다스릴 것이다. 부활의 믿음으로 살려주는 영이 된 사람들이 이 첫째 부활에 참여한다.

5장 10절에서 어린양이 사람들을 그의 피로 사서 먼저 하나님을 향한 왕들과 제사장들이 되게 하신 것은 알파다. 20장 6절에서 예수의 증거와 하나님의 말씀을 인하여 목 베임을 받은 이들의 혼들과 짐승과 그의 우상에게 경배하지도 아니하고 그들의 이마나 손에 그 표를 받지 아니한 자들이 살아서 제사장들과 왕들이 된 것은 오메가다.

알파는 자기가 자기를 다스리는 왕이요, 자기가 자기를 제물로 삼는 제사장이다. 오메가는 죽은 자를 살리는 부활의 제사장이요, '레네페쉬 하야'를 위하여 그들 안에서 섬기는 사랑의 왕이다. 이 일은 시공 너머의 창조의 근원 안에서 행해지는 일이므로 그날들은 천 년이 하루 같고 하루가 천 년 같다. 둘째 사망은 복되고 거룩한 자들은 위에 아무런 권세가 없다.

욕심과 선악지식으로 계시록을 읽는 이들은 이 경이로운 계시의 실존이 아니라 육신의 첫 사람 위에 군림하는 왕과 남을 희생시키는 인육 제사를 행하는 제사장의 자리를 탐내고 있다. 그들은 하나님이 예비하신 알파의 왕과 제사장도, 오메가의 제사장과 왕을 알지도 소망하지도 아니한다. 왜냐하면 그들은 진리의 사랑을 받지 아니하여 아래에서 낳아진 자들이기 때문이다.

20.7 Καὶ ὅταν τελεσθῇ τὰ χίλια ἔτη, λυθήσεται ὁ Σατανᾶς ἐκ τῆς φυλακῆς αὐτοῦ,

카이 호탄 델레스데 타 킬리아 에테, 뤼데세타이 호 사타나스 에크 테스 퓔라케스 아우투,

천 년이 끝나면 사탄은 그의 감옥에서 풀려날 것이며

사탄은 사망의 세력이다. 그가 풀려나서 행하는 일은 사람들을 미혹하여 사망으로 이끌어가는 일이다. 결국 그의 일은 예수 그리스도의 믿음과 하나된 믿음으로 사망을 이긴 자들로부터 자기 믿음으로 사망 아래 처한 자들을 분리하는 일이 되고 있다.

20.8 καὶ ἐξελεύσεται πλανῆσαι τὰ ἔθνη τὰ ἐν ταῖς τέσσαρσι γωνίαις τῆς γῆς, τὸν Γὼγ καὶ Μαγώγ, συναγαγεῖν αὐτοὺς εἰς τὸν πόλεμον, ὧν ὁ ἀριθμὸς αὐτῶν ὡς ἡ ἄμμος τῆς θαλάσσης.

카이 에크셀류세타이 플라네사이 타 에드네 타 엔 타이스 테싸르시 고니아이스 테스 게스, 톤 곡 카이 마곡, 쉬나가게인 아우투스 에이스 톤 폴레몬, 혼 호 아리스모스 아우톤 호스 헤 암모스 테스 달라쎄스.

그는 그 땅의 사방에 있는 나라들 곧 곡과 마곡을 미혹하고 그들을 모아 전쟁하려고 나올 것이며 그들의 수효는 바다의 모래와 같을 것이다.

이 전쟁은 아마겟돈 전쟁의 오메가다. 하나님은 이스라엘을 변함없이 징조로 쓰신다. 즉 이스라엘은 전에도, 지금도, 앞으로도 에클레시아의 실존을 가리키는 징조다. 이스라엘이 징조이므로 곡과 마곡도 징조이다. 곡과 마곡은 에스겔서 38~39장에 북방의 대군을 인솔하여 이스라엘을 공격하는 원수로 등장하고 또 망할 것이 예언되어 있다. 이 곡과 마곡의 일이 이미 이루어진 것이든 앞으로 이루어질 것이든 상관없이 그 일은 에클레시아를 위한 카이로스의 징조요, 그 실상은 하나님의 아들들에게 이루어진다. 이때에 양과 염소, 알곡과 가라지, 하나님의 거룩한 백성과 용의 무리들이 나뉘고 심판된다.

용이 땅의 네(4) 모퉁이에 있는 나라들 곧 곡과 마곡을 미혹한다 하였다. 이는 하늘의 네 생물들로 징조되는 사랑과 생명과 거룩과 초월의 네 실존들을 대적하는 네 세력이다. 용은 숫자의 세력으로 어린양을 따르며 작고, 약하고, 적고, 가난한 무리가 되어 있는 사람들을 크고, 강하고, 많고, 부유한 무리로 압도하려 할 것이다.

20.9 καὶ ἀνέβησαν ἐπὶ τὸ πλάτος τῆς γῆς, καὶ ἐκύκλευσαν τὴν παρεμβολὴν τῶν ἁγίων καὶ τὴν πόλιν τὴν ἠγαπημένην. καὶ κατέβη πῦρ ἐκ τοῦ οὐρανοῦ καὶ κατέφαγεν αὐτούς·

카이 아네베산 에피 토 플라토스 테스 게스, 카이 에퀴클류산 텐 파렘볼렌 톤 하기온 카이 텐 폴린 텐 에가페메넨. 카이 카테베 퓌르 에크 투 우라누 카이 카테파겐 아우투스·

그들은 그 땅의 지면을 넓게 차지하고 올라와서 그 거룩한 자들의 진, 곧 하나님이 사랑하시는 그 성을 둘러쌌다. 그러나 그 하늘로부터 불이 내려와 그들을 삼켜버렸다.

모래같이 많은 숫자의 사람들이 지면을 가득 채우고 거룩한 자들의 진을 둘러쌌다. 그러나 그들은 하늘에서 내려오는 심판의 불에 대하여는 대책을 취할 수 없었고 그 불에 삼키웠다. 선악의 세력은 땅에서 많은 숫자의 사람을 동원하여 그들의 승리를 보장받으려 하지만 그들은 하늘에서 내려오는 불에 삼키우는 티끌에 지나지 않는다. 하나님이 사랑하시는 성을 둘러싼 자들은 불에 삼키웠으나 그 성과 그 성을 지킨 거룩한 자들은 불의 시련을 이겼다. 하늘에서 내려오는 심판의 불은 불타버릴 것과 불타지 않을 것을 나누었다. 때가 이르면 하나님 앞에서 거룩하지 않은 것들은 모두 불타버린다.

20.10 καὶ ὁ διάβολος ὁ πλανῶν αὐτοὺς ἐβλήθη εἰς τὴν λίμνην τοῦ πυρὸς καὶ θείου, ὅπου καὶ τὸ θηρίον καὶ ὁ ψευδοπροφήτης, καὶ βασανισθήσονται ἡμέρας καὶ νυκτὸς εἰς τοὺς αἰῶνας τῶν αἰώνων.

카이 호 디아블로스 호 플라논 아우투스 에블레데 에이스 텐 림넨 투 퓌로스 카이 데이우, 호푸 카이 토 데리온 카이 호 프슈도프로페테스, 카이 바사니스데손타이 헤메라스 카이 뉙토스 에이스 투스 아이오나스 톤 아이오논.

또 그들을 미혹하는 그 마귀가 불과 유황의 그 못에 던져졌다. 거기는 그 짐승과 그 거짓 예언자도 있어서 그들은 밤낮 세세토록 괴롭힘을 당하리라.

마귀와 짐승과 거짓 예언자를 괴롭히는 것은 무엇인가. 그 불과 그 유황이다. 욕심과 선악지식은 마침내 불과 유황의 못을 이루었다. 그곳은 그들이 하나님의 사랑과 진리를 적대하며 스스로 예비하여 들어간 처소이다. 욕심과 선악지식을 좇는 사람은 스스로 우상을 만들어낸다. 또 자기가 만들어낸 우상에게 미혹되다가 우상이 먼저 불과 유황의 못에 던져진 후에 그들도 거기에 던지어진다.

인간은 자신의 머리의 우상, 가슴의 우상, 배의 우상, 이생의 자랑의 우상과 함께 그들이 스스로 예비한 유황 불 못에서 밤낮으로 이를 갈며 슬퍼하지만 거기서 나오지 못하고 세세토록 고통을 당한다. 그들이 거기서 나와 하나님께로 올 수도 숨을 수도 없는 것은 하나님의 영광의 빛이 그들을 심판하고 있기 때문이다. 그때에는 심은 대로 거둔 것을 보여주는 하나님의 영광의 빛은 그들에게 더욱 큰 고통이 될 것이다.

20.11 Καὶ εἶδον θρόνον μέγαν λευκὸν καὶ τὸν καθήμενον ἐπ' αὐτοῦ, ἀπὸ οὗ τοῦ προσώπου ἔφυγεν ἡ γῆ καὶ ὁ οὐρανός, καὶ τόπος οὐχ εὑρέθη αὐτοῖς.

카이 에이돈 드로논 메간 류콘 카이 톤 카데메논 에프 아우투, 아포 후투 프로소푸 에퓨겐 헤 게 카이 호 우라노스, 카이 토포스 우크 휴레데 아우토이스.

또 나는 한 크고 흰 보좌와 그 위에 앉아 계신 이를 보았다. 그 땅과 그 하늘이 그 얼굴 앞에서 도망쳤고 그것들을 위한 처소도 발견되지 않았다.

용과 짐승과 거짓 예언자가 불과 유황의 못에 던져지고 그들을 좇던 땅의 무리들이 다 죽었다. 때문에 욕심과 선악지식이 거할 그 땅과 그 하늘은 보좌에 앉으신 이의 얼굴 앞에서 도망쳤고, 그것들을 위한 처소도 발견되지 않았다. 이것은 감춰있던 하나님의 영광이 온전하게 드러났기 때문이다.

요한이 크고 흰 보좌와 그 위에 앉으신 이를 본 것 같이 마음이 청결한 자는 영과 생명 안에서 언제나 그 보좌와 그 위에 앉으신 이를 '호라오'한다. 크고 흰 보좌는 의의 보좌요, 그 위에 앉으신 이는 의로 심판하신다. 그 의는 사람이 그의 욕심과 선악지식을 좇아 추구하는 공의도 정의도 아니다. 사람들의 의는 흑암일 뿐이다. 하나님의 의는 그의 새 창조로 말미암아 이루어지는 사랑의 의요, 생명의 의요, 거룩의 의요, 초월의 의다. 크고 흰 보좌에 앉으신 이에게서 나오는 사랑과 생명과 거룩과 초월 앞에서 육신의 정욕, 안목의 정욕, 이생의 자랑과 선악지식은 있을 곳이 없다. 흑암에 속한 것은 하나님의 영광의 얼굴 앞에서 모두 사라진다.

20.12 καὶ εἶδον τοὺς νεκρούς, τοὺς μεγάλους καὶ τοὺς μικρούς, ἑστῶτας ἐνώπιον τοῦ θρόνου, καὶ βιβλία ἠνοίχθησαν· καὶ ἄλλο βιβλίον ἠνοίχθη, ὅ ἐστιν τῆς ζωῆς· καὶ ἐκρίθησαν οἱ νεκροὶ ἐκ τῶν γεγραμμένων ἐν τοῖς βιβλίοις κατὰ τὰ ἔργα αὐτῶν.

카이 에이돈 투스 네크루스, 투스 메갈루스 카이 투스 미크로스, 헤스토타스 에노피온 투 드로누, 카이 비블리아 에노이크데산· 카이 알로 비블리온 에노이크데, 호 에스틴 테스 조에스· 카이 에크리데산 호이 네크로이 에크 톤 게그람메논 엔 토이스 비블리오이스 카타 타 에르가 아우톤.

나는 또 죽은 자들, 곧 큰 자들과 작은 자들이 그 보좌 앞에 서 있는 것을 보았다. 그리고 책들이 펴졌고 또 다른 책이 펴졌는데 그것은 그 생명의 책이다. 그 죽은 자들이 그 책들에 기록된 자기들의 일들을 좇아서 심판을 받았다.

여기 보좌 앞에 서 있는 죽은 자들은 누구인가. 11절에서 그 땅과 그 하늘이 하나님의 얼굴 앞에서 도망갔다 하였다. 그러자 있을 곳이 없어진 죽은 자들이 보좌 앞에 심판받기 위하여 서게 되었다.

각 사람의 심비는 그 자신을 기록한 책이다. 예수 그리스도의 믿음과 하나된 믿음을 가진 자는 그 심비에 사랑과 거룩을 기록한다. 또, 자기 믿음을 가진 자는 그 심비에 욕심과 선악지식을 기록한다. 그 심비에 기록된 대로 각 사람은 자신의 일을 하며 산다. 즉 믿음은 일과 하나다. 때문에 각 사람은 그가 행한 그 일을 좇아서 심판을 받는다. 이와 같이 누구든지 심은 대로 거둔다.

20.13 καὶ ἔδωκεν ἡ θάλασσα τοὺς νεκροὺς τοὺς ἐν αὐτῇ, καὶ ὁ θάνατος καὶ ὁ ᾅδης ἔδωκαν τοὺς νεκροὺς τοὺς ἐν αὐτοῖς, καὶ ἐκρίθησαν ἕκαστος κατὰ τὰ ἔργα αὐτῶν.

카이 에도켄 헤 달라싸 투스 네크로스 투스 엔 아우테, 카이 호 다나토스 카이 호 하데스 에도칸 투스 네크로스 투스 엔 아우토이스, 카이 에크리데산 헤스카토스 카타 타 에르가 아우톤.

그 바다가 그 안에 있는 죽은 자들을 내어주었고 또 그 사망과 음부가 그들 안에 있는 죽은 자들을 내어 주었다. 그리고 각 사람이 그들의 일을 좇아서 심판되었다.

바다가 내어준 자는 육신의 먹거리를 좇아 생존에 매어 있던 자다. 사망이 내어준 자는 사망을 생명으로 삼고 남의 피 흘리기를 즐겨 하던 자요, 음부가 내어준 자는 부자의 믿음으로 음부를 짓고 일락을 즐기던 자다.

20.14 καὶ ὁ θάνατος καὶ ὁ ᾅδης ἐβλήθησαν εἰς τὴν λίμνην τοῦ πυρός. οὗτος ὁ θάνατος ὁ δεύτερός ἡ λίμνη τοῦ πυρός. ἐστιν,

카이 호 다나토스 카이 호 하데스 에블레데산 에이스 텐 림넨 투 퓌로스. 후토스 호 다나토스 호 듀테로스 헤 림네 투 피로스. 에스틴,

그리고 그 사망과 그 음부가 그 불 못에 던져졌다. 그 불 못이 둘째 사망이다.

사망과 음부가 심판받아 불 못에 던져졌다. 이제 영원한 생명과 상관없는 존재들이 심판받아 갈 곳은 불 못뿐이다. 땅도, 하늘도, 바다도, 음부도, 사망도 그 무엇도 처음 것들이 의지할 데란 없다.

20.15 καὶ εἴ τις οὐχ εὑρέθη ἐν τῇ βίβλῳ τῆς ζωῆς γεγραμμένος, ἐβλήθη εἰς τὴν λίμνην τοῦ πυρός.

카이 에이 티스 우크 휴레데 엔 테 비블로 테스 조에스 게그람메노스, 에블레데 에이스 텐 림넨 투 퓌로스.

누구든지 그의 이름이 그 생명의 책에 기록된 것이 찾아지지 아니한 자는 불 못 속으로 던져졌다.

사람의 심비가 생명책이다. 누구든지 자기의 심비에 생명이 기록되거나 사망이 기록된다. 자기의 심비에 생명이 기록된 자는 어린양의 생명책에 자기 이름이 기록된 것을 안다. 왜냐하면 어린양이 그 안에 있고, 그가 어린양 안에 있기 때문이다. 그러나 그 심비에 사망을 기록한 자는 아무리 그의 이름을 어린양의 생명책에서 찾아도 찾을 수가 없다. 찾아지지 아니한다.

● **변하지 아니하는 믿음의 법**

용의 미혹을 받아 모래같이 많은 사람이 거룩한 자들의 진을 둘러쌌다가 하늘로부터 내려온 불에 삼키운다. 이때 거룩한 자들은 아무런 해를 입지 않고 살았다. 그러면 산 자들은 그들 뿐인가. 거룩하게 된 자들은 아니지만 용의 미혹에도 불구하고 전쟁에 가담하지 않은 자들이 남아 있다. 이들 역시 불 못에 던져지는가. 21장 8절을 보면 그렇지 않음을 알 수 있다. 이때에도 예수 그리스도의 믿음의 법으로 사람들이 구원된다. 그렇다면 많은 사람이 '최후의 심판'이라고 알고 있는 이 심판은 무엇인가.

'최후의 심판'이란 선악지식이 만들어낸 종말론적 교리일 뿐이다. 사람들은 선과 악의 싸움에서 선이 최종적으로 승리한다고 믿고 있다. 그러나 하나님은 선악 전쟁을 하시는 분이 아니다. 하나님은 욕심과 선악지식으로 그에 대하여 죽은 자들을 살리는 생명 전쟁을 하시는 분이다. 하나님은 그가 예정하신 새 창조의 법을 따라 생명을 좇는 자에게는 생명을, 사망을 좇는 자에게는 사망을 주신다.

예수 그리스도를 믿는 각 사람은 오늘 여기의 카이로스의 알파에서 나의 나됨을 이루는 심판을 받지 않으면 온전한 부활의 실존을 이루지 못한다. 요한 계시록을 종말서로 읽고 있는 이들은 '최후의 심판'을 기다린다. 그러나 그들은 정작 오늘 여기서 하나님의 모양(신성)을 본받아 영원한 생명에 이르는 자신의 신됨을 위하여 스스로 받아야 할 심판은 받지 않고 있다. 그러므로 그에게서 떠나가야 할 용과 짐승과 거짓 예언자와 음녀가 그 안에 그대로 있다.

이레

요한 계시록 21장, 22장

이레 : 대저 나라와 권세와 영광이 아버지께 영원히 있사옵니다. 아멘.(계 21:1~22:21)

● 하나님이 이레째 날을 축복하시고 거룩하게 하시다

기록된 바, "그 도둑이 오는 것은 훔치고 죽이고 멸망시키려는 것뿐이요 나는 양들이 생명을 얻고 더 풍성히 얻게 하려고 왔다"(요10:10)라고 하였다. 예수 그리스도로 말미암아 생명을 얻는 것은 알파요, 더 풍성히 얻는 것은 오메가다. 바로이 일이 요한 계시록이 말하는 바인 반드시 속히 될 일이다. 인자들의 실존은 생명을 얻고 더 풍성히 얻는 일곱 날의 연속된 기도 속에서 이루어지고 있다.

마침내 인자들은 주께서 주신 생명과 하나님이 부르신 그 근원 안에서 함께 새 예루살렘을 이룬다. 이레째 날은 하나님이 그의 아들들을 위하여 예비하신 큰 날이며 그의 마음을 닮은 존재들의 복되고 거룩한 날이다.

이레째 날에 하나님의 아들들에게 새 하늘과 새 땅이 드러나고 거룩한 성 새 예루살렘이 하늘에서 내려오며 만물이 새로워진다. 하나님은 이 일을 이루기 위하여 믿음으로 그의 마음 안으로 들어와서 그의 마음을 본받는 자들에게 그의 나라와 권세와 영광을 아낌없이 주신다.

그의 마음을 본받은 아들들은 하나님이 그들에게 주신 것처럼 그에게 그 나라와 권세와 영광을 돌려드리는 하나됨의 소통을 통하여 그 안에서 더욱 풍성한 생명과 사랑과 거룩과 초월을 누린다. 그런즉 선악지식의 눈으로 이 일을 탐내는 자는 솔로몬처럼 되어 버린다.

지혜자 솔로몬은 하나님이 그에게 주신 나라와 권세와 영광을 움켜쥐고 그 스스로 하나님으로부터 분리되었다. 하나님과의 분리가 영원한 사망이다. 그는 '나라(6)' 도 '권세(6)'도 '영광(6)'도 다 '내 것(666)'이라 하면서 하나님과 분리된 짐승의 원형이 되었다. 그러나 나라와 권세와 영광을 하나님께 드리며 그와 사랑으로 소통하며 하나되는 자는 화평자다. 또한 이 사람들은 하나님으로부터 분리되어 있는 이들을 하나님과 화평케 하는 새 예루살렘, 곧 어린양의 아내이며 예수 그리스도의 믿음 안에서 구원될 이들의 어머니다.

요한 계시록을 크로노스의 종말의 일로 움켜쥐고 있는 이들은 새 예루살렘을 알 수도 이룰 수 없다. 오늘 여기서 반드시 속히 될 카이로스의 계시 안으로 부름을 받은 자들은 음녀를 이기고, 짐승과 거짓 예언자를 이기고, 용을 이기고, 사망과 음부를 이긴다.

그들에게서 음녀가 떠나가면 그들은 사자의 생명으로 살고, 짐승과 거짓 예언자가 떠나가면 송아지의 생명으로 살고, 용이 떠나가면 예언자의 생명으로 살고, 사망과 음부가 떠나가면 독수리 같은 초월의 생명을 살면서 새 예루살렘을 이룬다. 하나님이 그들 안에 계시고 그들이 하나님 안에 있다.

에클레시아는 하나님의 마음의 네 모양을 근원으로 하여 스물네 장로의 생명으로, 144,000의 생명으로, 셀 수 없이 수많은 사람의 생명으로, 점점 풍성하고 온전하게 지어져 간다. 이로써 아버지가 모두 안에 있고, 모두가 모두 안에 있는 풍성함과 온전함으로 하나되는 복되고 거룩한 대동(大同)을 이룬다.

요한 계시록 21장

21.1 Καὶ εἶδον οὐρανὸν καινὸν καὶ γῆν καινήν· γὰρ ὁ πρῶτος οὐρανὸς καὶ ἡ πρώτη γῆ ἀπῆλθαν, καὶ ἡ θάλασσα οὐκ ἔστιν ἔτι.

카이 에이돈 우라논 카이논 카이 겐 카이넨˙ 가르 호 프로토스 우라노스 카이 헤 프로테 게 아펠단, 카이 헤 달라싸 우크 에스틴 에티.

또 나는 새 하늘과 새 땅을 보았다. 그 처음 하늘과 처음 땅은 지나갔고 그 바다는 더 이상 있지 아니하다.

● **새 하늘과 새 땅**

위로부터 낳아진 영의 둘째 사람이 되지 않고는 아무도 새 하늘과 새 땅을 볼 수 없다. 이 새 하늘과 새 땅은 둘째 사람 안에 창조된 영과 생명의 하늘이요 땅이다. 이 새 하늘과 새 땅은 시공에 갇힌 육신의 첫 사람이 그 육신을 찢고 창조의 근원 안으로 들어온 실존이 될 때 인식된다. 영원한 생명의 근원 속에는 더 이상 생존의 바다는 존재하지 아니한다. 둘째 사람은 자신 안에서 생명수가 강 같이 흐른다. 다시는 짐승이 올라올 욕심과 선악지식의 바다는 없다.

첫 창조에서는 하늘들과 땅이 먼저 창조되고, 만물이 창조된 후 사람이 창조되었다. 새 창조에 있어서는 먼저 사람이 새롭게 지어지면서 그 안에 새 하늘과 새 땅이 지어진다. 그 후에 모든 것이 새로워진다. 그러므로 새 창조의 알파는 사람의 새로워짐이요, 오메가는 만물의 새로워짐이다. 이 일은 오직 하나님의 부요와 지혜와 지식의 깊음 속에서 이루어진다. 누구도 그의 계시 외에는 그 일을 알지도 못했고 알 수도 없었다. 기록된 바, "그의 심판들을 어떻게 헤아릴 수 있으며 그의 길들을 어떻게 알아낼 수 있으랴"(롬11:33)라고 함과 같다.

21.2 καὶ εἶδον τὴν πόλιν τὴν ἁγίαν Ἰερουσαλὴμ καινὴν καταβαίνουσαν
ἐκ τοῦ οὐρανοῦ ἀπὸ τοῦ θεοῦ, ἡτοιμασμένην ὡς νύμφην
κεκοσμημένην τῷ ἀνδρὶ αὐτῆς.

**카이 에이돈 텐 폴린 텐 하기안, 예루살렘 카이넨 카타바이누산
에크 투 우라누 아포 투 데우, 헤토이마스메넨 호스 뉨펜
케코스메메넨 토 안드리 아우테스.**

나는 또 그 거룩한 성 새 예루살렘이 하나님에게서 그 하늘로부터 내려오는
것을 보았는데 마치 신부가 그녀의 남편을 위하여 단장한 것 같이 예비하였다.

하나님의 아들들 안에 새 하늘과 새 땅이 창조된 후에 새 예루살렘 성이 하나님께
로부터 하늘로부터 내려온다. 하나님의 아들들 안에 새 하늘과 새 땅이 창조되지
아니하는 한 새 예루살렘 성은 하나님께로부터 내려오지 아니하며 내려올 수도
없다. 여기 새 하늘과 새 땅을 바라보는 '나'는 요한이다. 그 '나'는 요한뿐 아니라
하나님께 새로운 실존으로 지음을 받은 그 모든 사람의 '나'이다.

그러므로 새 예루살렘 성은 복되고 거룩하게 된 각 사람인 동시에 그들 모두이다.
이는 모든 사람이 하나님 안에 있고 하나님이 그들 안에 계시며 그 모두가 모두
안에 있는 새 예루살렘을 이루었기 때문이다. 새 예루살렘 성은 나이며 모두이다.
이 모두는 나라와 권세와 영광을 아버지께 돌리며 더욱 풍성하고 온전하게 되었다.

새 예루살렘 성은 그 풍성함으로 보면 셀 수 없이 많은 사람이 각각 고유하고
독특한 나의 나됨을 이룬 존재이다. 그리고 그 온전함으로 보면 모두가 그리스도
의 한 몸을 이루는 지체이다. 비유컨대 한 사람 안에 수많은 세포가 각각 존재하면
서 그의 한 몸을 이루는 것과 같다.

첫 사람의 혼인 예식에 있어서는 신부가 그의 의도대로 단장하고 혼인 식장에
등장한다. 신랑은 그녀가 어떤 모습으로 등장할지 미리 보기 전에는 알지 못한다.

그러나 하늘나라의 혼인 예식의 신부는 아버지와 신랑이 예비한 모든 것으로 단장한다. '단장하다'인 '코스메오'의 본뜻은 '질서를 세우다'이다. 신부가 어린양을 본받아 아버지 앞에서 아름답고, 풍성하고, 온전하게 단장한 것은 그녀에게 하나님의 뜻이 이루어진 것이다. 그리고 신부가 하늘로서 내려오는 것은 신랑과 함께 땅에서도 아버지의 뜻을 이루려 함이다.

21.3   καὶ ἤκουσα φωνῆς μεγάλης ἐκ τοῦ θρόνου λεγούσης· Ἰδοὺ ἡ σκηνὴ τοῦ θεοῦ μετὰ τῶν ἀνθρώπων, καὶ σκηνώσει μετ᾽ αὐτῶν, καὶ αὐτοὶ λαοὶ αὐτοῦ ἔσονται, καὶ αὐτὸς ὁ θεὸς μετ᾽ αὐτῶν ἔσται,

카이 에쿠사 포네스 메갈레스 에크 투 드로누 레구세스' 이두 헤 스케네 투 데우 메타 톤 안드로폰, 카이 스케노세이 메트 아우톤, 카이 아우토이 라오이 아우투 에손타이, 카이 아우토스 호 데오스 메트 아우톤 에스타이,

그리고 나는 그 보좌에서 나오는 큰 음성을 들었다. 말하고 있기를, "보라, 하나님의 장막이 그 사람들과 함께 있고, 하나님이 그들과 함께 거하실 것이다. 그들은 그의 백성이 될 것이요 하나님은 친히 그들과 함께 계시며 그들의 하나님이 되실 것이다."

'보라'고 할 때 잘 보아야 한다. 무엇을 보라 한 것인가. 사람들과 함께 있는 하나님의 그 장막을 보고, 하나님이 사람들과 함께 거하실 것을 보고, 그들이 하나님의 백성이 될 것을 보고, 하나님이 친히 그들과 함께 계실 것을 보아야 한다. 누가 보아야 하는가. 그 사람들이 보아야 한다. 그 사람들은 누구인가. 어린양의 신부가 된 사람들과 아직 어린양의 신부가 되지 못한 사람들이다.

새 예루살렘은 어린양의 신부요 하나님의 장막이다. 새 예루살렘 안에는 이미 하나님이 계신다. 그러나 새 예루살렘을 이루지 못한 사람들은 새 예루살렘 안으로 들어와야만 하나님의 백성이 될 것이며 하나님은 그들의 하나님이 되실 것이다.

구원된 자들이 하나님이 거하시는 새 예루살렘으로 지어지는 것은 알파요, 구원될 자들이 그 안으로 들어오는 것은 오메가다.

21.4 καὶ ἐξαλείψει πᾶν δάκρυον ἐκ τῶν ὀφθαλμῶν αὐτῶν, καὶ ὁ θάνατος οὐκ ἔσται ἔτι· οὔτε πένθος οὔτε κραυγὴ οὔτε πόνος οὐκ ἔσται ἔτι. τὰ πρῶτα ἀπῆλθαν.

카이 엑살레이프세이 판 다크뤼온 에크 톤 옾달몬 아우톤, 카이 호 다나토스 우크 에스타이 에티· 우테 펜도스 우테 크라우게 우테 포노스 우크 에스타이 에티. 타 프로타 아펠단.

"그들의 눈들에서 모든 눈물을 씻어주실 것이다. 다시는 그 사망이 없고 슬픔도 없고, 우는 것도 없고, 아픔도 없을 것이다. 이는 처음 것들이 다 지나갔기 때문이다"라고 하였다.

처음 하늘과 처음 땅에 속해 있던 눈물과 사망과 슬픔과 우는 것과 아픔은 새 하늘과 새 땅에 세워진 하나님의 장막 안에 들어온 사람에게는 다 사라져버린다. 우리가 여기서 알아야 할 것은 이 '처음 것들(눈물, 사망, 슬픔, 우는 것, 애통)'은 육신의 첫 사람이 새 창조를 통하여 이루어지는 새 하늘과 새 땅을 바라보게 하는 몽학선생일 뿐 아담의 원죄로 생겨난 것이 아니다. 사람이 진리의 사랑을 받지 아니하면 스스로 거짓을 만들어내고 그 거짓을 믿는다. 원죄론은 거짓이다.

21.5 Καὶ εἶπεν ὁ καθήμενος ἐπὶ τῷ θρόνῳ· Ἰδοὺ καινὰ ποιῶ πάντα. καὶ λέγει· Γράψον, ὅτι οὗτοι οἱ λόγοι πιστοὶ καὶ ἀληθινοί εἰσιν.

카이 에이펜 호 카데메노스 에피 토 드로노· 이두 카이나 포이오 판타. 카이 레게이· 그라프손, 호티 후토이 호이 로고이 피스토이 카이 알레디노이 에이신.

그때에 그 보좌에 앉아 계신 이가 "보라, 나는 모든 것을 새롭게 짓는다"라고 말씀하셨다. 또 말씀하시기를, "기록하라, 이 말들은 신실하고 참되다"라고 하셨다.

하나님은 모든 것을 새롭게 지으신다. 첫 창조에서는 만물이 먼저 창조된 후에 사람이 창조되었다. 그러나 새 창조에서는 사람이 먼저 새롭게 지어진 후 모든 것이 새롭게 지어진다. 이 순서는 바뀌지 아니한다. 그러나 오늘날 우리 중 많은 사람은 자신들이 먼저 새로운 존재가 되어야 하는 것을 알지 못하고 새로 지어진 세상에 들어가려 하고 있다. 이것은 아래에서 교리(선악지식)로 난 이들의 자기 믿음이다. 하나님의 새 창조는 사람의 새로워짐이 먼저요, 만물은 그다음이다.

기록된 바, "피조물의 고대하는 바는 하나님의 아들들의 나타나기를 기다림이니 피조물이 허무한데 굴복하는 것은 자기의 뜻이 아니요 오직 굴복케 하시는 이로 말미암음이라 그 바라는 것은 피조물도 썩어짐의 종노릇 한데서 해방되어 하나님의 자녀들의 영광의 자유에 이르는 것이니라"(롬8:19~21)라고 하였다. 피조물들은 새로워진 하나님의 자녀들의 영광의 자유에 이르기를 고대하고 있다. 그런데 사람들은 거꾸로 피조물이 새로워지면 거기에 들어가서 영생을 누리겠다고 하고 있다. 말씀을 전한다고 하는 이들이 이와 같이 거꾸로 알고 믿으며 전한다. 왜냐하면 그들은 새 창조의 호음(好音)을 알지 못하기 때문이다.

이처럼 하나님의 새 창조의 계시가 사람들에게 숨겨진 비밀이 되어 있다. 그러나 때가 이르면 숨겨진 것이 알려지지 아니할 것은 아무것도 없다. 하나님이 모든 것을 새롭게 지으시는 이 계시의 말씀은 신실하고 참되다. 믿어야 할 참된 것은 이 말씀인데 사람들은 그들의 욕심과 선악지식으로 거꾸로 믿고 거짓된 것을 참되다 한다. 요한 계시록에 기록된 이 말씀을 자기의 심비에 기록하는 자는 누구든지 새롭게 지어질 것이다.

21.6 καὶ εἶπέν μοι· Γέγοναν. ἐγὼ τὸ Ἄλφα καὶ τὸ Ὦ, ἡ
ἀρχὴ καὶ τὸ τέλος. ἐγὼ τῷ διψῶντι δώσω ἐκ τῆς
πηγῆς τοῦ ὕδατος τῆς ζωῆς δωρεάν.

**카이 에이펜 모이· 게고난. 에고 토 알파 카이 토 오메가, 헤
아르케 카이 토 텔로스. 에고 토 디프손티 도소 에크 테스
페게스 투 휘다토스 테스 조에스 도레안.**

또 내게 말씀하셨다. "그것들이 이루어졌다. 나는 알파와 오메가요 근원과 궁
극이다. 내가 그 생명수의 그 샘으로부터 목마른 자들에게 값없이 줄 것이다."

● **게고난(그것들이 이루어졌다)**

'게고난'은 "그것들이 이루어졌다(기노마이 동사의 직설 현재완료 삼인칭 복수)"
이지 '다 마쳤다'도 '다 이루었다'도 아니다. 그러면 무엇이 이루어진 것인가. 하나
님으로부터 계시된 말씀들이 이루어졌다. 그 말씀 속에 계시된 일들이 이루어져
알파와 오메가가 하나 되었고, 근원과 궁극이 하나 되었다. 하나님의 뜻이 이루어
지는 데에도 처음과 나중이 있다.

새 예루살렘은 하나님의 뜻이 이루어진 처음이요, 거기에서 목마른 자들이 생명수
의 샘에서 마시는 것은 나중이다. 목마른 자는 누구든지 계속해서 솟아나는 생명
수의 샘에서 값없이 마실 것이다. 그 물을 마시는 자는 영과 생명 안에서 하나님의
알파와 오메가에 참여하는 부활의 실존이다. 부활의 실존만이 새 예루살렘을 이룬
다. 이렇게 새 예루살렘은 더욱 풍성하고 온전하게 계속하여 넓혀질 것이다. 요한
계시록은 이 일이 반드시 속히 될 일임을 계시하고 있다. 하나님의 아들들의 카이
로스는 참으로 장엄하기 그지없다.

21.7 ὁ νικῶν κληρονομήσει ταῦτα, καὶ ἔσομαι αὐτῷ

θεὸς καὶ αὐτὸς ἔσται μοι υἱός.

호 니콘 클레로노메세이 타우타, 카이 에소마이 아우토

데오스, 카이 아우토스 에스타이 모이 휘오스.

이기고 있는 자들은 이것들을 상속할 것이며 나는 그에게 신(神)이 되고 그는
내게 아들이 될 것이다.

여기에 각 사람이 이루는 하나님의 아들의 고유하고 독특한 실존 곧 '나의 나됨'이
계시되어 있다. 사람이 낳은 아들이 사람인 것과 같이 하나님이 낳은 아들 또한
신(神)이다. 이것은 아무런 논리가 필요하지 않은 자명한 일이다. 그런데도 예수
그리스도를 믿는 사람들이 도무지 이 일을 알지 못하며 두려워하기까지 한다. 이
일은 지금부터 2,000년 전 예수께서 유대인들에게 십자가에 못 박히신 이유이기도
하다. 그가 말씀하시기를, "하나님의 그 말씀이 이루어진('받은'이 아니라) 그들을
향하여 신들이라 하였다. 그리고 그 성경은 폐해질 수 없다"(요10:35)라고 하였다.

신약 성경의 '데오스'는 우리의 '하나님'이 아니라 '신'이다. 유일하신 아버지 하나
님을 나타낼 때는 '호 데오스(그 신)'라 하였다. '데오스'에는 이미 유일하고 독특한
아버지와 그가 낳으신 아들과 또 낳으실 아들들이 포함되어 있다. 우리가 신칭으
로 사용하는 '하나님'은 우리의 성경 이해를 어렵게 하고 있다. '그 신이 낳은 아들
은 신이다'라고 하는 것은 알기 쉬운 말이지만 '하나님이 낳은 아들은 하나님이다'
라 하는 것은 알기 어렵다. 왜냐하면 '하나님'이란 개념은 그 자신 외에는 신이
없다는 말이 되기 때문이다.

그러므로 사람이 거듭남으로 말미암아서 아버지이신 '그 신'의 아들 곧 '신'이 되는
실존을 우리 자신이 가진 '하나님'이란 신칭으로 가로막고 있다. 기록된 바, "근원
안에 그 말씀이 있어 왔고, 그 말씀은 그 신을 향하여 있어 왔고, 그 말씀은 신으로
있어 왔다"(요1:1)라고 하였다. 이 말씀을 "태초에 말씀이 계시니라 이 말씀이

하나님과 함께 계셨으니 이 말씀은 곧 하나님이시니라(In the beginning was the word, and the word was with God, and the word was God)"라고 하면 도무지 알 수 없는 말이 되고 만다.

그러면 신구약에 계시된 유일하신 하나님은 무엇을 말함인가. 그것을 알아야 한다. 세상에 신으로 칭함을 받는 자는 수없이 많다. 그러나 아버지로서 사람 안에 아들을 낳아 신이 되게 하는 존재는 야웨 하나님뿐이다. 누구에게도 아버지는 둘일 수 없다. 아버지가 신이므로 그에게 낳아진 아들 또한 신일 수밖에 없다. 아들이 신인 것은 이와 같이 자명하다. 에클레시아가 신이냐 아니냐 하는 것은 그가 위로부터 하나님께 낳아졌느냐 아니면 선악지식으로 아래에서 낳아졌느냐 하는 질문이다. 누구든지 하나님 아버지께 낳아졌으면 하나님이 아버지이며 그는 아들이요 신이다. 우리의 거듭남의 하나는 살았고 운동력 있는 말씀으로 되어지는 '신' 개념의 거듭남이다.

21.8 δὲ τοῖς δειλοῖς καὶ ἀπίστοις καὶ ἐβδελυγμένοις
καὶ φονεῦσι καὶ πόρνοις καὶ φαρμάκοις καὶ
εἰδωλολάτραις καὶ πᾶσι τοῖς ψευδέσιν τὸ μέρος
αὐτῶν ἐν τῇ λίμνῃ τῇ καιομένῃ πυρὶ καὶ θείῳ, ὅ
ἐστιν ὁ θάνατος ὁ δεύτερος.

**데 토이스 데일로이스 카이 아피스토이스 카이 에브델뤼그메노이스
카이 포뉴시 카이 포르노이스 카이 파르마코이스 카이
에이돌로라트라이스 카이 파시 토이스 프슈데신 토 메로스
아우톤 엔 테 림네 테 카이오메네 퓌리 카이 데이오, 호
에스틴 호 다나토스 호 듀테로스.**

그러나 비겁한 자들과 믿지 아니하는 자들과 가증한 자들과 살인자들과 음행자들과 마술사들과 우상 숭배자들과 모든 거짓말 하는 자들에게 주어진 몫은 불과 유황으로 타오르는 그 못이다. 이것은 그 둘째 사망이다.

여기에 불 못에 들어갈 여덟 부류의 사람들이 계시되어 있다. 그들은 풍성한 자기 믿음의 교리로 스스로 하나님의 아들들이라 말할지라도 유일하신 아버지께 낳아진 아들들이 아니다. 그들이 진리의 사랑을 받고 돌이키면 진리로 말미암아 하나님의 아들들로 거듭날 것이다. 그렇지 않은 한 그들의 몫은 불과 유황으로 타오르는 못이 될 것이다.

누구든지 예수 믿고 높은 자, 큰 자, 강한 자, 부자가 되려는 자는 낮은 자, 작은 자, 약한 자, 가난한 자 되기를 두려워하는 비겁한 자들이다. 그리고 자기 믿음으로 예수 그리스도를 세상 임금으로 믿는 자는 예수 그리스도의 이름을 부르지만, 세상 임금을 믿는 자이므로 우상 숭배자이며 믿지 않는 자다. 자기에게 계시된 예수 그리스도의 믿음과 하나된 부활의 믿음으로 믿는 자라야 영 안에서 진리 안에서 오늘 여기서 부활의 실존으로 예수 그리스도를 믿는 자다. 첫 사람이 죽고 둘째 사람이 사는 부활의 믿음은 예수 그리스도의 향기를 피운다. 하지만 첫 사람의 욕심을 좇는 자는 그 욕심으로 세상 임금을 믿으며 사망의 냄새를 피우는 가증한 자들이다.

생명의 말씀을 선악지식으로 가르치는 자는 누구나 살인자다. 하나님과 세상을 함께 섬기는 자는 음행자다. 하나님의 말씀을 안목의 정욕을 위하여 쓰는 자는 마술사다. 하나님의 창조의 근원 밖에서 성경을 말하고 해석하는 자는 거짓말쟁이다. 이 모든 일의 근원은 사람의 욕심과 선악지식이다.

불과 유황으로 타오르는 못의 알파는 욕심과 선악지식이 타오르는 자기 자신이다. 그러므로 그는 스스로 불 못을 만들고 자신이 만든 그 불 못에 들어간다. 알파에서 불 못을 만든 자신이 거기에 들어가는 것은 오메가다. 잘 보라. 새 예루살렘 성을 이룬 신부도 전에는 이들과 같았다. 그러나 그들은 예수 그리스도를 믿고 거기에서 돌이켜서 하나님의 새 창조 안으로 들어왔다. 그것을 모든 사람에게 알리어 구원되게 하는 소식이 '유앙겔리온'이다.

21.9 Καὶ ἦλθεν εἷς ἐκ τῶν ἑπτὰ ἀγγέλων τῶν ἐχόντων τὰς ἑπτὰ φιάλας, τῶν γεμόντων τῶν ἑπτὰ πληγῶν τῶν ἐσχάτων, καὶ ἐλάλησεν μετ' ἐμοῦ λέγων· Δεῦρο, δείξω σοι τὴν νύμφην τὴν γυναῖκα τοῦ ἀρνίου.

카이 엘덴 헤이스 에크 톤 헵타 앙겔론 톤 에콘톤 타스 헵타 피알라스, 톤 게몬톤 톤 헵타 플레곤 톤 에스카톤, 카이 엘라레센 메트 에무 레곤' 듀로, 테익소 소이 텐 뉨펜 텐 귀나이카 투 아르니우.

마지막 일곱 재앙들이 가득히 담긴 대접들을 가지고 있는 일곱 천사들 중 하나가 와서 내게 말했다. 말하고 있기를, "이리로 오라, 내가 네게 어린양의 아내인 그 신부를 보여주겠다"라고 하였다.

천사는 앞에서 요한에게 두 여자를 보여주었다. 17장에서 요한은 영 안에서 광야로 나아가 진홍색 짐승 위에 앉은 음녀를 보았다. 21장에서 요한은 영 안에서 크고 높은 산으로 올라가 하늘에서 내려오는 어린양의 아내인 새 예루살렘 성을 보았다. 음녀인 바벨론 성은 심판되어 사라졌다. 음녀도 어린양의 아내도 영 안에서 볼 수 있는 존재다. 그러므로 육신의 눈으로는 아무도 음녀와 어린양의 아내를 분별할 수 없다. 음녀는 땅에서 양의 옷을 입은 이리가 되어 자신이 어린양의 아내라고 주장하며 그것을 사람들의 눈과 귀와 마음을 속이는 몸짓으로 드러낸다. 육신의 선악지식을 좇는 자들이 음녀에게 유혹되는 것은 이 때문이다. 생명과 영 안에 있는 자만이 음녀에게 미혹되지 아니한다.

새 예루살렘 성은 어린양의 신부였다가 이미 그의 아내가 되었다. 19장에서 "어린양의 혼인 잔치에 초청을 받은 사람들이 복되다"라고 하였다. 그리고 21장 9절에서 어린양과 새 예루살렘의 복되고 거룩한 혼인은 이미 마쳐져 있다. 그러면 하나님이 짝지어주신 그 영원한 혼인은 언제 어디서 어떻게 이루어진 것인가. 21장 1~7절을 다시 살펴보자.

21장 1절에 새 하늘과 새 땅이 계시되었다. 어린양과 새 예루살렘의 혼인은 새 하늘과 새 땅에서 이루어지고 있었다. 이때는 용과 그 무리가 심판되어 불 못에 던져진 이후다.

2절에서 거룩한 성 새 예루살렘이 하나님께로부터 하늘에서 내려왔다. 그 단장한 것이 신부가 그녀의 남편을 위하여 예비한 것 같았다. 거룩하게 된 신부의 복된 입장(入場)이다.

3절에서 하나님이 임재하셔서 이 혼인을 주관하신다. 어린양의 신부인 새 예루살렘 성은 하나님의 장막이 되고, 그 안에 있는 모든 사람은 하나님의 백성이 된다. 신랑과 신부의 혼인으로 하나님은 새로운 백성을 얻으신다.

4절에서 새 백성을 위한 축복을 내리신다. 눈물도, 사망도, 슬픔도, 우는 것도, 아픈 것도 다시 있지 아니할 것이 선포되었다.

5절에서 하나님은 모든 것을 말씀으로 새롭게 지으신다. 새 하늘과 새 땅에서 행해진 복되고 거룩한 혼인을 좇아서 이루어지는 모든 일이 새로운 것이다. 사람들은 옛것을 생각하거나 기억되지 않을 것이다.

6절에서 하나님이 이루고자 하셨던 그 일들이 이루어졌음을 선포하신다. 하나님은 알파와 오메가요, 근원과 궁극이시다. 하나님은 목마른 자들에게 값없이 생명수의 샘에서 마시게 하실 것이다.

7절에서 이기는 자들에게 하나님이 예비하신 모든 것을 상속케 하시겠다고 선언하신다. 그리고 상속자는 하나님의 아들이 되고 하나님은 그의 아버지가 되실 것이다.

그러면 어린양의 아내인 새 예루살렘과 상속자인 아들의 관계는 무엇인가. 하나님이 예비하신 모든 것을 상속하는 상속자 개개인은 하나님께 대하여 아들이다. 그 아들들로 이루는 새 예루살렘 성은 어린양의 아내다. 단독자로서는 모두가 아들들이요, 그들이 어린양 안에서 하나된 생명과 사랑과 거룩과 초월의 모양은 새 예루살렘 성 곧 하나님의 장막이요, 어린양의 아내다.

21.10 καὶ ἀπήνεγκέν με ἐν πνεύματι ἐπὶ ὄρος μέγα καὶ ὑψηλόν, καὶ
ἔδειξέν μοι τὴν πόλιν τὴν ἁγίαν Ἰερουσαλὴμ καταβαίνουσαν ἐκ τοῦ
οὐρανοῦ ἀπὸ τοῦ θεοῦ,

카이 아페넹켄 메 엔 프뉴마티 에피 오로스 메가 카이 휘프셀론, 카이
에데익센 모이 텐 폴린 텐 하기안 예루살렘, 카타바이누산 에크 투
우라누 아포 투 데우,

그리고 그는 영 안에서 나를 데리고 크고 높은 산으로 올라가 하나님께로부터
그 하늘에서 내려오는 그 거룩한 성을 내게 보여주었다.

욕심과 선악지식으로 땅에서 크고 높은 자가 되었던 음녀는 멸망했다. 하늘에서 사랑과 진리로 작고 낮은 자가 되었던 어린양의 신부는 하나님으로부터 크고 높은 의의 산으로 내려왔다. 요한은 1장 10절에서 '영 안에서(엔 프뉴마티)' 나팔소리 같은 큰 소리를 들었다. 그리고 4장 2절에서 '영 안에서' 하늘의 보좌에 앉으신 이를 보았다. 17장 3절에서 '영 안에서' 광야로 나아가 음녀를 보았고, 21장 10절에서 '영 안에서' 새 예루살렘 성을 보았다. 예수 그리스도의 계시는 영 안에 있는 자에게만 드러난다.

21.11 ἔχουσαν τὴν δόξαν τοῦ θεοῦ· ὁ φωστὴρ αὐτῆς ὅμοιος λίθῳ
τιμιωτάτῳ, ὡς λίθῳ ἰάσπιδι κρυσταλλίζοντι·

에쿠산 텐 독산 투 데우· 호 포스테르 아우테스 호모이오스 리도
티미오타토, 호스 리도 이아스피디 크뤼스탈리존티·

그 성은 하나님의 그 영광을 가지고 있어서 그 성의 빛은 지극히 귀한 보석과 같았고 수정처럼 맑은 벽옥과 같았다.

어린양의 신부는 그리스도와 함께한 고난의 증인이었고 이제 그의 아내가 된 새 예루살렘은 아버지가 어린양에게 주시는 영광에 함께 참여하고 있다. 그 성의 빛은 하나님의 영광으로 인하여 지극히 귀한 보석과 같고 그 맑기가 수정을 닮은 벽옥과 같다. 4장 3절에서 "보좌에 앉으신 이의 현형(現形)이 벽옥과 같고 홍옥과 같다"라 하였다. 새 예루살렘 성은 하나님의 거룩하심을 수정처럼 맑은 벽옥의 투명함으로 가지고 있다.

21.12 ἔχουσα τεῖχος μέγα καὶ ὑψηλόν, ἔχουσα πυλῶνας δώδεκα, καὶ ἐπὶ τοῖς πυλῶσιν ἀγγέλους δώδεκα, καὶ ἐπιγεγραμμένα ὀνόματα ἅ ἐστιν τῶν δώδεκα φυλῶν υἱῶν Ἰσραήλ·

에쿠사 테이코스 메가 카이 휘프셀론, 에쿠사 퓔로나스 도데카, 카이 에피 토이스 퓔로신 앙겔루스 도데카, 카이 에피게그람메나 오노마타 하 에스틴 톤 도데카 퓔론 휘온 이스라엘.

그 성은 크고 높은 성벽과 열두 문들을 가지고 있는데 그 문들에는 열두 천사들이 있었고 또 이스라엘 자손 열두 지파의 이름들이 쓰여 있었다.

새 예루살렘을 위하여 크고 높은 산이 예비된 것은 알파요, 거기에 내려 온 그 성이 크고 높은 것은 오메가다.

어린양의 의가 크고 높은 것은 알파요, 그의 아내의 의가 크고 높은 것은 오메가다. 어린양과 그의 아내가 처음 하늘과 처음 땅에서 작고 낮은 존재로 있었던 것은 알파다. 이제 새 하늘과 새 땅에서 크고 높은 존재가 된 것은 오메가다. 처음 하늘과 처음 땅에서 욕심과 선악지식으로 크고 높았던 자가 하나님의 뜻에 따라 어린양 안에서 작고 낮아지면 하나님은 새 하늘과 새 땅에서 그를 크고 높아지게 하신다. 그들이 크고 높다는 것을 첫 사람의 욕심과 선악지식을 좇아서 보면 전혀 알 수 없다. 그들이 크고 높다는 것은 아버지의 크고 높은 뜻이 이루어진 존재라는 의미다. 새 예루살렘의 성벽은 크고 높아서 나의 나됨을 이루지 못한 존재는 그 벽을 기어오르거나 뛰어넘어서 들어 올 수 없게 되어 있다.

열두 문들은 무엇을 징조하는가. 야웨 하나님은 전부터 계셔 오셨고, 지금도 계시며, 오고 계신이다. 그는 모든 영의 둘째 사람 안에 오셔서 그와 하나가 되고자 하신다. 그 '나'는 사랑과 생명과 거룩과 초월의 존재다. 그러므로 '세 시상(3)'을 좇아서 하나님의 마음의 '네 모양(4)'은 새 예루살렘의 '열두(4×3) 문들'을 이룬다. 육신의 열두 지파들은 성문 안으로 들어오는 모든 육신의 첫 사람을 징조하고 있다. 그러나 그들이 성문들 안으로 들어가고자 할지라도 오늘 여기서 이루어지는 순결한 마음과 위로부터 나는 거듭남이 없는 자들은 천사들이 지키고 있어서 들어가지 못한다.

21.13 *ἀπὸ ἀνατολῆς πυλῶνες τρεῖς, καὶ ἀπὸ βορρᾶ πυλῶνες τρεῖς, καὶ ἀπὸ νότου πυλῶνες τρεῖς, καὶ ἀπὸ δυσμῶν πυλῶνες τρεῖς·*

아포 아나톨레스 퓔로네스 트레이스, 카이 아포 보르라 퓔로네스 트레이스, 카이 아포 노투 퓔로네스 트레이스, 카이 아포 뒤스몬 퓔로네스 트레이스·

성문들은 동쪽에 셋, 북쪽에 셋, 남쪽에 셋, 서쪽에 셋이 있다.

새 예루살렘 성은 동북남서의 네 방향으로 각각 세 문들이 나 있는데 그 문들이 열려 있다. 이것은 하나님의 장막인 의의 성은 사랑을 찾고, 생명을 찾고, 거룩을 찾고, 초월을 찾는 모든 이들에게 전에도, 지금도, 앞으로도 열려 있는(4×3) 것을 계시하고 있다. 천사가 영 안에서 요한에게 새 예루살렘을 보여준 것 같이 열두 천사들은 전부터 있던 사람이건, 지금 있는 사람이건, 오고 있는 사람이건, 어린양의 믿음과 하나된 믿음 안에서 하나님의 사랑과 생명과 거룩과 초월을 이루고자 하는 자들을 맞이할 것이다.

21.14 καὶ τὸ τεῖχος τῆς πόλεως ἔχων θεμελίους δώδεκα, καὶ ἐπ' αὐτῶν
δώδεκα ὀνόματα τῶν δώδεκα ἀποστόλων τοῦ ἀρνίου.

**카이 토 테이코스 테스 폴레오스 에콘 데멜리우스 도데카, 카이 에프 아우톤
도데카 오노마타 톤 도데카 아포스톨론 투 아르니우.**

그 성의 성벽은 열두 기초석들을 가지고 있고 그것들 위에 어린양의 열두 사도
의 이름들이 있다.

어린양의 열두 사도들은 새 예루살렘 성벽의 열두 기초석들이 되어 있다. 하나님
의 보좌의 스물네 장로들은 새 예루살렘 성의 열두 문들과 열두 기초석들의 수와
같다. 이것은 무엇을 징조하고 있는가. 어린양의 아내는 먼저 '하나님의 마음(4)'
과 '세 시상(3)'과 '영육(2)'으로 '풍성하고 온전하게($4 \times 3 \times 2$)' 새 예루살렘 성의
문과 기초석이 되고 있음을 알 수 있다. 새 예루살렘의 실존은 열두 문들과 열두
기초석들이 서로 소통하면서 '마음과 혼과 뜻(3)'으로 '참 십일조의 삶($12 \times 12 \times$
10^3)'을 살면서 온전한 144,000의 풍성한 하나님의 장막을 이룬다.

21.15 Καὶ ὁ λαλῶν μετ' ἐμοῦ εἶχεν μέτρον κάλαμον χρυσοῦν, ἵνα μετρήσῃ
τὴν πόλιν καὶ τοὺς πυλῶνας αὐτῆς καὶ τὸ τεῖχος αὐτῆς.

**카이 호 랄론 메트 에무 에이켄 메트론 칼라몬 크뤼순, 히나 메트레세
텐 폴린, 카이 투스 퓔로나스 아우테스 카이 토 테이코스 아우테스.**

내게 말하고 있는 천사가 그 성과 그 문들과 그 성벽을 척량하려고 금 잣대를
가지고 있었다.

천사가 그 성과 문들과 그 성벽을 척량하는 것은 모든 에클레시아에게 금과 같이
변치않는 예수 그리스도의 믿음으로 이루어진 복되고 거룩한 새 예루살렘의 풍성
하고 온전한 형상과 모양을 보이려 함이다.

21.16 *καὶ ἡ πόλις τετράγωνος κεῖται, καὶ τὸ μῆκος αὐτῆς ὅσον τὸ πλάτος. καὶ ἐμέτρησεν τὴν πόλιν τῷ καλάμῳ ἐπὶ σταδίους δώδεκα χιλιάδων· τὸ μῆκος καὶ τὸ πλάτος καὶ τὸ ὕψος αὐτῆς ἴσα ἐστίν.*

카이 헤 폴리스 테트라고노스 케이타이, 카이 토 메코스 아우테스 호손 토 플라토스. 카이 에메트레센 텐 폴린 토 칼라모 에피 스타디우스 도데카 킬리아돈· 토 메코스 카이 토 플라토스 카이 토 휘프소스 아우테스 이사 에스틴.

그 성은 네모가 반듯하여 길이와 폭이 같았다. 천사가 그 잣대로 그 성을 척량하니 길이와 폭과 높이가 다 같이 일만 이천 스타디온이었다.

그 성은 제단을 닮아서 네모가 반듯하고 길이와 폭과 높이가 같았다. 즉 그 성은 크고 넓고 높고 반듯하였다. 아무도 그와 같이 크고 넓고 높고 반듯한 의의 성을 지을 수 없다. 이것은 하나님이 그 성을 하나님의 의를 드러내는 유일하고 독특한 신령한 장막으로 삼은 것이다.

그 성이 네모반듯한 것은 네 생물을 드러내고, 그 성이 육면체인 것은 네 생물의 각각이 가진 여섯 날개들을 드러낸다. 그 성의 스물네 모서리는 네 생물의 모든 날개들이요, 스물네 장로들의 수다. 그 성의 길이와 폭과 높이가 똑같이 12,000스타디온인데 그 숫자는 이스라엘 열두 지파들의 각각에서 인침을 받은 자들의 수다. 그들은 처음 하늘과 처음 땅을 지나가게 하고 새 하늘과 새 땅을 상속한 승리자들을 징조한다.

‘스타디온’의 의미는 로마 시대의 경기장의 거리를 나타낼 뿐 아니라 그 경기 자체이기도 했다. 그런즉 스타디온은 크로노스의 첫 사람의 때를 이기고 카이로스의 둘째 사람의 때 안으로 들어온 실존들의 풍성하고 온전한 생명을 드러내고 있다.

새 예루살렘 성은 ‘크고 넓고 높아서(12,000×12,000×12,000)’, 처음 것들을 이긴 실존은 모두 그 성을 이룬다. 4장에서 보여진 하나님의 보좌는 아버지의 뜻이 하늘에서 이루어진 알파다. 21장에서 보여진 새 예루살렘 성은 그의 뜻이 하늘에서와같이 땅에 이루어진 오메가다. 이와 같이 하나님은 알파와 오메가를 온전한 하나가 되게 하신다.

21.17 *καὶ ἐμέτρησεν τὸ τεῖχος αὐτῆς ἑκατὸν τεσσεράκοντα τεσσάρων πηχῶν, μέτρον ἀνθρώπου, ὅ ἐστιν ἀγγέλου.*

카이 에메트레센 토 테이코스 아우테스 헤카톤 테쎄라콘타 테싸론 페콘, 메트론 안드로푸, 호 에스틴 앙겔루.

또 그 성벽을 척량하니 사람의 자로 일백사십사 규빗이었는데 천사는 그 자로 척량하였다.

144규빗은 약 65미터이다. 그러면 그것은 성벽의 높이인가 두께인가 아니면 다른 무엇인가. 천사는 분명 성벽을 척량하였는데 그 성 자체의 길이와 폭과 높이는 똑같이 12,000스타디온이니 약 2,200킬로미터이다. 2,200킬로미터와 65미터를 대비하여 보면 그 크고 작음이 분명히 드러난다. 15절에서 '천사는 그 성과 그 문들과 그 성벽을 척량한다'고 되어 있는데 실제로 문들을 척량한 기록이 보이지 않는다.

천사는 분명히 그 성과 그 문들과 그 성벽을 척량한다고 하였다. 그러므로 천사가 문들을 척량하는 것과 성벽을 척량하는 것을 함께 할 수는 있어도 문들의 척량을 하지 않을 수는 없다. 만약 성벽과 문들의 척량이 함께 이루어진 것이라면 성벽의 높이는 성의 높이와 같은 12,000스타디온이다. 따라서 144규빗은 성벽의 두께인 동시에 문들의 넓이와 길이가 된다. 즉 성벽에 나 있는 열두 문들의 길이와 폭은 성벽의 두께와 같은 것이 된다. 그러면 144규빗은 무엇을 징조하는가. 성문은 '속 사람(12)'과 '겉 사람(12)'이 온전히 '하나된 실존(12×12)'만이 그 성을 출입할 수 있도록 지어져 있는 것이다.

요한 계시록의 숫자들은 징조다. 144규빗과 12,000스타디온은 새 예루살렘 성의 영적 실상을 드러내는 징조이지만 그것을 65미터와 2,200킬로미터로 환산하면 육신의 지식이 될 뿐이다.

21.18 καὶ ἡ ἐνδώμησις τοῦ τείχους αὐτῆς ἴασπις, καὶ ἡ πόλις χρυσίον καθαρὸν ὅμοιον ὑάλῳ καθαρῷ·

카이 헤 엔도메시스 투 테이쿠스 아우테스 이아스피스, 카이 헤 폴리스 크뤼시온 카다론, 호모이온 휘알로 카다로·

그 성벽은 벽옥으로 지어졌고 그 성은 맑은 유리와 같은 순금이었다.

벽옥으로 지어진 그 성의 벽은 거룩이다. 또, 맑은 유리와 같은 그 성은 예수 그리스도의 믿음과 하나된 믿음의 실존들이 이룬 순결한 처소다. 그 성은 아무것 도 감추인 것 없이 투명한 존재들로 이루어진 것이다. 하나님이 사람들 안에 비추 시는 생명(초록빛)과 사랑(붉은빛)과 거룩(푸른빛)과 초월(투명)의 빛은 각 사람 으로 하여금 그만의 고유하고 독특한 열두 단독자(보석)의 실존을 이루게 한다. 이 일은 보이지 아니하는 영의 일을 보이는 것으로 말한 비유다.

21.19 οἱ θεμέλιοι τοῦ τείχους τῆς πόλεως παντὶ λίθῳ τιμίῳ κεκοσμημένοι· ὁ θεμέλιος ὁ πρῶτος ἴασπις, ὁ δεύτερος σάπφιρος, ὁ τρίτος χαλκηδών, ὁ τέταρτος σμάραγδος,

호이 데멜리오이 투 테이쿠스 테스 폴레오스 판티 리도 티미오 케코스메메노이· 호 데멜리오스 호 프로토스 이아스피스, 호 듀테로스 사프피로스, 호 트리토스 칼케돈, 호 테타르토스 스마라그도스,

그 성의 성벽의 기초석들은 갖가지 보석으로 아름답게 놓였다. 그 첫째 기초석 은 벽옥이요, 그 둘째는 사파이어요, 그 셋째는 옥수요, 그 넷째는 비취옥이요,

21.20 ὁ πέμπτος σαρδόνυξ, ὁ ἕκτος σάρδιον, ὁ ἕβδομος χρυσόλιθος, ὁ ὄγδοος βήρυλλος, ὁ ἔνατος τοπάζιον, ὁ δέκατος χρυσόπρασος, ὁ ἑνδέκατος ὑάκινθος, ὁ δωδέκατος ἀμέθυστος·

호 펨프토스 사르도뉙스, 호 헥토스 사르디온, 호 헤브도모스 크뤼솔리도스, 호 오그도오스 베륄로스, 호 에나토스 토파지온, 호 데카토스 크리소프라소스, 호 헨데카토스 휘아킨도스, 호 도데카토스 아메뒤스토스·

그 다섯째는 홍마노요, 그 여섯째는 홍옥수요, 그 일곱째는 감람석이요, 그 여덟째는 녹주석이요, 그 아홉째는 황옥이요, 그 열째는 녹옥수요, 그 열한째는 청옥이요, 그 열두째는 자수정이다.

21.21 καὶ οἱ δώδεκα πυλῶνες δώδεκα μαργαρῖται, ἀνὰ εἷς ἕκαστος τῶν πυλώνων ἦν ἐξ ἑνὸς μαργαρίτου· καὶ ἡ πλατεῖα τῆς πόλεως χρυσίον καθαρὸν ὡς ὕαλος διαυγής.

카이 호이 도데카 퓔로네스 도데가 마르가리타이, 아나 헤이스 헤카스토스 톤 퓔로논 엔 에크스 헤노스 마르가리투· 카이 헤 플라테이아 테스 폴레오스 퀴루시온 카다론 호스 휘알로스 디아우게스.

그 열두 문들은 진주들이며 문마다 한 진주로 되어 있었다. 그리고 그 성의 길은 투명한 유리 같은 순금이다.

그 성의 기초석들이 갖가지 보석으로 아름답게 놓인 것은 하나님의 아들들이 아버지의 모양을 본받아 각각 고유하고 독특한 실존을 이루었기 때문이다.

열두 문들은 각기 한 진주로 지어졌다. 이것은 비유다. '썩을 것(육)'이 썩지 아니할 것으로 새롭게 지어진 것이다. 그 성의 길은 투명하다. 생명의 길을 걷는 자는 무엇을 숨기거나 그 길을 더럽히지 아니한다. 청결한 마음을 가진 자만이 변치않는 투명한 믿음의 길을 걷는다.

21.22 Καὶ ναὸν οὐκ εἶδον ἐν αὐτῇ, γὰρ ὁ κύριος, ὁ θεός, ὁ παντοκράτωρ, καὶ
τὸ ἀρνίον. ναὸς αὐτῆς ἐστιν,

**카이 나온 우크 에이돈 엔 아우테, 가르 호 퀴리오스, 호 데오스, 호 판토크라토르,
카이 토 아르니온. 나오스 아우테스 에스틴,**

나는 성안에서 성전을 보지 못했다. 이것은 주 하나님 전능하신 이와 그 어린양
이 그 성의 성전이기 때문이다.

성전에도 알파와 오메가가 있다. 하나님의 성전이 사람들 안에 따로 있는 것
은 알파요, 오메가에서 하나님과 어린양이 어린양의 아내에게 성전이 되셨다.
새 예루살렘 성에 따로 성전이 없는 것은 하나님과 그의 아들들이 하나된 오
메가다.

21.23 καὶ ἡ πόλις οὐ ἔχει χρείαν τοῦ ἡλίου οὐδὲ τῆς
σελήνης, ἵνα φαίνωσιν αὐτῇ, γὰρ ἡ δόξα τοῦ θεοῦ
ἐφώτισεν αὐτήν, καὶ ὁ λύχνος αὐτῆς τὸ ἀρνίον.

**카이 헤 폴리스 우 에케이 크레이안 투 헬리우 우데 테스
셀레네스, 히나 파이노신 아우테, 가르 헤 독사 투 데우
에포티센 아우텐, 카이 호 뤼크노스 아우테스 토 아르니온.**

그 성은 해도 달도 비출 필요가 없다. 이는 하나님의 그 영광이 그 성을 밝혀주
며 어린양이 그 등불이기 때문이다.

시공에 속한 첫 사람에게 비추던 해나 달은 근원 속의 참 빛으로 인도하는 징조이
며 몽학선생이다. 이제 온전함을 이룬 존재들에게 그것들은 필요없다.

21.24 *καὶ περιπατήσουσιν τὰ ἔθνη διὰ τοῦ φωτὸς αὐτῆς· καὶ οἱ βασιλεῖς*

τῆς γῆς φέρουσιν τὴν δόξαν αὐτῶν εἰς αὐτήν·

카이 페리파테수신 타 에드네 디아 투 포토스 아우테스· 카이 호이 바실레이스
테스 게스 페루신 텐 독산 아우톤 에이스 아우텐·

그 나라들은 그 성의 빛 가운데로 다닐 것이며 그 땅의 왕들은 그들의 영광을
거기로 가져올 것이다.

나라들은 새 예루살렘의 빛 가운데로 다니고 땅의 왕들은 그들의 영광을 새 예루
살렘으로 가져올 것이다. 새 예루살렘으로 말미암아 나라와 권세와 영광이 아버지
께 돌아오고 있다.

21.25 *καὶ οἱ πυλῶνες αὐτῆς οὐ μὴ κλεισθῶσιν ἡμέρας,*

γὰρ νὺξ οὐκ ἔσται ἐκεῖ,

카이 호이 퓔로네스 아우테스 우 메 클레이스도신 헤메라스,
가르 뉙스 우크 에스타이 에케이,

그 성의 문들이 어느 날에도 닫히지 아니하는 것은 거기에는 밤이 없기 때문이다.

하나님의 영광이 비취고 어린양이 등불이 되어 있는 그 성은 밤이 없고 성문들은
닫히지 아니한다.

21.26 *καὶ οἴσουσιν τὴν δόξαν καὶ τὴν τιμὴν τῶν ἐθνῶν εἰς αὐτήν.*

카이 오이수신 텐 독산 카이 텐 티멘 톤 에드논 에이스 아우텐.

사람들은 그 나라들의 영광과 존귀를 거기로 가져올 것이다.

밤이 없는 그곳에 사람들은 그 나라들의 영광과 존귀를 가지고 올 것이다. 인자의
기도에서 "대저 나라와 권세와 영광이 아버지께 영원히 있사옵니다. 아멘"이라
한 것과 같이 되어지고 있다.

21.27 καὶ οὐ μὴ εἰσέλθῃ εἰς αὐτὴν πᾶν κοινὸν καὶ ποιῶν βδέλυγμα καὶ ψεῦδος, εἰ μὴ οἱ γεγραμμένοι ἐν τῷ βιβλίῳ τῆς ζωῆς τοῦ ἀρνίου.

카이 우 메 에이셀데 에이스 아우텐 판 코이논 카이 포이온 브델뤼그마 카이 프슈도스, 에이 메 호이 게그람메노이 엔 토 비블리오 테스 조에스 투 아르니우.

그러나 모든 속된 것과 가증한 짓과 거짓말하는 자는 결코 그 안으로 들어가지 못하고 다만 어린양의 그 생명의 책에 기록된 자들만 들어갈 것이다.

새 예루살렘 성에 결코 들어가지 못하는 것들과 사람들이 있다. 모든 속된 것과 가증한 짓(역겨운 사망의 냄새를 피우는 일)과 거짓말하는 자다. 생명책에 그 이름이 기록되지 않은 자들은 새 예루살렘 안으로 결코 들어갈 수 없다.

요한 계시록은 이 세상에 속한 속된 것이 거룩하게 되고 가증한 짓과 거짓말하는 육신의 첫 사람이 하나님의 계시를 따라서 영광스럽고 참된 둘째 사람이 된 후에 새 예루살렘 성으로 들어오라는 계시다. 그런데도 속된 것이 계속 속된 채로 있고, 가증한 짓과 거짓말하는 자가 계속 그대로 있으면 결코 그리로 들어갈 수 없다.

요한 계시록 22장

22.1 Καὶ ἔδειξέν μοι ποταμὸν ὕδατος ζωῆς λαμπρὸν ὡς κρύσταλλον, ἐκπορευόμενον ἐκ τοῦ θρόνου τοῦ θεοῦ καὶ τοῦ ἀρνίου

카이 에데익센 모이 포타몬 휘다토스 조에스 람프론 호스 크뤼스탈론, 에크포류오메논 에크 투 드로누 투 데우 카이 투 아르니우

그 천사는 또 내게 수정같이 맑은 생명수의 강을 보여주었다. 그것은 하나님과 어린양의 그 보좌로부터 흘러나와

21장에는 어린양의 아내인 새 예루살렘의 형상이 계시되었고, 여기 22장에는 그녀의 모양이 계시되었다. 새 예루살렘은 하나님과 하나된 형상과 모양을 풍성하고 온전하게 드러내고 있다. 겉과 속이 하나된 복되고 거룩한 실존이 새 예루살렘이다.

야웨 하나님은 예레미아를 통하여 말씀하시기를, "내 백성이 두 가지 악을 행하였나니 곧 생명수의 샘인 나를 버린 것과 자신들을 위하여 웅덩이들을 판 것인데 그것들은 그 물들을 저축하지 못할 터진 웅덩이들이라"(렘2:13)라고 하였다. 그러나 새 예루살렘에서는 다시는 그런 일이 일어나지 않을 것이다. 이는 하나님과 어린양의 보좌로부터 생명수가 흘려나와 생명수의 강을 이루고 있기 때문이다.

육신의 첫 사람들은 "맑은 물에는 물고기가 살지 않는다"라고 말하면서 더러운 것을 선호한다. 그러나 무엇이든지 더러운 것은 새 예루살렘 안으로 들어오지 못한다. 생명수는 첫 사람의 그 더러움에서 죽고 깨끗함으로 살아난 자를 위한 것이다. 모든 첫 사람은 그 욕심을 좇아서 생명수의 샘을 버렸고 그 선악지식을 좇아 터진 웅덩이를 팠다.

22.2 ἐν μέσῳ τῆς πλατείας αὐτῆς· καὶ τοῦ ποταμοῦ ἐντεῦθεν καὶ ἐκεῖθεν
ξύλον ζωῆς ποιοῦν καρποὺς δώδεκα, κατὰ μῆνα ἕκαστον ἀποδιδοῦν
τὸν καρπὸν αὐτοῦ, καὶ τὰ φύλλα τοῦ ξύλου εἰς θεραπείαν τῶν ἐθνῶν.

엔 메소 테스 플라테이아스 아우테스· 카이 투 포타무, 엔튜덴 카이 에케이덴
크쉴론 조에스 포이운 카르푸스 도데카, 카타 메나 헤카스톤 아포디둔
톤 가르폰 아우투, 카이 타 퓔라 투 크쉴루 에이스 데라페이안 톤 에드논.

그 성의 넓은 거리 가운데로 흐르고 있었다. 그 강 양쪽에는 생명나무가 있어서
일년에 열두 번 열매를 맺는데 달마다 열매를 맺고 그 나무 잎사귀들은 나라들
을 치료하는데 쓰인다.

육신의 첫 사람은 욕심과 선악지식을 좇아 왼편과 오른편, 동양과 서양, 큰 자와
작은 자, 부자와 가난한 자가 서로 정죄하며 나뉘어 싸운다. 욕심과 선악지식을 좇아
사는 자는 자기에게 유리한 것은 선이라 하고 자기에게 불리한 것은 악이라 하며
선악전쟁을 일으킨다. 그러나 새 예루살렘은 첫 사람의 욕심과 선악지식의 세상,
곧 왼편의 처음 하늘과 처음 땅이 지나간 새 하늘과 새 땅에 세워진 의의 성이다.

생명수의 강은 왼편도 오른편도, 동양도 서양도, 큰 자도 약한 자도, 부자도 가난
한 자도 편들지 아니한다. 이 강에는 생명과 사랑과 거룩과 초월의 복이 흐른다.
그 강 양쪽에서는 아무도 서로 욕하며 싸우지 아니하고 서로 마주하여 기뻐하며
사랑한다. 나뉜 것은 더 풍성하고 온전한 하나가 되게 한다. 거기서의 나눔은
서로 사랑하기 위함이요, 하나됨은 더 풍성한 생명으로 소통하기 위함이다. 그러
므로 고유하고 독특한 존재로 나뉘어 있음도 복이요, 하나됨도 복이다.

아직 새 예루살렘 안으로 들어오지 못한 나라들은 생명나무의 잎사귀들로 말미암
아 치료를 받는다. 그 잎사귀들은 속된 병, 가증한 병, 거짓말하는 병으로 고난
당하고 있는 나라들을 치료하는데 쓰인다. 이는 생명나무의 잎사귀들이 죽음의
기운을 생명의 기운으로 바꾸는 약재가 되고 있기 때문이다.

22.3 καὶ πᾶν κατάθεμα οὐκ ἔσται ἔτι. καὶ ὁ θρόνος τοῦ θεοῦ καὶ τοῦ ἀρνίου ἐν αὐτῇ ἔσται, καὶ οἱ δοῦλοι αὐτοῦ λατρεύσουσιν αὐτῷ,

카이 판 카타데마 우크 에스타이 에티. 카이 호 드로노스 투 데우 카이 투 아르니우 엔 아우테 에스타이, 카이 호이 둘로이 아우투 라트류수신 아우토,

다시는 저주가 없으며 하나님과 그 어린양의 보좌가 그 가운데 있을 것이며 그의 종들이 그를 섬길 것이다.

저주의 근원은 첫 사람의 욕심과 선악지식이다. 사람은 욕심과 선악지식으로 저주를 축복으로 알고 구한다. 그 욕심과 선악지식으로 미혹하던 용과 짐승과 거짓 예언자와 음녀는 이미 멸망했고, 그 성 안으로는 속된 것이나 가증한 일이나 거짓말하는 자는 들어오지 못한다. 저주의 근원이었던 욕심과 선악지식은 더 이상 새 예루살렘 성에 거할 곳이 없다. 이제 사람들이 저주를 복으로 여기고 그것을 좇아가는 일은 다시없을 것이다. 그러므로 하나님과 그 어린양의 보좌 또한 그 가운데서 옮기지 아니할 것이며 그의 종들은 그를 섬길 것이다.

22.4 καὶ ὄψονται τὸ πρόσωπον αὐτοῦ, καὶ τὸ ὄνομα αὐτοῦ ἐπὶ τῶν μετώπων αὐτῶν.

카이 오프손타이 토 프로소폰 아우투, 카이 토 오노마 아우투 에피 톤 메토톤 아우톤.

그들은 하나님의 얼굴을 볼 것이며 그들의 이마에는 그의 이름이 있을 것이다.

기록된 바, "상속자가 모든 것의 주인이나 어렸을 동안에는 종과 다름이 없어서 그 아버지의 정한 때까지 보호자나 관리자 아래에 있다"(갈4:1~2)라고 하였다. 밖에서 새 예루살렘 성 안으로 들어오는 자들 중에는 아직 하나님의 모양인 생명과 사랑과 거룩과 초월을 풍성하고 온전하게 닮지 못한 사람들도 있다. 그들은 그 성 안에서 하나님을 섬기며 그의 모양을 닮는다. 그러나 하나님은 아무에게도 섬김을 받으실 필요가 없다. 하나님이 사람들에게 자기를 섬기라 하시는 것은 섬김을 받고자 함이 아니라 도리어 그들을 섬기고자 함이다.

하나님이 알파에서 그를 섬기려는 사람들을 기꺼이 받아들이는 것은 오메가에서 그들을 사랑과 생명과 거룩과 초월의 모양으로 새롭게 지으시려 함이다.

우리의 하나님 섬김은 하나님이 우리를 새롭게 지으시는 그 일에 동역하는 '되어짐'이다. 하나님이 우리를 섬기는 그 일은 하나님의 새 창조이다. 하나님께 새롭게 창조되는 자마다 자신의 얼굴이 아버지 하나님의 얼굴을 닮은 것을 보게 될 것이요, 그의 이름은 그의 이마에 있을 것이다. 하나님께 새롭게 지어져서 하나님이 예비하신 것을 상속한 이들의 이마에 하나님의 이름이 쓰여 있는 것은 무엇인가. 그것은 전부터 계셔 왔고, 지금도 계시며, 오고 계신 그가 그리스도를 그들의 머리가 되게 하신 것을 알게 하신 것이다.

22.5 καὶ νὺξ οὐκ ἔσται ἔτι, καὶ οὐκ ἔχουσιν χρείαν φωτὸς λύχνου καὶ φῶς ἡλίου, ὅτι κύριος ὁ θεὸς φωτίσει ἐπ᾽ αὐτούς, καὶ βασιλεύσουσιν εἰς τοὺς αἰῶνας τῶν αἰώνων.

카이 뉙스 우크 에스타이 에티, 카이 우크 에쿠신 크레이안 포토스 뤼크누 카이 포스 헬리우, 호티 큐리오스 호 데오스 포티세이 에프 아우투스, 카이 바실류수신 에이스 투스 아이오나스 톤 아이오논.

다시는 밤이 없을 것이며 등불이나 햇빛이 필요 없으니 이는 주 하나님이 그들에게 빛을 비추실 것이기 때문이다. 그들은 세세에 다스릴 것이다.

첫 사람의 육신은 밤이다. 욕심도 밤이요, 선악지식도 밤이요, 사망도 밤이다. 육신의 첫 사람은 등불이나 햇빛 곧 징조의 빛에 의해 하나님의 영광의 빛을 찾게 된다. 하나님의 영광이 비취는 둘째 사람에게 징조의 빛은 지나갔다. 이는 징조의 빛으로 비췸을 받던 그들의 크로노스가 지나갔기 때문이다. 둘째 사람은 하나님의 영광의 빛으로 다스림을 받고 만물은 둘째 사람의 빛으로 다스림을 받을 것이다. 그들은 어린 자들과 만물 안에서 그들을 섬기는 왕의 빛을 비출 것이다.

22.6 Καὶ εἶπέν μοι· Οὗτοι οἱ λόγοι πιστοὶ καὶ ἀληθινοί, καὶ ὁ κύριος, ὁ θεὸς τῶν πνευμάτων τῶν προφητῶν, ἀπέστειλεν τὸν ἄγγελον αὐτοῦ δεῖξαι τοῖς δούλοις αὐτοῦ ἃ γενέσθαι ἐν τάχει· δεῖ

카이 에이펜 모이' 후토이 호이 로고이 피스토이 카이 알레디노이, 카이 호 퀴리오스, 호 데오스 톤 프뉴마톤 톤 프로페톤, 아페스테일렌 톤 앙겔론 아우투 데익사이 토이스 둘로이스 아우투 하 게네스다이 엔 타케이' 데이

그 천사가 내게 말했다. "이 말씀들은 신실하고 참되다. 주 곧 그 예언자들의 영들의 하나님이 그의 종들에게 반드시 속히 될 일을 보이시려고 그의 천사를 보내셨다."

하나님은 믿음과 진리의 증인이신 어린양과 그의 천사로 말미암아 신실하고 참된 말씀들을 그의 종들에게 주셨다. 그는 반드시 속히 될 일에 대하여 말씀하셨다. 진리는 믿음을 낳고, 믿음은 진리를 확증한다. 하나님의 종들은 그 믿음으로 말미암아 반드시 속히 될 일을 이루어 하나님의 진리를 확증하는 사람이다.

하나님의 종들은 노예라는 말이 아니다. 하나님의 신실하고 참된 말씀을 반드시 이루어야 하는 사람이란 뜻이다. 그들은 믿음과 진리로 하나님의 아들됨의 예언의 삶을 산다. 그들이 예언자라 불리건 그렇지 않건 상관없이 자신에게 반드시 속히 될 일을 예언하는 예언자들이다. 물(말씀)과 영으로 위로부터 거듭나는 자마다 오늘 여기서 반드시 속히 이루어지는 새 창조를 예언하며 그것이 이루어지게 한다.

그러나 예수 그리스도를 믿는 이들 중 반드시 속히 이루어지는 일을 먼 미래의 일이거나 종말의 일로 아는 사람이 많다. 그것은 그들이 첫 사람의 자기 믿음과 선악지식을 좇아서 크로노스에 머물러 있다는 반증이다. 둘째 사람의 카이로스의 생명은 반드시 속히 이루어지는 일이다. 하나님은 이 일을 신실하고 참되다 하셨다. 하나님이 신실하며 참되다 하신 말씀을 아무도 폐하지 못한다.

하나님이 각 사람에게 속히 이루시겠다고 하신 말씀을 먼 미래나 종말의 일로 생각하는 것은 하나님의 계시를 헛되게 하는 일이다. 요한 계시록을 읽는 우리가 가져야 할 것은 태산 같은 헛된 에고비전이 아니라 겨자씨 같은 참된 로고비전이다. 겨자씨같이 작은 자신을 새로운 존재로 지으시는 아버지께 맡겨드리는 것이 우리의 아버지 섬김이다.

22.7 *καὶ ἰδοὺ ἔρχομαι ταχύ· μακάριος ὁ τηρῶν τοὺς λόγους τῆς προφητείας τοῦ βιβλίου τούτου.*

카이 이두 에르코마이 타퀴' 마카리오스 호 테론 투스 로구스 테스 프로페데이아스 투 비블리우 투투.

"보라, 나는 속히 오느니라. 이 책의 그 예언의 말씀들을 품고 있는 자는 복되다."

야웨 하나님은 '전부터 계셔 왔고(호 엔)', '지금도 계시며(호 온)', '오고 계신 분(호 에르코메노스)'이다. 어린양 또한 '오실 분'이 아니라 '오고 계신 분'이다. 지금 카이로스에서 '오고 계신 분'을 미래의 크로노스에서 '오실 분'으로 알고 있기 때문에 사람들이 카이로스의 때로 옮겨와서 새롭게 지어지지 않는다. 그러므로 반드시 속히 될 일이 그의 종들에게 이루어지지 않고 있다.

'에르코마이 타퀴'는 미래 시제가 아니라 현재 시제다. 즉 '나는 속히 온다'이며 '나는 속히 올 것이다'가 아니다. 그는 이 예언의 말씀을 품고 있는 종들에게 항상 속히 오시기 때문에 그를 영접하는 자는 누구든지 새롭게 지으신다. 그러므로 언제나 속히 오시는 주님을 영접하는 자들은 복되다. 그러나 이 예언의 말씀을 품고 있지 않은 이들에게 그는 속히 오고 계시지만, 그들 안으로 들어가실 수가 없다. 육신의 크로노스의 존재는 새 창조의 카이로스를 좇아서 항상 오고 계신 그분을 영접할 수도 없고 새롭게 지어질 수도 없다. 새 창조는 언제나 우리 가까이에 있는 영적인 시간을 좇아서 이루어지고 있다.

22.8 Κἀγὼ Ἰωάννης ὁ ἀκούων καὶ βλέπων ταῦτα. καὶ ὅτε ἤκουσα καὶ ἔβλεψα, ἔπεσα προσκυνῆσαι ἔμπροσθεν τῶν ποδῶν τοῦ ἀγγέλου τοῦ δεικνύοντός μοι ταῦτα.

카고 요한네스 호 아쿠온 카이 블레폰 타우타. 카이 호테 헤쿠사 카이 에블레프사 에페사 프로스퀴네사이 엠프로스덴 톤 포돈 투 앙겔루 투 데이크뉘온토스 모이 타우타.

이것들을 보고 듣고 있는 자는 나 요한이다. 그리고 내가 이것들을 듣고 보았을 때 이런 것들을 내게 보여준 그 천사의 발들 앞에 엎드려 경배하려 하였다.

하나님은 그의 계시의 말씀을 믿음으로 품고 있는 자에게 계시의 실상을 알게 하시면서 새로운 실존을 이루시게 하신다. 하나님의 계시는 머리의 지식이 아니라 신 존재를 이루는 생명이요, 사랑이요, 거룩이요, 초월이기 때문이다. 누구든지 계시가 영과 생명 안에서 이루어진 그만큼 그 계시를 존재적으로 알고 있다. 이 일은 어떤 깨달음으로도 이루어지지 아니한다. 천사로부터 신실하고 참된 '유앙겔리온'을 들은 요한은 천사의 발 앞에 엎드려 경배하려 하였다. 요한이 천사에게 경배하려 했던 것은 이번이 두 번째다. 이때도 천사가 요한을 제지하였다. 그렇지 않았다면 천사는 경배를 받는 자가 되고, 요한은 천사를 경배하는 자가 되었을 것이다.

좋은 소식을 전하는 자와 전함을 받는 자는 모두 하나님의 계시를 이루는 종이다. 좋은 소식을 전하게 하신 분은 하나님이시다. 그런데 종들 사이에 경배가 일어나면 하나님의 생각과 길에서 벗어나게 된다는 것을 요한 계시록은 반복하여 말하고 있다. 좋은 소식을 전하는 자는 전함을 받는 자보다는 보내신 분에 대하여 더 많이 잘 알고 있다. 이때에 좋은 소식을 전하는 자가 보내신 분에게 영광을 돌리지 아니하고 스스로 경배를 받는 것은 자신의 근원을 지키지 아니하고 자기의 처소를 떠나 영원한 흑암에 갇히는 일이다.

좋은 소식을 전하는 자가 경배를 받으면 우상이 되었고, 경배하는 자는 천사 숭배에 빠져든다. 그러므로 호음을 전하는 자나 받는 자나 인자의 기도 속에서 깨어 있어야 한다. "우리가 우리에게 빚진 자를 자유케 한 것 같이(사하여 준 것 같이) 우리의 빚을 자유케 하옵소서"라고 하는 자유의 실존이 '나의 나됨'이다. 하나님의 생명의 세계에서 빚을 지거나 빚을 주는 자가 일반이다.

22.9 *καὶ λέγει μοι· Ὅρα μή· εἰμι σύνδουλός σού καὶ τῶν ἀδελφῶν σου τῶν προφητῶν καὶ τῶν τηρούντων τοὺς λόγους τοῦ βιβλίου τούτου· τῷ θεῷ προσκύνησον.*

카이 레게이 모이· 호라 메· 에이미 쉰둘로스 수 카이 톤 아델폰 수 톤 프로페톤 카이 톤 테룬톤 투스 로구스 투 비블리우 투투· 토 데오 프로스퀴네손.

그러자 그는 내게 "그러지 말라. 나는 너와 네 형제 예언자들과 또 이 책의 말씀들을 품고 있는 자들과 같은 종이다. 하나님께 경배하라"라고 하였다.

● **호라 메(그러지 말라)**

'호라'는 영의 눈으로 '보라'는 뜻이요, '메'는 '아니(Not)'라는 뜻이다. 영의 눈으로 보면 천사도, 요한도, 요한의 형제들인 예언자들도, 이 책의 예언의 말씀을 품고 그 말씀들의 실존이 이루어지기를 믿고 소망하는 사람들도 다 하나님의 뜻을 이루는 종들이다. 그것을 보는 자는 하나님의 종들에게 경배하지 아니하고 오직 하나님께만 경배한다. 음녀도, 짐승도, 거짓 예언자도, 용도 모두 자기들의 뜻을 좇아서 하나님이 받으실 경배를 대신 받았다. 오늘날 우리가 '호라 메' 할 것은 욕심과 선악지식을 좇아서 용과 짐승과 거짓 예언자와 음녀를 경배하는 그 일이다.

22.10 Καὶ λέγει μοι· Μὴ σφραγίσῃς τοὺς λόγους τῆς προφητείας τοῦ βιβλίου τούτου, γὰρ ὁ καιρὸς ἐγγύς ἐστιν.

' 카이 레게이 모이' 메 스프라기세스 투스 로구스 테스 프로페테이아스 투 비블리우 투투, 가르 호 카이로스 엥귀스 에스틴.

그는 또 내게 말했다. "그때가 가까우니 이 책의 그 예언의 말씀들을 봉하지 말라."

9절에서 "호라 메"라 하였고, 10절에서 "메 스프라기세스(봉하지 말라)"라 하였다. 하나님의 종은 같은 종에게 경배하지 아니하고 오직 하나님께 경배한다. 만약 하나님의 종이 같은 종에게 경배하면 그들에게는 하나님의 말씀이 봉해지고 뱀의 선악지식이 열릴 것이다. 오직 하나님께 경배하는 자에게만 예언의 말씀들이 열린다. 선악의 눈으로 예언의 말씀을 읽는 자는 그 말씀을 선악으로 봉하고 있어서 그에게 듣는 자는 그와 함께 멸망하고 말 것이다.

● 호 카이로스 엥귀스 에스틴(때가 가깝다)

요한 계시록은 크로노스로는 2,000년 전에 쓰였다. 그러나 카이로스로는 오늘 여기 우리 가까이 있는 그리스도의 계시다. '호 카이로스 엥귀스 에스틴'은 '때가 가까왔다'가 아니라 '그때(카이로스)가 가까이 있다'이다. '때가 가까왔다'는 것은 시공에 갇힌 '육신의 때(크로노스)'를 말한다. '그때(카이로스)가 가까이 있다'는 것은 창조의 근원 안에서 우리가 새롭게 지어지는 영의 때를 말한다. 육신의 때(크로노스)에 사는 자는 아무리 '때가 가까왔다'라고 하며 예언의 말씀을 읽어도 그 육신의 생각이 그 말씀을 가리고 있어서 그 말씀이 열리지 아니하고 욕심과 선악지식만 늘어난다. 그러나 하나님이 예비하여 두신 영의 카이로스 안으로 들어온 자에게는 예언의 말씀이 열려 있다. 내가 성경을 읽으며 에고비전을 이루느냐 아니면 성경이 나를 읽으며 로고비전으로 나를 이끄느냐가 문제다.

22.11 ὁ ἀδικῶν ἀδικησάτω ἔτι, καὶ ὁ ῥυπαρὸς ῥυπαρευθήτω ἔτι, καὶ ὁ
δίκαιος δικαιοσύνην ποιησάτω ἔτι, καὶ ὁ ἅγιος ἁγιασθήτω ἔτι.

**호 아디콘 아디케사토 에티, 카이 호 뤼파로스 뤼파류데토 에티, 카이 호
디카이오스 디카이오쉬넨 포이에사토 에티, 카이 호 하기오스 하기아스데토
에티.**

"불의를 하는 자는 그대로 불의를 행하게 하고 더러운 자는 그대로 더럽게
되도록 하라. 그리고 의로운 자는 그대로 의를 행하게 하고, 거룩한 자는 그대
로 거룩 되게하라."

예언의 말씀은 불의한 자가 돌이켜서 의롭게 되고, 더러운 자가 거룩하게 되도록
하기 위함이다. 그러면 불의를 행하는 자는 그대로 불의를 행하게 하고, 더러운
자는 그대로 더럽게 되도록 하라는 말씀은 무엇인가. 불의한 자는 그 불의에서
돌이켜야 의로움을 향하게 되고, 더러운 자는 그 더러움에서 돌이켜야 거룩을
향하게 된다. 그러나 불의한 자가 그 불의를 의로 삼고, 더러운 자가 그 더러움을
거룩으로 삼으면 불의한 자는 그 불의에서 돌이키지 않고 계속 불의를 행할 것이
다. 그리고 더러운 자는 그 더러움에서 돌이키지 않고 계속 더럽게 될 것이다.
이것은 인식의 흑암 속에서(들을 귀가 없어서) 선악지식을 진리로 삼고 욕심을
사랑으로 삼은 사람들이 스스로 당하는 화이다. 그러나 진리의 사랑을 받아 새
창조의 근원 안으로 들어온 사람들은 예언의 말씀을 좇아서 더욱 의롭게 되고
더욱 거룩하게 될 것이다.

22.12 Ἰδοὺ ἔρχομαι ταχύ, καὶ ὁ μισθός μου μετ' ἐμοῦ, ἀποδοῦναι ἑκάστῳ
ὡς τὸ ἔργον αὐτοῦ. ἐστιν

**이두 에르코마이 타퀴, 카이 호 미스도스 무 메트 에무, 아포두나이 헤카스토
호스 토 에르곤 아우투. 에스틴**

"보라, 내가 속히 온다. 또 각 사람에게 그의 일한 것을 좇아서 줄 나의 상이
내게 있다."

카이로스 안에 깨어 있는 자는 속히 될 일을 위하여 언제나 속히 오고 계신 그분을 영접한다. 그분은 전부터 각 사람에게 와 계셨고, 지금도 계시며 또 오고 계신다. 그분은 '오실 분'이 아니라 '오고 계신 분'이다. 영과 생명 안에 깨어 있는 자만이 언제나 새롭게 오시는 그분을 보고 맞이한다. 각 사람의 일이란 무엇인가. 그것은 에클레시아인 각 사람이 자신을 항상 새롭게 지으시는 그분을 영접하는 일이다. 그분은 각 사람의 실존 곧 각 사람 안에서 나를 나되게 하시는 그리스도다. 나의 나됨 이상 확실하고 온전한 상은 없다.

어떤 나무든지 그 열매로 그 나무를 안다. 사람은 그의 일로서 그를 안다. 그 사람의 일은 곧 그의 믿음의 열매요, 소망의 열매요, 사랑의 열매다. 내 안에 와 계신 분의 믿음과 소망과 사랑과 하나된 영과 진리의 존재로서 맺은 열매는 곧 나의 열매다. 이는 그가 내 안에서 나와 하나되어 있기 때문이다. 그가 내게 속히 오고, 그가 내게 줄 상이 있으며 그 상이 나의 일을 좇아서 주어지는 일은 예수 그리스도의 믿음과 하나된 부활의 실존에게 베풀어진 영광이다. 우리는 믿음으로 말미암아 믿음의 열매에 이르고, 소망으로 말미암아 소망의 열매에 이르고, 사랑으로 말미암아 사랑의 열매에 이르고 영광으로 말미암아 영광의 열매에 이른다. 이 모든 것은 내게 오셔서 나의 나됨을 이루시고 또 나와 하나 되시는 그리스도 예수로 말미암아 이루어지는 새 창조다.

22.13 ἐγὼ τὸ Ἄλφα καὶ τὸ Ὦ, ὁ πρῶτος καὶ ὁ ἔσχατος,
ἡ ἀρχὴ καὶ τὸ τέλος.

에고 토 알파 카이 토 오메가, 호 프로토스 카이 호 에스카토스,
헤 아르케 카이 토 텔스.
"나는 알파와 오메가요, 처음과 나중이요, 근원과 궁극이다."

창조의 근원 안에서 새롭게 지어지는 실존은 야웨 하나님이 알파와 오메가로 처음과 나중으로 근원과 궁극으로 그와 하나되고 있음을 안다.

22.14 Μακάριοι οἱ πλύνοντες τὰς στολὰς αὐτῶν, ἵνα

ἔσται ἡ ἐξουσία αὐτῶν ἐπὶ τὸ ξύλον τῆς ζωῆς καὶ

τοῖς πυλῶσιν εἰσέλθωσιν εἰς τὴν πόλιν.

마카리오이 호이 플뤼논테스 타스 스톨라스 아우톤, 히나

에스타이 헤 엑수시아 아우톤 에피 토 크쉴론 테스 조에스 카이

토이스 퓔로신 에이셀도신 에이스 텐 폴린.

그들의 그 두루마기들을 빨고 있는 자들은 복되다. 이는 그들에게 그 생명의
나무에 대한 권세가 있게 하려 함이며 그 문들을 통하여 그 성 안으로 들어가려
함이다.

예수 그리스도의 사람은 누구나 그가 주신 '의'의 옷을 입었다. 그러나 누구든지
'유앙겔리온'을 좇아서 땅에서 나그네로 거하며 선악지식을 좇아 사는 이들에게
좋은 소식을 전파할 때에 그의 옷이 더럽혀지지 않을 수 없다. 기록된 바, "나를
인하여 그들이 너희를 욕하고 핍박하고 거짓으로 너희를 거스려 모든 악한 말을
할 때에는 복되니 기뻐하고 즐거워하라. 왜냐하면 그 하늘들에서 너희 상이 크기
때문이라"라고 하였다.

그런즉 누구든지 그 욕과 핍박과 거짓된 말에 대항하여 싸우는 것은 의의 옷을
더럽히는 것이다. 그리고 거기서 돌이켜서 그것들을 기뻐하고 즐거워하는 것은
그 두루마기를 빠는 것이다. 또 인자의 기도에서, "우리가 우리에게 빚진 자를
사하여준 것 같이 우리의 빚을 사하여 주옵소서" 하라 하였다. 빚진(죄지은) 자를
사하여 주지 못하던 자가 그에게 빚진 자를 사하여 주는 것은 그가 받은 의의
두루마기를 빠는 일이다. 자기의 두루마기를 빠는 자가 복된 것은 생명나무에
대한 권세를 가지고 그 성 안으로 들어가기 때문이다.

● 복된 자들

알파와 오메가, 처음과 나중, 근원과 궁극이신 하나님으로부터 계시된 복된 자들에 대하여 다시 한번 살펴보자.

1. 이 예언의 말씀들을 읽고 있는 자와 듣고 있는 자들과 그 가운데 기록된 것들을 마음에 품고 있는 자들이 복되다(1:3)
   • 그 영을 향해 가난한 자들은 복되다. 하늘들의 그 나라가 그들의 것이다.
   • 하늘들에 계신 우리 아버지, 당신의 이름이 거룩히 여김을 받으시옵소서.

2. 이제부터 주 안에서 죽고 있는 자는 복되다(14:13)
   • 애통하는 자들은 복되다. 그들은 위로를 받을 것이다.
   • 당신의 나라가 임하시옵소서.

3. 누구든지 깨어 있어서 자기 옷을 지키고 벌거벗고 다니지 아니하며 자기의 부끄러움을 보이지 않는 자가 복되다(16:15)
   • 온유한 자들은 복되다. 그들은 땅을 기업으로 받을 것이다.
   • 당신의 뜻이 하늘에서와같이 땅에서도 이루어지이다.

4. 어린양의 혼인 잔치에 초청을 받은 자들이 복되다(19:9)
   • 의에 주리고 목마른 자들은 복되다. 그들은 만족하게 될 것이다.
   • 오늘날 우리에게 일용할(존재의) 양식을 주옵소서.

5. 이 첫째 부활에 참여하고 있는 자들은 복되고 거룩하다(20:6)
   • 긍휼히 여기는 자들은 복되다. 그들은 긍휼이 여김을 받을 것이다.
   • 우리가 우리에게 빚진 자들을 사하여 준 것 같이 우리의 빚을 사하여 주옵소서.

6. 이 책의 예언의 말씀들을 품고 있는 자는 복되다

   (빼거나 더하지 아니하고)(22:7)

   • 마음이 청결한 자들은 복되다. 그들은 하나님을 볼 것이다.

   • 우리를 시험에 빠져들게 마옵시고 다만 악에서 구하옵소서.

7. 그들의 두루마기를 빨고 있는 자들은 복되다(22:14)

   • 화평케 하는 자들은 복되다. 그들은 하나님의 아들들이라 불릴 것이다.

   • 의를 인하여 핍박을 받는 자들은 복되다. 하늘들의 그 나라가 그들의 것이라.

   • 나를 인하여 너희를 욕하고 핍박하고 너희를 거스려 모든 악한 말을 할 때에 복되다. 기뻐하고 즐거워하라. 왜냐하면 그 하늘들에서 너희 상이 크기 때문이라.

22.15 ἔξω οἱ κύνες καὶ οἱ φάρμακοι καὶ οἱ πόρνοι καὶ οἱ

   φονεῖς καὶ οἱ εἰδωλολάτραι καὶ πᾶς φιλῶν καὶ

   ποιῶν ψεῦδος.

   엑소 호이 퀴네스 카이 호이 파르마코이 카이 호이 포르노이 카이 호이

   포네이스 카이 호이 에이돌로라트라이 카이 파스 필론 카이

   포이온 프슈도스.

   개들과 마술사들과 음행자들과 살인자들과 우상숭배자들과 거짓말을 좋아하며 행하는 자는 모두 성 밖에 있다.

요한 계시록은 사람의 선악지식인 종말을 말하고 있는 책이 아니라는 증거가 여기 분명히 계시되었다. 요한 계시록이 종말을 말하고 있다면 여기 성 밖에 있는 사람들은 존재할 이유도 근거도 없다. 그러므로 누구든지 말씀을 읽는 자는 말씀이 말씀 자신을 드러내는 로고비전의 실상에 이르도록 해야 한다.

22.16 Ἐγὼ Ἰησοῦς ἔπεμψα τὸν ἄγγελόν μου μαρτυρῆσαι ὑμῖν ταῦτα ἐπὶ ταῖς ἐκκλησίαις. ἐγώ εἰμι ἡ ῥίζα καὶ τὸ γένος Δαυίδ, ὁ ἀστὴρ ὁ λαμπρός, ὁ πρωϊνός.

에고 예수스 에펨프사 톤 앙겔론 무 마르튀레사이 휘민 타우타 에피 타이스 에클레시아이스. 에고 에이미 헤 리자 카이 토 게노스 다비드, 호 아스테르 호 람프로스, 호 프로이노스.

"나 예수는 내 천사를 보내어 에클레시아들을 위하여 이 일들을 너희에게 증거하게 하였다. 나는 다윗의 그 뿌리요 그 자손이며 그 광명한 새벽 별이다."

다윗은 '사랑받은 자'란 뜻이다. 예수는 하나님께 사랑받는 자의 뿌리이니 사랑의 근원이시며, 다윗의 자손이니 사랑받는 자이시다. 그는 사랑의 알파와 오메가이며 처음과 나중이며 근원과 궁극이다. 그는 사랑 없는 캄캄한 세상에 사랑의 나라를 소망케 하는 광명한 새벽 별이시다. 우리는 그가 보여주신 그 소망을 좇아서 새 예루살렘 성을 향하여 나아가고 있다. 어떤 이들은 이미 어린양의 신부가 되었을 것이요, 또 어떤 이들은 신부가 되는 그 좁은 길을 걷고 있을 것이요, 또 어떤 이들은 그 길로 들어섰을 것이요, 또 어떤 이들은 그 길이 있음을 들었을 것이요, 또 어떤 이들은 그 길이 있음을 알지 못할 것이요, 또 어떤 이들은 멸망으로 인도하는 넓은 길을 걷고 있을 것이다.

22.17 καὶ τὸ πνεῦμα καὶ ἡ νύμφη λέγουσιν· Ἔρχου· καὶ ὁ ἀκούων εἰπάτω· Ἔρχου· καὶ ὁ διψῶν ἐρχέσθω, ὁ θέλων λαβέτω ὕδωρ ζωῆς δωρεάν.

카이 토 프뉴마 카이 헤 님페 레구신· 에르쿠· 카이 호 아쿠온 에이파토· 에르쿠· 카이 호 디프손 에르케스도, 호 델론 라베토 휘도르 조에스 도레안.

그 영과 그 신부가 "오십시오"라고 말하고 있다. 듣고 있는 자도 "오십시오"라고 말하라. 목마른 사람은 누구든지 오게 하고, 원하고 있는 자는 누구든지 값없이 생명수를 받게 하라.

성령과 신부는 속히 오고 계신 이의 복되고 거룩한 은혜를 아는 고로 "오십시오"라고 말하며 기뻐하고 즐거워한다. 또 성령과 신부가 말하는 것을 알아듣는 자 또한 "오십시오"라고 말한다. 누구든지 목말라 있는 자가 그에게 와서 그 생명수를 값없이 받아 마시면 그 사람은 영원히 목마르지 아니하다. 이는 그가 주시는 물은 그것을 마신 자 안에서 영생하도록 솟아나는 물 샘이 되기 때문이다.

22.18 Μαρτυρῶ ἐγὼ παντὶ τῷ ἀκούοντι τοὺς λόγους τῆς προφητείας τοῦ βιβλίου τούτου· ἐάν τις ἐπιθῇ ἐπ᾽ αὐτά, ἐπιθήσει ὁ θεὸς ἐπ᾽ αὐτὸν τὰς πληγὰς τὰς γεγραμμένας ἐν τῷ βιβλίῳ τούτῳ·

마르튀로 에고 판티 토 아쿠온티 투스 로구스 테스 프로페테이아스 투 비블리우 투투· 에안 티스 에피데 에프 아우타, 에피데세이 호 데오스 에프 아우톤 타스 플레가스 타스 게그람메나스 엔 토 비블리오 투토·

"나는 이 책의 예언의 말씀들을 듣고 있는 각 사람에게 증거한다. 만일 누구든지 이 것들에 무엇을 더하면 하나님이 이 책에 기록된 그 재앙들을 그에게 더하실 것이다."

22.19 καὶ ἐάν τις ἀφέλῃ ἀπὸ τῶν λόγων τοῦ βιβλίου τῆς προφητείας ταύτης, ἀφελεῖ ὁ θεὸς τὸ μέρος αὐτοῦ ἀπὸ τοῦ ξύλου τῆς ζωῆς καὶ ἐκ τῆς πόλεως τῆς ἁγίας, τῶν γεγραμμένων ἐν τῷ βιβλίῳ τούτῳ.

카이 에안 티스 아펠레 아포 톤 로곤 투 비블리우 테스 프로페테이아스 타우테스, 아펠레이 호 데오스 토 메로스 아우투 아포 투 크쉴루 테스 조에스 카이 에크 테스 폴레오스 테스 하기아스, 톤 게그람메논 엔 토 비블리오 투토.

"또 누구든지 이 책의 예언의 말씀들로부터 무엇을 제하여 버리면 하나님이 이 책에 기록된 그 생명나무와 그 거룩한 성에 참여하는 그의 몫을 제하여 버리실 것이다."

예수 그리스도는 누구에게도 그의 예언의 말씀들에 무엇을 더하거나 빼는 권세나 권능을 주지 않았다. 그러므로 누가 이 말씀들에 무엇인가 더하거나 빼는 것은 자기의 욕심과 선악지식을 좇아 예수 그리스도의 새 창조의 권세와 권능을 그르치는 일이다. 하나님은 이사야를 통하여 말씀하시기를, "나의 생각들은 너희 생각들이 아니며 너희 길들은 나의 길들이 아니라"(사55:8)라고 하셨다. 그러므로 누구든지 자기의 욕심이나 선악지식을 좇아서 무엇을 더하면 이 책에 기록된 재앙들을 자신에게 더할 것이요, 또 무엇을 빼면 생명나무와 거룩한 성에 참여하는 그의 분깃을 빼앗길 것이다.

22.20 Λέγει ὁ μαρτυρῶν ταῦτα· Ναί· ἔρχομαι ταχύ.

Ἀμήν· ἔρχου, κύριε Ἰησοῦ.

레게이 호 마르튀론 타우타· 나이· 에르코마이 타퀴.
아멘· 에르쿠, 퀴리에 예수.

이것들을 증거하고 계신 이가 말씀하신다. "그렇다. 나는 속히 온다." "아멘. 주 예수여 오시옵소서."

'호 마르튀론(증거하고 계신 이)'은 현재분사 능동 3인칭 단수이며 '레게이(말씀하신다)'는 현재 직설 능동 3인칭 단수이며 '에르코마이 타퀴(나는 속히 온다)' 현재 직설·중간1인칭 단수이다. 이 말씀들이 증거하고 있는 것은 미래에 '오실 분'이 아니라 지금 '오시는 분'이다. 그는 우리 각 사람 곧 내 안에 지금 오셔서 '나의 나됨'을 이루시는 '호 에르코메노스'이시다. '나의 나됨'을 속히 이루고자 하는 자마다 언제나 그를 속히 영접하며 '아멘, 주 예수여, 오시옵소서'라고 응답한다.

22.21 Ἡ χάρις τοῦ κυρίου Ἰησοῦ μετὰ πάντων.

헤 카리스 투 퀴리우 예수 메타 판톤.

주 예수의 그 은혜가 모든 사람과 함께 하기를.

이 책을 읽고 있는 하나님의 '에클레시아(불내미)'에게 속히 오시는 주 예수를 속히 영접하는 그 은혜가 있기를 간구합니다. 아멘.